韓国独立運動の研究

佐々木春隆 著

国書刊行会

序

防衛大学校校長　土田國保

著者が前に執筆した「朝鮮戦争〈1〉～〈10〉」（第3巻を除く）と「朝鮮戦争／韓国篇」全三巻が、朝鮮戦争の研究者にとって広く活用されていることは周知のことである。

しかし朝鮮戦争が勃発した民族内部の要因の究明や、米国に種々の誤解を与えて軍事力のアンバランスを放任させた問題などの基因、つまり韓民族の特性やその特殊な内部事情の解明は、客観的に見て不十分のまま終わっていた感無しとしない。

そこで筆者は、この辺の事情を究明するために、その民族性が過高断面的に表われた日清・日露を巡る韓国の民族運動から、日本の統治三五年の間弛みなく続けられた独立運動の特徴に焦点を当てて、一七〇〇枚を越ゆる原稿を書き上げられた。そこには韓民族の特性とそれから発した特殊事情とが赤裸々に述べられている。題して「韓国独立運動の研究」という。

韓国ほど日本民族の命運にとって重大なかかわりあいを持つ国はないが、韓国ほど日本国民に正しく理解されていない国も少ないと思う。日幹の相互理解が叫ばれて久しいが、真に韓国を知り、その現情を理解し、将来を考察するためには、何よりもまずその特殊性と民族的感性とを認識する必要があると考える。

この意味で、私は本書を江湖に推薦申し上げたい。

一九八五年四月

於　防衛大学校

はしがき

韓国の安全と平和は、肇国以来、文化的に、政治的に、国防的に、あらゆる側面において唇歯輔車の関係にある日本の平和と安全に直結している。

その韓国が、一九五〇年六月二五日の朝、歴史にも希な奇襲を受けて累卵の危うきに陥った。幸い国連加盟国一六か国の援助を受けて辛うじて踏み止まり、現状での休戦で一応落ち着いたものの、じ来、北朝鮮の不断の能動的統一姿勢によって半島に緊張が絶えたことはなく、常に一触即発の危機を孕んでいる。もし半島に再び戦火が起こったならば、想像を越える殺戮が行なわれるばかりか、戦禍は必ずや四周に飛火するであろう。半島がアジアの火薬庫と言われている所以である。

従って半島の平和を維持して日本の安全と平和を図るためには、日本として成さねばならないこと、成してはならないことを峻別する必要があるが、そのためには朝鮮戦争が起こった外的・内的要因、特に民族内部の問題を理解する必要があろう。世に「朝鮮問題」と言われている難問題は、半島の統一をめぐる民族内部の問題に根元を発しているからである。

而して8・15解放後の政治風土と南北の政情を理解して朝鮮戦争が勃発するに至った事情を知るには、日韓の併合前後から連綿として続けられてきた民族運動特に独立運動の実態と、その系譜を明らかにするのが捷径と思う。なぜなら、独立運動の闘士たち特に海外で運動を継続した志士たちこそ独立精神の法燈を継ぐものと尊敬されて、解放後の政治の舞台に一躍登場し、それぞれが何らかの形で戦争の一因を造ったからである。

けれども、東アジアから米州にわたって繰り広げられた広汎にして深刻な民族運動の全容を、いちいち詳述することは不可能である。そこで本書では、解放後の南北においてそれぞれ主導的役割を果たした独立運動家の思想と足跡に焦点を当てて、全般を類推する資に供したいと思う。

本書が、朝鮮戦争が勃発した民族内部の要因を考察する資料として、あるいは韓国を理解する一助として、ひいてはわが国の安全を考えるうえで、何らかの参考になり得れば望外の幸せである。

なお韓国は氏族社会であり、血縁、地縁、学縁などの団結が極めて固い。また地方によって、その人と為りが対照的であると言う。例えば、道の気質は次のように伝承されているが、この気質は折にふれて現われてくるので、留意して頂ければ理解が容易と思われる。

承伝各道気質《かたぎ》

咸鏡道‥泥田闘狗
平安道‥猛虎出林
黄海道‥石田耕牛（昼出魍魎）

京畿道‥鏡中美人（対鏡盛粧）
江原道‥巌下老佛（嶽下石佛）
忠清道‥清風明月
慶尚道‥雪中孤松（泰山喬岳）
全羅道‥風前揺柳（細柳春風）
　済洲島（風と石と女が多い三多の島）

最後に、本書の執筆に当たり格別の指導と助言を賜わった韓国の諸将星、及び本書の上梓に格別の配慮を頂いた国書刊行会の皆様、並びに偉友・藤井非三四氏に深甚の御礼を申し上げる。

佐々木春隆　識

韓国独立運動の研究／目次

本書は、『朝鮮戦争前史としての韓国独立運動の研究』として一九八五年に刊行したものである。

再刊に当たり表題を改めた。

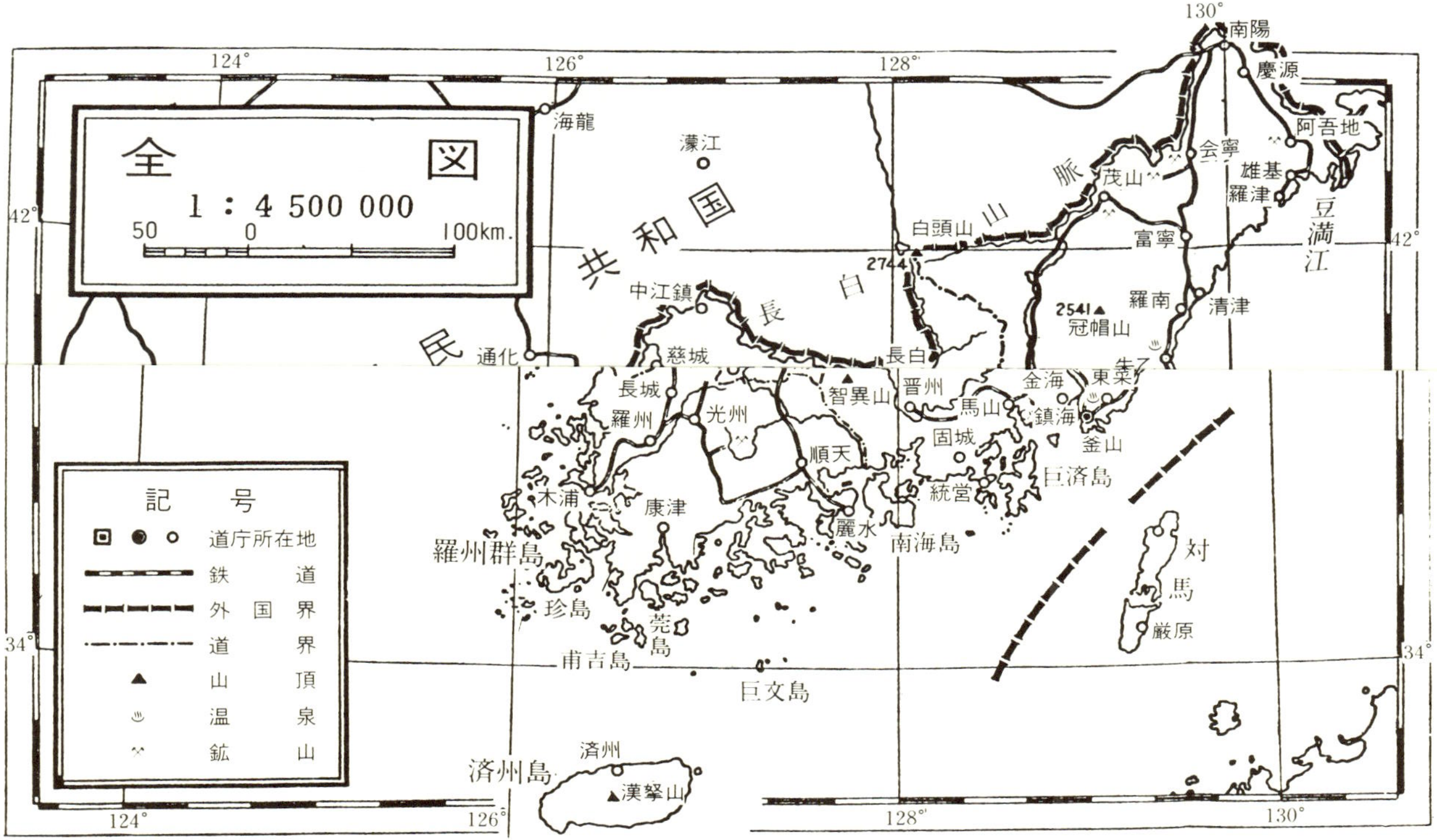

全図
1：4 500 000
50 0 100km.
記号
道庁所在地
鉄道
外国界
道界
山頂
温泉
鉱山
民
共和国
長白山脈
海龍
濛江
通化
中江鎮
慈城
長白
白頭山
2744
茂山
会寧
富寧
羅南
清津
2541
冠帽山
南陽
慶源
阿吾地
雄基
羅津
豆満江
長城
羅州
光州
智異山
晋州
馬山
金海
東莱
鎮海
釜山
順天
固城
木浦
康津
麗水
統営
巨済島
南海島
羅州群島
珍島
莞島
甫吉島
巨文島
対馬
厳原
済州
済州島
漢拏山
124°
126°
128°
130°
42°
34°

韓国略図

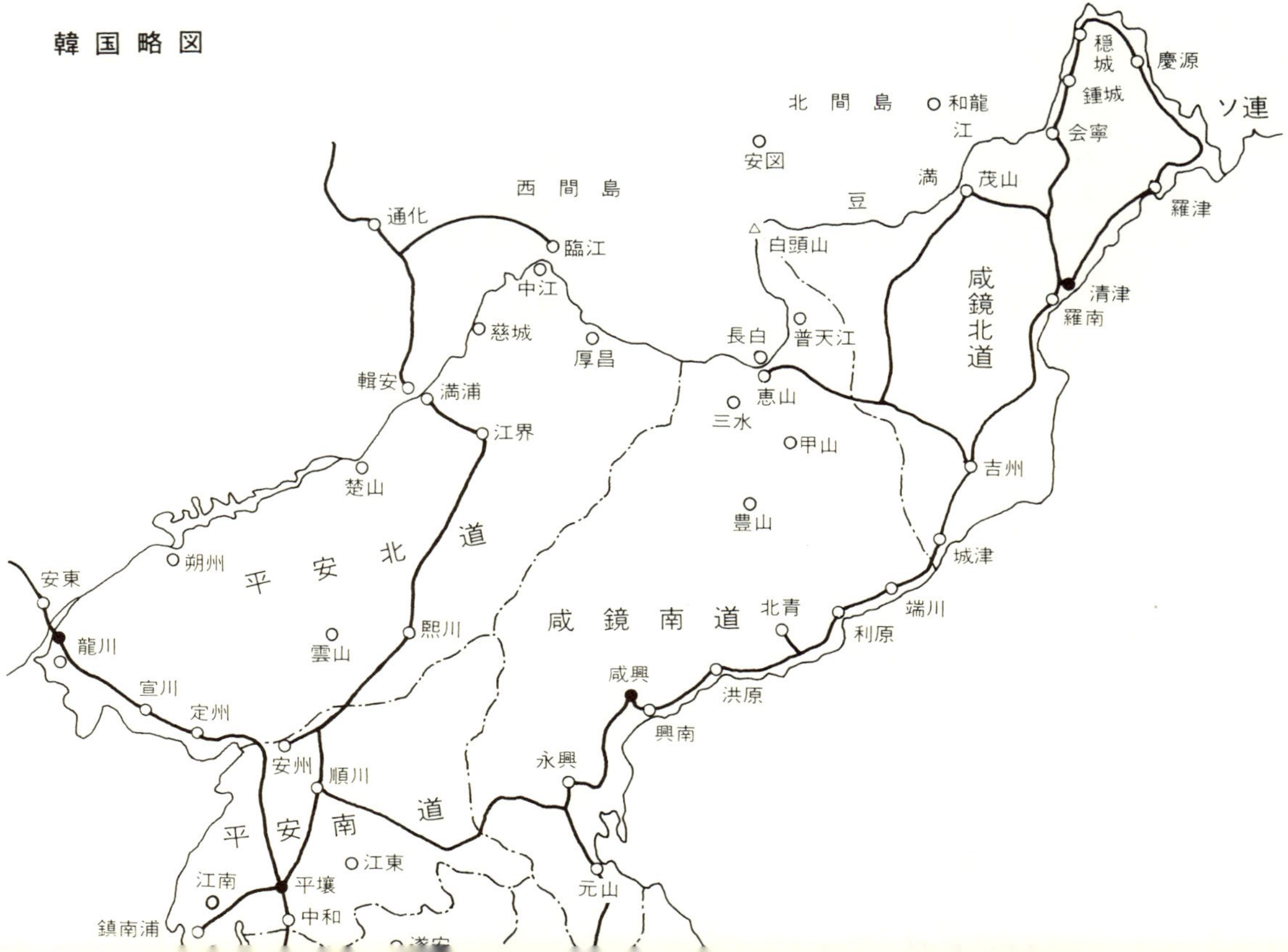

ソ連
慶源
穏城
鍾城
会寧
和龍
北間島
江
満
豆
茂山
羅津
清津
羅南
咸鏡北道
安図
白頭山
長白
普天江
恵山
三水
甲山
吉州
豊山
城津
端川
利原
北青
咸鏡南道
咸興
洪原
興南
永興
元山
西間島
通化
臨江
中江
慈城
厚昌
輯安
満浦
江界
楚山
平安北道
朔州
安東
龍川
雲山
熙川
宣川
定州
安州
順川
平安南道
江東
江南
平壌
中和
鎮南浦

韓国独立運動の研究

第一章　亡国の慟哭（章末付録「歴史年表」参照）

〝古来、天下に興隆の時と衰亡の局を経ない国はない。……けれども亡びるに当たっては、立派な亡び方と駄目な亡び方がある。

義をもって戦い、力尽きて亡ぶのは立派な亡び方というべきだ。

これに反し、何派にも分かれてそれぞれが他国に媚び、同胞相争ったすえに亡びるのは駄目な亡び方である〟

儒家・高能善が一八九五年に金九（後の臨時政府主席）を諭した一句

一、嵐の中の北東アジア

一九世紀中葉、北東アジアに帝国主義の嵐が押し寄せてきた。

当時「清」末期の中国は、眠れる獅子と恐れられながらも、列強に要所要所をかじり取られつつあった。国論が二つ、三つに割れていたし、近代軍備に欠けていたからである。

四隻の蒸気船によって太平の眠りから覚めた日本は、激しい陣痛のすえに明治維新の革命を成就して西欧文明の摂取に努め、挙国一致して遅まきながら帝国主義の世界に乗り出していた。その革命の特長はいろいろ挙げることができるけれども、英・仏に干渉の口実を与えずに自力だけで革命を達成し、文明の摂取に当たっても、自主自立の一線を崩さなかった点が最たるものであったと考える。

ところが李氏朝鮮は、いささか事情が異なっていた。李朝末期の積弊に民乱は絶えず、開国の是非を巡る政争は自ら外勢の干渉を誘う結果になった。そこには挙国一致して国難に当たる姿は見当たらず、日清・日露の役を経てついに日韓併合に至る。その悲痛な歴史を表示すれば章末の「李朝末期の歴史年表」の通りである。

大院君―高宗　半島に内憂外患こもごも至り、多事多難な時代に入ろうとしたころ、李王朝は王位の継承をめぐって揺れ動いていた。絶対君主制で王にすべての裁決権が集中しており、二三代・純祖朝から王妃の一族が王の信任を受けて政権を担当する慣習（勢道《セド》政治と言う）が固まっていて、王の擁立は即ち政権の掌握を意味したからである。従って以下に述べる王位の継承に当たっては、宮廷は権謀術数、陰謀陥穽の渦中にある観があった。

第二三代純祖（一八〇〇―三四）が薨ぜられると、世子・文祖（追尊）が早逝されていたために嫡孫・憲宗（一八三四―四九）が第二四代に即位された。ためにその母、即ち文祖の妃・趙氏は大王大妃の尊称を受けて、その一族は権勢を極めたという。

ところが憲宗に嗣子ができなかったことから事態は紛糾し始め、紆余曲折の末に、第二二代・正祖（一七七六―一八〇〇）の弟・恩彦君の孫である哲宗が第二五代に即位された。李朝は王位の継承順位を規定した「皇室典範」の類を定めていなかったから、そのつど「事件」になったのである。政権は王妃・金氏の一族の手に移り、大王大妃・趙氏は悶々の日を余儀なくされた。

ところが哲宗（一八四九―六三）は生来多病で、世子をもうけ得なかった。復権を狙った大妃・趙氏一族は、第一六代・仁祖の九代の孫・李熙に目を付けて、血統が絶えた文祖の養嗣子として迎え入れた。つまり李熙は、趙大妃の子、憲宗の弟として文祖の家系を嗣いだわけである。

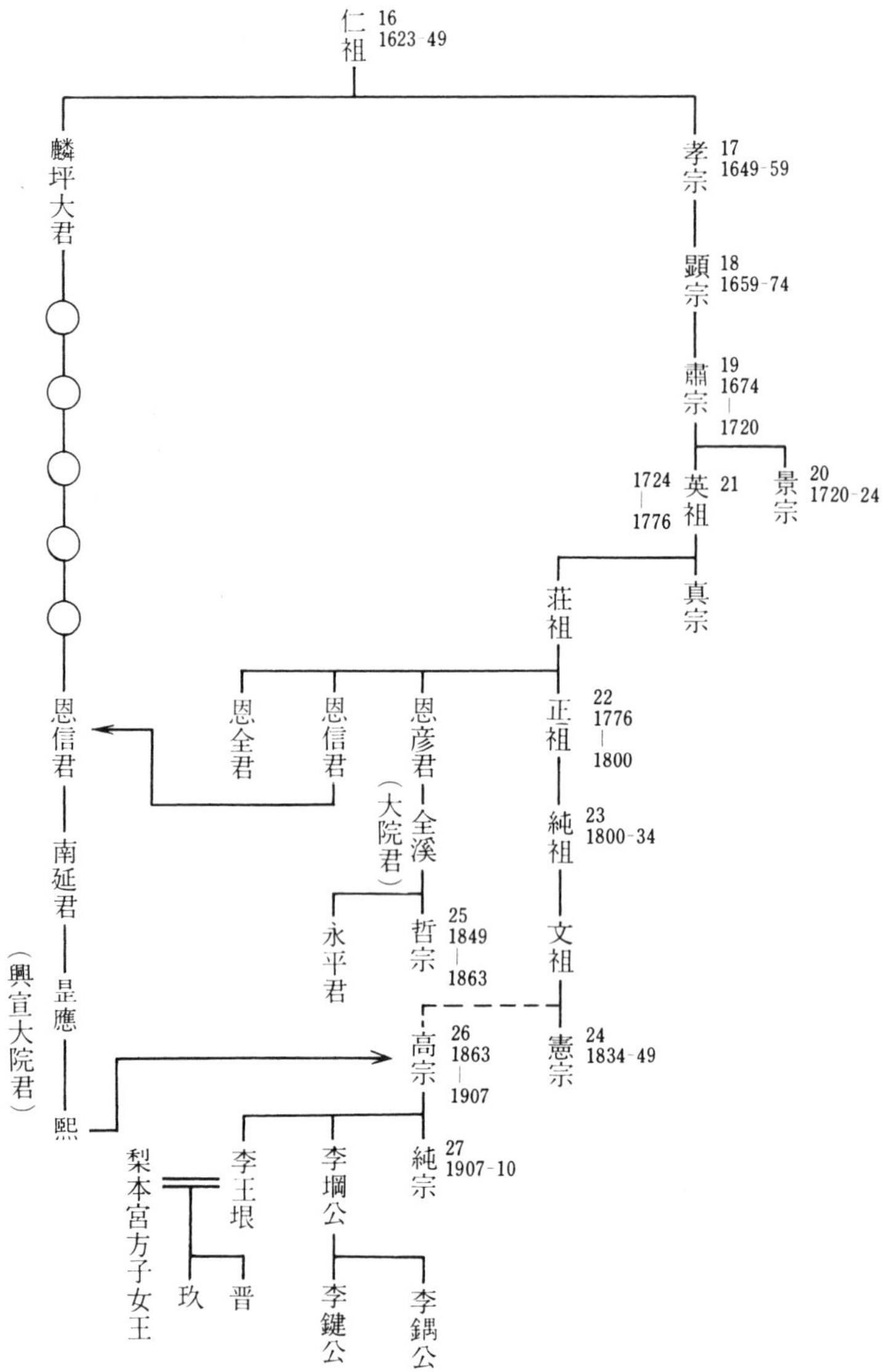

実は代々の王位は、仁祖の世子・孝宗（第一七代）の家系によって継承されてきた。しかし李熙の家筋は仁祖の第二子・麟坪大君の家系で、王権から見離されて久しい家柄であった。王族ではあったが、常識的にみて、王位の継承権は望めなかった。だから李熙の生父・李昰應は巷に逼塞して無頼の徒と交わり、香しからぬ風評さえ立てていた。ところが昰應の祖父・恩信君は養子で、文祖の祖父・正祖（二二代）の次弟・恩信君その人であり、哲宗の祖父の弟であった。つまり李熙の家系は王位を望むには遠かったけれども、血統的には哲宗やその弟・永平君に比肩する。しかも先王・憲宗の弟として入籍したからには、名分ともに備わったわけである。

興宣大院君

哲宗が薨去されると、李熙が即位して第二六代・高宗となられ、在位五四年に及んだが、即位の時は満一二歳であった。そこで王の生父・李昰應は慣例に従い、大院君の尊号を受けて興宣大院君に封じられ、王が成人するまでの十年の間、摂政として国政を預り、大王大妃・趙氏とともに政権を担当することになったわけであった。これに至る宮廷抗争を記述すれば、当時の政権争奪のすさまじい葛藤が浮彫りになるが、開国を控えた時期に政情が紛糾を繰り返したことは前途多難の一語に尽きた。

二、開国と日・清を巡る民族運動

一八三一年以来、英、仏、露、独、米及び日本は交々軍艦や使節を朝鮮に派遣して通商を求めたが、鎖国を国是とした李王朝は開国を許さなかった。特に一八六三年に摂政となった興宣大院君は、守旧攘夷にこり固まっていた。そこで開国を唱える派が生じたのは当然で、それが王妃の閔妃派であり、宿命の対決が始まったわけである。

一八七三年（明6）に大院君が時代の流れと宮廷内の策謀に抗し得ずして退隠し、閔妃派が政権を掌握すると、開国を巡って矢継早に事件が起きた。

江華島事件　一八七五年（明8）九月、日朝関係の改善のために大院君派と閔妃派の対立に乗じて仁川沖で示威運動中の日本軍艦・雲揚号が、測量に名を借りて塩河（本土と江華島を距てる水道）に進入すると、江華島南端の草芝鎮砲台から砲撃を受けた。雲揚号は直ちに応戦してこれを沈黙させ、近くの永宗鎮砲台をも破壊して引揚げた。そして日本は軍艦三隻を釜山に急派して無害航行権を主張し、李朝を問責して威圧を加え、開国を約させた。ペリーの軍艦外交を真似たわけである。

江華条約　翌一八七六年（明9）二月二七日、全権大使・黒田清隆は七隻の艦隊と兵数百を従えて江華府に乗込み、朝鮮政府代表・申櫶との間に「大日本国大朝鮮国修好条規」を調印した。「日朝修好条規」とか、「江華条約」と略称される。その内容はペリーに強要されて締結した「神奈川条約」や対米・英・露「安政和親条約」に似たもので、開港、居留地の設定、日本通貨の使用、治外法権、日本商品への無課税などの条項を含んでいた。閔氏政権の場当たり的、屈辱的外交に悲難の矢が向けられたのは当然であったが、かくして朝鮮は一八七九年（明12）に釜山を、翌春に元山を開港し、同年末に日本は漢城（現ソウル）に公使館を開設して日朝関係に新時代を迎えることになる。

壬午《じんご》軍人反乱　一八八一年（明14）四月、閔氏政権は日本の勧告を入れて軍制を改革し、新式軍隊の「別技軍」を編成して教官に堀本礼造中尉を招いた。しかしこのため失業を恐れた旧式軍隊の不満が高まったうえに、「別技軍」の新編に伴う軍事費の増大のために兵士の俸禄米が一三か月も滞ってしまった。一八八二年（明15）七月にようやく一か月分が支給されたが、役人の中間搾取によって量は減り、しかも約半分は砂混りであった。

反乱した兵士らは市民と合流して王宮を襲い、閔氏一族を放逐して下情に通じた大院君を擁立した。そして堀本中尉らを殺傷し、日本公使館を焼いた。危うく難を避けた公使・花房義質《よしただ》らは、仁川の英測量艦で長崎に逃れた。

大院君は金允植、魚允中を中心に組閣して軍制を旧に復し、各種の都賈《とが》（日本商人の代理を勤めた特権商人のギルド）を禁じ、褓負商《ボブサン》（行商人のギルド）を保護監督して政権維持の一基盤となし、閔妃派を放逐した。従来褓負商は、丙寅・辛未の洋擾―一八六六年（丙寅）八月のシャーマン号事件、同年九―十月の仏艦隊の江華島攻撃、一八七一年（明4、辛未）五月の米艦隊の江華島攻撃―に当たり、動員されて仏、米軍を撃退した実績を持つ団結強固な予備軍であった。

花房公使は問罪の任を帯び、軍艦四隻と陸兵八百人に護衛されて仁川に帰還したが、攘夷に凝り固まっていた大院君との折衝を避けた。問罪は即ち戦争を意味したからである。

中国・保定に幽閉中の大院君像

一方清国は、誼を通じていた閔妃派の出兵要請を受けると、全権公使・袁世凱（後の大統領）は軍艦三隻と陸兵二、五〇〇人に守られて入京し、かねて嫌っていた攘夷派の大院君を八月二六日に捕えて天津に護送した。そして往十里や梨泰院地区を根拠にしていた反乱軍を一掃して、閔妃派を政権に復帰させた。つまり親清政権の登場である。清国は朝鮮に対する明朝時代の宗属関係を世襲したと称して冊封を授け、朝貢を強要して駐兵権を獲得し、実質的に内政干渉の道を啓いたが、李朝は古来からの慣習を破る力も排除する方法もないままに、ただその意に従っていた。

花房公使は新政府と交渉して、懸案を解決した。済物浦（仁川の旧名）条約と言い、賠償金の支払い、駐兵権の承認、通商の拡大などを内容とするものであったが、壬午の軍乱を機にして朝鮮における日本の勢力が著しく衰退したのは争えない事実であった。即ち李氏朝鮮は前門の狼の勢力を削ぐことはできたけれども、後門の獅子に居座られたわけになる。

だが誇り高き韓民族が、清の属国の地位に甘んずるわけがない。三つ巴の民族運動が澎湃として沸き起こったのは、これらの事情からであった。

ここで言う民族運動とは、外国の干渉を排して独立自存しようという運動であり、あるいは外国の軛から脱して民族の自由を回復しようとする志向のことである。しかして具体的には、ある国と結んで旧宗主国の軛を脱し、開化を図ろうとした党派と、これと対抗関係にある国の力を借りて旧秩序の維持を図った党と、その中間に位した派との三つ巴の相剋の歴史のことを言う。

金玉均

前者は日本の力を借りて清国の勢力を駆逐し、独立を達成したうえで西欧文明を導入して開化維新を成就しようと図ったもので、**独立党**または**開化党**と呼ばれる。少壮有為の金玉均、朴泳孝、洪英植、徐載弼《ざいひつ》、尹致《いんち》昊《こう》らがその中心であった。

これに対し、清国の力を借りて旧秩序を改革しようと図った勢力を**事大党**または**守旧派**と言い、当時政権を握っていた王の親族や戚族である趙寧夏（二四代・憲宗の母方）、閔泳翊、閔升鎬、閔台鎬（いずれも二六代・高宗妃の一族、いわゆる閔妃派）及び実力派の金弘集、金允植、魚允中らがその中心であった。

そしてその中間勢力として、開化思想を持ちながらも外国勢力の排撃を目指した東学教徒（人乃天の思想、西学と対置した）が勢威を振っていたが、その中心は二世教主・崔時亨、三世教主になった孫秉熙《へいき》らであった。

甲申政変　三つ巴の戦いは、一八八四年（明治17）の末に血生臭い幕を開けた。機先を制した開化党は日本公使・竹添進一郎と謀って日本から武器と資金を密輸し、日本留学生出身者らを武装して、一二月四日の郵政局落成宴を利用して閔泳翊、閔台鎬、趙寧夏ら六人を殺傷させた。こうして一挙に政敵を斃した開化党は、国王を擁して日本兵に警護させ、翌五日に李載元（国王の従兄）を左議政に、洪英植を右議政に任じ、朴泳孝、金玉均、徐載弼、尹致昊、徐光範、朴泳教らによる新政府を樹立して、開化党のクーデターは成功した。

けれどもこの新政府は、袁世凱の武力で翌六日に打倒され、三日天下に終わってしまった。日本公使館は朝鮮兵に襲撃されて二九人の死者をだした。日清戦争の一〇年前のことで、甲申の政変という。親日勢力は敗退して日本に亡命し、親清派が再び天下を握ったわけで、のち金玉均は上海で刺客・洪鍾宇の手にかかることになる。

これらの政争が、当時の世相を反映したものであることは言うまでもない。李朝の末期のことで積弊は積もり、綱紀は例えようもなく紊乱し、三政騒擾は国本を揺るがせていた。三政騒擾とは、税務、兵事、農政の三政に寄食した貪官汚吏に対する反感不満から、全国的に連鎖反応して起こった民乱、民擾の総称である。

金玉均が執筆した「甲申日録」に収録されている開化派政府の政綱は次の通りであった。以て世相がうかがえる。

一、大院君不日陪還事（朝貢虚礼議行廃止）：大院君を早く還国させる事（中国に対する朝貢、虚礼の行事を廃止する事）

二、閉止門閥以制人民平等之権以人択官勿以官択事：門閥を廃止し、人民の平等な権利を制定し、人は才能に応じて登用し、門閥で登用しないこと。
三、革改通国地租之法杜吏奸而叙民困兼裕国用事：全国にわたって地租法を改革し、官吏の夾雑を防止して国民の負担を減じ、その困窮を除くとともに国家の財政を裕足する事。
四、内侍府革罷其中如有優才通同登用事：内侍府を廃止し、その中に才能の有る者が居れば登用する事。
五、前後奸貧病国最著人定罪事：過去と現在を問わず、国に重大な損害を与えた者は厳罰に処する事。
六、各道還上永永臥還事：各道の還子制度を永久に廃止すること。
七、奎章閣革罷事：奎章閣（王立の国立図書館であるが、内実は王権の行使機関になっていた）を廃止する事。
八、急設巡査以防盗竊事：至急に巡査を設置し、盗賊を防ぐ事。
九、恵商公局革罷事：恵商公局を廃止する事。
十、前後流配禁錮之人酌放事：過去と現在を問わず、流配や禁錮にされた人はもう一度審査し、免罪釈放する事。
十一、四営合一営中抄定急設近衛事（陸軍大将首擬世子宮）：四営を合して一営とし、その中から選抜して近衛隊を至急に設置する事（陸軍大将は王世子とする）
十二、凡属国内財政惣由戸曹管轄其余一切財簿衙門革罷事：国の一切の財政は大蔵省で統一的に管轄し、その外の財務官庁は全部廃止する事。
十三、大臣与参賛（新差六人今不必書其名）課日会議于閤門内議政府所以為稟定而布行行政令事：大臣と次官は（新任大臣はその名前を書く必要はない）日を定めて閤門内の議政府で討議決定した後、政令を発布して政事を行う事。
十四、政府六曹外凡属冗尽行革罷令大臣参賛酌議以啓事：政府の六つの省の外の不必要な官庁は一切廃止して、大臣と次官の討議によって処理させること。

この条項を見る限り、開化派政府は、国王に万機の裁決権が集中していた封建制を改革して、近代国家の創出を目指した政治機構の改編、封建的身分制の廃止と国民の平等権の制定、資本主義の自由な発展を期するための封建社会の変革を目論んでいたことが分かるし、これらの条項が開化の重要事項となったことから、当時の弊政をうかがうことができる。（渡部学訳編「金玉均の研究」昭和43年、日本朝鮮研究所刊）

巨文島事件　李王朝は一八八二年（明15）に米国と、翌八三年には英・独と、八四年に露・伊両国と、八六年に仏国と修好条約を結んだが、元山港の使用権を得たロシアは南進の構えを見せていた。その公使ウェーバーは辣腕を揮って朝廷に取入り、清国の朝鮮支配権を脅やかしていたのである。英国は当時世界の各地でロシアと対立していたが、特に中央アジアでの境界問題は戦火を交えんとするまでに険悪となっていた。そこでロシアの極東での南下政策に神経を尖らせた英国は、甲申政変の翌八五年に突如艦隊を派遣して朝鮮本土と済州島の中間に浮かぶ巨文島（英名はポート・ハミルトン）を占領し、砲台を築いた。むろんその目的は対露作戦の拠点にするためであったが、一言の断わりも要請もしないで不法に占拠したもので、李朝には駐剳北京公使をして事後通告させた有様であった。

だがこの無法な通告を受けた外衙門督弁・金允植は、何らの対策も取り得なかった。抗議を申し込み、撤収を強制する武力を持たなかったからである。

この事を知ったロシアは、清国に対してこの不法行為を認めるや否やを詰問した。清国は、英国の不法行為を黙認すればロシアがその対抗措置として朝鮮に進出することを恐れ、水師提督・丁汝昌に命じて軍艦三隻を派遣し、現地を踏査させたうえで英艦隊司令官に抗議文を手交させた。そしてロシアから、将来朝鮮の領土を占拠する意志のない誓約書を取付けて英国に提示した。そこで、英国もその非を認め、八七年にようやく巨文島から撤退した次第であった。

いやしくも自国の領土である島を無断で占領されながら、事の解決を他国間の交渉に依存しなければ埒があかないほど、当時の李王朝は弱体であったわけである。

日清の役　一八九三年に全北・古阜に起こった農民一揆は翌九四年（明27）に接主・全琫準の指揮する甲午農民反乱（東学の乱）に発展し、五月には全州府が反軍の手に落ちた。

全琫準、孫和中、金開南らが署名している甲午農民軍の倡義文（挙兵理由書）は

「世に人の貴しとされる所以は、人倫あるがためなり。…公卿（大臣）以下、方伯・守令（公吏）に至るまで国家の危難を考えず、ただ己れの身を肥やすことのみに熱心であり、官吏詮衡の門は金儲けの場とみなされ…万民が塗炭の苦しみに喘いでいる。…どうして百姓が困窮しないわけがあろうか。百姓は国家の根本である。根本が衰えるなら、国家は必ず亡びるのだ。…我等は在野の遺民にすぎないが…どうして国家の滅亡を座視するに忍び得ようか。朝鮮八域心を同じくし、億兆の衆議によりここに義旗を掲げ、輔国安民を以て死生の誓いとする。…昇平聖化の世に共に入り、生きてゆくことを望むものである」（呉知泳「東学史」（昭45年、平凡社刊）一六九―七一頁）

と述べている。以て国情の一斑がうかがえる。

なお、「斥洋斥倭、輔国安民」（西洋と日本を排斥し、国をたすけて民を安んずる）のスローガンを掲げて決起した農民軍の行進曲・「暴動民謡」は、闘いの歌であった。

死んだ　死んだ　視察官が死んだとさ
朝鮮の改化をやめ　日本を改化させようとして
ある裏通りで　閻魔鬼神になったとさ
弾丸（たま）をくらったとさ
オハドンドン　オハドンドン　エヘオオタブル
勢いよく進む　平和と豊年がやってくる

狩りに行こう　狩りに行こう　鴨の浦へ
日本人狩りに行こう
オハドンドン　オハドンドン　エヘオオタブル
勢いよく進む　平和と豊年がやってくる
（卞宰洙「恨と抵抗」（一九八一年、創樹社刊）一二―三頁）

この変を乗ずべき好機とみた清国公使・袁世凱は、朝廷に迫って清軍の出兵を要請させた。だが官軍は六月一一日に反軍を破って全州を回復し、東学軍を解散させていた。従って清軍の出兵の理由はなくなったのだが、北洋大臣・李鴻章はこの際朝鮮に対する宗主権の確立を図って予定通り出兵を強行した。清軍は六月一五日に牙山湾に上陸して、成歓に布陣した。日本への出兵通告は、その後であった。

これは天津条約違反であった。触発された日本政府は、一戦を覚悟して大島混成旅団を急派した。大島旅団は六月二八日に仁川に上陸し、つづいて公使館と居留民保護の名目で漢城（現ソウル）に進駐した。

これが日清戦争の発端である。

李氏朝鮮が、国内の治安維持に足る力を備えていたならば、東学農民反乱は日清の役の誘爆剤になるほど拡大しなかったはずである。

李朝特に閔氏政権が袁世凱の圧力に屈して出兵を請わなかったならば、日清の役は避けられたかも分からない。日本軍の仁川上陸や漢城進駐を拒否する実力と意志とを持っていたならば、国土を他人の戦争の土俵に貸すことはなかったわけであった。

国論が親日と親清に分裂したことが内政干渉を招き、無力が無法を誘致したと言えるであろう。

しかして日本が清と戦うからには、土俵であり、将来の兵站地となる朝鮮と友好関係にあることが必須の条件となる。だが当時の朝鮮政府は、親清派の閔妃政権が牛耳っていた。

七月二三日未明、大島旅団は景福宮を包囲して閔妃一派を放逐し、興宣大院君（八五年一〇月に保定での幽閉を解かれて帰国し、悶々の隠棲生活を余儀なくされていた）を再び摂政に擁立して、金弘集内閣を組閣させた。諸制を改革してその協力を得るための非常手段であった。

当時清国は既に開戦を決意して牙山への増援を続け、平壌に大軍を集中しつつあった。漢城の挟撃を企図してである。かくして七月二五日の豊島沖の海戦と二七日の成歓の役とで戦争の火蓋が切られ、九月一五—六日の平壌の戦い、同一七日の黄海の海戦、一一月の旅順攻略、翌一八九五年二月の威海衛の占領を経て四月一五日に下関で講和するに至る。かくして朝鮮における清の勢力は駆逐され、日本の利益権が確立したとみられた。

甲午改革　七月二三日のクーデターで金弘集政権を樹立した公使・大鳥圭介は新政府の顧問に就任し、成歓の役で勝利を収めると、翌二八日に朝鮮政府に朝清条約の一切の破棄を宣言させた。そして二九日には、諸政の一新を図った「甲午更張政革要目」の公布を迫った。

この諸政の改革は甲午改革とか甲午革新と呼ばれるが、当時の帝国主義時代を背景にしたとはいいながら、武力による内政干渉も甚だしいと言わねばなるまい。

けれどもその改革要目を見る限り、こうでもしなければ積弊の自浄は望めなかったともみられ、この改革が数千年の因襲を覆す近代社会への転換点になった、とみる学者も多い。その理由は、二三条の行間に潜む封建的・階級的・前近代的な社会の骨格をうかがうことで容易に理解することができよう。当時の日本は、朝鮮が自力で独立を全うし、日本と手を組んで富国への道を歩むことを願っていたのである。

甲午更張改革要目　（意訳）

一、自今、開国（李朝建国）紀元を使用する。
二、清国との条約を改定し、各国に全権公使を特派する。
三、門閥・両班《ヤンバン》・常民等の階級を廃し、人材を出身のいかんにかかわらず選抜登用する。
四、文尊武卑の制を廃し、品階を基準とする礼法を定める。
五、刑法の連坐の法を廃する。
六、養子は、妻妾ともに子なき場合に限る。
七、早婚を廃し、男二〇歳、女一六歳以上に結婚を許す。
八、寡婦の再婚は貴賤を問わず自由とする。

九、公私奴婢の制を廃し、人身売買を禁ずる。
一〇、平民の上書を認め、機務処で審議する。
一一、服装の近代化・平等化・簡易化を図る。
一二、各官庁の官制と職掌を速やかに定める。
一三、警務官制と職掌は内務衙門（内務省）に属させる。
一四、乗り物の格式や虚礼を廃止する。
一五、土下坐《どげざ》の礼を廃する。
一六、高官の随行人員を制限する。（総理四人。大臣・賛政（局長）は三人など）
一七、宮内省の才能ある職員を他の官庁で用いても差支えない。
一八、官吏の服喪は四等親内に限り、私的な情誼を口実にした執務忌避の習慣を改める。
一九、贓吏（公金横領官吏）に対する懲罰を厳しくし、横領金は弁償させる。
二〇、朝官の品級は、三品から九品までは正従の区分を廃する。
二一、駅人（駅長）、倡優（俳優や歌手）、皮工を賤民の身分から解放する。
二二、退官後の官吏は、高等官であった者でも自由に商業を経営して構わない。
二三、科挙法（公務員試験）は文章だけによる選抜を改正する。

この二三条を分類すれば、次のようになる。

民族主権に関するもの（第一、二条）の二条

弊制改革に関するもの（第一二、一三、一九、二三条）の四条

人権に関するもの（他の一七個条）

つまり現代の感覚をもってみれば別に悪はなく、旧来の陋習を破る革新的意欲が感ぜられるし、改新の急なるが分かる。例えば李圭泰「韓国人の意識構造」（昭52年、東洋図書刊）一七八―八〇頁には、当時の官吏の執務態度についてその弊風を次のように述べてある。今の韓国人の働き振りからは想像もつかない話だが、参考のために抄出したい。

甲午改革によって内閣の吏・戸・兵・刑・礼・工の六曹制度が内務・外務・度支（大蔵）・軍務・法務・学務・工務・農商務の八部衙門《がもん》制に改められたが、官吏はゴザと枕を持って出勤し、暇をみては昼寝する習慣は変わらなかった。ロシア公使パブロフは「外務衙門に交渉に赴くたびに、昼寝中の官吏を叩き起こさねばならなかった」と伝えている。傲慢なパブロフは前触れもせずに訪れたからであろうけれども、永年の弊習は分かる。

大臣級は昼食を自邸から運ばせていたが、その運び方は徳川将軍への献上の行列に似ていた。六人の下僕が美味佳肴を所狭しと並べたテーブル大の食膳を捧げて出門すると、露払いの武官が「大監（従三品以上の高官）食膳のお通りだ。退りおろうぞ！」と警声を張り上げて先導し、通行人は下馬したり道の脇に身を避けて見送る習わしであった。そして大臣が選り好みしながら食事を終えると、堂下官らがお流れを頂戴し、次に下級官吏がおこぼれを頂き、最後の残滓をその官衙の奴婢らが平げる仕来りで、奴婢らの昼食はいつも午後四時ごろになった。四時間かかって食い尽くしたわけで、学部大臣・李完用（併合時の総理）はこの弊習を改めるよう上疏していたという。

けれども二千年の間、この条文の裏に存在した因習になじんできた民族にとっては、形而上下の抵抗と反発とは避けられなかった。日本でも明治の初め武士が扇を掲げて電線の下を通り、昭和の初めまで戸籍に士族と平民の区分があった如くに、である。

金弘集：一八四二―九六年。一八世紀の王族の末裔で、高位の貴族であり閣僚の息である。聡明で人柄がよく、末期の李朝がよって立つすべてのものを象徴していた数少ない政治家であった。対米・仏・英・露交渉の首席代表で最初の首相。

洪範十四条　さまざまな抵抗や反日気運が盛り上がったが、日本を最も困らせたのは摂政・大院君の反抗であった。

金弘集の甲午新政府を組織するときの大院君と日本公使との取極めは、重要国務は大院君が裁決する、ことであった。摂政と言われた所以である。当時は軍国機務処（総裁は領議政（総理）・金弘集の兼任）が立法を司り、議政府（政府）が行政を執行していたが、どうしたことか大院君は軍国機務処が奏上した改革案を尽く却下した。そこで大院君と日本公使との板挟みになった軍国機務処は自然に国王の裁下を仰ぐようになり、その後拠の王妃・閔氏一派に機会をうかがわせることになる。

また大院君は、しきりに欧米諸国の公使と接触して日本公使を牽制した。そのうえ急激な甲午改革で世論が反日に傾いているとみるや、倭賊（日本の侮称）排撃を唱えた東学教徒と結び、果ては八月二八日付で平安道観察使（知事）に密勅し、平壌の清将・左宝貴に「倭賊追討」を要請させた。平壌の戦いのおよそ二〇日前のことであった。恐らく、清軍の勝利を信じていたに違いないし、依然として守旧思想と反日にこり固っていたのである。

この大院君の抗日工作は、彼の政敵・閔妃一派に台頭の機会を与えた。閔氏派は、大院君と東学教主とが提携した証拠物の一切を杉村書記官に提供した。また「倭賊追討」の密書も、井上馨公使に提示された。

かくて大院君は隠退させられて、漢城西郊の孔徳里に引籠らざるを得なかった。権謀の末の隠棲であった。前述したように、そもそも興宣大院君は第二一代・英祖の三世孫である南延君の第四子で、王位の継承は望みなく、うらぶれた李昰應は市井に出て無頼の徒と交わるなどその世評は香しくなかったそうである。ところが二子・李熙を宗家の第二四代・憲宗の父・文祖の養嗣子に出すに及んで運がつき、宗家の養嗣子である李熙に王位が転がりこんできた。即ち、第二六代・高宗である。ところが高宗はまだ一二歳であったから、その父・李昰應に興宣大院君の尊号が贈られ、一躍摂政の位についたものである。

高宗は一九六六年、一五歳のとき生母の姪である閔氏（当時一六歳）を王妃に迎えた。閔妃と呼ばれるが、これは当時は男尊女卑の極、女子には名を付けなかったからである。

大院君は一八七三年に摂政を退くまで、一〇年にわたって執権を握ったが、彼の政策は一貫して衛正斥邪の守旧思想であった。一八八二年七月、朝鮮兵が閔氏政権の打倒と斥倭を掲げて反乱し、日本公使館を焼き、別技軍顧問・堀本礼造中尉らを殺害すると（壬午の軍乱）、乞われて執政に復帰して弊政を改めようとしたが、閔氏派の策謀で清軍に天津に護送され、八五年一〇月に帰国するまでの三年余幽囚の身となった。

このような数奇な方であったし、親清派の閔氏一派の最大の政敵であったから、甲午の改革に当たって日本が大院君を擁立したのは自然と言えよう。

だが大院君の守旧思想は変わっていなかった。彼が親日を憎んだのはそれ相当の理由があったからであろうが、彼は反日のためには反政府運動の先鋒であった東学教徒と結び、政敵・閔氏派の後拠であった清国にさえ援を求めた。

夷を制するに夷を以てする政略であったことは分かるけれども、その結果をどう考えていたのかは不可解である。また閔氏派は、再び摂政に復帰した大院君排斥のためには、清国との誼さえ絶った。そして日本公使に款を通じ、大院君打倒の目的を達成したのである。

両者とも政敵を倒すためには手段を選ばず、国の安危を顧みなかったようにさえ思える。

大院君の治績について久保寺山之輔「日韓離合之秘史」（昭39年、日本乃姿顕彰会刊）は、次のように論評している。

「顧れば、大院君も亦一代の偉傑であった。飽くまで時勢を無視し、世界の趨勢に逆行しても自己の信念と野望を強行しようとしたその反抗精神と果敢な実行力は、到底尋常な人物ではなし得るものではなかった。

例えば、江華島に遡江し来る外国軍艦があれば、国籍のいかんを問わず、いささかの躊躇もなく、永宗島の砲台から巨弾の猛撃を加えて撃攘の決意を宣明した。また自己の信念とする排外主義を徹底するためには、三万の天主教徒を虐殺して屍山血河の修羅場と化しながら、いささかも悔ゆるところがなく、また中等教育の場であった地方の郷校を廃絶し、貪官汚吏の大淘汰を敢行し、行政の悪弊を刷新し、儒生の政治容喙を厳禁し、奢驕の風を禁ずるなど、峻厳苛酷、いやしくも己れの所信を強行するに秋霜の威を示して憚らなかった。しかも彼自身は、国民に人頭税を課してまで盛んに土木工事を起こし、宏壮雄大を極めた景福宮の造営には四か年の歳月と無数の人力を徴用して省みるところがなかったのである。

これらの行跡に徴するに、大院君は稀に見る傑物ではあっても、古今の暴帝や専制独裁政治家に類する旧式政治家や権力政治家の一人であり、時勢の赴くところを洞察して庶民と和楽を共にせんとする民衆政治家ではなかった

とするのも一面の正しい評価であろう」（八六―七頁）

大院君が隠棲すると、金弘集と朴泳孝との親日連立内閣が成立し、翌一八九五年一月に洪範十四条を公布した。洪範は書経の一篇からとったもので、洪は大、範は法の意で、大法つまり為政者の規範とすべき法である。この十四条を裏から見れば、当時の改革の必要が今日的には理解できよう。

洪範十四条（意訳）

一、清国への依附観念を絶ち、自主独立の基礎を築く。
二、王室典範を制定し、大位継承と宗戚の分義を明らかにする。（王妃の国政干渉禁止）
三、大君主は正殿で政務をみ、各大臣に親しくはかって裁決し、后嬪宗戚の干渉を許さない。（勢道政治の禁止）
四、王室事務と国務とを混同しない。
五、議政府と各官庁の職務・権限を明確化する。
六、税率は法によって定め、名目をみだりに加えて乱徴しない。
七、租税賦課、経費支出はすべて度支衙門（大蔵省）で管轄する。
八、王室費は年間予算を定め、財政の基礎を確立する。
九、地方官制を改定し、地方官の職権を制限する。
一〇、俊英な子弟を外国に留学させ、学術・技芸を伝習させる。
一一、将官を教育し、徴兵制を採用して軍制の基礎を確立する。
一二、民法と刑法を厳明にし、監禁・懲罰の乱行を防ぎ、人民の生命財産を保護する。

一三、人材を朝野・門地のいかんにかかわらず登用する。
一四、不詳

こうして日本的近代化が進められ、閔氏による勢道政治は終止符をうったかにみえた。そして四月の下関条約では、朝鮮は自主独立国家であることが日清両国で確認された。内実は清は手を引き、日本の優越権を認めることに外ならなかったけれども、この際、朝鮮民族が団結して近代化の道に励んでいたならば、以下述べる不幸は避け得たかもわからない。李氏朝鮮は日本の友邦として、その社稷を全うしたであろう。それは地政学的にそう言える。朝鮮の平和と安泰は、今も昔も日本の安全に直結しているからで、洪範第一一条の軍制の改革がそれを示唆している。

乙未事件　けれども露・独・仏の三国干渉に屈した日本は涙を飲んで遼東半島を還付し、新たな敵・ロシアを意識して臥薪嘗胆の途に入った。

すると外勢の動向に敏感な閔氏一派は急激に親露に転じ、ロシア公使・ウェーバーと提携し始めた。日本はロシアの敵でないとみて、その力を借りて日本の影響力を攘うためである。でもB国の力を借りてA国を追出してみても、その後には必ずB国が居座るわけだから、この国際的現実をどう踏まえていたのであろう？　ウェーバーはほくそ笑んだに違いない。

明成皇后・閔妃

内閣の実力者・朴泳孝は現実的親日派であったが、より以上に愛国者であった。彼は、井上公使の租借権要求を頑として拒絶し続けた。それを不満とした心なき日本浪人は、朴らに謀反の志がある旨を流布した。これを奇貨とした閔氏派は国王を動かして朴泳孝を日本に外遊させ、李完用、李範晋、安駉《けい》寿らの親露派を入閣させて第三次金弘集内閣を組織させた。一八九五年七月六日のことで、俗に「閔妃のクーデター」というが、その背後にロシア公使がいたことは言うまでもない。

しかも政情の安定と対露静穏を願った日本公使がロシア公使に屈して洪範第二条の王妃の国政干渉禁止条項を撤回すると、これを日本の事実上の対露屈伏とみた閔氏派は親露政策を強め、ロシア公使の助言を入れて諸政を旧態に復するに努め始めた。そして、ロシアに東北の一港を貸与する密約さえ進めていることが発覚した。狼を追出すために熊を入れる政策であった、と言えよう。

日本が閔氏一派を敵視し、その根元は閔妃にあるとみたのは、以上の経緯からである。しかも当時の日本には征韓論の亜流や福沢諭吉の「脱亜論」「時事小論」及び陸奥宗光外相の「蹇蹇録《けんけんろく》」にみられるような、朝鮮に自主改革の能力ありや?という傲った見方もあり、かつ朝鮮自体にもそのように見られても仕方のない一面があった事実は否めない。

叙述が前に戻るが、下関条約が調印された一八九五年・乙未の四月、親日政権と言われた第二次金弘集内閣は日本の忠告に基づいて軍政を改め、二個大隊（八〇〇人）の訓練隊を新編して日本士官に訓練を委嘱し、これに王宮を警護させていた。当時は国王が万機を親裁されていたから、国権を忽せにしないための便法であった。

ところが前述の七月の政変で親露派が実権を掌握すると、間もなく訓練隊解散の計画が漏れてきた。親露派が王宮での自由を回復するために、警察と訓練隊との不仲を理由としてその解隊を目論んだものである。

訓練隊の大隊長・禹範善らは、決死反対を決意し、穏やかならぬ空気になってきた。

これらの動きを察知した駐韓公使・三浦梧楼は非常の手段を決意した。閔妃一派の計画が成就すれば、日清戦役の成果が台無しになる、と憂えたのである。

一〇月七日、軍務大臣・安駉寿は三浦公使を訪れて、訓練隊解散の詔が発せられた旨を通告した。いわば、排日宣言である。

すると間をおかず禹範善大隊長が面会を求め、機先を制して閔妃一派を打倒するよう慫慂した。

三浦公使は浪人・岡本柳之助（元陸軍中佐）ら六〇余人を急派して閔派の政敵・大院君を擁立し、翌一〇月八日未明に訓練隊とともに景福宮に乱入させて閔妃を殺害させた。その詳細は日本人として筆にし得ない。

かくして二十数年に亘って権勢の座にあった閔妃はついに悲命に倒れたが、閔妃の生涯について久保寺山之輔「日韓離合之秘史」は次のように叙している。

「閔妃が一六歳で王宮に迎えられた時李王は一五歳、乙未の変によって波乱の生涯を終えたのが一八九五年（明28）十月八日で享年四三歳であった。

閔妃は大院君妃の姪に当たり、だからこそ大院君はその王妃冊立に同意したのであったが、余りにも聡明、怜悧、権勢を好み過ぎた。宮廷の人となった閔妃は、まず王の寵妃・李氏と君寵を争ったが、李氏は王の寵愛殊の外深く、先に懐胎した。妬心火の如く権力への執念に燃えた閔妃は李氏を葬るべくあらゆる策略をめぐらし、遂に目的を達した。

ついで後の李堈公の生母・張氏と寵を争い、謀計を以て死に至らしめた。冷酷無残、目的のためには手段を選ばない女傑の性格が、君寵争奪の面でも遺憾なく発揮されたのである。

閔妃が後の純宗・坧を生んだのは李氏の後、張氏の前であったが、事実上の摂政であり閔妃にとっては舅に当たる大院君は、既に妃の行動を警戒していた。その余りにも明敏かつ不敵な才略を見て、不安を禁じ得ないものがあったからである。世子冊立の議が起こると、大院君は閔妃の勢力を削ぐために、庶子ながら長子である故を以て李氏の子を擁立した。閔妃は悍馬のような鋭鋒を現わして反撃し、宗家ともいうべき清朝に密使を遣わして大院君の専横を訴え、その干渉を得て見事に自分の子を世子に冊立し、かつ李氏の子を侍女を以て毒殺させた。かくして両者の骨肉相喰む政争は幕を開け、その翌一八七三年には大院君の引退となり、相剋の度は激しさを増していった。閔妃は大院君との間に政権の争奪をくり返しつつも、前後二十年に亘って権力の座にあり、権勢をほしいままにした。壬午の軍乱（一八八二年）に際して大院君に追われ、忠州に逃れるという危難に遭ったが、僅か一か月で清国の干渉を誘い、却って大院君を保定に軟禁させるという離れ業を演じ、大院君が四年後に帰国の後も誰れ憚るところなく権勢をほしいままにしたのであった。

閔妃の日本に対する憎悪と怨恨は深かった。それは日本及び親日党が大院君と結んで閔妃の勢力を抑圧したことにもよるが、一面では日本の発展に対する羨望と妬心による。即ち閔妃は、日清戦争の勃発に際して日韓攻守同盟の締結を拒否し、以て日本を苦境に追い込まんとしたが、清軍が敗走すると勢いに乗じた親日派は大院君を迎え、閔派の巨頭を遠島に処した。だが閔妃縦横の才略は忽ちこの劣勢を挽回し、僅か二か月も経たないのに大院君を失脚させて権力を奪回し、露国と結んで日本の排斥を企てた。まことに凡百の男子をして撞着たらしめる謀略の妙であった。

このように政略の才に長けながら、彼女はまた王の心をつかむに妙を極め、一国の国王を自在に操縦した。後日、李太王が密謀また密謀の渦中に飜弄されて譲位の已むなきに至ったとき、涙して近臣に衷情を訴え、売官・汚吏のこと、閔妃一族の専横を怒り、かつ後悔されたのはこの故である。

思えば閔妃四三年の生涯は、天恵の聡明と巧智に溺れて遂に自らの運命を誤った史上幾多の英才とその軌を一にしたものに外なるまい」（九一—三頁）

大院君と三浦公使は、同行して高宗に改閣を奏請した。大院君は政敵を倒すためには、昨日の敵と結んだのである。こうして李完用、李範晋、安駉寿らの親露派は台閣を追われ、替わって親日派の兪吉濬《ゆきつしゅん》らを中心にした第四次金弘集内閣が誕生した。**乙未事件**という。（菊地謙譲「大院君伝」明四三年、日韓書房刊） 兪吉濬は慶応義塾大学と米国に留学した視野の広い人で、一八八五年に朝鮮の永世中立論を唱えた見識者として知られる。

こうして親露色を一掃した政府は、日本公使の助言に基づいて急激な近代化政策を採った。翌一八九六年一月に元号を建てて「建陽」と号し、太陽暦の採用に踏切った。農本主義の国民はさぞ迷惑し、面従腹背したであろう。種痘法は嫌がられ、郵便事務や軍制の改革は反感をかった。特に形而下の近代化を急ぐ余りに「断髪令」を強行公布したことは、火に油を注ぐ結果になった。明治維新でも廃刀令や断髪令は物議を醸したが、ここ朝鮮では外国の干渉によって断髪を強制されただけに、挙族的な反抗が興ったのも無理はない。このような急激で唯我的な改革は、日本人の性急な性《さが》の現われであったと思う。

義兵

乙未義兵　そのころ国母・閔妃の殺害は全国に知れ渡り、民族意識を激発させていた。そこに二千年の伝統を破る断髪を強制されたのだから、民族の魂が泣寝入りするはずはない。立場を替えてみれば容易にわかることである。

国母報讐の理念と断髪拒否の反骨の激情とが絡んで、血気盛んな儒生の反乱が各地に相次いだ。儒者は忠孝を基とするからで、乙未義兵または儒林挙義という。一八九六年一月から二月にかけて起こった義兵将は次の通りである。

京畿道・砥平…李春英、孟英在、金伯善

　驪州…李麟栄《りんえい》

　青陽…李世鎮

忠清道・忠州…柳麟錫

　洪州…李　偰《けつ》、金福漢

江原道・春川…李照応

　興陽…李秉埰《へいさい》

全羅道・長城…奇宇万

慶尚道・聞慶—李康年

　善山…許　蔿《い》

義兵は数十人ないし数百人の儒生や農民の集団が旧式の長銃や槍などで武装したもので、地方官庁を荒し回った。それぞれが政府が派遣した親衛隊と交戦して双方に死傷者が出たが、多くは自ら義旗を降して解散した。この間に春川と忠清道の二人の観察使（知事）が殺され、広州、天安、清風、丹陽、盈《えい》徳、義城の六人の郡守と数十人の官吏が殺された。この義兵の特徴は、朝鮮の南半部だけに義兵が起こり、かつ反日の矛先が政府の法令執行に熱心な地方官吏に向けられたことであろう。

　政府に対する直接の反抗は、参領（少佐）・李道徹と侍従・林最洙らが企てた軍事クーデターであった。乙未事件で台閣を追われた安駉寿と李範晋らがその黒幕で、訓練隊と共謀して宮廷に突入し、金弘集・兪吉濬ら政府の中枢人物を殺害する計画であったという。

ところが挙兵して宮廷に向かうと、安駉寿が背信して外相・金允植に内通した。ために宿衛兵の反撃を受けて失敗し、首謀者は処刑された。

不思議な事件であった。そもそもこの挙兵は「国母が外賊に殺されたのに復讐の挙がなかったら、国に臣民がいると言えようか」という大義名分と、断髪は倭（日本）の行政であり「首を断たれても、髪を斬ることはできぬ」（儒家・崔益鉉の言）という感情とが因になったものである。だから挙兵の対象は、日本に向けらるべきものと思う。ところが殺害の目標は自分の国の要人であった。金弘集や兪吉濬、そして地方官吏をいくら殺しても、日本の影響がある限り第二、第三の金弘集がでるはずである。

次に不思議なのは、首謀者・安駉寿（前の軍務大臣）の背信である。その原因は人間的には推測できるけれども、挙義の目的からみて理解しにくい。

こうして乙未義兵（第一期義兵闘争とも言う）は大義を明らかにして民族の意気を示しはしたが、特に他に成果を収めることはなかった。それはこれらの挙兵が個々別々のもので、全国的に組織されたものではなかったし、軍事に暗い文官の蜂起であったからと思われる。この傾向は、併合後の抗日独立運動にもそのまま現われる。

国王播遷　しかし乙未義兵の結果は意外な政変となって現われた。政府は義兵鎮圧のために親衛隊の大部を地方に派遣したが、ロシア公使・ウェバーは首都の警備が手薄になったのを理由にして、二月九日に水兵百人を入京させて公使館の警護に当たらせた。そしてこの武力を背景に宮中の親露派の李範晋、李完用や親米派と謀り、国王と王太子を景福宮からロシア公使館に播遷《ばんせん》させた。播遷は移すことで、軟禁に通ずる。言語道断の所業だが、これが当時の帝国主義時代の具象であった。おそらく、清や日本のそれを真似たのであろう。

急変を知った金弘集と鄭秉夏が急いで景福宮に参第すると、途中で警察に殺された。魚允中は郷里の龍仁に逃れたが途中で捕殺され、兪吉濬、趙義淵、張博らは日本への亡命を余儀なくされた。国王は親露派の李範晋らを中心とする朴定陽内閣の組織を命じ、ここに親露政権が成立した。清国を追出した日本を追出して、ロシアが居座ったのだ。親露内閣は前内閣の開化新法を撤廃し、内閣制を旧態の議政府に復し、一切を元に戻してしまった。近代化の逆流であり、日本が対露戦争避け難しとみて一三個師団の設置を決めたのは翌三月のことであった。

しかも国王は、じ後一年にわたってロシア公使館に留まらされた。かくしてすべての勢力と利権がロシアの手に渡り、米、独、仏もそれぞれお相伴にあずかった。朝鮮歴史研究会訳の「朝鮮近代革命運動史」（一九五四年、三一書房刊）によれば、一八九六年以降列強が朝鮮から奪った利権は次表の通りという。つまり、ロシアの進出を機に列強の対朝鮮利権獲得競争が始まったわけで、乙未義兵は意外な結果を招いたと言える。けれども、いずれにせよ軍事力を欠いた国が遭わねばならない悲劇であったと思う。

列国の利権獲得表

年　国	ロシア	アメリカ	イギリス	フランス	ドイツ	日本
（親日内閣崩壊）一八九六（親露政権樹立）	4月、咸北・慶源、鍾城の金鉱採掘権 7月、鍾城の石炭採掘権 9月、豆満江・鴨緑江上流地域と、うつ陵島の森林伐採権	3月、京仁鉄道敷設権 7月、雲山金鉱（平北）採掘権	4月、財政顧問の派遣と海関管理権	7月、京義鉄道敷設権		（小村＝ウェーバー協定）（山縣＝ロバノフ協定）

一八九七	10月、財政顧問の派遣と海関管理権 10月、軍隊の教育訓練権 10月、木浦沖の孤下島買収を図る。				4月、江原・金城金鉱採掘権	
一八九八	2月、露韓銀行設置 2月、絶影島（釜山港内）の租借要求 （旅順、大連を租借）	2月、ソウルの電車、電灯、水道経営権	9月、平南・殷山金鉱採掘権			9月、京釜鉄道敷設権 （西＝ローゼン協定）
一八九九（義和団起こる）	3月、東海岸における捕鯨権 7月、馬山の土地買収を図る					
一九〇〇（北清事変）	3月、慶南・馬山浦の栗九味租借秘密協定 （10月、満州占領） （11月、清との協定成立）					8月、忠北・稷山金鉱採掘権 10月、京畿道沿海の漁業権
一九〇一				6月、平北・昌城金鉱採掘権		4月、人蔘の輸出権
一九〇二	（3月、露仏協約）					（1月、日英同盟）
一九〇三	（8月、旅順に極東都督府を設置） 5月、龍岩浦占領					
一九〇四（日露戦争）	2月、日露開戦					2月、日韓議定書 9月、日韓協約
一九〇五	9月、日露講和					11月、日韓保護協約（乙巳条約）

徐載弼と独立新聞

高宗皇帝

独立協会　このように列強の分捕り合戦が始まれば、国権の維持独立のための運動が展開されないはずはない。甲申の政変に敗れて米国に亡命し、市民権を得ていた徐載弼（米名 Philip Jaisohn，漢字表記・畢立提仙）は中枢院顧問官兼外務省顧問として帰国すると、一八九六年秋に民衆の覚醒と国権の確立を図って独立協会を創立し、秕《ひ》政（悪政）の糾弾と民衆の啓蒙に乗り出した。徐載弼は朝鮮の近代化運動・新文化運動の先駆者と言われる。協会は独立新聞を発行し、街頭で時事を解説し、かつ西大門の中国使節を迎えた迎恩門を壊して欧風の独立門を建て、国王が使節を出迎えた慕華館を集会場にして民意を高揚させた。

会員は当初、安駉寿（元軍務大臣・初代会長）、韓圭卨（のち総理）、李完用（併合時の総理）、李建鎬（前鏡城観察使）、李商在（議政府総務局長）らの高級官吏が多く、あたかも紳士クラブの感があったそうだが、やがて鄭喬（「大韓季年史」の著者）、尹致昊、**李承晩**、**安昌浩**、申興雨、南宮檍、尹始炳ら少壮気鋭の士が中核として活動し始めると、民衆運動に実効を挙げて一大勢力となった。その実績は次の通りで、当時の情勢をうかがわせてくれる。

一八九七年（明30）初めに、国王は一年ぶりにロシア公使館を出て慶雲宮に還御されたが、八月に九条から成る革新の詔を発布され、一〇月に国号を大韓帝国と改めて太極旗を国旗と制定し、年号を光武と定め、王を皇帝に改称して即位式を挙げられた。出直す決意の表明であり、光武維新と言われる。

だが外勢は既にその骨肉に浸透して、維新を許さなかった。九月に着任したばかりのロシア公使・スパイエールは半強制的に韓国軍の訓練権や財政顧問権を掌握すると、これらを背景として釜山港内の絶影島の租借権や露韓銀行の設置権など、さまざまな利権を漁り始めたのである。スパイエールの強圧に屈した朴定陽内閣は、已むなくこれらの強請に内諾を与えざるを得なかった。

これらを聞知した独立協会は、猛然と反対し、軍事訓練権と財政関与権の譲与を不当として皇帝に上疏した。また絶影島の租借に内諾を与えた外務大臣に抗議し、度支部（大蔵）大臣に露韓銀行設置反対を申し入れて、これらのすべてを撤回させる因となった。つまり反露運動を展開して成功したわけだが、独立協会が反日運動を展開した記録は、日本の対韓侵略性を叙述した旗田巍「朝鮮の歴史」（昭49年、三省堂刊）にも見当たらない。そのころロシアの圧力で朝鮮から締め出されそうになっていた日本は、一八九六年五月（小村外相とウェーバーの覚書）と六月（山県特派大使とロバノフ外相の議定書）、及び九八年四月（西外相とローゼン駐日公使の議定書）の三次にわたった日露協約（後出）で分かるように、朝鮮における地位の均等と共同保護権の確認を求めた対露国交調整に懸命であったから、また前表の利権獲得表でわかるようにまだ日本は侵略的な利権を求めていなかったから、排外の対象にならなかったのだと思われる。後のことになるが、それは一九〇四年四月六日付で滞米中の徐載弼が漢城監獄に入監中の李承晩に宛てた次の書簡でもわかる。

「現在までの日本は正当だったし、今はすべての文化人が擁護しなければならない原理原則のためにロシアと戦っています。私は心から、正義と文明のために戦う国家に神の庇護があらんことを祈ります。…日本またはそれ以外の外国は、韓国が自らを助けながら他国の援助を必要としないよう努力しない限り、韓国を助けてくれる筈がありません。もし韓国が、これからもなお依然として稚児のように振舞うならば、外国の属国化することは確かです。

…」（ロバート・T・オリバー「人間・李承晩」（昭33年、日本観光出版部刊：七六頁）

また独立協会は内政改革を上申し、不正腐敗を糾弾した。ために法部大臣を始め賛政（次官）級の高官多数が更迭され、あるいは罷免された。こうして一八九八年（明31）には独立協会員の尹致《いんち》昊《こう》、李建鎬、尹夏栄、鄭喬の四人が中枢院議官に任ぜられ、協会代表が皇帝に謁し、大臣と国政を議するまでに発展した。官と民とが会議したのは、李朝五百余年の歴史で初めてのことという。当時の開化と独立とを希求した民衆運動が、いかに時宜を得ていたかがわかる。もし独立協会がこの勢いで発展していたならば、韓国の歴史は書き換えられたものと思われる。

けれども革新の裏には必らず守旧の反動がある。守旧の政府と開化の協会との間にはいつしか感情の対立が生まれ、徐載弼は一八九八年四月にアメリカに追放された。政府が米公使・アレンに贈賄してその了解を得たものという。

徐載弼：一八六三—一九五一年。大邱に生まれ、早くから開化思想を抱き、一八八二年修信使随員として渡日、八四年の甲申の政変に参加して親日政府の兵曹参判兼正領官に就任したが、敗れて米国に亡命し、医学を修めて市民権を得る。

一八九六年に帰国して中枢院顧問に就任し、親米的な独立協会を創立して自由主義の立場から政府の革新を迫った。ために弾圧されて再び米国に亡命し、のち反日独立運動に従った。一九四五年に帰国したが李承晩と対立し、帰米して多彩な生涯を終えた。

また独立協会と激しく対立した軍務大臣・閔泳綺は、行商人の集団（褓負商《ボブサン》）を集めて皇国協会（朴殷植「韓国痛史」では皇極協会）を組織し、独立協会を襲撃させた。民衆は激昂してこれに報復し、多くの流血を見た。この時は政府が譲歩したが、やがて独立協会の弾劾によって前に罷免された賛政・趙秉式が「独立協会は王政を廃し、選挙によって共和政治に変制することを目論んでいる。大統領に朴定陽を、副統領に尹致昊を、内部大臣に李商在を、外部大臣に鄭喬を当てる計画である」と讒訴するに及んで、皇帝はついに独立協会の弾圧を指令し、中核会員を逮捕したのち、同年一二月に解散の詔勅を発布した。かくして折角芽生えた民衆の開化運動は抑圧されて、歴史の歯車は逆転することになる。李鍾賛将軍は「日本は、明治の維新をうまく成功させて世界の潮流に乗ることができた。しかし韓国は、光武の維新に失敗して立ち遅れた。わが国の不幸の根因である」と嘆かれたが、その具象は前述のことを指すものと思われる。しかして失敗の要因は、屡述したところで容易に推察することができよう。かくして民族の閃光とみられた独立協会の主権守護運動は、わずか二年有余で閉塞させられた。政府の裏でロシア公使が糸を操っていたには疑いないが、民族の固疾と言われた四色党派の党派性がむき出しになったともみられよう。四色党派とは、文班と武班とから成っていた両班《ヤンバン》（貴族層）のうち、政権を握った文班が次表の派に分かれ、勢力を維持した老論、少論、南人、小北の四派が血を見る政権争奪を繰り返したことを言う。敗者は死罪か配流されるのを例とした。

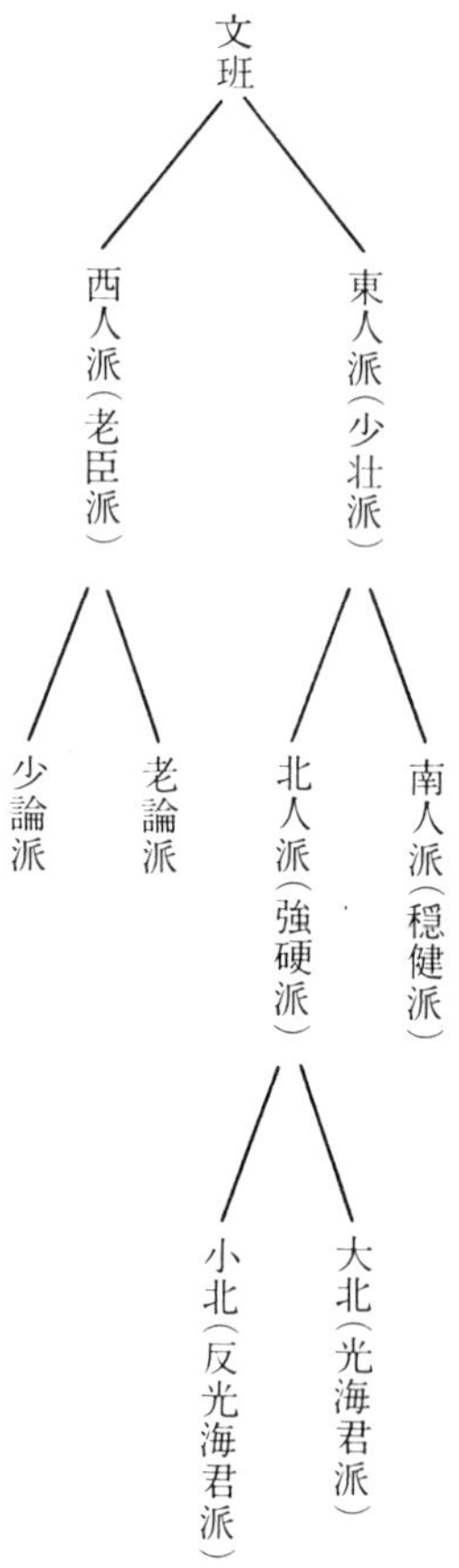

三、日・露を巡る民族運動

日清の役で収めた日本の権益は、不凍港を求め続けたロシア帝国の南下政策によって脅かされ、果ては存亡の淵に立たされた。武力で得た国益は武力で守られ、武力で失ったものは武力でしか回復し得ないのが歴史の証明である。かくして日露の役を戦い、勝利した日本は、加速度的に韓国への影響力を強め、ついに併合するに至る。けれども外国の強圧と干渉とによって国権が済崩しに奪われていくのを、座視する民族はいない。韓国政府は陰に陽に、自力、他力を利用して独立の維持に努めた。だが力の差はどうしようもなく、外国は日本と事を構えてまで助けようとはしなかった。外国はむしろ日本の利益線を認め、敗れたとは言えやがて立直るであろうロシア帝国の南下を日本が防いでくれることを期待したのである。日英同盟の改訂拡充や桂・タフト覚書（後出）がその証例であった。従って、韓国政府が不名誉な協約を強いられるたびに地方の有力者は義兵を募り、武装して兵を挙げた。また各種各様の反日団体が乱立して覇を競い合った。已むに止まない民族精神の発露であった。

ロシア帝国

ロシアは一八六〇年一一月の北京条約によって沿海州を略取すると、ウラジオストーク（「東方を統治せよ」の意）を開発して極東経営の拠点とし、その軍艦は北海道沿海や長崎に出没し始め、一八六一年には対馬の領有を企てるまでになった。

と同時に一八六五年には元山に寄航して李朝に通商を求め、一八八八年（明21）にはついに朝露陸路通商条約を締結して半島の東北部に楔を打込んだ。条約の内容は慶興の開市を主眼とする有期または無期の土地租借権、広汎な治外法権の設定、豆満江の自由航行権などの一方的なものであった。これは豆満江下流域の軍事占領に等しい成果である。

一八九六年（明29）二月にいわゆる高宗の露館播遷事件が突発すると、ロシアの朝鮮における勢力は一挙に拡大し、鴨緑江南岸地区の森林伐採権、京元電信線のロシア領への延長権、軍隊の訓練権、財政監督権などを掌握する気勢をみせた。清国の後釜に座り始めたわけで、日本としては日清の役の意義を失ってしまう。

高宗が播遷して三か月後の一八九六年五月、小村外相はウェーバー公使と漢城に於て折衝し、次を取決めた。第一次日露議定書で、小村・ウェーバー覚書とも言う。

第一次日露議定書

一　高宗の王宮還御を忠告する件

二　寛大温和な人物を以て内閣を組織する件の勧告

三　京釜電信線の保護のため日本憲兵二百人以内を配置する件

四　両国とも居留民保護のため漢城、釜山、元山に衛兵を配置する件

この協定の内意は「ロシアは人質を離し、中立的内閣の樹立によって日露の間のバランスをとる。南半部では日本の、北半部ではロシアの優越性を認める」ということで、日本が大幅に譲歩してロシアとの衝突回避を図ったものである。俗に「朝鮮を共同保護下に置いた」と言われる。

つづいて六月には、ニコライ二世の戴冠式に列した山県大将はロバノフ外相と交渉し、次を協約した。

第二次日露議定書

一　両国は朝鮮の財政を援助する件

二　朝鮮の軍隊、警察に不干渉の件

三　ロシアの電信線架設権の件

四　必要の場合の交渉継続の件

この折衝の折、山県全権は韓国における両国の利益線を北緯三八度線とする案を提議したが、ロバノフ全権は相手にしなかったとの説がある。だが、史料的に確認し得ないでいる。真だとすれば、当時の日本がいかにロシアの南下を恐れていたかがわかる。この提議は、遼東半島の還付とともに、日清役の政治的成果の三分の二をロシアに献上したことになるからだ。しかして山県・ロバノフ協約の狙いは、互譲して韓国における日露の紛争の種を未然に排除するにあった。

けれども反面から見れば、このような協約を日本とロシアが勝手に結んだ素因は、どうにもならぬ李王朝の宿痾と無力とにあった。李朝がロシアの容喙を自ら招かなかったならば、他国が李朝の頭越しにその体面を踏みにじるような協約を結ぶ事態には至らなかったと思う。またロシアが思いの外に譲歩したのは、当時のロシアは、まだ極東に作戦する準備が整っていなかったからである。西シベリア鉄道は一八九四年（明27）に開通していたが、その全通は一九〇二年（明35）の予定であったし、極東艦隊はまだ劣勢であった。力の裏付けのない外交は、一旦は譲歩せざるを得ない。

ロシアは朝鮮進出の矛を一旦収めると、一転して満州の経営に乗り出した。一八九六年六月の山県・ロバノフ協約の前後、ロバノフは李鴻章と密約し、将来日清間に戦争が再発した場合にはロシアは清側に立って対日戦を遂行する代償として東清鉄道（満州里―ハルピン―綏紛河）密約を締結し、翌九七年にはその敷設権を得た。そしてその翌九八年三月には前年の一二月から旅順に居座っていた艦隊の武力を背景に、日本が最も恐れていた旅順・大連の租借に成功し、かつハルピン―旅順鉄道（南満州鉄道）の敷設権を手に入れたのであった。

ここにおいて第二次議定書の第四項に基づいて、同九八年四月、西外相とローゼン公使とが東京に会談し、次を議定した。

第三次日露議定書

一　両国は韓国の主権と独立を尊重し、内政干渉を成さざる件

二　練兵教官や財務顧問の任命は相互協議する件

三　ロシアは韓国における日本の商工業の発達と居留民の多数を認め、日韓間の商工業の関係と発展を妨害しない件

こうして日本は絶えずロシアの南下を牽制し、かつ同年九月には京釜鉄道の敷設に関する日韓条約を締結して万一に備えたわけである。

一八九九年（明32）三月、ドイツの膠済鉄道建設に憤激して清国・山東省に起こった農民暴動はやがて義和団の乱に発展し、キリスト教徒を迫害して「扶清滅洋」を唱えると、ロシアは租借地・遼東半島に関東州を設置した。不撤退の意志表示であった。

翌一九〇〇年（明33）六月、義和団が政府の黙認のもとに北京公使館区域を包囲すると、清朝は列国に宣戦し、北

清事変が勃発した。日本の第五師団を中核とする日・英・米・仏・独・伊・墺・露の八か国連合軍は八月に北京に入城して乱を鎮定したが、ロシアは清兵が在満ロシア人を追放したとの口実で六月以降続々と満州に大軍を南下させ、一〇月には一〇万の兵を以て全満州を制圧してしまった。そして第二露清密約によって満州への駐兵権、要塞構築権、地方行政の監督権等を得て軍事占領を正当化し、翌一九〇一年四月には形式的な清との撤兵交渉を打切った。英国がボーア戦争の初戦に敗れた隙に乗じたものである。列国は露清密約の廃棄を双方に申入れたが、ロシアは戦争をも辞さぬ態度をとった。憂慮した日本は三月と四月の二回にわたって満州撤兵を求めたが、これには梨のつぶてであった。ロシアはかねて鉄道保護の目的を達したならば撤兵すると約束していたが、それは空宣言に過ぎなかったのだ。

ここにおいて利害が一致した日本と英国は、一九〇二年（明35）一月に日英軍事同盟を締結してロシアの南下に備えた。シベリア鉄道の単線が全通したその時であった。当時の英・米の対日観についてR・オリバー博士はその著「人間・李承晩」の中で次のように述べている。

「中国や朝鮮半島に莫大な利権を持っていた英・米はアジアに番犬を必要としていたが、ロシアの南下を阻止する実際的な方法は、半島に日本の勢力を確立することであった。西欧化に熱心な日本は英・米に非常に好意的に見えたから、両国は、日本の勢力を拡張することが新たな脅威を招くことなしにロシアの勢力を阻止する良策であると妄想したのである。韓国の感情と福祉は問題にされず、全く黙殺されたのだった。…また力と攻撃精神を尊んだセオドア・ルーズベルト大統領は、日本に好意的であった」（七五頁）

ロシアは露仏同盟の有効を宣言して対抗したが、四月には日英同盟の圧力を緩和するためか露清撤兵協定を締結し、支障と妨害がなければ、三段階に区分して明年一〇月までに撤兵する旨を議定した。そして一次段階の遼河以西からの撤兵は協約通り同年一〇月までに実行したが、二次段階の奉天・吉林両省からの撤兵は実行しないばかりか、新たに蒙古の現状維持や満州貿易の独占を含む七条の難題を清朝に提議して、その拒絶を居座りの口実とした。そして翌一九〇三年（明36）四月には、韓国政府に一八九七年に協約した鴨緑江南岸地域の森林伐採権の行使を通告し、五月には鴨緑江河口の龍岩浦一帯を約一個旅団で占領して施設を施し、六月には陸相クロパトキンが日本を視察し、かつ龍岩浦に鴨緑江木材会社を設立した。半島への実力での進出の第一着手であった。

日本は六月の御前会議において〝韓国領土については一歩も譲歩せず、満州においてはロシアの優勢を認めて譲歩する方針のもとに、戦争を辞せざる決意で交渉して韓国問題を解決する〟に決した。〝現時点では対露戦争に成算あり〟の胸算を抱いて、不退転の外交方針を定めたわけで、この決意は日本の安危に関する韓国の戦略的地位観に基づくものであった。

しかしロシアは日本の軍事力を眼中に置かず、八月一二日には極東都督府を設置して、総督に海軍大将アレクセーフを任命した。そこで栗野公使は直ちにラムスドルフ外相に日本案六条を手交したが、その狙いは、日本の韓国における優越権を認めさせ、露軍の駐満兵力を必要最小限に止めさせ、かつ任務を達成次第撤収させるにあった。

ロシアは一〇月三日に対策を提示した。それはほぼ日本案を認めていたが、双方は韓国領土の一部といえども軍事的に利用しないこと、北緯三九度（平壌—元山の線）以北の韓国領を中立地帯とすること、満州は全然日本の利益圏外とする、の三項が付加してあった。

日本はこれに対し、韓国はロシアの利益圏外であるという一項を加えて一〇月三〇日に回答した。普通ならこれで妥協できるはずである。

ところがロシアの回答は延び延びになったうえ、一二月一一日に提示してきた対案は、協約の範囲を韓国に限定すること、韓国領土の軍事的使用禁止、北緯三九度以北の中立化、を謳っていた。日本の第一次案第一条は、清、韓両国の独立と領土保全の尊重、該両国における各国の商工業のための機会均等を謳い、これを協約の骨子としていた。だからこのロシアの対案は、満州はロシアの自由、韓国は日露の共有、の言分となる。

一二月二三日、日本は原案に帰った口上書を手交した。韓国に対する内政助言と援助の権利と中立地帯の不設定を謳い、かつ朝鮮海峡の自由航行の保障を約し、日本の満韓交換的な方針を明確にしたものであった。

ロシアは翌一九〇四年（明37）一月六日に回答してきたが、それは一二月案の繰り返しに過ぎなかった。日本は天皇の思し召しで一月一六日に第二回口上書を送ったが、三回の督促にもかかわらずロシアの回答はこなかった。

かくして日本は二月五日に国交断絶を通告し、同九日に旅順と仁川でロシア艦隊に奇襲を加え、一〇日に宣戦するに至る。

日露戦争を侵略戦争と規定した書があるが、それは間違っている。国運を賭して侵略する国はないからである。日露戦争は韓国にとっては迷惑至極のことであったが、もし日本が立たねばロシアが入ることは自明の理であった。それは次項の海軍基地を巡る虚虚実実ではっきりする。

海軍基地を巡る虚虚実実　ロシアは一八九八年（明31）三月の遼東半島の租借と前後して、韓国の南岸に艦隊の中継基地を物色し始めた。ウラジオストークと旅順との連絡を確保するために、給炭、給水、病院、休養地等を必要とする、という口実であった。だが半島南岸にロシアの海軍基地が建設されれば、日韓の連絡は遮断され、韓国のロシア化を意味する。日本は虚虚実実の戦いを繰り広げて必死に妨害を図った。

ロシアはまず釜山港口の絶影島に石炭庫用地の買収を企図し、韓廷の内諾を得た。逸早くこれを察知した日本は商人に命じて用地を先に買収したのと、前述した独立協会の猛反対によって事無きを得た。

するとロシアは馬山浦と巨済島に着目し、まず馬山浦付近の買収を図った。これを察知した日本は馬山浦海岸の適地を悉く買収して機先を制し、その企図を封じたが、この間の競争は激甚を極め、一触即発の空気であった。このため山本海相は一八九九年（明32）一〇月に電命してわが艦隊に厳戒し、馬山や巨済島付近への回航を禁じたほどである。というのは、同年七月に釜山の京阪亭で、露艦コレエッ号の士官が同亭の雇人と争って負傷した。するとロシア政府は、士官の怪我はその時仲裁に入った日本巡査の腕力によるものと抗議して、措置を求めた。そこで日本は、涙を飲んでその要求を容れた事件が起こっていたからである。

日本に機先を制されたウェーバー公使は、朴斉純外相に「ロシアに売らぬなら、日本にも売るな。露国ハ之ニ対シ毫モ退譲ノ意志ナシ。……」と談判したが、「開港場付近四キロ以内の土地の買売は人民の自由」と反駁されて、已むなく一九〇〇年三月に栗九里（馬山南方）の九八万八千平方米を三万元で買収し、標石と病院を建てた。だが栗九里は不便で、かつ日本の買収地に制約されていた。ためにその使用を諦めたらしく、ウェーバーは「最モ周到ナル注意ヲ以テ選定シ、最モ決心セル態度ヲ以テ」（「朝鮮統治史料第三巻」五六〇頁）、藍浦（馬山湾口）の使用を要求し始めた。

しかして前述の栗九里の代金三万元の支払と、藍浦の要求との間には次の関連があった。実は二年前の一八九八年に、ロシアの捕鯨船が咸鏡道沿岸に不法碇泊して、元山海関から罰金を科せられたことがあった。ところで栗九里の韓国人地主が代金三万元を要求すると、ロシアは捕鯨船が抑留された数日間の損害賠償として、四万元の大金を韓廷に吹掛けてきた。そしてついには、栗九里の地代との差引勘定を提議した。余りの理不尽に韓廷が拒絶すると、ロシアは栗九里の代替地として藍浦を要求した次第であった。いわゆるロシア式商法である。韓廷は言を左右にして拒絶した。

また一八九九年には、ロシア公使は私人の名儀で木浦対岸の孤下島（高下島）に石炭庫用地を買収した。かねてこの風聞を察知していた日本政府は、渋谷某に命じて李允用と孤下島の貸借契約を結ばせていたが、ロシアの買収地はその区域の一部であった。そこで林権助公使は朴斉純外相や木浦監理・秦尚彦に再三抗議したが、馬山の例に習った私人の自由契約であったためについに露人の所有権を認め、その代り渋谷の借地権を公認する代償を得て引退らざるを得なかった。翌一九〇〇年（明33）四月、駐馬山ロシア領事・ソマフは赴任の途次に木浦に至り、木浦監理に地券の発給を求めた。だが秦監理は朴外相の訓令に従わず、地券の発給を拒否して免官された。だが、ソマフも要領を得ずに去った。秦尚彦は国粋主義者であったという。

代理監理は李允用・渋谷間の借地契約書を公認した。これについて「朝統史第三巻」五五六頁には「当時我ハ頗ル多額ノ買収費ヲ投ジタルモ、露国ノ競争現ハルルヤ其ノ結果不十分ニシテ遺憾トセルモ、亦遡リテ之ヲ追窮スルヤ却ッテ裏面ノ秘密露顕スルノ虞アリテ、唯忍黙ノ已ムナキニ至レリ」とある。

こうしてロシアはようやく孤下島を得たが、付近の水深が浅く物の用に立たなかった。

これより前、一八九九年一一月に駐韓英国公使は、ロシアが巨済島の租借を目論んでいることを林公使に知らせてくれた。イギリスは一八八五年（明18）に巨文島を占領したが、ロシアの抗議によって八七年に撤退の余儀なきに至った経緯があったからであろう。驚いた日本政府は、同島港湾の借用権を高宗に奏請して機先を図った。ところが英国が同島の銅採掘権を求めて割込んだために交渉が延び延びになると、ロシアは前に異常な決意を以て提議した監浦の租借要求を撤回する代りとして、翌一九〇〇年三月に韓廷と巨済島不譲与協定を結び、かつ馬山浦租借密約を締結してしまった。〝自分の物にならぬなら、人にもやれぬ〟の協定であった。林公使が「交渉中の日本を無視して不譲与を決めるとは？」と朴斉純外相を詰ると、朴外相は「ロシアの態度強硬にして『もし要求を入れずんば随意の行動を採る』と脅迫された。だから已むを得なかった。…」と説明したという。

だが馬山浦における艦隊の中継適地は、悉く日本が買収済であった。こうしてロシアの企図は阻止された。日露戦争は、海軍基地獲得競争の形ですでに始まっていたのである。それは日露戦争に従事した日本の戦艦六隻全部が、一八九六―一九〇〇年（三笠）に竣工していることでも分かる。しかして日本は、韓国人の好意と協力を受けてこの見えない前哨戦に勝つことができた。

朴斉純（のち子爵）は重要かつ有能な人材であった。だがG・ヘンダーソン「朝鮮の政治社会」によれば、朴斉純は公職に登用されて王朝が終わる一七年の間に、五四の官職についた。例えば官内庁顧問一一日、同庁次長一四日、ソウル副市長二か月、儀礼局、公共事業局、国税局の各次長をそれぞれ一か月、全羅道知事一か月、忠清道知事四か月、農商工相五日間、外相は三回務めたがうち二回は一か月、フィリピン大使一か月、副首相を二か月務め、二か月間中将に任命されたという。（二四八頁）

日本のエリート官僚の他省回りに似ているが、これは責任職の交替である。これではいかに有能な人材でも事務に通じにくく、腕の揮いどころがないであろう。

日露戦争　日露戦争は日本の国運を賭けた一戦であった。もし日本がロシアの恫喝に屈していたならば、親露派の李容翊政権は、間違いなくロシアを利用して日本勢力の駆逐に成功していたであろう。でも繰り返しになるが、日本の代わりにロシアが居座ることは火を見るよりも明らかであった。どちらが韓国にとって幸せであったかを外国人が云云することはできないが、思えば韓国の地政学的位置と、独立を全うするに足る軍事力の欠除とが、韓国に不幸をもたらせたことだけは確かである。この国難の中で韓国が努めた国防努力は、一八六九年（明2）に東大門を竣工させ、一九〇一年（明34）年に南大門（国宝第一号）を完成させたことだけであったのだ。その優雅な姿は李王朝を偲ばせてくれるが、国際情勢と財政負担及びその効用を考えるとき、見るたびに気に掛かる。

そもそも日本は、初めから韓国の植民地化を狙って朝鮮という国際紛争の起こり易い舞台に登場したわけではなかった。それは歴史が証明しているように〝敵性国家が半島を支配すれば、日本の生存権が脅かされる。できれば、韓国自体が独立を全うして、和親の実を挙げてくれるに越したことはない。けれどもそれができない場合には、日本は外国の韓国支配に実力をもって反対せざるを得ない〟という自衛本能に基づくものであった。帝国主義がまかり通っていた当時としても、日本の志向は韓国人にとっては不法・不当であったに違いないけれども、歴史の必然性を歩まざるを得なかったという見方も成り立つかも知れぬ。日本の主観に立つ独善であり、韓国の犠牲を前提とした勝手な考え方であるが、地政学的にみて已むないものがあり、現在の「韓国の安全と平和は、日本の平和と安全にとって緊要である」と謳った韓国条項に通ずるものであったと思う。

日露戦争が始まり、主決戦場が満州に確定すると、日本としては戦争遂行の基盤である韓国の安寧が是非とも必要である。もし韓国の治安が乱れ、第三国の干渉によって韓国政府が日本に敵対するような事態になれば、満州に作戦中の日本軍主力の後方が脅かされる。

戦争が始まると、韓国政府は局外中立を宣言した。他人の喧嘩に庭を貸すことはないからである。しかし、現実は冷厳であった。中立を保つには干渉を排撃できる武力が必要であるが、当時の韓国軍は旧式装備の侍衛歩兵二個連隊と地方に分駐した八個大隊から成る約九千人で、自衛力と言うには程遠かったのである。

一九〇四年二月二四日、宣戦を布告してから一四日目には、早くも全文六条から成る日韓議定書が強制的に調印された。その内容は攻守同盟と便宜の供与とを骨子として韓国の外交・内政の全てに干渉の道を開いたもので、韓国の主権は実質的にはこの時に失われたと言える。

世論は激昂した。だが、どうするすべもなかった。軍事力の重しは、軍事力でしか排除し得ない。

親露派の李容翊と李裕寅らは、上奏して非を訴えた。しかしそれは日本の非を鳴らしたものでなく、調印した外部大臣代理の参将・李址鎔（王族、のち子爵）と通訳官・具完喜の罪を弾劾したものであった。この二人の家には爆弾騒ぎまで起こったが、怒りの対象に特異性があると思われる。力で調印させられた二人を責めても、詮ないことである。

五月一八日には、韓露間のすべての協約を破棄する詔勅が下された。五月一日の鴨緑江の戦闘に勝利した反映であった。

六月には、日本公使が荒蕪地の開墾権を要求して韓国政府を困らせた。一進会（後出）の財源に充てるためであったという。けれどもこの要求は土地の大部の収用に通じ、庶民の燃料源の剝奪を意味した。そこで朝野一致して反対すると、日本はこの理不尽な要求を撤回した。無理は団結すれば排し得る。

けれども八月には日韓議定書に基づいて日韓第一次協約を強制し、財政・外交・軍事の各部門に日本人顧問を置くことを約して実質的に干渉の度を強めた。

こうして日本は後憂を絶ち、韓国の協力を得て日露戦争を戦ったわけであるが、この戦争を機に韓国の民族運動が親日と反日とに分裂したのは自然の成り行きであったと思う。

民族運動の派生　日露戦争が起こって日本の優勢が伝わると、韓国の民族運動に異変が現われた。異変とは、親日運動が展開されたことをいう。

宋秉畯（農相、内相を歴任、のち伯爵）、尹始炳らは黒龍会の内田良平らと結び、**維新会**を組織して日本の対露作戦に協力し始めた。

日本に亡命中の東学三世教主・孫秉熙から教務を託されていた李容九（後出）は、布教のために日清の役後に**進歩会**を組織して宗勢を拡大していたが、やがて教主の意に反して維新会と合同して**一進会**を創設し、活発に親日運動を展開し始めた。韓国では一進会を〝反逆売国団体〟とか〝御用団体〟として嫌悪されている。併合に一臂の力を貸したからである。だがこれも時勢の所産であったろうし、日本朝野の支援のもとに勢力を振った事実は否めない。

グレゴリー・ヘンダーソン（在韓七年の米外交官）「朝鮮の政治社会」（KOREA：The Politics of the Vortex）（一九七三年、サイマル出版会刊）によれば、日本の黒龍会指導者・内田良平から五万円の財政援助を受けた一進会は、二七万人の東学教徒と失業者を動員して北韓作戦や満州作戦に労務を提供したという。（七一頁）そして遂には高宗皇帝に譲位を迫り、日韓の併合を建白して忌み嫌われる存在になる。しかも虎の威を借りた所業が目に余り、朝鮮総督府の手で解散させられているが、一進会を牛耳った李容九と宋秉畯について、ヘンダーソンは

「…こうした環境下で、数人の低い階級出身の野心家たちが政治的出世街道を歩み始めた。宋秉畯は粗野な東北（咸鏡道）の衙前《アジョン》（地方の下級官吏）の庶子で日露戦争中の駐韓日本軍参謀長・大谷喜久蔵少将の通訳であり…貧しい南西部の農家の妾の子である孫秉熙と南部朝鮮出身の貧家の出である李容九は、国家の進歩と個人的成功のた

めには日本と提携し日本を支援しなければならないと考えた」（七〇頁）

と述べている。

けれども韓国史料研究所「朝鮮統治史料」の解説者・金正柱は「李容九と宋秉畯は共に名門の出でありながら、常に庶民の味方をする特異な行動で成人前から衆人の注目を引いていた。李は早く東学に入教し、宋は年少にして日本公使の接伴使随員に抜擢された」（第四巻二頁）としており、同巻に収録した内田良平の「隆熙改元秘事」は、両人を次のように紹介している。（同巻二〇―二一頁）

李容九

李容九　は一八六六年、慶尚道尚州郡に生まれる。本名は弼愚、老論派なる最高の貴族であるが、一八歳で自ら平民の名に改めて李祥玉と称し、東学二世教主・崔時亨に入門す。一八九四年春、全琫準とともに甲午東学乱を指導して一旦兵を散じたが、翌九五年に再び挙兵して公州の一戦に日本軍に破れ、両人とも傷付き、全琫準は淳昌に於て韓兵に捕えられ刑せられる。祥玉のみ江原道に走り、名を萬植に改めて北辺に入り、大いに布教に努む。一八九九年（明32）の東学大弾圧に当たり、崔時亨は七六歳の身をもって刑せられ、萬植も獄に下りしが、拷に遇うも法兄・孫秉熙の所在を語らず。孫秉熙は逃れて満州に入り、上海を経て日本に遊ぶ。萬植出獄しその師・崔時亨の死を知り、三世教主に孫秉熙を推し、東学の名を忌みて天道教と命名し、布教のため進歩会を組織して容九と改名し、ついに教徒百万と称するに至る。現、一進会長にして当四一歳（一九〇七年現在）なり。

宋秉畯　は一八五五年生まれ、宋尤庵の後なり。一六歳の歳暮、父命をもって北青に赴き貸付金の取立てに任じたが、弁債不能の債民百余人が郡獄につながれて正月に帰家能わざるを憐み、数万両（二千余円）の債券を焼きて曰く、「これ銭の罪なり。われ罪物に用なし。諸人皆帰れ」と。これより宋家に児ありと伝えられる。初代公使・黒田清隆初めて韓に入るや（一八七六年（明9））、二一歳にして接伴使随員に登用され、じ来日本人と交わる。日本人と交わりし故をもって死に瀕すること前後十数回、壬午の軍乱（一八八二年（明15）七月）に際しては南大門外の民家の米びつの中に隠れ、猛暑の候五十余日を寝食せりと云う。閔妃の変（一八九五年（明28）の親露政権の樹立）に日本に走り、野田平次郎と称し、始め人蔘を北海道に栽え、京都に移って染織を学び、後その学校を山口に起こす。日露開戦に及び大谷少将に従って帰国し、軍事通訳を以て機密に参画し、独立協会の残徒・尹始炳、兪鶴柱、廉仲模、尹定植らをして一進会を組織せしむ。当年五二歳（一九〇七）、精力人に越ゆ。…」

つまりヘンダーソンの見方と金正柱や内田良平の見方とは甚だしく違うわけで、ヘンダーソンは「出世のためには手段を選ばない成り上り者」とみているが、必ずしもそう言い切れないものがある。

それはともかく右翼結社・黒龍会の指導者・内田良平は一進会顧問として高宗の譲位や日韓併合の黒幕を演じたが、彼が遺した「隆熙改元秘事」（韓国史料研究所・金正柱編「朝鮮統治史料第四巻」一九七〇年刊所載）に一進会の由来や東学について次のように記している。隆熙改元とは高宗を廃して純宗を立て、光武を隆熙と改元したことを言い、自己正当化の備忘録に外ならないけれども、事情の一斑はうかがえる。

「隆熙改元秘事」は「一進会の性質」の章で始まるが、それは

「天地を震撼するの恠風盲雨も、元泰山寸膚の雲より起る、隆熙改元の大革新も四十四年前に倡えられたる一種の宗教的主張（東学の意）が…大勢力を作り、以て今日を致したるものなり。故に革新の裏面には一進会あることを詳にせざるべからず、一進会の性質を詳にするにはその前身なる東学党（注：党は誤り）を詳にせざるべからず、所謂秘事は這裏に於て潜在せり」

の書き出しで始まっている。

つまり、天地を揺るがす大革新の元を尋ねれば、それは社会の谷間から湧き出た変革の気運に発している。社会変革を望んだ東学は幾多の悲惨の末に大勢力となり、一進会を組織して隆熙改元を実現した。だから東学を詳にすれば一進会の性質は明らかになり、隆熙改元の本質もおのずから明らかになる、としているわけである。以下、東学についての内田良平の見解と彼との関係を意訳する。

東学は秘密結社の宗教である。開祖・崔濟愚が一八六〇年ごろ唱え始めたもので、彼は表向きは三教（仏、仙、儒）統一の下に国教（朱子学）を破り、生命財産を保護し、人権を主張したが、狙いは階級制度や両班政治を破壊せんとする革命家であった。彼は階級に苦しむ平民から濟世主と崇められたが、四四年前の一八六四年、布教わずか四年にして大邱で斬罪された。行年四一歳であった。

高弟・崔時亨が後を継ぎ、益々布教して日清開戦の頃（一八九四年夏）は教徒二〇万と号したという。同志・武田範之は一八九一年（明24）に全羅道に渡航し、初めてその教徒と往来して密呪を聞き、のち慶尚・尚州に崔時亨を訪ねたが会えなかった。だが武田が同志に伝えた教義は、「悟性養気を以て心を治め、布徳濟衆を以て事に応じ、輔国安民を目的とする」もので、換言すれば「仏教、仙道（古来からの宗教）の心を以て儒の事を行う」にあった。つまり、一日も民の疾苦を黙認できない教義で、かつ実行しなければならない宗旨であった。（注：崔濟愚が忽ち処刑された訳も、三政騒擾を始め各地で農民が蜂起した理由も、この教義でわかる）

東学教徒は一八九二年（明25）一二月に訴願二七条を朝廷に奉呈し、弊政の改革と弾圧の停止を請願したが、閔氏政権の弾圧を受けて動乱し（一八九四年二月～五月の甲午東学農民反乱）、端なくも日清開戦の動機となった。

このとき私（内田良平）は二一歳、閔族征伐の東学軍に同志一四人・（武田範之の他）とともに加担し、つぶさに艱難をなめた。この間の事情はいろいろ誇大に誤り伝えられているが、党将・全琫準と契心相許したのは事実である。

（中略）

一八九九年（明32）、東学は時の親露政権の大検挙を受けて二世・崔時亨は原州で捕えられ、七六歳の高齢ながら絞刑された。三世・孫秉熙は日本に逃れたが、教務を任された李容九は進歩会を組織して大いに布教に努め、日露の頃は教徒百万と称するに至った。彼は組織の天才で、雄弁衆に抜きんでた。（一九―二〇頁）

つまり一進会は、東学の教義と日本の政策とが結合したものとみることができる。むろん一進会に反対する反日団体も続出したが（後出）、一進会の対日協力が日本の連勝に寄与した役割は無視できないと思われる。

乙巳保護条約　日露戦争は日本の連勝のうちに進展し、ロシアには一九〇五年（明38）一月に「血の日曜日事件」が起こり、三月の奉天会戦と五月の日本海海戦に日本が大勝すると、ロシアには戦艦ポチョムキンの反乱に代表される第一次革命が起こって日本の勝利は動かなくなった。そこでルーズベルト大統領の仲介によってポーツマス講和会議が開催され、日本は桂・タフト覚書（注）を協約し、八月には日英同盟を改訂拡充したが、その際日本は、米・英両国に日本の韓国における特殊権益を認めさせた。

そして九月五日に調印したポーツマス条約で、日本の韓国に対する覇権をロシアに承認させた。

こうして韓国に対する外国の容喙を戦争で排撃した日本は、同年一一月一七日に五条からなる第二次日韓協約を締結した。韓国は外交権を日本に委託してその保護下に入る条約で、翌一九〇六年二月に日本は韓国統監府を設置し、初代統監に伊藤博文が就任することになる。

韓国では乙巳《ウルサ》五条約、または乙巳保護条約と呼ばれる。この条約に調印した韓国代表の外部大臣・朴斉純、学部大臣・李完用、内部大臣・李址鎔、軍部大臣・李根沢、農商部大臣・権重顕の五人はいずれも併合後に子爵に列せられたが、韓国ではこの五人を乙巳五賊と蔑んでいる。そして一九〇七年（明40）三月の皇太子誕生日には、次々に参内する五賊大臣を一斉に襲撃した暗殺未遂事件が起こった。その憤激の情はわかるけれども、襲撃の対象が違うように思う。五人は力関係のもとに否応なく署名させられたわけだから、この人達だけを責めるのは酷なように思われる。でもある将軍から「日本人には分からないだろうが、このような時は腹を切っても抗拒するのが韓国人の義である」と教えられたのは印象的であった。

桂・タフト秘密協定

日露戦争に勝利して日本の勢力が確固になると、ルーズベルト大統領の親友であった日本外務省嘱託・D・W・スチブンスは韓国外務部顧問を兼ねて来韓したが、彼は米マスコミの韓国問題評論家として米国の対韓政策の立案にも与っていた。彼と大統領のもう一人の親友ジョージ・ケナンは、韓国人の自治能力の不足を強調したメモを大統領に送付した。ルーズベルト大統領は陸軍長官W・H・タフトを東京に派遣して、桂首相と秘密行政協定を締結させた。一九〇五年七月二九日のことで、ポーツマス平和会議が始まる直前であった。その内容は

1、日本は合衆国のフィリピン統治に賛成する。（注：一八九八年の米西戦争の結果の承認）

2、極東における日・英・米の提携。

3、合衆国は韓国における日本の特殊権益を認める。

というもので、この密約は一九二二年まで秘匿された。後年ルーズベルト大統領は、彼自身が密約の含意を次のように説明したという。

「一八八二年の米韓修好条約によって、韓国が独立国として存続せねばならないことは、確かに、厳然と約

束された。

然し韓国自体にこの条約の条項を履行する能力がないのだから、ある国が自国の危険をも顧みずに、全然自治能力がない韓国人のために努力することは現実的でない」

つまり、米国が韓国における日本の優越を認める代りに、台湾を領有した日本は比島の攻撃を企てない、という大国主義的な秘密協定であった。

第二期義兵抗争　乙巳条約が公表されると、皇城新聞社長・張志淵が執筆した論説「是日也放聲大哭」は国民の悲憤と激昂とを増幅させ、漢城旬報の社説は肺腑をうった。

侍従武官長・閔泳煥、前領議政・趙秉世・参判・洪万植、駐英公使・李漢應、学部主事・李相哲、平壌兵丁・金孝学らは自決して抗議した。

閔泳煥

閔泳煥‥高宗の従弟で閔妃の甥。二三歳で軍部大臣に抜擢された教養と雅量を持つ清潔な人物で、視野広く、指導者の特性を備えていた。軍部大臣を二回勤め、かつ将軍を兼ねていた。一九〇五年一一月、乙巳保護条約が締結されると、抗議のために参内した約百人の官吏を説得したのち自殺した。遺書に「死して何も得られないことは知っている。わが民族は来たるべき生と死との戦いで、やがて失われるであろう。しかしそれを阻止するのは不可能と知ったので、私は決意した」とある。宋秉畯のバックとしても知られる。

なお韓国人が竹の絵を好むのは、閔泳煥が自決した室の床下から竹が生えたので、抵抗意志のシンボルとして愛でたからと聞く。

また保護条約に憤激した志士は、各地で挙兵した。一九〇六年二月、前参判・閔宗植は鄭在鎬とともに忠南・定山（公州西側）で義旗を掲げ、日本に宣戦して五月一七日には藍浦を、同一九日には洪州城を占領して勢威を張った。また前参賛で巨儒と称えられた崔益鉉は五月に全北・淳昌で、申乭石は江原道南端の平海で、李殷賛・李載求らは原州で挙兵した。しかし挙兵と言っても装備も訓練も尋常のものではなかったから、いずれも十数日の抗戦ののちに敗退せざるを得なかった。第二期義兵抗争と言うが、第一期の儒林挙義と同じく、各地に分散して蜂起し、各個に撃破されたのが特徴といえる。民族の魂を顕現したものに疑いはないが、可能性が薄いのに、各地の挙兵に連携と統一性がないのはなぜであろうか？

なお朝鮮駐箚軍司令部「朝鮮暴徒討伐誌」（大正二年三月三十日刊）一一頁は、一九〇六年のその状況を次のように表示している。

暴徒鎮圧経過ノ概要一覧表

年暦	月別	暴徒ノ占拠セル主ナル地方	主ナル暴徒首魁及暴徒ノ概数	討伐ノ為メ派遣セル主ナル部隊	討伐結果ノ概要
三十九年	五月	忠清南道 洪州城	閔宗植以下約五百名	歩兵第六十聯隊大隊長田中少佐ノ指揮スル歩兵二中隊、機關銃二、騎兵半小隊、憲兵、警察官及韓国軍隊若干	約半數ノ損傷ヲ與ヘ首班ヲ逸シタルモ日ナラスシテ憲兵ノ捕フル所トナレリ
	六月	全羅北道 淳昌附近	崔益鉉以下約四百五十名	南原及全州ノ韓国鎮衛隊	首班以下悉ク投降セリ
	同	慶尚北道 平海附近	申乭石以下約千名	大邱及原州ノ韓国鎮衛隊約三百名	單ニ駆逐セルノミ

民族団体の群生　親日団体・一進会に対抗して、民族の自覚に燃える政治団体が群生したのは自然の情であろう。

まず一九〇四年（明37）には元世性が**保安会**を組織して排日運動に努め、翌一九〇五年には李儁（最高裁検事、のちのハーグ密使）・梁漢黙らが**憲政研究会**を創設して乙巳保護条約に反対し、翌六年には尹孝定、張志淵（皇城新聞社長）らが憲政研究会を拡張して**大韓自強会**を組織して気勢を上げた。

またこの年、米国から帰国した安昌浩は、後でそれぞれ独立運動の一家を成した李甲、梁起鐸、李東寧、李東輝、曺成煥、盧伯麟らと秘密結社を組織した。**新民会**という。安昌浩の信条「務実力行」（実力の涵養に努めたのち行う）を基本とするもので、当面は政治、経済、文化、教育の振興を図って国家の実力を向上することを目的とした。新民会は生命と財産とを会に捧げることを誓約した愛国者八〇〇余人が参加して、当時最もすぐれた篤志家はすべて加入したという。有名な定州の五山学校、平壌の大成学校、大邱と平壌の太極書館、平壌馬山洞の磁器会社の創設は、その事業の代表例であった。

また安昌浩は、一九〇八年に全国から有為の青年を選抜して**青年学友会**を組織した。人材の育成を目的としたもので、いずれも後で独立運動の一家をなした李東寧、崔南善（国学者）、金佐鎮（のち義兵将）、尹琦燮らが幹部に名を連ねていた。

一九〇九年には、八〇余人の青少年が**大東青年党**という秘密団体を組織し、専ら国内外で地下工作に従事した。領土は占領し得ても、人の心までは占領し得ない一例である。朝鮮戦争当時の国防部長官・申性模、政客・南亨祐、金基洙、徐相日、申伯雨、朴重華らが党員であった。

このように愛国的、民族的反日団体が続出したが、これらの団体に統一の機運が盛り上った跡は見られない。それぞれ個性の強い指導者であっただけに、独自の信条を歩んだのであろう。これらが団結すればその運動の影響は歴史を変えたかも知れないが、団結の努力よりもむしろ互いの抗争が目に付くから、已むないことであった。派争の所産と思われるが、その激しさの一例を東学の流れ・天道教の四分五裂に見ることが出来る。

天道教の派争　叙述が前後するが、教徒百万と号した天道教が、民族運動に果たした役割は甚大なものであった。前に概述したように、天道教は慶州の人・崔済愚（水雲）が儒教・仏教及び仙教の三教を混合して教義を「天人合一」、目的を「保国安民・布徳天下・広済蒼生・同帰一体」の四項におき、一八六〇年ごろ東学として布教し始めた独特の宗教に発するが、三世教主・孫秉熙は三・一運動後の京城地方法院予審掛の「天道教はいかなる事を信仰するのか」の問に対し

「天道教は布徳天下広済蒼生ばかりを目的としているので、人の心は天心にあるという教理により心を清くすることに努めており、礼拝の目的物はない。従って祭壇のような物はなく、説教台があるだけだ。なお清水を一杯置くが、これは人の心を水の如く清いものであることを象って、黙思するためで、経典は第一世教祖が作った東経大全があるのみである」

と説明している。（市川正明「三・一運動Ｉ」二〇一頁）

孫秉熙

第一世教祖・崔済愚が三年余の布教の後に「迷世惑民」の罪で一八六四年に斬首されると、漸進派の崔時亨と急進派とが跡目を争ったが、崔時亨

が第二世教祖を承統した。そして一八九四年一月に、崔済愚の冤罪、弾圧の排除、除暴救民の名分を掲げて民衆運動を開始した。

その春、全北井邑郡古阜面に民乱が起こり、接主・全琫準の指揮によって甲午農民反乱に発展すると、崔時亨は已むなくこれに加担して日清戦争の動因を成した。日本で「東学党の乱」と誤伝されているのはこのためであろう。

崔時亨が一八九八年（明31）六月に「左道乱正律」の罪で絞首されると、後事を託された三高弟・金演局、孫秉熙、孫天民（のち斬首刑）の間に跡目争いが起こり、金演局を追放した孫秉熙が第三世教主に就任した。しかし韓廷の追及は厳しく、各地の教徒は四散した。孫教主の身辺も危険であった。孫教主は教務を李容九に託し、上海ついで東京に亡命した。李容九は進歩会を組織して布教に努めたが、日露戦争が起こるに及び宋秉畯らの維新会と合同して「一進会」の会長に就任し、日本の政策に積極的に協力したことは前述した。これを知った在東京の孫秉熙は「共に天を戴かず」と長嘆したという。彼はそのころ、日露の中間に位して漁夫の利を占める心積りであったとみられている。だが戦況の進展につれて翻意し、軍資金一万円を献納し、天道教徒を動員して京釜線、京義線の建設を援助した。彼はその当時の心境を「日本が破れては東洋の破滅となると思ったから、出来る限りの事を尽くした。……日韓併合に当たり中立の態度をとったのは、一度は必ず李朝が転覆する時がくると考えていたからだ」と述べている。（市川正明「三・一運動Ⅰ」二〇〇―一頁の京城法院予審調書）

日露戦争が日本の勝利に終わり、その年の一一月に乙巳条約が締結されて韓廷が統治能力を失うと、孫秉熙は翌一九〇六年一月に帰国して東学天道の正系を名乗り、東学を天道教と改称して布教を開始した。

すると李容九、宋秉畯、金演局らは分立して侍天教を創宗し、孫秉熙と争派した。あらゆる宗教が派争の歴史を持っているが、東学もまず天道教と侍天教の二派に分かれたわけである。

孫秉熙は布教の天才であった。「毎朝一匙の誠米と清水一椀を捧げて祈祷せよ。天は上中下に区分して禍福を定め賜う」と唱えて年額数十万円の誠米を徴し、信徒百万を集めたと言われる。しかし次第に反日に傾き、第一次大戦終末期の一九一八年一月にウイルソンが民族自決を唱えると、幹部・権東鎮、呉世昌、崔麟《りん》らの奨めに従って三・一運動（後出）の筆頭発起人となり、署名幹部一五人とともに即日検挙された。天道教はその首脳部を一挙に失ったのと、政治関与を嫌った教徒に脱宗者が続出したために急速に宗勢を失った。

大道主・朴寅浩《いんこう》が第四世教主に就任して収拾に当たったが、鄭広朝・崔麟一派は現実的な視野から財政再建と人員（幹部）の整理を唱え、これに反目した呉知泳・金尚黙一派は宗憲改革の急務を唱えた。そこで教主・朴寅浩派は鄭広朝派と連合して呉知泳派に当たり、互いに不信任や除名処分を決議し合った。この派争は病気保釈中の三世教主・孫秉熙の病死（一九二二年五月）によって加速され、朴寅浩教主は内紛の責を負って六月に辞職した。

教主が不在となった天道教は衆議制に改憲したが、このとき西北出身の呉知泳・金尚黙一派は「天道教連合会」を興して分派し、本部を平南・中和に置いた。

残った主流派では、一九二五年の三大記念日の制定に当たって議論が分かれ、呉栄昌一派の教人大会が鄭広朝・崔麟派の排斥を企てた。元幹部の李鍾麟（統一期成会派）が調停に立ったが、鄭広朝派は応じなかった。そこで李鍾麟と呉栄昌の一派は合同して別派を興した。この派を旧派と言い、鄭広朝・崔麟派を新派と言う。かくして天道教は三分したわけである。

ところが旧派を立てた呉栄昌は李鍾麟の勢威を不満として、一九二七年に自派の教人大会中央総部を黄海・沙里院に設け、信徒四千人を擁して独立した。

ここで天道教は四分したわけだが、そこにはおのずから教義上の葛藤と、財産と信徒の争奪とが絡んでおり、その派争は今に至るも続いていると聞く。

一九二七年二月に「新幹会」（後出）が組織されると旧派はその主導的役割を演じたが、新派は参加しなかった。そのとき新派の主領・崔麟は自治論に傾いているとの噂が立った。そして一九三〇年（昭5）春、崔麟が自治運動を討議した噂が流れると、旧派はいきり立った。即時独立を希求した旧派にとって、自治論は異端の最たるものであったのだ。かくして天道教の新・旧派の間に中傷、乱闘、攻撃その他、あらゆる抗争が繰り返された。〝兄弟喧嘩が最も惨酷〟と言われるが、これもその例であろう。しかし派争は他を益するだけである。

これを憂えた新派の崔麟は、旧派の呉世昌に無条件合同を提案した。両派は同年十二月に合同し、のち各派傘下の青友党と青年同盟も合体して天道教青友党を創立した。当時の教徒二〇万、地方宗理院三百という。

しかし一度疎隔した感情と、遊離した思想とが形而下の合同で渾然となるわけはない。理想的・急進的な旧派は社会運動との提携を望み、現実的・漸進的な新派は自治運動を提唱してこれに対抗し、再び自派の勢力拡張に努め始めた。そして病と称して東京に遊学していた崔麟が一九三一年末に帰国すると、新派は勢いづいた。また崔麟の真意は自治運動にある、と伝えられた。満州事変の短期的成功が影響したのかも知れぬ。かくて翌一九三二年四月、両派は分裂した。そして、反感・中傷・懐柔が繰り返されている。

一方、親日団体「一進会」の主力となって日韓併合を主唱し、孫秉熙と対立して侍天教を興した宋秉畯、李容九、金演局らは、東学正系を称えて布教に努めた。が、一九一〇年の合邦で一進会が解散し、教主・李容九が翌年に病没すると、年とともに声望を失った。二世教主・宋秉畯の政治的野心と専横に原因して内訌が絶えなかったのと、天道教の切崩しのためであった。

宋秉畯教主に不満を抱いた金演局は、一九一三年（大2）に別派を立てて金派侍天教を自称した。また黄海道の教徒は光窮教を、他の一部は中心教を創始した。しかし、いずれも振わなかった。分派のあるところ、衰弱だけである。

かくして崔済愚が「天人合一」を唱えて創教した東学は、四分五裂した。また孫秉熙が「五万年無極の大道、国権回復、世界統一」を唱えて興した天道教も、昔日の教勢はなく、精彩がない。分派抗争の弊が極まった因果応報と見る人が多いが、前述の分裂過程を表示すれば次表のようになる。

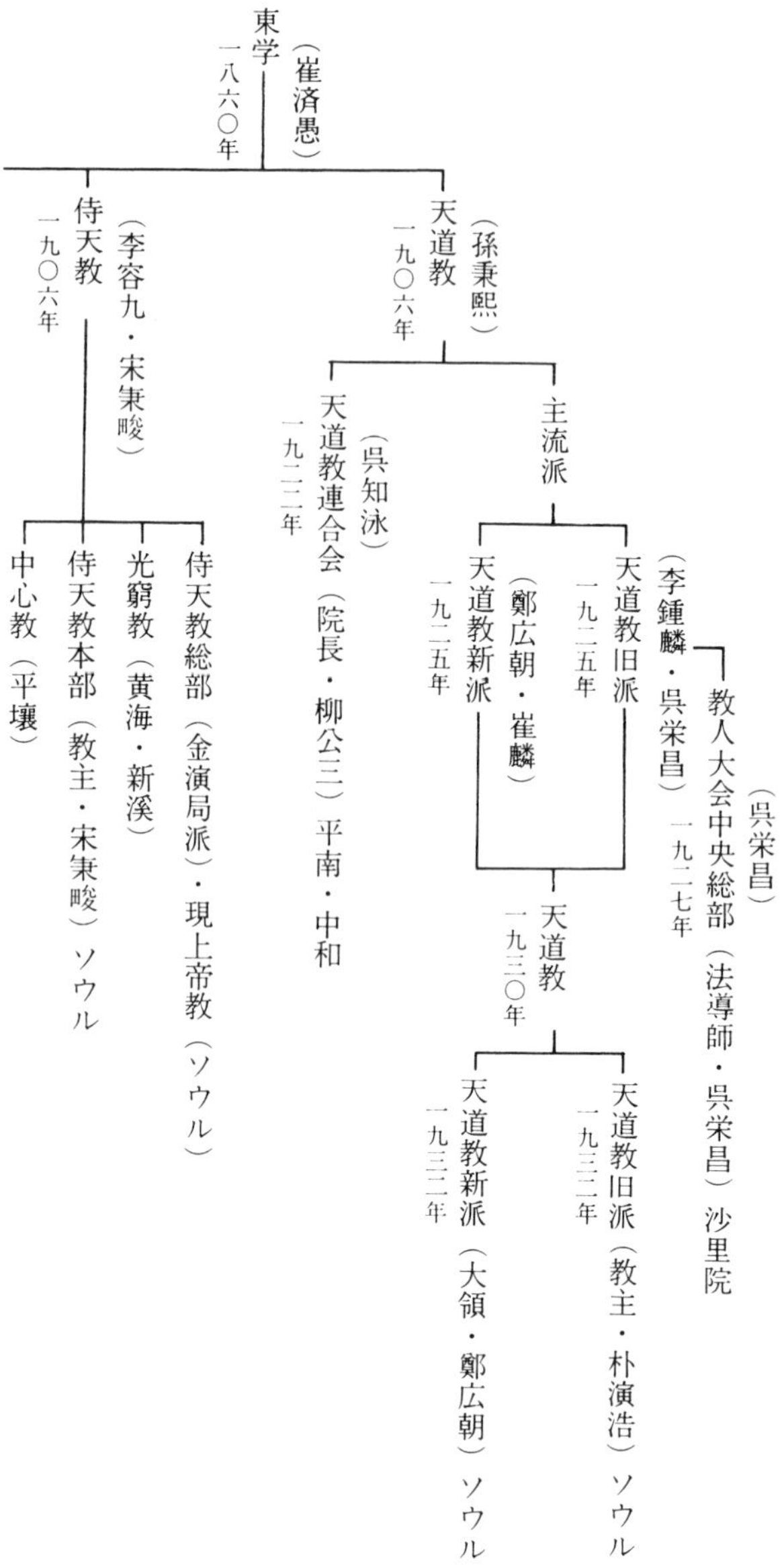

亜流
- 水雲教（権東鎮）ソウル、地盤は平南、黄海、忠清　一九二三年
- 大華教（満州、今はソウル）
- 人天教（ソウル）
- 白白教（京畿・加平）
- 青林教（「鄭鑑録」の借教）ソウル
- 東学教（慶北・尚州）
- 平化教（平壌）
- 東道教（忠南・大田）

なお呉知泳「東学史」及び村山智順「朝鮮の類似宗教」所載の分派状況を表示すれば、次のようになる。破線は傍系を示す。

水雲 崔済愚
⇓
海月 崔時亨
- 金周煕派
- 李柄初派

⇓
- 松庵 孫天民→天道教明理教

義庵 孫秉熙
⇓
天道教
- （復旧派）
  - 委員会派（権東鎮らの統一期成会派）
  - 宗理院派（崔麟らの広義の新派）
  - 教人大会派（呉栄昌らの狭義旧派）
  - 沙里院派

- 東学
  - 青林教（咸南・甲山）→ 南辰教
  - 大道教
  - 人天教（全北・益山）
  - 東学教（慶北・安東）
  - 権一清派（忠南・恩津）
  - 白日教（平北）→ 天命教（平壌）
  - 水雲教（天道教に仏教を加味）→ 大同教（忠南・鎮岑）
  - 大宗教（東学に易を加う）
  - 申由甲派（全南・潭陽）
  - 九月山派（黄海・九月山）
  - その他多数
  - 亀庵 金演局 → 上帝教 → 天仸教
  - 侍天教（李容九）
    - 済愚教―大華教―龍華教
    - 平和教（平南・江西）
    - 天法教（江原・伊川）
    - 済世教（有名無実）
  - 元倧教（満州・間島）
  - 旡窮教（平南・順安）
  - 旡極大道教（平壌）
  - 三聖旡極道（ソウル）
  - 馬耳山派
  - 李仁錫派（平壌）
  - 敬天教（嶺南）
  - その他多数
  - 天道教聯合会（呉知泳らの狭義の新派）（革新派）

呉知泳は、二世教主・崔時亨の三高弟がそれぞれ派を建てて以来、千枝万節に分かれた理由を、「淵源法」の存在と思想の相違に帰している。「淵源法」とは、弟子は師に所属する、と定めた宗憲である。従って指導的才能を持った人は、容易に弟子一門を引連れて別派を建てたわけであろう。

そこで教祖・崔済愚がなぜ「淵源法」を定めたのかが問題となるが、おそらく階級制の打破と人脈の尊重を狙ったものと思われる。すれば分派は必然であったわけだが、天道教の革新を唱えて分派した聯合会派の呉知泳が、その書「東学史」を次の句で結んでいるのは考えさせられる。

「統一の原理は、ただ一つ『道』あるのみ。『道』とは、人に宿っている神を求めるべきことである。水雲の言葉通り『他のすべてを信ぜず、自分の体に宿っているその神を悟りさえすれば』よいのだ」(三五九頁)

つまり千枝万節に分かれた「東学の道」を統一する哲学を謳っているわけだが、そこには小異を捨てて大同につくとか、妥協とか、総和とかの哲学はなく、自己の哲学や信念を唯一の統一原理として提出しているだけである。この統一原理に基づけば、他派も自己の信仰をもって統一原理とするだろうから、百年河清を待っても統一できないであろう。韓国人は〝自分の哲学を守る〟とか、〝原則を曲げぬ〟とか言われるが、呉知泳の結論にもそれが現われている。

しかして天道教の派争をやや細かく述べたのは、これが韓国の政治風土とその特殊事情を端的に説明してくれるからであった。後述する民族運動の中にも、この党派性が如実に現われる。

四、国恥と抵抗

日露の役の直後、一九〇五年（明38）一一月の乙巳五条約によって、韓国は日本の保護下に入った。日本はこの協約を英、米、仏、独、墺、伊、白、丁、清の各国に通知したが、異議を唱えた国はいなかった。かくして日本の利益線は列国に承認され、韓国の社稷は日に日に傾くことになる。

宋秉畯は一九〇六年（明39）八月二三日に罪人隠匿罪の故をもって警務庁の獄に下ったが、内田良平らに救出されて日韓併合の裏面工作に当たることになる。内田良平は「隆熙改元秘事」（二三―三五頁）に宋が下獄した事由と救出の内幕を次のように記しているが、それは当時の複雑な政情の一斑をうかがわせてくれる。（意訳）

「宋秉畯は、かつて謂ったことがあった。

『韓国の大改革（日韓併合の意）を決行できる人物は、金允植、李逸植、李完用の三人をおいて他にない。金允植は寛厚の君子で、内外の信用は比類がない。明治二九年に外部大臣の時、閔妃を廃する詔勅を草案したので済州島に流されて政界に遠ざかること十余年、今七三歳、時事に疎い憾があるが信用上はこの人に優る者なし。しかし、現に配所にいる。

金允植…一八三五―一九二〇年。一八八五年全権大臣として対露条約を結び、一八九五年外相。日韓併合に賛同し中枢院副議長。子爵。しかし三・一運動に関係して幽閉された。

李逸植に対する皇帝の信頼は、李容翊を凌ぐ。かつて洪鍾宇をして金玉均を上海に誘殺せしめ、自ら日本亡命中の朴泳孝を韓国に拉致せんとしたが、発覚して放逐されると…上海に走ってロシア領事を説き、領事の紹介でウェーバー公使と結び、ついに李完用を頤使して国王をロシア公使館に播遷して親露政権を樹てた。日露が開戦すると翻然日本の為に殊功して罪過を免かれんとし、韓王より二三件の利権を得て守部、巌本、押川らの日本浪人に与えたが、却って日本政府の抗議を招き、御璽（皇帝の印）盗用と認定されて終身流刑に処せられた。ところが配所に立つ前に統監府が設置されたので、現在その家に監禁中である。彼の手腕は天下にその比を見ない。しかし日本党の恨みが深いから、登用は無理である。

李完用は狡猾で、胆勇がある。往々にして猪突する。国王の播遷も、鴨緑江・豆満江流域の森林経営をロシア人に任せたのも彼の所業である。しかし現在学部大臣であるから、彼を総理に推さないわけにはいかないであろう。』と。

李完用：一八六八―一九二六年。京畿・広州に生まれ、駐米外交官を経て親米派政治家として登場し、一八九五年に学部大臣（二八歳）。同年の三国干渉に日本が屈すると親露派に転じ、翌九六年にロシア公使と結んで高宗を播遷し親露内閣の外部、学部大臣となる。日露戦争で日本の優勢が伝えられると親日派に転じ、学部大臣となり、乙巳保護条約に率先して乙巳五賊となる。一九〇七年に内閣を組織し、一〇年日韓併合条約に調印して子爵。中枢院副議長、顧問を歴任して総督府に協力し、韓国では売国奴の代表とされている。

宋秉畯は、小山憲兵隊長と親交が深かった。李逸植は済州島に流される日が近づくと、宋秉畯の腹心・尹甲炳を介して押送の延期を頼んだ。宋はどうにもならぬとみて断った。しかし李逸植は宮内官の斡旋で特赦を買う間際であったので宋の力で押送の延期を図り、精華亭で飲酒中の宋を秘かに訪れて哀願した。宋秉畯は驚いたが、窮鳥懐に入って殺すに忍びず、ついに自家に匿した。即ち、罪人隠匿罪である。二人はともにその才能を認め合っていたが、気性が合わず、仇抗して争っていた。だが宋の多情多感を知っていた李逸植は自ら宋に身を託し、時を稼いだわけである。以て李逸植の変に処する妙がわかる。

李逸植の失踪に驚いた警務顧問・丸山重俊は百方手段を尽くしたが、三日経っても手がかりがなかった。そこで宋秉畯に捜索を依頼すると、宋は承知して帰邸し、李逸植に事の急を告げ、速かに済州島の配所に急ぐよう奨めた。李は即夜出発した。だが水原で捕えられ、一切が暴れた。怒った丸山顧問は宋秉畯、尹甲炳、太明軾らを収監した。

翌日、岡警務総長は宋を秘かに官邸に招いて酒食を供し、李逸植と小山憲兵隊長との関係を尋ね、もしその実を告げれば罪を赦すであろう、と誘った。しかし宋は二人の関係を知らなかったのでその旨を答えると、大喝した岡総長は再び下獄させた。

そもそも李逸植には御璽盗用の罪はなかった。彼が日本浪人に二三件もの利権を与えたのは勅許を得たからで、御璽を盗むなどできるわけがない。だから李逸植に対する特赦の詔は、当然下るべきものであった。それがこのように紛糾したのは、憲兵部と警察部との確執と意志の疎隔に原因があった。

一進会は専ら軍隊の後援で党勢を張った。公使館はそれが面白くなかった。統監府は公使館の事務を継いだから、このしこりはそのまま残ったわけであった。けれども伊藤統監は、どちらの肩も持たなかった。そこで警務顧問部は、非を探して一進会を迫害するようになった。統監府で一進会の効用を説いたのは、木内農商工部総長だけであったという。また宋秉畯をして一進会を操縦させた参謀は転任して、当時の駐劄軍には一進会の経歴を知る幕僚さえいなかった。こうして一進会が後拠を失うと、韓廷の反日派や前出の大韓自強会、青年会などは〝軍の威を借る無法集団〟と攻撃し、流言浮説を放って統監府の圧迫を促した。あまつさえ天道教三世教主・孫秉煕は自ら一進会長に就任せんとして現会長・李容九に拒まれると、李容九以下六名を破門し、教徒の脱会を強い、十月には会員五〇余人を破門して一進会への資金醵出を絶った。かくして一進会はその中心・宋秉畯が下獄し、負債五万円を負い、四面楚歌の中に解散の危機に陥った。

だが会員百万の団結はなお固く、東学の目的が「天人合一」、即ち済民不君にあるを承知していた木内総長（三菱の女婿）や内田良平らは、一進会が自暴の末に甲午農民反乱のような騒擾を起こすことを恐れ、かつは来たるべき事態に利用するを得策とし、また従来の功績に報うため、手段を尽くして宋秉畯の放免に努めた。即ち、内田は李容九会長に日韓連邦に反対しないことを約させてその顧問に就任し（大韓光武十年（明39）十月四日付の李容九会長、兪鶴柱副会長、廉仲模評議員長の連名書簡）、財政の再建を援助し、伊藤統監を説いてついに十月二〇日に宋秉畯の放免に成功した。

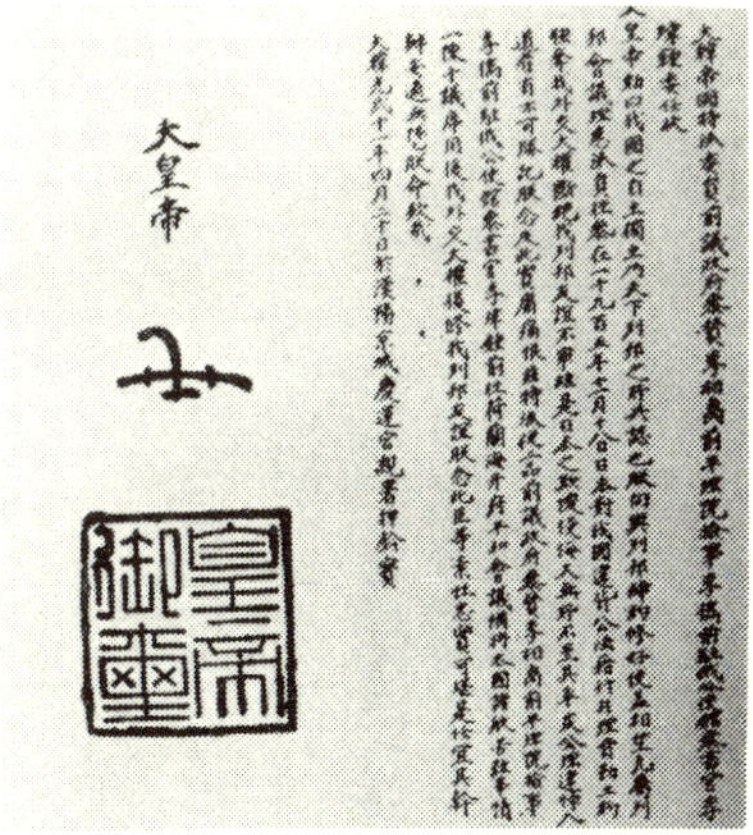

高宗皇帝のハーグ密使委任状

かくて木内農商工部総長の推せんによって朴斉純内閣の農商工部大臣に就任した宋秉畯は、後述するように高宗の譲位や日韓併合に力を貸すことになる。

隆熙改元　だが独立の喪失を拱手傍観した民族はない。高宗皇帝は李相卨、李儁《りしゅん》、李瑋鍾《いしょう》の三人に密勅を託し、一九〇七年六月の第二回ハーグ万国平和会議に差遣して韓国の窮状を訴えさせた。しかし同情した国はあったが、会議の大勢は韓国の代表権を認めなかった。日本と不和になり、干戈を交えてまで韓国を救おうとする国はなかったのである。**ハーグ密使事件**という。皇帝の社稷を保とうとする衷情は理解できるけれども、これは理屈的には乙巳条約違反であった。

この事件は七月三日に日本に通報された。また李儁は、切腹して憤死したと報ぜられ（実は過労死）、朝野に衝撃を与えた。大問題になったことは言うまでもない。

高宗は七月一八日に譲位を表明し、皇太子・李坧（純宗、一八七四〜一九二六）が七月二二日に第二七代に践祚して隆熙と改元し、第三弟・李垠（英親王、のちの陸軍中将・李王垠殿下。当時九歳）を皇太子に立てた。**高宗譲位**とも、**隆熙改元**ともいう。

この事態の収拾に当たり、総理・李完用は御前において

「合併と云ひ政権委任と云ひ、吾ら死すとも服従する能わず。今日のこと、譲位の一あるのみ」

と絶叫し、内相・宋秉畯は二回に亘る御前会議の席で、

「陛下が隣好を破るために費した財は、協約前後を通じて一億に上る。この巨資は陛下が自ら利し賜うたものでなく、人臣の血肉である。人民一人として陛下を徳とする者なく、宮府は怨府となっている。日露開戦の後、陛下が日本の信義に背き給いしこと十三回に及ぶ。露見すれば必ず知らずと宣《のたま》いて罪を重臣に稼し、重臣の死を見給うこと草莽を刈るが如し。今や新聞紙事件を合わせて十五回、統監は陛下の悔悛し給う日を期待していたが、事態ここに至る。もし統監が十五回の罪証をいちいち並べたならば、それでも陛下はなお不知の一言を以て責を免れ給うを得るか」

「日本が、合併か政権委任を要求するであろうことは、大方のみる所である。事態がここに至ったのは、閣臣の知る所でない。皆、陛下自らが招いた禍である。故に陛下がまず責任を取られ、譲位して日本に謝し給うの外な

し」（「朝鮮統治史料」第四巻四頁）

宋秉畯の諫言は、日本の後援と百万の一進会員を基盤としていた。臣下の言として穏やかでないが、諸般の一斑を窺うことはできる。

ここでハーグに使いして烈士と称えられている李儁の略歴をみれば、当時の義憤の情やその心理的遍歴がわかり易いであろう。

李儁は一八五九年に咸南・北青の土班（数代前から土着した両班）の家に生まれた。青年のころ上京して金炳始、李相卨、李始栄、閔泳煥、崔益鉉らの著名人と親交があったというから、ひとかどの人物と見込まれたのであろう。一八九四年に初めて咸興純陵参奉の官職についた。三五歳の時だから、遅い仕官であった。だが間もなく日清戦争が始まり、甲午革新の詔が渙発されると官職を辞して上京し、翌一八九五年に法官養成所を修了して漢城裁判所の検事補に採用された。けれども彼の正義感は忽ち朝臣と衝突して、一か月後に罷免された。そこで徐載弼の独立協会に参加して評議長として運動を始めたが、一八九六年の高宗露館播遷を機に成立した親露政権に追われて日本に亡命し、早稲田大学法科を卒業した。晩学であった。日露の役が起こり、やがて前出の「荒蕪地開墾権」問題で世論が沸騰すると、彼は急先鋒を勤め、公使・林権助に談判して法理論で撤回させた。

こうして名声を得た李儁は、一進会に対抗して**共進会**を結成し、親日政府特に一進会を後援した大臣らを糾弾してその退任を迫った。日露戦争の最中のことである。共進会は解散させられ、彼は島流しにされた。だが翌一九〇五年初め侍従武官長・閔泳煥、前軍部大臣・李容植の計いで帰京すると、五月に**憲政研究会**を結成して一進会への攻撃を再開し、民衆の啓蒙と独立精神の鼓舞に奔走した。やがて憲政研究会が弾圧されると**大韓自強会**に再編して運動を続けたが、九月にポーツマス講和条約が締結されるに及んで上海に亡命した。世界の世論に訴えて日本の内政干渉を阻止するためであった、という。

その年の一〇月に乙巳保護条約が締結されると帰国して排日運動に従ったが、平理院（最高検察庁）の検事に仕官して忽ち罷めたことがある。処遇に憤激して訴訟を起こし、公開裁判の席で退官したという。彼は三回官職についたが、いずれも上司と折合わずにすぐ退任している。よほど気性の激しい人であったのであろう。

下野した李儁は国民教育会会長として文化運動に励んでいたが、一九〇七年の春、六月にハーグで第二回万国平和会議が開かれることを知ると、この機に国際世論に訴えるため皇帝に上訴して、密使の資格と親書二通を得た。彼は四月二二日にソウルを発し、間島・龍井に亡命中の李相卨を正使に推してモスクワに同行した。そしてモスクワで通訳兼秘書の李瑋鍾（駐露公使・李範晋の息。乙巳条約後モスクワに居留していた）と合流して親書をニコライ二世に奉呈し、その仲介状を得てハーグに赴いた。六月二五日にハーグに到着した三人の密使は、四五か国二四七人が参加した予備会談に出席してその衷情を披瀝したが、外交権を喪失した国の代表は本会議への参加を認められなかった。主催国のオランダ外相や米代表を始め、ほとんどの国が日本の都築公使に同調したからであった。失望した李儁はそれでも万国記者協会などに訴え続けたが、二週間後の七月一四日に固疾に過労が重なって病没した。享年四九歳であった。

実は高宗の譲位は、前に企てられたことがあった。伊藤博文統監は前年十一月下旬に一時帰国したが、その前三日に統監に会った宋秉畯農商工相は次のように建議した。

「統監の不在を利用して一進会で皇位を廃立し、新内閣を組織して弊政を改めたいと思う。一進会で廃立するのには、地方会員数万を京城に集め、宮廷に迫ればよい。しかしそれには軍隊と警察の傍観が必要だ。もし統監の黙許を得れば、日本人の一人も煩わさず、かつ外国の指目を避けて、弊源（高宗と反日派の意）を一掃することができる。…総理・朴斉純は内応を約束している」

伊藤統監が朴斉純総理に尋ねてみると、その通りであった。統監は留守の者に「不在中は万事を朴斉純と相談せよ」と命じ、駅に見送った駐劄軍司令官・長谷川好道大将に「不在中に一進会が事を開くかも知れぬ。その時は宜しく計らってくれ」と耳打ちした。長谷川大将は意味が分からなかったが、人前で聞き返すわけにもいかず承諾した。

統監が立ち、万事が自分の思い通りに運ぶようになると、朴斉純は総理の座が離れ難くなった。ついに変心して、長谷川大将に宋秉畯を誣告した。

そうとも知らぬ宋秉畯が数日後に大将を大観亭に訪れて手筈を打合せようとすると、「大将激怒烈火の如し。喝して曰く、『吾を三浦に擬せんと欲するか』と」（「隆熙改元秘事」四一頁）

三浦とは、閔妃殺害の首謀・三浦梧楼公使のことである。こうして宋秉畯のクーデターは未遂に終わったが、当時の彼我要人の思惑や虚々実々の人間模様は分かる。

この辺の韓国要人の政治遍歴について前出のヘンダーソンは

「着実かつ一貫した政治経歴を維持した有名政治家像は、李朝末五〇年の間は想定し難い。

孫秉熙は初期の愛国的東学教徒であったが、のち日本の代理人となり、親日政治家となった。しかし次第に反日に傾き、三・一運動（一九一九年）を首謀して獄に下り、病気釈放されたが一九二二年に死んだ。

李完用は親米、親露、親日と次々に遍歴し、日韓併合のときは総理として調印した。

宋秉畯ですら親閔派から出発し、親清ついで親日になった。

東学は反外国・尊王・反貴族主義で出発し、のち親日・反王室になり、最後は反日独立の根拠となった」（七四頁）

と説明している。外勢に影響された韓国の悲境と要人の身の処し方が分かる。

高宗の強制譲位は民族の誇りを傷つけ、悲憤慷慨させた。また李儁切腹の誤報は、民族精神を刺激発奮させた。激昂した民衆は日本人警官や兵を襲い、流血を見た。已むない感情の発露であったと思う。

譲位式の当日には、七賊暗殺の謀議が発覚した。七賊とは高宗の意に反して譲位を迫り、統監府の走狗とみて嫌悪された時の総理・李完用、文相・李載崐《ざいこん》、農商工相・趙重應、内相・宋秉畯《へいしゅん》、法相・高永喜、軍部相・李秉武、蔵相・任善準の七人のことである。暗殺首謀者は、かつて甲申政変や第二次金弘集内閣で親日政策を主動した宮内大臣・朴泳孝、日本陸士一一期に留学した中将・魚潭、同じく一五期生の少佐・李甲らであった。朴泳孝は済州島に流され、他は下獄した。留日した人達が事件を首謀したのには深い複雑な理由があったと思われ、愛国の至情に駆られたのは疑いないが、日本に向けるべき矢をまず同胞に向けたのは、やはり理解しにくい。朴泳孝が亡命先の日本から帰国して総理たらんとして果たさず、伊藤統監の斡旋で宮内大臣に就任した経緯をみれば、政争の色合いが濃い。

朴泳孝：一八六一－一九三九年。二五代・哲宗の女婿。八二年に修信使として日本に派遣され、以来独立党の中核となった。八四年の甲申の変に参加して高位を得たが、忽ち清軍に敗れて日本に亡命した。八五年渡米、九四年に帰国して内務大臣、盛衰ののち一九〇七年宮内大臣。同年の高宗退位事件で李完用らと争って破れ、済州島に配流されたが、親日の業績多きを以て併合時に侯爵に叙せられた。だがのち反日に転じ、数奇な生涯を閉じた。李鍝公殿下の妃・朴賛珠は彼の孫娘である。

第三次日韓協約　七月二二日の隆熙改元を機に内政への影響力増大を図った日本は、七月二四日に七か条から成る第三次日韓協約を締結した。**丁未七条約**と言い、財政援助と引替えに各省の次官に日本人を任用することを骨子とした約で、国政の実権を掌握し、名実ともに属国化を図った非情な協約であった。

かくして李王朝の韓国は、なし崩しに亡国の悲運に傾いた。国論は沸とうその極に達し、暴動、撤市（商店の罷業）が続発した。韓国軍の中にも、暴動に参加し、武器を提供する者が相次いだ。自然の成り行きであった。亡国を拱手傍観した軍人は少ない。不穏な空気が流れ、動乱が憂慮された。

軍隊解散の詔　好機とみた統監・伊藤博文は、総理・李完用と軍部大臣・李秉武を誘議して、王宮警護のための朝鮮歩兵隊を残して他の韓国軍の解隊を決し、即位したばかりの皇帝に解散詔勅の渙発を奏請した。当時の韓国軍は京城の侍衛連隊二個と地方駐屯の鎮営（大隊級）から成っていたが、装備は古く、総兵員は六千人に過ぎなかった。でも万一を考慮した伊藤統監は駐劄軍に一個旅団を増派して総兵力を一、五個師団に増強し、八月一日を期して解散の詔を発布させたのである。韓国はすべて皇帝の親政であったから、このような強制を容易にしたであろう。

侍衛連隊の二個大隊は兵営に立籠って抗拒した。原州鎮営と江華鎮営（参領・李東輝）は反乱した。終戦時の日本にもいろいろな動きがあったから、その情は軌を一にするものであったろう。

李東輝：一八七三年、咸南・端川に生まれ、武官学校卒。のち高麗共産党上海派を創党した。後出。

けれども「詔勅への反抗」は、はかなかった。朝鮮駐劄軍は〝勅許〟の名の下に強制解散に踏切った。それぞれに死傷者を出す武力紛争に発展したが、彼我の戦力差は余りにも甚しかった。韓国軍では義憤の余り憤死する将校が相次いだが、兵営での持久は無理であった。忽ち、弾丸と食料が底をついたからである。（以下、現在の韓国軍と区別するために旧韓国軍と記す）

こうして旧韓国軍は、国の敗戦による結果ではなく、恣意的に解隊された。戦わずして軍隊を解散させられた国は歴史に珍らしい。

しかして軍事力を喪った国家民族の行末は、自明であった。それは三年後に訪れたが、「韓国が独立を失ったのは尊文軽武の弊政が積もり、軍事力を等閑《なおざり》にした帰結である」と自認する韓国人が少なくない。8・15解放直後の建軍熱は、この自認の裏返しとみられよう。

なお脇道に入るが、当時の韓国軍と日本陸軍士官学校との交流は次のようであった。（矢部広武「韓国出身日本陸士・満州軍校同窓生名簿」による）

日韓親善の第一着手として一八八三年（明16）に陸軍将校一六人が陸軍中央幼年学校（後の予科）と陸士を視察して、うち一人が中幼に入校し陸士に進んでいる。一八九六年（明29）には将校一一人が留学した記事があるが、細部その他は分からない。

以下、留学期別、人数、特記事項を記す。

第一一期（一八九八年（明31）に二一人入校。同期に寺内寿一元帥がいる）

盧伯麟《ノベクイン》：解散時大佐、武官学校長。のち独立運動に励み、病死。後出。

魚《オ》　潭《タン》：中将、七賊暗殺未遂事件で入獄。

尹《ユン》致晟《チソン》：尹潽善元大統領の叔父、尹致暎内相の兄。

外略（但し、二一人のうち二人は、当時の反政府派の親戚であったとの理由で卒業を認められなかった）

第一五期（一九〇二年（明35）に八人入校。同期に乃木保典少尉、蓮沼、多田大将がいる）

柳東説《ユドンソル》：独立運動に励み、上海臨政参謀総長。のち韓国統衛部（国防部の前身）部長。朝鮮戦争で拉北さる。

後出。

李《イ》　甲《カブ》：七賊暗殺未遂事件に関係し入獄。独立運動に参加し、シベリアで没。李應俊（26期）の岳父。

金應善《キムウンソン》：少将、李王垠殿下御付武官。

金《キム》基元《ギウオン》：金埈元（26期）の兄、金貞烈（54期）の伯父。

朴栄喆《パクヨンチョル》：朝鮮総督府で道知事、銀行頭取。

他三人略

第二三期（一九〇九年（明42）一人入校。同期に小畑、神田、桜井、永津の各中将）

金光瑞《キムグァンス》：騎兵中尉のとき三・一運動が起こり、満州、シベリアで独立運動に励む。初代・**金日成**と伝承される。

韓国軍の解隊に伴って、韓国武官学校の在学生から成績優秀な志望者を募り、語学研修ののち一九〇九年九月に三学年生を陸軍中央幼年学校予科三年生に、二学年生を二年生に編入した。三年生は一九一一年に、二年生は翌年に陸士に入校し、それぞれ第26期、第27期生として卒業し、日本軍少尉に任官した。けれども、その生き方は多彩であった。解放時の境遇、経歴、特記事項の順に記す。

第二六期生（一三人、同期に栗林忠道、柳田元三、和知鷹二の各中将がいる）

洪《ホン》思翊《サイク》：中将、46年戦犯としてフィリピンで刑死。

李《イ》應俊《ウンジュン》：大佐、韓国軍の生みの親で中将、逓信部長官を歴任。夫人は李甲（15期）の令嬢で、李亨根大将（56期）の岳父である。健在。

安鐘寅《アンジョンイン》：大佐、ソウル陥落時割腹・追叙准将、故安光銖（58期）の父。

申《シン》泰英《テヨン》：中佐、参謀総長代理、国防部長官を歴任、中将。申應均中将（53期）の父。

劉升烈《ユスンヨル》：大佐、師団長を歴任し少将。劉載興中将（55期）の父。

李《イ》大永《デヨン》：退役中尉、准将、李舜臣提督の裔。
金埈元《キムジュンウオン》：退役大尉、東京高師卒後教職、准将、金貞烈中将（54期）の父。
趙喆鎬《チョチョルホ》：三・一運動時に脱走、韓国ボーイ・スカウトを創設。
朴勝薫《パクスンフン》：満軍中佐、准将。
李《イ》青天《チョンチョン》：（本名は池錫奎、池大亨）一九一四年秋、青島攻略時に亡命して独立運動に参加し、解放時は光復軍総司令官、のち無任所長官、国会議員歴任。後出。
閔徳鎬《ミンドクホ》：一九二五年七月の時点で遼陽守備隊大隊副官。
権寧世《クオンニョンセ》：一九二五年七月の時点で都城連隊勤務。
廉昌燮《ヨムチャンソプ》：不詳

第二七期生（二〇人、同期に綾部橘樹、岡本清福、辰巳栄一の各中将がいる）

金錫源《キムソグウオン》：大佐、師団長を歴任し猛将で知らる。城南中高校の創設者。故金泳秀（57期）の父。
金仁旭《キムインウク》：中佐、ソ連に拉致。
白洪錫《ペクホンソク》：中佐、少将、故蔡秉徳中将（49期、戦争勃発時の参謀総長）の岳父。
鄭《チョン》 勲《フン》：中佐、蒲《カバ》中佐の名で知られた親日家、日本に移住。
尹相弼《ユンサンピル》：退役少佐・満州国官吏、ソ連に拉致。
南宇鉉《ナムウヒョン》：大佐、大田兵事部司令官・准将、北朝鮮軍に被殺。
張錫倫《チャンソクユン》：退役中尉、大佐。
李鍾赫《イジョンヒョク》：三・一運動時に亡命して独立運動に従い、三五年ごろ獄死。
外一二人は経歴不詳につき略。おそらく早く退役したか退職したのであろう。

第三期義兵抗争　こうして侍衛隊の抗争はやんだが、憤激収まらぬ軍人らは個人や部隊で各地の義兵に合流して武器と戦法とを提供した。これに励まされた原州の義兵将・李殷賛と李載求（約六千の兵を持っていた）は四方の義兵将に檄を飛ばし、各道の兵を集めて倭（日本）を一挙に撃破することを提唱した。諸将の同意を得た李殷賛らは聞慶に隠棲していた李麟栄を十三道義兵大将に推戴して兵を挙げ、同年一二月には楊州（ソウル北側）に進出して気勢を上げた。約七千人の全軍を六道・二四軍に編成してソウルを攻撃し、一挙に日本統監府を撃破して保護条約を廃棄する計画であった。

ところが大将・李麟栄は、各国領事館に密使を送って義挙の目的を説明し、正義の声援を要請した。これでは相手に知らせるのと変わらない。軍師長・許蔿《い》は自ら決死隊三百人を率いてソウル東大門外三〇里（一〇里が四キロ）に迫り、各軍に東大門外への集結を促した。だが日本軍が機先を制して攻撃すると一気に気勢をそがれ、散り散りに退いた。しかも父の訃報に接した総大将・李麟栄は、軍師長・許蔿に頽勢の挽回を命じて帰郷した。ために諸軍は分散をやむなくされて、遊撃戦に転移した。第三期義兵抗争と言う。規模はかつてなく大きく、計画は周密遠大であった。初めて全国的な組織化を図り、統一されていた。しかし結末は、余りにもはかなかった。けれどもこの時の義兵将はおよそ四一八人を数えるそうだし、また国内での遊撃抗争は一九一一年末まで続いたのだから、民族の血気は知ることができる。

「高等警察要史」五頁によれば、第三期義兵抗争での犠牲者は日本側守備隊の戦死者一三六人、負傷二七七人、韓国側の戦死者一七、七七五人、負傷三六、七〇六人という。韓国側の犠牲者数は義兵に襲撃された一進会員を含むと思われるが、いずれにせよ痛ましい限りであった。

「朝鮮統治史料第四巻」所載の「霊瑞秘符」によれば、第三期義兵闘争の概要を次のように表示している。

年度	義兵数	討伐隊との交戦回数
光武十一年（明40）一九〇七年	五万人	三二五回
光武十二年（明41）一九〇八年	七万人	一、四五〇回
光武十三年（明42）一九〇九年	二万八千人	九五〇回
光武十四年（明43）一九一〇年	一千九百人	一四七回

この間の双方の被害

	戦死・被殺	負傷	被焼家屋
義兵側	一六、七〇〇余人	三六、七七〇余人	
討伐側	一三〇余人	二七〇余人	
韓人	一、二五〇余人		六、八八〇余戸
日人	一二〇余人		
清人	一人		

しかして義兵が起こった原因を朝鮮駐箚軍司令部「朝鮮暴徒討伐誌」（大正二年三月三十日刊）は次のように分析している。

一、軍隊の解散に対する不満と、生活に窮した将校・下士卒に雷同してその輩下に窮民が集まった。

二、名望を有する儒生または両班の日本の施政方針に対する反発。
三、政治的野心を抱いた者が他の擾乱に乗じた。
四、従来の火賊が時勢を利用して義兵と自称した。
（七－八頁）

つまり義兵にも純粋なものとそうでないものがあったとしているが、これはあくまでも為政者側に立った見方であって、民族の衷情を理解していなかったひとつの表われであろう。

ちなみに一九〇七年（明40）九月末、義兵が最も熾んであった当時の韓国駐箚軍の兵力は一五個大隊であって、主力を京城に控置し、他の八個大隊を次のように分屯させていた。（括弧内は中・小隊分屯地）

第一守備隊：水原（開城、江華、抱川、利川、竹山、安城、振威）
第二守備隊：清州（天安、鳥致院、公州、大田、洪州、忠州、堤川）
第三守備隊：大邱（尚州、咸昌、聞慶、安東、平海、永川、慶州、蔚山、晋州、統営、咸陽）
第四守備隊：光州（全州、南原、康津）
第五守備隊：原州（金化、金城、春川、江陵）
第六守備隊：海州（沙里院、瑞興、延安）
第七守備隊：黄州（平壌、安州、定州、義州、江界）
第八守備隊：北青（咸興、城津、清津、鐘城、慶興）

そして前出の朝鮮駐箚軍司令部「朝鮮暴徒討伐誌」は、第三期義兵闘争の全容を次表のように表示している。以てその並々ならぬ抵抗の模様がわかる。

暴徒鎮圧経過ノ概要一覧表

年暦	月別	暴徒ノ占據セル主ナル地方	主ナル暴徒首魁及暴徒ノ概數	討伐ノ為ノ派遣セル主ナル部隊	討伐結果ノ概要
四十年	七月	京城市街ノ動揺（韓帝譲位ニ際シ）	暴民及脱走兵若干	歩兵第五十聯隊第三大隊、野砲兵中隊其他警務官全員ヲ擧ケ市街ヲ警護ス	警務官及良民ニ若干ノ被害アリタルモ砲火ヲ開クニ至ラスシテ一時鎮静ニ歸セリ
	八月	京城市	侍衛歩兵第一、第二聯隊ノ各第一大隊軍隊解散ニ當リ叛亂	歩兵第五十一聯隊坂部少佐ノ率ユル歩兵三中隊、機關銃二、工兵若干	約八百名ノ損傷ヲ與ヘタリ其他ハ四散シ後日暴徒ノ群ニ投ス
		江原道原州	原州鎮衛隊軍隊解散前叛亂	忠州守備隊長二宮少尉以下十九名	居留民及警察官ヲ収容シテ忠州ニ歸還ス
		京畿道江華島	江華島分遣隊暴民ヲ合シ約八百名	歩兵第十四聯隊大崎少尉以下歩兵一少隊機關銃二	單ニ驅逐セルノミ
		江原道原州附近	閔肯鎬以下約千名	歩兵第四十七聯隊下林少佐ノ率ユル歩兵二中隊、機關銃四、工兵一小隊	各所ニ於テ若干ノ暴徒ヲ殪シタリト雖暴徒ノ出没巧妙ニシテ討伐ノ効果顯著ナラス而シテ上記ノ討伐隊ノ内不破少佐ノ率ユル部隊ハ任務終了後其守備地大田ニ歸還シ下林、足達両支隊ハ九
		忠清北道忠州附近	同右	歩兵第五十一聯隊足達中佐ノ率ユル歩兵三中隊、機關銃四、騎兵工兵各一小隊	

四十年	八月	江原道 江陵、春川、三陟附近	金徳済以下約五百名	歩兵第五十聯隊ノ二中隊 同第五十一聯隊ノ一中隊 機關銃二	月下旬迄討伐ヲ續行シ該地附近一時静穏トナリシヲ以テ其編組ヲ解カレ下林支隊ハ水原ニ足達支隊ハ京城ニ歸還ス
	八月	京畿道 利川、長湖院、驪州、楊根附近	閔肯鎬ノ部下若干名 李康年以下約六百名 申乭石以下約三百名	歩兵第十四聯隊不破少佐ノ率ユル歩兵二中隊 同第五十一聯隊ノ一中隊 歩兵第十四聯隊長菊池大佐ノ率ユル同聯隊竝ニ同第四十七聯隊ノ大部、騎兵半小隊、山砲兵一小隊、工兵若干	若干ノ損傷ヲ與ヘ一時該地方静穏トナレリ
	九月	慶尚北道 聞慶附近			
	九月	京畿道 楊州、坡州、積城附近	曺仁煥、閔俊、王會鐘、金湊黙以下約千名	歩兵第五十一聯隊田邊大尉ノ率ユル歩兵一中隊ト半小隊、山砲兵一小隊、工兵一分隊 歩兵第五十二聯隊ノ一中隊	若干ノ損傷ヲ與ヘタルモ他方面ニ遁走シ賊勢再燃ノ状勢ニアリ
	十月	江原道 襄陽、春川附近 忠清北道 雙湖附近 慶尚北道 松面場附近	李彦用、李完蔡、李求蔡、池龍起、李寅在、申昌鉉等ノ率ユル二百至六百名ノ集團	十余箇所ニ配置セル各守備隊 歩兵第五十聯隊ノ一中隊	各地ニ於テ若干ノ損傷ヲ與ヘ一時該地方静穏トナレリ
	十月	京畿道 積城附近	王會鐘以下約四百名	歩兵第五十聯隊第八中隊	暴徒ノ巣窟深源寺ヲ焼夷ス

四十年	十月	慶尚南道 智異山附近	金東植、高光均以下約三百名	晋州派遣隊	高光均以下數十名ヲ殪シ根據地ヲ焼夷シ稍静穏トナレリ
四十年	十月	全羅北道 淳昌、任実、鎮安、龍潭附近	金東植、李錫庸以下約三百名	十餘箇所ニアル各守備隊	暴徒ノ出没巧ニシテ討伐ノ効果顧著ナラス
四十年	十一月 十二月	江原道 古毛谷附近	李麟栄、方観一、鄭大一以下約七百名	歩兵第五十一聯隊坂部少佐ノ率ユル歩兵一中隊、騎兵、山砲兵、工兵各一小隊	若干ノ首魁ヲ殪シタリ
四十年	十一月 十二月	慶尚北道 日月山附近	李康年以下約六百名	歩兵第十四聯隊赤川少佐ノ率ユル歩兵三中隊、機關銃二	多大ノ損傷ヲ與ヘ暴徒ノ巣窟ヲ顛覆ス
四十年	十一月 十二月	咸鏡南道 三水附近	車道善以下約四百名	恵山鎮、甲山守備隊及騎兵若干	鎮壓スルニ至ラスシテ翌年ニ至ル
四十年	十一月 十二月	黄海道 瑞興附近	金秀民以下約五百名	黄州、海州、瑞興等ノ各守備隊	
四十一年	自一月 至三月	京畿道 臨津江流域一帯	許蔿以下約四百名	歩兵第四十七聯隊第五中隊其他十餘箇所ニ配置セル各守備隊	若干ノ損傷ヲ與ヘタルモ未タ鎮定スルニ至ラス
四十一年	自一月 至三月	黄海道 鐵道線以西一帯ノ地域	殆ント系統ナキ草賊各所ニ蜂起ス	十餘箇所ニ配置セル各守備隊	

四十一年				
自一月至三月	江原道 酒泉、狼川、横城、麟蹄、春川附近	閔肯鎬以下約七百名	同右	閔肯鎬以下若干ノ首魁ヲ殪シタルモ江原道、慶尚北道ニ亘リ横行セル李康年尚侮ル可ラサルモノアリ
	忠清南北道 陰城、清州、堤川、公州附近	系統ナキ草賊約四百名	同右	討伐ノ結果漸次静穏トナレリ
	慶尚北道 日月山、安東、醴川、榮川、慶州附近	申乭石、金成雲、柳時榮以下約四百名	同右	若干ノ損傷ヲ與ヘタルモ未タ鎮定スルニ至ラス
	慶尚南道 伽倻山附近 全羅南道一帯	金東植、奇三衍以下約六百名	同右	
	咸鏡南道 甲山附近	車道善以下約四百名	歩兵第五十聯隊三木少佐ノ率ユル歩兵二中隊、騎兵一小隊	車道善以下帰順ス
自四月至十二月	京畿道 臨津江流域一帯 江華島一帯	許蔿、金秀民以下約五百名	十餘箇所ニ配置セル各守備隊	許蔿ヲ生捕ス
	黄海道 鐵道線以西一帯ノ地帯	閔孝植、許徳天以下約六百名	同右	若干ノ損傷ヲ與ヘタルモ討伐ノ効果顕著ナラス

四十一年

自四月
至十二月

江原道 金剛山ノ附近	李康年以下約千名	同右	金元植其他若干ノ首魁ヲ殪シ漸次靜穩ニ傾キツツアリ
忠清北道 堤川附近	李康年以下約百名	堤川守備隊長以下二十九名	李康年ヲ生捕ス
忠清南道 定山、青陽、權鳩附近	系統ナキ草賊約四百名	十餘箇所ニ配置セル各守備隊	若干ノ損傷ヲ與ヘタルモ未タ鎮定スルニ至ラス
慶尚北道 日月山、小白山附近	辺鶴基以下約千名	同右	日月山、小白山附近ハ暴徒ノ巣窟ニシテ且ツ山間僻遠ノ地到底殲《セン》滅ヲ期スル能ハス故ニ其附近守備網ヲ密ニシテ警戒ヲ嚴ニスル手段ヲ取レリ
慶尚南道 智異山附近	柳明國以下約四百名	同右	柳明國以下若干ノ首魁ヲ生捕シ守備網ヲ嚴密ニス
全羅南北兩道殆ント一圓ニ亘ル地域	李學士以下約千五百名	二十餘箇所ニ配置セル各守備隊	若干ノ損傷ヲ與ヘタルモ討伐ノ結果顯著ナラス
平安南北兩道ノ東部	梁麟錫以下約四百名	十餘箇所ニ配置セル各守備隊	漸次靜穩ニ歸セリ
咸鏡南道 甲山郡及其附近	洪範道以下約八百名	同右	洪範道ハ露領ニ奔走シ爾後漸次靜穩トナレリ

	咸鏡北道 新阿山附近	李範允ノ部下約二百名	會寧、慶興、雄基、清津ノ各守備隊	武器ヲ棄テ對岸ニ脱逸ス
四十二年	京畿道 楊州、永平、漣川、朔寧附近 黄海道 金川、白川、延安、黄州、沙里院附近	李殷賛以下約五百名	十餘箇所ニ配置セル各守備隊	李殷賛ヲ捕縛セルモ尚數名ノ首魁アリテ未タ鎮定スルニ至ラス
	全羅南北道殆ント一圓ニ亘ル地域	金海山、李學士、沈南一以下約三千名	數十箇所ニ配置セル守備隊憲兵	八月南韓大討伐ヲ實施シ首魁沈南一以下二千餘名ヲ死傷、捕獲若クハ自首投降セシメ殆ト靜穏ニ歸セリ
	其他ノ諸道ハ前年主ナル首魁ヲ失ヒタルヲ以テ多少草賊ノ出没セルモノアリト雖概シテ靜穏トナレリ			
四十三年	慶尚北道 小白山附近	崔聖天以下約三百名	臨時派遣歩兵第一戦隊第三大隊	崔聖天以下若干ノ首魁ヲ捕獲シ殆ント靜穏トナレリ
	黄海道 開城、海州、瑞興ノ多角形地域内	李鉉龍、金貞安以下約五百名	歩兵第二十九聯隊長ノ指揮スル歩兵七中隊及騎兵、工兵若干	百餘名ヲ捕ヘタルモ首魁ヲ逸シ未タ全ク鎮定スルニ至ラス
	其他ノ諸道ハ多少草賊ノ出没セルモノアリト雖モ概シテ靜穏トナレリ			

四十四年	黄海道 海州、平山、谷山 附近	李鉉龍、韓貞満、金 貞安、蔡麟彦以下約 五百名	歩兵第三旅団長中村少将ノ指揮ス ル歩兵十六中隊、騎兵二中隊及憲 兵、警察官若干	首魁ヲ逸シタルモ約二百五 十名ノ暴徒ヲ捕ヘ爾後守備 警戒網ノ密ト共ニ賊勢屏息 スルニ至レリ

許蔿《きょい》　慶北・善山に生まれ、勅任秘書丞（内閣官房長官）、平理院長（最高裁長官）等を歴任し、従二品の位と嘉善大夫の尊称を持つ名士であった。一九〇九年（明42）五月下旬に鉄原憲兵分隊に捕えられたが、彼はいささかも臆することなく、諄々として東洋平和の理念を説いて止まなかったという。憲兵分隊長・太田大尉の調べに対して、次のように述べている。

「予が韓国の復興を図るのは、決して韓国民の利害に執着するからではない。実に、東洋全般の平和を想うからに外ならぬ。もし日本が韓国を併呑するならば、支那は必ずや常に日本を猜視するだろうから、決して相互の和親は望み得ない。日支の国交が円満に行かない限り、どうして東洋の和平を維持することができようか。だから日本はまず誠心誠意を尽くして韓国を守り立て、更に赤心を披瀝して支那を援助するならば、始めて日本は東洋の盟主として永遠の平和を維持することができよう。…」

「今日、予が韓国復興のために挺身するのは、世界の大勢に鑑みて東洋永遠の平和を念ずるが故であり、単なる日本のためでもなし、一韓国のためでもない。今予は捕われの身となったが、毫末も悲しまず、何者をも怨まない。他人の悪は見易く、これを責めるのも容易であるが、いかに明敏の人と雖も自分の眉を見る眼はないのである。未熟拙技の碁客でも、第三者として傍観する時は意外の妙手巧技を見出すという。希くは速かに京城に出て、日本要路の大官にこの微衷を進言し、容れられないならば、日本に渡って直接日本政府に極言したいと思う」

また明石元二郎憲兵司令官との問答の中に次の応酬がある。
許　「日本は韓国の保護を唱えるが、内実は韓国を亡ぼして併呑しようという禍心を抱いている。これ我等が座視するに忍びないところであり、敢て蟷螂の斧を揮う所以である」
明石「日本の韓国に対する態度は、譬えば按摩の患者に対するようなものである。その肢を揉み、その体を打つ。一見病者に苦痛を与えるように見えるが、その実は痛みをとり、回復させる施術である。この辺を一考すべきではないか」
許　「この色鉛筆を見よ。外皮は赤いが、芯は藍色である。貴国の韓国に臨む態度も、このようなものではないか。表皮と中身が異なる事は、争い難い事実であろう」
明石「ここにある強国があるとする。その大艦隊が海を覆うて仁川に迫ったとする。韓国はこれにどう対処するか？　世界の大勢をいかに察し、東洋の現状をどう見るのか？　日本を疎外して、韓国の将来を保全する道はあるのか。徒らに理論の末端に捉われる事なく、現実の情勢に覚醒する必要はないのか！」
すると許蔿は黙念として暗涙に咽んだが、これらの問答の間に明石司令官は許蔿の閲歴、人格と識見、愛国の至情、東洋平和の経綸に対して深く感銘共感するところがあったらしく、伊藤統監に助命を申請したという。（久保寺山之輔書三〇八－九頁）

また儒家であった義兵大将・柳麟錫は多くの義兵漢詩をつくったが、その代表作に次がある。（卞宰洙「恨と抵抗」一七－八頁）

嗚乎痛矣嗚乎寃　ああ怨みは尽きず　痛憤の極みなり
天地斯崩日月昏　天地は崩れ　日月も光を失う

以彼之讎而彼醜　歴史に希なる　この醜悪な敵
日邦為合此何言　合併を云云するとは　いかなる妄言なるや

非日合邦邦即滅　合併は道理に悖る　亡国の途なり
邦既滅矣滅将人　国亡ぶれば　同胞を扶くる能わず
滅人滅国華焉附　国と民と亡ぶれば　燦然たる文化も亦亡ぶ
寃痛痛寃今此辰　ああ、痛憤の極みなり　今のこの時

此滅二千万人種　二千万の同胞　滅亡に瀕す
仁天胡忍泰平仁　天は仁なりというは　偽りなりや
老身遙向同胞泣　愛する同胞よ　この老軀請い願う
万死持衷更振神　万遍死すとも　愛国の心を忘るな

嗟世英豪丈夫子　ああ英和に輝く　この地の丈夫よ
此寃不雪可抬顔　国を奪還せずして　何のかんばせ
哭之又哭天涯老　痛哭にみちた　この境涯
哭尽乾坤春色還　痛哭尽きれば　新春再び甦らんか

そして咸鏡道の甲山地方で蜂起した洪範図（前表では誤って洪範道としている）部隊の活躍をたたえて、次の義兵

歌謡が歌われたという。（「恨と抵抗」一五－七頁）

五連発銃の弾丸は　さびついて
火縄銃の銃身からは　硝煙がただよう
エヘヤ　エヘヤ　エヘンエヘン　エヘヨ
倭奴（ウエノム）の軍隊　全滅だ

倭奴が下駄を海にすて
東萊釜山を去る日は　いつかくる
エヘヤ　エヘヤ　エヘンエヘン　エヘヨ
倭奴の軍隊　全滅だ

お前も俺も　兵士だ
さあ　銃架をかたくにぎり
島国の倭奴を　やっつけよう
エンホリグ　グンパッパ
チェンホリグ　グンパッパ
勝ち戦だ　勝ち戦だ　また勝利
はむこう敵には　火の雨だ
グンパッパ　グンパッパ　グンパグンパグンパ

注　五連発銃は日本軍の、火縄銃は義兵側の小銃を、海は玄海灘を指す。倭奴は日本の侮称。

以てその情と民意の高揚を知ることができる。

これらの長く続いた義兵抗争と並行して、テロも絶えなかった。

外部顧問D・W・スチーブンスはオークランドで日本統治の必然性を宣伝中に、在米韓国人に暗殺された。

翌一九〇九年（明42）七月に統監府が司法警察事務の委任を受け、九月に一進会長・李容九が日韓合邦を上奏すると、李容九の暗殺未遂事件が起きた。

日露協商のためにハルビン駅に到着した伊藤博文が、安重根の手に斃れたのはこの年の一〇月二六日のことで、安重根は韓国でも北朝鮮でも義士と称えられている。処刑直前に揮毫した書を見れば、並並ならぬ人物であったことが分かる。

姜徳相「朝鮮独立運動の群像」によれば、伊藤博文を暗殺した安重根（一八七九－一九一〇）は、一九〇七年初夏に、安昌浩らを鎮南浦に招いて酒をくみかわし、祖国の現状を論じ、日本への抗拒を語ったことがあったが、その時安重根は次のように述べたという。

「朝鮮が国を失ったのは、日本の強圧のためばかりではない。朝鮮社会内部自体の混乱と頽廃が根本的で、それが外国の侵略を呼びこんだ。そのため、独立運動は民族の姿勢を正すことから始めるべきである。儒生たちの愛国主義は激烈な口調で高飛車なわりに、内容がない。内省を伴わない空疎なものである」

と儒教的思想に不満をのべ、結論的に

安重根

「第一は育英事業、第二に産業の振興、第三が抗日闘争である」
と主張して安昌浩の思想に賛同したという。（五九－六〇頁）
また安重根が決行三日前の一〇月二三日夜につくって同志に送った即興詩＝丈夫歌は次の通りである。（姜徳相「朝鮮独立運動の群像」七〇－七一頁）

丈夫処世兮　其志大矣　ますらおが世に処するや　その志大なり
時造英雄兮　英雄造時　時代は英雄を造り　英雄は時代を造る
雄視天下兮　何日成業　天下を雄視すれば　いつの日か業を成さん
東風漸寒兮　壮士義熱　東風漸く寒くとも　壮士の義は熱し
忿慨一去兮　必成目的　忿慨ひとたび去れば　目的は必ず成る
鼠竊〇〇兮　豈肯比命　鼠賊〇〇など　どうして命を較べられよう
豈度至此兮　事勢固然　どうしてここに至るか　もとより事勢の然らしむるところ
同胞同胞兮　速成大業　同胞よ　速かに大業を成せ
万歳万歳兮　大韓独立　大韓独立万歳
万歳万々歳　大韓同胞　大韓同胞万歳
（注：鼠賊〇〇は伊藤公の意）
なお彼の辞世の詩は
丈夫雖死心如鉄　義士臨危気似雲
以てその見識と志操とを知ることができる。

また伊藤公暗殺の衝撃が覚めやらぬ一二月には、総理・李完用が李在明に襲われて重傷を負った。

実は李完用首相は大韓協会を率いて合邦に反対していたが、売国奴の元兇と勘違いした李在明は、一二月二二日のベルギー皇帝の追悼式から人力車で退出した李首相を匕首で襲い、背中と側腹を刺した。背部の傷口からは呼吸が洩れる重傷であったが、一命を取留めた大韓病院長・佐藤 進は「普通の人なら、気死する大傷である。豪胆な人物だけに、案外治効があった」と語ったという。

しかして伊藤博文とスチーブンスの暗殺や李完用の暗殺未遂は日本の朝野に衝撃を与え、これらの事件が合邦不可論を圧倒して併合を加速したとみる書が多い。

李王垠殿下は方子妃に

「伊藤公は実に誠実に世話をしてくれた。そして将来、私が勉学を終えて新しい知識を朝鮮へもち帰り、故国で役立てることを期待して、そのような構想も考えておられたと思うが、その伊藤公が暗殺されたことは、朝鮮の運命を変えてしまったのではないかと思う。

いたずらに軍国的な軍人総督によって、英国植民地政策のまねをしたようなことになって、残念でならない」

（李方子「すぎた歳月」六一頁）

と述懐されたことがあったという。

実は日本にも、性急な対韓政策について批判的な世論が少なくなかった。例えば著明な政治評論家・安達謙蔵（のち逓相、内相）は、明治四〇年（一九〇七）十月の「評論の論評」誌に

「率直に言えば、日本は韓国で余りにも高圧的な仕事をしたと言うべきである。我々は隣家の裏庭に入って行っ

て、主人に『家が必要だから、文句なしに出て行け』と言っているのと同じことをしているのだ。我々は、アメリカの正当な主人であるインディアンに対して米国人が行ったことを、そのまま韓国人に対して行っているのである。またイギリスがインドでしたように、ロシアがダッタン人に対し、フランスがインドシナでしたと同じようなことをして、日本は列強の仲間入りをし、文明国になったのだ。……」

と痛烈に論評している。けれども歴史は、併合が既定の事実かのように動いていった。

併合の経緯

併合の方針「適当ノ時期ニ併合ス」が決定したのは、明治四二年（一九〇九年）夏のことであった。当時の外務省政務局長・倉知鉄吉の覚書（「朝統史第三巻」七〇一―四頁）によれば、その年の春、伊藤博文公に代って曾禰荒助子爵が統監に任ぜられる内議があった際、交代に先立って韓国問題に関する大方針を確立してこれを文書にしておくことが必要とされ、小村外相の指示によって倉知局長が立案し、確定草案を桂首相に提出したのは三月三〇日であった。ついで桂、小村両相は四月十日に伊藤公と会談してその同意を得、七月六日に閣議決定して同日御裁下を経たという。

けれども伊藤公も桂首相も、大事が翌年に行われようとは、夢想もしていなかったと思われるふしがある。伊藤公はその後幾ばくもなく運命の北満への旅に上ったが、そのとき側近が身辺の危険を説いて憂慮すると、伊藤公は昂然として「韓人にして、予に危害を加える如き事があったら、自らその国家を危殆に瀕せしむるものである。彼らと雖も、そのような愚挙を敢てすることはあるまい」と答えたという。（「日韓離合之秘史」一七八頁）

しかして日韓併合の決行までは極めて複雑錯綜した経過があったが、要約すれば、一進会の合併主張に対して大韓協会や国是遊説団の猛烈な反対があり、この間に両国在野の志士の不惜身命ともいうべき奔走があって両国の元老や閣臣間の意見も次第に統一され、結局、寺内統監の任命となって決行を迎えることになった。「朝鮮公論」大正十三年四月号はその経過の一齣を次のように述べている。長くなるがその錯綜した一端を知るために意訳して引用したい。

「伊藤公が統監を辞して曾禰子爵が後任となると、程もなく日韓合邦という大問題が持ち上った。即ち、一進会長・李容九の上奏問題であった。

元来、合邦に反対していた曾禰統監は、李容九の提案に就いて心中反対の火が燃え盛った。しかも統監は一進会に対して頗る不快の念を持っていた。というのは、伊藤公の寵を受けていた黒龍会（大アジア主義を掲げた右翼団体）の内田良平が一進会の顧問として同会を操縦していたが、その内田は伊藤公の辞任に当たり、後継統監として公が曾禰子を推したのに対し、陸相・寺内子を強く推薦した経緯があり、曾禰統監は心中大いに内田に含むところがあったからである。

一方、曾禰統監は、李容九や一進会の領袖であった宋秉畯らと反目していた総理・李完用と親近であり、李完用は一進会が突然上奏した合邦論に不快を禁じ得ない状態であった。

そこで合邦論をめぐって曾禰統監と李完用対内田、李容九、宋秉畯の対立となり、事が紛糾したので、李総理は統監を訪れて「合邦は、本当に日本政府の意志なりや？　日本政府に同意する人が居るや？」と尋ねた。かねて伊藤公は日韓一家論を唱え、連邦を期していると噂されていたからである。

すると一進会に含むところがあった曾禰統監は、言下に「あれは策士輩の妄論である」と答えた。機を見るに敏な李完用は国是遊説団を操縦して大韓協会とともに非合邦論を高唱し、李容九、宋秉畯に対し反撃に転じたので、時局はにわかに紛糾した。

自分の軽率な一言が紛糾を招いたことを知った曾禰統監は大いに慌て、李総理を招致して「非合邦論に藉口して排日気勢を高め、民心を動揺せしむる如き行為あらば、断然、最後の処置を執る」と叱咤した。

これがまた李完用に、その心底を見透かされる原因となった。この一言で統監の思慮浅薄を知った彼は、表面は統監の命の遵守を誓いながら、度支部（大蔵）大臣・高承喜を造幣局視察の名目で東京に送り、桂首相に訴えて時局を益々複雑にしたのである」

しかして一九〇九年一二月四日、一進会長・李容九が一百万会員と二千万民衆の名において曽禰統監と李完用首相に送った日韓合邦意見書の中には次の一節がある。

「…韓国ノ天恵饒《ゆたか》カナルニ拘ラズ、二千万衆ノ貧弱ニ泣キテ文明ノ域ニ進ム能ハザルハ何ゾヤ。是レ職《しき》トシテ建国ノ国是定ラズ、経国ノ大本立タズ、其ノ国力ヤ毎《つね》ニ強鄰ノ勢ヲ頼ミ、其ノ民生ヤ終《つい》ニ持久ノ計ナク、小弱ニ膠株《こうしゅ》シ自ラ剣去ッテ舷ヲ刻ムノ愚ヲ知ラザルニ由ル…」

「日韓ノ関係は実ニ慶弔一家ヲ致ス…一朝両国相保タザルノ事情ヲ生ゼンカ、現状ノ頼ムニ足ラザルヤ知ルベシ。故ニ邦家万世不抜ノ洪基《こうき》ハ唯ダ宜シク今日太平無事ノ際ニ於テ日韓合邦ヲ創立スルニアリ、是レ独リ韓国自ラ保ツノ策ノミト謂ハンヤ、亦日本自ラ衛《まも》ルノ道ナリ。…ノミナラズ、両翼身ヲ皷シ両輪輿ヲ行リ、陽ニハ以テ東亜ノ時局ヲ支持シ、陰ニハ以テ世界ノ平和ヲ保障スベキナリ」（「朝統史第三巻」七〇五―六頁）

一進会は今でも韓国民から蛇蝎《だかつ》のように忌み嫌われている。自ら亡国の建議をしたのであるから、民族感情として許せない気持ちはよく分かる。

また李容九の純宗皇帝への上奏文は言辞さらに沈痛を極めているが、その中に〝韓国の命脈は事実上久しく絶えている。韓国が清と露に呑まれなかったのは日本の尽力である〃のに、「我レ尚ヲ未ダ斥倭《せきわ》ノ気ヲ戢《や》メズ、毎ニ恩ニ報ユルニ怨ヲ以テシ、徒ラニ排日ヲ事トス。飜然《ほんぜん》トシテ之ヲ思ヘバ豈《あ》ニ禽獣《きんじゅう》ノ心ナラズヤ…」（前掲書七〇六頁）の一文がある。韓国では〃仇文〃とみられているが、ではあの際、日本が無条件に撤収すれば韓国民に至福が訪れたであろうか、となると、その方策を断言できる人は知らない。

なお合邦を支持した団体として大韓商務組合、国民同志賛成会、十三道儒生代表等が知られるが、むろん絶対反対が断然多く、国是遊説団、大韓協会、皇城基督《キリスト》教青年会、大韓毎日申報などがその雄であった。

当時の統監府外事局長・小松緑「朝鮮併合ノ裏面」は、曽禰統監の真意は分からなかったとしながらも、

「一九〇九年（明42）一二月二八日の閣議に於て、首相代理兼内相の朴斉純や文相・李容植が合邦を上奏した一進会の弾圧を強調したのに対し、曽禰統監は言論の自由の立場から『合邦の賛否を論ずるのは当然のこと、この件心配無用』と慰撫し、かつ記者会見で『日本は合邦の意志なし。仮に合邦するも時機と国情とを考量の要あり。日本の廃藩置県さえ十年も混乱したのに、数千年の歴史ある国家の廃合は至難の業』と説いたことがあった。その意を忖度すれば、韓国民がわが施政に心服する機に至れば自然に結合が実現する、性急は怪我のもと、と観じていたようである」

と回想している。

だが前大蔵大臣・曽禰荒助は、第二代統監として前年七月末に赴任したのだから、同年七月六日の「適当ノ時期ニ併合ス」と決議した閣議に列していたわけである。だから彼は「適当」の意味を、熟柿の落ちる時と考えていたのであろう。だが病を得た彼は翌一九一〇年（明43）早々に帰国して、再び京城に還ることはできなかった。歴史は偶然

の累積と言えようか？　伊藤公と曽禰子が健在であったならば、諸般の経緯は随分変わったであろう。

第三代統監は武断派の陸相・寺内正毅の兼務であった。桂首相の決意の表現であったろう。その六月、統監府外事局長・小松緑は寺内統監兼陸相に併合促進の意見書を上呈しているが、その一文に次がある。

「心服後の自然結合論は、事情に疎い空論である。…四年有余の保護政治は韓民の信頼を博すべきところ、伊藤公の威風と徳望を以てしても歓迎しないばかりか、其ノ官民ヲ別《わか》タズ、面従腹背、断《た》ヘズ陰謀詭計ヲ廻ラシ、益々排日ノ気勢ヲ加ヘ来リ、流石《さすが》大量ノ伊藤公ヲシテ、宛《あたか》モ良医ノ匙ヲ投グルガ如ク慨然トシテ引去ラシムルニ至レリ。伊藤ニシテ然リ。…悦服を待つのは百年河清を俟つに等しく、今後更に財政・学務の改善を図らんとすれば、死力を尽くして反抗するは必至なり。と言って放任すれば、積弊重畳、自滅の外なし。屋外に置いて鞭撻するより、家内で撫育する方が彼の為ならん…」

韓国人が見れば不遜無礼、驕慢偏見の極であろうけれども、今更引退るわけにいかず、さりとて現状のままに放置するわけにもいかず、困り果てた結果の意見であり、歴史と経験の帰結からこういう見方も当時は存在したということであろう。

小松外事局長が併合を具申したその一九一〇年六月、統監府は韓国政府に迫って警察権を委譲させた。これで実質的にはむろんのこと、形式的にも韓国の統治権はすべて剝奪されて、併合の準備が整ったことになる。韓国駐劄軍司令官・長谷川好道大将が率いたわずか一、五個師団の軍事力を背景として、日露役後の五年の間に、このような非情な政策が容赦なく進められたのだ。わずか約三万の軍隊が、韓国民二千万を威圧した。軍事力の重みであった。

庚戌国恥　陸相を兼任したまま第三代統監に任ぜられた寺内正毅大将が、胸中に併合の大事を秘めて軍艦・八雲で仁川に赴任したのは七月二三日であったが、条約締結の事務的内話が始まったのは、八月五日に総理・李完用の私設秘書ともいうべき李人植が密かに統監府外事局長・小松緑を訪れたときからで、寺内統監が李完用総理と趙重応農相を極秘に招致して日本政府の意志を伝え、閣議の便のために覚書を手渡したのは八月一六日であった。

これより前、李総理は忠清南道の温陽温泉で昨年末に受けた兇刃の傷を養っていたが、七月二九日帰京して総理に復していた。李総理は統監の存意が合邦断行にあると推察し、朴内相、趙農相と会して事前に政府の決意を内定していたから、会談は短時間に終わり、用向きは〝関東地方の大水害の見舞で儀礼的なものであった〟と周囲の目を逃晦したという。

韓国政府は覚書を検討し、一八日に特に昌徳宮（皇帝の居宮）で定例閣議を開き、宮内大臣・閔丙奭も参加して、大勢最早いかんともなすべからず、として合邦を決議した。だが学部大臣・李容植は一人反対を唱え、〝君辱臣死〟と高唱して頑として同意しなかった。彼は容貌魁偉、眼光炯々、ひげ顔を覆い、音吐朗々として見るからに怪傑を思わせたが、もとは伊藤公の知遇によって登用された人であったという。

こうして二二日午後一時に御前会議が開かれる手筈になったが、ここに一つのエピソードがある。もし御前会議の席で唯一の反対者である李学部大臣が憤死するような不祥事が起こっては大変と考えた李総理は、一時彼を敬遠するに決し、「関東の洪水見舞と学事視察のため日本に政府代表を送る必要があるが、この任は君ならでは…」と勧めたところ、李容植は「病気全快の後に行こう」と答えた。そこで「病気引籠り中なら、御前会議への出席は叶うまい」として彼を除いたので、御前会議は一瀉千里で決を見たとのことである。（久保寺山之輔書二五六頁）

でも併合後、李容植は子爵を受爵しているから、彼の併合反対は体面のための反対であったのかも知れぬ。

定刻に開かれた韓国最後の御前会議の議題は、むろん日本から提示された条約案の審議であった。八条から成った条約案の第一条は

「韓国皇帝陛下ハ韓国全部ニ関スル一切ノ統治権ヲ完全且永久ニ日本国皇帝陛下ニ譲与ス」

であった。今更反対しても詮無い仕儀である。異論は死を意味する。慟哭のうちに、午後三時に合邦を決定し、五時に調印を終えた。

日韓併合条約は八月二九日に公表された。太祖・李成桂の創朝以来、二七代・五一九年も続いた李王朝は、ここにその悲痛な歴史の幕を閉じた。**庚戌国恥**という。（以下、現在の韓国と区別して旧韓国と記す）

太上皇（高宗）は徳寿宮李太王殿下に、隆熙皇帝（純宗）は昌徳宮李王殿下に、皇太子は李王垠殿下に降格された。日本の皇室がこのようになった事態を想定すれば、民族の痛哭と義憤の情は察するに余りがあろう。

なお皇弟・李堈と皇従弟・李埈（永宣君李埈鎔）の二家を公族に遇した。陸士42期の李鍵公は李堈公の嫡嗣で、終戦時日本に帰化され、桃山虔一と改名されている。陸士45期の李鍝公は李堈公の次嗣で、李埈公の養嗣子となられた方である。中佐で第二総軍参謀のとき、広島の原爆で戦死された。

また朴泳孝ら五人の戚族を侯爵に、李完用、朴斉純、高永善、趙重応、金允植、李容植、李夏栄、宋秉畯、李秉武、趙重顕、李址鎔、李根沢、李載崑、任善準（・印は「乙巳五賊」、△印は「七賊」といわれた人、○印は中枢院議官に任命された人）らの二二人を子爵に、李根湘、趙羲淵、韓圭卨、兪吉濬、金嘉鎮ら四四人を男爵に列した。

得意になった人もいたであろうが、男爵のうち四人は受爵を拒絶した。金奭鎮（自殺）、趙鼎九（自殺未遂）、韓圭

韓圭卨

卨、兪吉濬（但し賜金は受領）であった。（趙芝薫「韓国民族運動史」（一九七五年、高麗書林刊）：九〇―九一頁）

いつの時代でも人間模様は複雑であるが、受爵を拒んだ四人はこういう形で衷情を現わしたのであろう。また悲憤慷慨の極に殉国した人は、前出の判書・金奭鎮、駐露公使・李範晋、錦山郡守・洪範植ら二一人の官吏と、儒生二四人が知られている。国が滅ぶとき、国に殉ずる士が絶えないのはいずれの国も同じである。けれどもこれらの殉士はいずれも南半部の出身の人で、知る限り北半部出身の人は居ない。複雑な理由があるのであろう。

当代随一の詩人・黄玹（五六歳）は全南・求礼の人であるが、絶命詩四章を遺して服毒自殺した。その一章に次の句がある。

鳥獣哀鳴海嶽嚬　槿花世界已沈淪
秋燈掩巻懐千古　難作人間識字人

槿花は韓国の国花・無窮花《むくげ》のことだから、その意は、人物を作ることがいかに難しいかを嘆いたものであることが容易に分かる。

また彼の遺書には「私には死なねばならぬ義理はない。だが亡国の日に一人も殉国するものがいなければ、どうして痛嘆せずにいられよう。……」とあった。過年、智異山西麓の求礼を訪れた時に黄玹の故事を教えられ、前出の趙芝薫書九三頁で見て加筆した次第だが、黄玹は成均館の試験に合格した進士であった。けれどもなぜかこれ以上の科挙を受けずに求礼に隠棲し、外憂内患が重なると閉門して上京しなかった。そして合邦を知ると殉国したわけである。

韓国では、実力を備えながら官職を固辞し、清談優雅に隠棲する人を尊しとする風習があった。明治以来、多くの人が日本に留学して学識を収めたが、その殆んどは実務につくのを卑んで清風明月を友にしたという。〝隠者の王国〟の名がある所以であろう。

慶北・英陽の儒士・金道鉉は国母報讐で義挙した人であるが、乙巳保護条約─合邦条約の国難に当たっては九〇歳の老父を抱えて挙義できなかった。そこで国恥五年後に老父の死を看取ると、東海に入水して殉死した。臨絶詩の中に次の句がある。（趙芝薫書・九三頁）

国亡涙未已　親没痛更長
独立故山碧　百計無一方

金道鉉は忠より孝を重んじたわけだが、孝を第一とする儒教的社会の性格からみて、自然とみる人が多かった。けれども庚戌国恥の悲劇について、多くの将軍が次のような感慨を漏らされたのは印象的であった。

「本当の両班は仕事をしない仕来りであった。正庁（正式の客間）か大庁（大広間）に正座して書を読み、客と談じ、食事は奴婢が食べさせる物を口に入れ、自分では何もしないのが尊いとされていた」

「私の父は明治大学を出た。早い留学であった。でも帰国後はなにもしなかった。官職につくとか、自分で企業するなどは賤しいこととされていた。これでは学問しても何の役にも立たぬ。国が亡びるのを待っていたようなものだ。日本だけを責められぬ」

「日本は明治維新を自力で成し遂げた。英、仏の力は借りたが、干渉は許さなかった。しかし韓国は立ち遅れ、派争が高じて干渉を招来し、自力での開国はできなかった。日本にやられなかったならば清国に、清国にやられなかったらロシアに、あるいはアメリカにやられたであろう。独立する力がなく、文に走り武を忘れた報いであったと考える」

「〃山林〃とよばれる尊称がある。例えば海西（黄海道）の大学者・高能善（衛正斥邪派の儒者で、前述した前期の義兵将・柳麟錫と同門の剛直な儒家）は高山林と言われるが、〃山林〃とは仕官せずに山林に隠遁した大学者という意で、当時は仕官した者以上に本物の学者と看做され尊敬されていた。これでは世直しにならない。世界の進歩に追い付けない。韓国が弱肉強食の対象になったのも無理からぬところがあった」

また、日本に対する恨をしばしば同胞に向け、政争に明け暮れたのでもわかるように、民族の団結力の無さを嘆く人が多かった。例えば東京大学教授・西義之は、韓国の知名なジャーナリストの個人的な見方を次のように紹介している。（要約）

「歴史的にみて、韓国は高句麗《こうくり》、新羅《しらぎ》、百済《くだら》の三つの国の集まりである。南には北から多くの人口が南下しているので、まさに三民族が同居していると言っていい。だから国家の形成が遅れ、やっと戦後に国家形成が始まったと言える。…」

「私（韓国のジャーナリスト）は自国を〃砂のような民族〃というように考えることがある。指の間からサラサラとこぼれ落ちる結合力のない民族、と思う。いや、近代国家の意識がないから、民族と言えるかどうか？従って結合の元は、金とか李とか崔とかの、姓氏の部族じゃないかとさえ思う。

同血族の団結は固い。だが固いが故に、却って近代国家としての意識の形成を妨げている。これは日本の封建時代と比較されよう。徳川氏、伊達氏、前田氏、毛利氏、島津氏のような家中が存在し、その家中の団結は固いけれども、日本国民としての自覚はほとんどなかったのに似ていよう。そこで日本は外国の脅威をテコにして明治国家の形成を計ったが、今の南も北も同じ方法で国家意識の形成を急いでいる。少し緩めるとまたバラバラになってし

まう危険を、政治家たちは意識していると考える。…」（一九七九年一一月一五日付「朝雲新聞」春夏秋冬）
現代においてこうみる知識人が韓国にいるのだから、まして当時においておやであろう。

しかして日韓併合の遠近因と当時の雰囲気について朝鮮総督府警務局に永く勤務した坪江汕二はその著「朝鮮民族独立運動秘史」において次のように解釈している。（四六―九頁）

遠因
⑴　李朝の秕政→民心の離反と無智
⑵　支配階級（両班《ヤンバン》）の派閥抗争
⑶　封建的保守思想の普及徹底
⑷　李朝の鎖国政策の敗北
⑸　形式的儒教思想と事大思想の虜囚
近因
⑴　日本の急速な発展と対韓政策の強行
⑵　スチーブンスや伊藤博文らの暗殺

を挙げている。つまり近因⑵が、日本朝野の対韓世論を急激に硬化させ、合邦の気運を盛り上げて行きつくところまで走らせてしまった、という見方である。

だから総括して

「当時の韓国は、朝にあるものも野にあるものも、民族全体が李朝五百年の秕政で全く去勢されていた。日韓併合に不満を抱いた者は合併に前後して海外に去ったが、その連中は元来韓国政府のやり方にも強く不満を持っていた反政府分子で、朝鮮民族全体からみれば数も勢力も極めて微々たるもので、とるに足らない存在であった。だからこそ合邦という大革命が大した波乱もなく無血で成功したわけで、それは日本の侵略というよりも、むしろ日本の大陸発展の勢力の前にみずから自滅し去った、という方がより適切であるように思われる」

「韓国側の軍隊はすでに解散され、各部門には日本の勢力が扶殖されていたので、日韓合併に際しては大きな問題は起こらなかった。不満を抱く勢力よりも、日本に協力しようとする進歩的勢力の方がはるかに強大になっていた。…」

と説明されている。あくまでも総督府官吏としての見方であろうが、そう見られても仕方のない側面が韓国自体にあったのであろう。

だからと言って、併合の正当性を論ずることは、不可能である。他国の王朝を廃して一切の統治権を掌理したのであるから、弁解すればするほど牽強附会の誇を招くのが落であろう。それは、いかなる名目で統治権を奪うかに悩んだ挙句、「併合」という「公用語」を案出したことでわかる。

だが併合の本来の意味は、併呑と違って併立とか併行の意に近い。羊頭狗肉の語そのものである。だから国を奪われた民族が、飽くなき抵抗を試みたのは少しも不思議でない。8・15解放から三六年を経て日本の統治期間を上回る歳月が過ぎた今でさえ、韓国の書も北朝鮮の書も、異口同音に日本の非を鳴らして止まないのは、民族感情として当然のことである。人の足を踏附けた人はその痛さは分からないが、踏まれた人の恨みは終生残る。それは終戦後四〇年も経ったのに、日本国民の軍閥に対する恨みと嫌悪感は消えず、それが嵩じて国防さえ忘れ、非武装中立の空想を党是とする政党が存在していることで容易に類推し得よう。「併合」は不可であった。

だが観点を変えて、史学的立場でみることも必要と思う。日本を責めるだけでは、半島や韓国に幸福な未来が訪れそうもないからである。

併合は、日清、日露の役の結果であった。しかしこの両役は、清とロシア帝国とが半島での覇権を望んだことに起因した。日本は自存自衛のために国運を賭けて戦ったのである。それは釜山や馬山浦が清やロシアの海軍基地となり、その大軍が半島の南端に進出した場合を想定すれば、日本の危機感が容易に分かると思う。今でも同じことが言える。後の事になるが、アメリカが朝鮮戦争に介入した主因は実にこの危機感であった。危機感はあくまで日本の主観であり、韓国には迷惑至極であったけれども、それは歴史的事実であった。

従って韓国民が和衷協同して国事に励み、時代に順応して自立自存に努めたならば、外寇はおろか容喙の隙さえ与えなかったはずである。まして夷を以て夷を制する変法を採る必要はなく、外勢を借る危険を冒すこともなかったと思う。

日本は韓国に理不尽な戦争を仕掛けて征服したわけでない。清軍やロシア軍は破ったけれども、旧韓国軍と戦ったわけではないのである。

次は日露戦争後の、日本の選択肢の問題である。戦争の結果、日本はロシアに代って遼東半島を租借し、南満鉄道の経営を譲り受け、駐兵権を得て関東都督府を置いた。だから韓国からは撤兵してポーツマス条約で謳った「韓国の完全な独立」を保障し、その発展を援助する政策が考えられる。だが史実は、乙巳保護条約の締結と朝鮮駐剳軍の常駐であった。そして五年後に「併合」の挙を強行したわけである。

撤兵の問題は、日本で論議された跡がない。なぜなら、日本軍の二倍に余るロシアの大軍が、ハルピンを中心とする北満及び沿海州に駐屯していたからである。しかも大した河でない豆満江の対岸には、ロシア兵が日本軍と対峙していた。ロシア海軍は壊滅したけれども、陸軍は単に後退りしただけであって、ロシアが講和に応じた主因は、「血の日曜日」に代表される国内要因にあった。従ってロシアの報復を恐れた日本は、一九個師団体制の軍事費の重圧に喘ぎながら、数次に亘って協商し、その一環として伊藤博文はハルピン駅頭に仆れたのであった。つまりは、いつかは日露戦が再発するとみていたわけだから、韓国の独立を保障するためには、日本として駐兵は已むない仕儀であったわけである。それは二年後に高宗皇帝の密書を受けたニコライ二世が、密使のハーグ入りを援助したことが証例となる。「日本兵よりも、清兵やロシア兵がまし」と言えばそれまでであるけれども、である。

しかして日本の併合論には、早期併合論（陸軍大臣・寺内正毅主唱）と併合待望論（現政によって民心が併合を待望するまで待つの論。二代統監・曽禰荒助ら）があり、絶対不可論も少なくはなかったのである。だから伊藤公の遭難と李完用総理の受傷事件が武断派に口実を与え、寺内陸相が統監を兼任するに及んで事が決したとみてよいであろう。

なぜなら、一九〇七年の高宗皇帝の譲位と丁未七条約、及び旧韓国軍の解散によって、韓国に残っていた主権の主なるものは司法権と警察権だけであったし、しかもそれぞれに日本人顧問が配されていた。だからこれ以上を望んでうる利益と、国恥を与えて生ずる損失とを勘案すれば、当然問題が存するところであった。これらが「待望論」や「不可論」の論拠であったし、「結果論だが、併合して損したのはむしろ日本である。清は日本より長くかつ酷いことを繰り返したが、日本よりも恨まれてない。日本は清に対する恨みまで自分で併合したのだ。そのうえ現在の不幸（南北問題）まで招いてくれたのだから、……」と揶揄的ながら真剱な恨言を聞く所以であろう。しかしてある著名人が「高宗の退位は已むを得ないとしても、併合までしないでも、……」とふと漏らされたのは、韓国人一般の代弁と思われる。

しかしてかの有名な詩人・金素雲は、その著「近く遙かな国から」（'79年、新潮社刊）の土岐善麿との対談の中で、日韓併合についての受取り方を次のように述べている。恐らく韓国人大多数の代弁と思うので、少し長くなるが引用したい。

「遠い過去のイザコザ―歴史の上のそうした過去帳は伏せておくとしても、併合前後の旧韓国の内情には、たしかに外敵にうかがわれる隙がありました。歴史の不幸ということを差引いても、人為的に更にその不幸を自乗したというふしは沢山あります。これは韓国人自身深く反省させられる点ですが、さればと言って、隙に乗じた侵入者を弁護する口実にはならぬわけです。防備はおろそかであり、新時代への洞察の明も欠いていたのは事実ですが、隣人に対して悪意を抱いたとか、喧嘩を仕かけたとかいうわけでない……、この場合は全然日本の一方的な侵略です。

殴った者と殴られた者とがあれば、必ずそこには何か理由らしいものがある。理由も何もないのに、黙っている者をポカリとやれば、これは気違いか、強盗ということになります。併合前後の事情はちょうどこの後者に当たるわけで、日清戦争で血を流したとか、鉄道を敷設したとか言ったところで、それは日本の国力伸長のためなのであり、韓国の利益のためにしたわけではないのです。『征韓論』という言葉が日本にはあっても、韓国には『征日論』というのはありませんから……。

『お前の垣根がこわれた……、放っておくとヨソの泥棒が入る。それではこちらが困るから、一足先に入ったまでだ。悪いのはこちとらじゃない、垣根をちゃんとしなかったお前の方なんだ』と、こういった講釈も日本側からよく聞かされたものですが、こうした得手勝手な理屈からは真の解決は生まれてこない……」（九五頁）

朝鮮総督府　日韓併合の報に接した石川啄木は

地図の上　朝鮮国にくろぐろと
　墨をぬりつつ　秋風を聴く

と詠んだそうである。多感な詩人には隣人の哀れさと、日本の行末が同時に案ぜられたのであろう。

だが併合を機に韓国は朝鮮に、韓国統監府は朝鮮総督府に、漢城は京城に改められて、初代朝鮮総督に寺内正毅大将が、政務総監に山縣伊三郎が、総務部長に有吉忠一が任ぜられた。

韓国駐劄軍は一九〇五年（明38）以来、一～一・五個師団で編成されて内地師団が輪番で駐劄していたが、治安維持と対露戦備の必要上、一九一五年（大4）一二月二四日に朝鮮軍司令部を創設し、隷下に新設の第一九、第二〇師団を入れた。朝鮮常駐二個師団の新設は合邦直後に発意されたが、財政難や反軍閥感情の為に見送られ、第一次大戦の勃発に伴う好況の到来で実現をみたものである。この間、西園寺内閣の崩壊や衆院解散など紆余曲折があった。

第一九師団は主力が羅南、各一部が会寧、咸興に常駐してロシアに備え、かつ咸鏡南・北道と江原道の一部を警備した。

第二〇師団は主力を京城に、各一部を平壌、大邱、大田に分置して他の全域を警備した。

その総兵力は約五万人と推定されるが、これが朝鮮民族約二千万の不動の重しであった。朝鮮総督府「施政二十五年史」はその施政を次の期に区分して「恩政」を自賛している。

総督		政務総監	
創業期			
①寺内正毅	自一九一〇（明四三）十月一日 至一九一六（大五）十月九日（六年）	山縣伊三郎	一九一〇年十月一日 一九一九年八月一二日
②長谷川好道	自一九一六（大五）十月一六日 至一九一九（大八）八月一二日（二年十か月）		
守成期			
③斎藤　實	2自一九一九（大八）八月一二日 至一九二七（昭二）十二月一〇日（八年四か月）	水野錬太郎	一九一九年八月一二日 一九二二年六月一二日
（末期の五か月半は宇垣一成が代理）		有吉忠一	一九二二年六月一五日 一九二四年十一月二二日
		湯淺倉平	一九二四年十二月三日 一九二七年十二月二三日
④山梨半造	自一九二七（昭二）十二月一〇日 至一九二九（昭四）八月一七日（一年八か月）	池上四郎	一九二七年十二月二三日 一九二九年四月四日
⑤斎藤　實	自一九二九（昭四）八月一七日 至一九三一（昭六）六月一七日（一年十か月）	児玉秀雄	一九二九年六月二二日 一九三一年六月一九日
建設期			
⑥宇垣一成	自一九三一（昭六）六月一七日 至一九三六（昭一一）八月五日（五年二か月）	今井田清徳	一九三一年六月一九日 一九三六年八月五日
⑦南　次郎	自一九三六年八月五日 至一九四二年六月（五年十か月）	大野緑一郎	一九三六年八月五日
⑧小磯国昭	自一九四二年六月 至一九四四年七月（二年一か月）		
⑨阿部信行	自一九四四年七月 至一九四五年九月（一年二か月）	遠藤柳作	

憲兵政治　一九〇五年一一月の乙巳保護条約を受けて、翌春二月八日に勅令第十八号とこれに附随した「韓国統監府

制」が発せられ、その中で韓国に交代駐箚する憲兵の任務を

「軍事警察ノ外、行政警察及ビ司法警察ヲ掌リ、行政警察及ビ司法警察ニ付テハ、統監ノ指揮ヲ受クルモノトス」

と定め、かつ統監に、必要に応じて韓国駐箚軍司令官に兵力の使用を命令し得る権限を与えた。つまり文官である統監に兵力使用権とその所掌についての憲兵指揮権を与える変態を取ったわけで、これがいわゆる憲兵政治の源流となった。この措置は軍制上の物議をかもしたが、当時の「萬朝報」は「統監が、対韓政策の総体からみてこのような権限を持つのは当然である。この制度に反対する軍人は不遜である」と論じている。ようやく驕慢の気配を見せ始めた軍部を押さえる手段として、世論はこの変態制度を歓迎したのであろう。だがこの変則は、鬼子を生んだ。

同一九〇六年十月二九日、第二期義兵抗争に悩んだ日本政府は韓国に韓国憲兵隊を常設し（勅令第二百七十八号）、翌一九〇七年（明40）十月七日にその任務を

「主トシテ治安維持ニ関スル警察ヲ掌リ、其ノ職務ノ執行ニ付テハ統監ニ隷シ、又韓国駐箚軍司令官ノ指揮ヲ受ケ兼テ軍事警察ヲ掌ル」（勅令第三百二十三号）

と改めた。憲兵創設以来の本務が従となり、副任務が主に変わったわけで、隆熙改元と軍隊解散で波動した第三期義兵抗争がその動因であった。警察比例の原則にも似て、反抗の漸増に伴って制度が強化されていった推移が分かる。憲兵政治への一里塚であった。

一九一〇年八月の日韓合邦に伴って、九月に「朝鮮駐箚憲兵条例」（勅令第三百四十三号）と「朝鮮総督府官制」（勅令第三百五十四号）が制定された。

前者は憲兵隊司令官の設置や全憲兵に警察官の職務権限を附与するなどを附加し、後者は陸海軍大将を総督に親任

する規定が特色で、実際、第三代統監・寺内大将が陸相を兼任のまま初代総督に親任された。総督の権限は異常に拡大され、憲兵隊の大拡張に伴って、ここに憲兵政治が具顕したわけである。

初代朝鮮憲兵隊司令官に任ぜられた明石元二郎少将は、日露戦争中は欧州にあってレーニンなどと気脈を通じ、謀略工作に専念して「血の日曜日事件」などを演出した辣腕家であった（のち大将・台湾総督）。彼は条例に基づいて兵科の将校や下士等を憲兵に転科させ、兵の不足を憲兵補助員（韓国人の志願者）で補って日本内地の全憲兵に匹敵する大組織を造り上げ、全半島に憲兵隊、憲兵分隊、憲兵派出所の網を張り巡らした。警察官の職務を執行した憲兵が、津々浦々に眼を光らせたわけで、松下芳夫「明治軍制史」は「朝鮮に於ける憲兵の勢力は、日本に於いては如何なる時代、如何なる所に於いても見ることのできないほどのものであった」（六四一頁）と述べている。そのうえ憲兵司令官は総督府警務総監を兼ねたから、以てその武断政治の一端が窺える。

しかも憲兵補助員は韓国人を採用して陸軍一、二等卒に準ずる取扱いをしたもので（明治四三年六月二九日勅令第三百一号）、憲兵に転科した下士以下の素質には問題があった。器量にそぐわぬ権力を与えられれば、紊乱に陥り易い。明治四五年六月十五日に陸相・上原勇作が朝鮮駐劄憲兵隊司令官に与えた「陸訓第十三号」の中に次の字句がある。

「……従来屢々《しばしば》訓示を与へたるに拘らず、近時素行不修にして降等処分を受くる者多く、甚だしきに至りては痴情の結果罪を犯し、情死を企つるが如き者あるに至りたるは本大臣の甚だ遺憾とする所……憲兵志願者の素質不良なるに源因すと雖、……（指揮監督不十分でもある）……」

以て、三・一運動の淵源が知られよう。

五、独立運動の派生

独立の回復を願わない民族や国民はいない。乙巳保護条約や併合条約にうっ憤収まらぬ硬骨の士の多くは、それぞれの志向やその時の運命に応じて国外に亡命し、その地を根拠にして独立運動に精魂を傾けることになる。また国内の革新的識者は折にふれ時に応じて陰に陽に独立運動を志向することになるが、坪江汕二「朝鮮民族独立運動秘史」は総督府警務局の立場から、併合直後の有名な運動家として次の人達を挙げている。(四九頁)

米国…徐載弼、安昌浩、李承晩、朴容萬

露領…李東輝、李相卨、徐相鏞

清国

間島…洪範図、金佐鎮、文昌範、徐一

南満…李始栄、李会栄、呂準、李建昇、呉東振

上海…申奎植、閔泳喆、盧伯麟、閔泳翊

北京…金沢栄、申采浩、金奎植、金光

仏…李儁、閔泳讃、閔哲勲

国内革新派

畿湖派…尹致昊、李商在、柳瑾、朴殷植

西北派…李東寧、崔光玉、李昇薫、安泰国、金東元、金九、李甲、柳東説、梁起鐸、金徳基、李徳煥、崔錫夏

天道教：孫秉熙、羅喆、崔麟、金献
(註：畿は京畿道、湖は忠清道、西北は平安道の別称)

これらの人達が精魂を傾けて励んだ独立運動の盛期を、地域的に時期的に概示すれば次表のようになる。

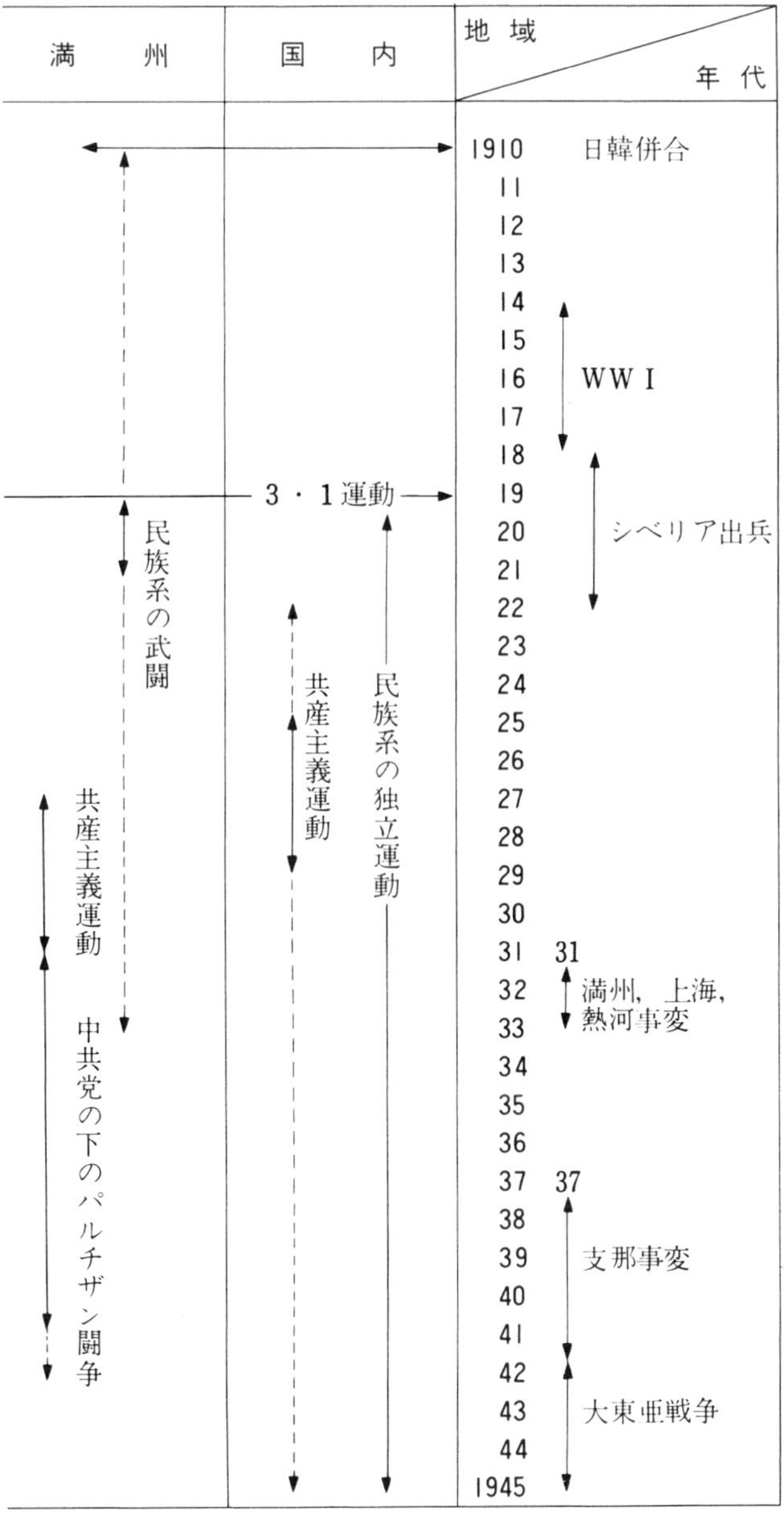

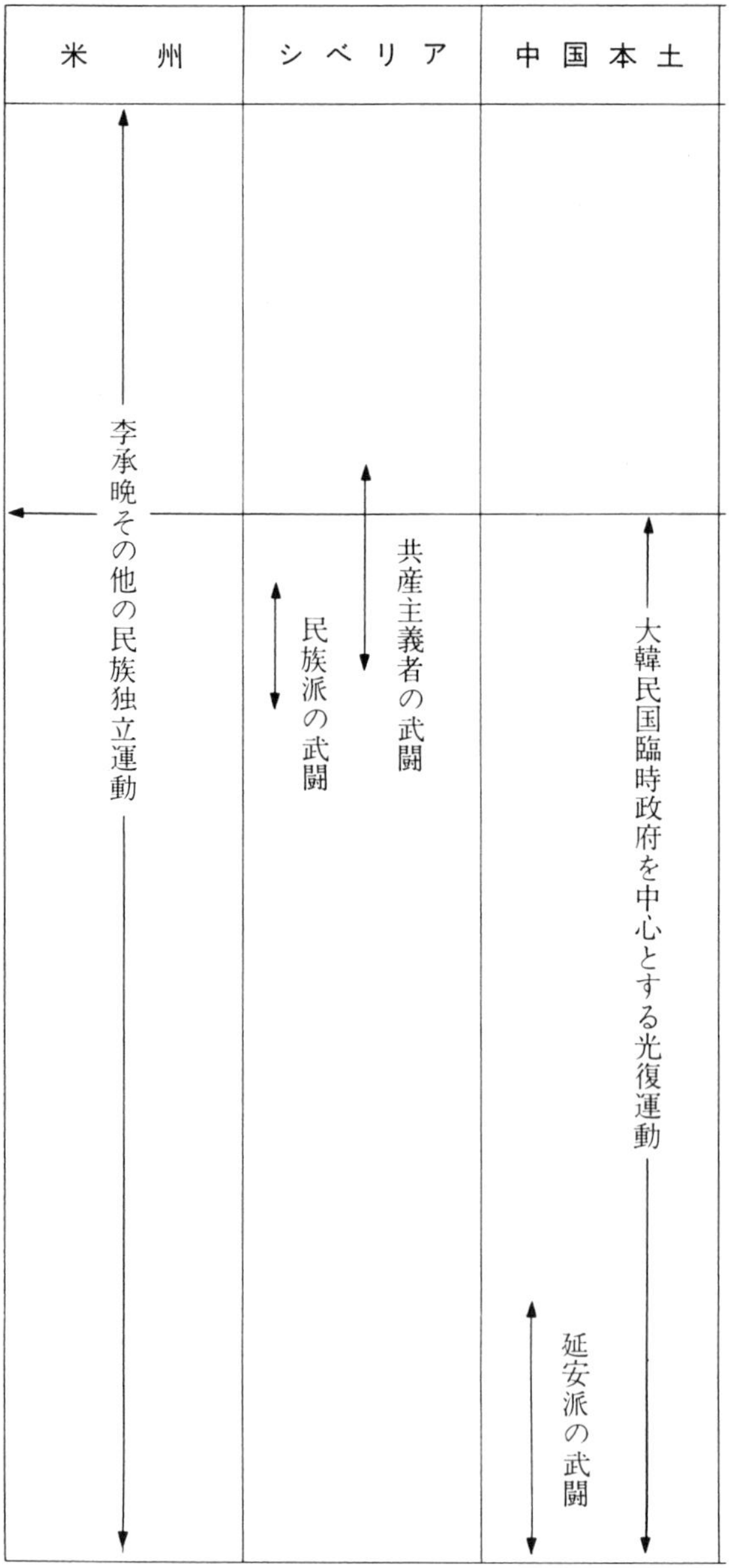

しかして独立運動は、決して一途の方針の下で組織的にうって一丸として展開したものではなかった。思想的には民族主義と共産主義及びその中間派に大別されるし、方法論的には文治的漸進派と武断的急進派、外勢依存派や自主独行派などに分類することができる。

また根拠を同じくした人達が、和衷協同して運動を展開したわけでなく、むしろ思想的に方法論的に対立と離合集散を繰り返し、派争に明け暮れたと言っても過言でない。そして根拠地域間の連携はほとんどみるべきものはなく、ほとんど地域ごとの運動に終始したと言ってよい。

　そこで本書では叙述の便宜上、国内における民族運動、中国における臨時政府を中心とする運動、米州における李承晩らの運動、東満における民族派の武闘、共産主義運動、東満における中共党下のパルチザンの章に区分して記述する。

　なお本書に登場する独立運動家は次表の生年表に掲げた人達である。彼らは朝鮮人と呼ぶのを忌んで自らを韓人とか韓国人と称したが、これは朝鮮総督府に対する抵抗意志の表現に外ならなかった。

　有名な運動家を生年順に並べたのは、韓国では朱子学が国教であった関係で、長幼の序を特に重んずる。父母や上長、年長者の前では、今も禁酒、禁煙の礼をとる遺風がその例である。従って独立運動家の間でも、それとなく長幼の序が看取される。そこでその特性が運動の組織や派の構成に微妙な影響を与えているし、それは解放後の政治情勢にも反映しているからである。

　むろん一九一〇年代中期以降に出生した人物は独立運動とのかかわりはまずないが、参考のため付記したものである。（日本読み五十音順）

生年	右派	中間派	左派
一八五七年			
一八五八年	宋秉畯（一九二五）　李完用		
一八五九年	朴殷植		
一八六〇年			

一八六一年	孫秉熙、朴泳孝		
一八六二年			
一八六三年	徐載弼		
一八六四年	尹致昊、李昇勲		文昌範
一八六五年			
一八六六年	李容九		
一八六七年			洪範図
一八六八年	李始栄		
一八六九年	李東寧		
一八七〇年			
一八七一年	梁起鐸		
一八七二年			
一八七三年			李東輝
一八七四年			
一八七五年	李承晩	盧伯麟	
一八七六年	金九		
一八七七年		金奎植	
一八七八年	安昌浩、柳東説(?)、李甲(?)		
一八七九年	安重根		
一八八〇年			安秉瓚
一八八一年	車利錫	趙琬九	
一八八二年	曺晩植、李始栄	張建相	
一八八三年			

一八八四年			
一八八五年			許憲
一八八六年		呂運亨	金萬謙
一八八七年	李青天	趙素昂	元世勳
一八八八年			洪命熹、李鏞
一八八九年	金佐鎮	崔東旿	金科奉
一八九〇年	崔南善、宋鎮禹、李允栄		
一八九一年	金性洙、申性模、申泰英、李応俊、呂運弘	成周寔	
一八九二年	李光洙	安在鴻	
一八九三年	金錫源、申翼熙、林炳稷		金若水、(毛沢東)
一八九四年			
一八九五年		金俊淵	崔元沢、白南雲
一八九六年	許政、張徳秀		崔昌益
一八九七年	尹潽善		
一八九八年	金弘壹	金元鳳	
一八九九年	任永信		
一九〇〇年	李範奭	韓雪野	金武亭、崔賢、崔庸健、朴憲永、(彭徳懐)
一九〇一年	呉東起	厳恒燮	
一九〇二年			
一九〇三年	張基永、張徳昌		韓斌、李周淵

一九〇四年		徐珉濠	金策、康良煜、朴一禹
一九〇五年	毛允淑、李瑄根		金台俊、李康国
一九〇六年	李孝祥		権五稷、宋鳳郁
一九〇七年			朴正愛
一九〇八年	孫元一、白斗鎮		朴金喆、李鍾玉、（林彪）
一九〇九年	金応祚、李烱錫		崔璟徳
一九一〇年			朴達、呉振宇
一九一一年			許成沢
一九一二年	金用雨		金一、金日成、朴成哲
一九一三年	金成坤、金溶植		南日
一九一四年	金一煥、崔徳新、李澔		金昌満
一九一五年	金錫範、宋錫夏、李周一、柳原植		金光俠、李権武
一九一六年	申鉉俊、李鍾贊、		
一九一七年	金振暐、金貞烈、崔錫、蔡秉徳、丁一権、朴正熙、朴基丙、李龍文		
一九一八年	金永善、金東祚、宋堯讃		
一九一九年	朴林恒、林富沢、李奇建		
一九二〇年	白善燁、李亨根		

附表　李朝末期の歴史年表

世紀	李氏朝鮮	外国
一八〇〇		
一八〇一	辛酉の獄（キリスト教徒を弾圧す）	
一八〇二	金祖淳の勢道政治（王妃閥の専制）始まる	
一八〇六	金達淳処刑	
一八〇七	時審度、時事を論じて被刑	
一八〇八	咸南の端川、北青の農民蜂起	
一八一一	洪景来の反乱（平安道農民戦争）	
一八一三	済州島の農民反乱	
一八一五	疫病大流行、天主公教徒の処刑	
一八一六	英艦来航	
一八一七	南部に大洪水	
一八二一	平安、黄海、京畿に疾病流行	
一八二二	疾病流行、大不作	
一八二八	忠清、慶尚に大ききん	
一八三二	英船来航し通商を乞う。不許	
	← 第23代・純祖 →	

一八三二	英船、群山に入港	
一八三四	疫病多し	
一八三六	仏人宣教師、漢城に潜入	
一八三九	己亥の獄（キリスト教徒大迫害） 仏人宣教師、殺害さる	
一八四〇 ～二		阿片戦争 清、英に香港を割譲
一八四五	英船、済州島に来航	
一八四六	仏艦隊来航し、宣教師殺害を問罪	
一八四八	阿片吸飲の禁令	
一八四九		
一八五〇		清、太平天国の乱始まる ～六四年
一八五三		米使・ペリー、露使・プチャーチン、対日和親を求む
一八五四	露艦、咸鏡道に来航	日、対米・英・露和親条約。 ～五六、クリミア戦争
一八五六	嶺南の大洪水	

——第 25 代 ・ 哲 宗——►◄——第 24 代 ・ 憲 宗——►◄——

一八五八		英、印度を併合 清露のアイグン条約
一八五九	書院施設の禁	清、英米仏露と天津条約
一八六〇	崔済愚、東学を唱う（六四年刑死）	清、対英仏戦争再開
一八六一		米、南北戦争、～六五年
一八六二	晋州の農民暴動（壬戌民乱）	
一八六三	高宗即位、大院君摂政	薩英戦争
一八六四	ロシア商人、慶興に侵入	馬関戦争、長州征伐
一八六五	露艦、元山に来航通商を乞う。書院弾圧 景福宮を再建	第二回長州征伐
一八六六	丙寅の邪獄（キリスト教の大弾圧） 米船シャーマン号、大同江で焼かれ米人死傷 独人オッペルト、江華島で通商を求む 仏艦隊、江華島を攻略、撤収 閔氏、王妃となる	薩長同盟成る 福沢諭吉「西洋事情」を著わす
一八六七	米艦来航しシャーマン号事件を調査	江戸幕府、大政奉還
一八六八		明治維新、成る

←第25代・哲宗→　←第26代・高宗→
—摂政)→

一八六九	日本、修交を求め不成。東大門成る 全羅道に農民武闘起こる	
一八七〇	米艦、漢江に入り、通商を求む	普仏戦争、～七一年
一八七一	米艦、江華島で交戦（辛未洋擾） 斥洋碑を八道四郡に建立	日・清天津通商条約
一八七三	大院君退き、閔氏政権を握る	日、徴兵令公布。征韓論起こる
一八七四	日本との修好交渉開始	日本、台湾征討。天津条約。 仏、ベトナムを植民化
一八七五	江華島事件（日艦・雲揚号の江華島砲撃）	
一八七六	日韓修交江華条約（朝鮮の開国）	熊本、秋月、萩の乱
一八七七	崔益鉉、排日を強唱（衛正斥邪運動）	西南戦争（明10）
一八七八	日本の第一銀行、釜山支店開設 釜山海関で日本品に課税、抗議で廃止 忠清道の農民蜂起	日、参謀本部を設置
一八七九	釜山開港	
一八八〇	元山開港 漢城に日本公使館開設（12月）	清、海軍を創設
一八八一	日本へ視察団を派遣。全国的農民反乱続発 新式軍隊「別技軍」の訓練に日本軍人を招く	

第26代・高宗

←（興宣大院君

	第26代・高宗	
一八八一	儒者・李晩孫ら排外運動を起こす 開化、守旧派の対立激化	
一八八二	米、英、独と修好条約。斥洋碑除去 七月、壬午の軍乱（軍隊、閔氏打倒と排日のため反乱し、大院君を擁す。日本公使館焼かれ、顧問死傷す。別名・京城事変） 八月、日本、兵を派して問罪し、済物浦（仁川）条約を結ぶ 八月、清国陸兵を派して大院君を天津に護送し、朝清商民水陸貿易章程を結ぶ	
一八八三	仁川開港、日本と租界条約を結ぶ 農民暴動広がる→九四年	清、仏と開戦
一八八四	伊、露と修交通商条約 一二月、甲申政変（金玉均の変）	清仏戦争→八五年
一八八五	英艦隊、巨文島を占領→八七年 日朝京城条約。大院君帰国	日清天津条約（朝鮮問題）
一八八六	朝仏修好条約。旱害凶作続く	清英ビルマ条約
一八八七	英艦隊、巨文島撤収	
一八八八	対露陸路通商章程を結ぶ	
一八八九	旌善、光陽、水原で農民蜂起→九三年 防穀令事件（一〇月～九〇年四月、対日穀物輸出禁止令）	日、憲法発布

第 26 代 ・ 高 宗

一八九二	東学教徒、禁教の緩和請願	
一八九三	東学教徒、斥倭洋倡儀の旗を挙ぐ	
一八九四（明27）	江原・金城の農民蜂起 全羅・古阜の農民蜂起が甲午農民反乱（俗に東学党の乱）に発展、全州陥る（二～五月） 清、陸兵を牙山湾に揚ぐ（六月） 日、混成旅団を急派し、七月、甲午改革（閔氏を排し、大院君摂政↓八月） 七月、日清の役始まる 八月、日朝攻守同盟締結	ロシアの西シベリア鉄道開通 日英航海通商条約 九月、黄海の海戦 一一月、旅順陥落
一八九五	一月、洪範一四か条の宣言 七月、閔妃、ロシア公使と結びクーデター、親露政権樹立 一〇月、乙未事件（閔妃殺害さる） 断髪令発布 第一期反日義兵闘争（儒林挙義）	四月、日清下関条約、三国干渉 孫文、広州挙兵に失敗して日本に亡命
一八九六	一月、太陽歴を採用し、建元して建陽と号す 二月、ロシア公使、国王を同公使館に移す 独立協会発足、「独立新聞」発刊	五月、第一次日、露議定書 六月、第二次日、露議定書（韓国の共同保護） 列強の対朝利権獲得競争始まる↓九九年

一八九七	二月、国王、ロシア公使館から還御 八月、革新の詔 十月、国号を大韓帝国と改め、王を皇帝と称す	ロシア、東清鉄道敷設権を獲得 米、ハワイ併合条約
一八九八	二月、大院君逝去 十月、独立協会、主権守護を決議 一二月、独立協会に解散の詔	米西戦争（米比・グアム領有） 第三次日露議定書 ドイツ、膠州湾租借
		清、戊戌の政変（改革失敗） ロシア、旅順、大連租借 フランス人、広州湾占領 英、九龍・威海衛租借
一八九九	活貧党の闘争 九月、韓清通商条約	清、義和団事件↓〇一年 日、治外法権撤廃 米、対華門戸開放宣言
一九〇〇（明33）	京仁鉄道開通 馬山浦事件（ロシア、馬山浦の買収に失敗）	北清事変 露軍、満州に南下
一九〇一	南大門成る	露、軍隊反乱・社会革命党など結成 東清鉄道完成
一九〇二		一月、日英同盟 シベリア鉄道開通 露仏の韓国独立共同宣言

第26代・高宗

一九〇三	第一銀行（日）排斥運動	五月、ロシア、龍岩浦に軍事基地設定 六月、ロシア、鴨緑江木材会社設立 露軍、満州を占領
一九〇四（明37）	二月、日韓議定書なる（攻守同盟） 八月、第一次日韓協約 一進会おこる	二月、日露戦争始まる 九月、遼陽会戦
一九〇五	京釜鉄道開通・通貨改革 憲政研究会成立 一一月、第二次日韓協約（乙巳保護条約） 第二期義兵抗争始まる	一月、旅順開城、血の日曜日 三月、奉天会戦 五月、日本海海戦 六月、ロシア第一次革命 八月、日英同盟更新（拡張） 九月、日露ポーツマス条約
一九〇六	東学教徒、天道教・侍天教を創宗 二月、閔宗植の抗日挙兵 三月、日本韓国統監府を設置（外交権掌握） 五月、崔益鉉の抗日挙兵	一月、日本社会党結成 三月、日本「韓国統監府」を設置 一一月、満鉄設立
一九〇七	六月、ハーグ密使事件 七月、高宗譲位 七月、第三次日韓協約（日本の財政援助）	六月、日仏協約 七月、第一回日露協約及び秘密協定（東亜現状維持）

←― 第26代・高宗 ――――→

一九〇七	八月、韓国軍解散の詔 第三期義兵抗争→一九一一年	
一九〇八	私立学校令発布 統監府「東洋拓殖会社」設立	二月、日米紳士協定
一九〇九	出版法公布 七月、日本に司法・監獄権を譲る 九月、一進会「日韓合邦」を上奏 一〇月、伊藤博文、安重根に暗殺さる 一二月、李完用総理狙撃事件	八月、間島で日清軍衝突 九月、間島に関する日清協約 一二月、ノックスの満鉄中立化計画
一九一〇（明43）	六月、日本に警察権を委譲 八月二二日、日韓併合条約調印 八月二九日、公表 （韓国を朝鮮に、漢城を京城と改称） 一〇月、朝鮮総督府を設置	日本、幸徳事件

←第 27 代 ・ 純 宗――

第二章　国内における民族運動

〃わが歴史には御多分にもれず、栄光の時期と恥辱の時期とがあった。栄光の時期は国家国民が結束した時に得られ、恥辱の時期は例外なく国民意識が分裂して内輪喧嘩しているその時に訪れた。権力闘争に熱中して互に愚劣に陥り、あらゆるものを失ってしまったバカげた姿をカビ臭い史書の中に見る〃

六堂・崔南善

〃刀の刃の如き心をもって怒りの心を断つ。これを忍と言う〃

公州麻谷寺・龍潭師

いかなる体制の社会でも、完全であり得ない。人はより自由を求め、より公平な平等を欲し、生活の向上を絶えず願うからである。従って社会は一刻も停止せず、絶えず変革し、進歩し前進する。陣痛の連続といえよう。

一民族国家でさえそうだから、他民族に支配される悲運に見舞われた民族が、一刻も早く軛から脱して民族の自由独立を求め、国際社会において平等な立場に立ち、個有の文化の上に進歩発達を遂げようとする本能を阻止することは、誰にもできないことである。

従って一九一〇年八月二九日の日韓併合条約宣布のその日から、一九四五年八月一五日の解放の日まで、民族の独立運動は絶え間なく、多彩に繰り広げられた。その運動を朝鮮総督府「施政二十五年史」は、一九一九年（大８）の三・一運動を中心にして前・中・後期に区分している。以下これに従う。

一、前期の運動

朝鮮総督府「施政二十五年史」(昭和10年刊) は、併合から一九一九年三月一日に突発した三・一運動までを創業期としているが、その間の管内の治安状況を次のように総括的に述べている。それは刊行の目的から、抽象的でありかつ自画自賛的であるからその全貌を知るにはほど遠いものであろうが、その紙背には当時の雰囲気を伝えていると思うので、参考のため引用したい。

「併合の当初にあってはその趣旨を理解せず、之に反対の志を有し密に徒党を糾合し暴力に依って国権回復の策を講ぜんとするものもあった。明治四三年十二月には右徒党の一人安明根なるもの京義線車輦舘駅等に於て寺内総督を暗殺せんとし、志を達せずして捕縛せられた事件が突発した。併しながら本府統治の趣旨漸次闡明せられたると、憲兵警察制度の周密とにより漸次斯る徒党も解消し、併合後約一年にして各地暴徒の残党も漸次剿滅せられ治安の維持愈々確立せらるるに至ったが、残存不逞の徒は露領及び間島地方其の他の支那領に遁竄し、此等地方の不良輩と共に排日行動の根柢をなし、朝鮮内地と気脈を通ずる者あるを以て之が警備は一日も忽諸に附することが出来なかった。……」(三四—三五頁)

注：当時の文献とくに公文書には、「不逞」とか「不逞鮮人」などの用語で反日運動家を現わしている場合が多い。また朝鮮人を鮮人とか、北朝鮮を北鮮と呼ぶのは、普通のように用いられている。けれどもこれらの用語

は、差別以外の何物でもなかった。合邦とか併合とか言いながらこのような蔑称を公文書で使用した神経は、民族感情を今でも逆撫でている。日本人の狭量や傲りがそうさせたのであろう。韓国で折にふれて噴出する反日ムードは、これらの積悪の累積結果に他ならないと考える。

新民会事件　前に「独立協会」の弾圧（一八九八年）を逃れてホノルルに渡った安昌浩は、「ハワイ国民会」を組織して総会長に就任し、「国民報」を発行して声望を集めた。組織の天才と言えよう。そのころ李承晩は、まだ獄中の身であった。（後出）しかし一九〇五年の乙巳保護条約によって日本統監府が設置されると、安昌浩は一九〇七年（明40）秋に帰国して統監・伊藤博文と独立を談じ、尹致昊《いんちこう》、李昇薫、梁起鐸、柳東説、李東輝らと「新民会」を組織した。新民会は〝務実力行〟（実力の涵養に努めたのち、行う）をスローガンとしてその実践に努め、平壌に大成学校等を創立して表面を糊塗しながら、四〇〇人余りの精鋭分子を糾合して秘かに国権恢復のための運動に励んでいた結社であった。

ところが一九一〇年（明43）の併合の年が愁々として暮れようとするころ、一二月二七日に寺内総督暗殺未遂事件が起きた。鴨緑江鉄橋の竣工式に赴いた寺内総督を、伊藤博文を暗殺した安重根の従弟・安明根が車輦館駅で待伏せた未遂事件である。

この事件の裏に安昌浩が結成した新民会やキリスト教団がある、と藉口した警務総監・明石元二郎は一九一一年一月一日にその幹部六百余人を一斉に拘束し、一〇五人を起訴して同会を解散に追込んだ。一〇五人は一審の判決で五～一〇年の懲役刑を宣告された。だが一九一三年の二審の判決では九九人が無罪になり、五人に四年以下の禁錮刑が科せられたが、一五年二月には全員が特赦された。従って**一〇五人の冤獄**とか**新民会事件**と言われる。安昌浩は併合の機運を察知すると逸早く渡米して難を免かれたが、冤罪を受けた人の中には次の著名人が含まれていた。

柳東説（陸士15期生、のち韓国統衛部長）

尹致昊（前「独立協会」会長・外相代理、大韓自強会会長）

梁起鐸（「大韓毎日申報」主筆）

李東輝（のち高麗共産党上海派首領）

金　亀（金九、のち臨時政府主席）

李昇薫（定州・五山学校の創立者）

総督府は新民会のような秘密結社の存在は施政の障害になるとみて、二葉のうちに摘んだのであろう。

同一九一一年（明44）四月、総督府は朝鮮土地収用令を、八月に朝鮮教育令を、九月に朝鮮政治結社禁止令を矢継早に公布した。官公吏や普通学校の教員までが制服制帽で帯剣したが、これがいわゆる武断政治の表徴であった。前に、皇城新聞や漢城旬報は廃刊させられていた。そしてここに日本式の教育が持込まれ、政治結社の自由を失った。大学は京城帝国大学（創立は一九二五年）の一校に限られ、他は専門校に格下げられた。

従って逮捕や起訴を免れた安昌浩、李甲（陸士15期生）、尹致昊、梁起鐸、李東寧、李東輝、曺成煥らの運動家は、その主義主張に従い、あるいは縁故を頼って米国、上海、満州、そしてシベリアに散っていった。国の独立を願う心は尊い。堅忍不抜、民族を思う心は気高く、その実行の勇気は称賛に価する。彼らが心を合わせれば、歴史は違ったかも分からない。けれどもこの闘士たちは、亡命したその地で独自の運動を育てることになる。独立運動が思想的にも地域的にも分散割拠して続けられた原因は、この新民会事件に求めることができよう。そしてこれが、解放後の民族にさまざまな不幸を齎らす元兇になったわけである。日本人としては書きづらいけれども、事実であるから已むを得ない。

(一) 国内での闘争

第三期義兵闘争は併合の翌年に熄んだけれども、反日運動は武断政治の強化に比例して続けられた。堅忍持久の民族性の発露であったと思う。

独立義軍府事件

第三期義兵抗争の将・李麟栄やその参謀長・許蔿の係累を始めとする義兵参加者や儒生らが、全北・井邑の林炳瓚を総将に推戴して結成した秘密結社で、京城に独立義軍府中央巡撫総将を置き、各道に道巡撫総将を、郡に郡守、面に郷長を置いたのでこの名がある。日本政府や総督府に国権返還要求書を送付して朝鮮統治の困難を知得させ、外国に不服従を宣伝し、国民を啓発して世論を誘導しようと図ったものという。しかしこのような公然活動が当時に許されるわけはなく、一九一三年（大2）九月に一斉検挙に遭った。結社員はすべて南部の出身者であったそうである。

光復会事件

蔡基仲、韓焄《くん》らが一九一三年に慶北・豊基で大韓光復団を結社し、やがて大邱の朴尚鎮らと合流して光復会に改めた。光復とは国権を回復して自主独立の光を復する意で、よく使われる用語である。

朴尚鎮は義兵将・許蔿の弟子で、司法試験に合格した秀才であった。だが前項の独立義軍府に加わらなかったのは、その手段に飽き足らなかったからであろう。朴尚鎮は富豪を脅迫して軍資金を募り、稷山の金鉱を襲撃し、中国で貨幣を偽造しては正貨に変えて、満州に軍隊を創設した。また国内に資本金一万円ずつの雑貨店を一〇〇店も経営してその利益で武器を蓄え、日本が他国と開戦したときに蜂起する計画を進めていた。ところが一九一七年一〇月に富豪に送った脅迫状から足がつき、朴尚鎮ほか六一人が検挙された。遠大な計画であったが、警察網はより緻密であった。

光復団

前項の光復会に、盧伯麟（陸士11期生、のち上海臨政軍務総長）や金佐鎮（のちの満州での闘将）、朴性泰らが一九一六年に加盟して光復団と改称したもので、数百人が血盟していたという。朴尚鎮が検挙されると国の内外で相互支援しながら運動を進めることに決し、盧伯麟は上海に、金佐鎮、朴性泰らは満州に赴いた。（後出）

国内に残った団員は一九一七年から三南地方（忠清、全羅、慶尚の総称）の悪質富豪（日本と結んで財をなした人）の退治を始め、四人を射殺した。そのたびに幹部が検束されて団の活動は急速に衰えたが、一九一九年四月に上海臨時政府（後述）が樹立されて盧伯麟が軍務総長に就任すると、四散していた団員は再び結集して気勢を挙げた。

一二月に韓焄らを上海臨政に派遣して拳銃四〇丁と爆弾一〇個を受領して、翌一九二〇年（大9）八月に米国議員団が訪韓する機を捉えて斎藤総督を暗殺し、官庁を破壊する計画であった。けれども秘密が漏れて韓焄以下二七人が逮捕され、韓焄は一九年、金東淳は一〇年の懲役刑を受けた。

朝鮮国権恢復団中央総部事件

大邱から馬山地方にかけて結成された血盟組織で、尹相泰が統領、徐相日、李始栄（のち初代副統領）らが幹部であった。三・一運動のとき蜂起したが、あとで自然解消したらしい。

こうして一九一〇年の併合から一九一九年の三・一運動まで国内の闘争は断続したが、その特徴として次のことが言える。

結社の発祥は南部に限られ、今の北朝鮮地域には発生していない。事件も意外に小規模であり、かつ相互に脈絡がみられない。また憎悪の対象が多くは同胞に向けられており、朴尚鎮が前慶北道観察使であった大富豪・張承遠（後の総理・張澤相の父）を射殺させたのには、私怨の臭がしないでもない。

彼我の力関係がそうさせたのであろうけれども、独立運動に統一性がみられない以上、已むなき次第であった。

(二) 国外での運動準備

国内での運動がままならぬ以上、周辺国の力を借りて素志を貫こうと計ったのは自然の成り行きである。外国の力を借れば所詮はその国の影響下に入るのが歴史の証明であるが、この場合は仕方がなかったであろう。半島の歴史はその地政学上の特異性から、常に外勢の影響を受けてきたからである。

この場合の周辺国は、中国、満州、シベリア、そして米州であった。

米州での運動の中心は移民が多かったハワイと、カリフォルニア、及びワシントンであった。その先達は甲申政変や独立協会の創立で有名な徐載弼で、李承晩、安昌浩、鄭翰景、閔瓚鎬らがこれに続いていたが、哲学博士の称号を持つ李承晩はその名門と財とを以て米人に知己を得て、独立運動の巨頭としての地盤を築きつつあった。（後出）

また新民会事件で再びアメリカに亡命した安昌浩は、前にサンフランシスコに設立した「共立協会」を基盤として運動を再開した。その組織力は抜群であった。けれども米州は、独立運動にとっては宣伝と外交の場であり、資金の調達地に他ならなかった。地球の裏での運動には限界があった。だから二人の名は当局に知られていたが、この時期には特記すべき運動は認められなかった。

中国での中心は、上海であった。地理と都市の性格から外勢を利用する運動に便であり、同患同憂の誼から中国人の支持を受け易かったからである。在留韓人は約五〇〇人と少なかったが、孫文や黄興、胡漢民らの革命の元勲と親交があった旧武官・申奎植が、早くからフランス租界で「同済社」を、左派の呂運亭らは「新韓青年党」を結成して運動の基盤を整えていた。新民会事件で上海に逃れた知識層が多かったのは、このためである。

けれども当時の中国は同一九一一年の秋に起こった辛亥革命を控え、韓国の独立を助ける余裕はなかった。一九一二年二月に清朝が倒れて中華民国が成立したが、一九二八年（昭3）に蔣介石の北伐が完了するまで内乱に明け暮れた。従って上海における独立運動は中国の力を借りるというよりも、租界や国民政府の庇護の下に専ら世界の同情を得る外交運動の拠点であったとみてよい。

ところが第一次世界大戦（一九一四―一九一八年）が始まり、日本は参戦して戦勝五大国の一つに数えられる強国になった。だから韓国人の独立運動に耳を貸す国はなく、上海における運動にも特記すべきものは見当たらなかった。

シベリアには早くから韓国人が住みついていた。崔在錫博士が説く民族の北進志向の所産であった。当時の沿海州には咸北道の農民が自由に往来して不毛の地を開墾し、ウラジオストークの北郊には新韓村ができていた。沿海州に蘇城（スーチャン）、秋風（ニコリスク・ウスリースク）、煙秋などの韓国名の町が多いのはこのためである。

新民会事件でシベリアに逃れた李東輝、李甲らは在住の文昌範、李剛らと「韓族会」を結成して独立運動に火を付けた。けれども帝政ロシアは一九一七年の二月革命に次ぐ十月革命で倒れ、レーニンの労農政府が成立したが、翌一九一八年夏から二二年秋の四年間に亘ったシベリア出兵で極東露領を制圧されたから、特記すべき運動は記録されていない。だが敵の敵は友であり、共産主義は韓国の独立と変革を志向する人には格好の思想的武器であった。ボルシェヴィキが東漸するに伴って李東輝、文昌範らは逐次左傾して高麗共産党を創立し、独立運動に思想的波紋を投ずることになる。また在留韓国人はボルシェヴィキと結んで日本軍と交戦し、李東輝派とは別な党派を結成して互いに抗争することになるが、細部はいずれも後に譲る。

鴨緑江と豆満江を渡れば満州（現東北）であり、満州は奉天都督・張作霖の王国で、中国政府の施政が及ばない関外の地であった。関外は、山海関を起点とする万里の長城の内側を関内と呼ぶのに対する対比語である。

しかも張作霖は清朝の後継を目指した野望家で、陰に陽に日本の助力を欲し、日本と敵対することは彼にとってタブーであった。従って張作霖が積極的に独立運動を支援したことはなかったが、彼も同憂同患の義理から同情的であったのと、彼の力も東辺道には及ばなかったから、東辺道が反日武装闘争の舞台になったのは地理的、人文的な必然であった。

東辺道は豆満江北岸の間島と、鴨緑江北岸の吉林省及び遼寧省東部の総称で、東三省とか東南三省、あるいは単に東満とか呼称されていた。

間島は和龍、延吉、汪清、安図、琿春《こんしゅん》五県の総称で、当時は吉林省延辺朝鮮族自治州の通称であった。鴨緑江北岸地域を西間島と呼ぶのに対比して、北間島ともいう。

間島は地図で見る通りの陸の孤島で、韓人が開墾した土地である。中国人が墾島と呼んだのが、間島の名の起こりと聞く。人口の八割が韓人で、かつては明や清との係争の地であった。李朝華やかなりしころ国境紛争が発生したが、李朝は間島に観察使（知事）を置いて支配した。独立運動の一派をなした李範允は間島観察使の後裔で、地名がほとんど韓国名であるのはこの歴史の故である。白頭山頂には、そのころ「西鴨緑江　東土們江」と取極めた境界碑が今も建っている。

だが李朝が衰微すると、清は「土們江は豆満江の意」と主張し始めた。李朝は「土們江は松花江支流の土門子江の意」と反駁して譲らなかったが、一九〇〇年には露軍が占領して実権を収め、一九〇七年には日本が実力で統監府間島派出所を置いた。そして一九〇九年には日本は清と日清間島協約を結び、安奉鉄道の拡張権と引換えに国境を豆満江と認め、間島における韓人と中国人の平等権を約して永年の係争に終止符をうった。間島在住の韓人に根強い反日感情が残ったのは、一九〇七年に大韓青年教育会が創立されて民族意識に目覚めたのと、その直後に土地を売られた怨み、及び一九一二年に発布された朝鮮土地調査令によって、結果的に土地を奪われた十数万の農民が間島に流入した悲惨な歴史に基づくものである。

白頭山一帯は千古の緑林に覆われ、谷間という谷間は開墾されて米、ケシなどが栽培されていた。しかもロシア（ソ連）に近い。河ひとつ越えれば母国である。パルチザンの根城としてこの上の土地はない。

武装闘争を志向した闘士は例外なく東辺道を根拠に抗日運動に従った。士官学校を建て、壮丁を募り、果ては中国共産党と合流して一九四一年（昭和16）ごろまで闘い続けた人もいたわけである。

けれども外国での運動が急に稔るわけはない。外国は、日本と平和を保つことが得か、日本と断交して韓民族を助ける方が国益になるか、を秤にかける。判官びいき、という言葉があるように人は弱者に同情し、声援を送る。しかし強者と喧嘩してまで弱者を助けることは珍しい。この場合もそうであった。同情はしてくれたが、日本と不和になることを覚悟し、あるいは日本と戦争してまで韓民族の願いを叶えてくれる国はなかったのである。

だから三・一運動までは、国外での動きは静かに見えた。

(三) 東満での武闘準備

一九〇七年（明40）の隆熙改元を機に起こった第三期義兵抗争は、総大将・李麟栄の服喪を機にして衰微し、一九一一年秋の黄海道平山地方（開城北方）の戦いを最後に幕を閉じた。

けれども抗争の義旗を降ろしたわけでなく、根拠を東満に移して戦い抜く構えであった。

義挙に破れた義兵将は相次いで東満に入り、資金源や徴募源として住民団体を組織した。一九一一年ごろまでの移動は次のように知られている。

部隊	移動先	組織団体
忠北の柳麟錫部隊	→通化、輯安《しゅうあん》：	保約社
慶北の李康年部隊 黄海の李鎮龍、趙孟善、朴長浩、洪範図部隊	→長白、撫松《ぶしょう》 輯安、臨江：	砲手団
平安の趙秉準、全徳元部隊	→寛甸《かんてん》、桓仁《かんじん》：	農務契・郷約契

この動きとは別に、安昌浩が主導した前出の新民会は一九〇九年の秘密会議で、南満州に独立基地を設定し、軍官学校を創設して実力を養い、事態の発展に備えることを議決した。今もそうであるが、当時は韓国がこのような悲運に見舞われたのは、いつに軍事力の欠除に基づくものであると信じられていたそうである。だから〝務実力行〟を信条としていた安昌浩は、独立のためにも独立後のためにも軍隊が不可欠であるとみて、実力の表象である軍事力の育成に意を注いだのであろう。

その第一着手として、代々官僚の家柄であった李哲栄、李会栄、李始栄（初代副統領）らの六兄弟と、李東寧、李相龍、金東三、尹琦燮《いんきしょう》、朱鎮洙らは、資金を携え、一族とともに通化省柳河県三源堡に移住して開拓と移民事業に着手した。遠大な計画であった。翌一九一〇年には新興講習所（軍事訓練所）を建て、一一年には自治組織として「耕学社」（社長・李哲栄）を創立し、一二年には「扶民団」を組織した。他国に入って勝手に屯田制を実施し、自治国を創建した類であるが、当時の中国は一九一一年一〇月の武昌暴動を機にした辛亥革命の最中であったのだ。

しかし軍事学校の維持は困難な途であった。新興講習所は通化県に移転して中学程度の一般学と軍事学を教える新興中学校に改編したが、一九一八年の大凶作で食糧が絶え、学生は四散した。幹部の李東寧はシベリアに、李始栄は奉天（瀋陽）に移住して、耕学社も解散を余儀なくされて運動に危機が訪れた。

一方、一九一一年の新民会事件の後に、一時前出の光復会に名を連ねていた徐一、柳東説、金佐鎮らは間島に移住して、散在していた義兵を汪清県に集めて「重光団」を組織した。これが実は満州における武装独立運動の濫觴であった。当初は武器不足のために専ら精神教育を施していたが、一九一八年には三・一運動に先立って独立宣言書を発布している。と言って、実践に移ったわけではなかった。おそらく武器、資金、人材の不足に悩み、生活基盤の設定に忙しかったのであろう。武闘の準備と首題した所以である。

総括　この期の運動は、併合に触発された有志たちがその欲するところに従って各個に運動を展開し、あるいは準備した期間で、民族としての統一ある運動が見られないのが特徴である。

また日本の陸士に留学した俊才が、運動の主役を担ったことはよくわかる。陸士では尽忠報国を叩き込んだから、陸士11期生の魚潭（中将）、盧伯麟（大佐）、金羲善、15期生の柳東説、李甲らはそれを実践したのであろう。

だがこの期の運動が、概して低調であった事実は否めない。総督府の武断政治に雌伏を余儀なくされていたからでもあろうが、第一次大戦の最中のことであり、中国とロシアは自分の革命に忙しく、韓国の独立を助けるどころではなかったからである。だがこの間に蓄積された爆発力は、三・一運動を機に燃え上ることになる。満州には数十万の青年がなだれこんで、武装闘争に火を付けた。

二、三・一運動

韓民族のうっ積した反発は、世界情勢の変化に触発されて併合九年後の一九一九（大正8）年三月一日に「万歳騒擾事件」となって現われた。独立運動に期を画した挙族的な運動であり、総督府の武断政治を文化政治に変えさせた衝撃であった。

(一) その背景

一九一四年（大正3）八月、第一次世界大戦の勃発に伴って、東亜を巡る情勢も甚しく変化した。日本は日英同盟の誼もあってドイツに宣戦し、その秋にドイツの東洋根拠地・青島《チンタオ》を攻略すると、勢いに乗って翌一五年（大4）五月には広汎な権益を盛った対支二一か条要求を突きつけた。当時の中華民国は辛亥革命の余波が定まらず、臨時大総統・袁世凱は已むなくこれを受入れた。中国は条約調印の五月九日を国恥記念日としたが、この対支要求が日本の大陸政策を方向づけて世界のひんしゅくを買った事実は争えない。

一九一七年、帝政ロシアは二月革命につぐ十月革命で労農ロシアに変容し、一二月にはドイツと単独講和した。共産党政権の誕生であった。すると露軍に寝返って対独戦に従事していたチェコスロバキア軍の救出が問題の発端となって、一九一八年八月、日・英・米・仏・中国の五か国は、シベリアに共同出兵した。けれども米国はチェコ軍の救出だけを目的とし、英・仏はチェコ軍と合流してウラルに第二戦線の構成を目論み、日本は過激思想の東漸を恐れて極東露領に緩衝国の設立を目指していた。つまり同床異夢の出兵であったから、歩調がそろうわけがない。主力の日本軍は3～4個師団をもってイルクーツク東側以東のシベリア鉄道沿線を占領して、チェコ軍の救出と親日政権の樹立を図った。だが、連合軍の相次ぐ撤兵と、過激派パルチザンの抵抗によって意の如く成らず、一九二〇年二月にシベリア反革命政府首領コルチャックが敗死すると戦線をウラジオストーク周辺に収縮し、二二年（大11）一〇月には撤兵するに至る。

これより前、戦勝は動かないとみたウイルソン米大統領は、一九一八年一月に民族自決主義を骨幹とした平和意見一四か条を発表したが、その年の一一月にドイツが降服すると、パリ平和会議（一九年一月八日－六月八日）が開催され、いわゆるベルサイユ体制が確立された。

この間、一九年三月にモスクワでコミンテルンが結成されると、脅威を感じた西欧一四か国はロシアに干渉出兵したが失敗に終わり、レーニンの労農政府は却って固まった。そして二二年にレーニンが引退（二四年一月死）するとスターリンがソ連共産党中央委員会書記長に就任し、同年一二月にソヴィエト社会主義共和国連邦の成立を宣言した。ソ連の誕生であった。日本は二五年（大14）一月にこれを承認し、国交を回復するに至る。

一方、中国の動乱はやまず、二一年（大10）七月には中国共産党が創党した。満州を制圧した張作霖は天下を望んで奉直戦争を開始し、二二年四月に東三省の独立を宣言するに至る。

以上が三・一運動の背景となったおおまかな国際情勢である。

しかして、ウイルソンの講和一四条件の中の民族自決権の原則は、韓民族の血を躍動させた。この心情について李基白「韓国史新論」（昭42、清水弘文堂刊）は次のように説述している。

「ウィルソンの民族自決の原則はある程度適用をみて、墺帝国からチェコ、ユーゴ、ルーマニアが、ロシアから波、芬、バルト三国が独立した。

だからこの自決の原則が、武断政治に喘ぐ韓民族に熱烈に歓迎されたことは勿論である。世界はまさに〈威力の時代〉を過ぎ、〈道義の時代〉が到来したと信じられた。民族自決の原則により韓国も独立できるとの希望が、それまで秘密裏に論議されていた独立運動を表面化させた」

特に、在米中の李承晩、鄭翰景、閔瓚鎬の三人が民族代表としてパリ講和会議に参加するという報が伝わると、国民の独立自尊の精神を益々刺激した。李承晩博士らの企図はアメリカの対日修好方針によって出国を拒まれ、水泡に帰したけれども、これが民族感情を増幅し、連鎖反応して三・一運動の触発剤になった事実は否めない。

この時李承晩博士らは、実力を備えていない以上自力での独立は不可能であるとの現実に立って、一時朝鮮を国際連盟の統治に託し、自立能力を身に付けてから独立するのがこの際の捷径である、とした。いわゆる「委任統治論」であった。従って出国を拒まれると、パリに参集した各国代表に「国際連盟委任統治請願書」を送付してその意を訴えた。各国代表は戦勝五大国に列した日本に遠慮して受理を拒んだが、この事実が第二次大戦の終結に当たり、半島を四大国（米・英・中・ソ）の信託統治下に置く構想の遠因になったかも知れぬ。

また一九一八年一一月には、米国大統領ウイルソンは中国にパリ会議への参加を勧告するために、特使クレインを上海に派遣した。クレインは歓迎会で左の要旨を講演したが、これが列席した呂運亨を感動させた。

「パリ会議は、各国の現状に一大変動を齎す。…その狙いは各国間の悪感情や誤解を一掃して世界平和を促進するにある。従って**被圧迫民族の解放**には協力を惜しまない。中国は代表をパリに派遣して被圧迫の現状を会議に報告し、解放を期すべきである」

呂運亨はクレインを訪れて「この機会に韓国人も代表を派遣して窮状を訴え、各国の同情を得て問題を解決したいと思うが貴意如何」と打診すると、「韓国人も代表を派遣できる。私も後援を惜しまない」と願ってもない返事であった。

勇んだ呂運亨は申錫雨、張徳秀（のち二人とも東亜日報副社長）、趙東祜（中華新報記者）と協議して自ら英文の「独立請願書」二通を作成し、北京にいた金奎植を代表としてパリに派遣するとともに請願書を中国代表顧問ルミナードに託し、万一朝鮮代表の会議参加が不可能な場合には一通をパリ会議に、一通を米国大統領に送付するよう依頼した。

また呂運亨は、上海で新韓青年党（注）を結成していたが、中奎植、洪命熹らと謀って独立運動の口火を切ることに決し、李光洙、趙素昂、張徳秀らを日本に派遣して李商在（キリスト教領袖）や孫秉熙（天道教主）などと連絡させた。そして自らは満州に赴いて吉林の呂準やウラジオストークの李東寧・文昌範・朴殷植・趙琬九らと運動の実践を協議した。呂運亨は、帰途奉天で三・一運動の爆発を知ることになる。

注　新韓青年党は社会主義系の団体で、警務局「高等警察要史」と日本上海総領事館「朝鮮民族運動年鑑」では**大韓**青年党、朴殷植「韓国独立運動之血史」では**新大韓**青年党となっている。

一方、「務実力行」を信条とした安昌浩は「植民地化されたのは、民族が弱体であったからだ。修養と実力の涵養に努め、まず自治能力を養うことが先決で、徒らに独立を叫んでも独立は成らず、独立しても自立は不可能だ。だから委任統治論は論外である…」と主張し、後で李光洙の論文「民族改造論」もこれに同調している。この主張を「自治論」といい、国内の民族主義者・宋鎮禹、安在鴻、金性洙らの主張でもあった。

これらの主張に対し、東満では武装闘争の準備が進んでいた。またシベリアの李東輝はすでに立派な共産主義者に成長して共産主義で精神武装し、あらゆる手段で即時独立を克ちとる工夫を巡らせていた。彼は、何が何でも即時独立を達成する、という「武断派」であった。

独立運動は、その方法や主導権を巡って論が分かれるのが普通である。インドでは、聖者・ガンジーさえ殺され、中国では内戦が続発した。ここでも自治論を唱える系統と即時独立論とに分かれ、各論の中にいくつかの派が生じていたわけであった。

これらの動静について「施政二十五年史」は、長谷川総督時代（一九一六年一〇月一六日―一九一九年八月一二日）の治安維持について、特に「欧州戦乱の影響と時局に対する措置」と題する章を起こして次のように記述している。

「大正三年（一九一四年）八月欧州戦乱の勃発に伴ひ…宣戦の詔勅渙発せらるゝや…当時人心稍々興奮の兆があったが、膠州湾の陥落（大正三年一一月七日開城）と共に民情全く平穏に帰し、爾後却って一般に帝国の威武に信頼する念を厚くするに至った。…然しながら欧州戦局底止する所を知らざるを以て、一部不良の徒輩は或は国権恢復に藉口して詐偽的行為を敢てし、或は吾は帝国臣民に非ずと称して納税を拒み、或は時局の推移を臆断して無謀の挙を企て、又或は在外朝鮮人の教唆に応じて愚民を煽動し若くは強迫して金銭を奪ふ者等を生じたので、此等を検挙掃蕩に努め、秘密結社の取締に注意し、又海陸共に間断なく不逞輩の潜入を警戒した」（三〇三－四頁）
つまり、三・一運動の前兆を記述したものと看做されよう。

夢陽・呂運亨　一八八六年五月一九日、京畿道・楊平に生まる。初めての日本通信使・呂祐吉の一〇代孫にあたり、運弘の兄。一九〇〇年から一九〇五年にかけて培材学堂、閔泳煥が創立した興化学校、ついで官立の郵務学校に学び中退、チャールズ・アレンやアンダーウッド牧師と親交を重ね、キリスト教に入信して平壌神学校に学んだが、一九一四年に中国に亡命留学し、南京の金陵大学を卒えて一九一七年に上海で「新韓青年党」を結成し、独立運動を始める。英・独・仏語に通じ、サッカーの監督としても知られた温和な紳士であった。

上海臨時政府の樹立に参画し、同一九一九年秋に日本政府の招請によって上京し、原敬内閣に独立を陳情した。また中国の力を借りるため、呉佩孚のもとに使いしたこともあり、一九二三年には新韓青年団を代表してモスクワの極東被圧迫民族大会に参加したこともあった。

しかし内紛のために上海臨時政府を去り、共産主義に走ったが、終戦時は京城にあって子弟の教育に当たっていた。一般の信頼が厚く、学徒動員を受けた青年らで「征くべきか、行かざるべきか」を尋ねて訪れる者が多かったが、彼は「行け。行って軍事技術を学んでくるべきだ。この戦争では必ず日本が敗戦し、韓国に独立の機会が訪れる。独立国には軍隊が必要だ。しかし今の韓国には軍事技術を持つ人が居ない。だから君らが行って、軍事を学んでくるのだ。韓国が独立するときは恐らく君らは四分の一も残っていないだろうが、その時のために行ってくれ」と諭したという。

終戦にあたり、遠藤政務総監から治安維持について協力要請を受け、朝鮮建国準備委員会、ついで国軍準備隊を組織して政権の受け皿をつくり、米軍の仁川上陸前日に共産党の一部と図って朝鮮人民共和国を宣言し、その中央人民委員長に収まった。

しかし米軍政庁に否認され、共産党とも訣別を余儀なくされたので、朝鮮勤労人民党を結成した。また信託統治問題では左翼と中間左翼とで構成した南朝鮮民主主義民族戦線の議長を勤めて賛託運動を展開し、四六年下半期の左右合作では左翼の代表として委員会を構成した。そして朝鮮共産党、朝鮮勤労人民党、南朝鮮新民党の合党にあたっては共産党主流派が主動した南朝鮮労働党と訣別して社会労働党を創立したが、北朝鮮労働党から分派主義と批判されたのと内紛のため解党するに至る。

四七年五月一三日、自宅前の路上の車中で暗殺された。李承晩の刺客の仕業とした本（例えば平凡社百科事典、東京堂「世界人名辞典」など）があるが、軍政庁の調査によれば、犯人は北韓の共産主義青年であったという。

筆者が聞いたところでは、呂運亨に対する韓国の将軍連の評価はまちまちであった。民族主義愛国者であったと礼賛する人から、共産党員ではないがそれに近い人で、人民共和国を夢見ていた浪慢派であったと見る人までさまざまであった。

金奎植：一八七七―一九五一年。京畿道に生まれ、培材学堂に学んだのち米留して一九〇七年プリンストン大学卒。帰国して儆新学堂の学監を務めていたが、一九一〇年の日韓併合後再び米留してプリンストン大学から哲学博士の学位を受けた。

のち上海に赴いて新韓青年党を結成して独立運動に入り、一九年一月にベルサイユ講和会議が開かれると党代表としてパリに赴き、列国代表に独立を訴願した。同年四月上海臨政外務総長兼全権大使、九月臨政学務総長。しかし左派的傾向が強く二一年にはモスクワの国際共産党極東会議に出席し、二二年には共産派を率いて臨政を脱退しウラジオストークに革命政府を創ったが、ソ連に相手にされずに瓦解した。そこで臨政に復帰したが、三五年には金元鳳と合作して朝鮮民族革命党を結成し、三八年に重慶に逃れ、四三年一〇月から臨政の副主席となる。その間、泗川大学教授を兼任して英文法の本を著作して有名となった。

四五年一一月、金九主席等とともに帰国し、四六年二月民主議院副議長、同年六月大韓独立促成国民会副総裁などを務めて李承晩に協力したが、やがて袂を分かって左右合作推進委員会の右派代表として左派の呂運亨との合作に努め、四六年一二月からは軍政庁の諮問機関である過渡立法議院の議長として軍政に協力した。

だが四八年二月に南韓の単独選挙が具体化すると「分断を永久化する」として反対し、金九とともに南北協商のため平壌に赴き、得るところなく帰京した。しかし単独選挙をボイコットして李承晩政権に反抗し続け、五〇年六月に北朝鮮軍がソウルを攻略したときもそのまま居残った。おそらく、前歴から共産党の治下でも志を展べうると考えたのであろう。けれども北朝鮮軍のソウル撤退時に連れ去られ、五一年に江界で病死したという。享年七四歳。

(二)　二・八運動

東京に留学した韓国青年が、独立を志向しないわけがない。その方法論を巡って議論しないわけもない。

一九一八年（大7）一二月二八日、東京・神田の朝鮮キリスト教青年会館で在日朝鮮留学生雄弁大会が開かれた。最初の弁士が「自治論」と題して演説を始めると、六〇〇人の聴衆はいきり立った。血気盛んな学生達が、穏健で時間のかかる自治論よりも、急進的で即効性がありそうな即時独立論に牽かれていたのは当然のことである。大会は大混乱の末に中断し、翌二九日の午前六時に再開された。

再開大会では、崔謹愚ら三人が即時独立論を続けさまにぶった。雰囲気は変わり、気勢が高まった。そこで金度演

（初代財務部長官）が「朝鮮青年独立団」の結成を提唱すると、万場一致で結団が成った。タイミングよい運びであった。翌三〇日には五〇〇人の会員が同会館に集合して討議を進めようとしたが、これは官憲に阻止された。最初の六〇〇人から一〇〇人減っているが、減員は自治論者の欠席を示すものであろう。

そのころ上海から、前述した李光洙、趙素昂、張徳秀が前後して東京に着いた。独立宣言文の起草は李光洙が引き受けた。近代文学の祖と謳われる李光洙の血を吐くような名文は李瑄根「韓国独立運動史」にその全文が収められているが、和訳して約四千字になる長文の宣言書は

「朝鮮青年独立団はわが二千万の民族を代表し、正義と自由の勝利を得た世界万国の前にわが独立を期成せんことを宣言する」

に始まり、現状に至る歴史的経緯を述べ、民族の生存権と独立の必然とを論じたのち

「ここにわが民族は、日本及び世界各国に対して自決の機会を与えることを要求する。もしその要求が入れられなければ、わが民族はその生存のために自由な行動をとり、わが民族の独立を期成せんことをここに宣言する」

と結び、代表として崔八鏞（早大、27歳）、金度演（慶大、27歳）、李光洙（早大、29歳）、崔謹愚（東高師、22歳）、白寛洙（正則英語、30歳）らの一一人が署名したものであった。（市川正明編「三・一独立運動Ⅰ」（'83年4月、原書房刊）…Ⅶ―Ⅺ頁）

春園・**李光洙**…一八九〇―一九五四年。平安北道に生まれ、明治学院中等部及び早大文学部哲学科卒。上海に渡って独立運動に従い、「独立新聞」主筆として名声をはせた。のち転向して親日に転じ、官製の朝鮮文人協会の発起人の一人となった。近代文学の祖と言われ、処女作「彷徨」、代表作に「無情」「先導者」「端宗哀史」「土」

「愛」などの長編がある。朝鮮戦争時に人民軍に拉北され、間もなく病死した。悲劇的な人物と言われる。

趙素昂（鏞殷《いん》）…一八八七―一九五九年？　京畿道生まれ、明治大学卒、法学専修学校教官。一九一九年五月金奎植を追ってパリ講和会議に赴き、二〇年上海臨政に参加、外交部長等を歴任。四五年一一月、金九とともに帰国、韓国独立党副委員長、四六年一月反託独立闘争委副委、四八年四月南朝鮮単独選挙に反対して南北協商を唱え、南北朝鮮政党社会団体合同会議に参加のため金九とともに平壌に赴く。四八年一〇月韓国独立党を脱党、社会党党主。五〇年五月第二代民議員、六月ソウルに残留して拉北、五六年七月在北平和統一協議会最高委員。

張徳秀…一八九六―一九四七年。徳俊、徳鎮の三兄弟の長兄でコロンビア大学哲学博士。一九二〇年「東亜日報」の初代主筆となり、民族主義運動右派の指導的役割を果たした。四五年九月韓国民主党の創党発起人の一人となって活躍したが、四七年に左翼分子に暗殺された。

一九一九年**二月八日**、約六〇〇人の学生が名目を変えて朝鮮キリスト教青年会館に集まり、白寛洙が独立宣言書を朗読し、金度演が決議文を読み上げた。宣言書はすでに政府、貴・衆両院、各国公館及びマスコミに郵送されていた。警察と学生との間に衝突が起こり、三〇人が負傷し、六〇人が押送されたが、その間〝独立万歳〟の雄叫が神田一帯にこだました。いわゆる万歳事件の名が起こったゆえんであった。独立宣言書に署名した一一人のうち九人が逮捕され、出版法違反で一年以下の禁錮刑に処せられた。しかしこれに屈しなかった残りの幹部は同月二四日に日比谷公園で「朝鮮青年独立団民族大会召集趣旨書」を発表する計画を進めていたが、これは事前に発覚して阻止された。

右が二・八運動のあらましである。燃え上がった炎が一瞬に消された感があり、当時は青年の血気が暴走させた孤立行動とみられた。戦勝国としてパリ平和会議に臨んでいた当時の日本で、独立宣言書を朗読し、万歳を叫んでも、どうなるものでもないからであった。

けれども留学生らは英字新聞で叙上の李承晩や金奎植らの動きを知っており、上海での動きも趙素昂らから連絡されていた。そのうえ国内で旗上げを準備していた呉世昌、崔南善、金性洙、宋鎮禹、申翼熙らの指令を受けていた。

二・八運動は、三・一運動の先駆であった。亡命政客らの独立請願運動は民族の挙族的な意志を世界に訴えるデモンストレーションにその本質があったが、直接行動に訴えて三・一運動の口火となった二・八運動の意義は大きく、「学生運動が民族運動に与える影響は、この時に定まった。一九六〇年の学生革命や、今でも新聞を賑わす学園運動は、この伝統に基づくものである」と聞く。

(三) 三・一運動

ソウルには三一《サムイル》の名を冠したビルや施設などが目立つ。日本には明治や昭和が多いが、その比でない。だから「三一」がいかに意義深いかがわかる。「三一」が、一九一九年（大8）三月一日から半歳にわたって全土で繰り広げられた非暴力の独立示威運動を指すことは言うまでもなく、日本では「万歳事件」として知られ、近藤釼一編「万才騒擾事件（三・一運動）」（昭36年、友邦協会刊）に詳しい。

運動の目芽え　第一次大戦四年目の一九一七年秋、済州島の人・金時学が申翼熙らを訪れて「大戦はドイツが勝ち、日本は敗ける。一万人の署名を集めてドイツに独立を請願すべき秋である」と説いた。

申翼熙…一八九三年、京畿道に生まれ、早稲田大学政経学部卒。三・一運動を主導したのち上海に亡命して臨時政府に参加、一九四五年に帰国して四八年六月—八月制憲国会副議長、四八年八月—五〇年五月同議長、五〇年六月—五四年五月国会議長。

同意した申翼熙は宋鎮禹、金允植（子爵）らを交えて会議を重ねた末に、各界の知名人士を網羅した署名運動を始めたが、ドイツは翌一八年秋に降伏した。見通しの甘さと、独立のためにはどこの支援も受入れるという考え方が気にかかるが、この署名形式が三・一運動の原型になった。

そのころ百万の教徒を擁した天道教三世教主・孫秉熙はかねてから光復を志し、教徒に「以身換天」の修養のため死の訓練を施していた。一九一八年秋、民族自決の風潮が高まると、その高弟・権東鎮と呉世昌は重鎮・崔麟の同意を得て次の独立運動方針を概定した。

方針…キリスト教徒と協力し、各界の指導層を網羅して大々的な独立運動を展開する。即効がなくても機運を促進する効果はあろう。

要領

一、日本政府、貴・衆両院、政党領袖、朝鮮総督に国権返還要求書を提出する。

二、米国大統領とパリ講和会議に国権恢復の援助を要請する。

三、朝鮮人の世論を喚起し、列強に民族意識を認識させる。

この運動計画は翌一九一九年一月中旬に孫教主の認可を得た。孫教主は全国三七の大教区に指令して、事ある場合の準備を整えさせた。けれども、もし国権が返還された場合の受け皿についての具体的計画は見当たらない。

なお「孫秉煕地方法院予審訊問調書」によれば、孫秉煕は運動の発想、動機などについて次のように述べている。

（市川正明「三・一運動Ⅰ」）

発想…本年一月ごろ、民族自決という事が提出されたことが新聞（京城日報、毎日申報、朝鮮新聞など）に出ていたのを見て、そのころから其様な考えを懐いた。…一月二十日ごろ崔麟、呉世昌、権東鎮が例のように私の許に来たので、「この際、朝鮮に於ても日本政府に勧告し独立自決させるよう運動しては如何」と申したところ、三人は同意した。三人らが以前から左様な考えを懐いている事は知らんでもなかった。…（二〇二頁）

動機…独立運動は以前から計画していたのではなく、今回パリに於ける講和会議に提唱された米国大統領の民族自決の問題により、新しき世界を造られるとの事で民心を搾《ママ》取された故、私はこの朝鮮も民族自決の趣旨により独立させたいとの希望を懐き、それに就いて力を以て争わずして日本政府に対しその趣旨の建議をなし、一回大事を宣言する事にしたが良かろうと思っていた処、一方耶蘇教派に於ても左様な企てがあり、双方の意志が合致したため合同して独立宣言をした次第である。…（二〇一―二頁）

政体…私は世界が改造されると思っておる故、独立宣言書を日本政府に送れば日本政府はこのままに過してゆくことが出来ぬ故、東洋平和のため朝鮮を独立させるであろうと考えている。…独立すれば民主政体にする考えであった。宗教が満足に行われるために朝鮮の独立を謀ったのであって、宗教が満足に行かぬ間はどうしても宗教家が政治に関係する様な事になると思う。…（二一二頁）

挙事の計画　このような国内外での民族自決の気運が盛上っている中で、李太王（高宗）が急逝された。一九一九年一月二二日未明の変事であった。脳溢血と発表されたが、遺体に赤い斑点があったとか、同時に二人の侍女が急死したとかの噂が流れ、毒殺の噂が広まった。痛恨と復讐の念が漲った。

この機運を肌で感じた崔麟らは、二月初めに各層に信望が厚い国学者・崔南善、宋鎮禹、玄相允らと密議して、名士三三人を民族代表に推戴し、その署名入りの独立宣言書と理由書を高宗の大葬日の三月三日に発表するよう決議した。三三人は三月三日にちなんだ数という。

しかし名士は現実的であった。

宋鎮禹が交渉した朴泳孝侯爵は、上海人士の意見を聞いてから、と言った。

崔麟が打診した韓圭卨元総理は、昌徳宮の前で自決するのなら従うが、民族自決の意はわからない、と断った。

崔南善が当たった金允植子爵は、各界を網羅すれば発覚し易い、孔子教布教の口実で儒林から署名を集めるようにしよう、とはっきりしなかった。

中翼熙が交渉した尹致昊と、韓龍雲が訪ねた儒者・郭鍾錫は、あとからぼつぼつ付いていく、と消極的であった。

そこで宗教界と学生層を中核として運動を進めることにしたが、このような準備のさなかに二・八運動の義挙が伝わったわけである。

仏教徒側は、韓龍雲と白龍城の二人が署名人となることを快諾した。

キリスト教徒代表との交渉は定州・五山学校の創設者・李昇薫を通じて着手され、金性洙（湖南財閥の総帥、のち副統領）、宋鎮禹（のち東亜日報社長、韓国民主党党首）、中翼熙、咸台永（のち副統領）らの奔走で合流が成った。

二大専門学校の延禧専門学校（キリスト教系、現延世大学校）と普成専門学校（天道教系、現高麗大学校）を中心とした青年学徒は独自で決起する計画を樹てていたが、李昇薫の説得で合流に同意した。二月二四日のことという。複雑難解な経緯の末に、であった。

例えば、上京を促されて宋鎮禹、中翼煕らから挙事の企図を明かされた李昇薫は、直ちに同意して定州に帰り、同志の賛同を得て再度上京すると、宋鎮禹の意欲が減退したかにみえた。そこで二月二〇日ごろキリスト教青年幹事の朴煕道に挙事を勧誘したところ、朴煕道は「すでにキリスト教中心の青年学生団を組織して挙事を決定している」として合流を断った。そこで李昇薫はキリスト教中心の運動に転換したらしいが、崔麟と崔南善から天道教と合作した民族運動でなければ独立運動の意味がないと説かれると、同志と協議して態度を決定すると言いながら、「署名人の家族の生活が問題になることは明らかだ。それには三千円かかるが、手当ての方法がない」と沈痛であった。崔麟は孫教主に願って五千円を手渡した。そこで李昇薫は再度朴煕道らに「別個の行動は国民の不統一を表明する以外に益がない」と力説して、ようやく合流させたのだという。

こうして天道教、キリスト教、仏教の三派と学徒との連合が成った。かつてみられなかったことで、民族意識の高揚を知るに足る。

「大韓独立宣言書」は、崔南善が起草した。ジェファーソンのアメリカ独立宣言書に優る名文と謳われ、韓国の三・一節で必ず朗読される民族不朽の宣言と聞く。ただし後の公約三章は韓龍雲が追加したもので、崔南善は日本女性の奥座敷で執筆したというエピソードがあり、崔南善と無二の親友であった通訳監・相場 清は一読して起草者を名指したという。

崔南善：一八九〇―一九五七年。歴史家、国学者、詩人として知られ、独立運動の理論的指導者の一人であった。のち親日に転じ、皇民化運動や学徒志願兵の動員に協力した。著書として「朝鮮歴史」「朝鮮常識問答」など数多い名作がある。

独立宣言書　和訳して約二五〇〇字になる宣言書は

「われらここにわが朝鮮が独立国であること、および朝鮮人が自由民であることを宣言する。これをもって世界万邦に告げ、人類平等の大義を克明し、これをもって子孫万代におしえ、民族自存の正当なる権利を永遠に有せしむるものである。半万年の歴史の権威によってこれを宣言し、二千万民衆の忠誠を合わせてこれを明らかにし、民族の恒久一節の自由の発展のためにこれを主張し、人類の良心の発露にもとづいた世界改造の大機運に順応し、並進させるためにこれを提起するものである。これは天の明命、時代の大勢、全人類の共存同生の権利の正当な発動である。天下の何ものといえどもこれを抑制することはできない。……」

で始まり、独立の正当性と必然的権利を論じたのち

「憤りを含み怨みを抱いている二千万の民を、威力をもって拘束することは、ただに東洋永遠の平和を保障するゆえんでないだけでなく、これによって東洋安危の主軸である四億の中国人民の日本に対する危懼と猜疑とをますます濃厚にさせ、その結果として東洋全局の共倒れ、同時に滅亡の悲運を招くであろうことは明らかである。今日わが朝鮮の独立は朝鮮人をして正当なる生活の繁栄を遂げさせると同時に、日本をして邪道より出でて東洋の支持者としての重責を全うさせるものであり、中国をして夢寐にも忘れえない不安や恐怖から脱出させるものである。また東洋の平和を重要な一部とする世界平和、人類の幸福に必要なる階梯となさしめるものである。これがどうして区々とした感情の問題であろうか」

と将来を洞察して東洋の全局を論じ（この洞察と予言はそのまま的中した）、

「ああ、新天地は眼前に展開せられた。威力の時代は去り、道義の時代がきた。…われらはここに奮起した。良心はわれらとともにあり、真理はわれらとともに進む。男女老少の別なく陰うつな古巣から活発に起来して、万民群集とともに欣快なる復活を成し遂げようとするものである。千百世の祖霊はわれらを陰ながら助け、全世界の気運はわれらを外から護っている。着手がすなわち成功である。ただ前方の光明に向かって驀進するだけである」

と結び、次の公約三章が付してある。（Gは筆者注）

一、今日われわれのこの挙は、正義、人道、生存、尊栄のためにする民族的要求、すなわち自由の精神を発揮するものであって、決して**排他的感情に逸走してはならない**。

一、最後の一人まで、最後の一刻まで、民族の**正当なる意志をこころよく発表せよ**。

一、一切の行動はもっとも**秩序を尊重し**、われわれの主張と態度をして**あくまで公明正大にせよ**。

そして朝鮮民族代表として、左の三三人が署名した。

天道教側　　：孫秉煕、崔麟、権東鎮、呉世昌などの一五人。

キリスト教側：李昇薫、申洪植、朴煕道、朴東完らの一六人。

仏教側　　　：白龍城、韓龍雲の二人。

宣言書は二月二七日夜に二万一千枚が印刷され、その夜に全国に密送された。

挙事は、急に三月一日に繰り上げられた。初めは全国から大葬に参列する群集にアピールする計画であったのだが、不敬を避けるために二日に繰り上げた。だが二日は日曜日で、キリスト教徒の礼拝日であった。そこで、一日に決まったのだという。

その前夜、二月二八日夜に孫秉熙の私宅に集合した在京中の署名人二〇人は、明日の行動を確認し合った。それは、三月一日の午後二時を期して総督府東側のパゴダ公園で独立宣言書を朗読し、じ後デモに移る。宣言文一、五〇〇枚を学生達らの手で市内に配布する。暴力は禁止する、という非暴力に徹したものであった。

これらはすべて極秘裡に進められ、総督府は全く察知できなかったが、これには次の秘話がある。

当時、申哲という総督府政治査察刑事がいた。敏腕で知られ、彼がこのような規模の計画を察知できないとは思われなかった。二月二四日ごろ、崔麟は申哲を訪れて〝朝鮮人の心奥〟に訴えたのち、挙事の一切をぶちまけた。申哲は「その事は全部知っています。だがまだ報告していません。私も朝鮮人です」と笑って答え、上司には嘘を報告して別件で新義州に赴いた。そして同地で逮捕されると、青酸カリで服毒自殺した。〝倭警の走狗〟と嫌がられた刑事にも、民族の魂は確固として残っていたのである。かくして秘事は保たれていた。

三月一日朝に参集した署名人二九人は、急に予定を変えた。パゴダ公園で宣言すれば、熱狂した学生や群集が不測の混乱を起こす恐れがある、という理由であった。代表は泰和館（前総理・李完用邸跡）に集合して宣言書を朗読し、じ後祝盃を挙げることにした。挙事の時と場所とが目まぐるしく変わったわけで、いちいち理由付けはなされていても、なぜかはわかりにくい。

挙事　三月一日午後二時、泰和館に参集した代表二九人の前で韓龍雲が宣言書を朗々と読み始め、終わると大韓独立《テハントンニプ》万歳《マンセー》を三唱し、乾杯の盃を挙げた。そして館主に総督府警務総監部に電話させた。「大韓民族の独立を宣言した民族代表一同が、今、泰和館で祝宴を開いている」と。独立運動としては、古今に類のない穏やかなものであった。

一方、パゴダ公園には四～五千人の学生が集まり、十年ぶりに太極旗が翻っていた。午後二時、宣言書が朗読され、終わると大韓独立万歳の大合唱が沸き起こった。やがてソウル市民や大葬参列に上京中の人々が群がって、数万の大群衆になった。二隊に分かれたデモは独立万歳を連呼しながら整然と行進し、高宗の霊安所・徳寿宮を拝礼し、各国領事館を一巡して運動の主旨を説明し、あるいは鍾路に集まって演説会を開いた。そして終わった。非暴力の方針が貫かれた珍しい運動であった。むろん、民族代表者は静かに逮捕された。以上が三月一日のソウル（当時は京城）での挙事のあらましである。

この日、平安道の平壌、鎮南浦、安州、義州、宣川、及び咸南の咸興と元山で同じ要領のデモが静かに行われた。いずれも整然としたもので、不祥事は起こらなかった。

総督府は突然のことであり、非暴力の運動でもあったので、当初は自然鎮静を待った。大体において放任し、目に余る者だけを検挙して、組織に触れることはしなかった。高宗の葬儀に激発された一時的な興奮、とみたのであろう。だからこのまま収まれば、歴史の片隅にしか記録されない変事として終わっていたかもわからない。

前出の李基白「韓国史新論」は

「独立宣言書は、民族自存の正権と人類平等の大義を宣明したもので、決して日本に報復を扇動するものではなかった。だから宣言書の公約三章に、自由的精神を発揮するも排他的な精神感情に流れず、最後の一人最後の一刻まで民族の意志を堂々と発表し、秩序を尊重して公明正大に行動することを謳ったわけで、すなわち平和的な運動を計画し、かつ期したのであった。だから泰和館に集った民族代表者は、宣言を終えると自ら日本官憲に知らせて逮捕された。…」

と説明している。

このことは事実が証明しているが、とすれば運動の真意は独立を志向する民族意識の表明にとどまり、国権授受の具体化を目指した真の意味の独立運動ではなかったわけである。このことは次の事実も証明する。

延禧専門学校のリーダー・金元璧は、当初「独立宣言は時期尚早と思う。現実をみれば、今の状態で独立しても国家の体面を保つのは難しい」として懐疑的であった。思い余った金元璧が宣川信聖学校長で排日宣教師のマッキューンに運動の可否を尋ねると、マッキューンは「朝鮮はまだ独立の資格がない。だが、すべて実行しなければ、考えるだけでは何事も成し得ない」旨を諭した。彼はこれを「運動せよ。実行のみが解決策である」と受取って運動に踏切ったのだという。（趙芝薫書一一二頁）

独立運動とは、革命である。革命成功の不可欠の条件としてレーニンは、次の四条を挙げている。

① 民心が為政者から離反している。

② 主体勢力（受け皿）が存在している。

③ 軍隊が革命側に味方するか、少なくとも中立を保つ。

④ 為政者が自信を喪失している。

ところがこの場合、条件を満たしているのは①項だけであったから、已むに止まれない民族精神の発露がこのような形で現われたのであろう。

でも三三人の民族代表は、直前に予定を変更して演壇に立たなかったばかりか、デモを指導するでもなく、運動を実践するでもなく、自首的行動に出たわけであった。言わば火を付け放しで監獄に入ったわけで、独立運動の民族代表を自任した指導人士の挙措としては、まことに分かりにくい。多くの方に伺ってみたが、「非暴力闘争の表徴であった」とか、「民族の意志を表現すれば足りたから」に類する教示が多く、何か釈然としなかった。ところが前出の李圭泰書の「公共意識」の章に次の説明がある。

「三三人の無抵抗は弱者の已むを得ない手段ともとれようが、その実、大衆の感情にアピールしようとする一種の甘えともとれる。弱者に同情して弱者の肩を持つ一般国民と世界の与論に、甘えようとしたのである。…最高の敬意と同情をもって見守ってくれる国民への甘えからである」（一六八―九頁）

つまり「民族の性向として、弱者の自虐行為に最高の尊敬と同情を捧げる傾向が強い。従って自からデモの先頭に立つよりも、自首的自虐を決行した方がより大衆にアピールするし、個人的にも尊敬と名声をかち得る計算があった、という民族性の特性に根ざした当為であった」と述べているわけで、この方が納得し易い。日本にも〝判官びいき〟とか赤穂浪士をもてはやす心情があるが、それと軌を一にした国民感情にマッチするためには、このような行動が最高のものと信ぜられたのであろう。

連鎖反応　けれども民族意識を触発された民衆は、燃えた。民族代表を辞退して検挙を免かれた宋鎮禹、崔南善、咸台永、玄相允、康基徳（普成専門学校のリーダー）らの一六人は、つづいてソウルでのデモを組織した。夕闇とともにどこからともなく現われる白衣の群は幽鬼のように見え、大韓独立万歳《テハントンニプマンセー》のこだまは幽玄哀号断腸の響があった。この一六人と民族代表三三人（一人は病臥中）は内乱の罪で高等法院に送られたが、「己未運動四八人」と称えられている。

しかも彼ら一六人は、この運動が全国的な運動に発展するよう計画していた。デモは次第に地方に波及し、至るところで独立万歳の声がこだました。老若男女・職業・貴賤を問わず、全民族の叫びは〝独立〟であり、〝独立万歳〟を叫ぶことがこの運動の唯一の武器であった。

この民族的な示威行動に日本官憲は驚いた。かくも緻密な警察網をもってしてもその兆候すら探知できなかったのと、運動が余りにも広範であったからだ。

運動参加者は二百万を越え、参集回数は千五百余回に達し、全国二一八郡中、二一一郡に波及した。地方では三月二日に黄海道で、五日に全北で、六日には西間島、八日には慶北に、一〇日には全南に、一一日には慶南に、一三日には北間島に、一九日には忠北に火の手が上がり、全国津々浦々が大韓独立万歳の雄叫で満ちた。それこそ燎原の火の勢いであった。そしてシベリア、上海、米州に飛火して、独立宣言の儀式と祝賀が繰り返された。毎日のように新たなデモや集会が催され、あるいは何回も繰り返された。やがて勢いの赴くところ大小さまざまな騒擾事態に発展して、流血の惨を見るに至る。

全南の南西部に霊岩という田舎町がある。当時小学校四年生であった金三奎（東京帝大卒、現コリア評論社社長）は、次のように回想している。

「朝礼のあと、急に皆が校門を飛出し、畑に隠してあった太極旗を振りながら大韓独立万歳を叫び、城外を一周して市場に入ると、群衆が呼応した。だがすぐ警察に連行された。留置場は丸見えで、霊岩の名士多数が閉じこめられており、長兄の姿も見えた。調室から聞こえるにぶい音と悲鳴は、何とも異様であった。やがて校長が引取りにきて調べられ、夜帰宅したが、そのときの家族の安堵の表情は今も瞼に焼付いている。

霊岩バンザイ事件の首謀者は、実はソウルの京畿高等普通学校（旧制中学）の学生であった私の仲兄であった。兄は大邱刑務所に八か月もぶちこまれ、已むを得ず東京に留学した」（朝日選書「朝鮮と日本のあいだ」八―一〇頁）

霊岩のような片隅でもこのような運動が起こったのだから、推してその全容が知れよう。しかもこの運動は年の終わりまで断続したというから、民族は力で押さえ得ても、心までは奪えない証しである。

総督府の事態収拾過程においては、華城郡提岩里の教会焼打事件などもろもろの不祥事が起こったが、それらの悲惨事は日本人として筆にし得ない。

日本は数個大隊と憲兵とを増派して鎮圧に当たったが、その規模は次表のように記録されている。総督府の発表と韓国の私史の記録との間には、大きな開きがあるのが特徴である。

なお鎮圧を主導した朝鮮軍司令官は、宇都宮太郎大将であった。宇都宮徳馬代議士の実父である。さぞ怨恨の的になっていると思ったが、李應俊将軍（陸士26期）は「軍司令官は運動に同情的であった。任務上、已むを得なかったと思う」と淡々と語られた。

資料	地方別	地方数	集会数	参加人員（万人）	死者	負傷者	逮捕者数
朴殷植「韓国独立運動之血史」（三月一日〜五月末）（国外での報道と個人の口頭報告の集計）趙芝薫「韓国民族運動史」その他	京畿	二五	三〇三	六六	一、四六九	二、六七七	四、二二〇
	黄海	一六	一一五	一〇	二三八	五四四	四、三三〇
	平安	三四	三一四	四九	二、〇三二	三、八八二	一一、六四〇
	咸鏡	一七	八五	六	一二七	二一六	六、二七五
	江原	一三	五七	一〇	一三〇	七三七	一、二五〇
	忠清	二三	一六〇	一二	一八〇	一、三四六	五、二二〇
	全羅	二八	二三一	二八	三八四	八九七	三、九六五
	慶尚	四七	二二六	一五	二、九一〇	五、四一五	一〇、〇四三

外国	八	五一	五	三九	二四七	五
計	二一一	一、五四二	二〇一	七、五〇九	一五、九六一	四六、九四八
総督府官房調査課「朝鮮の独立思想及運動」（三月～一二月）	一三道、一一府（市）、二〇六郡	三、二〇〇件	一〇〇万人			一九、四八九
総督府警務局「騒擾事件概況」の一覧表（三月一日～六月末）			五八・七万人	五五三	一、四〇九	検挙人数 一三、一七五 四月末までの累計 二六、七一三
高等警察要史（一九一九年）	五〇人以上の騒擾発生地 六一八	八四七	五八・七万人			

総督府の見方

未曾有の三・一運動について、「施政二十五年史」は「所謂《いわゆる》萬歳騒擾事件」の項を特設し、原因、経過、措置、有識者の態度と事後の民心の順に記録している。（三〇四―七頁）

その「原因」は簡述してあるが、日本側の見方を紹介する意味で引用したい。

「一部は予てより上海を根拠とし窃に策動する所あり、大正六年（一九一七年）和蘭《オランダ》国首府「ストックホルム《ママ》」に於て万国社会党大会の開かるゝや、在外朝鮮人申圭植は朝鮮社会党代表と自称して出席し独立を要望したことあり、同年九月紐育《ニユーヨーク》に於て二十五弱小民族会議の開かるゝや、朴容萬なるもの之に出席した。

大正七年十一月十一日、対独休戦条約成り翌大正八年一月より愈々五大強国（日・英・米・仏・伊）の平和工作に入るや、米国大統領「ウイルソン」親ら巴里《パリ》の予備的平和会議に出席し、講和の基礎条件として提出した十四箇条中に於て民族自決主義を政治的に利用すべく主張し関係諸国の受諾する所となるや、一般的に国家未形成の諸民族に異常なる衝動を与ふるに至った。

是に於て此等の民族は巴里予備的平和会議の効果を有利に展開し得るものと速断し、此の新しき世界改造の機運は力を以て争はずとも、日本政府をして悠に新国家の独立を認めしむるに至るべしと思考し、此の誤解は朝鮮人間に次第に高まつたのである。

是に於て上海を中心とせる在外鮮人は、独立を実現せんには先づ民族を糾合し内外相応じて其の意志を世界に表明せざるべからずと做《な》し、大正八年一月下旬密に人を東京及び朝鮮に派して宣伝を試み、半島へは張徳秀等入鮮して天道教徒・耶蘇教徒を煽動した。そこで朝鮮の独立は既に巴里の予備的平和会議に於て列国の承認する所となつたとの流言さえ盛に行はれた。殊に大戦終局の前後より世界思潮の変動（注：ロシア革命、ドイツ革命に代表される社会主義思想の台頭）に刺戟せられて、一部には世界の大勢を弁ぜず独立の到底不可能なるを悟ることを得ずして、一縷の希望を之に嘱せるものがあったので、右流言等に誤られ、人心茲に動揺の端を啓《ひら》くに至ったのである。

果然同年二月八日に朝鮮人東京留学生が、神田区小川町朝鮮基督教青年会館に於て、崔八鏞主催の下に独立運動会議を開き、独立請願書・決議文等を作成し、貴衆両議院・各国大公使・各新聞社に郵送した事件が突発した。

又当時半島に於ける天道教の信徒は百万に上り、教主孫秉熙の勢力侮るべからざるものがあったが、幹部崔麟等中心となって教主を動かし、茲に一大陰謀を企て、基・仏両教徒中の或者と結托し、又学生貴族等をも誘って同志とした。時恰《あたか》も同年一月二十二日薨去せられた李太王殿下の国葬準備中であって、京城は最も混雑を極めたのに乗じ、三月一日を以て其の火蓋を切ったのである」（三〇四―五頁）

しかして三・一運動を「万歳事件」と呼ぶ理由を「施政二十五年史」は

「独立宣言書其の他の不穏文書は青年学生等の手によって各地に散布せられ、漸次脅迫を無智の下層階級に及ぼしたので、独立に関する浮説は一時に伝播するに至ったが、其の根柢は頗る薄弱なるものであった。即ち彼等は

独立既に成れるものと誤信し、多数群集又は行進して万歳を斉唱し、

或は独立成るの日他郷の圧迫を被るべしと杞憂《きゆう》して万歳を唱ふるもあり、

又或は自郷に万歳の声なきは住民の恥辱なりと称し、

甚しきは米国の応援を期待し、随所に附和妄動したるものもあった。

因って此の事件を普通に独立万歳騒擾事件と称するのである」（三〇六頁）

と説明している。

付随事件　三・一運動は非暴力示威運動を主眼にしたけれども、挙族的興奮に触発されて国内での武装闘争に踏み切った人達がでたのは自然の成り行きであったと思う。趙芝薫「韓国民族運動史」は、次の四件の武闘が起こったことを記録している。

共鳴団：崔養玉、金正連がソウル東郊外の天摩山を根拠に軍事資金の調達を目的として組織した団体で、翌一九二〇年四月末に忘憂里で郵便車を襲撃して日本人の郵便を焼き、通りかかったバスの乗客七〇余人を拉致して引揚げた。しかし忽ち包囲されて逮捕され、崔養玉らは一一年以下の懲役刑を受けている。事件は小さかったが、平北道知事の

運転手が加担していたことに特異性があった。

普合団：三・一運動直後に金時晃らは平北・義州東方の東巌山を根拠にして三五〇余人の団員を募り、火縄銃で武装して宣川、鉄山、龍川、義州などの行政機関を襲撃し、密偵を射殺した。たびたび日本官憲と交戦したが、一九二〇年八月に大打撃を受けて東満に逃れ、寛甸《かんでん》県の独立団と合流したという。

天摩山隊：三・一運動直後に崔時興ら数十人の旧韓国軍人が平北・義州郡東端の天摩山を根城にして近隣から五百余人の青年を集め、火縄銃と銃剣で武装した。数十か所の行政機関に損害を与えたが、翌一九二〇年に南満に渡り、光復軍司令部に合流したという。

九月山隊：一九二〇年に満州の独立団から派遣された李明瑞ら八人が黄海道殷栗郡の名山・九月山に拠って独立隊を組織し、付近の治安を撹乱していた。だが密告されて李明瑞以下死傷し、運動は止んだ。

このような国内での武装闘争が真に独立を目指したものであったのかどうかについては疑問があるところだが、已むに止まれぬ昇華された激情がそうさせたのであろう。無謀と言えばそれまでだが、立場を替えれば理解し易い。しかして主に平安北道で挙兵したのは、「猛虎出林」の地方気質の故であろうか？

前表の犠牲者数が平安道で多いのは、これらの事件が関係したのであろう。

(四) その結果

空前の挙族的蜂起に直面して武断政治に行詰まりを痛感した日本政府は、文化政治への転換を図って第三代総督に海軍大将・斎藤實を起用した。

斎藤総督は言論・結社の禁制の緩和や学校の拡充を図り、勤倹力行を奨励して大幅な民意の暢達に努めた。筆者が聞いた範囲では歴代総督の中では斎藤総督の評判がずば抜けて良く、二回にわたって通算十年二か月も在任したのは故なしとしない。

制度の改革も大幅に断行された。まず朝鮮軍を総督の隷下から脱して中央直轄とし、従来朝鮮軍憲兵司令官が総督府警務総監を兼ねて憲兵政治を主動していた制を改めて、憲兵隊の任務を本来の軍事警察に限ったのがその最たるものであった。

けれどもいかなる統治も、民族の独立希求の欲求を満足させることは不可能である。

三・一運動によって民族感情を激発された志士達は、国内外において合法・非合法の運動をそれこそさまざまな形で続けることになる。

国内における運動は、自治論に基づく合法的な民族主義団体の民衆啓蒙運動と、武断派が敢行したテロ活動、及び共産主義運動とに大別される。

国外における運動は、東満州を根拠にした独立軍の武装闘争と、上海で組織された大韓民国臨時政府の活動、及び極東ソ連と米州で続けられた運動とに区分けすることができる。

つまり挙族的に盛り上がった合意は急速に分散して、思想や方法論を巡って割拠したわけで、それは前述した天道教の分派運動に似ていた。かくして独立運動の系譜は四分五裂して、解放後の国内に後拠と主義を異にするさまざまな思想が持ち込まれることになる。

しかして徐大粛「朝鮮共産主義運動史」（'70年、コリア評論社刊）は、三・一運動の成果を次のように総括している。

「この蜂起が一九二〇年（大9）の政治改革（武断政治から文治政治への転換）をもたらせたのは事実だが、改革は日本人に強要して獲得したのでも、要求が容れられた結果でもなく、秩序を回復するための懐柔策として日本の行政官が画策したものである。…日本の譲歩の中味は、表現の自由を多少認め、結社の自由を多少緩和した程度で、四つの新聞（注：東亜日報、朝鮮日報、時事新聞、時代日報。これまでは毎日申報、京城日報、朝鮮新聞の三種だけであった）と多くの組織が生まれたけれども、大部分は民族主義者と親日派のものであった。人民の蒙った犠牲、負傷などが革命運動に永続性を持たせたが、革命家たちは人民を鼓舞し指導することに失敗し、人民の反日感情と犠牲を政治的な力に変換することにも失敗した。（上海に）亡命政府を設立はしたが、この政府は革命勢力を強化することも国外に散在していた革命勢力を統一することもできず、数年にわたる激しい内紛の末に散り散りになった。

しかし日本の改革の結果、少し遅れて二、三の労働組合、農民組合、青年団などが現われ、共産主義者らはこれらの中に滲透し始めた。これらは蜂起中に掲げた要求を日本側が履行したからではなく、期待を上回る日本側の譲歩によってもたらされた結果であったのだが、これによって共産主義者らは朝鮮に共産主義を伸張させるための直接的な手掛かりを得たのである」（五七―八頁）

以上を要約すれば、「三・一運動は日本側に武断政治の非を悟らせ、自発的に文化政治に切り換えさせたが、その結果は共産主義運動に機会と場所とを与えた」ということになる。

三、三・一運動後の民族運動

三・一運動から8・15の解放まで、運動は休むことなく続けられた。その潮流は民族主義運動と共産主義運動とに大別できるが、後者は後章で述べる。

一九二〇年（大9）八月、米国朝満視察議員団が入国すると、民族指導者はこれに独立を請願した。また一九二一年一一月にワシントンで太平洋問題調査会と軍縮会議が開催されると、これらに請願書を送付した。その他国際会議が開かれるたびに何らの形で独立を請願したが、親身に相談に乗ってくれた国はいなかった。アメリカは日本移民を排斥し、英国は日英同盟を廃棄した。そして一九二二年には太平洋戦争の要因となった「中国に関する九か国条約」が締結されて、英・米の日本に対する風当たりは漸く強くなってはいたが、日本との不和や戦争を覚悟してまで韓国の独立を助ける国はなかったのである。これが非情な国際関係の論理であった。外国は払う犠牲よりも得る国益が大きければ助けもしようが、損得が釣合わねば弱者に同情を示す振りをするだけである。

ここにおいて、国内での運動に転換がみられた。おそらく施政方針の変換も作用したであろう。

(一)　ある潮流

それを朝鮮総督府「施政二十五年史」は次のように記述している。

「民心の傾向は斯《かか》る無謀空虚の独立運動を継続するも到底日本の統治を脱すること不可能なる所以を自覚し、退いて徐ろに其の実力を養成せんとする傾向を生ずるに至った。産業の発達並に教育の振興に全力を傾倒し、以て民族自立の基礎的発展を遂げようとする趨向に転化したのである。これらは民立綜合大学の設立運動や物産奨励会運動（後出）になって現われた。

斯る情勢の下に於て人皆親日を口にすることを逡巡する時に、親日主義を標榜した協成会（京城・閔元植主宰）

や大東同志会（平壌・鮮于鉤《せんうじゅん》主宰）の起こったことも注意を要する事である」（三三六―七頁）

この記述はあくまでも自賛的であってその全貌を伝えたものではなかろうが、一つの見方ではあろう。その具象として李光洙（当代一の文学者）、崔南善（歴史・国学の泰斗）及び天道教新派の重鎮・崔麟の親日化が挙げられる。いずれも「武力や抗争による独立は不可能である。独立は日本に拠って遂行しなければならぬ」という論拠に立つもので、晩年の李光洙は「民族のために親日するのである」と公言し、崔麟は「私は伯夷叔斉になることができる。でもそうすれば、誰が民族を救うのか？」と揚言したという。韓国では「変節した」と言われるが、この合法的・現実的な闘争理論は、制度に組込まれた大衆のやるせない気持ちを代弁したものではあるまいか？

だが国を失った恨みがわずか一〇年余りで消えるわけがない。

一九二二年（大11）四月下旬、元皇太子・李王垠殿下は、方子妃《バンジャ》（梨本宮第一王女）と「旧李王朝第二九代にあたる日鮮融和のシンボル」と謳われた晋《しん》親王を伴われて帰国せられ、覲見《きんけん》式（李王殿下（純宗）への報告）と廟見《びょうけん》の儀（宗廟への報告）をとり行われた。国民は王世子の帰国を心から歓迎し、二週間に及んだ行事は滞りなく済んだ。ところが帰国前日の五月八日夜、若宮・晋殿下に急変が起こり、三日後に逝去された。毒味までして細心の警戒を払っていたのだが、気が緩んだ隙に与えられた少量の牛乳が原因であった。方子妃は

「父母に慈まれたのもわずかな月日で、何の罪もないのに、日本人の血が混っているというただそのことだけで、非業の死を遂げねばならなかった哀れな子…。もし父王さま（高宗皇帝）が殺されたその仇が、この子の上に向けられたというのなら、なぜ私に向けてはくれなかったのか…」

る。

頁）不吉な予感が現実となったものだが、その〝不吉な予感〟こそが民族の根を肌で感じておられた証左と思われ

この初の旅行は何とも不安で気が進まれなかったそうで、母・梨本宮妃も強く反対されたとのことである。（八五

と綴られている。（李方子「すぎた歳月」九八頁）

一九二三年（大12）九月一日、関東大震災が起こると、流言蜚語がもとで朝鮮人虐殺事件が偶発した。

「どさくさに紛れて朝鮮人が独立運動を始め、方々で暴動が起こっている」

「朝鮮人が井戸に毒を入れ、あちこちに放火している」

「朝鮮人が火事泥や掠奪を働いている」

という類の根も葉もない噂が原因であった。この時李王垠殿下は

「何かにつけ、朝鮮人は悪い、と決められてしまうのは実に情ない。たまたま労務者として渡ってきたごく一部の人々の非常識なことだけが目立って、それが朝鮮人だ、という固定観念を造り上げてしまう…」

と形容できない悲しみと憤りに声を震わせられたという。李方子妃はこのときの感懐を

「私達は民族の血を超越した愛情と理解によって固く結ばれていても、日本と朝鮮の間には、到底埋めることのできない深い深い溝が横たわっていることを、この虐殺事件によってまざまざと見せつけられた思いでした」（李方子「すぎた歳月」一一一—二頁）

と悲しまれている。不幸な歴史、呪詛の歴史の断面であった。

付記　李王垠殿下は終戦後無国籍人として滞日せられ、政治に利用される言動を厳に慎まれていた。反日を標榜した李承晩政権下では、帰国が叶わなかったからである。

だが朴正熙政権は、一九六三年に国籍を復して温かく迎え入れた。李王垠殿下は既に不治の病床にあり、一九七〇年に薨去されたが、方子妃はそのまま一韓国人としてソウル・昌徳宮内の楽善齋に住まわれ、心身障害児の救済事業や財団法人「明暉《めいき》園」の運営に余生を捧げられている。明暉は李王垠殿下の雅号である。

李方子妃のこの芳志が「韓国人の反日感情をいくら和げてくれたか計り知れない」とはいつも耳にする定評である。政略結婚の犠牲者であった方子妃が、外国人の夫とその国に生涯を捧げた誠実に感動しない人はいないからであろう。

なお一粒種の第二王子・玖《きゅう》殿下はマサチューセッツ工科大学を卒えられた建築家で、その夫人はドイツ系アメリカ人である。奇しき因縁と言えよう。

(二)　二大騒擾

後述するように、テロやいわゆる不穏事件は限りなく起こった。けれども三・一以後に〝騒擾〟を冠された事件は、次の二件である。

六・一〇万歳運動　一九二六年（大15）四月二六日に、純宗皇帝が崩御された。けれども高宗皇帝の崩御に際してみられた民意の高調は起こらなかった。

これに憤慨した高麗共青学生部幹部・李炳立と李先鎬らは、民族運動や社会運動に従事していた学生数十人と謀って三・一運動の再現を期した。

六月一〇日の国葬の日、ソウルには三〇余万の弔問者が上京して警備は厳重を極めていたが、大輿が鍾路の目抜きを通過した直後、学生らは市内七か所で檄文二、七〇〇枚を撒き、太極旗を配り、〝朝鮮独立万歳《チョソントンニプマンセー》〟を叫んだ。だが忽ち逮捕され、市民で和したものは極めて少なかった。約二〇〇人が検挙され、七八人が送検されたが、実刑の判決を受けたのは一一人であった。世相の様変わりがうかがえる。六・一〇学生万歳騒擾事件という。

一方、これとは別に、第一次共産党事件（後出）で検挙を免かれた権五高は、潜伏中の金丹冶（泰淵）、朴来源らと謀議して上海の党から一、六〇〇円の資金を受け、国葬に参列した群衆に五万枚のビラと檄文を撒く準備を進めていた。天道教旧派の朴寅浩教主と長老・権東鎮が賛同し、三・一運動に類した万歳デモを企画した。計画通り運べば、少なくもソウルには〝朝鮮独立万歳〟の大唱和が湧き起こると期待した。六・一〇万歳計画という。だが別件の捜査から足がつき、関係者の大部が六月五—七日にかけて検束されて、檄文全部が押収された。

この二件を総称して「六・一〇万歳運動」というけれども、その名の割りには実が伴わなかった〝騒擾〟と思う。だが三・一運動が〝大韓独立万歳《テハントンニプマンセー》〟を武器としたのに対し、六・一〇騒擾では〝朝鮮《チョソン》独立万歳〟に変わっていた。これは明らかに左翼運動の浸透を示すもので、穏健な民族主義運動に飽足らぬ急進思想の根付きを現わすものであったとされている。

光州学生万歳運動　韓国では、一〇年ごとに大事が起こる、と言う人がいる。一九八〇（昭和55）年五月に突発した「光州騒乱事態」はまだ記憶に生々しいが、ここ全南の道都・光州で、三・一運動の一〇年後に騒擾が勃発した。

一九二九年（昭4）一〇月三〇日、下校中の光州中学（日本人学校）四年の数人が、羅州駅で光州女子高等普通学校（韓国人学校）三年の女学生三人をからかった。これが発端となって、一一月三日の明治節（韓国ではたまたま檀君神話の建国紀年日である開天節であった）の式典の後に日本人学生と韓国人学生それぞれ数百人が徒党を組んで大乱闘を演じ、日本人の肩を持った光州日報社の輪転機には砂がかけられた。バット、棍棒、竹刀、薪を使っての擲り合いで、双方にかなりの負傷者がでた。

当局は臨時休校を命じたが、一一月一二日の朝、光州の韓国人学生全員が一斉に万歳を叫びながら街頭に飛出して、教育の自由平等や弾圧の撤回を求めたビラを撒いた。

この報が伝わると全国的な学生万歳示威運動に発展し、翌三〇年三月まで断続した大騒擾になった。参加学生は京城帝国大学を初めとする中、高等学校一九四校の五万四千人と言われ、五八〇余人が放校処分のうえ実刑を科せられ、二、三〇〇余人が無期停学に処せられた。

この事件は、「民衆大会事件」（後述）に連動した三・一後の最大の騒擾事件であった。差別によってうっ積した反発が、ささいな喧嘩を契機にして爆発したものである。

けれども時代を先取りする学生運動は、この事件以後は下火になった。後述するように、東満の大韓独立軍はしばしば越境事件を起こし、テロは絶えなかったけれども、三・一後の騒擾事態はこの二件だけであった。

しかして学生運動が下火になった理由について、慶煕大学教授・金成植博士「抗日韓国学生運動史」はこの事件の項の終わりを

「光州学生運動を頂点として、日帝下の韓国学生運動は全体的に沈滞し始めた。三二年（昭７）に満州帝国が日本の手で生まれると、日帝の軍国主義は余りにも強圧的になった。ために民族独立運動者らの国境地帯での活動は不可能になり、日本人の社会主義者や共産主義者は弾圧徴兵を受けたため多くの転向者も現われて、社会主義運動も低迷した。

特に日本の中国本土侵略が始まると、南次郎総督（在任一九三六―四二年（昭17））はキリスト教を圧迫し、神社参拝を強要し、日本と朝鮮との同祖論を展開し、韓国語の使用を禁じ、創氏改名を強要し、果ては韓国の青年を戦線に狩り出した。

このような強圧政策の下では、学生運動を大々的に展開することは不可能であったし、部分的にあったにせよそれらの様態は異なって、ただ日帝に抗拒するという精神においてのみ一致していた。……」と結んでいる。

しかし光州学生運動は空前絶後の事件であったし、指導者が存在しなかったのに連鎖反応的に全国に拡がった事実は、当時の世相を端的に物語る。

なお韓国学生運動については、朝鮮総督府警務局「韓国学生抗日闘争史」（一九七一年復刻、成進文化社刊）の統計的記録がその特徴を浮彫りにしており、向学・平等・韓人主体を要求した同盟休校の多発を記録している。

(三)　合法の抵抗

三・一運動の結果、武断政治を文化政治に転換して言論・教育機関、政治結社の禁止をある程度緩和すると、合法・非合法すれすれの微妙な抵抗が始まった。

言論の抵抗　三・一運動の時点での公刊物は、新聞は御用新聞の三種だけ、月刊誌は「天道教会月報」と「中外医薬新報」の二種だけであった。以て、息詰まるような統制ぶりが分かる。

施政方針の転換に伴って言論・教育機関、結社の自由がある程度認められると、翌一九二〇年（大9）一月に「東亜日報」（金性洙）、「朝鮮日報」（李商在）、「時事新聞」（のち月刊「時事評論」）の三種の全国紙と月刊誌「開闢《かいびゃく》」（天道教系）が創刊した。

一九二四年には「中外日報」が創業し、二九年ごろには認可数一一種に達したが、いくら文化政治と銘しても、この認可数では言論好きの韓国人には堪え難いものであったと思う。

従って紙誌の論調は、東亜日報が民族・民主・文化の三大主義を社是にした例で分かるように、いずれも民族思想の鼓吹と民衆意識の代弁、文化の発展に寄与することを目標として、出版警察との間に微妙な闘争を続けたわけである。出版警察とは、総督府警務局図書課による行政処分権と、新聞紙法・保安法・治安維持法などによる司法権を言う。

「高等警察要史」が、「陰に陽に民族解放を叫び、総督政治に反抗する筆鋒で満ちており、朝鮮人の新聞はその目的がここに存在する観があった。……出版物取締りは、左傾運動取締りの根本問題である」（一六五頁）と述べたのは、両者の微妙な闘争を示している。

従って、停刊処分や編集者の逮捕は枚挙に遑がないほどである。特に今でも反政府の論陣で知られる東亜日報の停刊が目立つ。

日章旗抹消事件　一九三六年（昭11）八月のベルリンオリンピックで、孫基禎選手がマラソンに優勝した。日本人全部が歓声を挙げた。

東亜日報の運動部記者・李吉用は孫選手の優勝写真を編集局付の画家に見せながら、「日章旗が目障りで、残念だね」と言った。画家は肯いて、胸の日の丸を白絵の具で消した。八月二五日の夕刊が発売されると、大騒ぎが始まった。東亜日報は四度目の無期停刊処分（翌年六月に解除）に付され、社長・宋鎮禹、副社長・張徳秀、主筆・金俊淵、編集局長・薛義植が辞任し、首謀者五人は言論界から追放された。この事件を趙芝薫書は

「孫選手の制覇は、韓日合邦以来のうっ積を発散させ、二千万同胞を歓声の渦に巻込んでいた。だがその誇り、その喜びをわが民族の名で現わせない切なさと悲しみを、一人一人が感じていた。このような意識が、日章旗抹消という形で現われた」（二九六―七頁、抄記）

と説明している。

教育振興運動　韓国人の教育熱には定評がある。「韓国人は財を築くと学校を立てたがる」とか、「水汲み人夫をしていても子供は大学にやりたがる」と言われる。

一九二〇年には、教育の振興を目的に掲げた「朝鮮教育協会」（李商在、尹徳栄（子爵）、張徳秀、のち中興雨、韓圭卨）、因習の打破と女子普通教育の普及を目的とした「朝鮮女子教育協会」（金美ら）、及び各人の権利暢達と民族固有の生栄を発揮する目的の「朝鮮青年会連合会」（金喆寿ほか）が設立された。教育運動は、徹底した韓国人本位の教育を目指したものであった。その具体的目標として、教育の機会均等のための学校増設、差別待遇の廃止、教授用日本語の廃止、韓国歴史の教授要求、などが掲げられていた。目標の裏にある当時の実情を推測すれば、以て民族の感情を知るに足る。その結果、実に多くの中・高校、専門学校が創立されたが、その八割はキリスト教系の学校であった。韓国におけるキリスト教の教勢がうかがわれるが、これも独立を志向した所産であった。

特に京城帝国大学（一九二五年創立）の設立が決定すると、金性洙は「韓国人の教育は韓国人自身が行うべきであ

る」として、朝鮮民立大学の設立を唱えた。この提唱は世論に発展し、一九二三年（大12）には李商在、李昇薫らによる期成会が組織されて一時は会員二千人に達したが、ついに資金七百万円が集まらずに流産した。けれどもこの裏には、大学の設置を京城帝大の一校に限った総督府が私立を喜ばず、陰に圧力を加えたからとの説がある。

某将軍は「韓国には普成（現高麗大）、延禧（現延世大）、崇実（現崇実大）、梨花女専（現梨花女大）など私立の専門校は多かったが、大学は京城帝大の官立校一校だけであった。高等教育を喜ばない愚民政策の現われで、これほど民族の誇りを傷つけた政策はない。だから大学教育を受けたい人は日本や満州、そして米国などに行かざるを得なかったが、そこでは差別が待っていた。国があって初めて民族は生きられる、と痛憤したのは私だけでない。……」と述懐された。

また京城高等商業学校を卒業された著名な財界人は

「京城高商に入学したとき、韓国人はわずか一三人で、他は全部日本人であった。一三人というのは、当時の行政区画は一三道であったので、道から一人しか入学させなかったからだ。日本人ではいい加減な人が随分入っていたが、韓国人の入学は厳しく制限されていた。

総督府は口では文化政治とか教育の振興を唱えていたが、高等教育に関する限りは厳しく入学を差別して、愚民政策をとっていたわけである。随分憤慨したものだが……」

と回顧された。

これらの話を聞いた時、筆者は自分の無知に驚くとともに、身を刺される思いがしたものである。

ちなみに憲法学者、教育者として有名な玄民・兪鎮午《ユジノ》博士（一九〇六年、ソウル生まれ）は、一九二九年に京城帝国大学法文学部を卒業した一期生である。韓国人は数人しか入れなかったそうだが、誰がどう見ても彼が抜群の一番であった。だが多勢の日本人学生をさしおいて韓国人を一番で卒業させるのは、当時は外聞が悪い時代であった。そこでいろいろ細工して、彼を二番にしたという。

兪博士は「一番にもなれなかった。私が韓日会談首席代表のころ（59・8〜61・5）ずっと下で卒業した旧友に会ったが、立派になっていた。彼が本当の一番だろ！」と苦々しく回顧されたそうである。

日貨排斥運動　一九一九年末、三・一運動の興奮がさめ切らぬうちに、朴泳孝侯爵らが発起して「朝鮮経済会」が発足した。朝鮮経済の研究、農工商業の振興、同胞の生活改善を目的にしていたが、内実は土地調査事業による農民の疲弊、日貨の流入による産業の崩壊、及び重税に対する自衛策に発したものという。つまり日貨を排斥して、産業の自立を図る穏健な運動であった。金性洙が太極星印の木綿織物を製造する京城紡績会社を起こして、民族産業に先鞭をつけたのはこの時である。

けれども一九二二年には、いくつかに分派した。

キリスト教の重鎮・李商在は「民友会」を組織して、産業・教育の振興、思想の統一、与論の善導、権利の保障を訴えた。

延禧専門学校の廉台鎮、朴泰和らは「自作会」を設立し、一人一人が着実な愛国心をもって力量を育成し、純国産品だけで需要を賄う運動を開始した。

曺晩植《そうばんしょく》、明済世、金星濬、羅景錫、高龍煥らは「朝鮮物産奨励会」を創設し、自作自給、国産奨励、消費節約、禁酒禁煙の運動を起こして全国に支部を拡げた。日貨を排斥して経済的自立を果たし、独立のための物心両面の準備を整えるのが本意で、日本の加藤内閣の財政緊縮・消費節約の政綱を逆用したものであった。その特徴は無抵抗主義にあり、馬の尾毛で編んだ帽子（カツ）、木綿の着物にボタン、麻製の足袋に便利靴、がその制服であった。

この運動は共感を呼び、禁酒禁煙団が全国隈なく組織された。酒には重い酒醸税が課せられ、タバコは専売であったからである。一時は妓生《キーセン》まで綿服で接客したという。ために日貨を商う商店の倒産騒ぎまで起きたようだが、次第に下火になって地方の多くの支部は有名無実となった。禁酒禁煙運動が成功した例はないし、舶来品の使用禁止は文化時代の風潮に逆行するものであったからであろう。「物産奨励」というわかりにくい語は、国産という用語が使えなかったための代用語であった。

しかも一九二五年（大14）には、「物産奨励会」の一部の左傾化に対抗して金永済・李甲成らが「時事倶楽部」を創立し、社会の根本的精神を喚起した。そのころ創党した朝鮮共産党の〝乗取り戦術〟に災いされたのであろう。けれども曺晩植が主宰した平壌支部だけは実績を挙げ、ソウル中心部の堅志洞に設けた本部会館とともに一〇余年も運動を持続した。希有な例と言えよう。

関西（注）の民衆が曺晩植を〝朝鮮のガンジー〟と尊称したのは、その無抵抗不服従の運動と闘志が、インドの聖者・ガンジーにそっくりであったからである。彼の徳望は群を抜き、8・15解放後は一時北朝鮮の政治を主導したが、忽ちソ連軍に屠られてしまった。

注：関西は平安道地域を指し、江原道を関東、咸鏡道を関北と呼ぶのに対する通称。

曺晩植：一八八二年—一九五〇年？　平南・江西生まれ。明治大学卒。平壌崇実専門講師、新幹会平壌支部長、平壌物産奨励会幹部、平壌キリスト教青年会幹事、五山高等普通学校長、朝鮮日報社長等を歴任した民族主義運動家。「朝鮮のガンジー」と慕われた。

その外、「土産愛用婦人会」の組織、「自作会」の中の金星濬ら急進派の宣伝活動、一九二六年六月の東京留学生・銭鎮漢《チョンジンハン》（早大政経学部、のち初代社会部長官）、咸尚勲らの「協同組合運動社」の創立と帰国後の実践運動など、非暴力不服従の経済抵抗運動は枚挙に遑がないと言ってよい。

結社運動　「韓国人はメシより政治を好む」と聞いた。だから政治結社の禁が緩和されると、あらゆる思想に基づく結社が合法、非合法に組織された。百家争鳴とはこのことで、抑圧されていた政治への情念が一気に吹き出したのであろう。一九二二年（大11）秋までに結成された組織は次のように知られる。

「労働共済会」（後出）‥共産主義運動の濫觴。

「国民協会」‥閔元植ら…（親日を標榜して韓国人の参政権獲得に努めたが、一九二一年春、東京で留学生・梁槿煥に暗殺された）

「自治研究会」‥宋鎮禹（東亜日報）、崔麟（天道教新派）、金性洙、崔南善ら…（純民族右派で自治論を展開した）

「朝鮮事情研究会」‥安在鴻（朝鮮日報）、金俊淵、白寛洙、白南雲、洪命熹、白南薫（以上、のち共産党員またはシンパ）…（実力養成運動を標榜した社会主義政党）

「太平洋問題研究会」‥李商在、尹致昊、趙炳玉（のち内相、大統領候補）、安在鴻、申興雨ら…（いずれもキリスト教信者で米国派）

「民興会」‥明済世、許一ら…（共産党ソウル派）

つまりその主義は右から左まで、主張は親日から反日までを網羅していた。これでは民心の帰一するところがなく、効がない。

そこで申錫雨（朝鮮日報）、金性洙、宋鎮禹、崔麟、李光洙らは一九二三年秋から民族統一団体の組織を論じ、二四年一月二日から五回にわたって李光洙の筆になる「民族的経綸」と題した論説を東亜日報に掲げて世論の動向をみた。論旨は〝民族の一大団結と合法的結社によって政治活動の基盤を造成し、政治的中心を作ってすべての問題を自から解決する能力を培う〟ことを提唱したもので、現実的穏健論であった。一種の自治論と言えよう。

反響は凄まじかった。一部は賛意を表わしたけれども、強硬な民族主義者と社会主義者は「三・一運動以来の臥薪嘗胆は何のためか」と憤激し、あるいは嘲笑し、果ては東亜日報不買同盟を結成して猛烈に抗議した。李光洙論文の「朝鮮内で許される範囲内で一大政治結社を組織し…」のくだりや、「これまでの抗日運動だけでは埒があかないのではないか」という親日的論調が槍玉に上がったのであった。

崔麟、金性洙、宋鎮禹、李鍾麟（天道教旧派）、安在鴻、李昇薫、曺晩植らは、政治的中心のモデルとして「研政会」の組織を協議した。だが李光洙論文の反響はそれを許さなかった。大同団結の提唱は、却って各派の色分けを浮彫りにしただけであった。

やがて固疾の分派闘争を演じていた共産主義者は、一九二五年四月に朝鮮共産党を結成した。忽ち数次にわたって検挙されたが（後出）、これを機にして宋鎮禹、崔麟、金性洙、崔南善、李鍾麟らは会同を重ね、二五年一〇月には朴熙道（三・一運動署名人）、金俊淵、趙炳玉、韓偉健（後出）、李光洙、洪命熹、白寛洙らの左右とりどりの代表と合法結社の創立を協議した。だが、ついに民族単一党の結社は成らなかった。発起計画を発表する段取りまで漕ぎつけたのだが、「民興会」とソウル派共産党の李英（後出）らが暴力で妨害する構えを取ったからという。

民族の意志を代表する機関の必要は、どの党派も認めていた。それは民族的宿望であった。だがその具体化となると異論が噴出して、容易なことではなかったのである。総論賛成、各論反対の繰り返しであった。

ところが、瓢簞から駒がでた。

新幹会　金性洙、宋鎮禹、崔麟、崔南善、李光洙らに代表される東亜日報系の民族右派が提唱した民族的合法穏健結社論が世論の反撃で潰れると、これまで同調的であった朝鮮日報副社長の申錫雨らは方向を変えて、共産党三派と逐次に提携し、自治論を唱える崔麟の天道教新派に反発していた旧派の権東鎮、李鍾麟らと手を結び、民族左派を主流とする合法結社を組織して非妥協闘争を主導する方途を模索し始めた。李光洙論文が世論の袋叩きに遭った以上、また合法結社でなければ忽ち潰されるのが目に見えている以上、この外に民意を代表する結社の結成は不可能である、とみたのであろう。

だが申錫雨の動きの裏には、東亜日報系と対抗することによって嶺南（慶尚南・北道）と湖南（全羅南・北道）の財閥を会員に集め、朝鮮日報の経営難を打開する商略が潜んでいたという説がある。（趙芝薫書二五五頁）　何事にも建前と本音があるのであろう。

申錫雨がこのような企画を進めているころ、一九二六年（大15）夏、東京留学生が母体であった共産党一月会（旧北星会。後出）は二次にわたる検挙を受けて支離滅裂になっていた。そこで休暇帰国中の安光泉、河弼源（後出）らは各派に分散していた旧会員を収拾して「正友会」を結成し、同年一一月に日本の福本イズムに則った統一政治戦線の組織を宣言した。「正友会宣言」といい、その要旨は

「過去の社会運動は分裂と抗争に終始した。少数の派争的陰謀者に操られたためである。運動の将来は団結と大衆意識のいかんにかかわっているし、朝鮮の社会運動は民族運動を度外視しては成り立たない。故にこれからの運動は従来の極限された経済闘争から脱皮して、大衆的、意識的形態の政治闘争へ転換する必要がある。……」

と謳った〝正論〟であった。〝正論〟というのは、当時の世論は相も変わらぬ派争に嫌気がさして、局面の打開を望む空気が強かったからである。独立運動の見地でみれば、当論と言えよう。

ところが実は、この宣言は先に同様な組織を目論んでいた「民興会（共産党ソウル系）」の活動を妨害する意図で出したというから話はややこしい。（坪江汕二「朝鮮民族独立運動秘史」五五頁）だからソウル系は直ちに反対を声明したが、派内の青年らは正友会に同調したので、同派が新・旧両派に分裂する傾向を増幅したわけである。

しかし真意を知らない者には、正友会宣言は正論であった。朝鮮労農総同盟の賛成声明は、民族単一党結成の機運を一気に盛り上げた。共産系が民族系との協同を提唱した形になったのが、民族系の好感を呼んだのであろう。民族右派系は「見え透いた戦術」として反発したが、申錫雨らは急速に秘密裡に創党準備を進め、翌一九二七年（昭2）一月には「新幹会」の組織と綱領を、朝鮮日報と大阪朝日に大々的に発表して会員を募集した。発起人三〇人の内訳は次のようであった。

朝鮮日報（キリスト教）：李商在、李昇薫、安在鴻、申錫雨、朴東元、李甲成、曺晩植、李昇馥ら

中外日報：李廷燮、崔善益

天道教旧派：権東鎮、李鍾麟ら

仏教：韓龍雲ら

共産派：金俊淵、白寛洙、申采浩、洪命熹、韓偉健ら

綱領は
一、われらは政治的経済的覚醒を促す。
二、われらは団結を鞏固《きょうこ》にする。
三、われらは機会主義を一切否認する。
という当たり障りのないもので、原案より大部穏やかに修正されて合法的になっていた。会名を新幹会としたのには、謂がある。初めは「新韓会」と付けて申錫雨が総督府に登録にいったが、「韓」を拒否された。昔は韓と幹とが同意語であり、古木新幹という熟語もあったので、韓を幹に修正したものという。（趙芝薫の「朝鮮日報」一九六四年五月三日号の引用「李寛求回顧談」）

創党が認可されると、同年二月に会員三〇〇人を集めて警察の立会いの下に創党総会を開き、李商在（会長）、権東鎮（副会長）、安在鴻（総務、注）、李昇馥（財務）、宋乃浩（調研）、洪命熹（組織）、朴来弘（宣伝）及び責晩植らの幹事三五人を選出して円満に大会を終えた。

こうして始めて極右を除いた民族派と共産派との合流が実現した。第一次合作と言えよう。しかして人事で分かるように、主導権は民族派の手中にあった。共産系の内紛に乗じたものという。新幹会の創立が発表されると、全国に「部分的経済運動から全民族的政治運動へ、自然発生的運動から目的意識的運動へ」のスローガンが口コミで伝えられ、会員は急増して翌一九二八年（昭３）三月には二万二千人となり、支会は日本を含んで一三九を数える大勢力となった。

趙芝薫書は新幹会成立の要因として前述の外に、海外共産主義者が国内勢力との協同の必要を認めてコミンテルンが承認したこと、及び総督府の次の高等政策による、と解説している。（二一五五頁）

① 結社の自由を与えるように見せかけて懐柔を図る。
② 弾圧は秘密結社を増加させるだけなので、合法運動に転化させて取締りの単一化を図る。
③ 民族主義者と共産主義者をかみ合わせて共倒れを図る。
出拠が示してないが、結果からみてうがった見方と思う。総督府「施政二十五年史」が

「大正十一年（一九二二年）以来の共産主義的運動の台頭により、半島の治安状態が大に昔日と異るものあるに至ったことは前述したが、…彼らは更に第三次共産党（新幹会）を組織した。…だがこの第三次組織の朝鮮共産党も昭和三年（一九二八）三月京城鍾路警察署に於て検挙し、同年七月更に京畿道に於て之を検挙した」（五七九頁）

と記録しているのがその一斑である。

安在鴻　一八九一年、京畿道に生まる。早稲田大学専門部政経学科卒。

一九一三年上海同済社に加入、京城中央学校学監、朝鮮キリスト教青年会教育部幹事、一九一九年三・一運動に関連して三年服役、その後、時代日報、朝鮮日報主筆及び社長歴任（一一年間）、その間、無名会、新幹会などに関係して治安維持法違反で数回服役、四二年には朝鮮語学会事件で咸興刑務所に二年服役。八・一五解放とともに建準副委員長、四五年九月国民党党首、同年一一月金九の韓国独立党と合流したが、四七年米ソ共同委員会との協議参加を主張して除名される。民主独立党幹部、四八年同党脱党。その間、漢城日報社長、民主議員、左右合作委員会右派代表、過渡立法院議員（官選）、四七年二月～四八年六月米軍政庁民政長官、五〇年五月第二代民議員（平澤）。

五〇年六月ソウルに残留して拉北され、五六年七月平和統一促進協議会最高委員、六五年三月一日病死。著書に「朝鮮上古史鑑」（二巻）がある。

それはともかく、合法的に結社した新幹会は勢力を増大するにつれて、本音の政治的自治を求める非妥協闘争を開始した。その具体例を挙げる余裕はないが、総督府の警務畑に長く勤務した坪江氏が「新幹会の行動は横暴を極め、官憲をないがしろにし、針小棒大に社会問題化し、最も執拗な非妥協運動を展開した。民族運動ではなく、民族共産運動とみるのが正しいようであった」（五六頁）と経験的に述べていることや、「高等警察要史」が

「地方における排日鮮人主義者で相当著名な人物は殆どこれに加入している。…その運動の到達点は独立にあることは容易に了知し得る。…地方行政・時事問題等について極力容喙《ようかい》して反抗的気勢を煽動し、事案の紛糾拡大に努め…人心を毒すること寒心に耐えない」

と記録していることで、その気勢と運動の様相とがうかがえる。

しかし、いずれの国の共産主義者も乗っ取りに長けている。共産主義者が潜入した社会団体は、いつしか共産党に牛耳られるのが例で、さもなくば分裂する。この場合も相次ぐ検挙で打撃を受けた朝鮮共産党が頽勢を挽回する戦略として抗日戦線の結成を呼びかけたのであったから、機をみて乗っ取りを策したのは当然であった。

一九二八年二月の創党一周年大会も翌年の二周年大会も当局の禁止に遭うと、一九二九年七月に全体複代表大会を開催したが、従来の幹事制を中央集権的な執行委員制に改組して、中央執行委員長に許憲（ソウル派共産主義者、後出）を、中央執行委員四五人と検査委員一〇余人にはすべて左翼主義者を選出し、民族派を片隅に押込んでしまった。複代表とは数個の支会が選出した一人の代表の意であるが、複代表はほとんど共産党員であった。

こうして新幹会は、民族系が思ってもみなかった左翼団体に変容した。共産派の筋書き通りであった。憤激した民

族派はソウル支会委員長に趙炳玉（のち内相、大統領候補）を選出して事ごとに本部に反目し、許憲反対運動を展開したが、後の祭りであった。

民衆大会事件　尖鋭化した新幹会は、甲山火田民事件やこの年の一一月三日から突発した光州学生騒擾事件を利用した。全国に調査団を派遣して真相を究明する傍、多数の韓国人が殺害されたという風説に便乗して民衆を煽動し、報道の自由を要求し、日本人学生の肩を持った機関に抗議して騒然とした雰囲気を造り出した。そして光州実情報告大会の開催を当局が拒否すると、世論は激昂したが、頃はよしとみた新幹会は一二月九日の深夜に極秘裡に会同し、不当弾圧に対する抗議と光州学生事件の真相報告を兼ねた「民衆大会」を一三日に開催し、「民衆宣言」を発表して大騒擾に発展することを決議した。学生が爆発させた抗争を、新幹会として座視することは建前からも本音からもできなかったのであろう。この密議には、左右両派が一致した。けれども、この企図は忽ち察知された。密告者がいたものと思われる。

折柄、元山ゼネストが世間の注目を浴びていた。糸をたぐると、許憲らの背後操縦が明るみにでた。

一二月一三日朝、民衆大会決行の八時間前に、新幹会本部を始めその姉妹団体の槿友会、青年総同盟、労働総同盟などが一斉に手入れを受け、許憲、趙炳玉、洪命熹らの新幹会幹部と共産主義者九一人が検挙されて、新幹会幹部らはいずれも三年前後の実刑を科せられた。「民衆大会事件」と言い、新幹会は事実上活動不能に陥った。

新幹会解消のてん末　そこで一九三〇年秋に右派の金炳魯が委員長に選任されて新幹会は民族派の牛耳るところになったが、すると忽ち共産派との対立が表面化した。そのころ共産派の組織理論はコミンテルンの方針変更に伴って「大同団結は階級闘争にそぐわない。無産階級は民族主義者との合作を絶って、本来の労組、農組を基盤とする純粋活動に復帰しなければならぬ」に変わっていた。折柄の世界経済の大恐慌に便乗したコミンテルンが、共産化の促進を狙って打出した原則であった。つまり、前衛党が各階層とともに果敢に闘争するのは論理上不可能だから、プロレタリア本来の基盤とともに闘争を尖鋭化せよ、という理論であった。かくして共産派は、右派が牛耳っている新幹会の解消を決意した。

一九三一年（昭6）五月、新幹会は集会の許可を得て正式の第二回全体大会を開いた。四年前の創党大会以来、初の正式大会であった。

ところが定刻に出席した代議員は定員七七人中の四六人で、ほとんど左翼人士であった。左翼分子が右派の代議員を旅館に閉じ込めたのだ。だが過半数が出席したので開会を宣すると、忽ち解消派の先鋒であった東京・仁川・釜山支会の代表が「新幹会解消」の緊急動議を提出し、四三対三で決議してしまった。女性団体・槿友会もこれに倣った。

こうして、民族右派は参加しなかったけれども、運動の左右合作という初の試みはわずか四年三か月で自壊した。独立運動は再び派争の時代に逆戻ったわけである。

趙芝薫書は

「日警が前例のない大会を許したのは、左翼の解消決議を可能にする機会を与えて自発的解散という漁夫の利を得るための術策であった。日警は当初は民族主義を後援して共産主義を阻止し、末期は共産主義を利用して民族戦線を崩壊させた」（二九三頁）

と論じている。だが共産主義は当時の日本にとっては親の仇であり、一九二五年（大14）四月の「治安維持法」公布以来、主義者は容赦なく拘束したから、新幹会の活動とその終わりの経緯をみれば、うがち過ぎの感がある。潰すのが狙いであれば、始めから許可しなかったと思う。新幹会を解消させたのは、あくまでもコミンテルンの方針に基づく左翼の発意であった。

また趙芝薫書は、一九二七年一二月の「東京支会第二回大会報告及び提出議案」と、一九三〇年春の「新幹会第二回中央執行委員会会録」を紹介した上で、その活動を

「新幹会には、民族共同戦線の観点から当時の現実を把握した民族社会主義政党としての面目と意欲が躍如たるものがあったことがわかる。そして、それは合法運動ではあったが、非常に非妥協的であり、闘争的かつ急進的な政策をとったことを知ることができる」（二六四頁）

と総括されている。民族的立場からは当然の評価と思う。

しかしながら第二回中執委会録は「会員数三七、三〇九人、支会数一三八」と勢力を報告しているが、一九二九年七月―三〇年二月末の八か月、つまり民衆大会事件前後の更張期の収入は七千円（会費三千五百円（一人当たり十銭）、借入三千四百円、雑収百円）、支出同額としているから、実際活動の規模が推測できる。また東京支会の決議は確かに急進的であるけれども、決議と実行とは次元が異なる問題だし、当時の新聞の縮刷版や総督府「施政二十五年史」には特に見当たるものがない。だから、新幹会が標榜した政策や傾向だけを見てその活動を修辞的に評価するのは、あまり意味がないと考える。

それよりも新幹会をみる場合は、民族主義者は正論に基づいて運動の統一を願ったけれども、左翼は党の再建や勢力伸張の党略として一時的統一を図った事実、統一後はその党略に基づいて会を乗取った史実、過激な運動を指導して挫折し、コミンテルンの方針が変わると党利のために新幹会そのものを自ら解散した事実に注目すべきと思う。

新幹会は、左右合作の初めての試みであった。けれどもその合作は民族の大同団結に根義をおくものでなく、共産主義者が民族運動のヘゲモニーを握るための方便としてのものであった。それは8・15解放直後の「建国準備委員会」や「人民共和国」の成立宣言となって再現されて、韓国の政情を混沌とさせる因となる。また新幹会解消の原因

は外圧と内紛との相乗によるもので、旧韓帝国の滅亡過程と相似しているように思われる。

許　憲：一八八五年、咸北に生まる。普成専門学校卒業、明治大学を修了して弁護士を開業し、三・一運動事件及び第一次共産党事件の無料弁護にあたる。一九二七年二月、新幹会中央執行委員長、普成専門学校校長。二九年一一月光州学生事件に関係する民衆大会事件により服役。支那事変勃発後に再び逮捕され、病気保釈中に終戦を迎う。

四五年八月、建国準備委員会副委員長、四六年二月南朝鮮民主主義民族戦線議長、同年六月、左右合作委員会左派代表、四六年一一月南朝鮮労働党委員長、四八年四月平壌で開催された南北朝鮮政党社会団体代表者合同会議に金九、金奎植らとともに参加してそのまま北朝鮮に留まり、四八年八月第一期最高人民会議代議員（南朝鮮代表）、最高人民会議議長、金日成総合大学総長、四九年六月祖国統一民主主義戦線中央委員会議長、五一年八月死亡。許貞淑の実父。

㈣　テロ闘争

韓民族はどちらかと言えば、感情の表出がストレートで、激し易いと言われる。従って後述する武装闘争とともに、国内外で不断にテロが続けられた。

テロの目的は一般に次の諸項にあったとみられているが、その実行は個人の義侠心によったものと、組織によるものとに大別される。前者の代表が伊藤博文を暗殺した安重根、斎藤實総督を襲った姜宇奎、朴烈の大逆事件などであり、後者は金元鳳の義烈団と金九が指導したテロ（後出）に代表されよう。

一、民族の正気を示し、支配者の魂胆を奪う。

二、民族意識を覚醒させる。
三、日本の統治を認めないことを世界に宣伝する。
四、日本の統治を不可能に陥れる。

「高等警察要史」によれば、テロ組織・義烈団の団長で後に在重慶の「臨時政府」軍務部長に就任し、8・15解放後は金日成政権の初代国家検閲相を勤めた金元鳳（号は若山）は、次の所信を抱懐していたという。

「わが義烈団の目標はソウルと東京にある。総督を続けて五―六人も殺せば、後釜を継ぐ者はいなくなろう。東京に毎年二回も大爆発が起これば、日本人は必ず朝鮮の放棄を叫ぶに違いない。こうすればわれわれの目的は敵自身によって達成される。しかしこれを敢行できるのは、わが義烈団をおいて他にないであろう」（九七―八頁）

若山・金元鳳：一八九八―一九五九年？　慶南・密陽に生まる。一九一九年義烈団団長、二三年から南満で武闘、二八年広東黄埔軍校卒、抗日闘争に従事、三五年七月金奎植と朝鮮民族革命党を組織、南京に朝鮮軍官学校を創立し、三八年（昭13）金昌満らと朝鮮義勇隊を編成して抗日戦に参加した。四二年延安派と袂を分かち、四三年金奎植とともに重慶臨政に参加し軍務部長兼議政院議員・光復軍副司令官兼第一支隊長を務めた。

四五年一一月帰国、四六年二月「臨政」派を脱して左翼陣営に投じ、民主主義民族戦線議長団の一員となり四六年七月左右合作委員会左派代表、同一二月過渡立法議院官選議員。四七年六月、民族革命党を人民共和党と改称、四八年四月南北協商に参加、北朝鮮人民会議にオブザーバーとして列席。

四八年八月第一期最高人民会議代議員（南朝鮮代表）、四八年九月―五二年二月国家検閲相、四九年六月祖統中央委常委（五七年一二月再選）、五二年五月―五七年九月労働相、五七年八月第二期最高人民会議代議員、同常委副委、五八年三月の還暦に労力勲章授与、五八年九月常委副委を解任、五九年反国家罪で粛清される。

姜宇奎　三・一運動の余憤が燻っていた一九一九年（大８）九月二日、着任した斎藤實総督が南大門駅を出た途端、爆弾が破裂した。総督は無事であったが、特派員二人が死に、政務総監・水野練太郎、久保満鉄理事、ニューヨーク市長の娘・ハリソン夫人ら三〇数人が負傷した。六五歳の老士・姜宇奎の「義挙」と称えられている。

姜宇奎は平南・徳川の人で、医術で巨富を積むと、南満州や北朝鮮を巡遊しながら独立思想を鼓吹するキリスト学校や教会を建てた篤志家であった。一九一〇年の併合に憤激して満州に渡ったが、三・一運動が起こるとシベリアの李東輝一派から爆弾を買求めて元山から入国し、爆弾を股間に吊るして入京したという。

姜宇奎は悠々と引揚げて知人の家を転々としていたが、二週間後に金泰錫刑事に捕えられ、翌春死刑を宣告された。そのとき息・姜重健に

「私の心を離れないのは、いつに青年教育である。私の死が青年の心に一つの感動を刻みつけるならば、何も思い残すことはない」（趙芝薫書一四八頁）

と遺言したという。客観的にみて、感動をさそう遺言と思う。

義烈団　慶南・密陽の人・金元鳳は、激しい質であった。

三・一運動が起こると上海に渡り、中国人から爆弾一六個と拳銃二丁を購入して三月中旬と五月中旬の二回に分けて密陽と進水（釜山西北方）の同志宛に密送した。独立運動を陰で支援した満州・安東のイギリス人貿易商・怡隆洋行を通じてであった。だがいずれも未然に発覚して計二七人が逮捕された。**密陽及び進水事件**という。

在上海の中粛らは、この年の八月、満鮮視察米議員団の東京来着に際しその爆殺を計画した。日本人に扮して「米

国の政策に騙されるな」という趣旨のビラを撒きながら議員団を殺傷すれば、アメリカに反日感情が起こって韓国の独立運動を支援するだろう、と考えた遠謀であった。窮余の策とは言いながら、意表に出る手段であった。ところで問題は、決行する人である。中粛が金元鳳に相談すると、釜山の日本人小学校を卒業していた朴在赫を推せんしてくれた。

朴在赫は九月上旬に東京に潜入して、東京駅で機を窺った。だが当時は上海臨政のさまざまな動静を新聞が報じていたために警戒は厳重を極め、決行できなかった。そこで朴在赫は釜山に帰り、九月一四日に同地の警察署に爆弾を投擲して署長以下三人を殺傷し、自らも重傷を負った。**釜山警察署爆破事件**という。

このように計画が相次いで失敗し、また各地に乱立した独立団体が無為に過ごしているのに憤慨した金元鳳は、上海で呂運亨の救国冒険団とともに爆弾の製法を学び、一一月に満州・吉林郊外で義烈団を組織した。団員は一三人で、秘密厳守のために定住せず、暴力を唯一の手段とすることを誓約し、ソウルと東京での暗殺と破壊を目的にした。

義烈団の結団が終わると、金元鳳は本拠を北京に移して次のテロを実行した。一九二四年ごろには中国人を含む七〇余人の決死隊員を擁していたという。

密陽警察署爆破事件：一九二〇年一二月二七日、団員・崔寿鳳（二四歳）は歳末警戒を訓示中の密陽警察署に密造爆弾二個を投げ、自らは短刀を喉に突刺した。連累者七人が逮捕された。

総督府爆破事件：団員・金益相（二七歳）は爆弾二個を持って北京から入京し、一九二一年（大10）九月一二日に電気工を装って総督府の正門から難なく入り、斎藤総督を爆殺する積もりで二階に上り、秘書課と会計課に一個ずつ投入れて、混乱に乗じて無事北京に帰還した。しかし爆弾は威力がなく、大した被害は与えなかったので、この失敗を恥じた金益相は翌二二年三月の田中義一大将襲撃事件に参加した。恐るべき執念である。

田中義一大将襲撃事件：一九二二年三月二八日、田中大将がフィリピン視察からの帰途上海に立寄って税関埠頭に上陸すると、団員・呉成崙《ごせいろん》が拳銃を撃った。弾丸は田中大将の傍にいた英国夫人を即死させた。二番手の前記の金益相が、倒れた田中大将に爆弾を投げた。だが破裂しなかった。婦人の夫に撃たれた金益相は長崎に護送されて死刑を宣告されたが、呉成崙は領事館警察を同囚の日本人と共謀して脱獄し、満州で破乱の生涯を終えることになる。（後出）

鍾路警察署爆破事件：団員・金相玉は上海から入京して、一九二三年一月一二日夜半に鍾路警察署正門に爆弾を投げた。五日後に隠家を包囲されたが二丁拳銃で応戦し、三人を殺傷して南山に入った。同月二二日未明に再び潜伏中を包囲されると、三時間の応戦ののち数人を殺傷して自決した。

黄鈺警部爆弾事件：前述のように金元鳳の企図はいずれも成果が挙がらなかった。ところが国内に有力な同志ができた。京畿道警察部警部・黄鈺が義烈団に加入したのである。そこで上海で強力な爆弾三六個を製造して三月上旬に安東に運び、五月中旬を期して全国各地で大爆発を起こし、申采浩が起案した「朝鮮革命宣言書」と「総督府官吏へ」と題したビラを撒布して、大騒擾に発展させる計画を樹てた。その第一着手として金始顕、黄鈺、金在震らの四人が爆弾一八個と拳銃五丁を持ってソウルに向かったが、金在震は平壌警察署の警部・金悳基に買収されて一切を密告した。金警部は最高勲章を与えられ、黄鈺ほか一一人の関係者には一二年以下の実刑が宣告された。

二重橋爆弾事件：団員・金祉燮《きんししょう》は幼時天才と謳われていたが、一九二三年（大12）の関東大震災に際し朝鮮人虐殺事件が起こったのに憤慨して決死隊を志願し、日本の国会に突入して政府委員席に投弾する計画を樹てた。

日本人船員と知り合い、その伝手で爆弾三個を持って年末に上京したが、議会は休会中であった。そこで宮城の爆破を志し、翌一九二四年一月五日の午後二重橋に突入して次々に爆弾三個を投げた。だが、いずれも破裂しなかった。

財布の中には三銭しかなかったというから、決死のほどがわかる。
金虎門事件：一九二六年（大15）四月二六日、隆熙皇帝（純宗）が崩御された。二八日の喪服着用式（成服祭）に参列のため斎藤総督が馬車を連ねて昌徳宮に参内すると、金虎門の前で国粋会支部長・高山孝行と府会議員・佐藤虎次郎らが同乗した馬車に青年が飛掛かり、匕首で二人を殺傷した。犯人は一七歳の宋学先であった。かねて伊藤博文を暗殺した安重根に私淑して、その義気と名声にあやかるために斎藤総督を狙ったのだが、馬車を間違えたのだという。
東拓爆破事件：団員・羅錫疇《らしゃくちゅう》は中国の邯鄲《かんたん》軍官学校を卒業した武官で、射撃の名手であった。一九二六年七月、天津で義烈団幹部と朝鮮殖産銀行、東洋拓殖株式会社、朝鮮銀行の三大金融機関の爆破を謀議し、与えられた一、五〇〇円で拳銃と爆弾二個を買求めて同年末に仁川から入京した。翌一二月二八日朝、朝鮮殖産銀行に侵入して爆弾を投げたが、不発であった。続いて東拓に突入して日本人四人を拳銃で撃ち、爆弾を投げたが、これも爆発しなかった。門外に走り出て更に日本人三人を射殺したのち、自決した。

以上八件のテロのうち、七件が義烈団の実績であった。「高等警察要史」によれば、一九二八年（昭3）一一月に発表した義烈団創立九周年記念声明書には、前記の外に一六件の大破壊や暗殺を実行したと書いてあったそうだから、一九二四年（大13）五月一九日、鴨緑江の川下り時に起きた斎藤総督狙撃事件も義烈団の計画であったのであろう。義烈団はその後も存続した。だが金元鳳が一九二七年に広東の黄埔軍官学校に入校し、じ後左傾して政治運動に没入したので、義烈団の実績は東拓事件を最後とするようである。おそらく、テロの限界を悟ったからでもあろう。斎藤総督は前後四回狙われたが、いずれも無事であった。また他の事件も、「統治の困難を悟らせる」だけの実害を与え得なかった。警戒は厳しくなる一方で、類を他に及ぼした感がある。

義烈団の活動は他を感奮させたであろうけれども、その実行には難点が見受けられる。

その一は、金元鳳は一度も率先することなく、常に団員を使嗾して実行させているが、計画に周密さを欠く憾みが多い。

その二は、実行は殆ど決死の勇者一人に任せ、団体はおろか数人協力の下での決行が見られない。

その三は、変心者が散見される。

その四は、投擲した爆弾一二個のうち、七発が炸裂していないことである。

どの事件を見ても、目的を達した例がないのはこれらが原因であろう。太平洋戦争の最中、呂運亨が〝征くべきか、隠れるべきか〟を問いにきた多くの学徒応召兵に
「この戦争は日本が負ける。だから必ず民族の独立の日がやってくる。独立したら軍隊が不可欠だ。だがわが国は、軍事知識と技術を持たぬ。これでは真の独立は不可能だ。だから君らが征って、軍事を学べ。日本のためでなく、独立に備えるために征くべきである。知識と技術を持って帰るのだ。

戦争が終わるころは、恐らく君たちは四分の一も残っていまい。けれども国の為に、征って軍事を学ばねばならぬ。……」

と諭したのは、これらの失敗が原因していたかも知れぬ。

なお個々のテロとして、次のような記録がある。

徐相漢の李王世子婚儀爆破未遂事件（一九二〇年四月二八日）

朴烈・文子大逆事件（一九二三年一〇月、但し金一勉「朴烈」は捏造事件としている）

金在顕の東京爆破未遂事件
梁槿煥の親日家・閔元植暗殺事件
白貞基らの上海・虹口における有吉大使暗殺未遂事件（一九三三年三月一七日）

四、戦時下の苦悩と抵抗

新幹会が解消した一九三一年（昭6）の九月に、満州事変が起こった。翌三二年一月には上海に飛火し、三月には満州国が成立した。結果的にはこれが大陸の泥沼にのめり込む端緒となり、果ては破局につながったのだが、そのころ日本の国威は隆々とみえた。

従って韓国の独立運動も、おのずから様変わった。左翼分子の地下活動は続けられていたが（後述）、現実の問題として、国内での積極活動は不可能になり、相手にされない雰囲気になっていった。

李光洙が「民族のために親日するのだ」と揚言しても、一般に非難の声が起こらなかった。

民族主義運動の大立物として全国民の信望を集めていた尹致昊は、一九四四年（昭19）末に「朝鮮人優遇感謝使節団団長」として渡日して、貴族院の勅選候補に挙げられた噂さえ流れた。これらが災して、尹致昊（七三歳）は8・15解放直後に開城の自宅で帰国した過激分子に殺害された。（坪江書四一〇頁）

崔南善や崔麟の「変節」は前に触れた。

これらが様変わりの一端であった。従って、前述した一九三六年（昭11）八月の「日章旗抹消事件」が消極的抵抗の最たるものであったと思う。

(一) 苦悩

一九三六年八月、第七代総督・南次郎が着任すると、同化政策が強行された。それにはまず、官製以外の韓国人の団体は、その目的や趣旨の如何を問わず解散させることで始まった。固有の文化を無視した行過ぎの最初であった。

修養同友会事件　修養同友会は独立運動の双璧と謳われた安昌浩が、アメリカで創立した興士団の国内組織であった。けれども安昌浩が上海で逮捕され、大田刑務所から仮出獄すると(後出)、時勢に応じて「同友会」と改称し、認可を受けて人格の修養を目的とした親睦団体に変様した。今の時点でみれば、平北出身者の同好会の感があり、会長は平壌郊外の松苔山荘で静養中の安昌浩、幹部は朱耀翰、李光洙、金東元、趙炳玉らであって、別に危険視する必要はない団体であった。

けれども同化を急いだ総督府は一九三七年(昭12)四月に解散させることに決し、鍾路署の刑事に、理事長・朱耀翰にこっそりと解散を促させた。おそらく安昌浩や李光洙の運動歴を考慮したのであろう。

朱耀翰は一九〇〇年平壌に生まれ、上海の滬江大学を卒えて東亜日報と朝鮮日報の編集局長を歴任し、和信産業の重役や貿易協会副会長を勤めていた文化人兼実業家であった。(のち民主党内閣の復興部や商工部長官を務め、大韓日報理事会会長、大韓海運公社社長を歴任)

だが朱耀翰は総督府の腹を読みかねたので、「理由が分からないが、解散は理事会の決議が必要だ」と答えると、刑事は「理事会は日本語でやってくれ」と言う。そこで容易ならぬとみて李光洙に相談すると、李光洙は平壌に飛んで安昌浩に、「解体か、日本語を使っても会を維持するか?」と判断を求めた。しかし安昌浩は判断を下さず、「五月二〇日ごろ上京する。その時理事会を召集するよう」と指示しただけであった。しかも安は、五月の末になっても上京しなかった。

総督府はこれを〝無言の抵抗〟〝日本語使用への反抗〟と受取った。鍾路警察署は六月六日に朱耀翰、李光洙ら一〇余人を検挙し、押収した名簿によって安昌浩ほか一四〇余人を逮捕して、翌一九三八年一月に四二人を送検した。容疑は、興士団約法を証拠とした治安維持法違反であった。予審は同年八月までかかり、安昌浩がこの間に他界したので四一人が公判に付されたが、京城地方法院は翌三九年末に全員に無罪を宣告した。だが二審の京城覆審法院は四〇年八月に、李光洙に五年、朱耀翰ほか三人に四年、金東元ほか三人に三年、趙炳玉に二年六月、崔能鎮ほか六人に二年の懲役刑を、ほか二四人に執行猶予付の有罪を宣告した。結局は四一年（昭16）一一月の京城高等法院上告審で全員の無罪が確定して事件は終わったが、この間被告は四年五か月も自由を拘束されたわけである。これらの人達の殆どは、8・15解放後に韓国の政界で活躍した人材であった。推してその対日感情が知られよう。

この事件を契機に、キリスト教青年会を中心とした尹致昊、申興雨、張徳秀らの青丘倶楽部、興業倶楽部などの民族主義団体は次々に解散させられた。

李光洙や尹致昊の「変節」は、これらの経緯が示す「どうにもならぬ」諦観の結果であったと聞いたことがある。

皇民化運動　同友会事件の一か月後の一九三七年（昭12）七月に支那事変が勃発して、戦火はとめどなく拡がった。皇民化運動が開始され、韓国民は否応なしに戦時体制に組込まれることになる。

その事始めが、同年一〇月二日に制定された「皇国臣民の誓詞」の斉唱であった。韓国人は朝な夕な、学校、職場、映画館などあらゆる集会場で、その暗誦を強制された。

「皇国臣民の誓詞」

小学生用

一、私共ハ大日本帝国ノ臣民デアリマス

二、私共ハ心ヲ合セテ天皇陛下ニ忠義ヲ尽シマス

三、私共ハ、忍苦鍛練シテ立派ナ強イ国民ニナリマス

一般及び上級学校用

一、我等ハ皇国臣民ナリ　忠誠以テ君国ニ報ゼン

二、我等皇国臣民ハ互ニ信愛協力シ　以テ団結ヲ固クセン

三、我等皇国臣民ハ忍苦鍛練力ヲ養ヒ　以テ皇道ヲ宣揚セン

あるとき複数の将軍に「閣下も唱えられたのですか？」と不躾に聞いてみた。答えは、「叩れるから、口だけパクパクさせた」、「心ならずも…」、「仕方なく唱える振りをしたが、心の中では…」、「当時は日本人に成り切ろうと自分を騙していたから、…」と区区であったが、いずれも憮然たる面持ちであった。思わず、「申し訳なかった」と謝ると、「あなたの罪でない」と慰められた。

朝鮮神宮の前では電車もバスも止まり、車掌の号令で礼拝する習わしになった。名も謂《いわれ》も分からぬ他人の神に頭を下げる心の中は、およそ虚《うつろ》で、反感だけがあったのではあるまいか。

翌一九三八年（昭13）二月には、「陸軍特別志願兵令」が公布され、有為の人材が入隊させられた。〃させられた〃

というのは、「今の北朝鮮は志願制だが、実際は不公平な徴兵で、志願しなければならないように仕向ける。それと似たようなものであった」からである。大将・文亨泰、中将・宋堯讃、崔慶禄（現駐日大使）、咸炳善将軍らが一期生であった。

同年三月には教育令が改正されて、韓国語は随意科目に編入され、公式の場や学校での韓国語の会話は禁止された。言葉を奪ったのだ。

そして一九三九年（昭14）一一月には民事令が改正されて、創氏改名が強要された。言葉を奪われ、先祖からの姓と名を日本風に変えさせられた民族の恨みは筆舌では表現しえない。

朝鮮語学会事件　大平洋の戦局が苛烈になるに従って総督府は一切の民族団体に解体を奨めたが、「朝鮮語学会」は〈大辞典〉の編纂が完成間際であったので、表面は恭順を装いながら事業を進めていた。当時は韓国語教育と韓国文の出版は禁止の時代であった。だから学会の性格上、会員は皆民族主義者であった。ところが総督府は、一九四二年（昭17）一〇月に些細な事件を学会と関連づけて会員と関連者三〇数人を検挙して、強制的に解散させた。〈大辞典〉の原稿は8・15解放時にソウル駅で回収されて、危うく難を免れたという。検挙された著名人は次の人達であった。

実刑（一一人）

金度演（初代財務部長官）、李仁（日大法卒、弁護士、初代法務部長官）、李熙昇（京城帝大法文卒、梨花女専教授。のちソウル大、成均館大学長）

釈放

安在鴻、徐珉濠（のち国会副議長）、郭尚勳（のち国会議長）

細部に入り過ぎたが、優秀な人材で民族を思わぬ人は居ない。だが民族を憂えることは当時は即ち反日であり、迫害の対象であった。しかして8・15解放後は、これらの被害者が各界の指導的地位についたのは当然のことであり、独立運動の経歴がなければ人にあらずの世相になったのは自然のことであった。従って、民族の胸底に潜む対日感情は推して知るべきである。

やがて戦局が怪しくなると、一九四二年（昭17）五月に徴兵制の実施が発表されて翌四三年に施行され、一九四四年（昭19）四月一日から一期徴集兵が入隊し始めた。

また一九四三年（昭18）一〇月一日の勅令七五五号によって学徒の徴兵延期が廃止されたので、韓国人学生の多くがいわゆる学徒兵として応召し、韓国軍の創設に当たっては基幹的役割りを担うことになる。

一方、思想統制と監視のために一九三六年には「朝鮮思想犯保護観察令」を、一九四〇年には「思想犯予防拘禁令」を発布するとともに、「東亜日報」、「朝鮮日報」等の民間紙を廃止した。また思想運動の前歴者で「朝鮮思想報国連盟」を、各界の指導的人士で「国民総力連盟」と「臨戦報国団」を組織させて親日の世論造りと戦争協力に尽力させせた。

「産業徴用令」で動員された人は一九四〇年（昭15）現在で、国内二六〇余万人、日本とその占領地に送られた人七二万人という。終戦時には尨大な数に上ったが、その記録は朴慶植「朝鮮人強制連行の記録」（一九六五年、未来社刊）に詳しい。

また軍需工業の本格的な進出や鉱物資源の開発と採取、及び各種の経済統制によって韓国の人的・物的資源は総動員されて、否応無く軍需基地と化した。それは、日本内地での戦争遂行体制と同じであったが、心理的にはより息詰まるものであったと思う。

従って民族運動や独立運動を云々すること自体がタブーの観があり、客観的理性が国際的に孤立した日本が勝てるわけはないと感じても、現実は狂乱の怒濤に流されざるを得なかったであろう。趙芝薫書はこの実情を次のように叙している。

「このような凄絶な弾圧策によって民族文化は窒息し、非妥協の消極的反抗さえ困難になったので、すべての運動は地下に身を隠し、逮捕を免れる道を探すしかなくなった。

この暗黒期に国内で民族の正気を守った人は、親日世論の喚起のための動員を拒否した少数の指導者、国語学・国史学研究の少数の学者、日本語文学と戦争協力の芸術を拒んだ少数の文人と芸術家、神社参拝を拒否した少数のキリスト教徒、創氏改名を肯じなかった少数の人士を数えるのみであった」(二九五頁)

ちなみに故朴正熙大統領が日本名を名乗ったことは広く知られており、日本の陸士に学んで正規将校となった人達はほとんど改名したが、知る限りでは例外が一人いる。李朝末期の外相・李夏栄子爵の嫡孫で、襲爵を辞退して話題の人となった四九期生の李鍾贊将軍(中将、参謀総長、国防部長官等歴任)である。

(二) 掉尾《とうび》の抵抗

けれども、民族の魂が全く奪い去られるわけがない。終戦間際には次の事件が起こった。

府民館爆弾事件:終戦二〇日前の一九四五年(昭20)七月二四日に、阿部総督、上月朝鮮軍司令官らが列席した府民会館で「アジア民族憤激大会」が開かれた。親日団体・大義党の主催で、党主・朴春琴は衆議院議員で相愛会、協和会の中心人物であった。

行事が進んで朴春琴の演説中に、演壇の裏で二個の爆弾が破裂した。柳万秀ら三人の青年が仕掛けていた手製爆弾に、大義党員が触れて即死した事件であった。柳万秀が、東京の軍需工場に徴用された経験を生かしたものという。三人はついにつかまらなかった。

平壌連隊顚覆未遂事件：平壌の第四二部隊に学徒兵として入隊した金完龍、金根培、崔泓熙らは、軍内反乱を企てた。目標は「学兵を糾合して平壌部隊を顚覆し、長白山脈に立籠って遊撃戦を展開し、祖国の独立闘争を促進する」にあり、一九四四年（昭19）秋夕（旧歴八月一五日で最大の節日）前夜に挙事する計画であった。しかしその直前に発覚して六〜七〇人が逮捕され、うち三七人が反乱陰謀罪で起訴された。四五年六月一〇日の軍法会議で金完龍、崔泓熙ほか二人に銃殺が求刑されたが、学兵であることの影響を考慮して金完龍九年、崔泓熙七年、金根培四年など一三人に有期刑が宣告された。（「韓国戦争史〈1〉」二五一―二頁）当時は敗戦間際であったし、この種の連鎖反応を恐れた軍は厳秘に付していた。だから知られざる事件であったが、実現性はともかく、あの情勢で軍の顚覆を図った事実は、民族の独立に対する希求がいかに強いものであるかを知るに足る。

なお前記三人はいずれも韓国軍に入隊して、金完龍（現ソウル公証人）、崔泓熙（カナダ住）は少将に、金根培（没）は准将に栄進している。

だがほとんどの韓国人は息詰まるような圧迫と強制を耐え忍んだ。我慢は韓国人大多数の哲学である。一九四三年一二月初めに発表されたカイロ宣言「やがて韓国を独立のものとする」は、口コミで電波のように伝わっていた。韓国人は、いつかは良いときがくると信じてそれを待っていたのである。

だが、血と悲痛、涙と痛憤、嘆きと怨でつづられた痛恨の歴史は、それを受けた民族でなければ分からないであろう。踏まれた足の痛さは、踏んだ人にも他人にも分からないように。

第三章　大韓民国臨時政府

却来観世間
猶如夢中事

公州・麻谷寺大雄殿の聯

〝私の三〇年に及ぶ独立運動の体験を顧みるとき、今更のように反省し、衝撃を受けたことが再三あった。それは言うまでもなく、難局に会しての民族の団結力の不足と派閥闘争に明け暮れて事を成し得なかった事実に対する痛憤である。……われわれは、前轍を踏まない努力を惜しんではならぬ〟

金弘壹「私の回想」の結言

三・一運動で独立を宣言したからには政府がなければ格好がつかぬ、という論が盛上って、各地の独立運動の闘士たちが上海に集まって「大韓民国臨時政府」を組織し、四月一三日にその成立を宣言した。三・一運動の勃発から一か月半も経たない時であった。その経緯は後述するが、各地で指導的立場にあった次の大物たちが「臨政」の要職に就任したわけである。

米州：李承晩、安昌浩

中国：中奎植、金奎植、朴容萬、金元鳳
満州：李東寧、朴殷植、李始栄、盧伯麟
シベリア：李東輝、文昌範、元世勲
国内：孫貞道、金九、南亨裕
日本：申翼煕、李光洙、趙素昂、白寛洙
これらの人達は当然、その活動の根拠地における韓僑を後援と頼み、列国はその国益を損じない範囲で同情し、助力した。従って列国の支援態度は大なり小なり臨時政府に影響したから、まず列国の対韓姿勢を概観しておこう。

一、列国の支援態度

米、中、露（ソ）の三国は、国力国情に応じ、時代の変遷につれて陰に陽に韓国の独立運動を支援し、かつ利用した。

けれども当時の日本は、五大強国の一つであった。従って、日本と事を構えてまで支援する国はいなかった。今世紀の後半に起こったハンガリー、チェコスロバキア、ポーランドなどの独立志向を声援した国はあっても、またアフガニスタンに同情はしても、ソ連との戦争を覚悟してまで助ける国はなかったのと軌を一にするものであった。

(一) 中国

中国は二千年にわたった宗属関係の重みと、敵の敵は味方である論理から、大局的には終始同情的であった。臨時政府が曲りなりにも門札を掲げ通し得たのは、いつに中国の庇護による。しかしこの期間の中国は、清末以降の内戦と対日戦に明け暮れて、実力をもって支援する力を欠いていた。だからその支援の度は、庇《ひさし》を貸して〝どうぞお勝手に、私に迷惑のかからぬようおやりなさい〟といった類であった。

しかし一九四〇年には韓国光復軍の創設を援助し、臨時政府の対日宣戦を歓迎した。けれども、それは形式に過ぎなかった。

延安の中国共産党は朝鮮人の主義者を入党させて、東満州ではパルチザン戦を戦い、延安では朝鮮義勇軍を編成させた。けれどもそれは韓国の独立を助けるためでなく、自己の中国解放に役立たせるために他ならなかった。

8・15の解放に当たり、中国の朝鮮に関する発言力がなかったのは、これも一斑である。

(二) 労農ロシア→ソ連

ソビエト(労農)ロシアは、一九一七年一一月の十月革命によってレーニンが政権を掌握すると、その世界政策に基づいて積極的に朝鮮人を支援し、かつ利用した。いずれも後述するが、上海臨政の李東輝派に対する二百万ルーブルの資金援助、高麗共産党の育成と承認、遠東革命軍の編成構想などがその支援例であり、シベリア在住の朝鮮人部隊を赤軍に編入し、あるいは金光瑞部隊(日本陸士二三期生、初代金日成とみられる)と協同して対日戦を遂行したことなどが利用例である。

しかし一九一八年夏からの日・英・米・仏・伊・中の六か国によるシベリア出兵と、一九一九年春からの一四か国による干渉戦争は、ソビエト政権を苦境に陥れた。この体験から外交路線を国際協調に変更すると、対日修好のために朝鮮人に対する支援を中止した。二百万ルーブルの内金六〇万ルーブルの使途の不明確や、高麗共産党の内紛に嫌気が差した点もあったであろうが、それこそ手の平を返すように豹変した史実は記憶されるべきである。一九二一年（大10）六月の自由市事件、ソ領からの朝鮮人武装団体の締出し、ソ朝国境近くに在住した朝鮮人移民の中央アジアへの強制移住などが、その対日修好政策の具体例であった。レーニンは沿海州や北樺太に駐兵中の日本軍の撤収を促進するために、日本が要求した〞朝鮮人の独立運動を取締り、支援しないこと〟を受諾したのである。韓国の軍・政の要職を歴任した丁一権将軍の一家が、ウスリースク近くの秋風から故郷の慶源に引揚げたのは、この時の事であった。

一九二二年（大11）四月、レーニンが引退した。スターリンがソ連共産党中央委員会書記長に就任し、同年一〇月に日本のシベリア派遣軍が撤収すると、同年一二月にソビエト社会主義共和国連邦（ソ連）の成立を宣言して一国社会主義理論を採択し、対外支援を一切中止した。即ちレーニンは、一九一九年の干渉戦争に刺激されて結成した第三インターナショナル（コミンテルン）を通じて一九二二年一月にはモスクワで極東民族会議を開くなど（日本からは片山潜、徳田球一らが参加）、各国の社会主義勢力を支援したのだが、スターリンは専ら国力の増進に努め、対外紛争を避けた。それは、一九二五年（大14）四月に朝鮮共産党が結成すると、コミンテルンは一旦承認を与えたが、一九二八年（昭3）の一二月テーゼでその承認を取消したと言われたことでわかる。一九三一年（昭6）九月に満州事変が勃発して日本の勢力が逐次ソ満国境に及んでも、スターリンは隠忍自重した。力を蓄えるまでは〞犯さず、犯さしめず〟の方針の下に事勿かれを念じていたのである。

だが自信がつくに従って〞犯さず、犯す者は撃つ〟の方針に転化して、支那事変が起こると張鼓峰事件（昭13・7）、ノモンハン事変（昭14・5〜9）を指導して国力を誇示し、東満の抗日パルチザンを支援して関東軍の後方撹乱を図った。支那事変の最中にもかかわらず、関東軍が野副討伐隊を編成して昭和一四年秋から一六年春の一年半に

わたって、金日成部隊を主目標に東満州を掃討したのは、この為であった。(後述)
そして対独戦に勝利すると、〝犯す者は進んで撃つ〟の方針に則って対日戦に参加し、現在の不安定な北東アジア情勢の基を造ったのである。

(三) アメリカ

このような中国とソ連の事情で、韓国の独立運動家が終始頼りにしたのはアメリカであった。

アメリカが政策として韓国の独立運動を支援したことはなかったが、セオドア・ルーズベルト大統領は日本が対露戦に勝利した直後、「これで対日友好の時代は終わった」と言ったというし、ウイルソン大統領の民族自決の原則が三・一運動の因由であったから、対日不和を招かない範囲で終始同情的であったのは当然のことであった。

またお国柄から、個人的に支援する人が少なくなく、三・一運動が起こった一九一九年秋から翌春にかけては、全米一八か所に「朝鮮同情者会」や「朝鮮救済会」が設立されて独立運動の支援勢力となっていた。そして一九二一年(大10)三月の米上院外交委員会にはトーマス議員の発議で「韓国の独立に関する国際聯盟への提訴案」が上程されて、三日間にわたる激論のすえに小差で否決されたこともあった。シベリア出兵の失敗が絡んだものであったが、アメリカの空気の一端であり、独立運動に与えた影響は大なるものであった。

また韓国に根づいたキリスト教の宣教師は、伝道的見地からと人権的見地から運動への支援を惜しまなかった。李商在や曺晩植らが運動に精進できたのはこの賜物であった。

従ってアメリカは独立運動にとっては宣伝の場であり、外交の最前線であった。太平洋戦争の見通しがほぼ立った一九四三年(昭18)一一月のカイロにおける英・米・中三国の首脳会談で、ルーズベルト大統領の提唱によって「やがて朝鮮を独立国にする」の一項が謳われたのは、三十数年にわたった独立運動の成果とみることもできよう。
だが当面の問題として米州が重要視されたのは、アメリカが独立運動の資金源であったからに他ならない。アメリカでの調達が不可能であったならば、恐らく臨時政府の維持はできなかったであろうし、国内での合法運動も不発に終わったかも分からない。

なお三・一運動から半歳を経た一九一九年九月二六日付で朝鮮総督府拓殖局第一課が調製した在外居留民と排日団体数は、次の如くである。本文の記述との差異は情報の限界を示すものであるが、細部は関係部分で再記する。

地域	韓国人居留民合計	排日団体数
東シベリア	六八、九九五人	一〇
満州	三六一、七七二人	二九
支那（除満州）	五七三人	六
米州	八、〇〇四人	四
（うちハワイ	六、〇〇〇人）	

二、白凡《ペクボン》・金《キム》九《グ》

再び前置きになるが、大韓民国臨時政府の実態を述べる前に金九の生涯を紹介しておく必要がある。彼が「臨政」を守り切ったのだし、彼に焦点を当てることによって韓国の風習や考え方が分かり易くなるし、また他を類推するにも便と考えるからである。

金九の私行はその自叙伝「白凡逸志」に拠った。

金九が号を白凡としたのには、むろん訳がある。当時は李朝時代の身分階級である、両班《ヤンバン》（貴族）―中人《チユンイン》（下級官吏）―常奴《サンノム》（平民）―賤民（奴婢・白丁）の制が因習として生きていた。ところが賤民階級には国の意識が殆どなく、まして独立の精神はなかった。そこで「自分も白丁のような身分の卑しい凡夫ではあるけれども、国の為にはまず彼らの意識水準を自分程度に高めねばならぬ」と決意して、白凡と号したそうである。

生い立ち　一八七六年（明９）、黄海道碧城郡壮谷面基洞に生まれ、幼名を昌岩、長じて昌洙と名付けられた。系譜をたどれば新羅の最後の王である安東金氏・敬順王の三二代目の裔に当たるという。李朝初期は両班の家柄であったが、一一代前に一族が禍を受けて前記に逼塞し、常奴《サンノム》（平民）の身分になった。基洞は、海州の西三二キロにある僻山村である。幼にして漢学者・鄭文哉に師事し、科挙（上級公務員試験）に応じたが、身分制のためにどうにもならない掟とからくりを知った。彼が現実に挑戦して、理想を追求し切ったしたたかな正義感は、この時目覚め始めたのではあるまいか。

闘争の始め　一六歳で東学に転じ、忽ち信者を集めて注目を浴び、一八九三年（明26）には「道儒」（東学の道を修める学者）に選ばれた。カリスマ的な魅力を持っていたのであろう。

一八九四年春に日清戦争の引金になった東学の乱（甲午農民反乱）が起こると、指令を受けた黄海道の東学教徒は兵を挙げた。金昌洙（一七歳）は先鋒将として海州城を攻撃したが、素人の悲しさまんまと失敗して、信川郡・九月山貝葉寺に立籠った。ところが東学軍に内紛が生じて李東燁の兵に破られ、已むなく同郡・清渓洞の豪族・安泰勲に匿われた。当時日本軍は、平壌目指して進撃中であったと思う。彼はここで蒙を啓かれた。何が幸いするかわからない。

高能善　安泰勲は有数の豪士で、かつて義兵将でもあった。後で伊藤博文を暗殺した安重根の父である。金昌洙は、安泰勲が紹介した山林・高能善から彼の生涯で最高の薫陶を受けた。

高能善は、「高山林」と尊称された希有の学者であった。当時は、官に就くことは賤しいこととされ、僻地に隠遁して書を読み、道を説く学者が尊いと看做されて、〝山林〟と称されていた時代であったが、高能善は山林の代表格として「高山林」と呼ばれていたのである。李王朝のことを〝隠者の王国〟と呼ぶゆえんであった。けれども、能力がある者ほど隠棲して官職に就かない風習は、国の経営に問題があるだろう。某将軍が「この因習が国を滅ぼした。私の父も東京の大学を出たが、官職を拒み、ついに無為に過ごして早逝した。官職につけば、〝賤しい〟と蔑まれたからである。仕事をしないことをもって良しとする因習では、国が保てるわけがない」と嘆いていたのはこのことを指す。

挙事　日清戦争の勃発に伴って甲午改革が行われ、断髪の可否が論ぜられるようになると、金昌洙の波乱が始まった。断髪の可否を巡って開化に傾いた安泰勲に、旧守派の高能善が絶交状を叩きつけたので、金昌洙は居づらくなったのだ。事が起こると、賛否に分派する一例であろう。一八九五年の初夏、金昌洙は高山林の奨めで渡満した。将来、清と結んで日本を討つためであった。そのとき、竹細工の行商にきた全羅道出身の金某を同伴している。本貫、つまり祖先の発祥地が同じ安東（「同本」という）であったからという。恵山鎮から渡満して漫遊したが、その途中、閔妃殺害事件の発生を知った。国母報讎（閔妃の仇討）を志した金昌洙は金利彦の義兵団に身を投じ、同年末に三百の兵を挙げて江界城の占領を企てた。けれども官兵に待受けられて四散した。

失意のうちに高能善の許に帰ると、その長孫との婚礼が待っていた。当時の結婚は、すべて親が取り決める習わしであったのだ。彼は勇んだが、父の友人とのかりそめの前約が分かって忽ち破談となった。

翌一八九六年二月、金昌洙は旅にでた。当時は各所に第一期義兵闘争が起こり、物情騒然たるものがあった。金昌洙は大同江下流の渡場で、韓人に成りすました日本人を見た。国母の仇と看做して不意を襲い、徒手空拳で格闘の末に殺害した。調べると、陸軍中尉・土田譲亮であった。彼は殺害の趣意と自分の住所氏名を明記した布告文を残して帰郷し、逮捕を待った。

ところで、金昌洙の行動には理解が及ばない点が多い。自分の国の軍隊が清兵の掠奪から警備している江界城の攻撃が、国母報讎といかなる関係があるのか？　土田中尉の殺害は報讎につながるが、なぜ自から縛につく必要があったのか？　なぜ各地の義兵に参加して戦わなかったのだろう？　などである。理解を越えるので著名な学者に尋ねたところ、「韓国的原理の一つだ。これは韓国人でなければ分からない」と教えられた。金九は「倭（日本）にもてあそばれている悪い政府が憎かった」と自叙している。（「白凡逸志」七四頁）

五月初め、金昌洙は海州監獄に収監され、七月に仁川監獄に移監されて裁判を受けたが、彼は終始日本の非を鳴らし、国母報讎の挙義を主張して屈しなかった。やがてそれが外部に伝わり、国民は感奮興起した。金昌洙の名は知れ渡って一躍英雄となり、差入れが相次いだ。これが彼の狙いであったのかも知れぬ。つまり「カムトウ」（官職について出世する）意識の変型であったろう。

異人　紆余曲折の裁判のすえ、翌一八九七年七月に金昌洙は死刑の判決を受けた。二一歳の時である。ところが死刑執行の直前に、死一等を免ずる勅命が降りた。高宗皇帝は判決を勅裁したのだが、近侍が金昌洙の罪名を見ると、〝国母報讎〟になっていた。韓国人判事が、ひそかに書き換えたものという。近侍が再審を願い出ると、御前会議の結果「国母の讎を討った義士を死なす法はない」の勅命が下り、三日前に開通したばかりの電話で死刑の停止が伝宣された。間一髪で死を免れたわけで、不思議な強運の持主であった。彼はしばしば難を免れている。

この強運は、金昌洙を益々有名にした。彼は異人《イイン》（神通力を持った人）の扱いを受け、義士、忠臣と呼ばれて多くの後援者を得た。中でも江華島の富豪・金周卿は家財を傾けて赦免運動に奔走した、と伝えられる。

金昌洙は獄中で独学して視野を広め、活貧党（一種の世直し義賊で、南部で暴威を振った）の親分と親交を結んで組織術を学び取り、社会の底辺に蠢く囚人から社会の実相を教わった。こうして放免を待っていたが、恩赦の見込みはなかった。贈賄が効かぬ日本官憲の圧力のためという。彼の母が差入れに訪れたときの自叙は、胸をうつ。強い者や不義には強かった彼は、優しき者には人一倍弱かったようである。

金昌洙はその道の達人らと謀って脱獄した。約一年後の、一八九八年三月一〇日の夜であった。首尾よく追跡を逃れた金昌洙は、ほとぼりをさますため南部の親戚や知人を頼って約半歳を流浪した。韓国では同姓同本の人は皆親戚だから、未見の人でももてなす良習がある。

仏門へ　同年夏、公州・麻谷寺で仏門に入り、名僧・龍潭に仕えて円宗の名を受けた。いかなる心境の変化か定かでないが、身を隠す方便でもあったろう。暫く修業に励んでいたが、師匠同士の軋轢に嫌気がさしたのか翌一八九九年春には平壌に遊んだ。そこで儒者・崔在学と平壌鎮営所の参領（少佐）・金孝淳の知遇を得て、平壌西郊の古平面・霊泉庵の庵主に納まった。けれども、彼は仏門に安住できる人と為りではなかった。彼は「英雄心、功名心を捨てたわけではなかった。常奴《サンノム》を抜け出して両班《ヤンバン》になり、わが家を蔑視した故郷の両班、姜と李を見下したい気持にかられ……」と自書している。（「白凡逸志」一三〇頁）これが彼の本音であったとも思われる。人は、生まれながらにして国事を考えるものではないからである。

金亀　金昌洙は半年後の秋に還俗し、知己・柳仁茂や成泰英などの両班の後援を受けて江華、忠清、慶尚の各地を漫遊した。その間に号を蓮下、字を蓮上、名を亀《グ》の一字に改めた。底辺から這い上がる決意の表明であったという。

一九〇一年初、父の訃に接して帰郷した。恩師・高能善と再会したが、すでに師弟の思想は守旧と開化とに分かれ、再び一致することはなかった。高能善は依然として中華を尊び、夷狄を攘う思想に凝り固まっていた。

父の服喪中に金如玉と婚約したが、彼女は二年後に病死した。このころ、金亀はキリスト教の洗礼を受けたものと思われる。

一九〇三年二月、呉麟烱の後援で長淵に移り、書堂（私塾）を開いた。その縁で白南薫（解放後、韓国民主党の幹部となる）を知り、翌四年に長淵公立学校の教員に招かれた。日露戦争が始まり、日本の連戦連勝が伝えられていたころである。その夏、島山・安昌浩の妹と婚約したが、兄・昌浩が前に友人と約束していたことが分かって三たび成らなかった。これも因習の災いであったが、これほど婚縁に恵まれなかったのも珍しい。彼は酷いアバタであった。

やがて清廉の名が高まって、農商工部の種桑委員という高位の官職に登用された。これを機に、掟を冒してクリスチャンの崔遵礼と結婚した。二八歳の晩婚であった。

独立運動へ　けれども、彼の潔癖性が日本の息がかかった官職に止まることを潔しとしなかったのか、雄心がそうさせたのかは分からないが、間もなく鎮南浦のエブオッ青年会の総務に赴任して排日運動に従事した。しかし日露戦争は日本の勝利に終わり、一九〇五年一一月には乙巳保護条約の締結が発表された。憤激した金亀は已むに止まれず上京して、国権回復運動に従った。兄事した李東寧らと高宗皇帝に直訴を企てたり、街頭演説中に官憲と衝突したりした。けれども、民衆の蒙を啓かない限り国権の回復は望めないことを悟り、黄海道に帰って再び教鞭をとった。

一九〇九年、安岳・楊山学校に招かれ、ついで海西（黄海道）教育総会学務総監に任ぜられて学校の設立と運営の指導に当たっていたが、一〇月、松禾で排日演説中を拘束された。折も折、安重根が伊藤博文を暗殺した報が伝わった。連類とみられて海州監獄に入ったが、やがて全く関わらなかったことが知れた。

安岳に帰って教員兼保強学校校長を勤め、このころ張徳秀・張徳俊の兄弟や、正領（大佐）・盧伯麟を知った。彼らは一〇年の後、上海臨政で行を共にすることになる。

一九一〇年八月に日韓合邦が発表されると、ソウルの梁起鐸に招致されて李東寧、安泰国、李昇薫らと密議した。地下政府の設立、満州移民の奨励、武官学校の設置などを決めるためであった。武力がなければ、何事も成就し得ないことを悟ったからであったろう。

このとき金亀は、黄海道代表に選ばれた。これは、彼が独立運動家として認められた証拠であろう。彼は楊山学校を中心にして地下政府運動に励んだが、翌一九一一年一月に保安法違反、強盗事件関与の疑いで捕えられ、懲役一七年を宣告されて西大門刑務所に収監された。前述した新民会事件という、独立運動の険しさを味わったわけである。

白凡・金九　けれども二審で五年に減刑されたので、名を金亀《キムグ》から金九《グ》に、号の蓮下を白凡《ベクボム》と改めて出所を待った。そして一九一七年七月に満刑すると、帰郷して農村啓蒙運動に励みながら時を待った。

二年後の一九一九年に三・一運動が起こると、上海に亡命して上海臨時政府に参加した。まず安昌浩内務総長の下で警務局長に就任し、部下二〇数人を率いて「政府」の保全や内部査察に任じ、日本領事館警察と死闘したわけである。

一九二三年に内務総長、二六年一二月に国務領（大統領の後名）に推され、二七年三月に国務領制を平等な権限と責任を持つ委員制に改めて国務委員主席（つまり臨政主席）に就任し、以後紆余曲折を経ながらも8・15の解放まで独立精神の法統を守り続けた。

後述するように、寄合い世帯で始めた臨時政府は、主導権を巡る内紛や暗闘でいくどか離合集散したが、結局、終始「臨政」に止まり、一貫して「臨政」に尽くしたのは、金九一人であった。理想を追い、妥協を嫌った彼は最後は李承晩大統領の政敵に回り、ついに四九年六月に兇弾に斃れたが、一生を自分の主義で貫き通した彼は泉下で満足しているのではなかろうか？

韓国空軍の第六代参謀総長を勤めた金信中将は、金九の次男である。

三、上海臨時政府

三・一運動が燎原の火のように燃え広がると、期せずして政府設立の必要が叫ばれ始めた。誰からともなく、であった。その論拠は、「独立を宣言して万歳を唱和した以上、政府がなければ体裁も面子も整わぬ」という正論であった。
そもそも三・一運動の署名人達は、政府の樹立は考えていなかった。だからこそ自ら縛に付いたのであった。けれども実際に運動を指導した陰の計画者達は、民族の独立の雄叫《おたけび》に触発されたのであろう。自然の勢いと言えよう。
また三・一運動の本来の狙いは、民族の独立志向を世界にアピールし、パリ平和会議へ赴いている民族訴願代表(金奎植ら)を声援するにあった。だから政府を樹立すれば民族の意志はより明確になるし、請願代表を全権大使に任命すればより効果的になるという考慮も働いたであろう。

(一) 三つの政府

ところが京城(漢城)とシベリアと上海及びフィラデルフィアで相次いで政府ができた。だから正確には四つの政府ができたことになるが、フィラデルフィアのそれはすぐ自発的に解消した(後出)ので、普通は〝三つの政府ができた〟と言われている。

漢城政府 まず京城の三・一運動の連絡中枢であった「国民会本部」では、金思国、李鉄、金玉玦らが中心メンバー(注)となって政府の樹立を始動した。憲法原案を草案し、政府組織法を創り、閣僚を選任して臨時政府の骨格を決めた。漢城政府という。けれども指名した閣僚の大部は亡命中の人であったから、憲法原案と組閣名簿を各地に送付してその反応を待った。

注:ソウルの国民会本部の主要メンバーは次の人達であった。(括弧内は逮捕後の刑量)
金思国、金玉玦、張彩極、李鉄(以上、懲役三年)、安商悳、韓聖五(以上、懲役二年)、李憲教(懲役一・六

年）、金圭、李敏台、李容珪（以上、懲役十か月）、孫晋衡、韓南洙、洪冕熹、孫永稷、李圭甲、李中業（以上、国外脱出）

「国民会本部」が最初（三月下旬？）に組織した政府は執政官制で、総裁にシベリアの**李東輝**を選任した外は今知るすべがないそうである。けれども「国民会本部」は上海の空気（後述）を承知したうえで四月二三日に一三道代表二四人を京城に召集し、国民大会を構成して第二次閣僚名簿を次のように発表した。それは各地に送付した第一次名簿と大同小異であったそうだが、総裁に**李承晩**が推され、李東輝が格下げされた点がポイントになっていた。

第二次名簿

職名	氏名	解放後の境遇
執政官総裁	李承晩	初代大統領
国務総理総長	李東輝	没
内務部総長	李東寧	没
外務部総長	朴容萬	没
軍務部総長	盧伯麟	没
財務部総長	李始栄	初代副統領
法務部総長	申奎植	没
学務部総長	金奎植	左右合作委員、過渡立法議院代議長、北朝鮮に拉致さる。
交通部総長	文昌範	没
労働部総長	安昌浩	没

参謀部総長　　柳東説：統衛部部長、北朝鮮に拉致さる。

この漢城政府は後の「法統論」に影響を与えたが、その命は短かった。忽ち金思国らは検挙されて、三年以下の懲役刑を科せられた。いわば、アドバルン的政府に終わったわけである。

シベリア政府　シベリアと満州では、三月一七日に李東輝、文昌範、元世勲らがウラジオストークに会合して「大韓国民議会」を構成し、政府の樹立を決議した。当時はシベリア出兵中であったから、大胆と言わねばなるまい。宣言文に盛られた主要閣僚は次の人達であった。

大統領　　孫秉熙（収監中）
副統領　　朴泳孝（侯爵、三・一運動に消極的）
国務総理　李承晩（在米中）
内務総長　安昌浩（在米中）
講和大使　金奎植（在パリ）

けれども李東輝らは既に「韓人社会党」を組織してレーニンの承認を得、立派な共産主義者になっていた。（後述）彼らが主要閣僚に、殊更に就任し得ない人を選んだのは、代理として自分らが就任する含みであったと思われる。建前と本音との使い分けであったのだろう。

盧伯麟：一八七五—一九二六年。日本陸士11期に留学し、旧韓国軍大佐・武官学校長。一九〇七年の韓国軍解散の後は故郷の平北・豊川で教育事業にたずさわっていたが、併合後独立運動に従事して上海臨政軍務総長を歴任。二六年シベリアで病没。

上海臨時政府　上海には、各地から最も多くの政客が集まった。人や資金、地の利の上から、上海が最も政府の樹立に適していたからである。

臨時政府樹立の雰囲気が伝わると、上海ではまず呂運亨、李光洙、呂運弘、申采浩ら三〇数人の青年達がフランス租界に集合して「独立臨時事務所」を設け、政府の組織を議した。

会議は当初から紛糾した。国号制定については大韓民国に落着いたが、人事をめぐる各論になると、国内の人士を中心とするか、海外亡命人士を中心とするかで論が割れたのである。激論の末に後者を中心とすることに決まったが、いざ誰を政府の首班に推戴するかの段になると、議論は沸騰して収拾がつかなかった。李承晩を推す提案が出ると、歴史家・申采浩は、「李は国が独立もしない前からアメリカに委任統治を陳情した。まぎれもない売国奴ではないか！」と口を極めて罵り、会議ができなくなったのだ。だが多数の者が李首班に傾くと、申采浩は罵声を放ちながら退場してしまった。彼は自分の意見が入れられないと、会議そのものの無効を主張したのである。

晩年

壮年のころ

呂運亨

ついで李王朝の処遇問題を論議したが、論は優待論と無視論に分かれ、何日も論争が繰り返された。だが合意を得ることができず、結局票決によって優待論が勝ち、大韓民国臨時憲法第八条に「大韓民国は皇室を優待する」と記入されることになると、呂運亨は「臨時政府のいかなる役職にも就く意志がない」と宣言して、臨政をボイコットする挙に出たのであった。（「統一評論」・83年11月号87頁）だから呂運亨は早くから社会主義思想を信奉していたことがわかるが、韓国の知識人の代表の一人としてみられていた彼にしてからが、自分の意見が通らねば全てを否定する挙に出たわけだから、推してその政治的風土がうかがえる。

ところが四月八日に「漢城政府」の使者・李鳳洙が到着して憲法原文と第一次組閣名簿を伝えたのと、各地から錚々たる運動家が集まったので、四月一〇日に二九人が会同して上海臨時議政院（国会）を構成し、政府の樹立を審議した。

この第一回臨時議政院会議に出席した人の顔触れは、趙芝薫「韓国民族運動史」（一九七五年、高麗書林刊）一三二頁の上海日本総領事館「朝鮮民族運動年鑑」に載っている「議政院議事録」によれば次の通りである。派色をみるために、元の活動地ごとに区分した。なお坪江汕二「朝鮮民族独立運動秘史」七九頁所載の者は括弧で併記し、坪江書にない人は△印を付した。いろいろな説があることを示すためである。

第一回臨時議政院会議出席者

上海在住：李光洙、呂運亨、趙素昴、趙東祐、呂運弘

東京：崔謹愚、白南七

国内：玄楯、孫貞道、南亨裕、金澈、申鉄、鮮于赫、申錫雨、申翼煕、（李鳳洙、韓南洙、李奎甲）

満州：李東寧、趙琬九、李会栄、李始栄、曺成煥、李光、金東三

北京：申采浩

不詳：金大地、韓鎮教、秦煕昌、△李漢根、△趙東珍、玄影運、（李春塾、洪濤）

会議は二日に亘って議事を進め、次のように政府の樹立を議決した。

議政院の構成　議長・李東寧
副議長・孫貞道

議政院法の制定

臨時議政院会議の二日目に孫貞道と李光洙の提案で各地方代表会を開催し、国内八道とシベリア、中国、米州の一地方区で定員五七人の代議士を選出する議政院法を制定した。初代代議士の氏名は明らかでないそうだが、趙芝薫博士の研究による推定は次の通りである。しかし問題の選挙法の実際は一切わからない。

選挙区（定員）…氏名（現員）

京畿道（六）…趙琬九、呉義善、李起龍、申錫雨、崔昌植、申翼熙、崔謹愚（七人）
忠清道（六）…申奎植、洪震、李命教、兪致根、李奎甲、趙東祐、呉翼杓（七人）｝畿湖派
全羅道（六）…金澈、羅容均、韓南洙、張炳俊（四人）
慶尚道（六）…金昌淑、柳璟煥、金正黙、白南奎、尹顕振、金甲、金東濚（七人）
江原道（三）…李駜珪、宋世浩、金声根（三人）
黄海道（三）…金甫淵、李致畯、孫斗煥（三人）
平安道（六）…孫貞道、金秉祚、金鉉軾、李元益、李喜儆、李光洙（六人）｝西北派
咸鏡道（六）…李春塾、林鳳來、姜泰東、洪濤、張道政、韓偉健（六人）…関東派

中国領（六）…曺成煥（一人）
シベリア（六）…黄公浩（一人）
米　州（三）…鄭仁果、黄鎮南（二人）
計　（五七）…（四七人）
　書記・李光洙、白南七
主要決議　国号、官制等
国務院選挙（漢城政府の原案（第一次名簿）を参酌したという）
国務総理　李承晩（在米）　秘書長　趙素昂
　代理　李東寧
内務総長　安昌浩（在米）　次　長　申翼熙
外務総長　金奎植（在パリ）　次　長　玄　楯
財務総長　崔在亨　次　長　李春塾
交通総長　申錫雨　次　長　鮮于赫
軍務総長　李東輝（在シベリア）　次　長　曺成煥
法務総長　李始栄　次　長　南亨祐
ついで憲法である大韓民国臨時憲章を次のように制定した。
大韓民国臨時憲章

外略

一、民主共和制
二、臨時議政院の決議による臨時政府の統治
三、男女貴賤貧富の差なく一切平等
四、信教・言論…結社…住居…所有の自由
五、選挙、被選挙権の平等
六、教育、納税、兵役の義務
七、国際聯盟への加入
八、旧皇室の優待
九、死刑、体刑、公娼の全廃
十、光復後一年以内の国会招集

大韓民国元年四月　日

臨時議政院　議長　李東寧
臨時政府国務総理　李承晩
以下六総長　署　名

こうして議政院と内閣が構成され、憲法が制定された。四月一三日には上海臨時政府の成立を内外に宣言し、パリで活動中の金奎植には外務総長兼全権大使の信任状が送られた。

かくして、一時に漢城（京城）とシベリア、そして上海に三つの政府ができた。連絡が困難であったからというが、パリ平和会議が六月下旬の調印を目指して調整を急いでいたから、それに合わせる必要もあったのであろう。けれども、各地の閥がまず既成事実を発表して、じ後の主導権を握ろうとした思惑がうかがえないでもない。

三つの政府には、異質のものと同質のものとがあった。

異質の面は、政体が執政官制、大統領制、国務院制と異なっていることである。

同質の面は、李承晩、李東輝、安昌浩、金奎植などがいずれの組閣名簿でも選任されていることで、これはその声望や学識の裏付であろう。特に李承晩がこのころから第一人者に推されているのは、注目すべきであろう。

またいずれの政府も、勝手に代表を名乗った人達が会同して「議会」を構成し、閣僚も勝手に選任していることである。そしてこの組閣過程は、二六年後の解放直後に、呂運亨らが主動した「朝鮮人民共和国」の組閣過程にそのまま踏襲されたのは興味深い。

法統論　三つの政府は工合いが悪い。外国の援助を受け易いために政府を樹立したのに、これでは国論が三つに分裂している印象を与え、逆効果を招く。そこで早速一本化が進められたが、問題はどの政府を正統政府と認めるかであった。

四月一五日にシベリア政府代表として上海に派遣された元世勲は、早速上海政府に「シベリアの国民議会と上海の議政院とを合併し、政府をシベリアに置く」ことを提議した。本来なら政府はソウルに置くべきであるが、それは出来ない相談であった。だから政府をシベリアに置くことによって、シベリア政府を正統化するのが本音であったことは言うまでもない。元世勲の主張は

「シベリアの僑胞は、十万を越える。満州には三十万以上が定住している。満州とシベリアは祖国と陸続きで、地理的にも根拠に適し、日本軍は早晩追払われるからロシアの支援も受けられる」

であった。当時の上海僑胞は七百人内外であったから、元世勲の主張にも一理があったわけである。けれども日本軍はシベリア出兵中で危険極まりなく、外国との連絡も不便であったし、だいいち上海派がシベリア派の下風に立つのを肯ずるわけはなかった。そこで双方は〝上海とシベリア政府は解消し、四月二三日にソウルで行う一三道代表会議が設立する第二次漢城政府の法統を継承して新たに正統政府を樹立する。政府は当分上海に置く〟ことで妥協した。ところが根回しがよかったのか、漢城政府の第二次組閣名簿は前記したものであったので、実質的には上海政府が正統政府となったわけである。

シベリア派にはそれが不満であった。そもそも上海派の主流は民族主義を奉じ、シベリア派は共産主義を信奉していた。だから、本来両派は相入れないものであった。かくして両派の対立は抜き差しならない内紛にのめりこんでゆく。

元世勲　一八八七年、咸南に生まる。一九〇九年大東法律専門学校卒。

一九一二年東満州に亡命して中学教諭、一四年シベリア・沿海州の各地で教育事業に従い、一九年全露韓民族中央総会副議長、二〇年大韓国民議会副議長兼財務部長、二一年金奎植・李青天らとウラジオストークにて政権樹立に努めたがソ連に相手にされずに失敗し、その後北京で逮捕されて二年間服役。

一九四五年韓国民主党総務、同一二月党首・宋鎮禹が暗殺されると一時その後を襲ったが、信託統治に賛成して辞任した。

四六年二月民主議院議員。同年一〇月金若水らとともに韓国民主党を脱退して民衆同盟を組織したが、再び脱党して農民党党首。同年七月左右合作委員会右派代表、同年一二月過渡立法議員（官選）、四八年四月南北協商会議に参加し、その後民族自主連盟に参加。

五〇年五月第二代民議員（民族自主連盟）、ソウルに残留して拉北され、五六年七月平和統一促進協議会執行委員会常務委員。

(二) 施策と努力

こうした紆余曲折の末に、四月下旬、上海に李承晩を国務総理とする大韓民国臨時政府が樹立された。略して「上海臨政」または「臨政」という。

けれども主要閣僚は未着任のままだし、統治すべき国土も国民もいない。しかも日本上海総領事館警察の追求は厳しかった。政府の門札を掲げるまでの熱気は急激に冷めて、政府の施策は手につかなかった。闘士は居ても、実務の政治家は居なかったからであろう。仕事がないほど辛いことはない。

安昌浩

安昌浩　このような時、安昌浩が在米国民会の代表として到着し、五月二五日に内務総長兼国務総理代理に就任するに及んで漸く活気を帯びてきた。
安昌浩の発想に係る行政の第一着手は、全国に地下行政網を張り巡らすことであった。政府と国内との連絡を確保し、かつ収税に役立てようとしたもので、各道に督弁を、郡に郡監と交通局を、面（村）に司監と交通所を設置する制度で、「聯通制」という。

一九二〇年一月に「臨時地方交通事務局章程」を制定し、これに基づいて翌二一年までに全国的な組織を逐次に整えた。安昌浩の手腕であった。

また二〇年には上海に武官学校を設立して満州の独立軍を声援し、機関誌として「独立新聞」(社長・李光洙、孔版刷)を発行して内外に広く配布した。そして外国に派遣した特使に独立の理論的根拠を与えるために、史料編纂部を設置して二一年九月までに史料全四巻を編集している。

けれども聯通制が、総督府警察の目を掠めて長く続けられるわけがない。忽ち発覚して一網打尽となった。

請願運動　「臨政」から外務総長兼全権大使の信任状を送られた在パリの金奎植は、各国代表を歴訪して援助を要請し、仏文の雑誌を発行するなど、韓国事情を紹介して同情を訴えていたが、五月一二日には長文の独立請願書をパリ講和会議に提出した。それは冒頭から

「日本は韓国、及び米、英、清、露との条約で韓国の独立と領土保全を承認し、かつ保障していた。ところが一方的に条約を破棄して詐欺と暴力とによって韓国の独立を侵害し、野蛮な統治下に置いている。従って列強は日本の対韓政策に干渉する権利があるし、しなければならぬ」

と提訴したうえで、日本の大陸政策の方向と英、米、仏の中国及び太平洋地域における利権との関係を論じ、三・一運動の実情と臨時政府の組織を紹介したものであった。

これは正論で、日本は確かに下関条約でもポーツマス条約でも、韓国の主権と領土保全を相手国に認めさせていたのである。

しかし当時の日本は、五大強国の一つであった。各国代表は個人的には同情を示したが、日本を敵に回して助けよ

うとする国はいなかった。国益を損ってまで他人を助ける国はない。助けることが国益につながらない以上、他人は同情する格好を示すだけである。

会議は調印（六月二八日）に向かって進展していた。「臨政」は五月初めに趙素昂と呂運弘をパリに派遣し、五月二三日には「臨政」の改組で外務総長に就任した呂運亭をもパリに増援した。

また儒林では前参賛（課長職）・郭鍾錫ら一三七人が連名で独立請願書を起草作成し、上海で漢文三千枚、英文で二千枚を印刷して国内外に配布した。

元老・金允植、李容植（ともに子爵）、趙衡均、文一平らの一一人は、総督・長谷川好道に独立宣言の正統性を訴えた書を送り、僧侶連合大会は国内外に独立宣言書を発送し、キリスト教代表の金秉祚と孫貞道は中国キリスト教会に実情を訴えた。また韓国女学生名義の独立承認要請書がパリ平和会議に送られた。これらはいずれも「臨政」を援助したものであった。

また秘密結社・**大韓民国青年外交団**（総務・安在鴻）は、朴泳孝侯爵、金嘉鎮、閔泳達の両男爵らを通じて上海臨政を応援し、特使を日本政府に派遣して独立を求め、「外交時報」を刊行して各国に送るなど、独自の運動を展開している。

また元の一進会員・全協らが組織した**大同団**は、李堈公（高宗第二王子・義親王）を擁立して臨政の声望を高めるために、公の脱走を促した。李堈公はこの年の一一月一一日に安東駅で発見された。**李堈公脱走事件**であった。

このように、「臨政」を始めとして、国の内外で必死の独立請願運動が続けられた。涙ぐましい努力であった。これらの成果は、次の諸国や団体の上海臨政の承認となって現われた。

一九一九年　エストニア（バルト沿岸）

同年七月　万国社会党大会（スイス・ベルン）
一九二〇年　レーニンの労農政府（二百万ルーブルの独立資金供与）
一九二一年　孫文の広東政府
一九四四年　中国国民政府は承認するに決したが、臨政の内紛で見合わせる（後述）
一九四五年　ドゴールの仏臨時政府

でも、力を貸してくれた国はいなかった。ただレーニンが帝政ロシア時代の朝鮮政策を踏襲して、安い買物と考えて僅かの資金を与えただけであった。アメリカ、イギリスが承認しておれば戦後の扱いも全く違ったであろうが、ついに「臨政」は米・英・中・ソの承認を得るに至らなかったのである。（後述）

総督府の臨政観　大正一〇年（一九二一）四月付の朝鮮総督府警務局編「上海在住不逞鮮人ノ状況」（金正柱編「朝鮮統治史料」第八巻三四二—四〇〇頁に所載。以下、単に「総警局『上海ノ状況』」と略す）は、上海臨政の成立過程と現況を次のように総括している。

「所謂大韓民国臨時政府は大正八年四月上旬（一三日に成立を宣布）李承晩の国務総理を以て始まり、臨時に十箇条の憲章を定め、臨時議政院の決議に基づき政府をして統治させる形式をとったが、五月に執政官制度に変更して李東輝を総裁に推戴した。けれども六月には現制の大統領制に改造して李承晩を推し、今日に至っているものである。

その間、政府の組織は上海と京城の両地でしばしば閣員の任命を発表するなど諸種の曲折を経たが、結局、安昌浩が米国から参加するまではその組織を終えなかったのが事実のようである。

それ以来、政府幹部らは施政方針を定め、各道聯通制、軍政及び軍区制、国債通則、臨時地方交通事務局章程など諸種の法令を制定して形式の整備に務めたが、元来彼らは何ら民意に基礎を置いていないし、ただ自己の糊口と虚栄心とを満足させるための一時的集合に他ならないから、漸次財政の窮乏を告げ、ひいては内訌に次ぐ内訌を起こしている。しかも職員の更迭が激しく、いささかも献身的に執務するような形跡がない。従って逐次に醜態を暴露して、自滅を待つ他には仕方のない状態に至ったようである」(三四四―五頁。註訳)

大韓民国臨時政府の陣容　一九二〇年秋ごろの陣容は次の通りであった。

臨時大統領　李承晩

国務院

総理代理　李東寧(前任・李東輝)

秘書、参事、書記　八人(記名があるが略)

内務部

総長　李東寧

次長　欠(前任・李圭洪)

秘書局長　申斗漩

地方局長　崔東旿

参事、書記　一一人

警務局

局長　金　亀（金九）
警護部長　呂淳根
警護員　七人
外務部
総長　朴容萬（不就任）
次長　申翼熙（前任・鄭仁果）
外事局長　申国権
参事、書記　六人
交際部長　金斗萬
庶務事務　白南七
軍務部
総長　盧伯麟
次長　欠（前任・金羲善）
軍務局長
兼秘書局長　都寅権
軍法局長　孫斗煥
参事、書記等　七人
陸軍武官学校（大正九年一一月ヨリ廃校中）
校長代理兼生徒隊長　都寅権（前任・金羲善）

教官兼生徒隊中隊長　金　鉄
経理　李俊秀
財務部
総長　李始栄
次長　尹顕振
参事、書記等　六人
学務部
総長　金奎植
次長　欠（前任・李春塾）
交通部
総長　南亨祐
次長　金　澈
参事、書記　五人
法務部
総長　申奎植
次長　欠（前任・申翼熙）
労働局
総弁　安昌浩

労働部長　朴春根
書記　崔昌植
（計　七四人）

議政院
議長　孫貞道
副議長　金仁全（前任・鄭仁果）
全院委員長　洪　鎮
秘書、書記等　四人
各道代議士（計三一人）
京畿道　申翼熙、金容喆、趙琬九、張鵬、朴賛翊（五人）
忠清道　趙東祜、洪鎮、金遠植、申鉉彰、鄭泰熙、梁基瑕（六人）
全羅道　金仁全、羅容均、金鎮相、金澈（四人）
慶尚道　尹顕振、李圭洪（二人）
江原道　李駜珪、金振宇（二人）
黄海道　金泰淵、徐丙洗（二人）
平安道　孫貞道、金弘叙、李元益、李裕弼、李喜儆、趙尚燮（六人）
咸鏡道　洪　濤（一人）

中　国　尹琦燮、王三徳、李震山（三人）

（国務院、議政院の合計一〇九人）

（「朝鮮統治史料」第八巻三四四―五二頁）

つまり百人以上のあらゆる思想と政治的志向を抱いたひとかどの人物たちが作った組織で、機構も整っているが、いかんせん統治する対象がない。後述するように、勢いそのエネルギーを主導権争いに向けたのは、分かる気もするのである。

外廓団体　外廓団体は各派の基盤であったが、一九二〇年（大9）一一月二四日付の「高警第三七二三四号」は、上海における独立運動団体各派の組織を次のように報告している。李東輝の共産党組織が欠除しているし、李承晩や金九などの名が見当たらないのでその確度には問題があろうが、七百人で一五団体を造ったのだから、いかに派の形成が盛んであったかが分かる。

報告順	名称	幹部	主義	在上海団員	概況
1	興士団	団主・安昌浩（現臨政・労働総弁） 副団主・李光洙（前「独立新聞」社長）	修身（無虚言、守秘密）天道教と同じ。㊙	約三〇人	七年前、アメリカで創設。平安、黄海の有力青年を網羅し、多大の勢力あり。
		団主・南亨祐			

2	新大韓同盟団	（現臨政・交通総長） 副団主・申采浩 （前新大韓主筆）	過激性あり。北京の朴容萬と連絡を有す。	約四〇人	一九一一年創設。江原・慶尚・全羅を地盤とするも不振。
3	労働党	主務・呂運亨 李東寧、李始栄、申翼熙の応援あり	左派政党的傾向あり、興士団に対抗中。	約一〇〇人	安昌浩の興士団に対立して一九二〇年一〇月創立。京城を地盤とし各道に拡大中。
4	民団	団長・呂運亨 総務・鮮于爀	普通の民団組織	約四〇〇人	各地を地盤とし一九一九年創設。仁成学校経営。経済難。
5	大倧教	教務・申奎植（檉）	壇君教と同じ。	約二〇人	京畿と忠清を地盤とするが勢力なし。
6	新韓青年党	主務・金奎植 （現臨政・学務総長） 副主務・金澈、韓松溪	独立精神の宣伝機関雑誌「新韓青年」を発行。	約三〇人	一九一九年創立。各地で優勢であったが、多数の党員が興士団に移った観ありて不振。
7	東洋平和国	団長・孔仁 軍務部の主要人物入団	学生教育の振興	約一〇人	最近創設。不活発。地盤各地と称するも不明。
8	赤十字会	会長・李喜儆	各国のものと同じ。	約二〇〇人	一九一九年創立。各地に支部あるも財政難で発展見込なし。
9	愛国婦人会	会長・金元慶		約二〇人	右に同じ。
10	耶蘇教会	牧師・金秉祚		約六〇人	
	留日学生			約	一九一九年創立。不熱心で勢

11	親睦会	申翼熙	親睦と政党を兼ぬ。	五〇人	力なし。
12	冒険団	金聲根	テロ団。㊙	約一〇人	爆弾の製造と使用法教習。昨今、学習者なし。
13	青年団	団長・任在鎬			財政難で廃止同様。
14	消毒団	団長・孫斗煥	社会の不正者を消毒する㊙	約二〇人	一九一九年創立。平安・黄海の者多く、有事に奮起する。今春、鉄血団を敗った。
15	鉄血団	総裁・金嘉鎮 団長・盧武用、羅昌憲、黄鶴善ら七人 後援・朴容萬、大同団	現臨政の無能を攻撃し、余力あれば破壊を企図す	約四〇人	一九二〇年春創設。地盤は京城、江原を主とするも、団員は無識貧困者で団長の命に熱心に服従する。

しかして総督府は、臨政の基盤であった上海韓僑の状態を次のようにみている。

「当時の上海在住者は約七百人、うち五百人が工員、人蔘商、飲食業などの雑業を営み、他が職業的運動家で、大部が独立運動に関係している。しかし外国企業に就職している六〜七〇人（うち半数は電車の検札や配車係）は安居して運動家との接触を避けているが、自己防衛上仮政府の人口税徴収には応じている。

職業的運動家の多くは独身で、裏長屋で共同自炊を営み、知己の献金その他で生活している。…」

つまり、上海は「臨政」の財政基盤になり得なかった。五百人で二百人を養い、かつ資金を提供することは不可能であった。そこで聯通制や人口税の創設によって国内からの徴収を図り、満州や米州からの献金に頼ったのだが、間もなく財政源を失い、財政難は忽ち運動の衰微と内紛に直結することになる。

財政事情　「政治とは、結局、予算の配分に外ならぬ」と説く人が居る。予算には財源が先決であるが、前出の総警局「上海ノ状況」によれば、臨政の財源は次のように窮迫していた。

「臨政設立の当初は内外の人がその実力を過信して寄金し、郵便や外人に託し、或は銀行などあらゆる手段で送金した形跡がある。けれども一向に独立しないばかりか、金銭の強要は執拗かつ暴力を伴うに至ったので、始めて蒙を覚り、目下鮮内からの送金は杜絶状態にある。

間島の不逞団は上海仮政府との関係が密でないのと、各団が勝手に誅求して民の疲弊が極に達し、かつ我軍の出動（間島出兵の意。後述）によって該地方からの資金徴達は不可能になった。

露領、北満方面は貧乏で能力がなく、偶々寄金しても所在の不逞団の有に帰している。

人口税は上海と西間島、及び平北の江岸地方で多少徴収した形跡があるが、日支官憲の取締で失敗した。

（李承晩の）公債募集は北米とハワイで一時行ったが、その後は応募が減っている。

従って目下は在米人の愛国醵金に頼っているようだが、独立宣言後二年も経った今は多くを期待できないと思われる。

ために財政は日々に窮迫し、昨大正九年末に制定した職員俸給規程は実行できなかった。だから特別の収入がない限り注目すべき活動は不可能で、むしろその維持さえ覚束ないと思料される。」

と述べ、次のように総括している。

「このように形式上の機関は完備しているように見えても、国務院以下の各部は目下フランス租界蒲石路二四号の小さな二階建を月額百円内外で借りているが、毎月家賃の支払いに窮しているというからその内容の貧弱さが知れる。また彼らの国務院会議や議政院会議を瞥見すれば、其《その》挙《きよ》作《さ》兒戯《じぎ》ニ類シ寧《むし》ロ噴飯ニ値ヒスルモノアルベシト噂セラル」（三五一頁）

また「施政二十五年史」は上海臨時政府について斎藤総督時代（一九一九年八月一二日―一九二七年一二月一〇日）の部に「治安状態」の項を設け、「上海僭称政府」と題してその沿革と推移を記録している。長くなるがその全貌を総督府の立場で要約してあると思うので引用したい。（要約）

「独立騒擾後の治安で重なるものは、間島と上海を根拠とした動きであった。上海では四月一七日に李承晩を大統領とした大韓臨時政府を形成し、臨時憲章を制定し、有力亡命者のほとんどが参加し、鮮内運動と呼応して運動を始め、京城及び安東県に連絡機関を設けた。該政府は新聞の発刊、不穏計画の煽動、列国への運動等を実施し、同志を送って資金を募集した。本府は警察制度の改革と増強（注：大正八年十一月の改革終了時の総員一六・八三五人・警察署二四七）によってこれらを未然に摘発したため、大正九年（一九二〇年）三月以降彼等の行為は強盗化し同年五月以降爆弾を携へて恫喝するに至り、之が為咸鏡南北道、平安北道は若干の被害があったが、大正十年一月頃より漸次鎮定するに至った。

右の次第で上海僭称政府の財力は大正九年以来全く涸渇し、該政府の内部は二派に分かれ、米国に頼らんとする李承晩等の文治派と、露国（第三インターナショナル）に頼らんとする李東輝等の武断派と互に争い、ハワイでも独立派と委任統治派とに分裂し、殆ど収拾すべからざる状態となって該政府の壊滅目捷の間に迫った。

本府は奉天・吉林の総領事、安東の領事に本府事務官を兼任させ、又新に通訳官を上海、北京、奉天、吉林、ウラジオストック等に配置して状況を報告させ、一面外務省は仏国政府と交渉して之が解散を図った。（仮政府は上海仏租界霞飛路に在った）

偶々大正十年春夏の交に開かれた太平洋会議は一部朝鮮人の最後の望を嘱したものであったが、該会議は彼等に何等利する処なく静穏に経過したので更に頓挫し、種々の曲折と紛争を重ねたすえに統一不可能の結果、大正十二年（一九二三年）六月該政府は分裂解散するに至った。

勿論解散は名目で該政府は存続したが、之が朝鮮の民心安定に与えた影響は実に大なるものがあった。李承晩もその職を免じ、該政府は全く有名無実となった。かくて大正十二年以降独立運動は殆ど影を潜めたが、機会を捉えて人心を煽動し独立精神を喚起するに努めた。大正十五年（一九二六年）四月二六日李王坧殿下（第27代・純宗）薨去の旨公表せらるるや、二八日一兇漢は昌徳宮金虎門外に於て斎藤総督の暗殺を図り、六月十日故李王殿下の国葬に際し上海の共産党員に使嗾された一部の学生は独立万歳を高唱し不穏印刷物を撒布したが之に唱和妄動するものもなかった。

右の如く鮮内は大体に於て安定を示して居るのである。唯僅に在外運動として米本土・ハワイ・ソ領・上海及び西北間島等に微弱ながら尚餘喘を保って蠢動して居るに過ぎない」（三三二－四頁）

㈢　派の構成

あらゆる組織に派閥は付物である。あらゆる国の共産党の中でさえ時々内紛や粛清が起こる。政党は派の集合で成り立っているのが普通である。

しかして上海臨政に集まった人はあらゆる思想と抱負とを持った運動家達で、それぞれ一家を自負していた人達であった。だから、派を立て、党を成して自己を主張したのは当然の成り行きであったと思う。

けれども呉越同舟の争いは、度を過ぎた。異常であった。崔在錫博士の言う「憎い奴が同舟したので、舟そのものを沈めた」ような結果になったのだ。

派の構造　あらゆる地方から集まった上海臨政の構成員は、普通、出身地や闘争歴によって畿湖派と西北派とに大別されている。畿は京畿道、湖は忠清道、西北（関西ともいう）は平安道の意であるから、今様に言えば南部派、北部派となろう。

畿湖派：李承晩、李東寧、申奎植、申錫雨、李始栄、申翼熙、尹琦燮、趙琬九、呂運弘

西北：安昌浩、盧伯麟、金九、李東輝、文昌範、鮮于赫、元世勲、金枓《と》奉《ほお》、李光洙

けれども、派といえる団結があったわけでない。畿湖派には李承晩の委任統治論者から申錫雨・申奎植の社会主義者まで、さまざまな思想の持主がいた。西北派には、自治論者の安昌浩から、共産主義武断派の李東輝らがいたわけである。だから政敵を排除する場合に限り、敵の敵は味方の論理から臨機に集散離合したので、この派名があるのであろう。韓国における出身地別の団結は、時として思想や長い経緯を越えることがあるそうである。

外廓団体　外廓団体は派の構成とその勢力の消長を示す。ところが前年末調査の一五団体が、半歳後の一九二一年春の時点では約二倍の二七団体に増えている。調査漏れもあろうから、実際はまだ多かったであろう。

しかもこの半歳の期間は李承晩の上海滞在期間（後出）と一致するから、いかに政争と分派活動が激しかったかが分かる。

団名	団長、役員（摘要）	団、会員	主義主張
民団	張鵬、李祐弼、金泰淵、安秉瓚、尹琦燮、金九、呂運弘、崔昌植		政府の下部団体
仁成学校	呂運弘、金泰淵	二〜三〇人	政府系統
愛国婦人会	金順愛、李信愛、李華俶	五〇人	民団の一部？
大韓紅十字会	李喜儆、安定根、李承晩、李東輝、安昌浩、文昌範、金泰淵、徐丙喆		政府派？ 資金徴集多し
大同団	金嘉鎮、羅昌憲	無勢力	反政府派
独立新聞	李英烈		政府機関紙
新生活	金万謙、金河球（独立報の改題）		過激派機関紙
興士団	安昌浩（平安、黄海出身を網羅）	三〇人	修養（無虚言守秘密）
新大韓同盟団	南亨祐、申采浩（江、慶、全出身を網羅）	四〇人	過激急進派で李東輝・朴容萬系
労働党	呂運亨（李東寧、李始栄、申翼熙ら後援。京城出身中心）	一〇〇人	興士団の対抗派なるも色彩不鮮明
大倧教	申奎植（京、忠出身の永年居留者）	二〇人	檀君尊崇
新韓青年党	金奎植、金澈、韓松溪	三〇人	独立宣伝（衰退中）
東洋平和国	孔仁	一〇人	教育の振興

耶蘇教会	金秉祚（勢力なきも要注意）	六〇人	独立宣伝
留日学生親睦会	申翼熙（活動無気力）	五〇人	反日政党色
冒険団	金声根（近来志願者なし）	一〇人	テロ組織
青年団	任在鎬（勢力皆無）	なし	独立運動の援助
消毒団	孫斗煥（平安、黄海出身者中心）	五〇人	社会不正者の消毒
鉄血団	盧武用、羅昌憲、金基源（京畿、江原道出身者が中心）	四〇人	仮政府廓清（目下勢力不振）
正救団	ほぼ鉄血団に同じ		
協誠団	尹琦燮、趙琬九、黄中顕（仮政府の幹部中心）	一二九人	政府擁護
義勇団	孫貞道（忠清道出身を中心）	二〇人	政府要人の保護
吾人倶楽部	洪冕熹（南朝鮮派の色彩あり）	四〇～五〇人	社会共産主義
新韓文化同盟党	呂運亨（米国共産党と連絡？）	二〇～三〇人	文化向上独立期成
社会党	李東輝（北朝鮮派を中心とし、腹心の部下を網羅）	自派員全部	過激派
義烈団	金元鳳（若山）、張健相	勢力なし	テロ組織
中韓親友会	申奎植（柄）、朴殷植、李英烈（勢力拡大中、排日中国人の賛同者が多少ある）	四〇～五〇人	中、韓人の協力

（「朝鮮統治史科」第八巻・三五三―三六二頁）

派の構成　一九二〇年ごろの臨政内部の派閥構成は、外廓団体を参考にすれば次のように考えられる。
米国派‥李承晩、中奎植、林炳稷、呂運弘
畿湖派‥李東寧、李始栄、申翼熙、尹琦燮、趙素昂
西北派‥安昌浩、鮮于赫、車利錫、金九、李光洙、安恭根
北京派‥朴容萬、申粛、申采浩、金甲、崔昌植、申性模
左翼・上海派‥李東輝、尹海、朴憲永、金立、韓馨権
左翼・イルクーツク派‥文昌範、元世勲、呂運亨、金科奉、金万謙、金奎植、盧伯麟
過激派‥安秉賛、金元鳳、張建相、王三徳
けれども団結を示す「派」ではなく、思想的に行動的に類似点があった人達を列挙したに過ぎないことを断っておく。
主義主張　右のうち傍点をつけた人物は、8・15解放後に主として南朝鮮で活躍した人物であった。当時と解放後とでは思想を変えた人が多かったけれども、当時の各派の主張は次のように集約されている。派と派の中間には無数の主張が混在して〝一人一主張〟の観を呈したとみる人が多いが、これらの政客が解放後の南朝鮮にその思想を持込んだ事実は記憶しておかねばならぬ。
委任統治論　李承晩が唱えたもので、即時独立を叫んでも出来はしないし、出来ても自立する能力がない。そこで国際聯盟に一時の統治を委任し、その間に実力を涵養して独立を果たす。
文治派　安昌浩派が唱えたもので、過激な行動を避け、心から日本の統治を嫌い独立を熱望している旨を列強とくに米国の同情に訴え、その後援を得て徐に独立を果たす。委任統治論は論外で、民族の体面を傷つけることこれより

大なるはない。

文治派の一‥あくまで日本の統治を攻撃し、熱烈な独立欲求を宣伝し、列強の同情に訴えて独立を達成する。

文治派の二‥日本でも、併合を不可とする者が少なくない。だから併合反対の有力者を説いて世論を高め、日本に独立を許容させる。

武断派　李東輝派の主張で、日中、または日米、もしくは日露を戦わせ、その機に独立を図る。けれども日中、または日米の開戦は今直ちに望めない。そこで露国の過激派と結び、日本と開戦する。（注‥当時日本はシベリア出兵中であった）　たとえ日本の勢力を半島から完全に駆逐し得ないでも、兵を挙げて祖国に進入し、少なくとも三か月の間一地を占拠して外国に交戦団体と認めさせれば、その同情と後援を得て独立を達成しうる。

当時李東輝は、すでに熱心な共産主義者になっていた。彼が臨政を大統領制から議院制に変革し、政府のシベリア移転を画策したのは、この主張に基づくものであった。

人はそれぞれ立場が違い、自由な思想を抱き、固有の価値観を持つ。従って独立の目的は皆同じでも、その方法論が分かれたのは寧ろ自然であったと思う。

いずれにせよ、当時の国際情勢と日本の地位、及びその大陸政策からみて、いずれの方法を採ったにせよ早急な独立を望み得ないのは客観的事実であったと思う。だからこそ論が分かれたのだが、ここで問題になるのは、各派が他の主張を認め合ったうえで止揚された統一方策を創造し、団結して事に当たろうとする努力の跡がみられないことである。各派とも自己の主張を唯一無二として他を排斥し、もって主導権の獲得に血眼になっている。ただでさえ微力な「臨政」が分裂しては、その結果は知れている。やはり宿痾とか固疾と言われる派争が、ここ上海にもそのまま持ち込まれたのであろう。

しかして各派の主張は時代の流れとともに変化し、また形を変えて継承された。

李承晩が、いつまで委任統治論を唱え続けたのかははっきりしない。一九二二年のワシントン条約や中国に関する九か国条約が会議されたころはその活躍が伝えられたが、8・15解放後に帰国した李承晩は即時独立論者に変わっていた。（後述）そして南半部は三年の米軍政の後に韓国として独立し、彼は初代大統領に選ばれた。いわば三年の委任統治の後に独立したわけで、その意図とは掛離れていても、形は彼の委任統治論が実現したことになる。問題は、この三年の間に統治能力と保国能力を身に付け得たかどうかであった。

安昌浩の文治論は、安が一九三八年に他界したこともあって、国内の自治論に吸収されたとみてよいであろう。自治論は「植民地化されたのは、民族が弱体であったためだ。まず人格の修養と養成に努め、徒らに独立を叫ぶよりは自治の能力を身につけることが当面の課題である」と唱え、非妥協闘争と対立した概念であった。いわば現実穏健論で、金性洙、宋鎮禹、李光洙、崔南善及び天道教新派らのブルジョア民族主義者に浸透していた。

李東輝の武断派の理論は、思想は全く異なったけれども、臨時政府と東満の独立軍やパルチザン、及び延安に走った金科奉、崔昌益らに受継がれた。そして彼らが望んだ通り、四分の一世紀の間に日中、日米、日ソ戦争が次から次に生起して、ソ連の支援を得た人達が北朝鮮の天下を握ったわけであった。その時期は李東輝の期待よりも遙かに遅く、彼は失意のうちにシベリアで没したけれども、彼の主張を性急過ぎると非難することはできても、荒唐無稽と謗るわけにはいかないかも知れぬ。問題は外勢に頼った結果が祖国分割の因となり、社会主義国家を建設したことが民族相殺の朝鮮戦争を起こし、単一民族の分裂を固定化したことが果たして民族の幸福につながったのか？　より悲惨な歴史を齎らしただけではなかったのか、と考えさせられる。

㈣　内紛

前項の派閥は、最初から、また一挙に形成されたものではない。内紛と離合集散を繰り返しているうちに形成された一時点の構成をピックアップしたものに過ぎない。

さて、臨時政府の樹立を宣言したものの、前述したように仕事がない。仕事しようにも仕事がないほど空しいものはない。そこで仕事を探さねばならないが、まず探した仕事が李承晩総理反対運動であった。

反李運動　そもそも李承晩博士（当時四四歳）を衆目が一致して第一人者に推したのは、次の各因からと思われる。

① 彼は李王朝三代の王・太宗の嫡子・譲寧大君（四代・世宗大王の長兄）の直系の家柄である。

② 秀才の誉高く、若くして改革運動に身を投じて中枢院顧問官の要職に抜擢されたうえ入獄し、かつ早くから独立運動に専念してきた実績がある。

③ アメリカの有名三大学を卒え、哲学博士の称号を持ち、識見、人物ともに群を抜く。

④ 米人に知己が多く、米国の援助を受け易い。

⑤ 在米僑胞の声望が高く、資金調達能力が抜群である。

⑥ 年長とカリスマ的魅力。

非のうちどころがないと思うのだが、反対派が挙げた理由は二つあった。

一つは、李承晩が三・一運動の前にパリの講和会議にあてて委任統治請願書を提出した事実にあった。現実主義者の李承晩は五大強国の一つになった日本から即時独立を克ちとることは不可能とみて、日本の羈絆から抜け出る便法として唱えたものであったが、絶対独立に固執した理想派はこれを変節とみて、李首班に反対したのである。急先鋒は急進派の申采浩らであった。八月にシベリアから臨政に参加した李東輝は、李承晩を〝くさった頭〟と罵倒して紛糾に輪をかけた。しかしこの問題は、内務総長に就任した安昌浩も米国で即時独立不可能論を公表したことがあり、元来「務実力行」を掲げた文治論者であったから、彼の調停で一段落をみた。

次は、李承晩の称号問題であった。一九一九年五月に漢城政府が李承晩を執政官総裁に推戴したことを発表すると、彼は事務所(のちの「欧米委員部」)をワシントンに設けて活発な請願運動を開始した。パリ講和会議の調印(六月二八日)が迫っていたからであった。その時、執政官総裁を何と訳したらよいかに迷ったあげく、実をとってプレジデント(大統領)と翻訳して肩書きとした。

しかし上海臨政では国務総理として選任したのであったから、反対派は専横とか独善とみて糾弾したわけである。臨政は一九一九年八月二五日付の電報で、国務総理代理・安昌浩の名をもって

「…欧米委員部李承晩閣下、上海臨政にも漢城政府にも大統領の職制はないのだから、閣下は大統領ではありません。違憲です。大統領として振舞わないで下さい」

と申し入れている。これに対して李承晩は八月二六日付で

「…安昌浩よ、これまで大統領の名義で運動してきたのだから、今さら変更する訳にはいかない。内輪もめが漏れれば運動の障害になる。騒ぎ立てるのはよしなさい」

と返電している。(「島山・安昌浩全書」)形式や名分を重んずるものと、実務効果を主とするものとの差が浮彫りにされて面白い。けれどもこのような些細なことが、独立を志向する大業の途上で紛糾の種になるのは、外部からは理解しにくい民族の原理「一つ悪いと、皆悪い」が働くからであろう。

この反李運動について、金弘壹（中将。外相、新民党党首）「私の証言（大陸の憤怒）」（韓国日報に一九七二年二月二〇日から一二〇回連載。以下「金弘壹回想記」と略す）は、面白いエピソードを綴っている。金弘壹（当時二二歳）は貴州軍官学校を卒業した一九二〇年一二月に「臨政」に立寄り、独立軍に参加するためにシベリアに赴く（後出）のだが、その時の見聞として

「面白いことに、李博士打倒の叫声がこだまする中で先頭に立って最も執拗に叫んだのが、外でもない、六・二五（朝鮮戦争）当時の国防部長官であった申性模氏であった。

当時北京の申粛先生が主管していた『軍事統一会』に属していた申性模氏は、数名の青年を伴って上海に飛んできて、声を限りに李博士を罵倒して打倒を叫んだ。その悪口雑言は聞くに堪えず、李博士に反対の立場の者でも眉をしかめる程であった。

だが、歳月の流れは人の心を変える。あのように李博士に目をむいていた申性模氏が、自由党政権下で『落涙長官』（内務、国防、総理署理を歴任）の別名がつくほど李博士にあらゆる忠誠を尽くしたのだ。

しかしながら李博士は、当時の上海であれほど自分を排斥した人物が申性模その人であったとは、恐らく知らずじまいで世を去ったと思われる」（13回）

落涙長官…申性模長官が景武台に伺候すると、李大統領は庭いじりで手を泥だらけにしていた。すると申長官は「尊い身の上で下人の真似をなさるとは…」とハラハラと落涙したのでこの名がある。

けれどもこの事件は一九一九年夏のことで、金弘壹はまだ貴州に在った。法務部総長・申奎植からの伝聞のようで、彼の感情が入っていると思われる。金弘壹中将は、申性模長官と折合わなかった。また丁一権将軍によれば「李大統領はその事を知っていて、申長官を手足のように使った。そこに李大統領の偉さがあった」と言うことである。

余談になったが、この称号問題は、一九一九年九月の憲法改正で国務院制を大統領制に改めることで解決された。大統領に李承晩が、国務総理に李東輝が推戴されることによって一件落着をみたのである。改憲が李承晩の称号に合わせてなされたものか、李東輝の策謀が功を奏したのかは明らかでない。李東輝の国務総理就任は、臨政を決定的に分裂させる因となる。この辺のことを徐大粛「朝鮮共産主義運動史」は次のように解説している。

「李東輝は臨政に参加する条件として、ボルシェヴィキから受けた激しい革命的情熱を朝鮮民族主義運動に吹き込むために、アジテーションと宣伝のための出版活動を要求したといわれる。…しかし李承晩は穏健な手段、例えば民族自決権を諸国、国際機関…などに訴える外交的手段で日本に対抗することを主張した。従って李東輝にとっては、李承晩のやり方は臆病で卑屈なものに過ぎなかった。彼は日本に武力を用いることを提唱し、…来るべき朝鮮への進撃に備えて朝鮮人を組織し、満州とシベリアで訓練することを主張したのである」(一一頁)

李承晩排斥運動の原因について表面上知り得た理由は以上の通りだが、排斥者の心情には〝臨政の顔である大統領は完全な人間でなければならない〟とする斉合意識が強烈に渦巻いて、それが前述した建前論を増幅し、合理化したとも思われる。斉合意識とは李圭泰書の章題で、内容より体裁、実利より形式を尚びがちな韓国人の意識構造から発した性向で、ある理想像にあてはめて形式主義的に価値を判断する習性のようである。

例えば李退渓に次ぐ大儒者・李栗谷は若いころ、一時出家したことがある。儒家でありながら仏門に帰依したことがあったという一事は、栗谷の生涯を苦しめ、死後さえ反対派に攻撃された。つまり些細な欠点があれば、その全人格や功績さえ否定してしまうオール・オア・ナッシング式の形式主義に捉われる意識が強い、という。理想を追い、完全を求め、平等・総和・普遍の型を尺度にして人物の器量を計る。

従って李承晩の委任統治論は、独立の方法論を巡る論争に止まらず、人格の欠落とさえ誹られたものとみえる。

公債発行問題　李承晩はこうして公認の大統領に推戴されたものの、上海に赴任することなく、アメリカで財政固めに専念していた。国民も国土もない臨政にとっては、資金こそ唯一の頼りであったからである。

従来「臨政」は、主な財源を在米僑胞の献金である「愛国金」その他の醵金に頼っていた。だがそれは、不確実で細々としたもので、末長くは頼れなかった。そこで李承晩は、総額五百万ドルの公債を発行して一挙に資金を集める案を樹てた。公債は、韓国が独立した暁に高利で償還する、という計画であった。

上海の閣僚は危険視して反対したが、李承晩は外国人の同情金を募集するためと説得して、第一次分五〇万ドルの公債を発行した。

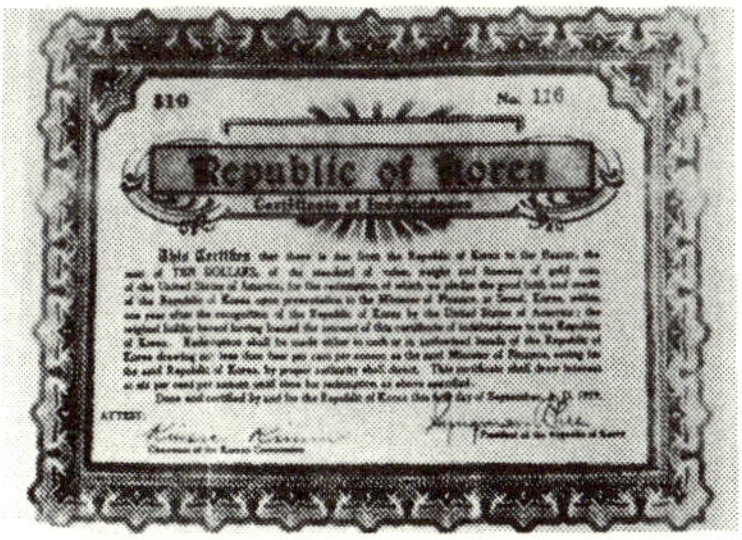

欧米委員部で発行した独立国債（１ドル）。左下に金奎植の、右下に李承晩の署名がある。

ところが公債の名義は臨時政府ではなく、総裁・李承晩と欧米委員部委員長・金奎植の個人名義になっていた。しかも外国人からは公募せず、在米僑胞に義務的に買わせ、募った金は委員部が管理して総裁・李承晩の承認のもとに上海に送ることにした。そして「愛国金」その他の制度を廃止した。（『在米韓人五十年史』）

上海臨政の財政権を一手に収めたわけで、李承晩の政治的手腕の現れである。しかし財源を左右された「臨政」がこれを快しとするわけがない。一時は激昂して反李運動が再燃した。しかし、やがて収まった。送金が鎮静薬であった。けれども安昌浩は不快であった。彼の財源がなくなったからだ。こうして両巨

頭の対立が深まったばかりか、在米僑胞も李派と安派に分かれて衝突を繰り返すことになる。（後出）

呂運亨の渡日問題　一九一九年秋、原敬内閣は呂運亨を国賓待遇で東京に招いた。この件を金弘壹回想記は

「李承晩排斥問題で内紛の余燼が収まらぬうちに、夢陽・呂運亨氏の訪日要請問題が臨政に波らんを招いた。当時夢陽は外務次長（？）で、上海居留民団の団長をしており、英語と中国語に精通した独立の志士として韓人はむろんのこと各国の外交官にも広く知られ、その影響力はまことに大きかった。

これに目をつけた日本の原敬内閣は、韓人の抗日感情を柔らげる一助として夢陽に日本国会で発言の機会を与えるために、彼を招請したものである」

と記している。この問題は日本の国会で政府攻撃材料になった事件であったから、平民宰相と言われた原首相は武断政治を見直すために、決断をもって呂運亨を招請したものと思われる。

呂運亨の渡日問題が起こると、畿湖派は賛成し、西北・関東派は反対した。理由は「見えすいた懐柔策に乗るな」であったが、主導権を奪られたのが問題であったらしい。反対派の筆頭・李東輝総理は「カボチャを被って豚小屋に入るようなもの」と痛論したという。後では呂運亨の熱心な訴願運動を認めて激励電報を発したものの、その時はもう遅かった。呂運亨の主張はシベリア出兵中の日本にとって到底受入れ難いものであったが、「臨政」の支持を受けてなかった彼の弱い立場も問題であったのだ。国論が割れた外交は、相手に納得を与え得ない。

呂運亨は張徳秀と崔謹愚を伴って上京し、一二月一七日に帝国ホテルに集まった五〇〇余人の内外記者団や各界各層の人士の前で所信を述べた。一時間半に及んだ演説の骨子は、次のように記録されている。

「わが民族は生命をかけて昼夜の別なく朝鮮独立運動を続けているが、私はその真相と意義を明らかにすべく日

本を訪れた。…独立運動は私の命であり、一生の事業である」

「将来わが民族は、新世界創造の歴史的な一ページを飾る機会を必ずやもつであろう。世界の潮流と共に起こった三・一独立万才運動が、それを証明している。

飢えたる者は食物を要求し、渇いた者は水を求める。それは自然の摂理であり、生存の自然的発露である。日本人に生存権があるのならば、同じようにわが朝鮮民族にも生存権があるはずである。だが日本は、このような天理に逆行している。なぜ日本は、生存権の自然的発露としての自由と独立を渇望している朝鮮人を、銃剣で威し、弾圧しているのか。

韓日合併は、純粋に日本の利益だけのために強制された恥辱的な遺物である。日本は、自らを守り、相互の安全のためにはやむを得ず合邦するしかなかったと言っているが、ロシアが退いた今日に至るもそのような詭弁を弄そうというのか。…」

「朝鮮の独立は、却って日本に安全と平和をもたらすであろう。即ち日本が朝鮮の独立を承認し助力すれば、朝鮮人の怨みから解き放されて友人になることができるであろうし、中国やその他の隣国ひいては全世界の不信と疑いから脱け出ることができ、それを通じて東洋の平和と世界の平和は可能になるであろうからである」

「われわれが建設しようとしている新しい国は、主権在民の民主共和国である」（『統一評論』'83年11月号88―89頁）

東京の各新聞は呂運亨の演説の全文を掲載して世間の注目を集めた。呂運亨は一夜で有名になったが、天成の豪放磊落さと温厚篤実な人柄、及び韓国人として比肩する者がいない堂々たる外貌がそれを助けたと思われる。

彼は古賀拓殖局長官を初め、野田逓相、田中義一陸相、水野政務総監と会談して独立を訴えた。日本側は彼の転向を勧めたが、彼の素志を変えることができず、予定されていた天皇や原敬首相との会談は中止のやむなきに至っている。彼は「日本は、絶対に朝鮮を統治し続けることはできない。朝鮮が自主独立国になることは、宇宙自然の法則である」と力説し続けたのである。水野総監との会見では「君は朝鮮を独立させる自信があるのか？」と問われると、言下に「君は朝鮮を統治する自信があるのか」と切返したという。

だが、どうにもならなかった。「臨政」自体の内紛を承知していた日本としては、仮に朝鮮を独立させようとしても、独立させる方法が見つからなかったであろう。

のち呂運亨は、一九二一年一一月には金奎植ら三〇余名の朝鮮代表とモスクワで開かれた「極東民族勤労者大会」（参加代表・日本一五人、中国四〇余人、その他の代表一一〇余人の計二〇〇余人）に出席し、呂運亨と金奎植は五人の議長団の中に選ばれてレーニンと二回にわたって会談し、その協力の約束を得たという。また孫文とも親交を交えてその革命を声援している。

ところが大胆さが過ぎて一九二九年に上海で逮捕され、ソウルに護送されて三年の刑を宣告された。再審法院での罪名は政令違反と治安維持法違反であった。

一九三二年七月に仮釈放で大田監獄を出所し、三三年春、朝鮮中央日報社社長に就任して独特の論陣を張ることになる。

金弘壹の見聞　一九二〇年一二月―二一年三月の間、上海にあって呂運亨、張徳秀（独立運動の闘士で名高い張徳俊・秀・鎮の三兄弟の一人。いずれも悲刃に斃れたが、徳秀は呂運亨が日本の国会で独立を訴えたときの通訳として知られる）と兄弟の契を結んでいた金弘壹将軍は、その内紛の見聞を次のように記している。

「李承晩排斥運動の余燼が収まらぬうちに、呂運亭の訪日招請問題が起こり、その諾否をめぐって賛否両論が在外韓人の間に沸騰した。結局呂運亭は日本の国《ママ》会で韓国の独立の必要性を力説したのでいったんその是非論は収まったが、その結果『臨政』の内部に意外な欠陥が生じた。

というのは、当時の『臨政』内部は国務総理・李東輝を中心とする共産党組織運動によって大混乱に陥っていたからである。

李東輝は一九一八年六月にハバロフスクで韓人社会党を結成し、二〇年にはウラジオストークで第二回韓人社会党代表大会を開催して、すでにレーニン政府と紐帯があった。その李東輝は臨政国務総理の名で獲たレーニンの援助金四〇万ルーブルを、臨政駐ソ大使・韓亭権を通じて一九二〇年一〇月に入手すると、金立に秘かに持ち込ませ、それを資金として上海派共産党を組織して『臨政』を度外視するようになった。そこで激怒した金九の警務局員が、金立を殺す事件が起こり、内紛はその極に達して反日抗争力が弱化した。

また内紛を助長したのは、日本の巧妙な帰順運動が奏功したためでもあった。日本は二〇年に入るとまず満州の独立軍に対する大討伐（注・間島出兵…後出）を開始して抗争勢力を弱化させ、『臨政』の人的・物的財源に打撃を与えると、日本総督府は韓人間の分裂を図って〝報復のない帰順〟政策を打ち出した。春園・李光洙は夫人・許英粛の願いと、島山・安昌浩先生の『有能な人材が他国でこのようにうやむやに時を過ごしてはならぬ。帰国して愚昧な民衆を啓蒙すべきである』という忠告に従って帰国した。するとそれに続いて帰国する人（注・張徳秀、金義善ら）や、アメリカやフランス留学を夢見て多くの人が上海を離れたのである。

また当時の軍務総長・盧伯麟さえ共産勢力に便乗している始末で、私（金弘壹）は何を為すべきか、胸が痛くなるばかりであった。

派閥抗争に寧日のない実情を歎いた徐載弼（独立協会の創始者）は、二一年一月七日の『臨政』への手紙で血を吐くように訴えた。

『ロシア派だ、西北・間島派だ、米国派だとか、あるいは上海派だ、漢城派だと言って派閥争いを事にし、互いに権謀術数を尽くしていれば、前途はまことに暗い。われわれは独立のために、ひたすら大同団結して力を合わせなければならないのではないのか！

…独立運動の持久戦に備えて、各方面の人材養成に全力を傾けねばならぬ。…独立の日に自力で国家を運営できる実力を準備しておくべきだ。宣伝や虚勢だけでは独立はなし得ない。独立の基本要素は目覚めた民衆である。そのためわれわれは、民衆の啓蒙に総力を集中しなければならない』

これで少しは自粛の空気が拡がった。私は軍務総長・盧伯麟の計画に従って、遠東革命軍（レーニンが構想した日、中、韓、蒙古人から成る対日国際軍）に参加するためシベリアに旅立った。一九二一年三月初旬であった」（No 14）

四〇万元事件　一九二〇年一月二二日の国務会議は、六月にモスクワで開かれる第三回全露中国労働者会議に代表団を参加させ、その際レーニン政府から資金援助を受けることに決めた。代表に呂運亨、安恭根（安重根の弟）、韓馨権が指命された。

ところが李東輝総理は、呂と安の派遣に反対した。呂運亨ではシベリアの人達が納得しない、という言分であったが、犬猿の仲の呂運亨を送ったのでは都合が悪い理由があった。安昌浩は猛烈に反対したが、李東輝は旅費の工面がつくと腹心の韓馨権だけを秘かに出発させた。怒った呂運亨は一切の役職を罷めて、自由な立場で左翼運動に走ることになる。

韓馨権は臨時政府を代表して、レーニン政府と次の条約を締結した。

① 韓国政府は共産主義を採択して宣伝活動を展開する。
② ソビエト政府は韓国独立運動を支援する。
③ ソビエト政府は、シベリアにおける韓国軍の訓練及び集結を許容する。補給はソ連政府が担当する。
④ 韓国軍は指定されたソ連軍司令官の指揮に従う。

（「朝日新聞」一九二〇年一二月一〇日号及び金弘壹回想記）

実はレーニンは〃東アジアを赤化するためには、いつかは必ず日本と戦わねばならぬ。そのため韓国人を主体とする遠東革命軍（日本流に言えば「極東国際共産軍」）を編成して有事に備えねばならぬ〃という遠大な構想を抱いていた。この構想は、李東輝の歓迎するところであった。韓馨権はこの〃身売り条約〃の代金として、資金を要求した。「白凡逸志」によれば、レーニンに面会した韓が口から出まかせに二百万ルーブル（当時は円と等価）の援助を乞うと、レーニンは

李東輝

「日本と対抗するのに、それで足りるのか」

と言いながら即座に支出を命令したという。日本が二百万円で買えるわけで、いわゆる〃安い買物〃であったわけだ。

韓馨権は一次分として受領した六〇万ルーブルの金塊のうち二〇万ルーブルを朴鎮淳（李東輝のモスクワ特使）に預け、四〇万ルーブルを携えてモスクワを立った。李東輝は、国務院に無断で腹心の前国務院秘書長・金立をチタに出迎えさ

せ、四〇万ルーブルを受領させた。そして韓馨権には、残りを運ぶよう指令した。

一九二〇年一〇月に四〇万ルーブルを手にした李東輝は、威勢を張った。彼はこれを資金にして二一年一月に「韓人社会党各地代表者大会」を開催して「高麗共産党」（いわゆる上海派）を結成し（後述）、京城の張徳秀や、崔八鏞らに八万円を支給して共産党・ソウル派を結成させ、大杉栄を通じて日本共産党に約二万円を提供し、中国の党員に一万円を贈るなど、大した勢いであった。この件について金弘壹回想記は「四〇万元の力は偉大で、その余沢に浴しなかった者はいないだろう。蜜に集まる蟻の如く…」と記している。

つまり「臨政」の名で借りた資金を政府には一円も入れず、勝手に私用化したわけである。しかし金立が、その一部を横領して間島に土地を買い、広東生まれの愛人に豪華な家を買い与えてブルジョワ生活を始めた、などの噂が立った。

この世は、金が仇である。民族派はむろんのこと、共産党イルクーツク派（後述。上海では呂運亨、金丹冶、崔昌植、趙東祐ら）もいきり立った。だが李東輝は「コミンテルンが共産党に送った金」で押通し、金立をかばい通した。たいした策士である。

けれども無事に収まるわけはない。これを主因として李東輝は上海を追われ、一九二一年七月ごろシベリアに去ることになる。そして金立が、警務局長・金九の手の者に暗殺されたのは、二二年二月のことであった。金九は、口を極めて李東輝を罵っている。

上海での李承晩　このように「臨政」の内訌が激しくなる一方なので、李承晩は秘書・林炳稷（6・25当時の外相）を同行して上海に密航し、正式に大統領に就任した。一九二〇年（大9）一二月であった。派閥を調停して、運動を促進するためであったことは言うまでもない。当時は派の均衡のために、毎月閣僚の何人かが入れ替わる有様であったのだ。

ところが、翌二一年一月には早速反対の火の手が上った。まず李裕弼らの野党的立場にあった一派が、金嘉鎮（元男爵）の鉄血団と結んで反臨政の気勢をあげた。反対派は臨政内部の非行を暴露し、李承晩の委任統治論を攻撃した。国務総理・李東輝は政府と議政院の組織を改めることで収拾を図ったが、これは李承晩、安昌浩らの反感を買った。機構の改革構想が、李東輝一派の独裁に近いものであったからである。辞職した李東輝は、以後レーニンから貰った資金で「高麗共産党」の創党に専念することになる。（後述）

こうして臨政は大別して三派に分かれた。

現状維持・存続派：李承晩、安昌浩、李東寧、金九ら

政府転覆派：文昌範、元世勲、金万謙、李東輝ら

改組派：李光洙、李裕弼、崔昌植ら

のち創造派と改造派に分かれて闘うことになった素地であるが、そのころの極度の財政難は派争に拍車をかけていた。フランス租界馬浪路普慶里四号に借りた政庁の家賃月八〇円は、滞り勝ちであった。

しかも同年四月には、北京の申采浩らは政府転覆派と結んで「臨政」の一切の事務引継ぎを要求した。また朴容萬、宋震、申粛らが北京で開いた「軍事統一会議」は、「臨政」の不信任を決議して打電してきた。「臨政」最大の力となっていた「独立新聞」は、社長兼主筆の李光洙の帰国によって精彩を失った。また満州の呂准、李柘、金東三らも改革を訴えてきた。

このような四面楚歌の中で李承晩大統領はもっぱら派争の清算と団結の促進に努めていたが、五月には転覆派の元

世勲、中粛、王三徳、朴殷植らが結束して、改めて国民代表大会を開催して政府の改造を図ることを声明し、臨政攻撃の論陣を張った。そして「正救団」を組織して、李承晩排斥運動を公然と開始した。李承晩は李東寧、申奎植らと「協誠会」を結成して対抗したが、やがて安昌浩が政府転覆派の背後で糸を引いていることが明るみにでた。李承晩と安昌浩両巨頭の抗争が、ここで火を吹いたのである。

軍務総長・盧伯麟は李承晩を脅迫した。

北京国民大会促進代表と自称した義烈団長・金元鳳は、お得意のテロに訴える気配であった。

そこで余りの紛糾に「国民代表大会発起会」を構成した転覆派の中にも硬軟の両派が生じ、硬派は「臨政幹部の首級を屠れ」と息巻いたが、軟派は「幹部の交替で足る」とした。当時、この内紛は血をみるまでは収拾の望みなし、と言われたという。（坪江書八三頁）

李大統領は身辺に危険を感じて宿舎を転々と変えていたが、ついに六月四日（オリバー「人間・李承晩」では五月二八日）訣別の辞を残して秘かにハワイに立った。

金弘壹回想記はこの紛糾を

「一九二〇年末ごろの『臨政』は対外、対内問題で苦境に立っていたが、最大の問題は大統領・李承晩（当時四五歳）が投じた委任統治論（Mandatory）の波紋が『臨政』内部を混乱させていたことであった。李承晩は彼の現実的視点から〝独立はアメリカの委任統治下においてのみ可能である〟と主張したのである。

ところが民族主義者が多かった『臨政』内部では忽ち与論が激昂し、他の独立団体も歩調を併せて李承晩排斥運動を展開するに至った。李承晩は二〇年の暮に上海に来たのだが、怒号と脅迫と無為に居たたまれなくなって、逃げるように去った。衆望を担って上海に来てから、半歳後のことであった」と述べている。

この苦い経験が、後年の李大統領の政治姿勢に影響したことは容易に想像がつく。トルーマン大統領は李承晩を、「政敵に寛容でない」と批判した。果ては「小国の政争に巻き込まれたくなかったのも、在韓米軍を引揚げた一因であった」と回想している。そして一年後に朝鮮戦争が勃発したわけである。

けれども政敵に寛容であれば、政権は打倒される。アメリカ式民主主義を以上の政治風土の中に直輸入すること自体が無理であり、それは内紛と混乱を招く結果になるだけではなかったろうか。自国流を他国に押しつけてはならず、自国の尺度で他国を推し計るのは間違いの元である。

このようにひとつの組織に秩序と帰一する結論が生まれにくいのは、儒教の影響が肌身にしみこんでいることもその一斑であるかも知れぬ。尹泰林「韓国人―その意識講造」（高麗書林刊）から関連部分を抜粋すると次の文脈になる。

「儒教は父子・君臣・夫婦など特定の関係にある個人と個人を考えるだけで、社会や集団全体に対する公共的な道徳を余り考えない。…韓国の社会倫理は儒教がもたらした家族社会の家族倫理であるが…韓国の道徳は家父長制的な家族を中心としたもので、家族成員間の人倫関係を規定する道徳が道徳の全体であるような印象を与え、この道徳は孝というものによってその頂点に達する。…（従って儒教は）身分関係を重視する一方、身分のない者、つながりのない者には苛酷あるいは無関心であるのが常である。…（つまり）儒教的倫理は、人間を社会的上下関係から見るものである。またこの関係だけを倫理的に浄化したものである。社会的義務としては、支配者が被支配者に、上官が部下に、父兄が子女に、教師が弟子に課すものなどがあるが、いずれも、このような個人的関係によって形成された人間的畏敬・尊敬・義務だけを認めるものである。…（そこで韓国では）父・夫・上司などのような私的な特殊対人関係でなく、どんな人間関係にも妥当する普遍的な倫理が確立されねばならない。儒教が教える家長的、階層的な意識、すなわち外形的に従順を要求することよりは、より一層客観的で妥当性のある秩序が要求される」

また組織の中に葛藤が生ずる原因について、李御寧「恨の文化論」（'82年、学生社刊）は次のように説明している。

「西欧社会をボタンの社会だとすれば、韓国のそれは紐の社会と言えよう。…ボタンは数が多いほど強固となり、能力を増していく。韓国人は、集まればそれだけ弱いといわれる。団結心がないともいわれている。その理由は、すなわち紐と似た関係によって互いに連結しているため、集まるほど複雑にからまってくるからではないだろうか。蔦かづらのように互いにからまっているから、いわゆる葛藤が生じてくることになる。どれが『わたし』で、どれが『あなた』なのか、わからなくなってしまう。そんな状態で関係が切れてしまえば、さらにいっそう縺れていくばかりだ。…」（一二七、一三〇頁）

「われわれが、東方礼節の国民であることは疑うことはできない。しかしその礼節は「垣根の内側」（クロース・フレンドの意）のものであって、知っている者同士の礼儀である。いったん「往来」へ立つと、見知らぬ人同士があえば、野蛮になり、ほとんど冷血族に変貌する。親しい人とのモラルはそういうこともなく発達しているが、公衆のモラルは、社会全体を対象とする人情は、ただ不毛という他はない」（一三五頁）

この見方の裏付けとして、作家・鮮于煇は、韓国の一種の風土として「自分と同じ考えでない、あるいは自分と同じ行動をとらない人間は、すべて悪であり、敵である」という決めつけ方があることを肯定しているが（'84年3月3日付読売新聞「続理解への道(7)」）、この派争の哲学と代を次いできた伝統について、司馬遼太郎は次のように感じていると言う。

「私が勝手に感じている韓国の『伝統』というのは、自分の価値観を錐のようにするどく絶対化し、他の価値を認めず、むしろ激しくそれを攻撃するというもので、李朝文章における漢文でさえがはげしく、するどい。このするどさは、岩石をうがつことができる。しかし、石のむれや樹々に対して、それぞれの個性をみとめ、おだやかにところを得しめるという作用は、あまりないように思える。

…私は、韓国における激情は、李朝が商品経済を抑圧していたために、学識と論理と儒教の教条的な価値意識だけが物事をとらえる唯一の機能になったのだろう、と思ったりしている」（読売新聞'84年2月23日号「続理解への道」）

朝鮮総督府の見方　以上の内紛について、前出の警務局「上海ノ状況」は次のように記録している。しかしこれはあくまでも総警局や日本領事館警察の調査であるから、明らかに主観が入っている。けれども警務局長・金九の自叙伝「白凡逸志」には、諜者を発見した手柄話や「金に眩んだ売国奴」の話が散見されるし、総督府は李光洙、金羲善（陸士11期）その他の帰国者から「臨政」の内情を聴取する機会があったのだから、この見方も参考になろう。括弧内は筆者の注である。なおこの記述は、李承晩が上海を去る直前までを記録している。

「由来、上海在住人の中にはロシアを頼む過激急進派（李東輝一派）と、文化的漸進主義を唱えた穏健派（安昌浩一派）の二党があって、事毎に確執反目し、ややもすれば衝突軋轢《あつれき》して和衷共同の実を挙げることができなかった。

ところが大正九年五月ごろ、羅昌頭、黄鶴善の一味は金嘉鎮（男爵）を首領に鉄血団を組織して仮政府の転覆を企て、声討文や主張を孔版刷の新聞で発表するなど気勢を張った。そして一団員が政府党員に暗殺されると、結束して内務部を襲撃した事件さえ起きた。

そもそも仮政府は早々に窮乏に陥って内部の統制が紊れ、各党を作って拮抗していた。初めは主義の争いであったが、次第に感情の衝突に発展したうえに、鉄血団が割込んで収拾つかない状態になった。

ハワイの李承晩はこの報を得て大正九年末に「急務は部内の統一。財政の救済は私に委任せよ」の二大政綱を抱いて上海に乗り込み、一時は多大の与望を担って安昌浩とともに画策するところがあった。

けれども一旦紛糾した政局は『李承晩ノ名望ト手腕トヲ以テシテモ容易ニ之ヲ』まとめることができなかった。議政院会議（国会）を間近にした本年一月には、野党側は仮政府の積弊を打破する絶好機とみて、洪冕熹、李裕弼らが主動して鉄血団一五人と吾人倶楽部三〇人とが結束し、政府攻撃の第一声を挙げた。民間の不平党も期せずしてこれに呼応して、政局は益々悲境に陥った。

そこで国務院会議（閣議）は対策を講じたが、総理・李東輝は議院内閣制への改編を主張し、李承晩、安昌浩らは現制を固持した。また李東輝は政府のシベリア移転を提議したが、李承晩らは反対した。このように李東輝は事毎に意見が分かれ、かつ不利な結果に陥ったのに憤慨して辞表を提出し、一時南京に身を避けた。この間民間の不平党は益々増加して収拾の目途がなく、財政の窮乏は一向に緩和しなかった。ここにおいて李承晩の声望は次第に失墜しただけでなく、却て反対派に口実を与える結果となった。

当時、不平党には二派があった。金立、元世勲、張健相、金科《と》奉《ほお》、金萬謙、李漢永、金在喜、金徳、盧武寧ら（いずれも後に共産主義を奉じた。創造派）は、現政府を転覆して新政府の樹立を唱えた。崔昌植、李光洙、王三徳、洪冕熹、李裕弼らは、改造すれば足る主張（改造派）であった。而して不平党の論点は

『閣員ノ野鄙《やひ》的行動、李承晩ノ委任統治説、及ビ閣員カ各徒党ヲ樹テ地方的感情ニ流レ、毫《ごう》モ公共的義務心ナク、金銭ノ運用マタ当ヲ得ズ。従テ独立運動ハ漸次退歩ヲ見ルニ至レリ』

というに在った。

そのころ〃北京在住人が国民代表会を開催して上海の不平団と連絡し、仮政府に一切の書類の引渡しを要求して現閣員の非行不始末を摘発し、これを政府攻撃の証拠にする計画が熟している〃という風聞が流れ、反対派の気勢を煽って紛糾に輪をかけた。そこで李承晩は民意を察して、議院内閣制を採用する内意をひそかに民間に流したが、不平党は〃事ここに至っては李承晩、安昌浩の辞職の他に解決の途はない〃として、元世勲、王三徳、劉礼均らが発起して国民代表大会（後出）開会準備会を組織するため、安秉瓚《へいさん》、崔東植、朴殷植らが署名した激烈な政府攻撃文書を配布した。

仮政府は署名人を問責して圧迫を加えたが、殊に警務局長・金九は朴殷植（原典視されている「朝鮮独立運動之血史」の著者。のち第二代の臨政大統領）を殴打し、罵詈《ばり》ざんぼうを尽くした。そこでその児・朴始昌（のち中国陸大卒、韓国軍少将）が学務総長・金奎植を訪れて弁明すると、金九らは彼を骨折入院させるほど乱打した。

こうして紛争はいよいよ激甚を極めたので、李承晩は一策を案じた。政府職員全員に辞表の提出を命じ、人員整理で財政の建直しを図るよう装いながら、李東輝を懐柔して復職させ、不平党との調停に当たらせようと図った。だが見え透いた奸策に他ならないから、成功の見込みはなかった。

朴殷植

そのころ鉄血団の残党は『正救団』を造り、三・一運動二周年記念日に長文の政府攻撃文書を配布して不平党の気勢を上げた。

また政府内でも、学務総長・金奎植と軍務総長・盧伯麟らは〃政局紛糾の原因は李承晩の委任統治説にある〃として、引責辞職を勧告した。

そして、これまで共同歩調を取ってきた安昌浩の態度も漸く曖昧となり、金奎植等に賛同して心中李承晩に代わろうとする野心を抱いた気配がみえた。

そのうえ議政院は補欠選挙に応じないばかりか、延び延びになっていた院会を三月二日に召集したが、不平党の反対を恐れて登院する者がなく、流会せざるを得なかった。

このように政局は益々政府に不利になったので、李承晩は日夜煩悩苦悶《ぼんのうくもん》の末に一策を案出した。即ち総理・李東寧、法務総長・申奎植らに政府擁護の団体を造らせることにし、三月中旬ごろ黄中顕、尹琦燮、趙琬九らを先鋒とする同志一二九人を糾合して『協誠会』を創立し、『現政府を信任しないで閣員を排斥しても、後継者難を如何にせん。和を欠き、敵に乗ぜらるる愚は絶対に不可』の旗の下に活発に運動を開始した。

けれども民間有力者は、協誠会は李承晩の指図によると推知して加入を渋り、一二九人の会員中、多少有力と認められる者は七~八人で他は三流以下の雑輩である。従って却って反対派の嘲笑を招く結果となって、一般民心の趨向を左右するに至らないようである。

一方、不平党の国民代表大会系（元世勲、王三徳らの左派）は正救団と結び、その勢力は侮り難い。これは民心が全く仮政府から離れた反映で、それは上海在住人の通信や帰国者が異口同音に政府の乱脈と財政の窮乏をかこち、不信を説いているところをみても肯ける。

而して李承晩は、自己に対する民間の攻撃の矢を巧みに党争に転嫁し得たけれども、安昌浩の野望を伝聞した李は安を憎むこと甚だしく、『目下の政局紛糾は、いつに安昌浩が誘引したものだ』と怒号して両者の軋轢は漸く激甚となった。

これに加え李承晩の委任統治説に対する閣員の批難と攻撃は益々その度を高め、盧伯麟の如きは『余は李承晩の下の軍務総長ではない。漢城政府の総長であるから、近くシベリアに赴く他はない』と咆哮《ほうこう》して、暗に脅迫的態度を示すに至った。

李東輝は、その後南京から帰って時機の到来を狙っている。

議政院もまだ開院の運びに至らず、形勢全く混沌と言う。

このように内憂外患こもごも至って策の施すべき余地はなく、仮政府の進退は全く極っている。

以上のように分派を形成し互いに排斥して止まない原因としては、まず主義の相違や感情の交錯などを挙げることができるけれども、実は、上は仮政府から下は各派の末輩に至るまで、極度の財政難に陥った側面がある。資金の有無は党勢に直結し、党員の変節は恰も蟻が甘きに就くようで、いささかも節義を重んずる気風がない、という。

であるけれども、各党派は大体、安昌浩の西鮮派、李承晩の黄海派、李東輝の北鮮派を中心にして、互に主導権を競いつつあると認められる」(「朝鮮統治史料」第八巻三七一―七頁)

情報には限界がある。だからこの総督府警務局の報告が、「臨政」の真の実情を伝えたものとは考えにくい。けれども金九自叙伝や他の文献が記録している内容と、この報告とは殆ど一致する。従って金九が裏書きしているように、臨政内部に諜者が潜んでいた事実は疑う余地がない。

とすれば、臨政本来の機能は全く麻痺し、内紛に明け暮れたことが独立運動と言えるかどうか、甚だ疑わしいと言わねばならぬ。

徐大粛の見方　この臨政の混乱について、ヒューストン大学副教授・徐大粛「朝鮮共産主義運動史」(一九七〇年、コリア評論社刊。以下、徐大粛書と略す)は冷めた目で次のように批判している。徐博士は一九三一年に咸北・会寧に生まれた学究である。

「(文治派の)李承晩を大統領に、(武断派の)李東輝を首相とすることによって、政策上のくい違いは政府部内に蔓延した。混沌とした状態が慢性になり、…政府部内の不安定な均衡を保つために大臣を入れ換えない月はほとんどなかったくらいである。

李東輝はこの政府に見切をつけて、辞職した。そして李承晩を置去りにして北京に行ってしまった。

李承晩がもう一人のライバル(安昌浩)を政府から追い出したとき、四面楚歌に陥った。他の著名な民族主義指導者、朴殷植なども彼を攻撃したが、朴は臨政の警務局長であった金九に致命的な仕返しを受けた。李承晩は協調を計ろうとして李東輝を北京から呼び戻したが、臨政は堕落し、大多数の著名な指導者たちが去った」(一一二頁)

「そもそも臨政の進路をきめる政策をめぐってのこの論争(文治か武断か)は、不合理であると同時に無意味でもあった。

民族自決の原則は当時多少意味をもったとしても、それはヨーロッパに適用されてのことである。まして日本は戦勝国であるだけでなく、むしろ分け前に不満な戦勝国なのだから、抽象的な自決権のために戦利品を放棄することなど夢想だにしないだろう。

それと同時に、ロシア革命の騒乱の中で消耗した二、三千の貧弱な兵力で日本と戦おうという、李東輝の不敵な態度も同様に不合理であった。ロシアは朝鮮人の抗日戦を支持すると主張したのは朝鮮人だけであり、日本が負けて朝鮮から追い出されるだろうと主張したのもひとり朝鮮人だけであった」(一一二頁)

四、分裂・流産・再建

実は臨政の成立以来、議政院は予算審議のために年二回をめどに開催したが、そのつど派争が反映して閣僚を何人も入れ換えた。従って、一年以上持続した内閣はなかったと言ってよい。そこで創立以来の改造とその理由を逐一説明すれば尨大なものとなる。それはそれとして意味があろうけれども、究極すれば党利派略の繰り返しと離合集散の歴史に外ならず、変転極りなき人心の移り変わりを追うことになろうから、この辺の事は割愛して、8・15解放後の政局に影響を与えた人物の思想とその軌跡に焦点を当てることにする。

(一) 分裂

二一年六月に李承晩を追返した上海では、一息つく間もなく法統論を巡る闘いが始まった。上海臨政は法的に無効であるから、解消して国民代表大会を開催し、新政府を創るべし、と唱えた創造派と、改造すれば足るとした改造派、及び現状維持派その他もろもろの派の争いであった。

国民代表大会は、北京の申粛、朴容萬らが造った「軍事統一促成会」が政府の転覆を意図して提唱した説と、内紛に困り果てた安昌浩が着想した説がある。安昌浩は全国及び欧亜の各地から代表一五〇余人の参集を求め、民族主義特に文治派を主流とする政府の基盤にする構想であったという。ところが現状維持派の李承晩が反対したし、李東輝が創党した高麗共産党上海派や呂運亨、金万謙らのイルクーツク派共産党（後述）の勢力が増大して民族派政府の樹立が怪しくなったので、安は熱意を失っていた。

一九二一年夏の時点での上海の政情は、次のようである。

臨政の主要ポストは安昌浩を中心にした文治派が占めて、武断派は疎外されていた。

文治派の中では安昌浩の西北派が振い、畿湖派の影は薄かった。

武断派は左右両派に分かれて争い、左派の中では高麗共産党上海派とイルクーツク派とが鎬《しのぎ》をけずっていた。この両派の主導権争いは後述するが、同一九二一年五月の高麗共産党合同大会で一敗地に塗れた李東輝は、再び政府のウラジオ移転を提議して勢威の挽回を計った。労農ロシアの支援が得られ、在満の抗日武装団体との連絡が便である、が移転説の理由であったが、本音は彼の本拠がウラジオであったからだ。しかしまだ日本軍が駐屯しており、同年六月に惹起した「自由市事件」(後出)の衝撃は大きかった。だから文治派とイルクーツク派とは結束して移転に反対し、李東輝の声望は却って落ちた。悶々の不平を抱いた李東輝は同二一年七月に上海を去り、翌二二年五月に欧州を経てモスクワに入ったが、四月にレーニンが引退したばかりのモスクワの空気は冷やかであった。失意の李東輝は再起を計るためにシベリアに赴いたが、待っていたのは冷遇であった。(後述)

法統論の再燃　既述したように、上海臨政は漢城政府の組閣名薄を尊重する建前と、シベリアの国民議会を議政院が吸収した形の手続きを踏んで成立したもので、それで法統性を認められてきた。ところが二一年夏の段階になると、これらの約束事は跡型もなく改造されていた。李東輝らを追出して気勢を挙げたイルクーツク派は、この点を衝いて法統論を再燃させた。即ち、真に国民を代表する国民代表大会を召集して新政府を創造すべし、現政府に法統性は認められない、と論陣を張ったのである。むろん底意は、イルクーツク派政府の樹立にあった。共産党得意の乗取り戦術である。

「臨政」の幹部は当然これに反発して法統の継承性を唱え、国民代表大会不要論を主張した。即ち、現状維持論である。

これらに対して中間派や現状不平派は、改造による法統性の鮮明化で足るとする改造論を展開して張り合った。あらゆる主張が出尽くしたわけである。そして、収拾はつかなかった。

この論争は各地に波及してそれぞれに三派が鼎立したが、翌一九二二年一月中旬にはニューヨーク大韓人共同会（許政ら）が国民代表大会開催反対の声明を発する騒ぎに発展した。これに勇気づけられた大会反対派の議政院議員数人は、声明文を読み上げて連席辞職した。その主旨は

「陰謀と凶策で光復運動の障害となっている凶徒・李東輝、金立、韓馨権、朴鎮淳ら（注：いずれも高麗共産党上海派）と、敵に投降した金羲善（陸士一一期生、盧伯麟の下の軍務次長）、李光洙、呂運弘（呂運亨の弟）らは、立法行政機関その他一切を根本的に破壊しようとし、また国民代表大会派はわれわれの忠言に耳を傾けようとしない。責任上辞職する」

であった。けれども大会を阻止したいならば、あくまでも議政院会議で反対するのが筋である。辞職は無言の容認を意味し、降参に等しい。だからこの辞職は、大会開催派がどうにもならないほど有力になったことを示すのであろう。

国務総理・李東寧は、そのあおりで辞任した。安昌浩の推挙で総理代理に就任した元軍務総長・盧伯麟は、折良く、三月に上海を訪れたフランスの英雄・ジョッフル元帥に独立を請願した。紛糾の袋小路から抜け出ることを願って、であった。だが間もなく、三月二八日に義烈団長・金元鳳が計画した呉成崙らの田中義一大将暗殺未遂事件が突発して請願どころではなくなった。ジョッフルは軍人・盧伯麟の陳情に同情を示したが、暴力には反対したと伝えられる。こうして盧伯麟の努力は、味方に妨害された形となって止んだ。

しかして、分派や帰国者の続出に悩んだ「臨政」が、一九二二年一月に発した布告と、政局を憤慨した一青年がソウルの友人に宛てた書信は次の通りである。（「朝統史第七巻」九九－一〇一頁）以てその内情をうかがうに足る。

臨時政府布告第一号（抄譯）

嗚呼吾人ハ祖先ノ遺訓ヲ承ケ先烈ノ忠義ニ仗リ五千年來未曾有ノ大耻辱ヲ雪キ全人類覺醒ノ勃興ニ順應シ幾辛酸ヲ嘗メツツ純潔ナル民族ノ事業ヲ擧ケ來レリ獸腸ノ賣國賊以外ハ何人ト雖凶計私自ヲ謀ル者ナカラム

況ヤ獨立黨ノ幹部ニ處リ輿望アル者ノ破廉耻行動ヲ敢テスルカ如キハ全民族ニ耻ヲ貽スモノニシテ斷シテ忍フヘカラサルナリ

美玉ノ瑕疵微魚ノ濁沼ハ誠ニ惡ムヘシ何ソ料ラム今我獨立黨ノ分子殊ニ袖領ノ中ヨリ此ノ類ヲ出サムトハ實ニ夢想ヲタニ爲ササリシ所ナリ吾人ノ與スルモノハ道義ニシテ刑政ニアラス然レトモ如斯ヲ膺懲セサレハ國基立チ難シ即チ其ノ罪ヲ擧テ國人共誅ノ義ヲ明ニス

李東輝ハ職重任ニ居ナカラ金立ト共ニ奸ヲ作シ韓亨權ヲ隣國ニ暗派シ隣邦ノ厚意ニ依リ巨金ヲ政府ニ贈與セラレタルニ金立ヲシテ中途横領セシメ却テ全閣員ニ歸シ政府ヲ破滅セシメムト謀ル其ノ罪天人共ニ許サス

金義善ハ我政府ニ於テ重ク登用シ優遇ヲ與ヘ來リタルニ却テ其ノ恩義ヲ忘レ變心シテ遂ニ賊ニ投セリ其ノ罪赦シ難シ

金立ハ李東輝ト相結ヒ遂ニ國金ヲ横領シ私槖ヲ肥シ同類ヲ嘯聚シテ共産ノ美名ノ下ニ隱レテ奸謀ヲ爲シツツアリ其ノ罪極刑ニ値ス

其ノ他獨立黨青年中敵ニ投歸シタル輩亦無キニアラス何レモ團體ノ尊嚴ヲ破壞シ外人ノ耻笑ヲ招キタル者ニシテ誅ヲ免レサル罪ナルモ周知ノ事實ナルニ依リ枚擧セス此ノ輩ノ中ニハ平素擧クヘキコトナキ者アルモ中ニハ多年苦心憂愛ノ者ナキニアラス隱忍其ノ悔悟ノ期ヲ待チシモ益々横走シテ飾詐文過、權略自炫遂ニハ附和隨應スル徒繋カ

ラムトシ善良ナル者ヲモ染誤ノ虞ナキニアラス
掩蓋ヲ事トシ事玆ニ至リシハ政府ノ責ナリ因テ大概ヲ宣布シ同胞ノ共和ヲ求ム豈言ヒ易カラムヤ亦實ニ已ムヲ得サルナリ

大韓民國四年（一九二二年）一月二十六日

國務總理代理　申　奎　植
外務次長兼攝法務總長
内務總長　李　東　寧
軍務總長　盧　伯　麟
學務總長兼攝勞働總辦　李　始　榮
交通總長　孫　貞　道

在上海一青年ノ書信（訳文）

「世運ハ轉換シテ文明ハ改造セラル獨リ吾族ハ頑冥ニシテ自ラ滅ス憤歎曷ソ已マム海外ノ事ハ既ニ一段落ヲ告ケタリ吾ハ永遠ノ後ハ知ラサルモ目下ノ情況ハ落望絶望今日以後碧眼黄毛ノ猿ノ子ニ蔑視セラレ虐待ヲ受ケ異域ノ他境ニ目下落膽シ恨ヲ飲ムコト多カラム
兄ヨ徹底的覺悟ト決心ナキ限リ留學モ出稼モ不可自ヲモ止メ人モ挽メヨ
金立（東輝ノ服心者）ト云ヘハ知ラルルヤ一昨日白昼大道ニ於テ或者ヨリ十二發モ打タレ路上ニ即死セリ從來何トカカントカ稱ヘラレタル人々モ秤ニ掛テ見レハ皆「ゼロ」ダ小サナ國ニ何ト名ノ多キコトヨ政府ノ多キコトヨ曰ク大韓民國曰ク朝鮮共和國、高麗共產國而シテ上海ニモ政府、北京ニモ政府、莫斯科ニモ北米ニモ到ル處林立ダ……」

国民代表大会開催是否論争　法統論争は、結局、国民代表大会開催の是否論争になる。大会を開けば思い通りの政府を樹立することができるとみたイルクーツク派が創造論を唱え、大会で勝つ自信のない側が法統の正当を主張して不要論を唱えたからである。

やがて機が熟したとみたのか、北京派の申粛、朴容萬、申采浩らとイルクーツク派の尹海、南亨裕、元世勲、金澈らは一九二二年五月に「国民代表大会準備委員会」を結成して猛宣伝を開始した。

「臨政」は六月一日付の「独立新聞」でこれを激しく非難した。安昌浩が結成した「時事策進会」（申翼煕、李東寧、金九、崔昌植ら）の主張をそのまま展開し、臨政絶対擁護を論じたもので、いつもの繰り返しであった。

ところが「臨政」から離れて自由な立場にあった元イルクーツク派の呂運亨は、いつ変身したのか、改造論と大会の開催を是とする論陣を張った。くどくなるが、法統論が再燃して以来、終始その立場を変えなかったのは各派の中心的人士たちだけで、日和見の人も多かったのである。

呂運亨が大会開催派に加わったのをみた安昌浩は、開会は已むない情勢にあるとみて、「国民代表大会上海期成会」を組織して大会の開催に備えた。一説には、この際やや左傾したとあるが、開催の阻止は時流に反するとみて大会で戦う決意を固めたのであろう。

こうして各派とも国民代表大会の開催に同意した。論争が始まってから一年目であった。ところが国内外から百数十人の代表を召集するわけだから、莫大な費用がかかる。通信費、旅費、滞在費、会議運営費のどれ一つとってみても、政庁の家賃さえ滞りがちな「臨政」には途方もない額であった。

そこで開会が延び延びになっているうちに、安昌浩の足下で内乱が起きた。一〇月末に内務総長に就任した金九が、李始栄、孫貞道、呂運弘らと結んで「韓国労兵会」を結成し、大会反対の旗を挙げたのである。安昌浩の左傾化に反発したと言われるが、かって団結を誇った西北派にもひびが入ったわけになる。

こうして大会開催賛否の渦が上海の韓僑を巻込んで葛藤を続けたが、その根を探れば、いずれも文治派対武断派、アメリカ派対ソ連派、畿湖派対西北派、民族主義派対社会主義派及び共産主義派、不平派対満足派の対立と主導権争いであり、これが感情問題に発展して卍巴の派争となったものである。そしてこの思想上の争いは8・15解放後の半島にそのまま持込まれ、同胞相殺の朝鮮戦争に発展したともみられよう。

国民代表大会　紆余曲折の末、臨時政府のモスクワ駐在代表であった韓馨権がレーニンから貰ってきた独立援助資金二〇万ルーブルの一部を大会費に流用することになり、一九二三年（大12）一月三日に各地方代表並びに各種団体代表一四〇余人を上海に集め、国民代表大会を開催した。大した努力と言わねばならない。代表の選出要領などは分からないが、北間島で武装闘争に従っていた金佐鎮や李青天（陸士26期生）らも参加している。

議長に金東三（南満の西路軍政署（後出）代表）、副議長に尹海、安昌浩、秘書長に裵達武が選出されて、まず高麗共産党上海派の尹滋英ら四〇余人が、議題として臨政改造案を提出した。臨政否認の創造派は忽ち反駁し、甲論乙駁の大論争が始まった。

会議は五月まで続けられた。しかし一家言を持ち、思想も志向も違い、野心も異なった一四〇余人が一堂に会しては、結論がでるわけはない。またその政治的風土から、妥協が成るわけがない。金佐鎮将軍は落胆して早々に去ったという。「ごたまぜ大会」の空しい議論は、結局、「共産党の両派が民族派代表を、競争して引入れたり、追出したりした挙句」（金九書二四八頁）、次の論派の色分けをはっきりさせただけであった。

改造派…安昌浩らの臨政主流派と尹滋英らの高麗共産党上海派（呉越同舟であり、安昌浩の左傾が伝聞されるのはこの為であろう。一面、上海派（のちソウル派）に民族主義の色彩があったことを示す）

創造派…申肅、朴容萬らの北京派と尹海、金奎植らの高麗共産党イルクーツク派、及び李青天ら（武断派と共産党過激派との結びつきを示す）

現状維持派…李東寧、李裕弼らの畿湖派、金九、李始栄、孫貞道、呂運弘らの労兵会及び李承晩支持派（臨政内部も西北派も三派に割れたことを示す）

分裂　五月も末になると、収拾と妥協に尽力していた議長・金東三は匙を投げて帰満した。金東三はのち満州「統義府」委員長を勤め、ついで「軍民議会」委員長兼韓国独立党最高幹部に就任することになる。（後述）

金東三が帰満すると、安昌浩らの改造派と李東寧らの維持派は、前後して脱会した。金九は「内務総長だった私は、国民代表大会に解散を命じた。これで赤い金（レーニンの援助金）が引起こした一場の悲喜劇は終わりを告げ、時局は安定した」（二四八頁）と自賛している。だが現実には、時局は紛糾するばかりであったのだ。

国民代表大会に居残った創造派の八〇余人は、副議長・尹海を議長に、申肅を副議長に選任して議事を続行した。そして国民代表大会の名において共産政体を規定した憲法を採択し、閣僚を互選して、六月二日に「朝鮮共和国政府」の樹立を宣言したのである。すなわち新政府を創造したのであった。

朝鮮共和国の国務委員は、主席・金奎植（臨政外務総長）、内務・申肅、外務・金奎植（兼摂）、軍務・李青天（陸士26期生）、財務・尹徳甫、経済・金応燮の五人で、国民委員は尹海、元世勲らの三〇人で成っていた。

これが国民代表大会の結末であった。良かれと願って多額の資金を注込んで開いた大会は、即ち分裂と憎悪の結果を招いただけであった。

分裂は、弱化の同意語に外ならない。朝鮮共和国は槿花一朝の夢と消え、やがて上海臨政も有名無実と化した。

(二)　無政府状態

朝鮮共和国の末路　その主な顔ぶれを見れば分かるように、朝鮮共和国政府は上海に基盤のない人達の集まりであった。資金もなければ、支持者もいない。そこでソ連政府の色よい回答に勇気づけられて、一行五十余人は八月末にノルウェー船でウラジオストークに上陸し、北郊の新韓村に入った。そこで前に到着していた李東輝やイルクーツク派の韓明世ら、及びコミンテルンの東洋部長代理・バインブルグ（ユダヤ人）と協議して独立宣言、綱領、具体的な戦略などを決定し、第一回国民委員会（国会）の議決を得て、コミンテルンの承認を待った。

コミンテルンの回答は、翌一九二四年（大13）二月中旬にきた。それには「韓国革命の成案は未だ定っていない。…国外に退去してほしい」とあった。ソ連は同年一月二一日のレーニンの死亡に伴う内部収拾（トロッキー派との戦い）と対外政策の転換（対日修好の必要）に忙殺されたからでもあったが、裏面では独立援助資金六〇万ルーブルが無為に費消されたのと、内紛の激しさに驚いたからと伝えられている。

ソ連を祖国と頼んだ朝鮮共和国の成員は、失意のうちに四散した。申粛らは古巣の北京に戻り、金奎植、李青天らは臨政に復帰することになる。離合集散の見本と言えよう。

李承晩大統領の弾劾　上海臨政は「朝鮮共和国」の自然崩壊に救われた。法統問題に決着がついたからである。

けれども、財政の窮乏はその極に達して独立運動は行詰った。運動費はむろん、通信費さえもない。坪江書は「政庁の家賃六か月分（五百円）が滞って、一九二三年八月には追い立てられた。政府は備品一切を八〇円で売却し、財務総長・李始栄の私宅に引越した」（八六頁）としている。朝鮮共和国政府がウラジオに去った頃である。趙芝薫書は

「月三五ドルの家賃が六か月も滞り、離散の危機に陥った。安昌浩の努力で李承晩から二百ドルの送金を得て一時の危機を免れたが、一一月には蔣介石政府の庇護に入るために南京への移転を計画せざるを得なかった。反対した李承晩は僑胞から徴収していた人口税の送金を絶ち、「臨政」のハワイ移転を要求した。

一九二四年末以降、「臨政」は満州の参議府や新民府（後出）からの月三〇〜五〇ドルの送金で辛うじて維持されていた」（二七九頁。「高等警察要史」九一頁所引）としている。

李承晩は上海を離れたが、法的にはまだ臨時政府の大統領であった。だが彼は国民代表大会や朝鮮共和国派の分裂騒ぎなどを、主義者のセクト主義の現われとみて、超然と冷視していた。一種の民族性的諦観もあったであろう。だが政敵・安昌浩が南京遷都を計画するに及んで、猛然と反対を唱えた。南京への遷都は、自己の疎外と安昌浩の専横とみたのであろう。彼は「臨政」への送金を停止したばかりか、政庁のハワイへの移転を要求した。こうして李承晩と安昌浩との対決は決定的になり、安昌浩は一人南京に去った。臨時政府は李承晩の送金が絶えたので一九二四年六月に李承晩を職務怠慢の廉で譴責し、大統領代理に李東寧を推して、資金源を満州の独立団に求めたわけであった。けれども満州からの送金・月三〇〜五〇ドルで「臨政」が賄えるわけはなく、独立運動が行えるわけがなかった。

責任を追及された李東寧・金九派は、翌一九二五年二月初めに李承晩大統領の弾劾罷免と、李承晩の本拠「欧米委員部」の廃止を追認決議して辞職した。こうして二三年一月〜五月の国民代表大会では現状維持派として結束した李承

晩派と李東寧・金九派も、ついに割れた。李承晩はこれより前に、逸早く辞任を打電して「臨政」を去っていた。ここに「臨政」は、最大の実力者と資金源とを失ったわけである。

無政府状態　二代大統領には朴殷植が推戴された。朴殷植が推挙されたのは、歴史学者で教育家であった彼が無派閥であったからであった。しかし既に六六歳になり、健康を害していた彼は、民族の大同団結のために憲章を改定して大統領制を国務領制に改めて八月に辞任した。精神力を燃焼し尽くした彼は一一月初に没したが、その遺言は次の通りであった。

一、独立運動は全民族的統一のもとでなさねばならない。
二、独立運動は最高の運動である。あらゆる手段方略が許されねばならぬ。
三、独立運動は我民族全体に関する公共事業である。同志間に愛憎親疎があってはならない。……
（姜徳相「朝鮮独立運動の群像」二二八頁）

憲章の改定に伴って、初代国務領に満州の正義府の指導者・李相龍が推挙された。だが反対者が多く、組閣できなかった。

一九二六年（大15）二月には梁起鐸・崔昌植の二人が推挙された。だが二人とも就任しなかった。そのころ安泰国（安重根の叔父）、呂運亨、呉永善らが左右の大同団結を図って「独立運動促進会」を組織していたが、その協力を得る見込みがなかったからという。五月に南京から帰った安昌浩は「臨時政府経済後援会」を結成し、財政の確立優先を訴えて対抗した。だが、畿湖派（李東寧一派）の不協力で成果をみなかった。安昌浩は再び南京に去った。

金九

同年七月、洪冕熹（洪震）が推挙された。だが財政難のために閣僚に応募する者がなく、流産してしまった。

そこで同二六年一二月末、金九が国務領に選出された。そのころ上海在住の独立運動家は、一時の二百人余りから数十人に減っていた。内紛と無為に嫌気が差して四散したのである。金九は国務領就任について

「自分は『臨政』でトントン拍子に立身したが、それは私が偉かったためや進歩したからでなく、人材が居なかったからだ」（二五四頁）

と自叙している。またそのころの上海臨政の実情の一端について、金九は次のように述べている。

「そのころの状態はといえば、外国人はいうまでもなく、わが韓国人でも、国務委員と十数人の議政院議員を除いては政庁に寄りつく者もなかった。それこそ名前だけで、実体のない臨時政府だったのだ」（二三四頁）

「ひとり身の私は臨時政府の政庁に寝泊りし、食事は同胞の家を巡り歩いて食べさせてもらっていた。当時の同胞は電車会社の切符検査員が最も多く、七〇人くらいいた。私は彼らの家を巡り歩いて朝、夕食を恵んでもらったわけで、いわば乞食の中では上等の方の乞食だった。…」（二五三頁）

「厳恒燮君はフランス工部局に勤めて、李東寧や私のような困窮した運動者を食わせ、助けてくれた。彼の夫人は私に銀貨一～二枚を握らせてくれるのが例であった」（二五四頁）

金九内閣　金九は、李東寧議政院議長の強力な後援を得て組閣に成功した。尹琦燮（内務）、李奎洪（外務）、金甲（財務）、呉永善（軍務）、金澈（法務）の顔触れであった。金九は、組閣の困難と内紛は一人に責任と権限とを負わ

せた国務領制にあるとみて、翌一九二七年（昭２）二月に改憲し、政体を委員制に改めた。委員は平等に責任と権限を持ち、主席を輪番制にすることによって内紛の収拾を図ったものである。

続・無政府状態　これで金九内閣は自然に解消し、同年四月初旬に新憲法によって李東寧ほか六人が国務委員に選出された。けれども、西北系（安昌浩派）の反対で就任できなかった。金九の発想も、主導権を巡る派争を止める薬効はなかったらしい。

丁度そのころ、上海に残っていた共産党員は、ソ連の指令によって民族統一戦線の結成を唱え始めた。即ち、左右の合作による独立促進論である。民族派はこの正論を拒む理由がなかった。恐らく派争に飽いていたからかも知れぬ。同二七年四月末、安泰国、呂運亨らの「独立運動促進会」（左派）と、申粛、洪震らの北京派（武断派）、及び尹琦燮、趙琬九らの畿湖派（文治派）の一部とが合作して「韓国独立唯一党促進会」を結成し、執行委員に洪震、尹琦燮、趙琬九ほか二五人を選出した。上海における初の合作であった。

けれども畿湖派の領袖・李東寧は派の分裂に責任を感じて議政院議長を辞任し、西北派の安昌浩は左右の合作に猛烈に反発した。彼には共産党の底意が見えていたのであろう。

安昌浩は満州における臨政の地盤を確保するために、正義府、参議府、新民府（西間島における三大独立団体、後出）の三府統合会議に赴いた。そして吉林大検挙事件の厄に遭った。大元帥に就任した満州の王・張作霖は、天下取りの宿志を果たすには日本の支援を必要としたからであった。

(三) 再建

李東寧内閣が流産した後は李東寧、金明濬、趙琬九の三人を政務委員に選出して政府の代行機関としていたが、安昌浩が満州に去って反対者が居なくなったので、正式の「臨政」を樹立した。

李東寧内閣　同一九二七年（昭2）八月、議政院は李東寧の組閣を承認した。当時李東寧は六〇歳で最長老でもあったが、彼は度量の大きい寛容な傑物であったという。

閣僚は、主席・李東寧、内務・金九、外務・呉永善、軍務・金澈、法務・李東寧、財務・金甲の顔触れで、畿湖派と黄海派の合作であった。

こうして金九内閣以来の四か月間の無政府状態を漸く克服したが、叙上の派争と離合集散は「臨政」の威信をさらに低下させ、有名無実の実態をさらけだした。しかも難行苦行の末に組閣してみても、みるべき政務はなく、指揮する軍隊もない。請願運動の限界は見えたし、独立運動を指導する権威も財力もないわけだから、組閣即ち政府の維持は一見無意味にみえる。けれども三・一独立運動の精神を継承してその法統を守り、民族の独立志向を内外に印象づけて運動の継続を図るには、その他に方法がないわけであった。運動家達には全く野心がなく、ただ民族のために己を犠牲にして顧みなかった、とは言えないであろうけれども、運動の火を絶やさないためには政府の門札が絶対に必要であったわけである。それは実効性の問題ではなく、民族の精神の問題であった。今から見れば児戯に類するようにみえても、艱難に堪えて先の見えない運動を続けた忍耐と闘志は見上げたものと思う。

合作の崩壊　最初の左右合作団体「韓国独立唯一党促進会」は、すぐがたがたになった。各派の利害が忽ち衝突したからでもあるが、共産党の合作は民族派を自己のイデオロギーに取込む戦術に過ぎないことが明らさまになったからである。うまくいきそうにないとみると、共産党員はさっさと脱会して自らが提唱した初の合作団体をつぶしてしまった。

民族党の誕生　安昌浩は一九二九年（昭4）に満州から上海に帰ると、マニラや内南洋方面からも募金して活動力を蓄えていたが、やがて李東寧、金九らと提携して民族主義派の結束を提唱し、韓国独立唯一党促進会に加入していた趙琬九、尹琦燮らの畿湖派の一部を呼戻して、翌三〇年（昭5）一月二五日に「韓国独立党」を創党した。（「白凡逸志」では三・一運動一一周年記念日に結成）

「朝鮮統治史料」第十巻「上海及ビ南京方面ニ於ケル朝鮮人ノ思想状況」（昭和十二年）による主要党員は次の通りで、○印は党義・党綱起草委員を、・印は金九が中心メンバーとして記述した者を示す。

○・李東寧　○・安昌浩　・金九　○・趙琬九　尹琦燮　厳恒燮　金弘叙　李始栄　玉成彬　金澈　○安恭根　韓鎮教　金甲
○金科奉　朴賛翊　鮮于爀　・宋秉祚　趙尚燮　○李裕弼　・車利錫　・金明濬　○趙素昂　白基俊　朴昌世　崔錫淳　張徳櫓
李鐸　姜昌済　（二八人）

金九は「純然たる民族主義者の団体」と自賛している（二五〇頁）から、当時は金科奉、趙素昂らも民族主義を奉じていたのであろう。西北、黄海、畿湖、果てはその分派に離散していた民族・文治派をまとめあげたもので、初の民族党の誕生であった。恐らく、一時左傾したとみられていた安昌浩が、満州での激烈なイデオロギー抗争をみて本然の思想に返ったのと、彼の器量と努力の賜物であったろう。韓国独立党は共産党の打倒を目的とし、じ後「臨政」

の強力な与党となった。ここに安定した政権が誕生したわけである。

上海の共産党員　当時上海の共産党員は火曜会、ソウル派、M・L派の三派に分かれて鎬をけずっていたが、民族派の合同で仕事がなくなったのと、コミンテルンの一国一党の方針に従って中国共産党に加入するために、散り散りに満州その他に去った。そして民族主義の抗日武装団体でいずれも「臨政」を推戴していた正義府、新民府、参議府、北路軍政署などの各団体に滲透してこれらの統合機運を妨げ、果ては対立に導いて同胞相殺の流血事件に発展させることになる。一九三〇年に起こった独立軍の闘将・金佐鎮、白狂雲らの暗殺事件や、同年の五・三〇間島暴動事件は彼らの演出であった。(後述) 共産主義者には主義だけあって、民族や国家はないのだから仕方がない。

群小党の併立　民族・文治派が「韓国独立党」を結成して政局を安定させたと言っても、民族の一元的団結には程遠かった。

「韓国独立唯一党促進会」の民族左派メンバーであった洪震、金枓奉、陳徳三、張建相らはすぐに「韓国独立運動者同盟」を結成して対立し、共産党の残党や柳絮などの無政府主義者、あるいは北京、満州から南下した独立運動団体が一家自派の存在と名分とを主張して暗闘を続けたことは、これまでと大同小異であった。どうにもならぬ宿痾とか、固疾と言われるわけであろう。二年後には尹琦燮、申翼熙らが「韓国独立党」から分派して、「韓国革命党」を結成している。

五、上海から重慶へ

一九三一年（昭6）の秋、李東寧内閣は辛うじて法統と門札を守っていた。希にみる長期内閣であったが、資金と人材の欠乏によって無実の存在に化していた。忌憚なく言えば、独立運動そのものよりも内部抗争に心身と資金を使い果たした帰結であろう。

そのころ東アジアの情勢は緊張の度を加え、満州の風雲は急を告げていた。日本の大陸政策に反発した国民政府の排日政策によって、七月には韓中農民が衝突した万宝山事件が起きた。中国農民が韓人農民部落に殴り込んだ流血事件であった。憤激した韓国人は、京城、仁川その他で中国人排斥運動を起こして報復した。そして九月一八日に満州事変が勃発し、在満韓人が勢いを得るに至って中国人の対韓感情は悪化した。もし上海で韓人排斥運動が起こったならば、上海臨政は窮してしまう。ここにおいて、「臨政」は抗日運動の実績を挙げてその存在と意義を明らかにする必要に迫られた。

そのころ、ハワイに渡っていた安昌浩と林成雨から「臨政が民族に生色を蘇らせる活動をしたならば、資金を斡旋する用意がある」と言ってきた。「臨政」では李東寧、金九、李始栄、趙素昂、金澈、趙琬九、車利錫らが国務院会議を開催して、中国の対韓感情を和げ、財政難を克服する途は、世間を驚かす抗日挙事即ちテロの外はないと決議して、実行を内務総長・金九に一任した。金九は、生命がけの青年八〇余人を集めて「韓人愛国団」というテロ団を組織した。彼が政敵から「テロ屋」とか「殺し屋」などと罵られたのは、若いころの土田中尉殺害事件や以下述べるテロに起因する。

(一) 金九のテロ

金九は、同三一年一〇月に満鉄総裁・内田康哉の南京訪問を知った。内田総裁は三・一運動前後の外相で、韓国人の恨をかっていた一人であった。

金九は内田総裁の暗殺を決意して、数人の愛国団員を南京に派遣した。けれども警戒至厳のためと、団員の仲違いが災して一指も染め得なかった。

この事があってから、金九は大事は一人で決行させている。複数の刺客を派遣した場合にはいずれも失敗しているが、これには訳があるのであろう。

やがて「独立運動に参加して永遠の快楽としたい。爆弾一個あれば、天皇を殺せる」と言う青年が金九を訪れた。

桜田門事件　一九三二年（昭7）一月八日、「陸軍始め」の観兵式を終えられた天皇の鹵簿が桜田門に差掛かると、踊りでた暴漢が天皇の馬車に手榴弾を投げた。幸い爆発点が遠くて事無きを得たが、昭和聖代の重大椿事に外ならなかった。暴漢は手榴弾自殺を計ったが、その直前に取押えられた。桜田門不敬事件と言い、韓国では「東京事件」とか「李奉昌事件」と呼んでいる。犯人は当年三二歳の李奉昌（日本人の養子の木下昌蔵）で、金九が派遣した刺客であった。上海に渡った李奉昌は金九の愛国団に加入して訓練を受け、五百円の支度金と手榴弾二発を持って潜入したもので、手榴弾の一発は金九が中国上海兵工廠に勤務していた金弘壹大佐（中国名・王雄）から入手したものという。

（「白凡逸志」二五六―六二頁）

この事件は臨政の存在を明らかにした。しかも中国の新聞が特大の見出しで

「韓人李奉昌狙撃日皇　不幸不中《ふこうにしてあたらず》」と報道したことが日中の外交問題に発展し、延いては上海事変（一月二八日―三月）の誘引となったのだが、この事件で臨政の財政事情は一挙に好転し、中国人の対韓国人感情は一変したという。

「出雲」爆破未遂事件　一月二八日に上海事変が勃発した。中国上海兵工廠が後方に疎開すると、王雄（金弘壹）大佐は第十九路軍の後方情報局長を兼任し、フランス租界に踏止まって情報収集と日本軍の後方撹乱を任された。金弘壹は帰滬した安昌浩や金九らと連絡しながら韓国人を動員して情報収集に当たったが、やがて虹口埠頭に接岸している日本艦隊旗艦・出雲に上海派遣軍司令部が同居していることを偵知した。附近には日本総領事館や軍需品倉庫が密集しており、正しく日本軍の策源であった。

金弘壹は、「出雲」の爆破を決意した。成功すれば埠頭に山積みしてある弾薬に引火して、派遣軍の兵站機関は一瞬に壊滅するであろう。金弘壹は兵工廠で五〇ポンド投下爆弾を電気発火式に改装し、中国人の水鬼（水の鬼神。一時間の潜水可能と称された）二人を雇って「出雲」の艦底に装着し、爆破する計画であった。

大急ぎで準備を整え、前日に予行して時間関係を確めた。二〇〇メートルに近接したボートから潜水し、装着して帰艇するまでの所要時間は一時間であった。金弘壹は潜水開始一一三〇、爆破一二三〇と定めて二月一二日に決行させた。

予定した一二三〇に、轟音とともに黄埔江に大水柱が上った。金弘壹は思わず歓声を叫んだが、「出雲」はそのまで、誘爆も起こらなかった。ボートを操縦した中国水兵に聞いたところでは、怖気づいた水鬼がなかなか潜水しないので拳銃で脅して出発させたが、行き着かぬうちに定刻になり、爆発してしまったのだという。

金弘壹将軍は「いかに綿密周到に計画しても、愛国心のない者は何事も成就し得ない」と嘆いている。（金弘壹書六二回）

筆者は一九七六年夏に金将軍にインタビューする機に恵まれたが、その時の第一感は、痩身小柄で物静かな将軍のどこにこのような不敵な気魄が潜んでいたのか？　の驚きであった。だがやがて烱烱たる眼光に射竦められ、所信を伺ううちに納得したものである。

後方擾乱計画　金九は、金弘壹と協同して日本軍の飛行機格納庫と軍需品倉庫の焼却を計画した。金弘壹が製造した時限式焼夷弾を、兵站機関に雇われている韓人に仕掛けさせる計画であった。だが爆弾が出来上らぬうちに、三月三日に休戦が成立し（淞滬《スンフー》協定の調印は五月五日）、沙汰止みになってしまった。

総督等の暗殺計画　そこで金九は第五代総督・宇垣一成の暗殺のため、李徳柱と兪鎮植の二人を京城に派遣した。また五月二六日に大連に到着する国際連盟調査団を出迎える関東軍司令官・本庄繁大将と満鉄総裁・内田康哉（前外相）を暗殺するために、柳相根と崔興植の派遣を準備した。けれども四人とも前後して逮捕された。いずれも二二歳の青年であったという。

上海虹口公園事件　こうして金九のテロは成らなかったが、やがて野菜売りの尹奉吉が刺客を志願した。「何か大きな事をして死にたい」と。

喜んだ金九は虹口公園での天長節（四月二九日）の祝賀式を狙うことに決め、金弘壹に水筒型と弁当箱の爆弾各一個の製造を依頼した。日本の新聞が、水筒と弁当だけを持参して式に参列するよう布告したからであった。金弘壹は中国人技師の協力のもとに十数回も実験を繰り返し、強力な爆弾二個を造り上げた。中国人技師は「桜田門で李奉昌義士が使った爆弾の性能が不十分だったことを、われわれは遺憾に思っている」と説明したという。

天長節は上海事変の戦勝式をかねて盛大に挙行された。日本人を装った尹奉吉はタクシーを乗付けて悠々と式場に入り、観閲台近くに陣取った。そして機を見て水筒爆弾を投げた。

上海派遣軍司令官・白川義則大将と河端居留民団長が即死し、重光葵公使が隻脚を、野村吉三郎中将（いずれものち外相）が隻眼を失った。

尹奉吉は、自爆寸前に捕えられた。だが「四億の中国人の誰もが成し得なかった義挙」として中国人の喝采を浴び、義士として称えられた。中国の対韓感情は益々好転し、国民政府は上海臨政に同盟国の待遇を与えた。また各地から称賛の手紙と献金が集まった。「臨政」の狙いは当たったわけである。この事件は叙上のように、金九が一人で計画し、金弘壹の協力を得て尹奉吉に実行させたのは事実であった。けれどもこれは臨政の事業であったし、資金は政府が出資したもので、金九は実行部隊長であった。であるのに、金九は自分が主宰した「愛国団」のみの功績のように宣伝して物議をかもすことになる。

(二)　都落ちと紛糾と流浪

衝撃を受けた日本領事館警察は「臨政」のテロとみて、フランス租界を中心に大捜査網を張った。金九は金澈、安恭根、厳恒燮とともに米人・フィッチ家に匿われた。だがこれまで陰に陽に「臨政」を庇護してきたフランス租界当局も、ついにかばい切れなくなってきた。

まず独立運動の巨頭・安昌浩が李裕弼の家で逮捕され、京城に押送された。金九はこれを記録しているが、決して悲嘆した叙述でない。（二七〇頁）　かつての二人は一心同体の間柄であったのだが、実力涵《かん》養とテロの思想との違いがかくも二人を別け隔てたのであろう。安昌浩は大田刑務所で三年の刑に服し、のち一九三七年の修養同友会事件で検束されて、翌三八年支那事変の真最中に波瀾万丈の生涯を閉じたことは前に述べた。悲運不酬の闘士であったと言えよう。

また数人の学生が嫌疑を受けて検束された。無実の罪を恐れた上海韓僑は、落着きを失った。至る処に警察の目が光っていたのである。

累が人に及ぶのを恐れた金九は、東京事件（桜田門事件）と虹口事件の首謀者はいずれも金九である旨を、アメリカの通信社に通知した。金九の名声は一朝にして世界に知れ渡り、一躍名士になって、中国要人の面会要請が相次いだ。称賛の辞と献金が流れ込んできた。

お陰で日本の官憲は、彼の首に六〇万元の賞金をかけた。だが彼が個人の功績のように発表し、そのように振舞ったことが紛糾の種になる。

都落ち　日本領事館警察は、ついに金九の隠家・フィッチ邸をつきとめた。電話の異常な増加から足がついたものである。フランス租界当局は立退きを望み、中国政府は飛行機での脱出を勧めてきた。金九はフィッチの車で上海を離れ、嘉興（上海西南百キロ）に逃れた。また臨政の幹部は前後して上海を脱出し、杭州に「臨時政府弁公署」を設置して仮の政庁とした。そしてついに上海に還ることはなかった。

虹口公園事件は臨政の存在と独立精神の健在とを誇示し、財政難を救う目的を果たし、かつ金九の名声を挙げ得たものの、運動の中心であり根拠であった上海を失う大事を招いたわけであった。そして「臨政」の与党・韓国独立党は、党員が分散して党勢を失った。

中国関係略図

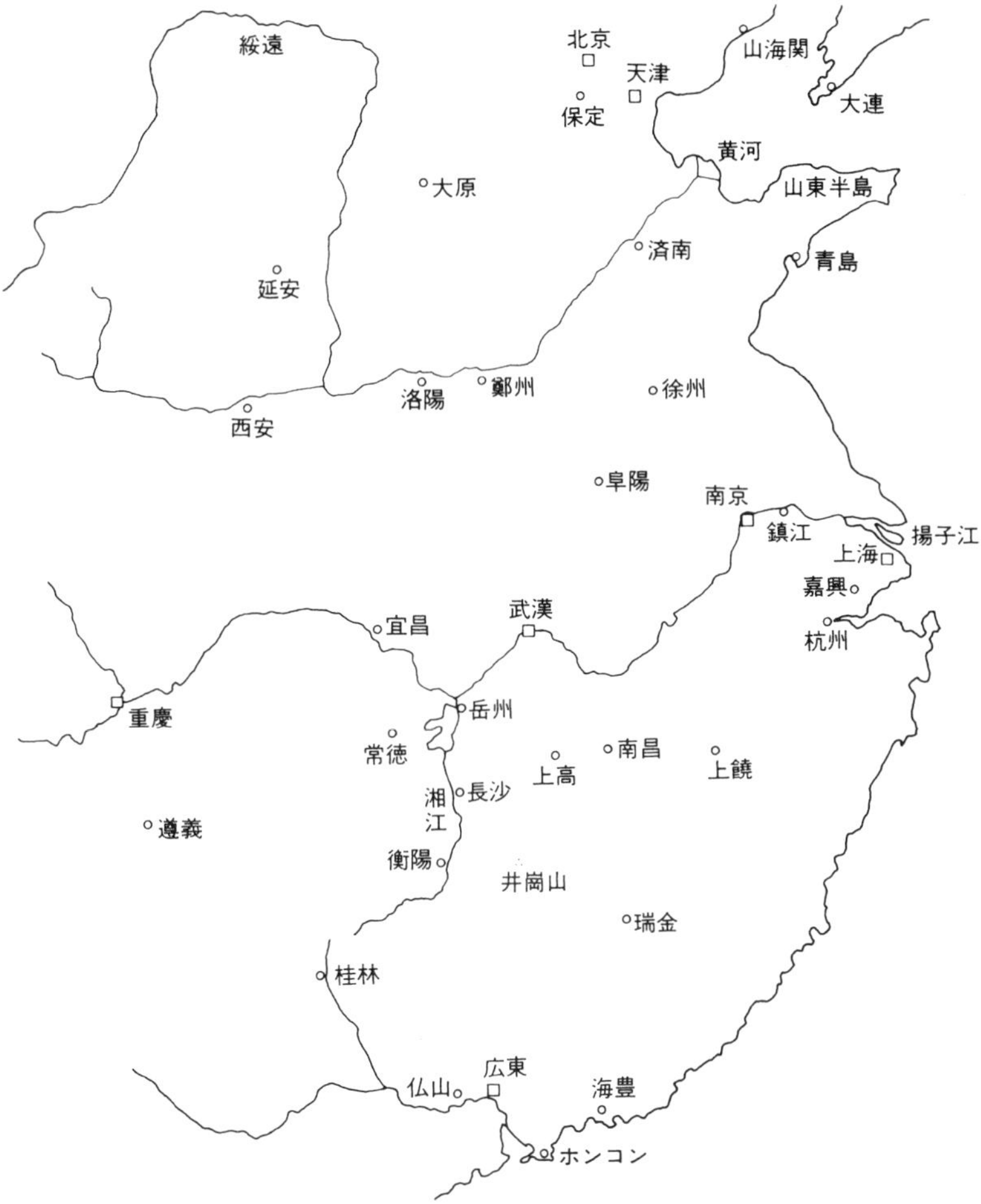
綏遠
北京
天津
保定
山海関
大連
黄河
山東半島
大原
済南
青島
延安
洛陽
鄭州
徐州
西安
阜陽
南京
鎮江
揚子江
上海
嘉興
杭州
武漢
宜昌
重慶
岳州
常徳
上高
南昌
上饒
長沙
湘
江
遵義
衡陽
井崗山
瑞金
桂林
仏山
広東
海豊
ホンコン

金元鳳の再現と声望　テロ団・義烈団長として数々のテロ事件を起こした金元鳳は、広東・黄埔軍官学校を卒業したのち北京にあって共産党M・L派の安光泉と提携して「朝鮮共産党再建同盟」を組織し、一九三〇年―三一年（昭6）の間「レーニン主義政治学校」を設立して青年教育に当たる傍ら、機関紙「レーニン」を発行するなど、左翼運動に没頭していた。つまり民族極右派が、極左派に転身したわけであった。

ところが満州事変が勃発して中国の抗日感情が激化したのをみると、義烈団を復活して南京に移り、「中韓合作による東北（満州）失地回復」「朝鮮民族革命の成就」の旗を掲げて中国要人に働きかけた。その結果、一九三二年六月ごろに中国軍事委員会の承認とその援助を受けて南京郊外・湯山に「朝鮮革命幹部学校」を設立し、各地の青年を募集して革命闘士の養成に精魂を傾けた。上海事変の直後であったから、中国政府の機微な感情を捉え得たのであろう。

金元鳳は卒業生のある者は中国軍官学校に派遣して日ソ開戦時の後方撹乱に備え、ある者は満州や本国に送ってテロ工作に任ぜしめるなど、華々しく活動し始めた。ためにその名声は、金九と併称されるまでに高まった。しかして「朝統史第十巻」は金九と金元鳳との人と為りを比較して

「金九は既に六〇歳を越え、頑迷偏狭にして、金元鳳の如く学問教養の見るべきものなし。その人物、手腕は遠く及ばないが、金九が金元鳳とともに運動家の白眉と言われているのは、実に金九が幾多のテロを敢行したためである」（七〇七頁）

と評価しているのは参考になる。

韓国対日戦線統一同盟問題　一九三二年（昭7）の秋、独立団体は上海付近で次のように割拠していた。

「臨政」は杭州に門札を掲げていたが、内部ではいまわしい葛藤が起こった噂が流れ、金九は翌三三年春に「臨政」から排除されることになる。

政府与党の韓国独立党の党員は杭州、嘉興、鎮江等に散在して熱意を失いかけており、分派した尹琦燮、申翼熙らは韓国革命党を南京で結成して臨政幹部の中傷に大童であった。

また南京では前述した義烈団長・金元鳳が声望を集めつつ韓国革命党と覇を競い、上海付近では洪震、張建相らの韓国独立運動者同盟や、シベリアから帰った金奎植らの韓国光復同志会、及び無政府主義者らがそれぞれ勢力を扶植中であった。正に群雄の割拠である。

中国政府は上海事変の直後は敵の敵は味方の論理と反満抗日の同一志向から、韓人の民族主義運動を庇護し、相等な援助を与えてきた。けれども熱が冷め、右記の実情を知るに及んで、中国要人は感情を害するまでになっていた。一九三三年一月〜三月の熱河事変でも抗日の力にならなかったばかりか、日本に口実を与えかねないと見たのであろう。中国政府は逐次冷淡になり、暗に団体の統一を望むようであった。

ここにおいて、義烈団長・金元鳳は、同年一一月から熱心に対日戦線統一同盟の結成を主唱し始めた。第二次左右合作の提唱であった。

金九は猛烈に反対した。共産主義者が再び「臨政」の乗取りや分裂を企んでいる、とみたのであろう。金元鳳は金九に特別会見を申入れて統一運動への参加を願ったが、金九は「統一はよいが、同床異夢の統一は無駄だ」と断った。

けれども独立団体の統一は、この際の至上命題であった。中国政府の支援を得て運動の存続と実効を挙げるには、他に方法がないからである。金九の左右合作に対する余りにも批判的な態度は、臨政内部の批判さえ浴びた。

李東寧内閣の崩壊　一九三三年（昭8）三月、一〇年続いた李東寧内閣はついに崩壊した。「白凡逸志」はその理由を「内務総長であった金九が左右合作に批判的であったことなどから、『臨政』から排除されたので…」（二八二頁）とだけ述べている。

けれども人間臭い説が二つある。

中国政府は、虹口公園事件の尹奉吉と逮捕された安昌浩の家族に、「臨政」を通じてそれぞれ銀二万元の見舞金を贈った。だが当人らに届かなかった。趙素昂一派が着服したことを知った金九は、腹心の呉世昌と安敬根らに国務会議中の趙素昂派を襲わせ、所持金を強奪して着服した、というのがその一である。

その二は、中国政府は虹口事件に報いて「臨政」に多額の運動資金を贈与した。ところが金九は、虹口公園の義挙を計画し決行したのは「愛国団」であり、「臨政」は関与しなかったと主張して、資金を自派で独占した。ために宋秉祚や朴昌世らとの間に争いが生じ、その結果として李東寧・金九らは国務委員を罷免された、という説である。

（「朝統史第十巻」六九五頁）

前述の「臨政内部のいまわしい葛藤」とはこの紛糾を指す。「左右合作に反対したから排除された」という説は、いかにも説得力を欠く。五党の統一が成るのは二年後のことであるからだ。日本の調査が完全でないことは明らかだが、後者はありそうな事と思う。なぜなら、その後の金九派の資金が潤沢であったからである。（後出）　真であれば、尹奉吉の霊も浮かぶ瀬がないであろう。

金九

洛陽軍官学校　金九は元江蘇省長・褚補成などの庇護を受けて嘉興その他に身を潜めていたが、国民党組織部長兼江蘇省主席の陳果夫が、人を介して蒋介石総統との会見を申入れてきた。金九の当時の名声がうかがえる。
金九は安恭根と厳恒燮を伴って、南京城内の中央軍官学校の構内にあった蔣総統の私邸を訪れた。以下はそのやりとりである。

蔣「東方の各民族は、孫中山先生の三民主義（民族、民権、民生）に合致する民主政治を行うのが良いと考えるが、いかがか」

金「全く同意だ。時に、日本の大陸侵略の魔手が刻一刻と中国に侵入している。筆談で話したいことがある。人払いして頂けないか」

蔣「好《ハオ》、好《ハオ》」

金「先生が百万の金を与えられれば、二年以内に日本、朝鮮、満州の三方面で暴動を起こし、日本の大陸侵略の道を断つ胸算がある。この点、いかがお考えか」

蔣「詳細な計画書を見たい」

金「明日お届けする」

翌日、金九は自筆の計画書を持参した。その内容は分からないが、蔣総統の意を受けた陳果夫との対談は次の通りである。

陳「特務工作で天皇を殺しても、別の天皇が立つ。大将を殺しても、次の大将が現われるだけである。従って、将来の対日独立戦争に備えて武官を養成したらどうだろう。面倒をみる用意がある」

金「実はそれが年来の宿望であった。だが中国政府に迷惑がかかるし、わが『臨政』の実力も伴わないので、言い出しかねていた。願ってもない幸せである。…」

こういう経緯で、中国は洛陽軍官学校分校を韓人の武官養成所に充てた。李奉昌・尹奉吉事件が蔣総統にある種の感動を与え、韓人の利用を決意させたのだという。(「朝統史第十巻」八五六頁)

金九は第一期生として百余人を募集し、満州で武闘に従っていた李青天(陸士二六期)と青山里の戦闘で有名な李範奭(雲南講武堂卒)を招いて教官とした。第一期生が卒業したころ日本の抗議を受けた蔣総統の命で廃校の已むなきに至ったが、これが「韓国光復軍」の萌芽であった。(「白凡逸志」二七九―八一頁)

右は金九の自賛であるが、「朝統史第十巻」七〇八―一〇頁の記述は次のように生臭い。

「金九は上海虹口公園事件が『臨政』の事業として決行されたのに、愛国団という自己の機関の単独決行であると宣伝して中国側の信用を得、中国政府から受けた多額の援助金を独占して一九三三年三月に国務委員を免ぜられると、南京その他で中韓合作運動を開始して「中韓互助連合会」等を組織した。けれどもそのころ義烈団の金元鳳は、朝鮮革命幹部学校を創立して孜々として団勢を拡大中であった。この対策に苦慮中のところ、同一九三三年五月に満州韓国独立党の李圭彩から南下費用の相談を受けた。金九は李青天の指揮する同党独立軍の五〇余人を精鋭とみて、将来金元鳳に対抗するために自派の勢力下に置く下心から、独立軍を解散する条件で出資に応じたものである。そして中国側と交渉した末に、自派で募集した青年と李青天以下の独立軍を中国陸軍軍官学校洛陽分校に入校させた。

ところが図らずも李青天派との間に派争が生じて所期の目的が達成できないとみるや、李青天派と訣別して自派の青年二五人を退校させ、最も信用した者を革命工作に就かせ、一部は南京の中国陸軍中央軍官学校に再入学させた。

やがて金九が最も反対した金元鳳主唱の『民族革命党』(後出)結成の機運が熟し、民族主義者一般の反感をかうようになると、身辺に危険を感じた金九は自己擁護の必要上、一九三四年（昭9）末に中央軍官学校在学中の自派学生を中核とした八〇余人を以て『韓国特務隊独立軍』を編成した。隊長・金九、参謀・安恭根、中隊長・楊東浩、調査員・安敬根らが幹部であった。

金九は転々として日本官憲の目を掠めながら学生訓練所を設け、新たに募集した三〇人を訓練して中央軍官学校への入学を準備した。だが日本の抗議で入学が成らず、経費も不足を告げたので、一九三五年十月に一五—二〇元の退散金を与えて大部を解散した」

金九の自叙伝と日本官憲の情報との間には、計り知れない距離があるが、金九が相当な資金を使って彼なりの運動に励んでいたことは分かる。

宋秉祚内閣　金九の排除によって民族派の李東寧内閣が潰れると、シベリアの「朝鮮共和国」の首班であった金奎植が『臨政』に復帰して、宋秉祚内閣が成立した。

主席・宋秉祚、内務・中翼熙、外務・金奎植、財務・宋秉祚、軍務・尹琦燮、法務・崔東旿、駐米外務公署・李承晩、秘書長・車利錫の顔ぶれであった。明らかに反金九派内閣で、尹琦燮・中翼熙の「韓国革命党」、崔東旿の「朝鮮革命党」、金奎植の「韓国光復同志会」（ウラジオに去った『朝鮮共和国』の右派グループ）、宋秉祚・車利錫・趙素昂らの「韓国独立党反金九派」の連合内閣であった。と言っても、崔東旿は満州に居たし、李承晩の任命は資金目当てであった。だから、法統維持の一点のために門札を守ったのであろう。

ところが、臨政の金庫は空っぽであった。外務総長・金奎植は同一九三三年に渡米して募金し、各地に自派の支部を創設して資金源とした。地盤を勝手に荒された李承晩は激怒した。前には臨政分裂の張本人となり、今度は地盤を土足で荒したのだから、根に残らぬわけはない。この二人の感情的対立は、8・15解放後の政争にストレートに持込まれることになる。

対日戦線統一同盟　金九派を主流から追落として宋秉祚内閣ができたころ、満州から二つの独立団隊が南下して前述の政争に参加した。

新韓独立党　上海で金九らが「韓国独立党」を創党した一九三〇年の七月には、満州・吉林省において李圭彩、李青天、洪震らの民族主義者が同名の「韓国独立党」（以下、満州を冠して区分する）を結成し、李青天がその一部門である韓国独立軍を指揮して活躍を始めていた。だが満州事変後の討伐に追われて一九三三年（昭８）秋に北京に移り、翌三四年三月には南京で「韓国革命党」を結成していた尹琦燮、申翼熙らと合同して「新韓独立党」を創党した。党首は洪震、党務委員は金尚徳、申翼熙（王海公）、尹琦燮であった。けれども前述したように、満州韓国独立党の北京移転に当たっては、その旅費一、八〇〇元は金九派が出資した。金九はその代償として、李青天の独立軍を解散し、洛陽軍官学校に入校するよう取極めたのであるから、話は複雑である。（「朝統史第十巻」七〇三頁）

朝鮮革命党　また一九三〇年八月、満州・新賓において崔東旿、柳東説、高轄信、李雄らは「朝鮮革命党」を結成し、北満で相当な活動をみせていた。だが討伐に追われ、前述の満州韓国独立党と前後して南京に南下して、韓国独立党の好敵手となった。崔東旿は崔徳新中将（元外相）の実父だが、柳東説が崔徳新の岳父となったのはこの古い縁に起因する。左派色の団体で、いずれの幹部も朝鮮戦争初期にソウルに残り、北朝鮮軍に拉北されている。

満州の猛者が南下したことは運動に活気を与えはしたが、それ以上に派争を激化した憾みは否めない。反面中国側は冷淡の度を加え、統一の急務を加速した。共倒れの恐れがあり、独立運動どころではなくなったからである。

当時の各団体の党勢は次のようである。

団　名	団(党)員	月収定額
義烈団	二〇〇余人（うち軍官校卒等一〇〇人）	三千元（中国中央党部から）
韓国独立党	七〇余人（印刷機械その他の備品）	六百元（広東、江蘇、浙江党部から）
新韓独立党	六〇〇余人（うち軍官卒等五〇余人）	五百元（うち三百元は中央党部、百元は東北党部から）
朝鮮革命党	一、〇〇〇人（主力は南満、武器四〇〇丁）	？
大韓独立党	二〇〇人	？

右は新党に合流した時の届出であるから、団員数は多い目に、月収は隠し切れないものを報告したと思われる。一見して義烈団の優勢が分かるが、月収はほとんど中国国民党の中央党部か省党部からの支出である点が興味深い。一人宛平均一〇元内外だから、最低の生活はできても運動資金には程遠いと言えようが、各団体は全く中国党部の庇護下にあったことが分かる。しかして統一しなければ、資金援助を打切られる恐れがあった。

ここにおいて各団隊の代表は南京に会合して「各団体連合籌備《ちゅうび》委員会」を結成し、同一九三三年一一月に「対日戦線統一同盟」を組織した。その宣言の中には次の字句が見える。

「当面ノ第一緊急重要事ハ戦線統一ノ問題ナリ。本問題ノ円満ナ解決ナクシテハ我等ハ革命運動ヲ力強ク推進スルヲ得ズ。之ハ歴史ノ証明ニシテ、又我等自身ノ辛キ実験ニ依リ極メテ明白トナリタルモノナリ。茲ニ我等ハ従来ノ一切ノ障害ヲ打破シ、奮然決起シテ対日戦線統一同盟ヲ組織シ、……」

正論であった。分裂抗争は自滅の道であり、団結こそ栄光の途である。

けれどもこの同盟は単なる連絡機関で、実効が挙がらなかった。ために、翌三四年（昭9）三月一日の第二次代表大会に左記代表が参加して、「最モ完全ナル大同団結体ノ組成」を採決した。集合より単一体へ、の方策であった。

韓国独立党　金澈、金枓奉、宋秉祚

新韓独立党　洪震、尹琦燮、申翼熙

朝鮮革命党　崔東旿

義烈団　　金斌、外二人

外二団体

この採決文の冒頭は

「統一同盟ハ過去韓国ノ沈痛ナル教訓ニ依リ、又満州事変ノ経験ニヨリ産出サレタルモノニシテ、…」

とある。分派癖は周知であったのだ。そこで金枓奉らの五人の委員は、四月一二日付で右の採決を各団体に通知し、明一九三五年三月一日までに立党会議を開催すべく提案して、回答期限を九月一日に切った。悠長な提議と言えようが、各団体内の意見を調整するには半歳の月日を必要とする、とみたのであろう。

だが期限に回答した団体は一つもなかった。総論賛成、各論反対で各団体ともまとまらなかったのであろう。金枓奉らは仕方なく、九月二日に回答催促状を発し、明三五年二月二〇日に南京で代表大会を開く旨を一方的に通知した。けれども参加した代表はごく一部であった。そこで大会を六月二〇日に延期し、六月初旬に中国政府軍政部に援助要請書を送った。創党資金の援助はむろんながら、軍政部が各団体に、単一党に参加するよう圧力をかけて欲しい、という意であった。その文面には次の一節がある。

「新党の行動は、従来ノ如キ支離滅裂ナルモノニ非ズシテ、…独リ韓国民族ノ利益タルノミナラズ…中国民衆の幸福につながるは明白なり。相当ノ援助ヲ与ヘラレンコトヲ望ム。

もし不承認ならば、中国軍に勤務している飛行士・機関士その他の同志を一斉に広東軍に参加させるであろう」当時の中国空軍には、崔用徳（のち中国陸大卒、韓国空軍参謀総長）以下の多士済済がその中核として勤務していた。中国政府は瑞金に拠った紅軍包囲作戦の最後の詰めに大童のとき（中共党の大西遷は同年十月から）であった。おそらくこの強迫的要請は金元鳳の策案であったと思うが、効果はてき面であった。

予定のように六月二〇日から予備会談を開催し、七月五日には単一党「民族革命党」の結党式を挙げた。解党して合流した九団体と、判明した代表は次の通りであった。

義烈団　金元鳳、陳義路、外一人

韓国独立党　趙素昂、梁起鐸、崔錫淳

朝鮮革命党　崔東旿、金学奎、外一人

新韓独立党　李青天、申翼熙、尹琦燮

大韓独立党　金奎植、李青天（委任）、申翼熙（委任）

ニューヨーク大韓人僑団

米州国民会

ハワイ国民会

ハワイ革命同志会

民族革命党　こうして金元鳳が左右合作を提唱し始めてから二年半有余を経て、ようやく金九派を除いた民族単一党ができた。最後の結党段階がすんなり運んだのは、中国軍政部の「統一しなければ財政支援を中止する」の忠告が効いたのであろう。金元鳳の手腕であった。それは役員の配分でわかる。なお党名は「民族革命党」としたが、中国向けには「韓国」を、国内向けに「朝鮮」を冠したという。

問題は役員の配分であった。中央執行委員一五人のうち、旧韓国独立党は趙素昂一人で、同派は次のように役職からも締出された。

書記部長　金元鳳（義烈団）
　部員　石正（義烈団）、金尚徳（新韓党）、外一人
組織部長　金枓奉（韓独左派）：（注）
　部員　金学奎（朝革党）、安一清（朝革党）、崔錫淳（韓独左派）
宣伝部長　崔東旿（朝革党）：（注）
　部員　申翼熙（新韓党）、成周寔（義烈団）
軍事部長　李青天（新韓党）
　部員　尹琦燮（新韓党）、金昌煥（義烈団）、外一人
国民部長　金奎植（大韓党）
　部員　趙素昂（韓独党）：（注）、外二人
訓練部長　尹琦燮（新韓党）
　部員　三人
調査部長　李光済

部員　陳一吾
中央検査委員　梁起鐸（韓独党）、洪震（新韓党）、外三人

一見して、旧韓国独立党が疎外されたことがわかる。しかも派争の因になる口実で中央執行委員会委員長を空位とし、書記部長が書記長を兼ねて委員会の事務を処理することとした。また財政科は書記部の一科であった。つまり金元鳳の執政体制に他ならなかった。

そして党義は

「本党ハ、革命的手段ヲ以テ仇敵日本ノ侵奪勢力ヲ撲滅シ、…真正ナ民主共和国ヲ建設シ…」

と謳い上げていたが、党綱一七条の中には

「封建勢力及ビ一切ノ反革命勢力ヲ粛清シ、…」
「民衆武装ヲ実施ス」
「土地ハ国有トシ…」
「大規模生産機関…ヲ国営トス」
「国民経済ノ国家統制」

などの条項が見える。

党義では「真正ナ民主共和国ノ建設」とあるが、この場合の「真正」は共産主義を意味することが明らかである。中共党の二次に亘った国共合作と同様の戦略であった。

けれどもその創党大会宣言に於て、第二次世界大戦の不可避を予見し、反日戦線の総戦略を提唱しているのは相等な見識と思う。（「朝統史第十巻」七四二―九頁所載）

だが疎外された旧韓国独立党幹部の趙素昂、朴昌世、文逸民らは、長文の「告党員同志」の中で共産主義の理論と実践とを痛烈に批判して、韓国独立党の再建に取掛かった。（後出）結党後、わずか三か月後のことであった。

金科奉　一八八九年、慶南に生まる。一九〇八年普明中学校卒業、中央・普成・徽文学校教師、語学者（ハングル学者）・周時経に師事して朝鮮語辞典文典を編刊し、言語学会を組織。

三・一運動に参加して上海に亡命、新聞を刊行して独立の同志を募り、二四年上海臨政に参加して議政院議員、上海仁成学校長。二七年欧州を巡遊して民族解放運動を研究し、三二年以後中国抗日統一戦線に参加、三五年朝鮮民族革命党（金元鳳）常務委員兼朝鮮義勇隊幹部。四〇年金元鳳と袂を分かち、光復軍第一支隊長として綏遠に赴く途中延安で歓待され、崔昌益、韓斌らとともに毛沢東の指導下に入る。四一年延安政治学校長（のち抗日大学）、四一年一月華北朝鮮青年連合会を結成、四二年七月朝鮮独立同盟を結成して主席。

四五年一二月平壌に帰り、四六年二月北朝鮮臨時人民委員会副委員長、四六年三月新民党委員長、四六年八月北朝鮮共産党と合党して北朝鮮労働党を組織し同委員長、同年九月民主主義民族統一戦線議長、四七年二月北朝鮮人民会議議長兼常任委員長、同年一一月臨時憲法制定委委員長、四八年三月党中央委委員長再選、同政治局長、語学博士号授与。

四八年九月最高人民会議常任委委員長、四九年六月祖国統一民主主義戦線中央委常務委員、同議長、五三年七月国旗勲章第一級授与、同年八月党中央委常務委員・政治局員、五六年四月再選、五七年九月解任、五八年三月延安派（崔昌益、尹公欽）の反党・反国家活動の主謀容疑で除名。

崔東旿　一八八九年、平南に生まる。

三・一運動に関係して上海に亡命し、臨政に参加し、のち満州に軍政学校を設立して軍事教育に従事す。（元外相・崔徳新中将の父）
一九三五年朝鮮革命党党首、四三年臨政（重慶）法務部長。
四五年一一月帰国、四六年一月韓国独立党中央委員、左右合作委員会右派代表、四六年一二月過渡立法議員（官選）、同副議長、四八年四月南北協商会議（平壌）に参加。
五〇年六月ソウルに残留して拉北され、五六年七月平和統一促進協議会執行委員兼常務委員。

趙素昂　一八八七年、京畿道に生まる。明治大学卒業、法学専修学校教授。
一九一九年上海臨政に参加、金奎植に従ってパリ講和会議に出席、二〇年第二回国際社会党代表会議（スイス）に列席、二一年九月臨政外交部長、四三年臨政（重慶）外交部長。
四五年一一月金九とともに帰国、韓国独立党（金九）副委員長、四六年二月民主議院議員、反託闘争委員会副委員長、四八年四月南北協商会議（平壌）に参加、四八年一〇月韓独党を脱党して社会党党首、五〇年五月第二代民議員。
五〇年六月ソウルに残留して拉北され、五六年平和統一促進協議会最高委員、五九年ごろ死亡。

無政府状態と金九の入閣　朝鮮民族革命党（民革党）誕生の陣痛が始まるころ、杭州の臨時政府の国務委員は次の七人であった。

金奎植（大韓独立党）
宋秉祚（韓国独立党）

趙素昂（韓独党）
車利錫（韓独党）
崔東旿（朝鮮革命党）
梁起鐸（韓独党）
柳東説（朝革党）

ところが宋秉祚と車利錫の外の五人は〝統一という言葉に酔って〟（金九の言）「臨政」に無関心となり、果ては自党を解党して民革党に入党してしまった。この五人は一度は左傾した人達であったから、無理もない。統一後の幹部を夢見たのであろう。激論の末に、このとき宋秉祚と趙素昂は犬猿の間柄になったという。

一躍大政党の執権となった金元鳳は、金料奉を杭州に派遣して、車利錫と宋秉祚に臨政の解散を強要した。金元鳳と金科奉らは、かねて「臨政」を〝目の上のコブのように忌み嫌っていた〟旗頭（金九の言。だが二人とも後で「臨政」に参加した）であった。

宋と車はきっぱり拒絶して「臨政」の看板を守ったが、七人の国務委員のうち五人が欠けた。事実上、無政府状態に陥ったわけである。

当時南京に居た金九は、急を知って杭州に駆付けた。そして李始栄、趙琬九、金明濬、宋秉祚、車利錫、李東寧、安恭根、安敬根、厳恒燮らと会議して、李東寧、趙琬九、金九の三人を国務委員に補選し、前任の宋と車の五人で「臨政」の看板を維持することに決めた。一九三五年の初秋のころであった。金九は与党として大韓国民党を組織し、朝鮮民族革命党に対抗して再び主導権争いに加わることになる。

大韓国民党の党義は明らかでないが、その創党宣言は、国家主権の完全回復と全民族的な政治・経済・教育の均等を原則とし、方策として中国国民党、国内資産家、在米同胞との連絡提携を密にすることを謳っている。役員は次の通りであった。

理事長　金九

理　事　李東寧、宋秉祚、趙琬九、車利錫、金明濬、安恭根、厳恒燮

監　事　李始栄、曺成煥、楊墨

けれども朝鮮民族革命党の実勢は意外に強かった。だから、今の政党の概念を当てはめることはできないであろう。また十数人の運動家が集まって国務委員を選任し、右派内閣を再建したことは、門札を守ったというよりも、「臨政」の名前だけは残したと言った方が正確だろうから、果たしてこれで「法統」を守ったことになるのかどうか疑わしいわけである。

でも金九らの民族主義者らは、真剣であった。この辺の心情はその人でなければ分からない。

以上は金九書に基づく祖述である。けれども日本側の調査（「朝統史第十巻」七五八―八一頁の記述）は奇怪の一語に尽きる。それを意訳すれば次のようになる。

臨政に残った宋秉祚と車利錫（一八八一―一九四五年。一九三二年の李東寧内閣以来、重慶で没するまで一三年間に亘って秘書長を務めた）は旧韓独党員の李始栄、趙琬九、金明濬らと「臨政」の再建に着手し、民革党に対抗し得る勢力として金九派の登場を図った。金九が否と言うわけはない。

民族革命党で空位空名を与えられて脱党の機を窺っていた趙素昂派はこの動きを知ると、宋秉祚派と韓独党の再建を密議した。そして宋の賛同を得ると、九月二五日付で韓独党再建宣言を発して杭州に復帰した。

趙素昂はわずか三か月前に韓独党の解散を強行した張本人で、その時宋秉祚派と仇敵の間柄になったのであったが、

ここに和解したのである。臨政再建会議に参加した各派代表は次の通りであった。

金九派　金九、李東寧、曺成煥、厳恒燮、安恭根

宋秉祚派　宋秉祚、車利錫、趙琬九

趙素昂派　趙素昂、金思準、朴昌世、文逸民、朴敬淳、李昌基

旧韓独党員　金明濬、楊明鎮

元新韓党員　李始栄、閔丙吉、延秉昊

ところで宋秉祚が、仇敵視した趙素昂と容易に縒を戻したのは次の理由からであった。民族革命党に対抗して「臨政」を再建するには金九派の参加が不可欠であるが、すれば金九に実権を握られる。そこで趙派とともに韓独党を再建してこれを牛耳れば、金九派を凌いで「臨政」の主導権をとることができる、という底意からであった。

ところが趙素昂の本音も宋秉祚と全く同じで、彼も「臨政」の実権を狙っていたのである。従って宋秉祚が金九の出馬を提議すると、金九に実権がいくことを恐れた趙素昂は必死で反対した。しかし金九派の参加がなければ「臨政」の再建はできないし、まして金元鳳の民革党に対抗しうる勢力にならないわけだから、趙派の反対を宋派は〝趙素昂は金元鳳の密命を受けて再建の妨害に来たのでは？〟と疑った。尤もな疑念と言えよう。

そこで趙派を除外して会議を進め、一一月三日に次の部署を以て杭州・功徳林菜館で組閣式を挙げた。

国務委員

　主席・李東寧、外務・金九、内務・趙琬九、軍務・曺成煥、法務・李始栄、財務・宋秉祚、秘書長・車利錫

議政院常任委員

　趙素昂、金明濬、楊明鎮

趙素昂を幹部に残したのは将来の妥協の余地を残したものとみられたが、前内閣で内務部長を務めた趙素昂は格下げになったのと、蚊屋の外に出されたのに憤激した。彼は、クーデターを決意した。朴昌世を広東に派遣して旧韓独党員のテロ屋・李景山ら数人を呼寄せ、金九、宋秉祚らを皆殺しにして一挙に「臨政」を乗取る計画であった。これでは独立運動どころではなくなってしまう。幸い李景山らは民革党に入党して朴昌世を反動呼ばわりする有様であったので、趙素昂のクーデター計画は水泡に帰した。

しかして趙素昂の動静は、あるいは朝鮮日報論説委員・李圭泰「韓国人の意識構造」（昭52年、東洋図書刊）のいう「上向き意識のファンタジー（幻想）」であったのではなかろうか？　それは次のように説明してある。

「韓国人は総じて経済力・権力・身分・学識・教養・技能そのほか、家柄・容貌・衣食住に至るまで、現実に自分が享受している実状よりは、自分の心の中に描いている理想像を幻想的に自己の中に措定し、その幻想的自己が現実の自分ででもあるかのような錯覚に陥る。そして多くの人達は意識的にこれをひけらかし、他人が幻想的な自分の方を見てくれることを望む。その望みが叶えられたとき、申し分なく満足する」（四二頁）

当たっているかどうか問題だが、趙素昂の動きはそのようにしか思われない。

流浪の旅　金九が再び「臨政」に登場すると、杭州は危険になった。日本領事館警察の手が延びてきたのである。自ら李奉昌・尹奉吉両重大事件の首謀者と名乗った金九に対する追求には、日本領警の面目がかかっていたし、彼の首には六〇万元の賞金がかかっていたことは前述した。「臨政」は同三五年一一月に江蘇省首席・陳果夫の庇護で省都・鎮江に移り、翌三六年二月には南京に遷都した。中国政府の膝下の他に安穏な地がなくなったのであろう。これを察知した日本領警は中国に金九の引渡しを要求し、捜査班を南京に送り込んだ。金九は南京警備司令官・谷正倫の庇護で、古物商に化けた。

けれども「臨政」が転々と流浪しなければならなかった裏には、趙素昂の工作があった。彼はクーデター計画が失敗すると、杭州公安局刑事部に勤務していた同志・李昌基に密令して常時「臨政」を公安局員に監視させ、事毎にその行動を妨害する挙に出たのであった。

李圭泰「韓国人の意識構造」が紹介する〝一つ駄目ならみんな駄目〟意識の亜流であろうか。

民革党の崩壊　翌一九三七年（昭12）七月、支那事変が勃発して燎原の炎のように燃え盛り、中国軍の戦勢が日に日に不利に傾くと、在留韓国人は甚だ動揺し始めた。それにつけ込んだ金元鳳、金科奉らの民族革命党主流派は、民族運動の仮面の下に共産主義を実行し始めた。（「白凡逸志」二八四頁）その内容は分からないが、恐らく財産の共有とか元の義烈団系による独裁を始めたのであろう。

そこで民族革命党は忽ち分裂して金元鳳派と金科奉派だけになり、他の団体派はすべて臨政支持に復帰した。こうして第二次左右合作によって誕生した民族革命党の寿命は、わずか二年に過ぎなかった。

民族の団結がいかに至難であるかの一例であるが、この辺の心情について李圭泰書は「公共意識」の章で公私混交の弊風を論難し「個人の主体性が弱く、集団の中に引籠りその集団への依存心が強いが故に、公私のけじめをつけない欠点が生ずる。集団の保護膜から追出されるのを恐れる余り、公的業務の何倍もの努力を上役や同僚への私的奉仕に費す。公的生活が私生活に入りこみ、そこに情実が生じて贈収賄や汚職が自然に発生し、庶政刷新の対象になる」（一七三―六頁）と嘆じている。

とすれば、派閥はこの際の保護膜であるから、その団結の固さは分かる。と同時に「臨政」の主導権を握れば名分も体面も立つわけだし、決して多くはないとは言え「臨政」にもたらされる運動資金の運用も自由になるわけであるから、イデオロギーの面でよりも名声と実利のために覇を争ったという見方もできるかも知れない。下司の勘繰りではあるが、余りにも激しい内部抗争は建前論だけでは納得しにくい。

また李圭泰書は「韓国人は団結に欠けているか?」(六八―七二頁)の項で「血縁集団の団結の強さは他に類を見ない。自律的・自給自足的な農耕生活共同体として結びついた村落集団意識は、排他的に存立する一つの〝場〟であった。従って、個体の論理よりは集団の論理が、自律よりは他律の傾向がより著しい」と説明している。けれども肝心の公共集団としての、国家・民族としての団結力については言及を避けている。ということは、血縁や村落集団の団結力が強ければ強いほど排他的になるわけだから、このような場で育てられた個体の論理は必然的に党派性を帯びて、国家・民族的な団結は不得手であるということになるのであろう。それは在日僑胞が居留民団と朝鮮総連の二党派に別れて対立し、前者は体制派と反体制派に分かれていることでも察せられる。

しかして「体面意識」の章(一〇三―三五頁)には

「命より大切な体面」

「顔が潰れたら生ける亡者」

「体刑より名誉刑が重刑」

「体面を保つがために本音を隠して建前を論じ、分不相応の冠婚葬祭を営むために借財に喘ぐ」

「韓国人は家族のためには献身的であるが、ひとたび公共社会に出ると極度に利己的になる。これは、体面維持の必要から派生した意識の二重構造からの所産である」

「即ち韓国人は、表と裏、本心と当為、私的自己と公的自己による乖離状態にある」

「中国人は、名分のために実利を捨てることはない。韓国人は名分が立つものなら、実利を捨てても構わない。

…韓国社会では、今でも名分を捨てた者は破門同様になる」

「欧米人は、ヘブリ（理性、規範）を犠牲にしてもヘレン（感情、人間性）を生かす。韓国人はヘレンを犠牲にヘブリを生かす。なぜなら、個人の体面は一人だけのものでなく、一族一門の先祖と子孫につながる総体的なもので、一人が受けた恥辱は総体的な恥辱となるからである。従って敵の捕虜になった兵士は、故国に帰らなかったのではなく、帰れなかったのである」

「名にこだわり過ぎる韓国人」

と説明してある。そして諸所に外国人の言
「韓国人は個人としては優秀で能力もあるが、集団になると団結に欠けて無能になる」（六八頁、一二三頁）

を控え目に引用しているのは、個有の「隠蔽意識」（七三―九三頁）の現われであろうか？

しかしていかなる社会、いかなる団体においても、事が起これはその対処を巡って色々な論議が起こることは当然だけれども、「臨政」をめぐる政局はまことに目まぐるしい離合集散の極ではあった。

(三) 重慶遷都

長沙事件　やがて戦火は上海に飛火して、南京が危うくなった。中国政府が重慶に遷都すると、「臨政」は百余人の家族とともに湖南省都・長沙に引越した。金九の家族はこの間に愛妻と長男・仁が病死して、母と次男の信だけであったが、「臨政」その他の百余人の大家族が中国の木造船二隻に分乗して揚子江を溯り、湘江を溯行して長沙に到着したのは一九三八年（昭13）二月の寒い日であったという。この時、金九は腹心の安恭根（安重根の弟）と袂を分けた。安恭根が無政府主義に傾いたからというが、この辺が金九の包容力の限界であったのかも知れない。

長沙は代表的な農商都市で、筆者は三回も長沙攻略戦に従事した思い出の街である。また暴動や革命で知られた都市であった。

「臨政」は、長沙で安穏に過ごしていた。蔣介石総統の深謀遠慮による補助と、在米僑胞の支援があったからという。だが何もする事がない。そこで百余人の家族が三党に属していた現状に着目し、金九が合同を提唱すると、にわかに統一機運が盛上った。避難先で分党していても仕方がない。当時の三党の幹部の顔触れは次のようである。（金九書二九〇頁）

・印　当時の国務委員
○印　のち韓国の閣僚または国会議員
△印　のち南朝鮮過渡立法議院議員

韓国国民党　金九、李東寧、李始栄、趙琬九、車利錫、宋秉祚、曺成煥、金明濬、厳恒燮、楊墨、閔丙吉、孫逸民
朝鮮革命党　柳東説、李青天、崔東旿、金学奎、黄学秀、李復源、安一清、玄益哲
韓国独立党　趙素昂、洪震、趙時元、朴昌世、文逸民

一九三八年（昭13）五月、各党代表が朝鮮革命党の本部に参集して合同を協議していると、踊り込んできた暴漢が拳銃を乱射した。金九（六二歳）と柳東説（六〇歳）は瀕死の重傷を、李青天（五一歳）は軽傷を負い、玄益哲は死

んだ。犯人は朝鮮革命党員で、かつて金九から金銭的援助を受けたこともある李雲漢であった。なぜ李雲漢が独立運動の元老的存在であったこれらを狙ったのか、は今もって分からない。連累の疑いで、かつて趙素昂とクーデターを企てた朴昌世や旧韓独党幹部・姜昌済らが中国官憲に捕えられた。金九は、李雲漢はこの二人のデマに惑わされたと推測しているが、いずれも証拠不十分で釈放されている。

こうして、右派三党の合同は立消えた。家族ともに百余人の集団であるから、運動家は多くても四～五〇人であったと思うのに、それが三党に割れたままであったのだ。

中国側は徐州会戦で敗戦の最中であったのに、よく面倒をみた。湖南省主席・張治中将軍（日本陸士卒）は治療費の全額を提供し、蒋総統は日に何度も容態を尋ね、幸い一命を取止めて退院した時には、人を派して療養費三千元を贈ったという。中国人は一度懇意になれば、永く義理を尽くす良習を持つ。

広東↓佛山↓重慶へ　やがて同年八月中旬、武漢攻略戦が始まり、長沙も安穏の地ではなくなった。臨政は八月末に広東に避難した。張治中将軍の計いであった。

広東では、中国軍に勤務していた李俊植（のち中将）と蔡元凱（のち少将）が面倒をみてくれた。広東省主席・呉鉄城将軍の厚意で亜細亜旅館全部を百余人の宿舎とし、東山栢園を政庁に貸してくれたそうである。

けれども一〇月一二日から広東攻略戦が始まり、二一日には陥落した。広東西郊の仏山に空襲を避けていた「臨政」は、ついに重慶に引越した。中国政府が提供したトラックでの、難行苦行の山越えであった。百余人の大家族が家財とともに引越すのだから、大変であったろう。昭和一九―二〇年に見た広東―広西、広西―貴州省境の奇々怪々な灰白色の山脈を思い出す。

金元鳳・金科奉　南京が危うくなると、金元鳳、金科奉らが主宰した朝鮮民族革命党は漢口に避難した。そして武漢に集まってくる韓人青年を糾合して訓練を施し、一九三八年一〇月初旬に「朝鮮義勇隊」を編成して武漢防衛戦に参加した。朝鮮義勇隊は三隊から成り、代理指揮官・朴孝三（のち北朝鮮の要職を歴任）の指導の下で、第一隊（中岳）は河南省の第九二軍に、第二隊（金学武、金昌満（のち北朝鮮副首相、党中央委政治局員）、韓志成ら）は湖北の李宗仁軍に、第三隊は江西の第五八軍に従って戦ったとのことである。なぜまとまって戦わなかったのか、どの位の実力を持っていたのか、は分からない。

漢口が陥落すると金元鳳らも重慶に逃れ、同年一二月に金元鳳の提唱によって左派の人士を集めて「朝鮮民族戦線連盟」を結成し、「臨政」の右派三党に対抗して気勢を挙げた。該連盟は朝鮮民族革命党を中核として、朝鮮民族解放同盟、朝鮮民族前衛同盟、朝鮮革命者連盟から成る左派の統一戦線組織で、その幹部は次の人達であった。

○印は南朝鮮過渡立法院議員
◎印は韓国国会議員
・印は北朝鮮の要職歴任
○・金元鳳、・金科奉、○◎尹琦燮、・成周寔、○金商徳、金弘叙、石丁、崔錫淳

こうして韓国の独立運動の闘士たちは自然に重慶に集まって、いつの間にか韓人の人口は五百余人となっていた。だが臨政支持の右派三党の合同さえ成らず、上海・南京時代の左右両派の派争がそのまま移されていた。これを、韓国の解放後の政治縮図とみることもできようかと思う。

六、重慶臨時政府

こうして上海―南京で活動を続けていた独立運動家は、支那事変の拡大に伴って一部は延安に赴いたものの、大部は重慶に集まった。重慶は開港場ではあるが、中国奥地の山また山の中にある。民族の団結を促進し易い環境、と言えるであろう。

(一) 統一成らず

中国政府の配慮で「臨政」とその家族の落着き先が定まり、在米僑胞からの財政的支援が受けられるようになると、金九は三八年末から三九年（昭14）初めにかけて左右の合作に乗りだした。

左右合作　金九はその動機を説明していない。だから共産主義をみる目が変わったのか、中国側から奨められたのか、狭い重慶で同じ民族が多くの党派に分かれているのを痛嘆して力の結集の必要を感じた結果なのか、いずれとも分からない。あるいは不治の病に罹かった彼の老母（八〇歳）を、民族革命党の幹部・金弘叙が進んで面倒をみてくれたことが影響しているかも知れぬ。

左右の合作は、共産主義者にとっては執権を握る方便的道程である。民族革命党党首・金元鳳は、渡りに舟と賛同した。金九は、在米の諸団体にも参加を呼びかけた。在米僑胞が賛成しなければ財源がなくなってしまう。

ところがアメリカとハワイからの回答は、「統一には賛成だが、金元鳳は共産主義者だから、彼と合作すれば金九とも絶縁する」という強硬なものであった。金九は金元鳳と連名で「祖国の光復には民族統一運動こそ先決である」旨の公開書簡を発し、翌三九年五月ごろようやく同意をとりつけた。合作に着手してから半歳後のことである。

こうして障害を克服したが、次は足下から反対が起きた。彼が率いる韓国国民党の幹部らが「各党が連合する統一には異存がないが、党を解散して共産主義者と単一党を組織するのは不可能である」と言いだしたのだ。金九はこれを説得するのに一か月かかったそうだが、この努力が実って次の七党の統一会議が開かれた。

韓国国民党　（金九）
韓国独立党　（趙素昂）　民族主義運動陣営
朝鮮革命党　（李青天）

朝鮮民族革命党　（金元鳳）
（朝鮮青年義勇軍）
朝鮮民族解放同盟　（申翼煕）　朝鮮民族戦線連盟
朝鮮民族前衛同盟　（崔昌益）
朝鮮革命者連盟　（柳子明）

ところが会議の大勢が右派に有利に傾くと、革命者連盟と前衛同盟は「共産主義の組織を解散するわけにはいかぬ」と主張して退場し、前衛同盟の崔昌益（のち北朝鮮の閣僚を歴任）は延安に去った。そこで残った五党で純粋民族主義新党の創党を協約して、統一会議を終えた。三九年九月であった。金九が合作に着手してからほとんど九か月経っていた。重慶の盆地に集まった五百人の韓国人をまとめるのに、気が遠くなるほどの日時を必要としたわけである。

ところが金九が一息つく間もなく、まだ正式な党名も決まらないうちに、解党したはずの民族革命党は党首・金元鳳の名を以て脱退を宣言した。理由は「党の幹部と青年義勇隊が共産主義を捨てきらない。協約を修正しなければ、彼らは逃げてしまう」であった。

こうして五党の統一は成らなかった。民族主義者は基盤を国土に置き、心の故里を民族の伝統におく。共産主義者は世界を場とし、心をモスクワに置いている。だから両者の合同は理論的に不可能だが、この場合は感情や体面の方がより邪魔したらしい。しかして8・15の解放後に韓国で起こった政治的混迷は、各地に割拠したこのような各種各様の思想勢力が、それぞれ主導権を目指して帰国した結果の必然の帰結であったと思われる。

韓国独立党の再建　金九は不明を詫びて、四〇年（昭15）四月に従来からの右派三党と、ハワイ愛国団、カウイ団合会とを合党して新たに「韓国独立党」を再建した。長沙で合党を図ってから二年後のことで、党執行委員は金九、洪震、趙素昂、李青天、金学奎、柳東説、安勲、宋秉祚、趙琬九、厳恒燮、金明濬、昌成煥、車利錫、李復源など、監察委員が李東寧（長）、李始栄、公鎮遠らであった。

臨時議政院は主席の輪番制を改めて、金九を国務会議の主席に選任した。対内・外の責任を負った金九はワシントンの外交委員部を復活して李承晩博士を委員長に任命し、対米活動にはずみをつけた。

こうして体裁は少しは整ったが、その実質は何もなかったと言ってよかろう。そもそも「臨政」は上海に亡命した独立運動家達が集まって、「臨政」という名を称しただけであった。国土も国民も権力もなく、内紛を事としてきたわけではないであろうが外目にはそう見える。桜田門事件と虹口公園事件がその存在を示しただけで、特に独立運動としてその後に残した具体的な影響はみられない。ただ独立を願っていた国民が〝独立精神の法燈を守って、中国の奥地で活躍している闘義士がいる〃と秘かに心の支えにしていただけではなかろうか。韓国の名のある将軍達がいずれも「臨政のことはむろん知っていた。偉い人達がいる、と尊敬してはいた。しかし内紛も伝わっていたし、当時（昭15）の情勢ではどうにもならぬことも知っていた」と異口同音に述べられたのがその一斑であろうと思う。

なお金九は記してないが、四〇年に日本と合作した汪精衛派が重慶を脱出してハノイに亡命すると、韓国独立党は中国の藍衣社やC・C団と結んで汪精衛緊急謀殺委員会を組織し、汪精衛の片腕と言われた曾仲鳴をハノイで、林白生などを香港で暗殺したとの説がある。（「坪江書」一〇五―六頁）・だが金九が書いていないから、怪しいであろう。

㈡千載の遺恨

一九四〇年（昭15）初夏の候、金九が韓国独立党を再建したころ、時恰も中国政府は最大の苦境に見舞われていた。一九三九年（昭14）冬の七一個師をもってする対日総反攻は失敗し、四〇年六月には重慶への関門・宜昌を失った。そしてその後、重慶は日本海軍の爆撃にさらされた。また欧州ではフランスが崩壊し、イギリスはドイツ空軍の猛爆下に喘いでいて、重慶は孤立無援に陥りつつあった。

しかし「臨政」が重慶で無為徒食していても、独立の機は訪れず、中韓合作は絵に描いた餅になる。軍事力で失った国土は軍事力でしか取返せないし、軍事力がなければ発言権も得られない。

光復軍の創設　「臨政」は、何を為すべきかを論議した。このような時、「臨政」の望みの綱は数万人と目される韓国人が、あるいは蔣介石直率の中央軍に、あるいは地方軍閥に、あるいは延安の八路軍に属して抗日戦に従っていた事実であった。一人の力は空しくとも、結集すれば大を為す。韓国人が力を合わせて抗日戦の一翼を担えれば、「臨政」の名分が立つし実効も挙がる。また助けられただけで何ひとつ恩返ししたことがない蔣総統にも、面目が立つであろう。

そのころ中国軍に勤務して名を為した人として、次の人達が知られていた。

李範奭：雲南講武堂卒。一九二〇年の青山里戦闘（後述）の勇者として早くから知られていたが、支那事変に当たり第五五軍司令部参謀処長代理に任ぜられ、台児荘作戦、徐州会戦に参加して比類なき戦功を樹てたと伝えられていて、当時は陸軍中央訓練団（連隊長～師団長級の補修教育機関）の教官に抜擢されていた。（のち韓国初代国務総理兼国防部長官）

金弘壹：貴州講武堂卒。中国軍大佐、中国名・王雄。支那事変の当初は後方要務に任じていたが、三八年（昭13）一〇月第一〇二師参謀処長に任ぜられ、南昌北方で第一〇六師団と対戦して万家嶺で著功を樹てた。当時は第一九集団軍参謀処長（少将）として南昌西側の防備に任じていたが、四一年（昭16）三月の錦江作戦（中国名は上高会戦）に際して大功を樹て、のち四二年一月～四三年一二月の間、崔用徳、朴始昌とともに陸軍大学校に入校することになる。（のち韓国軍中将、外相、新民党党首）

崔用徳：中国空軍の最精鋭戦闘隊長と謳われていて、その南昌空戦や重慶防空戦は誰知らぬ者はいなかった。（のち空軍中将、空軍参謀総長）

その他に**宋虎聲**（のち韓国警備隊総司令官）、**安椿生**、**李俊植**（いずれものち中将）、**蔡元凱**、**俞海濬**、**呉光鮮**らが知られ、臨政内部には日本陸士卒の**柳東説**（一五期）、**李青天**（二六期）らがいたわけであった。

そもそも韓国が独立を果たすには日本の軍事力を撃破しなければならないが、その為には「臨政」の軍隊が必要であった。他国の軍事力に頼って独立しても、結局はその国の支配下に入ることを余儀なくされて、真の自主独立は望めない。自力で解放してこそ、真の独立が叶えられる。

また独立国には、軍隊が欠かせない。折角得た独立も、それを守る力がなかったならばいつか他国に支配される。「臨政」は、在華韓国軍人を集めて「光復軍」を創設することを決議した。独立の光を復する軍隊、の意であった。けれども軍隊の創設とその運用には巨万の費用がかかる。ナポレオンは「戦争で一番必要なのは、カネだ。二番目もカネである。そして三番目もカネなのだ」と喝破したが、「臨政」は全くの貧乏で、在米僑胞からの献金で細々とその門札を維持していたに過ぎない実情であった。だからと言って、蔣総統には頼めない。前述したように、中国は苦境のどん底に喘いでいたからである。金九は「中国政府は政庁や住居の手配はしてくれたが、われわれの独立運動の援助には冷淡であった」（二九四頁）と自書している。中国の実情からして、無理からぬことであった。

そこで金九はアメリカの援助を引出すために渡米を計画し旅券を申請した。すると中国政府はこれを止めて建軍計画の提出を求め、「臨政」が光復軍創設計画を提出すると蔣総統はすぐ認可した。

許貞淑

蔣総統としては藁をもつかみたい心境であったろうが、それよりも延安の中国共産党に付する遠謀と、韓国が戦後独立する場合に備えての遠慮から、「臨政」の創軍を認めたものと思われる。当時延安では、韓斌、金武亭、崔昌益、その夫人・許貞淑（許憲の娘）らが「朝鮮義勇軍」を編成して抗日戦に参加しつつあった。

一九四〇年（昭15）九月一七日、「臨政」は有金四万元をはたいて中国政府の要人や欧米の使臣を招待し、韓国光復軍成立式を挙げた。

光復軍の編制と配置は資料によって区々であるが、突合わせれば次の如くであった。

光復軍総司令部（西安）
総司令　李青天（のち無任所長官、国会議員）
副司令　金元鳳（前出）
参謀長　李範奭（初代国務総理兼国防部長官）
参謀　李復源
　俞海濬（のち少将）
　李俊植（のち中将）
　その他
第一支隊（綏遠）　金科奉（北朝鮮の要職歴任）、公鎮遠
第二支隊（西安）　李範奭（前出）
第三支隊（安徽省・阜陽）　金学奎
第五支隊（韓国青年戦地工作隊を改編）　羅月煥
徽募第三分所（江西・上饒）　金文鎬

総司令部が位置することになった西安（長安）は、延安を監視する第一戦区司令部（胡宗南将軍）の所在地として知られた。綏遠は延安を北から睨む。つまり光復軍主力は延安を包囲する態勢を採ったとみられ、蔣総統の遠謀と臆測した次第である。

けれども資金は、宋美齢夫人の婦女団体が十万元を寄附しただけであったから、他の一切の経費は在米僑胞に仰が

ねばならなかった。また支隊は五〇〇人を越えなかったから、金九は「当初は人員も少なかったので、数ヵ月（年?）間は有名無実のままに過ぎた」と述べている。（三〇〇頁）

実は筆者は光復軍が創設された直後に、武漢地区に出征した。そして、韓国人が義勇軍を編成して間もなく対日戦に加わる旨の情報を知らされた。すると、韓国人の中国語通訳がいつの間にか姿を消したことを記憶している。けれども上記のような光復軍の配置の関係で、ついに干戈を交えなかったのを幸いに思う。光復軍の装備と訓練が、意外に遅れたからでもある。

光復軍の分裂　ところが四二年五月ごろ、不祥事が起きた。これについて金弘壹将軍は次のように回想している。（括弧内は筆者の注）

「金科奉の第一支隊（一二〇人）は、綏遠省の馬占山軍と合作して将来の満州への反攻を準備することになった。（注：第一支隊は、金元鳳の「朝鮮義勇隊」を主体にして編成したものと思われる）

そこで交通路の関係で、重慶から西安を経て直路北に向かった。（一九四二年（昭17）五月ごろ）すなわち陝西省を縦断することになったのだが、そこは中共八路軍の根拠地であった。八路軍は予告なしの来客を手厚くもてなして、延安に案内した。延安の司令部では彼らを貴賓として迎え、あらん限りの歓待を尽くした。予期せぬ待遇を受けて第一支隊の将兵に心の変化が起きた。金科奉の光復軍司令部への報告は、『馬占山部隊は満州挺進軍という称号こそ貰っているが、満州に侵入する能力も勇気も持ってない。だから延安の八路軍と合作して北京、天津あるいは山東方面で遊撃する方が実効が挙がる。またこの方策が、敵の後方に散在している韓人青年達や、日本軍に強制編入された韓人兵士（特別志願兵の意）を吸収するのに便であり、将来日本が敗北したとき正々堂々と入国できる近道であろう』というじ後承認を求めたものであった。そのうえ第一支隊は、『朝鮮独立同盟』に所属すると称して金料奉を主席とし、ずっと前から八路軍に従軍して砲兵司令官を勤めていた武亭（金武亭とも言う。6・25南侵時の人民軍第二軍団長）を司令官に、重慶から赴いた朴孝三（前出の金元鳳の「朝鮮義勇隊」司令代理）を副司令官に据えて、『朝鮮義勇軍』と改称してしまった。

こうして光復軍三個支隊のうちの一個支隊が共産軍になってしまったわけで、一寸先は闇だとよく言うが、全く予期せぬ出来事で、その政治的意義は図り知れなかった。蔣総統の信を失ったからだ。しかも朝鮮義勇軍は終戦時には二千人に増加し、毛沢東の指令で早く満州に進出した後は、『祖国解放』の美名のもとに在満青年を糾合して三万人の大部隊になり、日本軍の武器を装備して侮り難い武力になった。ために、ソ連軍に組織としての入国を拒まれたが、彼らが北朝鮮軍の中核戦力となって6・25南侵の主役を務めたわけである」（「金弘壹回想記」80回）

こうした意外な珍事が突発したが、そのころ重慶では、分派活動のためにより遺憾な事件が起きた。

千載の遺恨　一九四一年（昭16）の秋のころ、駐英中国大使であった郭泰祺が外交部長に就任すると、国民政府に「臨政」を正式政府として承認する動きが高まった。郭大使は、ロンドンに集まっていた多くの亡命政府が本国民の心の支えとなっており、かつその指令による対独地下組織が少なからぬ実績を挙げているのを知っていた。また英国政府は亡命政府の存在を高く評価して、帰国する郭大使に、「中国が韓国臨時政府を承認すれば、英・米・ソも承認しないわけにはいかなくなる。すれば韓国民の勇気は振い立つだろう。効果的な抗日運動が起これば日本の弱化は目に見えている」と勧告した経緯があった。この外交戦略に魅力を感じた郭部長は、帰国するや否や政府首脳に建議して「臨政」を外交的に承認する手続きを進めたのである。

これを通知された「臨政」首脳は、千載一遇の好機と歓呼した。四大国の承認を得れば、当然戦列の一員と看做される。ソ連の承認は無理だとしても、英・米の承認さえ受ければ軍事援助を受けられるであろうし、内外に発言力を持ち、戦勝の暁には容易に主導権を行使して独立への道を歩むことができる、と胸算されたからである。

従って期待通りに事が運べば、韓国民の中に潜在し、折につけて表面化しつつあった厭戦思想や抗日気運が爆発して、画期的な情勢が展開したかも知れぬ。そして「臨政」は〝門札政府〟としてでなく、自力で解放の一翼を荷った正統政府として戦後の政治地図に参画するチャンスを与えられ、悲劇の分割を避け得たかも分からない。

けれども、現在の「臨政」が承認されれば、これに参加していない金元鳳の民族革命党や、申翼煕の朝鮮民族解放同盟は冷飯を食わねばならないことが明らかだ。金元鳳一派は金九の左右合作を潰した以降、好意的無視の態度で「臨政」に臨んでいたが、承認問題が公然化すると陰湿な妨害工作を開始した。中国政府に、承認の延期を願出たのである。その言い分は

「『臨政』は挙族的な統一政府でなく、韓国独立党一党だけで政府なるものを造り、勝手に『臨政』と僭称しているに過ぎない。だから彼らを承認すれば却って民族的混乱を招き、抗日運動など思いもよらぬ。各党各派が連合して挙族的な臨時統一政府を造るまでは、承認を保留されたい。その方が大局的な情勢にマッチする」

であった。

そして金九らが一九四一年一〇月の第三三回議政院会議で承認問題の善後策を協議していると、金元鳳派が殴込みをかけて金九派との間に乱闘騒ぎを起こし、中国憲兵が両派を調整する活劇さえ演じたという。（徐大粛書二一一頁）

と言って、金元鳳が挙党的政府の樹立を金九に持掛けた形跡はない。金元鳳の言い分にも一理があるのだから、この際は承認を受ける条件を整えるのが筋であろう。だがその努力がみられないことは、独立へのプロセスを見通し得なかった浅見は否めず、我執自欲の外になかったと思わざるを得ない。

中国政府は已むなく、百年河清を待つ思いで韓国人の紛争を静観し、挙族的政府の樹立を待った。そして光復軍第一支隊が毛沢東の懐に入るに伴い、匙を投げた。けだし、当然であろう。

こうして千載一遇のチャンスが去った。実はアメリカの議会でも承認の動きがあったのだが、中国が見送るとチャイナ・ロビーも諦めた。こうして「臨政」は、ついに大国の承認を得ることができなかった。従って還国に当たっては私人の資格で帰らざるを得なくなり、「臨政」としての発言力を失って、政治的中心勢力として活動する機会はなかったのである。

ところがどうしたわけか、金九はこの「不祥事」については記述していない。挙族的結集が悉く左派の陰謀で成らなかったことは詳述しているのだが、この千載一遇の機会を左翼分子の妨害で逸した無念さを、彼は書き残していない。恐らく彼自身が帰国後の党争に疲れ果て、左派に対する恨みつらみが重なってこの大事を書き忘れたのか、当時南北の協商を企図していた彼は、北朝鮮の要職にあった金枓奉や金元鳳がつむじを曲げるのを恐れてわざと書かなかったのか、のいずれかであろう。

けれども当時重慶の中国陸軍大学校に学んでいた金弘壹将軍は、この事件を回想して次のように長嘆している。

「呪われた民族内の分派作用のために、わが臨時政府が連合国の一員となり、戦勝国となり得た無二の機会を永遠に失ってしまったことを考えるとき、今も沈痛な思いで眠れない。特に今日の分断された祖国の悲劇的な現実を見るとき、当時の民族の頽廃がしでかした臨政承認妨害工作は、わが民族史に永遠に消し得ない大罪として残るこ

とであろう」（「金弘壹回想記」80回）

前述したように、朝鮮日報論説委員・李圭泰はその書の六八―七二頁で、「韓国人は団結に欠けているか？」と題して部落や郷や血族的団結の固さを説明し、決して欠けているとは思わない旨を述べている。それに疑いはないが、郷や血族の団結が固ければ固いほど国家的、挙族的な団結が容易でないことを言外に匂わしているように取られる。金元鳳が、自身と派のために行った彼の当為が、それを裏付けている。

(三)　戦機を逸す

一九四一年一二月八日に太平洋戦争が始まったが、日本の勝利が続いていた間は、重慶の空気は沈うつであった。中国政府も「臨政」も日米開戦の興奮が冷めると、士気は全く振わなかった。けれども一九四三年（昭18）初頭のガダルカナル撤退以来戦勢が逆転すると、重慶は活気づいてきた。

一九四三年末ごろの重慶臨政の実情を、金九は次のように総括している。（「白凡逸志」二三四～五頁）

「中国本土の韓国人党派の多くが臨政を支持し、アメリカの一万余人の同胞も政府を推戴して独立資金を上納している。とくに虹口爆弾事件以来は内外人の認識が改まったが、一九四二年度の歳入は五三万元の新記録となった。中・ソ・米国はかつて秘密に援助したことはあっても、公式には関係がなかった。しかし今はルーズベルト大統領が韓国の自主独立を放送（一九四三年一一月のカイロ宣言）したし、中国立法院長の孫科氏も「臨政」の承認を公開の席で演説した。またワシントンの外交委員部（委員長・李承晩）は外交、宣伝に力を入れている。

さらに李青天を総司令とする韓国光復軍は、司令部を西安に置いて募集と訓練に励み、作戦を計画中である」

対日参戦・左右連立政府　叙上の情勢の進展に伴って、「臨政」はまず中国政府の承認を得る必要が急務となってきた。四一年の承認問題が金元鳳派の妨害で流れた後は誰からともなく挙党政府の樹立が叫ばれ始め、左右合作や民族的団結が今更のように唱えられて、日増しにその気運が盛上っていた。だが、永年の血さえ見た確執が一朝で融けるわけはなかった。内閣の構成がじ後の利害得失に直結するだけに、左右の駆引は渉らなかった。

けれども一九四三年（昭18）五月の臨時議政院議員の補選を機に、民族革命党右派に回っていた金奎植が宣伝部長に、同じ張建相が学務部長に就任して連立の一歩を踏み出した。そして同年末のカイロにおける米・英・中三国巨頭会談において、「やがて（in due Course）朝鮮が自由かつ独立のものとなることを決定した」旨が伝わると、興奮のルツボとなった。「やがて」が曲物であった（信託統治を意味した）のだが、それを都合のよい方に解釈して驚喜した。翌四四年（昭19）三月一日の第二五回三・一運動記念日には盛大な式典を挙行して、駐米外交委員部代表・李承晩の声明を発表し、韓国民主共和国の創立と対日宣戦を決議した。参戦したか否かが戦後の発言力を左右するからである。ビルマや南東太平洋で、連合軍の本格的な対日攻勢が始まったころであった。

ここにおいて、同年四月の第三六回臨時議政院会議において憲法を改正し、左右連立政府を発足させた。その顔ぶれは次の通りである。

大韓民国臨時政府閣僚名簿（参考「坪江書」一〇七頁）

職　名		年齢・当時の所属党・前所属党の順
主　席	金　九	（68・韓国独立党、元国民党）
副主席	金奎植	（67・民族革命党、元人民共和国首班）
内務部長	申翼熙	（51・民族解放同盟、元韓国革命党）

外務部長　趙素昂（57・韓国独立党、一時民族革命党）
財務部長　趙琬九（63・韓国独立党、元国民党）
軍務部長　金元鳳（46・民族革命党、元義烈団長）
法務部長　崔東旿（55・韓国独立党、元朝鮮革命党）
文教部長　崔淳錫（？・民族革命党、元韓国独立党）
宣伝部長　厳恒燮（43・韓国独立党、元国民党）
秘書長　車利錫（63・同右）
無任所相　李始栄（62・同右）
同　曺成煥（同右）
同　朴讃翼（同右）
同　安　勲（同右）
同　金広鳳（民族革命党）
同　成周寔（53・右同）
同　金明濬（韓国独立党、元国民党）
同　張建相（62・民族革命党）
同　金奎光（民族解放同盟）
同　柳子明（革命者連盟）
参謀総長　柳東説（66・韓国独立党、元朝鮮革命党）

'45年11月23日に還国した臨時政府要人。
前列中央が金九、その左前が金奎植

光復軍総司令官　李青天（57・右同）
同　参謀長　　李範奭（44・無所属）
同　高級参謀　　蔡元鳳

こうして挙族的内閣の組閣が叫ばれてから約三年を経て、漸く連立内閣ができた。中国が承認する条件が整ったわけである。

しかし、世界の情勢は一変していた。ドイツと日本の敗勢は覆うべくもなく、中国は勝利を確信しつつあった。また共産党との合作のたびに裏切られてきた中国政府が、左派の多くが入閣した「臨政」を承認するわけはなかったのである。中国が苦難に苦しみ、郭外交部長が乗気であった一九四一年の時点で連立しておれば、中国は承認していたと思われる。だが、三年も経ったこの時点では、中国は韓人の助力を必要としなくなっていた。蔣総統は、金弘壹少将の建議（南岳会議）にかかわる米式学生軍の編成やビルマ反抗、三月から始まった日本軍最後の大陸打通作戦とこれに伴う米中連合作戦の調整に他を顧みる時間を失っていた。

チャンスは、一瞬にして過ぎ去ってしまう。

折角の連立工作が徒労に終わり、金九は落胆したであろう。だからであろうが、彼はこの件も記述していない。彼が後篇を執筆したのは帰国後のことであるが、当時は臨政時代の同志とは仇敵の関係にあったから、書く気がしなかったのかも知れぬ。

だが、やがて金九主席の活躍の場が訪れた。

参戦準備　金九によれば「突然、一大事件が起きた」(三〇〇頁)　おそらく一九四五年(昭20)の初頭と思われるが、中国戦線に出動した学徒兵出身の韓人将校五〇余人が日本軍を脱走して、安徽省・阜陽の光復軍第三支隊に合流したそうである。彼らは中国政府の援助で重慶の「臨政」を訪れた。

この事件はアメリカの注目を引いた。米戦略事務局(OSS)は、光復軍を国内の攪乱に利用することを着想したのである。

在支米軍司令官・ウェデマイヤー中将と光復軍首脳とが協議決定した「国内工作特派計画」は、次の如くであった。

1　五月から三か月間、第二、第三支隊にアメリカの教官が特殊工作訓練を施す。
2　検閲に合格したならば、山東海岸から米潜水艦によって朝鮮に潜入させる。
3　工作隊は国内要衝の破壊や占領、諜報、謀略に任ずる。
4　必要な装備、補給品は米空軍が投下する。

こうして四五年(昭20)の五月から、サージェント博士は李範奭と合作して西安で、ウィムス中尉は金学奎と合作して阜陽(武漢東北方)で特殊訓練を開始した。韓国兵は中国人が耐え得なかった猛訓練に耐えて、教官を喜ばせた。八月に入ると、米陸軍省は計画に基づく潜入準備を手配した。

このときの李範奭の努力と手腕は、ウェデマイヤー中将を感動させた。彼が大韓民国の創立に当たり、初代国務総理兼国防部長官に親任されたのは、ウェデマイヤー将軍の推せんに基づくものという。

金弘壹の計画　光復軍の特殊工作訓練が緒についた五月、ドイツは降伏した。日本の敗北も時間の問題となっていた。

そのころ金弘壹少将は金九主席の要請で中国軍を退職し、光復軍参謀長に就任していた。李範奭参謀長が国内浸透工作に専念したからでもあろうが、金弘壹がかねて抱懐していた正式参戦構想＝（日本が屈伏する前に光復軍が連合軍の一員に列し、対日戦の一翼を担ってこそ始めて韓国の独立と、その将来に一層有利な国際環境を造ることができる）＝が、金九主席との間に期せずして一致したからという。

金弘壹参謀長は、まず蔣総統と交渉して光復軍に対する「臨政」の統帥権を確立した。と言うのは、四二年九月の中国との協定によって、中国が光復軍に装備品と補給品を支給する代償として光復軍は中国軍事委員会の作戦指揮下に置かれていたからで、金弘壹は統帥権の独立を計ったわけである。

ついで知己の王耀武兵団長と合作し、将来の武漢奪回作戦に当たっては、光復軍は第七四軍とともに攻勢に参加して、対日参戦を具体化することを取り決めた。王兵団は武漢西方の第六戦区の骨幹部隊で、筆者の部隊もたびたび交戦したことがある。

こうしてお膳立が整ったので、金弘壹は金九主席、金元鳳軍務部長、柳東説参謀総長、李青天総司令官らで構成した臨政軍事首脳会議に実行の承認を求めた。だが、承認は得られなかった。「第二、第三支隊は特殊工作の訓練に専念している。残りの数百人で王耀武軍と合作しても、意味はない。それより全軍を挙げて米軍と合作し、満州や国内を含む倭軍の後方に潜入してゲリラ戦を展開した方が効果的である」という異見がでたためであった。そしてじ後、正式参戦派とゲリラ戦派とが対立して議論に明け暮れた。金弘壹将軍は「またもや臨政首脳の間では、不幸にも意見が食い違った。…なかなか結論がでず、公然と時間だけを浪費した」と嘆いている。（「回想記」84回）

金将軍は反対派が誰であったかは記してないが、テロ団の団長であった金元鳳がその先鋒であったことは想像がつく。金元鳳は、他人の策案を実行することは自己の勢力を失うことである、と解していたらしい。

終戦　第二次大戦末期のころの光復軍の兵力が、どれほど増加していたかは明らかにし得ない。韓国国防部「韓国戦争史Ⅰ」には、「四一年に軍団化して六個支隊に拡充した」(三八頁) とあるが、前記の金弘壹回想録には「第二、第三支隊を除けば数百人」とあるから、余り増加しなかったと思われる。

四五年 (昭20) 八月一二日、金九主席は米軍機で西安に飛んだ。米軍側と特殊工作隊の派遣を協議し、検閲に立合うためで、検閲に合格すれば西安から第一陣を送り出し、阜陽から第二陣を送る予定であった。おそらく、八月九日にソ連が参戦したのと、翌一〇日に日本がポツダム宣言の条件付受諾を放送したので、計画を早めたものと思われる。協議は在支米軍作戦部長・タノベ将軍との間に進められ、タノベ将軍の「本日から米国と大韓民国臨時政府との、日本に対する秘密工作が開始される」旨の宣言で会議を終えた。

翌八月一三日、西安の東南にある古い漢詩で有名な終南山の古刹で米軍による検閲が行われ、いずれの課目も上々の成績で合格した。金九が特筆しているのは、検閲官が数メートルの麻縄一本ずつを随意に選んだ七人に手渡して、数十メートルもある断崖の上で「崖の下から木の葉一枚ずつを摘んでこい」と課題した時のことである。

七人は顔を見合わせていたが、やがて協議して各人の縄を結び合わせ、長いロープに仕立てて命題を解決した。検閲官は「中国の学徒兵四百人がかつて解決できなかった問題を、韓国の青年七人は見事に解決した。前途有望な国民だ」と激賞したという。(「白凡逸志」三〇一—二頁)

彼の愛民族心がにじみでた記述と思う。恐らく仲間との闘争に明け暮れた過去を顧みて、七人の青年が一途の方針のもとに団結し、協力し合った姿を見た感動がこれを書かせたのであろう。

翌々八月一五日夜、金九は陝西省主席・祝紹周の招宴の席で日本の終戦を知らされた。西安の城内はどよめく歓声でわき立ち、宴は戦勝宴に様変って、万歳と乾杯の嵐となった。だが金九は、その時の感懐を次のように叙している。

「嬉しいどころか、天が崩れた感じであった。苦心惨憺の努力を費して参戦を準備したのに、すべてむだとなったのだ。…折角の苦労が勿体ない気がしたが、それより心配だったのは、われわれがこの戦争でなんの役割も果たさなかったために、国際的な発言力が弱くなるだろうということだった。…わが光復軍は任務につく前に戦争が終わったことにがっかりし、沈うつな気にひたっていた。…アメリカが光復軍のために建設中の数千人を収容する兵舎工事も、その日のうちに中止され、…全く水泡に帰した」（三〇三頁）

また金弘壹将軍は

「日本の敗北は目に見えていた。…喜ばしければ喜ばしいほど、私の心の片隅がうつろになる。ついにわが光復軍は、連合軍の一員となって日帝と戦う機会を永久に失った。日帝は敗亡したが、わが国の将来はどうなるのだろうか、という不安感が胸をさいなんだ」（『回想記』84回）

と記している。

こうして、「臨政」の二六年にわたった光復の努力は、実ることなく終わった。そして金九主席や金弘壹将軍が案じたように、韓国には何らの発言権も与えられず、韓国は大国の勝手に任された。軍事力で寄与しなかった者には、国際社会は発言権を与えようとしない。

還国　戦争が思いの外早く終わると、「臨政」内部では国務委員の総辞職論から解散論まで飛び出して、今後の方向を見失っていた。西安から帰った金九は現状のままでの帰国を主張して全員を納得させた。だが前述したような寄合世帯であったから、分裂の宿命を内蔵していたわけである。括弧内は帰国後の動向を示す。

主席　金九（韓国独立党党首。左翼ついで李承晩とも敵対して南北協商を唱え、49・6暗殺さる）

副主席　金奎植（民族自主連盟・左右合作を試み、過渡立法議院議長を務めたが、南北協商を唱えて孤立した。動乱時拉北さる）
内務　申翼熙（民選議員、第一、第二代国会議長）
外務　趙素昂（韓国独立党副委員長。南北協商を唱え、のち社会党党首。第2代民議員。拉北さる）
軍務　金元鳳（過渡立法議院民選議員、越北して北朝鮮の初代国家検閲相となる）
無任所　李始栄（初代副統領）
財務　趙琬九（不詳）
法務　崔東旿（過渡立法議員、同副議長。南北協商派。拉北さる）
文教　崔淳錫（不詳）
宣伝　厳恒燮（韓独党中央委、民主議院議員、南北協商派。拉北さる）
光復軍司令官　李青天（初代無任相、国会国防委員長）
参謀長　李範奭（朝鮮民族青年団長、初代国務総理兼国防部長官）

金九の努力で「帰国して全国民の手に政府を捧げ渡すまでは、現状を保つ」ことに一致したが、これも忽ちご破算になった。米軍から「ソウルには米軍政府がある。二つの政府は不必要だから、臨時政府としての入国は認めない。また光復軍としての入国も認めない」と通知してきたのである。仕方なく個人の資格で帰国することにしたが、これで二六年間も独立の法燈を守り続けてきた辛苦がすべて無に帰した。法燈が消えたのだ。つまり韓国には中心となって世論を収拾し、政治活動を指導する勢力がなくなったのである。韓国の将軍らが異口同音に「政情は百鬼夜行して混沌の一語に尽きた」と述懐するのは、世論が帰一する中心勢力がなかったのが要因の最たるものであった。アメリカ人の朝鮮の歴史に対する無知と自由民主の理想に走り過ぎた嫌いが、この過誤となって現われたのだと思う。「臨政」の法燈と権威を認めて熱狂して歓迎した韓国民と金九の声望を考えれば、韓国に巻き起こった政治的紛糾はいくらか別の方法で収拾できたと思われるのである。

李承晩の紹介でハッジ司令官に帰国挨拶をする金九

それはともかく、「臨政」は統一戦線工作のため重慶に在った中国共産党の周恩来、董必武らの諸氏や、蔣介石夫妻をはじめとする中国政府や党の要人らの盛大な送別宴に送られて、一一月五日に上海に飛来した。一三年ぶりであった。上海では六千人の同胞が歓呼して出迎えてくれた。

一一月二三日、金九一行は二七年ぶりに金浦飛行場に降りた。金九は六九歳になっていた。軍政庁に属する各機関、政党、団体、教育界、財界など各界もれなく名を連ねた大歓迎会が組織され、〃臨時政府歓迎〃と大書した旗と太極旗を林立させた数十万の群衆がソウルの街を祝賀して練り歩いた。また徳寿宮（旧王宮）での歓迎宴には四〇〇人あまりが参席し、韓国駐屯軍司令官ハッジ中将以下の高官が姿を見せていた。

金九の最後　金九は前述した実力行動と不変の大義から、その声望は群を抜き、民族の英雄として崇拝する人が多かった。また彼が領導した韓国独立党は、四七年五月の時点では公称党員百万を誇っていた。だから彼に現実を直視する柔軟性があり、他党を包容する度量と時勢に即応する政策を持ち合わせておれば、彼は大義の象徴として永遠に生きたであろう。

しかし彼の南北統一政府の樹立、民族の自決による統一の信念は余りにも固かった。上海や重慶で共産主義者に苦労したのを忘れたように、北との話し合いに固執した。また「臨政」では左右合作して国務会議を構成したのに、帰国してからは彼の主張に反する者はみな敵とした。韓国の単独選挙に反対して南北の協商会議に参加したのもこのためであり、選挙をボイコットして政界の孤児になったのも、余りにも自説に固執したためであった。彼の性格を頑固で偏狭と誇った人が居たが、頑固は指導者に共通した意志の強さであるから、これがなかったならば独立の法燈を守り切ってこれるわけがない。

でも彼は、余りにも理想を追い過ぎた。その理想は偉とするが、生きている人間には無理であった。彼は、共産主義者と話し合って「自由の国」を造ろうとしたのだから、不可能に挑んだわけだ。

けれども四八年六月の大統領選挙では李承晩博士が一九六票のうち一八〇票を獲得して当選したが、立候補もしなかった金九に一三票も入り、副大統領選挙では李始栄の一一三票に次いで六五票も獲たのは、彼の声望を現わしたものであろう。

けれども彼は、誕生した韓国政府をも認めようとしなかった。円満な理性の欠如、と評する人が居たが、これでは空想的である。しかも李承晩政権の施政には事々に反抗した。それは四八年一〇月に突発した麗水・順天の反乱を利する恐れさえあり、一二月に制定された国家保安法に触れかねなかった。

四九年一月、彼の韓国独立党はついに解散を命ぜられたが、彼の舌鋒は止まず、四九年六月二六日、陸軍少尉・安斗熙の兇弾に斃れた。

彼の生前の口癖は、「民族に捧げた身」であった。そしてその自伝の下編のはしがきは「七〇年の生涯を顧みると、生きようとして生きたのではなく、生きさせられて生きてきた。死のうとして死ねなかったこの身は、結局、死なせられて死ぬことになるのである」と結んである。彼は予言どおり、その身を民族に捧げた。享年七三歳であった。しかし彼が念願とした「世界で最も美しい自主統一の国」は、いつ生まれるのか誰にもわからない。彼が愛した民族は、もう四〇年も南と北とに分割されたままである。

総括

「大韓民国臨時政府」とは一体何であったのか、を一言で表現することは至難の業である。「臨政」が三・一運動の法統を守った、あるいは門札を掲げ通したと評価できるとしても、別にそれが解放を促進した一臂の力となったわけではない。だから、外国人の物差しでは、その功の計りようがない。

けれども8・15解放を迎えた韓国民がまず想起したのは、独立精神の法統を守り抜いた「臨政」であった。韓国民は、「臨政」の偉い人達がやがて還国し、中心となって自由かつ統一された国家を築き上げてくれるであろうと期待した。名分を重んずる韓国民は、すべてそう意識したに違いない。

従って叙上の臨政維持に対する金九の執念が、韓国民の賛美の対象にならぬはずはない。彼の頑固で偏狭とみられる理想主義を問題にする人でも、彼の忍耐と愛民族心には敬意を惜しまない。彼は一時は韓国民の精神的偶像であった。金九は独立を志向した韓国人の気概と体面を代表してくれた、と。

反面、金元鳳の評価は低い。客観的には彼の方が実際の運動に携わった期間も永く、かつ具体的であったと思うのだが、彼は6・25の南侵に当たり北朝鮮の国家検閲相として一役かったのだから、独立運動の屈指の闘士には違いなかったとしても、仕方がないであろう。

そして金奎植、趙素昂、崔東旿、厳恒燮、柳東説らの少なかざる「臨政」の要人が、ソウルの陥落に当たって李承晩政権を離れ、北朝鮮軍に拉致されて対南工作の一役を買わされたことは、「臨政」の評価を複雑にしている一因と思われる。

しかして、「朝鮮共産主義運動史」（金進訳、一九七〇年一二月コリア評論社刊）の著者・徐大粛（哲学博士、ヒューストン大学政治学部副教授）は、覚めた目で「臨政」を次のように総括している。

「臨政傘下の極右民族主義者たちは共産主義活動に非常に批判的であったが、共産主義者は逆に彼らを攻撃した。『臨政は政治的な指導部ではなく、朝鮮大衆の犠牲によって盛上った三・一蜂起を自らの野望に利用するために創り出した擬制である』と。朝鮮の政治指導者たちは、『臨政』をつくるために上海に集まった。だが有効な制度をつくることができず、瓦解した。

『臨政』が生き残ったのは、金九の虚栄心と政治的野心を満たすためだけであった。……」（二一〇頁）

でも、厳しすぎる評価と思う。国と民族を思う心がなかったならば、二六年も続くわけがなく、国民の資金援助も途中で途絶えたであろうと思うからである。

第四章　アメリカにおける独立運動

〝天才は九八%は汗の賜物であり、二%は多感である〟
トーマス・エジソン

〝指導者は、大なる夢をもってその実現に努力するものである〟
ナポレオン

〝天才は、忍耐に対する偉大な素質を持つものである〟
バホン

〝西洋の英雄はどことなく、悲劇的臭いを発散させる。…しかし韓国的英雄は、順応し、忍従しながら和合する英雄だった。悲痛というよりは、むしろ、平凡で地味な英雄たちであった。地平を越えてゆく冒険ではなく、地平の此岸での闘争、それは現状を跳び越えてゆく英雄ではなく、現状を維持する英雄たちであったのだ〟

李御寧「恨《ハン》の文化論」の中の一節

アメリカを根拠にして活動した独立運動家は多士済済であったが、ここでは主に徐載弼、李承晩、安昌浩、朴容萬、林炳稷らに焦点を合わせることにする。徐載弼は運動の先達として、李承晩、安昌浩、朴容萬はそれぞれ一派の指導者として、林炳稷は李承晩の片腕として活躍し、記録に名を留めているからである。

アメリカでの独立運動の草分けは、一八八四年（明17）の甲申の政変に敗れて渡米した徐載弼であった。のち朴泳孝の執成しで中枢院顧問官として帰国し、独立協会を組織して大いに独立・開化思想の普及に努めたが、一八九八年（明31）に皇帝の忌避に触れてアメリカに退去させられ、独立協会に解散の詔が下った経緯は前に述べた。じ来徐載弼はフィラデルフィアで医業に従事する傍ら「大韓僑民会」を組織し、運動の先達として重きをなしていた。

独立協会が解散させられた時、幹部一八人が逮捕されたが、安昌浩は巧みに逃れて渡米し、徐載弼の指導でサンフランシスコに「共立協会」を設立し、じ後「大韓人国民会」に発展させて運動の巨頭と仰がれるようになる。

一方、李承晩と朴容萬は捕盗庁に捕えられ、無期懲役を宣告されて獄中の身となった。独立運動の双璧と謳われた李承晩と安昌浩の出発点は明暗に分かれたわけで、安昌浩が一九〇三年（明36）に「ハワイ国民会」の総会長に就任し、「国民報」を発行して声望を集めていたころ、李承晩はまだ獄中の身であった。この明暗が二人の関係に微妙な影を投げることになる。

李承晩が渡米するとしばらく安昌浩、朴容萬との鼎立時代が続いたが、三・一運動が起こり、上海臨時政府が成立すると、安昌浩は運動の場を上海に求めた。また一派を成していた朴容萬も北京に去った。だが李承晩はおおむねアメリカに留まって、8・15の解放まで運動を持続した。従ってアメリカにおける独立運動は、李承晩を軸として展開されたと言ってよい。

しかして韓国の初代大統領に選ばれたのは李承晩であったから、彼の思想と闘争の跡をたどればアメリカにおける運動のあらましがわかり易いと思う。

一、李承晩の思想形成

「氏より育ち」と言うけれども、氏と育ちが兼ね備わった方がより望ましい。

(一) その系譜

李承晩《イスンマン》の生立ち　李承晩は李王朝の祖・李成桂（太祖、旦）の嫡孫である譲寧大君一七世の裔である。譲寧大君は三代・太宗の嫡子で、大王と崇敬されている四代・世宗の長兄であるから、風の吹き回しがよかったならば王位継承権一位の家柄である。だがその子孫で王権に近づいた者はなく、家運は傾く一方であった。この家系では承晩の五代前から独り子が続いたのも、衰微の表徴であったかも知れぬ。

逼迫した承晩の祖父は、ついに漢城から都落ちして黄海道海州郡に転居した。父・李敬善は系譜学の大家で、両班の威厳を保つためにいつも学者独特の礼服を着用し、長い髭を蓄え、寛大で快活で金遣いが荒い典型的な紳士であった。かくして家産を蕩尽した李敬善は、已むなく平山郡の陵山に引込んだ。敬善の妻・金海金氏は娘二人を生んだが、男の子に恵まれなかった。四〇歳を越して諦めかけたころ、彼女は龍が胸に入った夢を見た。吉兆が現われて、一八七五年三月二六日に玉のような男児が産声をあげた。六代独り子は「承龍」と名付けられ、一家の宝としての地位に満足しながら育っていった。

承龍が三歳のとき、貧窮に陥った一家は再び漢城に舞戻り、後では南郊外の桃洞に引越した。小さな藁葺の家で、他家と違っていたのは、名門の両班李氏家の位牌を祀った小さな廟堂があるだけであった。

ある日、郊外に出た高宗がその貧弱な廟堂を見た。譲寧大君の後孫を祀った廟であることを知った王は、建替を命じ、父・敬善を堂守に任じた。だが、家計の助けにはならなかった。父は働かなかったからだ。当時は労働を卑しみ、両班や学のある者は働かないことをもって貴しとしていた時代であった。例えば外国に留学して学術を修めても、仕官してそれを国の為に役立てるわけでなく、箔をつけた誇りを後生大事にして無為徒食に終わるのが李朝時代の風習であったのだ。

だから承龍は、貧しい子供たちにもまれ、貧しい食事と、父が教える家系譜と祖先の栄華を聞きながら育ったのである。食事は、これが庶民の一般的な食習慣であったが、夕は米粥《かゆ》（雑炊）、昼は米飯とキムチであったが、朝は量がやや多い米飯にキムチと一片の肉か魚が付いていて、朝が一番の御馳走であった。祝日には米餅が夕食後に出たが、夕食を重くする日本の食習慣と逆なのは、いつ何が起こるか分からない定めなきこの世では、食える時に食っておかねば、また家を出る前に食っておかねばいつ食えるか分からない、という無常観の表われと聞いた。内患だけに気を配れば事足りた島国と違って、朝は内訌相剋に、夕は外患しんしんに脅やかされ続けてきた半島の地政学的条件の所産であった。

承晩は九歳のとき、トラホームを患って失明しかけた。焼火箸を突込まれるような痛さで、七転八倒の毎日であった。父母は六代独り子のためにあらゆる漢方薬を求め、祈り、知人の知恵を借りた。だが、ダメであった。万策尽きた後、親戚の勧めで当時は〝海を越えてきた悪魔〟と恐れられていた外人医師を訪れた。家を出る時、母は野辺の送りのように痛哭した。医師は三日分の目薬を投与した。その三日目、奇しくも承晩の十歳の誕生日の朝に、ぼんやりと光が蘇った。驚喜した父が感謝の印に卵十個を医師に差出すと、医師は「私よりも、

李承晩の父・敬善

貴方の息子の方がもっと卵を必要としています」と断った。これが多くの外国人と交わった承晩が、最初に会った外人であった。

儒教的世界　彼の最初の師は、母であった。彼の家族は仏教に帰依し、かつ儒教に忠実であった。仏教は来世を説き、儒教は現世の教えであるから、矛盾どころか足して一になる普通の信仰であった。

母がまず教えたのは、日本に漢字文化をもたらせた「千字文」の読み書きであった。承晩が六歳の時これを暗誦すると、父母は人を招宴して自慢した。六代独り子の異能を悟った母は、心血を注いではぐくんだ。後年の彼は「私の人格形成に感化を及ぼしたのは、父より母であった」と回想している。

次いで「童蒙先習」（中国と韓国の歴史と礼法の入門書）を、七歳の時に「資治通鑑《しじつがん》」（宋の司馬光が著わした二九四巻の歴史書）を学び、一八歳までに書堂（漢学の私塾）で中庸、論語、孟子、春秋、詩経、周易を修めた。つまり東洋哲学の世界に分け入ったわけである。

そしてこの間に、父母から実用的な処世の諺を叩き込まれた。それは韓国の家庭では普通のことだが、彼の記憶に鮮明なのは

○　人並の人間になれ。
○　風向きによって悪運も幸運もくる。人の運命は春三月の気まぐれ風のように、法則や理由もなく変わる。忍を忘れるな。
○　枯木には、苔しか生えぬ。
○　身をつねって人の痛さを知れ。

○虎がいないと山猫が威張る。
○塵《ちり》も積もれば山となる。
○川に溺れたら、川を恨まず己れを責めよ。
○取引は抜け目なく、約束は紳士で。
○牛を追うにも徳で追え。
○早く温る部屋は早く冷える。
○虫が胸を食っても分からないが、指を刺したのは分かる。
○居間では月が落ちるのは見えぬ。
○絵の中の餅は食えぬ。
○顔を赤らめないでは石を山に運べない。
○鶏で足りる祭に牛まで殺すバカはない。
○上水が濁れば下水も濁る。
○鯨が喧嘩すれば蝦《えび》が死ぬ。（後年の李承晩は韓国の立場を説明する場合、よくこの比喩を用いた）

父・敬善と10代後半の李承晩（右）

西洋文明との出合い　一八九四年、一九歳の夏に日清戦争が起こり、彼の国は他人の戦場となった。だが、その秋、彼は科挙（文官登用試験）の受験のための詩経の暗記に熱中していた。伝統に埋没して、まだ外の世界が見えなかったのだろう。そのころ彼の学友・申肯雨（申興雨（のち駐日大使、52年の民主党大統領候補）の兄）は監理教（メソジスト教派）の牧師が創設した培材学堂に入校していたが、ある日彼に「古典の暗記は古い。日清戦争を見よ。…西洋文明を学ぶべき時である」と入学を勧めてくれた。彼は「母がくれた宗教を捨てるわけにいかぬ。…」と父譲りの頑固さで断ったが、「西洋の悪魔」を嘲笑してみたい一心で、培材学堂に忍び込んでみた。すると、英語は学ぶべき価値があるように思われた。

彼は物心がつきだすと、父やその友人達が系譜を後生大事にし、家系を暗誦して得意になっているのをいつも見てきた。だが彼らには、家計を維持し、国家を保つことなどは念頭になく、ただ、名門の二〇数代の子孫であるから、尊敬されて遊び暮らすのが当然であると考えていた。この祖先崇拝の思想（病気）は両班階級だけでなく、当時は全社会に、水呑百姓にまでしみ込んでいた。そして祖先の栄華を称えることだけに熱中したために無秩序と無能力とを招来し、彼らの家族と国家の安泰は失われ、今は他国の戦場になっていたのである。彼ははっきりと社会の弱点を見詰め、欠点を理解する大人に成長しつつあった。

承晩は年末に入学を決意した。両親の反対は言語に絶したが、彼はこっそりと通学し始め、目を開いていった。西洋の文物を聞き、東学との類似点が多いキリスト教に魅力を感じ、民主主義という当時の韓国では考えられもしない奇妙な政治の仕組を教わった。それは国民が新聞とかその他の聞いたこともない媒体で考えを発表し、紙に印をつけて統治者や議会議員を選び、議員らの多数決で国民が守るべき法や税金や権利を決めるという途方もない制度であった。それは空想的で嘘か本当かさえ分からなかったが、聞いて面白く、貧民の子らと過ごしてきた承晩には理解しうる話であった。東学の乱が起こったのでも分かるように、当時は王が任命した地方長官が、勝手に苛斂誅求していた時代であったからだ。

韓国人は一般に語学力に秀でると言われるが、彼は群を抜いていて、ほどなく新任の牧師・G・フィチング女史の韓国語教師に雇われて、月給・銀貨二〇ドルを得た。この途方もない大金は、頑固な両親に培材学校への通学を認めさせた。但し、儒教と仏教に対する信仰は変えない、という宣誓付であった。

間もなく、彼は新入生の英語教師に抜擢された。入学して六か月目のことであった。

その一八九五年、彼が二〇歳の時、両親は当時の風習に従って年上の朴氏と結婚させた。結婚は家同士が親戚になることで、双方の親が決めるものであったから、本人同士は否も応も言えない時代であったのだ。大院君が高宗一五歳の時に一つ年長の閔氏を王妃に迎えたのがこの例で、高貴な家柄ほど成婚が早かった。

だがどこの朴氏であったのかは、ベールに包まれている。分かっているのは、人並以上の知力を持つ勝気な人であったということと、承晩とはしっくりしなかった、ということだけである。それでも二人の間には一八九七年に七代独り子となった男の子が生まれている。だがこの独り子はワシントンに留学中の父を慕って渡米したが、一九〇八年にフィラデルフィアで病死した。じ後李承晩は子宝に恵まれなかったから、彼の血統は絶えた。また最初の妻がどうなったかも明らかでない。承晩は生涯最初の妻には触れたがらなかったという。独裁者の代名詞のように言われた李承晩にも、人に言えない悲劇があったのだ。

培材学堂の教師には人材が多かった。月刊誌「韓国博覧」の創刊者F・オリンガー博士、韓国文化の紹介者として有名なH・B・ハルバート博士（「韓国歴史」二巻、「韓国の変遷」など多数の著作がある）、D・A・バンカー氏らは、承晩の人生の師となった。

また彼は校長H・アペンセラー博士、W・A・ノーブル博士とその息・ハロールドらの感化を受けた。そして間もなく校長が奨めた学生新聞の主筆に選ばれた。彼が指導的立場に立った最初であった。

やがて学校の庇護下での発刊に飽足りなくなった承晩は、学生を集めて「牧師の保護下で新聞を出すのは卑怯である」と熱弁をふるって独立した。そして金奎植の叔父が十年前に日本から購入した印刷機と日本人印刷工を使って経営していた印刷所で、韓国最初の日刊新聞「毎日新聞」を刷り出した。一面は英文で、二面は韓国文で印刷されたこの小さな新聞は、政治と社会の改革を猛烈に要求し、啓蒙の檄文に満ちていた。即ち、政治家・李承晩の呱呱の声であった。

金奎植は彼の最初の同志であった。双方にとって互いに生涯の運命にかかわり合い、最後は始末に負えない政敵になった二人だが、その金奎植の叔父の印刷機を使い、終生の敵となった日本人の手で印刷した新聞が、李承晩の呱呱の声となったのだ。風の吹き回しによる人間の運命を感ぜずにはいられない。

(二) 独立協会時代

李承晩が培材学堂に入学して一年経ったころ、一八九五年（明28）秋に若い韓国人教師が赴任して西洋史を講じ始めた。アメリカで初めて大学教育を受けた医師で、金玉均の甲申政変に参加し、急進的な政治改革者として知られた徐載弼であった。

徐載弼は中枢院顧問官に任ぜられてさまざまな特権を与えられていたが、一〇月に乙未事件（閔妃暗殺）が起こり、翌九六年二月に国王がロシア公使館に播遷すると、週三回の「独立新聞」を発行して西洋文化の紹介に努め、議会法研究の目的で「協商会」というサークルをつくって討論会を司会し始めた。そして討論会を一般に公開すると、知識人が群がり集まった。累が学堂に及ぶのを恐れた徐載弼は会所を校外に移し、九六年六月七日に名を「独立協会」と改めて、会長に前兵曹判書（国防大臣）・安駉寿《けいじゅ》を、委員長に李完用（外部大臣）を、委員に名士多数を推戴し、自分は米市民の故を以て顧問に就任した。李承晩は二一歳であったが、有力な弁論の闘士であった。

独立協会の討論は、ロシアと日本の脅威からいかにして独立を全うするかに集中していた。列強の利権獲得競争が始まったからでもあるが、李承晩大統領の顧問を務めたペンシルバニア大学教授R・T・オリバー博士はその著「人間・李承晩」の中で、「日本とロシアの代表はこの時機に乗り込んで、韓国を三八度線で分割しようと相談していた。当時韓国における日本とロシアの勢力は伯仲していた。日本とロシアは一八九八年と一九〇〇年の二度に亘って、韓国を三八度線辺りで分断占領し、それぞれの特殊権益地域とすることに同意した。彼らがそれを公表したり、実行しなかったのは、満州の資源に関心を寄せていた英・米を恐れたためである」（邦訳三三、六九頁）としている。

協会は「独立新聞」を発行し、街頭で時事を解説するなど民衆の啓蒙に努め、一一月にはかつて中国使節の接待所であった西大門近くの地に独立門を定礎して民意の高揚を図った。その費用は三、八二五元で、永く京義道の真中に偉容を誇っていたが、今は交通事情から近くに移築されている。

改革闘争　翌九七年（明30）二月、国王は慶運宮に還御され、八月には革新の詔を発布して諸政の一新を誓い、一〇月には国号を大韓帝国と改め、王を皇帝と称し、光武の年号を建てた。革命者達は、外国の干渉を排して真の独立を維持し、平等・民権思想を尊重する兆しと受止めてその改革を期待した。

だが列強の利権獲得競争は止むところを知らず、無力な韓国は、一方に利権を与えて逃れれば、他方により多くの利権を与えねばならない羽目に陥っていた。特に露骨なのはロシアであった。九月にウェーバーに代ったロシア公使・スペイエールは軍隊の訓練権と財政監督権を掌理して、韓国軍に訓練教官を、度支部（大蔵省）に顧問官アレクセーエフを配置して露韓銀行の設置を促した。また釜山港内の絶影島に石炭庫用地の租借を要求し始めた。その意味するところは、明らかに日本勢力の駆逐とみられよう。前述したように日本は石炭庫予定地を逸早く買収するなど対抗

独立協会時代の記念写真。
右端が23歳当時の李承晩

策を講じたが、独立を希求した独立協会は猛然として反露運動に決起した。九八年（光武二年）二月、独立協会は財政権と軍事権の委任を不当として上疏し、三月には外部大臣署理（代理）・閔種默にロシアの絶影島租借要求に対する抗議書を、度支部大臣・趙秉鎬に露韓銀行設立反対書を提出するとともに、徐載弼は鍾路で万民共同会（大衆集会の意）を開催して要求の貫徹を図った。弁士・李承晩や洪正厚らが不正不当を糾弾すると、民衆は熱狂して賛成し、デモに移り、多くの場合エスカレートしたという。政府がこの民論をスパイエール公使に伝えると、公使は請訓してすべての要求を取下げた。独立協会はその要求を貫徹したわけである。つまり日本の本意と協会の目的とは、反露やその勢力の拡大を防止するという目的的には一致していたわけである。従って日本が協会の運動を陰で支援したのは、安駉寿や李完用が当時は親日に転じていたことからも容易に想像される。

独立協会はこうして民衆運動団体に転化し、一大勢力となった。だが抽んでれば叩かれる。政府は徐載弼が協会の顧問というより真の指導者であることを忌んで、中枢院顧問官を解任した。協会が四月末の崇礼門での万民共同会でその復任を要求すると、政府は米公使アレンに贈賄して了解をとり、徐を米国に追放した。帰米した徐載弼は米西戦争（一八九八年四月―一二月）に軍医として参戦し、じ後市民としてフィラデルフィアで開業した。一九一九年の万歳運動の時は一時帰国したが、絶望して運動の指導から手を引いた。

徐載弼が帰米すると、皇帝は側近の「外事多難、内事先決」を容れて独立協会の懐柔と弾圧に乗り出した。事実、政府には次から次に目まぐるしい事件が押寄せて、皇帝が企図した革新や、協会が主張する政府の改革に取組む暇がなく、側近が「デモや暴動で政府を威している独立協会を解散に追込むことが、革新の第一歩である」と主張したのも、理由がないことではなかったと思われている。

初代会長・安駉寿《あんけいじゅ》は、閔妃殺害事件に加担したという冤罪を受けて日本に逃れた。委員長・李完用が昇格したが、彼は官職につられて去った。

三代会長に尹致昊《いんちこう》が就任したが、逮捕にきた警吏をごまかして培材学堂に難を避けた。

だが協会の指導者一七人が捕えられ、警吏と剣付鉄砲の兵士で満ちた街頭には「民族主義革新指導者は国賊である」と大書した布告文が貼り出されていた。

指導者として　李承晩はアペンセラー校長の家で尹致昊の無事を確めると、校長の避難の勧めを振切り、集まってきた数千の群衆を従えて捕盗庁（警視庁）に向かった。彼と同志は門前で群衆大会を開き、一七人の釈放を要求して座り込みに入った。

その夜も次の夜も明けたが、群衆は交代で食事を運び、かがり火を焚いた。李承晩、洪正厚らは休む間もなく演説して、団結を図った。もし群衆が散れば、間違いなく捕えられるからであった。

李承晩は天賦の雄弁家であった。声量があり、イントネーションの変化や間の取り方に巧まざるうまみを持ち、並はずれた朗々たる声で、表情も身振りも東洋人らしからぬ豊かさを持っていた。聴衆を魅了する迫力とユーモアを織り込んだ理論の展開は、人を飽かせなかった。しかも彼らが演説を止めれば群衆は散り、運動の挫折と逮捕とが待っているだけだから、弁士らは必死であったのだ。こうして場数をふんでいるうちに彼の演説は磨きがかかり、大衆を感動させるツボを体得し、神秘性を帯びるまでに成長することになる。この才と経験とが米国留学時の生活を支え、政治家として声望を集めることになるのだが（後出）、芸は身を助ける一例であろう。

承晩の父は「六代独り子であることを忘れずに、家に帰って欲しい」と泣訴した。また「皇帝が『必要なら発砲して解散させよ』と命ぜられた」という噂が飛んだ。そして重臣・高永根と金宗漢が現われて、高い官職を与える旨をほのめかせた。三日目の夜明け、坐り込みの隊列は乱れて数は減り、辛うじて留った者も寒さと飢えと睡魔に襲われていた。危機であった。その時、軍楽隊を先頭にした一群の軍隊が近づいてきた。一部の群衆は木の葉のように散り、大部が浮足立った。軍楽隊に駆寄った李承晩が先頭の太鼓手を足蹴にして向きを変えさせると、軍隊はそのままその方向に立去った。武力の行使は禁じられていたらしい。

父が来て「無謀な行為で家名を汚してはならぬ。早く家に帰るよう…」と涙して懇願した。だが、家に帰れば無事に済むわけでない。父の哀訴を無視することはつらかったが、彼は耐えた。彼は脅迫、誘惑、愛情の絆、生理的苦悩のすべてに耐えて所信を貫いた。頑固さの表出であった。

結局、渋い顔の警吏が現われて、一七人の釈放を告げた。その日の朝刊はこの事件を報じたが、李承晩を評して「過激で短気者」と書いた。だが後年の彼は「一生を通じて最も誇りうる幸福な事件であった」と回想したそうである。（オリバー書四五頁）

こうして、徐載弼は去ったけれども、彼が蒔いた平等・民権思想は既に青年の胸に根付いていた。鄭喬の「大韓季年史」によれば、運動の指導的人士として、安駉寿、李完用、李商在（議政府総務局長）、李建鎬（前鏡城観察使）、鄭喬、尹致昊、南宮檍、李承晩、安昌浩、申興雨らの外に四〇人を挙げている。

一七人の釈放を自由と民主主義の勝利とみた独立協会は、大胆な内政改革を建議するとともに、手始めに王宮の門前で大集会を開いて貪官の罷免等を要求した。具体例は

法部大臣・李裕寅の更迭
高等裁判所判事・馬駿栄の不正裁判弾劾
度支部造幣局長・李容翊の乱鋳告発
警務使・申奭熙に対する不正抗議
議政府参政（総理府局長）・趙秉式の罷免
沈舜澤、閔泳綺、李載純ら七臣の排斥免官
外部に対する外人借款の実態公表要求

などで、殆どその要求を政府に容れさせた。

群衆大会の花形弁士は李承晩、安昌浩、金徳九らの青年政客であった。彼らは個性的な熱弁で民衆を魅了して、デモを指導した。後年の李承晩大統領はしばしばオリバー博士に

「民衆に演説する場合には、もっと慎重でなければならないことを自分も知っている。しかし僕は一生を通じて煽動者であったので、どうしても改めることができない」（三四―五頁）

と語ったそうである。

確実ではないが、譬えそれが時に激化することがあっても、韓国民が集会やデモという非暴力手段によって民権を主張するようになったのは、これが最初ではなかろうか。すれば李承晩はデモの先駆者の一人となるが、六〇数年後

には彼の政権が学生デモによって倒されたのであるから、歴史は皮肉と言わねばなるまい。

けれどもこの運動はあくまでも体制内部の改革を目指したもので、時勢に即応する革命や政治思想の変革を目的としたものではなかった。これについて前出のオリバー博士は

「李承晩も彼の同志らも、国王を退位させるとか、共和制に変えるとかの計画は念頭にもなかった。しかるに自由思想を政権派閥に注入できるような廷臣を同志に獲得することはできなかったし、出版や通信のマスコミも発達していなかったから、大衆運動で与論を喚起する外に方法がなかったのである。（四三頁）…気質的に叛逆児で理智的な彼は、古い社会は新しく改造されねばならぬと確信していた。（二七頁）…だが当時の李承晩は心的にも知的にも未熟であり、何をなすべきかよりも、何に対して反抗すべきかという感情の方が強かった。彼は古い専制政治は打倒されねばならぬという概念こそ信じていたが、でも当時、彼に専制に代わる体制を創る責任が与えられたならば、彼は大いに当惑したに違いない」（六五―六頁）

と率直に述べている。

要求の貫徹は協会の気勢を揚げ、民衆の支持を受けた。外圧に悩んでいた政府は、協会の内圧に苦しんだ。挙国一致して外圧に当たらねばならない時に何事ぞ、と感じたであろう。

特に独立協会から弾劾された親露派の軍部大臣・閔泳綺は、激しく恨んだ。彼は吉永洙、判事・洪鍾宇（金玉均の暗殺者）、法部協弁・李基東らに褓負商《ボブサン》（行商人団体。団結と規律が固く、軍隊よりも実力があった）を集めさせて「皇国協会」（皇帝支持の意）を創立し、独立協会員が夜となく昼となく鐘楼や徳寿宮前の広場などで催した群衆大会を襲わせた。李承晩も何度か死地に陥り、新聞は〝李承晩は吉永洙に襲われて、乱闘の末に殺された〟と報じたこ

とさえあったが、そのつど奇跡的に難を培材学堂に避けていた。

だが人気のあった演士・金徳九らが殺されると、葬儀に参列した数千の民衆は憤激して李基東その他の邸宅を襲撃した。すると報復は報復を呼んで、漢城は騒乱状態に陥った。

全国への波及を恐れた朝廷は、独立協会と皇国協会の指導者を景福宮光化門前の仮設会場に招致し、証人として外国使臣や宣教師らの立会を求めて、皇帝自ら「君臣一体となって維新に邁進すべきこと、デモ隊の指導者は逮捕しないこと、各協会から二五人ずつの代議員を選出して中枢院を組織し、立法の任に当たらせること」を諭告された。独立協会の要求は大方容れられたのである。

一八九八年七月八日、尹致昊、李建鎬、尹夏栄、鄭喬が中枢院議官に、李承晩らは顧問官に任ぜられ、尹致昊が議長に選出された。尹致昊は、数年も外遊して改革と現代化思想を身につけた有名な両班である。こうして中枢院が皇国協会の親露派と、独立・開化の独立協会派とで構成されると、日本に亡命していた開化党員多数が帰国して独立協会派に接触し始め、極東を西洋の侵略から守るためには日・韓・中が一体となって力を合わせる必要を説いた。後の大東亜共栄圏構想の先ぶれであり、背後に日本の政策があったことは言うまでもない。彼らは豊富な資金で議官らを接待し、時事を談じ、日本のロシア排撃の真意を説明して大東亜人の団結を訴えた。李承晩は彼らの説の動機に感銘を受けた。既述したように、確かに韓国も中国も、西洋列国特にロシアに食い荒されていたからである。この日本の政策を、結果から〝野望〟とみることは容易だが、当時の日本はロシアの野望に怯えて韓国の独立と助力とを願っていた時代であった。

七月三〇日に第一回中枢院会議が開催されると、李承晩は、日本に亡命中の政客（即ち金玉均の開化党員）の帰国を認め、朴泳孝を議長に任ずるよう提案した。これを知った皇帝は激怒して中枢院の解散を命じ、独立協会議官の逮

捕を命令した。議官らは散り散りに外国公館に難を避けた。(オリバー書四八―九頁)

だが趙芝薫書は「前に独立協会から弾劾された時の賛政・趙秉式はこれに根をもって、軍部大臣署理・兪箕煥や法部協弁・李基東と謀り、匿名で次の誣告文を捧げた。即ち『独立協会は選挙によって政体を共和制に変革し、大統領に朴定陽を、副統領に尹致昊を、内部大臣に李商在を、外部大臣に鄭喬を、他の著名な会員を各部大臣と協弁に任じて政権を掌握する計画である』と。これを信じた皇帝は会員を下獄させた」としている。(五一頁)

両者の理由づけは全く異なるように見えても、実はその根は同じである。開化党員の免訴の提議が脚色拡張されて、誣告文の捏造に化したのであろう。このような例は朴正煕政権時代にもみられると聞いた。

脱獄　李承晩は監理教病院に避難した。だが不屈の彼は再び群衆運動を目論んでいて、彼の安全を確めるために警務庁の米人顧問や複数の牧師らが毎日訪れるたびに、「貴方たちのこの行為が、韓国人の独立精神を害しているのだ」と憤慨したそうである。彼の個性の躍動がそう言わせたのであろう。そのうち独立協会の同志・秋霜浩が訪れて「数千の群衆が、貴方のような指導者を待っている」と耳よりな話を伝えてくれた。

ある日、退屈しのぎにシェルマン医師と外出すると、李承晩は忽ちその機会を待っていた警吏に連行された。シェルマン博士とホイレス・アレン米公使とは、「彼は米人医師の臨時通訳として雇用されている身分である。だから事前通告なしの逮捕は協定違反である」と抗議して、数週間の交渉ののち釈放の目処をつけた。この間、警務庁の米人顧問ストリップリンはたびたび面会して、拷問から守ってくれた。

ところが培材学堂の学生は釈放を待てなかった。彼らは李承晩に、日時を決めて脱獄し、彼を慕って鍾路広場に集合している数千の群衆に演説し、かつデモを指導してほしい、と密訴した。同志・秋霜浩がこっそりとピストルを差入れた。彼は同房の同志・崔忠植と徐相大に伝えて連絡を待った。崔忠植は四歳年長の熱弁家で、皇帝が光化門広場での会合で中枢院の再組織を約束した時に「もし皇帝陛下が約束をお守りにならなかった場合には、我々はどうしたら約束をお守りになるようにすることができましょうか！」と大声で叫んだ人で、当局が特に睨んでいた闘士であった。

約束の日時に、李承晩らは看守をピストルで脅しながら一発も撃たずに脱獄した。だが鍾路には一人も集まっていなかった。崔と徐は監理教会に隠れたが、李承晩は失望と裏切られた空疎感に打ちのめされて立ちつくしていると、忽ち漢城刑務所に収監された。後で時間を間違えたことが分かって心の傷は癒えたが、それはずっと後のことであった。

(三)　下獄六年

地獄の責苦　刑務所で最初に会ったのは、最も苦手な敵であった皇国協会の朴達北であった。彼は皇帝から拷問の勅許を受けて、てぐすねひいて待っていた。裁判までの七か月の間、首枷《かせ》、足枷に手錠をかけられて独房に投げ込まれ、現在では考えられない責苦を受けた。それは中世紀的な刑罰で、彼の手の爪が全部はぎ取られたのはこの時である。彼は後年、ひどく興奮したり心が乱れた場合には手をわななかせ、無意識のうちに指先を口で吹く癖があったが、それはこの地獄の責苦を受けた時の習慣が残っていたからという。彼は死を祈り、新聞がその死を報じたことさえあった。オリバー博士は「もし彼が普通人並みの気力の持主であったなら、到底生きていることは出来なかったであろう。……ある時その話を頼むと、彼は苦い表情で『私にそれを忘れさせてくれ』と答えた」と書いている。そして彼の七七歳の時の手記には「時たま私は、夢の中で監房に入っている」とあるそうである。

無期の宣告　裁判が始まった。父と、亡き母に代って女中の福礼とが傍聴した。裁判は平壌で再び捕えられた崔忠植と一緒であったが、判事は執念深い政敵の一人であった皇国協会員の洪鍾宇（金玉均の暗殺者）であった。

初日の裁判で、崔忠植は達弁をふるった。彼は、すべての政治的な罪を李承晩にかぶせた。李が裏切られた最初であろう。李承晩は拷問で弱っていたし、驚いた余りに心が乱れ、弁明の言葉さえ出なかったそうである。だが崔忠植の証言は前後が矛盾し、食違いがあった。脱獄した時の李承晩のピストルが法廷に提出されたが、それには一発も撃った跡がなかったのである。

洪判事は崔に死刑を、李に無期懲役を宣告した。崔は李承晩の名を幾度も大声で叫びながら刑場に消えた。

暗い、寒い、そして暑い獄中生活が始まった。試練の年月であったが、この試練が彼を成長させた。それには周囲の好意があずかって力があった。

看守長・金永善と次長・李忠鎮は彼の政治的努力に同情し、かつ七か月の拷問に堪え忍んだ気力に敬服していた。彼らは李承晩に重労働を科さず、すべて大目に見たばかりか、暇さえあれば慰めてくれた。

培材学堂の師や牧師たちは、物心両面にわたって援助してくれた。

同じ獄中の同志・申興雨や朴容萬らの七人は、互いに慰めになった。指を使えない彼は、ハロイド牧師が差入れた新約聖書を同僚にめくってもらいながら大声で読んだ。また監獄文庫を造り、英語をマスターし、アメリカの定期刊行本「展望」や「独立」その他から多くの理論を学びとった。彼は彼が創刊した「毎日新聞」が続刊されると論説を書き、同房の学者詩人・李要仁や前総理・俞吉濬の弟の俞星濬らと作詩を競った。新聞に発表された彼の詩は有名で、その一部は

鉄鎖結伴新情密
紗笠逢人旧面疏

と記録されている。その意は「鉄鎖に結ばれた人々の間にさえ新しい情が密になっていくのに、紗笠（罪人の笠）をかぶって人と逢えば旧知の人さえ疏《うと》い」であり、人心の移り変わりを嘆じたものである。現に改革運動家の運命を辿れば、人の命は定めなかった。一八八四年の甲申政変の立役者・金玉均は上海で暗殺され、洪英植は副総理に登用されたものの皇帝の面前で殺害された。そして朴泳孝、徐光範、徐載弼らは日本や米国に亡命し、独立協会の指導者らは下獄するか殺されるか、あるいは周辺国に亡命して散り散りになっており、人心は独立協会を忘れかけていた。

「独立精神」　李承晩が下獄していた六年有余の間に、彼に起こった出来事で記録しておかねばならないことが二つある。それは後で韓国民の政治的バイブルになった「独立精神」を著作したことと、キリスト教に改宗したことである。

「独立精神」は俞星濬の「改革運動の失敗は群衆の啓蒙を忘れたからだ。独立運動の原則を明らかにする本を書け。日本に亡命中の兄・吉濬はいつかは帰国して政権を握る。その時に政府で刊行させる」という勧めで執筆したものだが、筆記道具を禁じられていた監房で書けたのは、李垠親王の生母・厳妃の同情を得ていたからという。厳妃は李承晩の新聞「毎日新聞」の愛読者で、改革運動の同情的支持者であったそうである。

李承晩は三四章から成る大冊を一九〇四年（明37）春、日露戦争が始まったころに稿了した。そのとき俞吉濬は日露戦争前の政変で政権に復帰していたが、日本の干渉下にあった政府が民族精神の高揚を謳った大著を出版することは不可能であった。そこで原稿は人知れず獄外に持出され、後で朴容萬がサンフランシスコに運び出し、数名の亡命政客の尽力で挿絵入りの豪華版一千部を出版した。一九二〇年にホノルルで再版され、韓国が解放されるとこの本の頁を千切って隠し持っていた韓国人は、自分の独立精神の証しとして自慢したそうである。刊行本は後で書き足して四七章と付録「独立必須の条件」とで成り、次のような構成となっている。

5章：個人の義務、忠誠心、責任観念
2章：教育の価値
2章：韓国を巡る国際政治
10章：列強の政治的目標
11章：民主主義、米・仏の革命、米国の政治原則と制度に関する解説
1章：韓国改革運動の歴史
（以上が監房での執筆）
13章：日露戦争の原因、経過、結果

少し長くなるが、この「独立精神」のさわりの部分をオリバー書から抜粋してみよう。（六一—三頁）　まだ外国を見たことがなく、極めて保守的な教育と極めて民主主義的な両極端の基礎教育を受けたに過ぎない二〇代後半の青年が、獄中で何を訴えたかったのかの一斑が分かると思う。そしてそれを裏返せば、彼の目に映った社会相や国家相になるわけである。

「韓国同胞諸君、諸君は男女老若、地位の如何を問わず韓国に属し、また韓国民の一部であるのである。国家建設の責任は諸君の双肩にあるのである。…」

「国民が心を合わせて働かない主な理由は、家は彼らに属しているものであることを知らないからである。国家の為に働くことは他人の為に働くことである、と人達はしばしば考えてきた。他人の為に働くことは真に自分自身

のために働くことであることを、彼らは知っていない。従って彼らは、成すべき仕事もせずに他人がするまで待っている。自分の家に火が付いた時、他人が黙って見ているからといって、自分も火を消さない積りなのか？　他人が助けてくれようがくれまいが、火中に飛込んで出来る限りのものを救うべきではなかろうか！」

「もし諸君の心に愛国心がないならば、その心は諸君の敵である。もし諸君の心が共通の目的に向かって戦うことを見合わせるならば、その心と戦わねばならぬ。今直ぐ、自分の心の中を調べ給え。もしその心に、少しでも国家の福利を放棄しようという心があれば、それを破り給え。他人が導いてくれるのを、または自分が成すべきことを、他の人が成すまで待つ勿れ。自ら立って成せ、もし諸君が成さないならば、それは永久に成されないであろう」

「我々はすべての力を合わせて、我が国を強くて豊かで、文明な国にしよう。常に諸君の心の中に、〝独立〟を持て。最も重要なことは、絶望を追出すことである。我々は熱心な働き手にならねばならぬ。我々一人一人の献身が、健全なる国家を実らしむる種である」

「概略的に言えば、国家は、多くの人が集まって事を討議する議会と同じようなものである。…官吏は、その組織に関する仕事の責任を負わされたものである。国民は皆、議会の議員である。国民の援助なくしては、官吏には権限がない。国民が注意しなければ、悪が入ってくるのである」

「国家の中で生きるということは、荒れ狂う海に乗出した客船に譬えられる。どうして諸君は、諸君の国家の問題を高級官吏の仕事だといって無関心でいることができるのか？　自分だけ助かろうとして船長のみを助けようとすれば、船は難破してしまうであろう」

「統治者が如何に賢明であっても、国民の助力なくしては国を治めることは出来ない。従って国民の責任は、重かつ大である。国民を統治者の奴隷たらしむるのは、危険なことである。国民は尊敬と正しい原則によって、侵略者と戦え、と賢明な言葉で忠告しなければならぬ。統治者は徳を以て国民を治め、以て国民が衷心から服従するようにすべきである」

「文明国家では各国民は各自の責任を持っており、この責任を遂行することが国民の厳粛な義務である。国家がこのような体制になれば国民各自が政治に参加するようになるから、統治者に対して反逆を起こすようなことはない」

「諸君と国家との関係はひどく離れているので、国を愛したり、救国のために尽くす理由はない、と考える人がいるかも知れない。従って、この敵を警戒しなければならぬ。その一つは国を破壊しようとする者であり、一つは希望や責任感を持たずに消極的に傍観する者である」

しかして李承晩は自己の心境は簡単に

「私は圧迫された同志のために、残忍な敵と真っ向うから戦ってきた。その悪勢力のために私の生命はこの世から消し去られてしまうかも知れないが、そのような死は単なる死亡ではなくて、永生である。同胞よ、各自がその責任を認識して、それを実行してもらいたい。恥ずべき行為をしてはならぬ」

と書いている。現在の時点でみれば目新しいものではないけれども、当時の国際的、国内的環境の中で、まだ二九歳に満たぬ青年が獄中で著わしたことを再思すれば、その凡にあらざるを知る。

改宗　李承晩は獄中で、父母との約に背いてキリスト教に改宗した。その意味は深甚である。オリバー書は「苦しい監獄生活で彼は急激に成熟し、政治と人生に対する彼の哲学が次第に築かれる土台となった。神に対する信仰と同志に対する信頼を得るようになったのは監獄の中のことで、トマス・ジェファーソンと同様に、彼も政治と宗教とは不可分のものであると見るようになった。彼が米国の雑誌で読んだ政治的、社会的改革の論文は、キリスト教の信仰の光に照らして解釈しなければ何の意味もなさないものであった。…彼が改宗したのは単にその原理に知的に同意したこと以上に、意味深長なものである。…彼は何でも受入れる謙遜を学び、自分の為よりも神の為に何を為すべきかと考えるようになり、この受容の謙遜は彼の性格の一部に合成された。李承晩が、自分は神の意のままに、喜んで使用されるようにいつも準備している道具である、と考え始めたのも当時のことである。…心の釈放の時であった」（六四―七頁）と解説している。彼が七〇歳を過ぎて解放の夏を迎えるまで終始一貫して節を曲げず、祖国の独立到来のために尽力したのは、それが神意であると信じ切っていたからであろう。

釈放　一九〇四年二月、獄中生活が六年目に入った時に日露戦争が始まった。〝一匹の鯨に挟まれた蝦〟は必死で生き延びる道を求め、当然起こった急激な政治変化は政治犯に釈放の望みを抱かせた。春、ほとんどの政治犯が特赦された。だが皇帝の深い憎しみを受けていた彼の名は、特赦名簿に漏れていた。彼は一生を獄中で終える恐怖に捉われ、再び死を祈りたい誘惑にかられたとのことである。信仰の動揺であった。

だがその年の八月九日、突然釈放された。この理由は二説ある。彼が無期懲役を宣告された時、同情した日本公使の嘆願によって七年の禁錮に減刑されたので満期出獄したという説と、彼の師の米人牧師らが日本公使・林権助を動かして釈放に成功したという説とである。満期説では出獄が少し早いし、春の特赦に漏れた時に悲観することはないわけだが、いずれにせよ日本公使館の助力が彼を救ったことになる。当時の彼の改革運動は、親日派の改革運動と一脈通じたところがあったから、恐らくそのころは、彼も親日的とみられていたのであろう。彼は真の独立と民族の繁栄を求め続けた真正の民族主義者であったのだが！

(四) 密使・挫折

李承晩の獄中六年有余の間に、社稷は著しく傾いていた。日露戦争が日本の有利のうちに進展するにつれて、前述したように日本の支配力は韓国人の生活の全領域に浸透しつつあった。そこでかつての民族運動の同志たちはあるいは日本に屈伏し、あるいは途方に暮れ、中には変節して、全く散り散りになっていた。

しかも頼みにしていた米国が、一八八二年の条約に反して日韓の間の仲介の労を取ろうとしないのは、絶望的であった。一八八二年の条約とは、次の条約のことである。

一八八二年五月、米海軍のR・W・シャッペルト提督は中国皇帝の親書を持って仁川に入港し、袁世凱の力を借りて米朝修好条約の締結に成功した。その第一項は

「もし他国が両国政府のいずれかに対して不当かつ強制的な態度にでた場合には、一方の通告によって他方は友好的な調停を齎らすよう斡旋し、以てその友誼を示すものとする」

であった。

当初国王の側近は「西洋の帝国主義国家を信用することはできない。また最大の脅威は日本の侵略であるが、このような条文では、日本の侵略防止には役に立たない。よって米国人の入国を許すことは危険である」と主張した。しかしシャッペルト提督は、この条約の目的は侵略に対する障壁を築くことであると説明し、米上院での討議の際に彼自身がその目的を確認した例を挙げて、相互防衛的な保障を保証した。国王はその実効を信じて条約を裁下し、翌八

三年には同様な条約を英・仏・その他と締結して開国時代に入っていったわけである。

しかして韓国人は、前記の条文とシャッペルトの保証とをそのまま信じて疑わず、国難が訪れるたびに米国を頼んだ。けれどもこのような条文は、当時の外交上の慣例に過ぎなかった。例えば一八五八年（安政五年）に締結した日米通商条約の第二条には「日本とヨーロッパ中のある国との間に紛争が起こったときは、合衆国大統領は仲裁に応ずる（要約）」とある。だがアメリカは、日清戦争直後の三国干渉や、日露戦争の前に起こった朝鮮を巡る紛争のどれ一つとして仲裁しなかった。けれども日本では、それを条約不履行とか、アメリカの不誠実とかとは受取っていない。

しかも李承晩の旧友達は、日本軍の連戦連勝にすっかり感心していた。それは日本の産業化計画の顕著な成功に裏付けられた勝利の事実と、ロシアの封建的な後進性が明らかになったこととの対比において、日本はアジアの明星のように見えたからという。この辺のことをオリバー書は「つまり過去の韓国の改革者達が日本の主張に黙々と屈伏したのは、余りにも明白な韓国王朝の腐敗＝賄賂と金銭ずくの駆引が日常の茶飯事となっていた＝と無能に対する日本軍の優越を、彼ら自身が認めざるを得なかった結果でもあった」（七四―七頁）と結論している。

けれども、このような逆境において奮い立つのが反逆児・李承晩の骨頂であった。彼は父の嘆願に耳をかさず、より献身的に政治改革に没頭する決意を固めたのである。

密使　彼が宮廷の最も有力な改革主義者であった閔泳煥、韓圭卨らと時局を論ずると、彼らも韓国の日本化を憂えている同志であることを知った。だが彼らは、その傾向を自力で防止する方策はすでになく、救国の道は一八八二年の朝米修好条約に基づいて、米国大統領が日本を押さえてくれる外に方法がないことに意見が一致した。

李承晩は閔泳煥と韓圭卨に渡米を勧めたが、皇帝は米大統領への陳情書に署名することはおろか、彼らを接見する自由すら奪われていた。ついに李承晩が、米国大統領に条約の発動を陳情する密使に選ばれた。彼は留学用の旅券を受け、数多の紹介状やメッセージを隠し持ち、米船オハイオ号で仁川を船出した。一九〇四年一一月五日のことで、日本軍主力は沙河に対陣し、第三軍は最後の旅順港攻撃を準備しつつあった。

神戸に寄港して旅費を募金し、韓国農民の移民船シベリア号に乗換えてホノルル、サンフランシスコ、ロスアンジェルスを経てワシントンに到着したのは、一二月三一日の夜であった。各地で韓国居留民の援助を受け、かつ救国の方策を論じ合ったのは申すまでもない。

直ちに韓国公使館を訪れると、金潤晶参事官や洪哲洙一等書記官が歓迎してくれた。だが金も洪も申泰武公使を決して良く言わず、公使館の中はしっくりしていない感じを受けた。申公使に面接してそれとなく「米国に陳情して、日本の対韓姿勢を牽制すべきではなかろうか」と打診してみると、申公使は「政府から明確な指令がこなければ、公使が勝手に陳情するわけにはいかない」と権限論を振回した。だが当時は既に韓国の外部・財務部等の実権は日本人顧問が握っていたし、全国の郵便電信機関は日本人の掌中にあった。だから韓国政府が、そのような指令を送れないことは分かり切っていたのである。つまり李承晩が、申公使に持参した陳情書を米政府に伝達するように頼んでも、彼には全くその気がないことが分かったわけであった。

そこで李承晩は金参事官との親交を深め、彼の密命を打ち明けると、金参事官は「申公使が貴方の密命に助力することはない。危いから公使には言わぬ方がよい」と助言し、ついで「もし自分が公使に任命されれば、力の限り協力するのだが」とつぶやいた。そこで彼が「一八八二年の友好条約の発動を、正式に米国務省に要請してくれますか!」と念を押すと、金潤晶参事官は決然と実行を確約した。金参事官を信頼した李承晩は、閔泳煥に「申公使を召還し、後任に金潤晶参事官を昇格させる」ように建議した。すると間もなくその通りになって、金は代理公使に任命された。

蛇足であるが、中泰武公使は厳妃に選ばれた人で、当時バージニア州のロアノク大学に留学中であった第二王子・義親王（李堈。生母は張氏）の粗探《あら》し役であったと噂される。それは皇太子・李坧（のちの二七代・純宗）が病弱で世子に恵まれなかったので、厳妃は次の皇太子に自分が生んだ第三王子・英親王を立てたかったからであった。李承晩は獄中時代の厳妃の恩義に報いるために、義親王の皇子らしからぬ挙動や器を報告して厳妃を喜ばせたかったが、強いて言えば怠惰で学業に熱意がない位のもので、悪意を知らない温雅な皇子であったので、厳妃が喜ぶ報告は送れなかったとのことである。宮廷内の暗闘が当時においてアメリカにまで及んでいたことは興味深いが、政治改革を目指した李承晩が、報恩のために厳妃に一臂の力をかそうとした事実はより面白い。やはり儒教が身にしみていたとみえる。

ところで一九〇七年七月に高宗が譲位して純宗が即位すると、皇太子には厳妃の望み通り御年九歳の第三王子・英親王が立てられた。のちの陸軍中将・李王垠殿下である。義親王が廃されたのは、生来柔弱であったのと、その生母・張氏の家柄が尊くなかったからと聞いた。でも九歳の英親王が皇帝にふさわしい器であるかどうかはまだはっきりしないわけだから、皇后・閔妃亡き後は高宗の寵を一身に集めた厳妃の権勢がものを言ったと思われる。皇帝の寵愛如何がすべてを左右していたからである。

でも韓国が独立して李王垠殿下が無国籍になられても、李承晩政権時代には故国に帰られる機会はついに来なかった。殿下が還国されたのは一九六三年（昭38）で、政権掌握直後から李家の生活費と殿下の療養費を保障していた朴正熙政権時代であった。いわば厳妃は李承晩の命の恩人であったわけだが、李承晩が恩人の世子に冷たかった理由は複雑で、政治の非情を知ることができる。

叙述がそれた。元に戻る。

叙上の間にも、李承晩は独自の努力を続けていた。彼は閔泳煥と韓圭卨の紹介状を懐にして元の駐韓米国公使で当時上院議員であったチュ・A・ジンスモアを訪れて、かねて韓国に同情的であったジョン・ヘイ国務長官との会見を執成してくれるよう依頼した。一九〇五年二月末、李承晩はジンスモアに伴われてヘイ国務長官と会談し、「個人としても、あるいは米国政府を代表する意味でも、機会あるごとに（一八八二年の）条約上の義務を全力を尽くして遂行する積りです」との言質を得た。ヘイは中国の門戸開放政策論の著者として、また一八九九年の北清事変後に列強が唱えた清国分割論を妨げた人として東洋に知られた人であるが、李承晩が「われわれ韓国人は、閣下が清国に対して行われたことを、韓国に対しても行われるよう熱望しています」と彼の門戸開放政策に論及して陳情したことが、気に入ったらしかった。李承晩は、交渉術もマスターしていたらしい。

だが運がないことに、ヘイ国務長官はこの夏に急死して、エリフ・ルートが後を継いだ。「もしヘイが健在であれば、彼は韓国の独立を救ってくれたであろう。また日本も、韓国併合から太平洋戦争への悲劇的な道を歩むことはなかったであろう」とは、後年の李承晩の述懐である。

その間、日本軍は三月に奉天会戦で大勝し、五月末にはバルチック艦隊を撃滅して勝利を決定づけた。日本の依頼

李承晩の足跡

を受けたルーズベルト大統領は六月九日に調停に乗り出したが、やがて日露の講話会議が一か月以内にニューハンプシャ州のポーツマスで開催されることが発表された。朝鮮半島の利益権を巡って戦われた戦争に、日本が勝ったのだ。心ある韓国人が、祖国の行末を憂慮したのは当然のことである。

ルーズベルト・李会談　そのころ陸軍長官W・H・タフトは東洋旅行の途上にあった。ハワイの韓僑は李承晩の同志・尹炳求牧師の提唱で一行の歓迎大会を開き、この際ハワイ在住韓国人八千人の名において、米大統領に一八八二年の条約に基づく韓国保護の条項を発動するよう嘆願することを決議して、代表に尹炳求と李承晩の二人を選出した。そして監理教幹事ワドマン博士はタフト長官に、大統領宛に二人の紹介状を書いてくれるよう依頼した。タフト長官は承知した。その結果、二人はルーズベルト大統領に接見を許されて希望に燃えることになる。

ところが東京に到着したタフトは、七月二九日に前述の桂・タフト秘密協定に調印して、韓国を正式に見放したのだ。タフトが、国際儀礼的で偽善的な芝居を演じたことは明らかで、国際関係の冷徹さを物語る一例であろう。

それとも知らぬ尹牧師はタフトの紹介状と陳情書を携えて、ワシントンの李承晩を訪れた。二人はフィラデルフィアに徐載弼を訪れて陳情書の字句を修正したのち、オイスタ湾に臨んだサガモア丘の夏期ホワイトハウスに赴いた。七月五日朝、投宿先で新聞記者団に囲まれた二人は「ロシアと日本の代表が続々と到着していて、ホワイトハウスは忙しい。大統領は貴方達を引見する暇などないでしょう。だから、何か月居てもムダですよ」とからかい気味に忠告された。二人は会見の手続きをとり、タフトの紹介状を提出した。大統領秘書は「適当な時期に会見を設定するが、回答までには時間がかかる」ということであった。体のよい拒否である。二人は悄然とホテルに帰った。やはり記者連の推測の通り、官職もなければ一国の代表の資格も与えられていない一介の愛国青年に、米大統領が会うのは無理なのであろう、と悲観しながらであった。

ところがその夕方、ホワイトハウスから、明六日〇九〇〇に来るよう電話があった。手が舞い足の踏む所も知らずに夜を明かした二人は、借着のフロックコートとシルクハットに身を固め、借馬車で堂々と指定の時間に乗り込んだ。だが胸は踊り、手足は緊張でおののいていたという。

控室に通されると、間もなく馬車の列が着いた。ウィッテ伯を団長とするロシア代表団の表敬であった。乗馬服姿で玄関に出迎えたルーズベルト大統領は、一行を案内して会議室に消えた。二人はあっけにとられ、その光景を呆然と見送った。世界に知られたウィッテ伯を差置いて、大統領が二人に会ってくれるとは考えられず、何かがどこかで間違ったのであろう、としょげかえったのである。

ところが、大統領が突然控室に入ってきた。二人はあらかじめ韓国式の敬礼を計画していたが、大統領はいきなり握手を求め「貴方達に会えて嬉しい。貴方達とお国の為に、どんな助力をしたらよいのですか?」と尋ねた。二人は陳情書を差出した。その内容ははっきりしないが、これまでの論議と経緯から、少なくも〝米国は一八八二年の米朝修好条約を発動して日本の対韓政策を抑制し、韓国の独立を全うするに必要な外交措置を講ずること。この一助として、日露の講和会議に韓国代表が参席できるよう取計ってくれること〟の二件は盛られていたことと思われる。

素早く一読した大統領は、熱意をこめてきっぱりと答えた。「貴方達の国の為に尽くすことは嬉しい。だがこの陳情書が公式の経路を経ていない以上、私には処置がつきかねる。清国も大使館を通じて同様な歎願書を提出したのだから、貴方達も公使館を通じて提出して欲しい。すれば私は、両国の歎願書を日露の平和会議に提出する積りだ。分かっていると思うが、私は平和克服のために会議を斡旋しただけで、干渉する権利はない。しかし公使館を通じてこれを送って下されば、私は即刻二つの陳情書を平和会議に送りましょう。貴国の公使がこれを国務省に持参して、もし国務長官に会えない場合には私宛の書翰と断って、誰かに預けて下さい。それだけが必要です」

李承晩と尹炳求牧師は、その親切と熱意に打たれた。もう事が成ったも同然である。金潤晶公使は二つ返事で引受けるであろう。彼は誠実な人柄でその忠誠心は疑う余地がないうえに、協力の限りを尽くす約束で公使に昇格した人である。だから陳情書は間違いなく平和会議に提出される。すれば米国の声援と資金援助でようやく戦勝国となり得た日本は、米国が提出した陳情書を無視するわけにはいかない。だから、韓国代表の参席は決まったも同然だ。そこで韓国の独立と、日本の干渉を排除する主張を貫けば、祖国の独立は保障されよう。感激した二人は深い感謝の念を捧げて退出し、興奮と希望に胸を躍らせて階段を駆下り、馬車に飛乗った。

ホテルに帰った二人は記者団や多くの国の外交官に取巻かれ、祝福と激励を受けた。特に小国の外交官は親身に祝ってくれた。興奮した二人はホテルのカウンターに二〇ドル紙幣を投げ込むと、お釣も取らずに飛出して馬車を駅に急がせた。ホテルのボーイはプラットホームまで追掛けて釣銭を渡したそうだが、後年の李承晩は「あの行為こそ、米国民の正直と寛大との象徴である」と回想したという。

夜行列車でまんじりともせずに夜を明かした二人は、七月七日の早朝にワシントンに帰ったが、ワシントン・ポスト紙には、彼らが陳情書を提出した経緯と、公式伝達のために駐米公使館に向かっている旨の記事が載っていた。二人は新たな興奮に燃えて、朝食もそこそこに公使館に駆込んだ。

挫折　金潤晶代理公使が出迎えると、李承晩は挨拶抜きで「今こそ貴方が一肌脱ぐときが来た」と歓声を上げながら飛付いて、陳情書を手渡した。万に一つの疑いもなく、であった。

ところが、である。金公使は冷たい目で一瞥した後、低いながらも強い語調で、きっぱりと

「李先生、本国の指令が来なければ、これは伝達できません」と言うではないか！　わが耳を疑った李承晩が聞返してみると
「本国からの指令なしには、私一存でこれを送る権限はありません」と冷たい返事が返ってきた。初めは唖然とし、やがて憤激した李承晩は吹鳴った。

「閣下、何ということを！　貴方がわれわれに協力すると約束し、その約束で今の地位を得たことをお忘れか？貴方は祖国を裏切ることができるのか！」

だが正論も恫喝も金公使には通じなかった。談判は昼まで続いたが、ついには金夫人まで加わって「李先生、貴方が家族を皆殺しにしても、政府の指令なしには何も出来ません」と言放つ始末であった。彼は公使の子供らに「貴方らは、今は父親が何をしているかは分からないだろうが、実は貴方らの自由を売っているのだ。何時かは父親が、貴方らを奴隷に売ったことが分かるようになる。貴方らの父は、貴方らの祖国と国民と貴方らを裏切ろうとしている。だが私は、この公使館を日本人に渡すわけにはいかぬ。それより焼いた方がましだ」と話しかけて翻意を迫ったが、ムダだった。激昂し、失望し、裏切られた口惜しさに心身ともに疲れ果てた二人は、公使館を夢遊病者のようによろめき出た。

翌日、気を取直した二人は再び公使館を訪れた。だが門は閉ざされて、金公使の脅しが聞こえただけであった。「立去らねば、警官を呼ぶ。公使館に放火しようとした、と訴える」「守衛（黒人）、二人を追返せ。命令だ」これで李承晩が独立の維持を図った最初の運動は、金公使の裏切りによって挫折した。実は金潤晶は、初めから李承晩を欺いていたのである。彼は駐米日本公使に誼を通じ、彼を公使に推せんする条件として、あらゆる情報を密報し、かつ日本の便宜を図ることを約束していたのだという。（オリバー書八七、九一―二頁）　李承晩は彼の建議が

公使を交替させたと信じていたが、実は日本公使の推せんが金潤晶を昇格させたのであった。それは、この年の一一月に第二次日韓協約（乙巳保護条約）が締結されて駐米韓国公使館が閉鎖されると、金潤晶は破格の道監使（知事）に任命されたことで分かる。

けれども李承晩は諦めなかった。頑固さの別の表現は、粘り強さである。彼は長老教会のハムリン博士らに助力を願った。だが博士らは「大統領の言う通り、公的な交渉は正式な手続が必要だ。…また条約、つまり国際間の約束を額面通りに信ずることは、初心《うぶ》で愚かなことである。一八八二年の条約は単なる形式的なもので、重要視すべきではない。大統領初め政府高官は、対露政策上から日本に好意を寄せている。この問題は諦めた方がよい」と説いた。大方のアメリカ人の意見がそうであったのだ。

李承晩は日露の正式会談が八月一〇日から始まることを知った。そこで一計を案じてフィラデルフィアの徐載弼博士を訪れた。相談の結果、徐博士が金公使に宛てた八月七日付の書翰は「大統領は陳情書が国務省を通じて伝達されることを切望している。そこで李と尹牧師とを、E・ルート国務長官代理に紹介だけして欲しい。紹介だけなら本国の指令は要らないし、貴方がこの問題に巻込まれることはないはずだ。それは貴方の、祖国と大統領に対する義務でもある」であった。けれども日本公使に内通していた金公使には、反応がみられなかった。

李承晩は学籍を置いていたジョージ・ワシントン大学のC・W・ニトハム総長に援助を求めた。ニトハム博士からの返書は「外交上の慣例をこの場合に当てはめてみれば、金公使が採り得る唯一の手段は、陳情書を受けたこととその内容とを本国外務省に報告して指令を待つことで、金公使に独断で処理せよというのは無茶な話です。金公使は最善を尽くして祖国に奉仕するものと確信します」という的はずれなものであった。

九月一〇日、閔泳煥から資金三百ドルと激励の手紙がきた。けれども日露の談判は九月五日に調印を終えていた。

その第一項は「日本は韓国において卓絶した利益を持ち、ロシアは日本の行動を阻礙《そがい》、干渉しない」であった。
ここにおいて、密使・李承晩の任務は終わりを告げた。

非情　一九〇五年一〇月、高宗皇帝はルーズベルト大統領に独立の擁護を訴えた親書を手交するために、ツリー・リングウゥル・プレスの主筆、H・B・ハルバートを米国に派遣した。ハルバートは前述した知韓家で、胆のすわった人だった。だが彼は大統領にはむろんのこと、エリフ・ルート国務長官にも会えなかった。門前払いを食うか、面会日を一日延ばしに延ばされたのである。そして一一月二五日、ハルバートはルート長官から「韓国皇帝は既に日本と新協約（乙巳保護条約）を締結し、日本をしてすべての問題を処理すべく決定された。従って親書への対応は不可能である」と通知された。二七日には皇帝の密電を受けた。それには「朕が最近韓日間に締結したいわゆる保護条約は、銃剣の下で強制されたもので、その無効を宣言する。朕はこれに同意したことはなく、同意することはあり得ない。米国政府に、朕の旨を伝えよ」とあった。けれども米国政府は桂・タフト協定に基づいて逸早く保護条約の有効性を認め、駐韓公使館は閉鎖した後で、手の打ちようはなくなっていた。ハルバートがルート長官に面接できたのは、それから後のことであった。

しかしてここで考察してみる必要があるのは、米政府の高官が一貫してみせた〝韓国に対する好意〟である。ヘイ国務長官は「米国政府を代表する意味でも、機会あるごとに条約上の義務を果たすために全力を尽くす」と言明して李承晩を喜ばせた。だが彼は、韓国のために日本に何かを申し入れたことはない。それどころか五月二七日の日本海海戦に勝った日本が仲介の労を要望すると、六月九日には日・露の両国に講和を呼びかけた。そして鉄道王ハリマンが、南満州鉄道の買収に乗り出した史実は有名である。

タフト陸軍長官は、ハワイ韓僑の大統領への陳情内容を知りながら、その代表二人の紹介状を大統領に書いた。ルーズベルト大統領はウィッテ伯を待たせて破格の会見に応じたのみか、公式ルートを通じさえすれば陳情書を講和会議に提出する、と熱誠と同情をこめて言明した。

けれどもタフト長官は、七月二九日には桂・タフト秘密協定を締結して「日本がフィリピンを攻撃しない代償として、米国は日本の韓国及び満州における特別権益を認める」旨を約したのである。つまり韓国の死刑宣告状にサインしたのであった。ということは日本の勝利が確定した時点で、アメリカは正式に一八八二年の米韓修好条約上の義務を放棄して韓国は日本に委ね、比島の安全を図ることに決定していたわけである。むろんこの政策が、ルーズベルト、ヘイ、タフトの三人を中心として極秘裏に決定されたことは疑う余地がない。であるのに、三人ともそれをおくびにも出さずに好意を振舞った。これを国際間の常識とみるのは悲しいことだが、現実に違いはない。太平洋戦争で切羽詰まった日本は、ソ連に和平の仲介を依頼した。その時ソ連はすでに対日参戦の準備を進めていたが、おくびにも見せずに色よい返事を繰り返し、日本に希望を持たせる努力を続けたのであった。歴史は繰り返すのである。

蛇足だが、当時の駐韓米公使はホイレス・アレンという有能な人であった。牧師として一八八四年に来韓した彼は、実業家となり、官吏となり、公使に任用された精力家で、韓国の現代化のために努力していた。ところが本国政府が韓国に興味がないことが分かると、アレン公使は日本側に寝返って種々の便宜を図っていたのである。つまり米国には、そもそも一八八二年の条約を守る意志はなく、仲裁を約した条項はハムリン牧師の言のように、単なる国際儀礼上の形式に過ぎなかったのであった。

条約は、それを守ることが国益につながる間は守られる。だが条約を守ることが不利益になれば、弊履のように破られる。

(五)　苦学の時代

李承晩は監理教会の勧めで一九〇五年二月の春季学期の初めから、ジョージ・ワシントン大学の二学年に籍を置いていた。既に三〇歳で、彼の学力は西洋文明に関する知識を除いては、教授並の実力があることが認められたからという。

ジョージ・ワシントン大学　だが前述のように独立擁護運動に没頭していたが、乙巳条約によって母国が日本の保護下に入ると、運動を続けながら学業に専念し始めた。実力をつける必要を痛感したからである。彼は論理学、英語、仏語、古代語学、哲学、天文学、米国史、西洋史、経済及び社会学を熱心に学んだが、一九〇七年六月五日の卒業式に出られるかどうかを危ぶんだほどの成績であった。Aは西洋史だけで、仏語と数学はD、他はBかCであったのだ。幸い学部長ウィルバー博士と教授達の親切で卒業できたものの、全く冷汗ものであった。というのは、初めの半年は叙上の密命遂行に奔走していたし、後の二年は生活苦のために健康を害して出席日数が足らなかったためである。学費は監理教の補助奨学金で賄ったが、生活費は自分で稼がねばならなかった。YMCAが一か月に二〜三回の割で主催した韓国に関する講演がアルバイトの主なもので、一回の講演料は二〜五ドルが普通であったそうだが、彼自身は演壇に立った時の緊張を楽しみにし、聴衆の熱意と喝采に、そして韓国に関心を持つ友人との交友に満足したそうである。故国での大衆演説家としての経験が生活の資になったわけであるが、演題は韓国における宣教事業と韓国人の漸進的な向上に関するもので、時には百枚近いカラースライドを幻灯で写しながら熱演し、聴衆の興味と同情を得たという。そして機会あるごとに、米国が韓国の独立を保護することが日本の膨張を防ぐためにいかに重大なことであるかを説いた。彼がジョージ・ワシントン大学を辛うじて卒業した直後に、ＹＭＣＡで「穏やかな朝の国・コリア」と題して行った演説の一端は、一九〇七年六月一三日付のワシントン・ポスト紙に次のように報道されている。

「李氏は、韓国とその国民の習慣に関して百例以上の興味深い考察を紹介した。…彼は『韓国の上流社会に属する婦女は戸外に出られない。だから彼女達の写真を見せるわけにいかない』と説明して爆笑をさそったが、その代りに、ヴェールで顔を蔽い目をつぶって歩けば外に出ることを許された中流婦人達の写真を幻灯で見せた。…数百人の会衆がこの講演に集まっていて…若い韓国の青年は講演の終わりに熱烈な喝采を浴びた」

また後のことになるが、第二八代大統領ウッドロウ・ウィルソンはたびたび弁士として彼を推せんしたし、プリンストン大学総長ペトン博士は「彼は興味深い有益な方法で大衆に演説できる特別な才能を持っていた」と書き、同大学神学科学長Ｃ・エドマン博士は「彼の演説はいつも多数の聴衆の傾聴と興味をそそった」と述べているそうである。

彼の在学時代の講演回数は、計一七〇余回に達したという。

つまり芸が身を助け、それが大衆政治家としての彼の魅力となったのであるが、かといって充分な報酬が得られたわけでなく、そのころ彼の七代独り子が父を慕って渡米した（一九〇八年にフィラデルフィアで死亡した。享年一二歳）こともあり、過労と栄養不足のために健康を害したことが成績不振の原因であった。

だが、うらぶれて消沈していたわけでなく、そのころの李を誠実な旧友であったケムプ夫人は一九五〇年に次のように回想している。彼が初代大統領に就任してからの回想であるから外交辞礼も含まれていようが、彼の気位は分かる。

「李は、いつもきちんとアイロンのかかった黒いアルパカ製の服を着て、頭を高く挙げ、控え目ながらも毅然としていた。…二九歳で韓国の独立という一生の目標を定めた彼は、活動的で力強い人物になっていた。…どこかに威厳が漂よう性来の気品は友人達だけでなく、見知らぬ人達にもおのずと感じられるのか、いつもミスター・李《イ》と呼ばれて話題の主になっていた。おしゃべりではなかったが、回りを気楽にさせる術も知っており、落着き払った挙措は未知の人にも無作法を控えさせていた」

でも米人で彼の真情を理解できる人は殆ど居なかった。大抵の人が一八八二年の米朝修好条約の存在を知らなかったし、知っていた人も骨董的な条約には現実的な価値を認めなかった。彼が「日本帝国主義を放置しておけば、米国にとって始末の負えない敵となろう。やがて巨大な中国を侵略し、ついには米国に及ぶ。今、韓国の独立を擁護することが、将来の米国にとって不可欠の重要事である」と説いても、冷笑をかうのが関の山であった。当時のアメリカ人にとっては、それはおかしいほど縁遠い話であったのだ。韓国青年の祖国の完全独立を願う熱情と事業は人の心を打ったけれども、それが実現できるかも知れぬと考えて支援の手を差延べてくれる人はいなかった。むろん人の良いアメリカ人の中には毎年避暑地を提供してくれて、彼をパウルと呼んで可愛がったボイド夫人のような篤志家も居たが、心中を打ち明けて気を紛らわせる相手は居なかったのである。

従ってジョージ・ワシントン大学時代の約二年半は、傷心と生活苦と七代独り子の病気、及び成績不振に悩まされた文字通りの苦学の時代であったと言えよう。

ジョージ・ワシントン大学を卒業すると、監理教の理事会は彼が牧師として直ちに帰国することを望んだ。そのために奨学金を出していたのだから当然である。だが彼は、勉強したかった。卒業成績が不本意であったからだけでなく、究めたい事が余りにも多く残っている気がしたからである。

迷っていると、「ハーグ密使事件」や「高宗譲位事件」が伝わってきた。これらの事件に対する李承晩の感想は記録に見当たらないが、恐らく悲痛の一語に尽きたであろう。それは次のエピソードでわかる。

そのころ李承晩は、東洋旅行から帰国したクリスチャン・アドボケイト紙の主筆で、監理教会の実力者であるA・B・レオナルドの帰朝演説記事を見たが、それは韓国における日本の改革をたたえ、終りは「日本が韓国を永久に統治することを祈ります。アアメン」と結んであった。激怒した李承晩が長文の抗議書を送ると、記者がインタビューに来たが、彼の主張は一九〇七年七月二五日付のニューヨーク・モーニング・ポスト紙とアスベリ・パーク紙に次のように載っている。

「韓国人は、個人としては決して日本人に劣らない。…列強は日本の感情を害して極東における経済上の権益を失うことを恐れ、一言も正義に立脚する批判をしないけれども、アジア全体が日本に独占されつつある事実が分からないのか？　…弱小国に対する不正義で間に合わせ主義の平和は、決して長続きするものでない」

この要約が、終始を通じて変わらなかった彼の極東情勢に関する見解であったようである。この理念の中には、当時としては韓国人としての願望が入っていたのは否めないと思うけれども、結果として大変な卓見であったことに違いはない。

そのうち父・敬善から「当分帰国しない方がよい。お前の言動に日本官憲は烈火のように怒っている。帰っても碌なことはないだろう。できたら勉学を続けるように」と言ってきた。これで決心が固まった。

ハーバード大学　彼は九月の新学期にハーバード大学の大学院に登録し、演説も交遊も中止して勉学に専念した。彼が専攻した単位は次のように知られ、その関心の方向が分かる。

憲法採択時までの米国歴史
ユトリヒト条約から現代に至る欧州史
欧州国家群の膨張主義と植民地政策
一九世紀における欧州の商業と産業その他
国際法と仲裁論
米国外交政策その他

これらの科目はいずれも韓国に直接関連したものであったが、彼にとっては目新しい難解なものばかりであったので、毎晩夜中まで机の虫になっていたという。そこで一九〇八年六月に、最短期間でマスター・オブ・アーツの学位を得たが、お陰で米国一の名門校では知友や生涯の師に恵まれなかった。彼の独立思想と、大学の親日感情との相剋もあったのであろう。

修士の学位は得たが、帰国はより望めなくなっていた。日本の韓国支配は、益々強まるばかりであったからだ。

デンバー会議　彼は尹炳求牧師と韓国人国際会議を開催する準備を進めながら、数か月の間ボストンを中心にあらゆる機会を利用して韓国事情を遊説した。収入の為ではなく、滅びつつある祖国のために最善を尽くしたのである。だが効果は認められず、落胆の毎日であった。聴衆は韓国の珍しい風俗や習慣には興味を示したが、多くの新聞を支配していた親日感情を反映してか、韓国の独立には何らの共感も得られなかった。実は昨一九〇七年三月に米国は日本移民の制限に関する大統領令を公布し、一〇月にはサンフランシスコで排日暴動が起こるなど日米関係は一時冷却の方向に向かっていたが、この年の二月には移民問題に関する日米紳士協定を調印し、一一月には西太平洋の現状維持と中国の門戸開放・機会均等に関する日米協約（高平・ルート協定）を締結する雰囲気に変わりつつあった。アメリカは北東アジアの勢力均衡のために、日米の友好を必要としていたのである。

七月一一日から一五日にかけてコロラド州デンバーの監理教会で開いた国際会議には、上海、ウラジオストーク、ロンドン、ハワイ、及び米州各地から三六人の代表が参加した。会議の目的は、独立国家を創出して屈従の絆を断切るために、日本が宣伝していた韓国支配の正当性を反駁し、世界に周知させるにあった。

李承晩が議長に選ばれ、デンバー市民も多数参席した中でスタンフォード大学総長D・S・ジョルダンが開会の挨拶を行った。そして会議は目的を達する手段として、各地の多種多様の韓国人団体を一つの団体に統合すること、世界情勢の周知を図るために洋書の韓文出版社を設立して国内に配布すること、など数多くを決議した。（七月一四日付デンバー・リパブリアン紙）　李承晩は閉会を次の辞で締め括っている。

「現在多くの政治家達は『日本は韓国にとって余りにも強敵である。だから韓国が独立のために日本と戦っても、成功することはあるまい。故に韓国の希望は永遠に失われたのだ』としばしば言っている。だがそれは皮相な観察に過ぎない。わが国の歴史と地理的特徴及び民族的特性を研究してみれば、韓国は遙かに日本よりすぐれたところがあることが分かる。だからこそわが国は四千年以上も民族の特性と完全な独立を保ってきたのであって、いかなる国も韓国を地球から抹殺することは出来ません」

李承晩
（1909年３月写）

これが、彼の四〇有余年にわたった独立運動を支えた信念であった。アメリカの親友達は「日本の韓国支配は、厳然たる現実である。英・米の世論も、西欧列強もこの現実を認め、その外交政策は実質的に日本を支持している。これは宿命である。列強はロシアの再南下を防ぐために、日本の力を必要としているのだ。だからこの現実を素直に受け止めて、自分の信念を現実に即応させてゆくべきである」と忠告してくれた。またかつての独立協会の同志達は大部分が現実に屈伏し、親友であった米人牧師達も日本の韓国支配を黙認していた。これらは彼が百も承知していたことであったし、また彼自身にも理性上の現実的考慮や感覚的誘惑がなくもなかったであろう。にもかかわらず、彼は、韓国の独立は正当であり、主権の回復は必然である、という信念を棄てることができなかったし、棄てようともしなかった。後年彼が大統領にならなかったらば、一介の反骨の人、頑固な反逆児、己れの原則に固執して現実に即応し得なかった偏狭者として歴史の片隅に葬られたであろう。でもこの信念が、李承晩その人の人格であり、信仰そのものであったと思う。頑固と信念は、結果からみた同意語であるからだ。

こうして李承晩の名は広く海外に知られたし、大会は表面上は成功裡に終わったかにみえた。けれども、何らの結実もみなかった。団体の統合は成らなかったし、多額の資金を必要とする出版事業も実行できなかったからである。力を合わせれば資金も人材も集まって、ある程度は日本の主張に対抗できたであろう。でも会議は、各代表の利害が絡む各論に入ると、うやむやのうちに終わったのであった。民族的痼疾と言われる派閥意識が働いたからで、已むない仕儀と言えよう。

プリンストン大学　デンバーからニューヨークに帰った李承晩はユニオン神学院に居を定め、コロンビア大学に通学し始めた。博士号をとるためであった。だが何もかもうまく運ばず、心も落着かなかった。恐らく、たった一人の七代独り子を失ったのもそのころであろう。たまたま長老教会の海外委員会に立寄ると、旧知のA・F・ハル牧師がプリンストン大学への入学を斡旋してくれた。寮に無料で入ることになった彼は神学科と政治学科に籍を置き、ここで生涯の師となり親友になった神学部長C・アドマン、大学院長A・F・ウェスト、総長ウッドロー・ウィルソン（後の二八代大統領）に巡り合った。暖かい学究的環境で、彼の目的と事業に理解を示してくれる人が多かった。ウィルソン総長はしばしば家族音楽会に招いてくれたが、彼は人に李を「この人は、将来の韓国独立の救世主です」と半ば冗談、半ば本気で紹介したという。

彼が専攻した課目は国際法、米国史、欧州史、外交学、哲学史で、最も難解と言われていたものであった。だが彼は最短の二年間でこれらの筆記と口頭試験に合格して、一九一〇年六月一四日にウェスト大学院長が博士の式服を掛けてくれ、ウィルソン総長が哲学博士の学位記を授けてくれた。韓国人として米国の大学から学位を受けた第一号で、三五歳の時であった。七月には彼の博士論文「米国に及ぶ局外中立の影響」が大学新聞に掲載されて、じ後数年の間一ドル八〇セントから二ドル二五セントの印税を得たが、第一次大戦が始まって公海の中立問題が重要視されてくると、彼の論文はたびたび中立問題の権威として引用されたとのことである。推測だが、鯨に挟まれた蝦＝韓国が生きてゆく道は中立の外にない、と観じていたのではなかろうか？　これは後で彼が、独立を達成する方便としての委任統治論を打出して、独立運動家の間に物議をかもしたことでも分かる。

しかして後日談だが、彼はしばしば冗談とも本気ともつかずに「プリンストンのエリオット教授が教えてくれた国際法の授業料は、返して貰うべきである。なぜなら、国際法なるものは現実には存在しないからだ」と回想したという。6・25動乱で学んだ実感がそう言わせたのであろう。

また彼が博士号を取る過程において専攻した科目には、経済面が少なく、軍事面は皆無であったことが目立つ。この瑕瑾を四〇年後に突かれることになろうとは、神ならぬ身の知る由もなかったに違いない。

でも若くして東洋文明をマスターした彼は、かくして西洋文明おも体得することができた。両文明に接することができた彼の思考力はこの二つの潮流の融合から発し、政治力と指導力の源泉になったわけである。この点を見逃して東洋的視点だけで彼を論ずれば、それは的はずれに終わるに違いない。

彼は在学中に講演を復活したが、ルーズベルト大統領が彼のために書いた一九〇八年一二月一五日付の推せん状は次の如くである。おそらく、三年前の罪滅ぼしもあったであろう。

「李承晩氏はプリンストン大学院の学生で、優秀な能力と高潔な品性で我々に好感を与えました。彼は自国の現状に関してだけでなく、驚くほど東洋の全般情勢に通じています。そして一般の聴衆に対し、成功的に東洋の情勢を開陳しました。彼は愛国心が強く、同胞に対し熱心かつ有為な青年と思います。大東洋について研究し、保護されねばならぬ権益を直接学びたい人に対し、私は喜んで、絶対的に、彼を推せん致します」

(六) 失われた祖国へ

李承晩は政治家であると同時に学究者であり、教育家であった。彼の一生を要約すれば、弛みなき勉学と言えよう。彼の生涯は、学んでは教え、試みては学び、行動しかつ教えることの繰り返しであった、と言われる。

従って五年半に亘った大学生活で学業が終わったわけではなかったが、学位の取得は即ち帰国の時期であった。留学生としての旅券は切れて、学費の面倒をみてくれた監理教との約束が待っていたからだ。だが彼は憂うつであった。帰国して、何をいかに成すべきか、に思い悩んだ。祖国では、昨一九〇九年七月に司法事務を日本に委任し、年末には親日の一進会が日韓の併合を上奏していた。そして彼が学位を得た今年の六月には警察事務さえ日本に委任して、国家の実質的な主権は何ひとつ残っていなかったのである。彼の努力は全く実を結ばず、後は併合の形式的手続きだけが残っている有様であった。そしてついに八月二九日、日韓併合条約が八月二二日に調印されたことが発表されて、五一九年（一三九二—一九一〇）二七代続いた李王朝は幕を閉じた。オリバー書は「北東アジアの戦略的三角形の中心にある韓国は列強、特に日本とロシアの争点であったにも拘らず、その王政は怠惰と腐敗と陰謀に陥り、殆ど無能力の状態であった。国民は親清か親露か親日か、改革か保守か、攘夷か開国か、と事毎に争った。そして、来たるべきものがついに来た」と述べている。

束の間の故国　その時、京城YMCAから青年部の職が与えられた。彼は日本人との接触や衝突の機会から比較的離れられる地位と、青年の組織と教育及び伝道を目的とする仕事に感謝した。一九一〇年九月三日にニューヨークを船出して、リバプール、ロンドン、パリ、ベルリン、モスクワを経て京城に帰り着いたのは一一月の初めであった。ヨーロッパ経由で帰国したのは、欧州に関する知識を深めたかったからという。駅には白髪になった父・敬善が雀躍して待っていた。

李承晩は、高徳の信者として知られ「韓国のトルストイ」と言われた李商在や、韓国YMCAの総務・F・ジレットの知遇を得て職務に専念し、全国の巡回講演や教会での集会に励んだ。日本と妥協することは露ほども考えなかったが、キリスト教の事業に奉仕することが同胞を救う道であると観じ、日本の統治に従いながらも屈伏せずに生きてゆくことができよう、と考えていたのだという。（オリバー書）

でも朝鮮総督府は、有為で著名な青年を見逃さなかった。彼を体制に組込めば、事がスムーズに運ぶであろう。総督府は多くの要職を用意して彼を誘ったが、彼はすべてを断り続けた。すると、総督府と彼との関係は一般的な範囲を越えて、やがて危険なほどに対抗的になり、ついには要注意人物として監視が付きまとうまでになった。

そのころ「一度は各自の心の中に潜む悪魔を追い出さねばならぬ」と説く宗教上の説教は、「悪魔とは暗に日本人を指し、朝鮮人の謀反を助長している」と解釈されて説教を禁じられ、宗教出版物では「悪魔」の用語が追放された。

月刊誌「聖徒」に載った「春に目覚める新しい生活」と題した論文は、新しい政府を樹てるための信者に対する煽動である、という理由で発売禁止になった。そういう時代であったから、腹膨る苦しさに耐えかねた李承晩は、伝道を離れて一流の中学校であった鍾路学堂の校長に就任した。そして全国遊説に旅立ったが、間もなく一九一二年の初め、「キリスト教陰謀事件」が起きた。寺内朝鮮総督殺害陰謀の容疑で、一二五人の著名なキリスト教指導者が下獄した事件である。李承晩も容疑を受けたが、YMCAの幹部や、寺内総督と親交があった監理教北東アジア監督・ハリスらが素速く警務総監に「李承晩は米国で広く知られ、前大統領ルーズベルト、次期民主党大統領候補ウィルソンなどに目を掛けられている。彼を逮捕すれば、日米間に必ず悶着が起きよう」と忠告したことによって、危機一髪で逮捕を免かれた。

だが間もなく、朝鮮総督府は韓国の教会を日本の教会の監督下に入れる政策を打ち出した。反総督府の源泉はキリスト教にあるとみて、これを牛耳るためであった。

渡米　国際監理教ではこの政策を受入れるかどうかの代表会議を春にミネアポリスで開催することにしたが、李承晩は四人の韓国人代表の中の一人に選ばれた。ハリス監督の斡旋で出国許可を得た彼は、三月一六日に門口で顔をそむけながら手を振る父に別れを告げた。これが父との永別となった。敬善は翌一九一三年一二月に六代独り子の行末を案じながら淋しくこの世を去った。異能児の父は不幸であった。

一行は日本の鎌倉で会議を開き、東京YMCAで講演し、四月一〇日に横浜を出航した。本当に日本が出国を許すのだろうかと最後まで危ぶんでいた彼は、後年「丹波丸が埠頭を離れたときは、実にホッとした」と回想している。

長い航海中にハリス監督は李承晩に「日本の韓国統治の事実を認め、その現実に慣れることが宣教事業を続ける道であり、生きられる方便である」と繰り返して説いた。彼はそのたびに反駁したが、決して意見が一致しないことを悟ると、黙否した。ハリス監督にしてみれば韓国のキリスト教が生き延びるか死ぬかの瀬戸際であったし、生かすためには日本との妥協が唯一の途であった。北東アジアの監理教を代表する彼の立場からは、韓国の事よりも布教が大事であったのだ。だが李承晩にとっては民族の自主性があっての宗教であり、国民あっての布教であった。つまり国が優先するか、宗教が優先するかの哲学の問題であったから、二人の意見が合うわけはなかったのである。

だが彼は、故国を見捨てたわけではなかった。韓国教会の独立性が従前通り認められれば、再び故国で伝道の道に入りたかった。でも月余に及んだミネアポリス会議は、ハリス監督の主張「宣教事業を保護し、永続させるため、日本に密に協力する」という方針を再確認して幕を閉じた。平たく言えば、韓国のキリスト教教会が日本の教会の監督下に入ることを認める、と決議したわけである。これで李承晩が故国で宣教に従事する道が鎖された。延禧専門学校を創立したH・アンダーウッド校長が、教授職で招いてくれた。彼は、安全を保障してくれるなら就任すると返事したが、それはムリだった。李承晩が会議で、韓国教会の独立を唱えて止まなかったことが総督府に知られていたからである。

こうして彼の帰国は不可能となった。彼が故国に留った期間は、一七か月に過ぎなかった。かくして、じ後三三年に亘った独立運動が弛みなく続けられることになる。

でもこの一九一二年一一月一八日付のワシントン・ポスト紙には最近の韓国についての彼の談話が掲載されているが、それには

「(日韓が併合して)三年の間に、韓国は古い因習が浸み込んだ遅々とした歩みののろい国家から、活気に満ちた産業の中心地に変貌した。…市民達の顔色を除けば、今日の京城はシンシナチ(オハイオ州の中型商工業都市)

と殆ど変わらない」の一節がある。「市民の顔色を除けば」の部分が精一杯の抵抗の表われで、総じて日本当局との摩擦を避けようと努め、和解のシグナルを送った跡がうかがえる。日本の武断政治の実際を体験し、対露考慮から日本の行動を支持している西欧諸国の動静をみるとき、独立運動の方向を見定めること、何が出来るか、何を成さねばならないかがはっきりしなかったからであろう。また横浜で乗船したとき、見送りに来た京城監理教の日本人牧師が「六か月内に帰国すること。韓国にとって却って不利な結果を招くから、米国では日本を批判する言動を慎むように」と切に助言したことが脳裏にあったからかも知れない。いずれにせよ、自分の原則を至高としてオール・オァ・ナッシング式の極端に走り易い独立運動家の属性からみれば、彼が現実主義者であった一面をのぞかせている。

二、ハワイにおける光復運動

帰国が叶わなくなった李承晩は、一九一二年の秋、大学の教授職でも探してみようかと考えていると、ハワイに渡っていた獄中の同志・朴容萬から招かれた。朴容萬は独立協会の会員で漢城監獄での同囚の同志であったが、彼はハワイ韓僑の有志らと韓国人学校の設立を計画し、李承晩をその校長に推せんしたのであった。また他の有志からは、ハワイ国民会を指導するよう頼まれた。

渡りに舟と喜んだ李承晩は、翌一九一三年（大2）一月にハワイに渡り、じ後一九三九年（昭14）にワシントンに移るまでの二七年の間、ホノルルを本拠として光復運動を続けることになる。

ハワイ事情　大正一四年（一九二五）一二月調のホノルル日本総領事館「布哇《ハワイ》朝鮮人事情」（「朝統史第七巻」）によ

れば、米州における独立運動の中心であったハワイの状況は次のようである。

一八九七年（明30）にハワイ王国を併合したアメリカは、東西開発会社を設立して韓国人の移民を奨励し、一九〇二年から四年にかけて約五千人を入植させた。一九二四年の韓人総数は五、八〇〇余人で、韓僑の在米密度はハワイが群を抜いていた。（なお資料によって大差があり、在米韓人一万一千人のうち一万がハワイ在住とある）

しかして各島々で自治組織が結成されていたが、一九一〇年の日韓併合に刺激されて米本土とモスクワに設立された「大韓国民会」の一翼として「ハワイ地方総会」を創立し、一九一一年には総会長・鄭七来、機関誌「国民報」主筆・李恒愚の陣容に改めて活発に事業を開始した。特に李恒愚は人格、識見、英語力ともに群を抜く人材で、ハワイ韓僑の与望をになっていた。ハワイ地方総会の最盛期であった。

そのころメキシコ韓僑の惨情が伝えられた。そこで李恒愚らは浄財六万ドルを集めてハワイへの救出移民を計画し、米政府へ請願する運びになった。ところが前の国民報主筆であった魯在雨は監理教（メソジスト）教徒を使嗾して自由教信者の李恒愚排斥運動を展開し、中傷ざん誇至らざるなく、一九一一年末についに李恒愚を自殺に追込んだ。李の憤死に同情した人達は魯と監理教徒を攻撃して魯一派を米本土に追放し、かつ総会長・鄭七来が有為の士を自殺に追込んだ責任を問罪した。ために鄭も後難を恐れて米本土に逃れ、メキシコ移民問題はうやむやに終わって、混乱と紛糾だけを残す結果になっていた。

(一)　内紛の中へ

つまり李承晩は、ハワイ韓僑の政争の真只中に招かれたわけである。ハワイ韓僑は政治的に、宗教的に、経済的に、四分五裂の状況に陥っていた。

従ってこれらの経緯とその実情を知るに及んで、李承晩は愕然とした。朴容萬らが発起した学校の設立資金は三万ドルも集まっていたが、その経営を引き受けることも、他の多数の人が進めていた各種の計画に参加することも、いずれも出来ない立場にあることを発見したからである。一方に組すれば他の憤激をかうことが明らかであり、「国民の団結こそが光復必須の条件」と考えていた彼にとっては、どうにもならぬわけであった。

安昌浩と朴容萬　当時のハワイ国民会は旧派と新派に割れていたが、それぞれ安昌浩派と朴容萬派とが牛耳っていた。

安昌浩は英語もできず、欧米の文化に接する機会も学問もそう多くなかったが、韓国語での雄弁で彼に比肩する者はなく、聡明と堅固な意志、「務実力行」（実力を涵養してのち行う）のスローガンで知られ、平壌出身者の結社「興士団」（注）を背景とする自他ともに許した指導者であった。三歳年長の李承晩は彼との連携を欲したが、「支配か、然らずんば滅亡か」を信条とした安昌浩とは友好的に付合うことはできず、安は李の有能かつ強力なライバルになった。安にしてみれば、自分が造った地盤を横取りされる感じもしたであろうが、独立運動の原則を巡る見解の相違が主導権争いに結びついて、独立運動の巨頭として並び称された二人を氷炭相入れないものにしたと思われる。

安昌浩と李承晩

安昌浩の原則はそのスローガンで分かるように、あくまでも民族の自力で光復するにあった。具体的な政治綱領は定かでないし、急進派ではなかったけれども、外国の力を借りて光復しても結局はその外国の影響下に入るだけだ、と信じ切っていた。

李承晩の原則は、西欧列強の支持特に米国人の同情を得るための闘いが、即ち光復運動であった。「勇ましい言辞や過激なテロで日本が手を引くわけはない。徒らに好戦的な態度をとってみても、日本の北東アジア支配を認めることによって西太平洋の恒久的な平和を維持しようとしている米・英両国の反発を買うだけである。過激な行動は却って日本のガードを固め、国民に余計な犠牲と負担を強いる結果に終わる」が彼の信念であった。後で彼が「米国委任統治論」を唱えた真意もそこにあった。

であるから、原則が違う頑固者同士の気が合うはずはなく、二人の巨頭が真に力を合わせたことはついになかったのである。

安昌浩は一九三八年（昭13）三月一〇日に京城医専付属病院で六〇歳の生涯を閉じた。彼は一生を光復に尽くした愛国の志士として、韓国民の深い尊敬を受けている。けれども挙族的な運動を指導し、むずかしい国際情勢の中で肇国の任に当たり得る器ではなかったように思われている。もし彼が解放後も健在であったとすれば、米国の対韓政策立案者やマスコミ関係者を唖然とさせた韓国内での政争は、より激烈を極めたに違いない、と述べた人がいた。

興士団　安昌浩が主導した平安南・北道出身者の結社で、今も続いているという。団員は団に対する激しい忠誠心を持ち、団結が固く、当時は彼らの特殊な利害を追求していたと聞く。結社の動機は、李朝時代の疎外にあった。李成桂（太祖）が一三九二年に王位についた時、それに最後まで反対したのが平安道の人達であった。怒った太祖は、「西北（平安道）に謀反の相あり」と宣して、平安出身者の登用を禁止した。じ来五一九年の間、西北人は郡守以上の官職には就けなかったとのことである。従って覇気満々たる安昌浩が、この不当な因習を破るために同郷人の結社を組織して固い団結を誇ったのは、分かる気がする。

蛇足だが、李承晩が三五年後に初代大統領に就任した時、大方の予測に反して初代国務総理に指名したのは平壌出身の李允栄牧師であった。李允栄は議会の反対で就任できなかったけれども、彼が組織した歴代内閣には平安出身者が地域按分の均衡を崩すほど多く登用されたと聞いた。また韓国軍を育成した軍の首脳には、李應俊、蔡秉徳、金弘壹、白善燁、張都暎、白仁燁、崔徳新など平安出身者が目立つ。軍人は個人の能力によって登用されるけれども、政治家の任用は、手強い政敵であった安昌浩の流れを汲む人達との融和を図った政治的登用とみる人が多い。

李承晩をハワイに招いた獄中の同志・朴容萬も、すぐ政敵の一人になった。彼も愛国の志士ではあったが、彼の原則は暴力革命で、オアフ島に軍事学校を建て、屯田兵式の小規模な軍隊を育成して訓練に励んでいた。そして李承晩に同調を求めた。そもそも朴の狙いはそこにあったのだ。だが李の原則は前述の通りで、話し合いを重ねるたびに対立は深刻になり、ついには危険な関係までに発展したのであった。

従って安昌浩と朴容萬との原則も、氷炭の差があった。一九一五年九月には、安昌浩を信奉する陳国という青年がサンフランシスコ・ホテルに投宿中の朴容萬を襲って暗殺未遂事件を起こし、また後ではハワイに帰航中の李承晩を付狙った事実が発覚したほどである。

また韓僑は、ハワイ監理教会に属する人達と、韓国監理教会に属する人達との真二つに分かれ、韓国監理教会の人々は李承晩が自派の牧師になることを望んでいた。だがハワイ監理教会の責任者は李の旧友J・ワドマン博士であったから、旧友と対立する立場に就くことは性に合わなかった。

民族教育か混学か　身の置き所に苦しんだ李承晩は米本土に帰ると言明したが、折柄ホノルルのミルス学校に在学中の韓国人学生が、日本系や中国系との差別に抗議して同盟休校に入り、島全体に人種的対立が漲っていた。李承晩の教育観は、民族は民族固有の文化を継承する教育を基礎とし、併せて西洋文化を吸収して知識を磨き、以て世界に通ずる人材を育てるにあった。民族教育を第一義としたのは、韓国人は自国語で自分の歴史と慣習を学び、植民化された祖国の再建に献身しなければならぬという信念からである。従って彼は人種混学に反対で、民族学校の独立が彼の原則であった。

このとき、彼はホノルルの韓国監理教会の付属学校長に推せんされた。この学校は午前は西洋式の授業を英語と韓国語で、午後は漢文を教え、そのカリキュラムには韓国の歴史と地理が含まれていて、彼の理念に合致した。そこで学校を引受けたが、忽ち激しい衝突が巻き起こった。

多民族国家であるアメリカで、人種間の反発と対立を生み易い民族学校が歓迎されるわけがない。特にハワイは東洋系が八〇%を占めていた。従ってハワイ当局としては人種の融和が最大の政治問題であったから、ワドマン博士の後任としてハワイ監理教会の監督に就任したW・フライ博士は猛烈な人種混学論者として知られた人であった。李承晩は独立の回復のためには民族教育が基礎であると信じたけれども、フライは米国のために人種混学の絶対性を信じていた。そこで論争が起こり、圧迫が加わった。ハワイ韓僑も混学派と民族派に分かれ、民族派は監理教会を離れてソウルの南大門を模した独自の教会をリリハ街に建てるまでになった。

李承晩はこの騒ぎに屈しなかった。彼はハワイの韓国人農場労働者の実地調査をした時に、親が取極めた結婚を拒んで家出した多くの文盲の女性を発見して、自費でホノルルのスサナ・ウェスリー寮に住まわせて教育していたが、当局の混学方針によって追立てを食うと、別の建物を手に入れて寄宿舎とし、校名を付属学校から韓人学院と改めて、韓国人だけの男女共学制を創始した。そして一九一六年の秋には韓国監理教宣教部とも訣別して私立の韓国人基督学院を創立し、独自のカリキュラムで民族教育を実施した。生徒数は一四〇人前後であったというが、逞ましい闘魂と言えよう。そのころ彼は、韓僑を団結させるためには、一つの宗派を支持するよりは、宗派を超越したキリスト教会がベターである、と感じていたそうである。

この時の対立は長く尾を引いた。彼は監理教会に愛着を感じていたし、個人的感情や人間的不和が対立の原因ではなかった。それはいつに、光復を志向した原則とアメリカの方針との衝突であったが、やはり感情は残った。彼が三〇余年後に大統領に就任した時、韓国監理教のある幹部は「韓国人がもし金奎植を大統領に選出していたら、我々は彼らを助けたであろう。しかし韓国人が李承晩を選んだからには、彼らの好きなようにうっちゃっておけ」と吐捨てたそうである。そして李承晩は、職業的宗教家の博愛と互助の教理を忘れるほどの政治性に失望して、規則的な日曜礼拝は逐次に独りで礼拝するよう変化したそうである。

同志会　こうして韓国国民会内での思想と原則の一本化は不可能であったので、李承晩は安昌浩の興士団や朴容萬の連合会に対抗するために「同志会」を発足させた。同志会はホノルルに本部を、ロスアンゼルスに支部を、ニューヨーク、シカゴ、サンフランシスコに連絡所を設置して前例なく栄えたそうで、一九二〇年（大9）に韓国語と英語で発刊し、李承晩が三九年までの毎号に社説を執筆した週刊「太平洋雑誌」は今も続いていて、在米韓僑の団結に主要な役割を果たしているという。

だが異境の小さい島々に移民した数千人の韓国人が、それぞれの原則に則って対立し、事毎にいがみ合ったのだから、その政治的風土がうかがえる。後年の李承晩はハワイにおける二七年間を回顧して「不本意な対立と、論争の二七年であった」と苦々しくつぶやいたそうである。

日本側の見方　以上は親李承晩の書であるオリバー「人間・李承晩」や金中源「李承晩博士伝」などに拠ったものだが、ホノルル日本総領書館「ハワイ朝鮮人事情」（朝鮮統治史料第七巻）の記述は次のように生臭い。年月の間違いが多く、記述も反李派が刊行した「ハワイ移民二五年史」に拠ったと思われる箇所が多いが、ハワイにおける政争の激しさをうかがう資料として参考に供したい。括弧内は筆者の注である。

一九一三年（大2）にハワイ地方総会長に朴相夏が当選すると、彼は米本土、ハワイ、モスクワ地方総会の統一機関として大韓国民会中央総会の設立を提唱し、サンフランシスコでモスクワ地方総会代表・李大為や米本土地方総会の幹部と協議して、中央総会会長に安昌浩を、副会長にネブラスカ兵学校を卒業したばかりの朴容萬を推挙して大韓国民中央総会を発足させた。つまり安昌浩が在米韓人の第一人者に目されたわけで、当時三五歳であった。

気鋭の朴容萬は朴相夏と同行してハワイに渡り、事業を開始した。ハワイ地方総会の従来の会費制（年額三ドル）を年額五ドルの義務制とし、その一割を中央総会に上納し他を地方総会の費用に当てた。各地方会は年額三ドルの自治金を徴収して財源とし、一五人以上の児童が居る地方には小学校を置き、その経費は自治金の一部と父兄の寄金で賄うことにした。朴容萬の手腕であった。これまでの会費三ドルが一挙に八ドルになったが、会員は独立のために快諾したという。

これに気を良くした朴容萬は、翌一九一四年の改選で金鍾学がハワイ総会長に当選すると、総会費による中学校の経営を計画して建築費を募金した。中込額は九万ドルに達した。しかし実収額は二千ドルに過ぎず、中学校の建設は成らなかった。李承晩の反対のためであった。

李承晩は一九一一年（誤り）にハワイに渡り、メソジスト教会付属の中央学院長に就任して子弟の教育と支持者の獲得に努めていたが、一九一四年（誤り）ごろ太平洋雑誌社を創立して文治論を唱え、一方の指導者として自ら任じていた。当時三九歳である。そこで武断派の朴容萬が中学校の創立を始めると猛烈に反対して寄金を妨害し、既に寄付した二千ドルは太平洋雑誌の発刊資金に充当するよう寄付者の同意を取り付けた。李承晩はこの横取りした資金とメソジスト教教報用の活字を利用して同年一二月に初号を発刊し、自派の機関誌にしたという。

一方朴容萬は中学建設の不成にめげず、同一九一四年にメソジスト教牧師・朴鐘秀や李浩らを説いて大韓独立軍団を組織して軍団長に納まり、二〇〇人の生徒を募集してオアフ島に屯田兵式の武官学校を開設した。広大な農地を借地してパイナップルを栽培しながら軍事教育を施し、その声望は盛んであった。しかし李承晩の武官学校不要論で寄金が漸減し、パイナップルの不作とともに資金に行詰まり、ついに国民会の基金に手を付けた。

李承晩一派はかねて自由教信者の総会長・金鍾学派と反目しており、その顧問格の朴容萬とは前記の関係にあったが、国民会の基金が勝手に流用されている事実を探知して、同年の総会に訴えた。だがうやむやになると、自ら各島を遊説して総会幹部の専断を訴え、共鳴者の中から一二人の代表を集めて国民総会の臨時開催を強訴した。一九一五年四月であった。総会幹部が再び拒否すると、李承晩は洪漢植を議長として臨時大韓国民総会と自称した「総会」を一二人の代表で開催し、国民総会幹部の罷免を決議し、国民総会の重要書類一切を押収した。つまりハワイ地方国民総会を乗取ったわけである。この間、中央総会長・安昌浩が仲裁に乗り出してきたが、成すすべがなかったという。

国民総会を追出された金鍾学、朴容萬、中興根らは別に一六人の代表を各島から集めて「連合会」を組織し、連合会報を発行して臨時国民総会の国民報に対抗した。「一九一五年ニ於ケル在布哇《ハワイ》鮮人ハ互ニ軋轢暗闘日モ亦足ラサルノ状態ニ終リ」（九五四頁）、甲論乙駁の末に訴訟沙汰に発展したが、アメリカの法廷も判決を下せず、うやむやに終わってしまった。

こうして李承晩は国民総会を乗取ると、会名を「国民会」に改め、翌一九一六年に国民会長に腹心の洪漢植を、同副会長に鄭仁秀を推挙すると、同会は完全に李承晩の牛耳るところとなり、前に同会が四千余ドルを以て建設した学生寄宿舎の一切を李承晩の個人名義に書換えても、誰も異議を唱えなかった。彼は独立運動の資金調達のために大韓国民会の名で公債を発行し、五万ドルを募金した。中央総会長・安昌浩に一言の相談もなく、であった。しかも使途さえ明らかにしなかった。これは明らかに会則違反であった。安昌浩は李承晩の専横を憤り、ついには双方の間に越え難い溝ができることになる。

けれどもこれらは、李承晩の政治的手腕の片鱗の現われであったとみる人が多い。なぜなら、李恒愚事件以来、紛糾を事としていたハワイ韓僑の大多数をまとめ得たからである。

李承晩の声望に反比例して勢力を失った朴容萬は、資金難とともに声威も衰え、一九一六年に独立軍団と武官学校を解散して駐屯米軍に就職させ、自らは側近とともに上海に落延びた。朴容萬の完敗であった。彼はのち、ハワイ大韓独立軍団の代表と自称して上海臨時政府に参加したが、理解しにくい後日談がある。朴容萬は中国での水田経営に着目して、ハワイの同志を勧誘し、借地や開墾費の調達を依頼して送金先を在北京米国公使館気付に指定した。そこで同志らは三万ドルを調達して送金し、出資者代表を送り、北京近郊の適地を借りて開墾を始めたが、派遣代表が資金の大部を私消したので失敗したそうである。朴容萬は不運であった。彼は上海臨政の外務部総長に推挙されたこともあったが、就任していない。

朴容萬が去った連合会側は「大韓独立団」と改称し、安永七団長の下で「太平洋時事」を発刊したが、一九二四年に休刊し、一九二五年現在の団員は三百余人に過ぎない。

また反李承晩派が出版した「ハワイ移民二十五年史」には次のような中傷記事がある。

「李承晩が渡来するまでのハワイ韓僑は和気藹藹と生業に励んでいたが、李承晩が乗り込んでくると空気が一変し、派争に明け暮れた。…団体や親睦会を創設すると、李は自分を代表か委員長に選任しなければ、会を潰すか解散させた。彼は常に第一人者でなければ気が済まなかった」

「国民会を乗取ったときは総会をテロとアジで妨害し、幹部が紛糾に耐えかねて休会を宣して退場すると、残った自派だけで決議してしまった」

どちらの言い分が真であるかは今となっては検証しにくいが、もってその政争と中傷の凄まじさはわかる。

(二) 三・一運動

ところが、この間に大変動が起きていた。一九一四年（大3）七月に第一次世界大戦が勃発すると、日本は日英同盟を発動して参戦し、世界の五大強国の一つに数えられた。

アメリカは一九一七年四月に参戦して連合軍の勝利を決定づけ、世界のリーダーになった。

ロシアは一九一七年の十月革命によって戦線から脱落し、じ後シベリア出兵・連合軍の干渉出兵を受けるなど一等国から滑り落ちた。英・仏には昔日の勢威がなくなった。

つまり世界の勢力均衡絵図に大変化が起きて、日本は英・米の友邦として列強の仲間入りを果たし、世界に発言権を得たのである。ということは客観的に見て、日本が韓国を手放す可能性が更になくなったことを意味しよう。

けれども李承晩は、活動の好機が訪れたと考えた。彼は、プリンストン大学時代の恩師であり、親友でもあった第二八代大統領ウッドロー・ウイルソンが一九一八年（大7）一月に発表した平和意見一四か条の中の被圧迫国家の

「民族自決権」は、韓国に適用されるべきであると確信したからである。

一方、朴容萬は、武力蜂起の好機と勇み立った。朴は「韓国民の決意を劇的に現わせば、ウイルソンの一四条原則に立脚する世界の政治家の声援を受けられる。すれば日本がいかに強国であったとしても、世界の世論を無視することはできまい」と主張したのだ。李承晩は「武力蜂起は最悪だ。四年の大戦で世界は人殺しにうんざりしている。武力蜂起すれば、誰でも〝あぁ、またか〟と耐えられなく思う。従って連合国は却って〝罪のない市民を殺すような不逞な朝鮮人は、制裁を受けるのが当然だ〟と日本に同調するだろう。しかも列強の政治家達は、連合側に加担してくれた日本の味方にならぬわけにはいかない。だからアメリカに訴え、来たるべき平和会議の場で列強の良識に訴えるべきである」と反駁した。それぞれ機関紙上での主張であったが、この論争は止まるところを知らなかった。

でも朴容萬は自分の原則を曲げず、初め北京で、ついで満洲で武装闘争に励むことになる。

請願運動　一九一九年（大8）一月にパリ平和会議が始まると、李承晩はワシントンに赴いて、平和会議に韓国の主張を直訴するためにパリ行きの旅券を申請した。在米僑胞が彼と閔瓚鎬ら三人を請願代表に選んだからである。

けれども、旅券はなかなか下りなかった。彼がパリ会議と米国務省にあてて「取りあえず韓国を米国の委任統治下に置いて、然るべき時期に独立させて欲しい」と請願したのは、その二月のことである。

だが、旅券はついに下りなかった。幾度か好意的同情を示してくれたレイン国務長官やポルワ次官に面会を求めたが、ダメであった。理由を問い質すと、在パリのウイルソン大統領から国務省に「李に旅券を発給すれば日本の不安を招き、結果的に日本の協力を得て東洋の平和を維持しようとする米国の政策の妨げになる」と注意してきたからと言う。かつては冗談にせよ彼を「韓国の自由を取戻す人だ」と人に紹介した恩師で親友であったウイルソンが、今は正義に立脚した平和の建設者であるとみられていたアメリカの大統領が、勢力の均衡を図るためには韓国を犠牲にしなければならぬという政策を決定していたのである。李承晩は唖然とした。ついで手をわななかせ、指先を口で吹いた。憤怒の表現である。でもどうにもならぬ。個人の友情と国際政治とは無関係であったのだ。その時彼は〝このような冷血的で近視的な政策を土台とした平和は、長続きするわけがない〟と感じたそうだが、それから二二年後に訪れた日米の破局を予想したものであったとすれば、大変な卓見であったと言わねばならぬ。でも当時は、韓国を助けて独立させるとか、一時アメリカの委任統治下に置いてやがて自立させるということは、即ち日本との戦争を意味したわけだから、ムリな相談であった。それは疑えない国際社会の現実であったのだ。

三・一運動　やがて故国では三・一運動の火が燃え盛り、その状況は米国でも同情の意をこめて生々しく報ぜられた。韓国民は劇的に、かつ挙族的に民族自決の意志を表明していたのである。四月初旬、李承晩らの在米代表はニューヨークに会合して独立を議決し、**朝鮮共和国**の誕生を宣言して本部をフィラデルフィアに置いた。その構成は知り得ないが、間を置かず京城から「漢城政府」の組閣名簿が届いたので、執政官総裁に推戴された李承晩はすぐ解散したという。

やがて上海に臨時政府ができたが、彼はワシントンに留まって、「韓国欧米委員部」という莫然とした名の事務所を置いた。実は韓国大使館と名付けたかったのだが、臨時政府を承認したり認定した大国は一国もなかったから、それはムリであったのだ。じ後彼のワシントンにおける運動は、この韓国欧米委員部を根拠にして続けられることになる。そして二〇年暮に上海に赴くまでの一年半の間に実行した運動は、次の五件に要約できる。

一九一九年の春にニューヨークで被圧迫弱小国家会議が開かれると、彼は同会議に出席して韓国の主張を訴えた。

同会議はパリ平和会議にアピールし、世界の同情と関心を集めるためにチェコスロバキアが主導して開催したもので、これがチェコやハンガリー、ポーランドなどの独立につながったものである。李承晩の熱弁は、同病相憐れむの同情を得た。けれどもそれだけで、実りはみられなかった。この時の成果はこの会議を後援していたJ・W・ステガス弁護士と深く長い友情を結んだことで、ステガスは、韓国の光復は全く見込みがないと思われた憂うつな長い時代でも、一貫して温く支援し励ましてくれたそうである。

ニューヨークでの会議が終わり、パリ平和会議が六月二八日の調印をめどに進展すると、李承晩はフィラデルフィアに赴いて徐載弼と米国民の世論の喚起について計画を練った。その具体化が、三・一運動の実態と韓国の主張とをアメリカ国会議事録に織込むこと、在米韓国人代表者大会をフィラデルフィアで開催すること、韓米友好連盟を組織すること、独立国債を発行することであった。

米国国会議事録には七月から一〇月にかけて、長老教牧師達の三・一運動に対する日本当局の弾圧についての詳細な報告、英文韓国史の著者H・B・ハルバートの韓国の独立を擁護した声明書、上海臨時政府法律顧問F・A・ドルフの韓国独立支持論や法的根拠論などを織込むことができた。だがこれらに目を通した者は限られ、関心を表明した人は殆どいなかった。

九月一九日、ジョージ・ワシントンが制憲国会を司会した独立記念堂の自由の鐘が鳴り響くと、集まった各地の韓国人代表達は中央通りを「万歳」を連呼しながら行進して記念堂に入り、大会を開いた。デモの中にはスミス市長も見え、親韓で知られたS・B・スペンサー上院議員が開会演説を、G・W・ノリス上院議員が韓国独立支持の演説をしてくれた。そして大会第一日は、大韓民国大統領の名で世界の主要な元首に外交関係の樹立を提議する公式書簡を送ることを決議した。前もって準備した書簡は、すぐ送られた。李承晩の名は一躍知られただろうが、反響は皆無であった。西欧列強はベルサイユ体制に満足し、英米法の通念である「所有は、それ自体が一〇のうち九つの法律である」という金言を適用して、日本の韓国支配を不動のものと認めていたのである。

大会は続いたが、結局実質的な業績としては徐載弼が主幹した「コリア評論」の発行を決議しただけで、うやむやのうちに解散してしまった。各地区の代表者とは即ち安昌浩派、朴容萬派、李承晩派及びその他の派を代表する者であったから、既述した上海臨政内の主導権争いがそのまま反映して、派利派略と個人的利害を事とするようになったからである。李承晩と徐載弼とはこの大会で韓国人の団結力とその独立志向とをアメリカ人に印象づけるのを狙いとしたが、結果は逆になったのだ。この件をオリバーは「〝万歳示威〟を組織し実践するに当たっては、韓国人は崇高にして著大な成果を収めたのであるが、代表者達はなお、旧王朝を滅亡させたあの〝四色党派〟の弊害から抜け出ていないことが明らかであった。だから李は愛想をつかし、休会を宣言してワシントンに去った」（一四八頁）と評論している。

以上の運動の間に、李承晩は金奎植、鄭大栄、林炳稷らの補佐を受けて「米韓友好連盟」の結成に奔走し、一九の都市に支部を設置して活動を始め、多くの知己を得た。取材に訪れたＩＮＳ通信のＪ・Ｊ・ウイリアム記者は、一貫して親密な助言と援助とを惜しまぬ親友の一人となった。けれども限られた資金と限られた組織力とでこれ以上「連盟」を拡大することはムリであった。また時間もなくなった。大統領として、上海臨政の内紛を鎮めることが急務となったからである。

そこで李承晩が打った最後の手が、天皇への書簡であった。その書簡は日本には効果がないとしても、米国の新聞読者の同情は買えるであろうという計算で練られ、要旨は「韓国民にもう一度独立の機会を与えて欲しい。すれば天皇は、韓国民の感謝と友愛の念を受けるであろう。だが、もしこの提議が拒絶されたならば、日本人は永遠の侵略者として不信と侮蔑の対象になるであろう。なぜなら、韓国は結局は解放されるからだ」となっていたという。彼の信念の発露であった。「結局は解放される」ことの具体的な根拠は彼の歴史観の外には探せないけれども、彼の民族的信念と予感が的中した事実には驚く外はない。

この書簡は、オハイオ州立大学時代から彼の秘書を勤めていた林炳稷《りんへいしょく》が日本大使館に持参した。林氏は第二代外務部長官やU・N韓国首席代表を務めた人である。一等書記官・廣田弘毅（のちの首相）は丁重にもてなした。二人は韓国の内外情勢について歓談したのち、林が書簡を手渡すと、廣田は間違いなく東京に送ることを約し、親友のように仲良く別れたとのことである。

そのころ日本政府は上海の呂運亨を招いて意見を開陳させる計画であったから、李承晩の書簡は呂運亨を支援する意味もあり、廣田一等書記官の応接は政府の意を汲んだものであったろう。

以上が三・一運動前後の李承晩らの光復運動の要約である。いずれも具体的な効果は得られなかったとは言え、財力も強国の支持も持たなかった李承晩らがこのような運動を飽くことなく続けたのは驚くべき事実で、韓民族の特性とくにその粘り強さを表わしたものと思う。独立国債の発行については前に触れた。

上海への密航　臨時政府の幹部が上海に集まりだした時から、大統領・李承晩の下には、相互の反目を露わにした中傷や弾劾の電文と書簡がなだれ込んでいた。そしてシベリアの李東輝が上海に乗込むと、分裂の危機に陥った。何らかの措置をとらない限り、雲散霧消する恐れが明白であった。

上海行きを決意した李承晩は林炳稷を伴ってホノルルに帰り、一九二〇年一一月一六日発の米貨物船で密航した。本国に埋葬する中国人の棺桶の間に一昼夜も身を潜め、船が港外遠くに離れたころ名乗り出たそうである。日本当局の目を欺くためであった。同情した船長は優遇してくれて、上海では上陸許可に骨折ってくれた。

一二月初めにフランス租界の臨政庁舎に入った李承晩は、精力的に各党派や個人を説得し、蘇州、南京、北京を旅行してその指導者らとの調停を試みた。だが前述したように、空しい努力であった。政策上の意見は天地程も違って調停できなかったし、改革も感情の融和もできなかった。各党派とその指導者は、自分の原則以外は受入れず、自己の威信と地位（それは空名以外の何物でもなかったが）とを確固にすることが至上の任務である、と考えているように見えた。

しかして後で手に負えない政敵になった呂運亨、金九、趙素昂らはここで知り、かつての同志・金奎植と対立関係になったのもこの時からであった。解放後の韓国における政治的不和は、明らかにこの派争に淵源している。李承晩が初代大統領に就任してからの改革と政策はこれらの経験に基づくものと言われ、日本では独裁者のイメージが強い。でも叙上の政治風土からみれば韓国には韓国に適する政治体制が必要なのであって、西欧式の基準で批判してみても始まらないわけである。

彼の当時の独立闘争の方法論的理念は、一九一九年七月五日付で上海の臨時政府に送った長文の報告に盛られている。その要点は「現在における我々の努力は、米国に集中されるべきである。その効果は集中される努力によって生まれるが、第一には、米国の世論に訴える形式を取るべきである」であった。彼は米国史の研究と多くの米国人との接触から、米国人の理想主義的性格と正義・公正・信義を重んずる気質を信頼していたのと、東洋の民族性とその歴史から、また米国の東洋に関する関心の歴史から、いずれは米国は東洋の事態に対して干渉に迫られるであろう、と考えていたからという。あるいは日露戦争直後にルーズベルト大統領が「日本との友好の時代は終わりを告げた。来たるべき時代は競争、ついで対立である」と予言したのと関連があるのかも知れぬ。

不屈の闘士　李承晩がハワイに帰ったのは、その年（一九二一）の六月末であった。失意の李承晩を迎えた空気は冷たかった。

ワシントンの欧米委員部は徐載弼と安昌浩派に牛耳られ、彼の椅子はなくなっていた。李承晩と、徐載弼・鄭翰景との反目が表面化したのはこの時からである。

八月二日には、「太平洋時事新報」を発行して李承晩派に対立していた朴容萬系の「大韓独立団」（団員三百余人）のメンバーが、二回に亘って李承晩を襲撃した。李派の「ハワイ僑民団」はこれを迎え撃って乱闘し、双方に死傷者が出る騒ぎが起きた。手荒い歓迎であった。

実は李承晩が上海に渡航すると、ハワイではすぐ騒ぎが起きた。安昌浩派は朴容萬系と結束して、李承晩の基盤である「同志会」の切崩しを図ったのである。朴容萬は独立団を使嗾して、李承晩の〝専横と非行〟を大韓国民会中央総会（会長・安昌浩）に告発させた。安昌浩はその地位を利用して黄思溶を総会の特使に任じ、同志会の経理と李承晩らの行状を検査させた。

黄思溶はハワイの有力者・李乃秀や承龍漢らと同志会改革派を結成して、一九二一年二月二日に会長・洪漢植の住居（同志会会館二階）に侵入し、重要書類全部を検査して李承晩及びその一派の非行の証拠らしいものを握り、告訴した。李承晩が上海で李東輝一派と渡り合っている最中であった。

けれども洪漢植らは豊富な資金に物を言わせて弁護士と官憲に手当てしたのに反し、改革派側は訴訟費にも窮したために、同志会側が勝訴した。

この報告を受けた李承晩は直ちに上海から打電して同志会の解散を命じ、新たに「ハワイ僑民団」を組織させた。

中央総会の系列から脱して独立し、安昌浩らの策動を封ずるためであった。僑民団（二千余人）は団長に李承晩の側近随一の牧師・閔燦鎬を、副団長に安元奎を推挙して李承晩の意の通り動いたが、李承晩が「臨政の紛糾の元凶は安昌浩である」と怒号したのは、この事件に根ざすものでもあったろう。

(三)　孤独な外交

李承晩は半歳余りの留守の間に起きたハワイでの乱脈を二か月余りで始末を終え、八月下旬にワシントンに向かった。一一月から開催される一連の太平洋会議（日・英・米・仏の四か国条約、中国に関する九か国条約、海軍軍縮会議等）に、韓国の独立を請願するためであった。

ワシントン会議への参加を願って　だが承認されてもおらず、招かれてもいない大韓民国臨時政府の大統領が、これらの会議に出席するためには、それなりの準備が必要であった。その時彼は〝極東の恒久平和は、韓国の独立を回復し、韓国が、北東アジアにおける緩衝国家としての歴史的役割りを果たしてこそ保障できる〟と確信し、〝人間の諸問題の最終的勝利は、理性による〟という強い楽観と信念とを以て、この確信を列強の代表に訴えることができると考えていたという。信仰のお陰もあったであろう。

まずしなければならぬのは、彼の任務が公式のものであるとの印象を一般に強く訴えることであった。彼は親友のINS通信記者J・ウイリアムの斡旋で新聞記者団を招待し、韓国人の独立闘争について説明した。その時彼が、オーバーに「貨物船の棺の中（事実は、間）に隠れて上海に渡った」と語った密航記事は、英雄的な闘争としてアメリカ人に強い印象を与えたらしかった。

だが、重大でショックキングな記事もあった。いくつかの新聞は「李承晩も指導権を握ろうとしている人達の一人に過ぎず、韓国民を代表するものでない。…李は個人的野心が強く、立身出世のためには他の同志と国民の安寧さえ犠牲にしようとしている」と論評したのである。彼はこの種の評論に最も感情を傷付けられたというが、当時の客観情勢の下で李承晩の挙動を下司の根性でみれば、そうみえなくもなかったであろう。そしてこの種の評論は、彼の一連の計画に暗影を投げた。

次は、上海の臨時政府から信任状を取付けた。電報を打つと、大きな判を捺した信任状が九月二一日に届けられた。彼は早速軍縮会議を主導したC・E・ヒューズ国務長官に提出した。だが何の回答も来なかった。そこで軍縮会議の事務局に提出したが、ここも梨のつぶてであった。

けれどもそれは半ば予想したことで、驚きはしなかった。これらの手段は、最も重視した次の手の前奏曲であったのだ。李承晩らは新聞が、軍縮会議が彼らを完全に無視することは不当である旨を主張することを庶幾し、せめてオブザーバーとしての参加を期待していたのである。「臨政」の法律顧問ドルフは、大韓民国臨時政府の承認に関する論説を発表した。一八八二年の「韓国が独立保持のために協力を要請した時は、米国は仲裁に友好的尽力を尽くす」と誓約した韓米修好条約から説き起こし、最近の韓国情勢までを論評したもので、中には一九〇七年一〇月の「評論の論評」誌に載った前述の安達謙蔵（のち逓相、内相）の論文の一節が引用されていた。

けれども韓国代表団はついに受入れられなかった。すべてが徒労に終わったのだ。ドルフ論文は一二月一日の米国会議事録に収録されたけれども、それはそれだけのことであった。

李承晩は各国代表団の個々に、あるいは有力な新聞記者にも訴えた。だがそのたびに、彼らが権力政治の存在を容認しているばかりか、日本の主張「過剰人口対策として、日本はより多くの資源を必要としている。持たざる国日本を、持てる国西欧の基準で論ずることは不当である」に感銘を受けていることを知って落胆した。彼は「韓国人も、韓国自身の生活水準を保ったために、韓国自体の最小限の資源を必要としている」と反論したが、相手は肩をすくめるだけであった。当時は「出来る者をして取らしめよ。去らねばならぬ者をして失わしめよ」という見解が国際社会に流行していたのである。

だが当時の李承晩の国際関係理念は、ジェファーソンの実践理論「最大多数の最大幸福」にあった。従って彼は、西欧諸国が弱小国家の主張よりも強国の主張を当然のように重視する慣行、ある国（日本）の国勢が発展すればそれ相応の待遇を受ける権利があるとする見解に対して、なんど反駁したかしれなかった。彼の見解では、このような古いウェストファリア条約以来の惰性は、戦争を招くだけであることを歴史が証明していた。彼の結論は「西欧列強が韓国の独立を承認し、かつ支持してこそ日本の大陸への侵入を防止し、延いては欧米との戦争を回避する最も確実な方法である。そしてその事が、西欧自身の重要な国益なのだ」であった。この結論は、それからの歴史を回顧すれば正論であったことが分かる。けれども持てる国・西欧は、植民地によって栄え、富んでいた。この会議に参加した九か国のうち、八か国は広大な領土か大植民地を持っていたのである。もし民族自決と最大多数の最大幸福の原則に基づいて日本の韓国支配を否認したならば、東アジアにおいてだけでも、米国はフィリピンを、仏国はインドシナを、英国はマレーとシンガポール、ビルマ、インドを、オランダは蘭印を手離さねばならぬ理屈であった。李承晩の正論と世界の現実の間には、どうにもならぬ乖離があった。

李承晩は一二月に日・英・米・仏四国協定が成立し、英国にとって用済みになった日英同盟が廃棄された機を利用して、英国代表団に訴えた。また著明なロンドン・タイムズの特派員H・G・ウェルズを招待して互に胸襟を開くなど、翌一九二二年二月に一連の会議が終わるまで、考えられること、行いうることのすべてを行った。だがウェルズ記者の歴史観＝東洋の平和のためには、独立した韓国の役割が不可欠である＝に感銘を覚え、勇気づけられた以外は、実りなき努力に過ぎなかった。世界は早や、韓国という国の名さえ忘れているかに見えた。

だが李承晩は、新聞記者に、聴衆に、韓国の独立と永世中立化とを訴え続けた。彼は頑固の見本と言われるが、これも証例の一つであった。

ところが反李派の韓国人は、「李の中立化論はまやかしで、委任統治論の延長に過ぎない」と挙って批難の声を上げた。その罵声と中傷は、欧米人が訝るほどであったという。これでは李承晩の請願が稔らないはずである。


大統領辞任　再び四面楚歌に陥った李承晩は、ワシントンで金永燮、南宮炎、金永琦らと「革命同志会」を結成し、瞬く間に全米に一二支部を設立して勢を盛返し、本部をハワイに置いた。こうして在米韓僑は安昌浩の興士団を中核とする大韓国民中央総会と、李承晩の革命同志会とに割れて争うことになる。ちなみに一九六〇年の四・一九学生革命で下野した李承晩が、余生をハワイで送ったのは叙上の縁による。

安昌浩派に対抗しうる組織を整えた李承晩はその年（一九二二年）の五月に、安昌浩派が実権を牛耳っていた上海臨政に大統領の正式辞任を打電した。これに対して臨時政府は三年後の一九二五年（大一四）三月に欧米委員部の廃止を決定し（間もなく復活）、議政院は一九二六年三月に李承晩弾劾決議案を可決して応酬した。李王朝の祖・李成桂（太祖）は建国の業が成るとともに王子らに叛かれて晩年は流浪したが、臨政大統領・李承晩も放逐された格好になったわけである。やはり民族の歴史は繰り返しの歴史なのであろうか？

しかし李承晩は不屈の闘士であった。運動を続け、実業家・中興雨の勧めで京城に興業クラブを起こして国内での基盤にするなど、欧米人からも〝独立の闘士〟と嘔われた。任永信女史（中央大学校創設者、初代商工部長官）や林炳稷、李起鵬らの献身的な協力を受けてであった。後の事になるが、臨政に失望した安昌浩は幾度か帰米を試みた。だがそのつど「安昌浩は赤化した」とＦＢＩに密告して入国を阻止したのは、外ならぬ李承晩であったという。（坪江書九二頁）

暗い時代　李承晩がハワイに帰ったのは、その年（一九二二年）の九月であった。安昌浩や朴容萬が去ったハワイは以前より静かではあったけれども、やはり揉め事は絶えなかった。特に問題になっていたのは、ハワイ文部当局が私立特に民族学校の廃止を狙って制定した中学校入学資格特別試験の制度であった。公立学校を卒業しなければ、中学に合格しない仕組にしたのである。教育に特に熱心な韓国人はカリキュラムの関係で中学への進学が確実な公立学校の方が安全だと感じ始め、彼の学校は廃校の瀬戸際に立っていた。廃校は彼の理想の上からも、財源の上からも大問題であった。この危機を乗り切れたのは、臨政の大統領に選任された事実とその後の実績がハワイ韓僑に感銘を与え、彼らの関係を強力にしたことと、彼の理論と雄弁と誠意の賜物であった。

その間、中国は一九一一年の辛核革命以来の動乱が動乱を呼び、一九二二年には孫文の北伐宣言、奉直戦争、東三省（満洲）の独立宣言、日本のシベリア派遣軍撤収、一九二三年（大12）には広東政府が誕生し、長沙事件が起こり、日本では関東大震災に伴う在日韓国人に対する不祥事件が突発していた。そして二四年一月には第一次国共合作の成立をみて、東亜の空雲は急を告げつつあった。特に二三年四月に日・米が石井・ランシング協定（注）を破棄したことは、一連のワシントン会議とともにいよいよ米国が日本を押さえにかかったことを示し、李承晩にとっては吉兆に見えたであろう。

石井・ランシング協定　一九一七年四月に米国が対独宣戦すると、一一月に日・米の間に「米国は満洲における日本の特殊権益を認める。その代り日本は、対支貿易を独占したりこれ以上進出することはない」と約したが、二二年の「中国に関する九か国条約」によって空文化していた。

李承晩は二四年一月にハワイを出帆して晩秋に帰るまで、ニューヨーク、ワシントン等の各地に滞在して多くの親友を訪れ、新聞記者に所信を訴え続けた。特別な効果は記録されていないが、飽くなき闘魂の表現と言えよう。

それから五年の間、学校と韓国教会経営のため、反李承晩派との論争のために絶えず不安定な歳月を送ったが、中国の動乱は蔣介石の第二次北伐の進展によっていよいよ最終段階を迎え、満洲情勢は二八年（昭3）六月の張作霖爆死事件によって混沌の度を深めていた。

李承晩は二九年初頭から三〇年一月までの間、サンフランシスコ、シカゴ、ニューヨーク、ワシントンを巡遊して、機会を作っては「日本は韓国で、満洲に対する侵略準備を進めている」と警告した。だが耳を傾ける人はなく、失望と空虚の連続であった。

ところが、彼の予言が的中した大事変が起きた。三一年（昭6）九月一八日に満洲事変が突発し、翌三二年一月には上海事変がおこり、三月には満洲国が成立したのである。このことは彼に、「日本のアジア侵略の通路を塞ぐためには、韓国の独立を回復しなければならぬ」という彼の持論に、西欧が同調する望みを抱かせた。また韓国人として、百万以上の在満韓国人のために発言しなければならぬと感じさせた。

李承晩が在満韓国人の行末を案じたのには理由があった。臼井勝美「満洲事変再考」はその悲遇を

「当時〝日本人は逐年玄海灘を渡って朝鮮に来たり、朝鮮人は逐年豆満江を渡って満洲に行く〟といわれた。やむなく郷里を離れ国境を越えて中国東北地方に赤手空拳の移住を試みた朝鮮人農民（八〇万人）は、日本と東北官憲の二つの権力の確執の中で辛酸多い日常を過ごしていたが、日本軍に追われた張学良軍は全く無防備の朝鮮人集落を襲って略奪・暴行を繰り返し、一か月の間に千五百人が殺害され、四千五百人が行方不明になった。（満洲事変の）戦火は、これらの人々を最も悲惨な運命に巻き込んだのである」（昭五七年九月一七日付読売夕刊）と述べている。

国際聯盟への訴願　三二年の春にワシントンに急行した李承晩は、スチムソン国務長官に「日本の満洲侵略を容認すべきでない。在満韓人百万に救援の手を差延べるべきである」と説いた。だがスチムソン長官は気乗り薄であり、彼を激励さえしなかった。アメリカは三年前から経済恐慌に苦しんでいたのである。

そこで彼は、「臨政」やハワイの同胞と図り、リットン報告書に基づいて満洲問題を討議中の国際聯盟各国代表に訴えるに決し、三二年の末にジュネーブに向かった。千載一遇の機会と考えたのである。

三三年一月にド・ルーシ・ホテルに投宿すると、日本軍の熱河作戦が始まった。彼は、直ちに各国代表や新聞記者に精力的に会見し、持論の「韓国の独立が回復されてこそ、日本軍国主義のアジア侵略が効果的に阻止される」を説き、在満移民の哀切な境遇を訴えた。これらの努力は一月二六日付のジァナル・ド・ジュネーブ紙、二月二二日付のラ・トリビュンヌ・ドラン紙、二三日付デル・ブント紙の長文の記事となって現われた。また二月一六日には国際聯盟の放送局で「韓国と極東紛争」と題して演説し、国際聯盟事務総長E・ドルモンド卿に長文の書簡を提出もした。

同情的関心や反応は至る所で現われた。特に国際聯盟が二月にリットン報告書を採択すると、同情が増え、日本非難の声が高まった。だがそれだけで、聯盟が日本に制裁を加えることは愚か、何の手段も採らないことが明らかになってきた。西欧特に英・仏の主要新聞の論調によれば、西欧諸国は「日本の大陸進出は、ソ連の西欧進出を牽制してくれる。西欧にとって決してマイナスばかりでない」と計算しているようであった。彼は真偽を確かめるために、聯盟の基調になっているリットン報告書を見たかった。だが再三事務局に願っても、三月の初旬にパリに赴いて仏政府に頼んでも、きっぱりと拒絶された。同情と国際事務とは別物であったのだ。同情は、あるいは外交辞令であったかも知れぬ。

三月初旬末、彼はハワイの同志から、ジュネーブで活動を継続するための一年分の資金を用意した旨の電報を受けた。彼は勇躍したが、日本代表・松岡洋右は三月二七日に聯盟脱退を通告して、さっさと帰国してしまった。聯盟は無力をさらけ出したのだ。四月下旬には米国総領事P・ギルバートと会見して深い理解と同情を得たし、中国代表と会談して韓国問題を聯盟に提訴する言質を得たが、何の実りも現われなかった。根回しの段階で立消えたのである。

遅い春　ある夕方、ホテルの食堂で侘しい食事をしていると、支配人が「貴方に会いたがっている人がいる」と母娘連れの席に案内してくれた。娘はフランチェスカ・ドナと名乗り、「最近貴方が発表した論説や、貴方に関する記事は全部読みました。そこで祖国の為に、没我的に一生をかけて闘っている人はどんな人だろう、と会ってみたかったのです。……」と挨拶代りに訳を述べた。彼はジュネーブでは、韓国の境遇を理解している人に殆ど会ったことがなかったから、驚いた。そして彼女が韓国問題に精通していることを知ると、更に驚いた。ドナ女史はウィーンの富裕な鋼鉄商の三人娘の長女で、跡取り娘として厳格に自立を躾られ、国際関係に深い関心を持った聡明な婦人であった。

失意の時であったから、彼女の好意と関心は一段と嬉しかったであろう。ドナ女史は、同胞の悲境を切切と訴える彼の言葉に耳を傾け、彼の闘いに共鳴してくれた。オーストリアそのものが〝鯨に挟まれた蝦〟であったから、共感

李承晩とフランチェスカ夫人

をもって韓国の窮境を理解することができたのであろう。かくして友情が生まれ、やがて愛情に発展した。そして翌三四年一〇月八日、二人は尹炳求牧師とJ・ホルムズ博士の司会でニューヨークで結婚式を挙げた。李承晩が五九歳半、夫人が三四歳の時のことである。フランチェスカ夫人は献身的で、決してでしゃばることがなかった良妻として知られる。だが二人は子宝に恵まれなかった。李家の血統は、六代独り子の彼をもって絶えたのである。

モスクワ行　国際聯盟の無力を痛感した李承晩はジュネーブでの工作を諦め、モスクワ行きを決意した。ソ連が最も日本の満洲・熱河進出に神経を尖らしていたからである。またモスクワやシベリアの韓僑指導者の意向も打診してみたかった、という。このとき彼が、アメリカの対日政策に失望し、ソ連の援助を期待したのかどうかは定かでない。

ところが旅券申請のためウィーンに赴くと、旧友であった駐オーストリア中国大使・董《とう》博士が、ソ連大使ピタウスキーとのディナーに招いてくれた。そして、日本の脅威に対抗するためにはソ・中・韓の共同戦線が不可欠であると力説し、そのためには韓国の指導者である李承晩がまず口火を切ることが絶対に必要であると説いた。当時、中・ソは北満（東文）鉄道の所有権を巡って係争中で、中国から切り出すわけにいかなかったからであろう。李承晩は感銘し、北アジア同盟案の構想を描いたとみられている。還暦が近付いた彼は、少しは焦っていたのであろう。

ソ連大使はモスクワに照会して、偽名の旅券を発給してくれた。三等車に身を潜めた彼は、抱負に胸を踊らせながらモスクワに着いた。間もなく、外務官僚が訪れた。出迎えと勘違いした李承晩が勇み立つと、彼はぶっきらぼうに「旅券の交付は間違いであった。直ちに国外に退去せよ」と言放って立去った。中国大使館に執成しを頼んだが、ダメであった。当時の日本は将来の買収を目当てに北満鉄道の係争についてはソ連の肩を持っていたから、日本の感情を害することを恐れたクレムリンは、すげなく退去を命令したのであった。（ソ連はこの年（三三年）の六月に北満鉄道の売却交渉を始め、翌三四年五月に満洲国に譲渡した。外貨獲得のためであった）

こうして李承晩の北アジア同盟案は、槿花一朝の夢と化した。翌朝モスクワを立った彼はヨーロッパを縦断してニースに至り、ニューヨーク行きの船に飛乗った。彼がじ後日本の次にソ連嫌いになったのは、この経験からであろう。

暗黒の時代　李承晩がハワイに帰ったのは一〇月であったが、翌三四年（昭9）初めにはワシントンに戻って「韓国欧米委員部」の業務を再開し、雑誌「東洋」を発刊して資金と協力を得るに努めた。彼は精力的に執筆して自由世界に対する日本の脅威を訴え、反共・反ソを説いた。だがどうしたことか、親日・親ソ的な論調の雑誌の方が売れて、彼を口惜しがらせたとのことである。同年九月には秘書・張基永（のち逓信部長官等を歴任）を伴ってアメリカ西海岸を遊説した。各地の新聞は「失われた韓国の大義名分の人が来た」とか「東洋の喪失した大義名分を取り戻すべき指導者であり、韓国臨時政府の大統領・李承晩」のタイトルで彼の動静を報じてくれた。そして一〇月八日にはワシントンでフランチェスカ夫人との結婚式を挙げ、ハネムーンをかねてホノルルに帰ったのは翌三五年一月一五日であった。韓僑胞や友人ら、及び新聞記者は心から歓迎し、祝福してくれて、スター・ブルチン紙の如きは彼の主張「在満の韓国人は、ザール地方の住民と同様に、自身の意に従って各自の政治的地位を決定させよ」を長文の記事にしてくれた。

彼は長期の留守続きのために自然消滅した「同志会」を復活し、韓国教会の基金を募り、韓国人キリスト学院の経営を監督した。そしてその傍ら、ハワイ諸島を巡回講演し、韓国の独立を不可能視する見方を強く否定しながら「革命的・暴力的観念を抱くよりは、民主的方法を以て世論を喚起するに如かず」と根気よく説いた。前述したように、そのころ南京にあった「臨政」は、約二百人の武装兵を国内に潜入させて攪乱工作に従事させる計画を立てていた。彼は「そのような盲目的な活動で独立が得られるわけがない。却って日本に弾圧の口実を与え、わが国民の苦痛を倍加させるだけである」と書き送り、再び中国に密航して暴挙を中止させる積りであった。だが、「臨政」から渋々中止する確答があったので、中国行きを取止めたなどの経緯があった。この件は、金九が韓国青年を洛陽軍官学校に入校させた事を指す。

こうして一年半ばかりハワイの地盤固めに努めながら米国務省等に彼の主張を繰り返していたが、成果はみられなかった。それどころか、一九三七年（昭12）七月に蘆溝橋事件が突発し、北支事変、ついで支那事変に拡大して日中間の全面戦争に発展すると、韓国の独立は夢物語になったかにみえた。日本の勢威もさるものながら、アメリカは日本を抑制するどころか、日本の戦争遂行の原動力になっていた石油、屑鉄、機械類等の輸出を続けていたし、李承晩の主張を受入れる空気は全くと言ってよいほどなかったからである。

ここにおいて、李承晩の長年の支持者も漸く離れ始めた。彼を信じて醵金に応じてきた人々も、望みなき光復運動に絶望したのであろう。しかもかねて彼を痛烈に批判していた安昌浩系や朴容萬系の人々は、韓吉洙という得体の知れない容共主義者に指導されて韓僑を牛耳り、反李承晩の狼煙を上げていた。彼らは李承晩を「頑固で非妥協的で、個人の欲望を満たすために途方もない夢を見ている。彼は、達成の可能性があるとは思えない空想的計画にしがみついている野心家である」と罵った。現実の表皮だけしか見えない人達にとっては、この批判は説得力があった。三・一運動から二〇年も経とうとしているのに、李承晩の運動は少しも効果が現われないばかりか、日本は盤石に見えたからである。李承晩は宗教的信念と両洋の歴史に基づいた論理展開によって韓国独立の必然を信じ、彼の方法論が最善であると確信したけれども、彼を真に理解できた人はフランチェスカ夫人と少数の韓国人とアメリカの親友達に限られていた。

一九三〇年代の後期は、彼にとって暗黒の時代であった。「臨政」は南京から長沙、広東、重慶へと遷都しながらも内部抗争を繰り返していたし、ハワイ韓僑の有力団体は彼から離反して、彼の革命同志会は衰弱した。しかも彼が運動の対象にしていた米国の政治家や官僚達は、韓国の独立や「臨政」を承認できない口実として韓国人指導者間の対立や分裂を指摘して、「自治能力のない民族の独立を助ける無益性」を公言する始末であった。

一九三四年（昭14）四月、李承晩夫妻は二七年に亘った光復運動の本拠・ホノルルを引払ってワシントン・ホバルト街の、国立動物園を見渡す絶壁の上のささやかな煉瓦建ての二階屋に移り住んだ。韓国欧米委員部を直接管理するため、が表向きの理由であった。

三、太平洋戦争下の運動

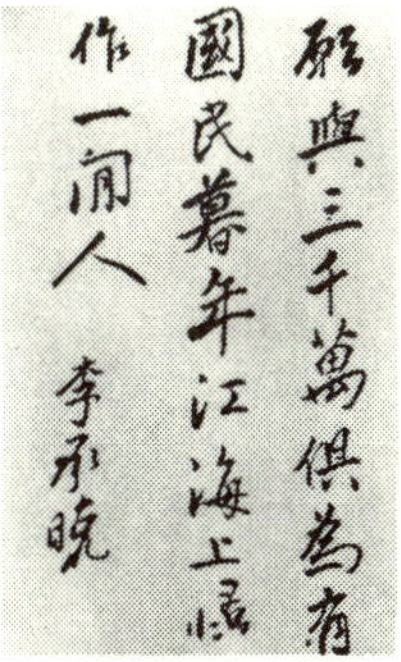

李承晩の書

ワシントンに落ち着いた李承晩は、気晴らしに自ら運転してドライブしたが、時々放心状態に陥ったり、政談に熱中しては無意識に道路の真中を走らせた。事故を起こさなかったのは僥倖に外ならなかったが、失意の彼を物語るエピソードではある。でも夫人や親友らが忠告すると、「一生の課業が成就しないのに、死ぬ積りは毛頭ないよ」と笑い飛ばしたとのことである。

むろん、外交的努力は怠らなかった。当時日本軍は黄河以北、武漢、広東一帯を占領して日の出の勢を見せていたが、解決の方途を見失って大陸の泥沼でもがいていたのが実情であった。彼は「日本は帝国主義的領土拡張という基本理念によって動いてきたが、今や明らかに行詰まりを見せている。この好機に韓国を独立させて日本を封鎖することが、米国にとって最大の国益である」と何度説いたか分からない。だが、全くのれんに腕押しであった。李承晩の主張が正論であったとしても、米国にとってそれは、地球の裏側にある日本との戦争に勝たねば出来ない相談であったからだ。

彼は書道で気を紛らわせた。獄中での拷問で痛めた爪のない指ではぎこちない字しか書けなかったが、やがて芸術的な往年の筆致を取り戻すと、彼の主な娯楽となった。

マスコミは米国政府よりも関心を示してくれた。キングフイチャア社が出版した著名な記者E・C・ヒルの「韓国事情」は版を重ねたが、その中に李承晩を紹介した次の一節がある。

「日本大使館の書記官が李承晩を訪れて、丁重に彼の計画を尋ねた。彼も丁重な態度で接し、『同胞が解放されるまでは、是が非でも日本と闘わねばなりません』と凛然と答えた。書記官は、にっこりとうなずいた。二人は頭を低く下げ合って挨拶を交し、微笑しながら別れの手を振った」

「李博士は四五年もの間韓国の改革と自由のために闘ってきたのだが、彼自身は〝今ようやく競争のスタートを切ったばかりだ〟と考えている」

彼を訪れた外交官の名も月日も分からないのが残念であるけれども、それぞれの立場を露わにしていると思う。

一九三九年九月一日、ドイツのポーランド進攻によって第二次世界大戦が始まった。世界は明らかに一つのクライマックスに向かって進んでいたのである。チャンスは一つとして見逃してはならぬと決意していた李承晩は、盛んに独立の回復を絶叫したが、ドイツの連戦連勝の戦況の下では効き目は現われなかった。一二月一〇日付のワシントン

・ポスト紙は李承晩とのインタビュー記事を、「李青天将軍は三万人の韓国部隊を指揮して中国の日本軍と戦っている」と大きく報じてくれたけれども、アメリカ政府を動かすことは不可能であった。アメリカは、先祖の地に起こった戦争のために東洋を顧みる余裕はなかったのである。

夜ごとに、崖下の動物園からライオンの咆哮が聞こえた。彼は動物好きであった。だから檻の中のライオンの絶望感が分かるのであろう。彼は三五年も吼え続けてなお日本の支配から抜出せない韓国民に思いを寄せて、咆哮するライオンに一種の親近感を覚え、かつ自身にもなぞらえたそうである。後日の余談になるが、一九五二年初めにリッジウェイ国連軍司令官の執成しで来日した李承晩大統領（七七歳）は、吉田茂首相（七四歳）と会談して日韓会談の開催を取極めたが、猪木正道博士の口述によれば、この頑固者同士の初対面の挨拶は、次のようであった。

「リッジウェイ大将が双方を紹介したが、二人とも『ヤァ』と挨拶しただけで黙りこくっている。焦れたリ大将が『年長の遠来の客が来られたのだから！』と吉田首相に発言を促すと、吉田は渋々ながら

『ユーの国にはまだ虎がいるかね』

と余り上手でない英語で話しかけた。ムッとしたと思うけれども、李大統領はさりげなく

『ユーの国のカトー何とか（加藤清正の意）という乱暴者が来て、国民が大切にしていた虎を全部奪ってしまった。今残っているのは、この一匹だけだ』

と自分の顔を指差した。これには吉田首相も吹き出して、話に糸口が付いたわけである」

聞く方も聞く方、答えた方も外交辞令とはほど遠い答え方とは思うが、このとき李大統領の脳裏には、ワシントンで夜ごとに聞いたライオンの咆哮がよぎったように思われてならない。

(一) 対米警告

一九四〇年(昭15)はドイツが破竹の進撃を続け、日本は南京に汪精衛を首班とする新国民政府を樹立してこれに望みをかけた年であった。アメリカは米英防衛協定を締結して対英軍事援助に踏切り、李承晩の咆哮に耳をかす暇は更になくなった。彼は、自身の理念を論理づけ、体系づけて、人が理解し易い書を執筆することにし、この年の殆どを著作に専念した。一九四一年(昭16)初頭に出版された"Japan inside out"(「私の日本観」)が、その結晶である。三部作の大著「大地」で有名なパール・バック女史の論評「そこには日本人に対する個人的な憎悪は少しもない。ただ日本人の心理状態が、全人類に対してどれほど危険であるかを正確に指摘している」は痛く彼を喜ばせた。一五章からなるこの本の狙いを要約すれば、次のようになる。

「数年前の事件(満洲事変など)を火星での騒ぎのように感じていたアメリカ人も、今や燃え盛る火炎(支那事変)が見え、熱を感じ、対岸の火災視してはいられなくなった。早く火を消さねば、東洋における米国の権益は総て失われるであろう。それでも『韓国人と満洲人と中国人だけで戦いなさい。我々の知ったことじゃない』と言えるのか? 韓国人の運命と、世界の自由諸国民や、今は自由を失っている国民との運命は、決して別のものではないのだ。なぜなら、日本が米国と取組めるように充分強くなれば、これまで弱い隣国を侵してきたと同様に、ついには米国を攻撃することが必定である。

私は、米国がなぜ益々強くなってゆく日本を放任しているのか、なぜまだ力が弱いうちに抑えようとしないのか、到底理解し得ない。日本が強力化する前に武力で抑え、日本がその掌中から脱出できないようにするのがアメリカの真の政策でなければならないことは明白である。

延期することは、解決ではない。米国は、究極的に必ず訪れる日本との戦争を防止するために、経済的、道徳的、軍事的なあらゆる力を発揮して、今、日本を抑えねばならぬ。アジアにおける日本の侵略行為は、全自由世界に対する挑戦の序曲であるからだ。…」

つまり、韓国の解放を念頭に置いた一種の予防戦争論であった。結果として、この年の四月に野村・ハルの日米交渉が始まり、十一月二六日付の米国の回答・ハルノートによって日本は対米戦の決意を余儀なくされてついに破局を迎えたわけで、李承晩の書はこの意味で〃先見の書〃と言われている。李承晩の書が米世論を喚起して対日戦争につながったわけではないけれども、彼の独立回復の努力と闘志が結実した書として評価されよう。

予防戦争の理論は至極簡明で軍事筋には俗受けし易いけれども、実行は不可能に近い。それは大義名分に欠けるからであり、切羽詰まらねば戦う気になれない人の本能の故と思う。両度の大戦が、いずれもそうであった。朝鮮戦争の初期に対ソ予防戦争論者を押さえて米ソ協調を基本とした米国が、今は肥大化したソ連の軍事力に苦悩しているのが現実の例である。

(二)　対米協力工作

日米交渉が暗礁に乗上げ、日蘭会商が決裂して対日ABCD包囲ラインの構図が浮かび上がると、戦争を予測した李承晩は、六月六日に重慶臨時政府の信任状を同封した長文の書簡をルーズベルト大統領に送付した。その内容は、韓国における日本の重要施設を破壊するための韓国人の可能行動を、詳細に述べたものであった。彼は、対日戦における韓国の役割を連合国に認めさせてこそ戦後の発言権を得、真の独立を回復し得る道である、と信じたのである。

だが六月一三日に国務省極東局長スタンリー・ホンベックが回答した書簡は、彼の提案を丁重に謝絶した上で、「米国は、形式的には今なお日本と友好関係にあります」と結んであった。

「臨政」の承認を求めて　一九四一年一二月七日（ワシントン時間）、真珠湾の奇襲によって日米戦争が始まると、李承晩の対米努力は「臨政の承認」と「対日戦に参加するための軍事援助の取付」に集約された。連合国に韓国を国として認めさせ、かつ実際に参戦しなければ韓国民の自由と独立とが保障されないからで、当然の政策であった。

彼はまず重慶臨政の主席・金九と外務部長・趙素昂あてに「臨政は、対日勝利のために米国に出来る限りの協力を惜まない用意がある旨を声明する」よう要請し、声明が発せられると、直ぐにホンベック極東局長を訪れてこの声明を伝達した。戦争が始まり、アメリカが日本に気兼ねする必要はなくなった以上、「臨政」の承認はアメリカの利益にはなっても、決して損にはならぬ、と信じられたからである。

ところがホンベックは意外にも彼を単なる一個人として遇し、冷淡な態度で「国務省は貴方を、韓国や韓国民の代表と看做してはいません」と明言した。落胆した李承晩は重慶臨政と臨時議政院に対し対日宣戦を布告するよう要請し、程もなく宣戦書を極東局に持参したが、ホンベック局長は「韓国問題は、政府部内での討議の対象にはなりましょう」と示唆しただけであった。

陸軍省を訪問すると、国務省とは違った待遇を受けた。情報部のW・H・ムアー少佐は「陸軍は、韓国を援助するための最善の方策を探究している。これはホンベック局長の提議に基づくものである。また陸軍は、中国戦場の韓国軍（光復軍）を援助するために最善を尽くす積もりです」と言明してくれた。彼はこの事をお礼かたがたホンベックに知らせ、「中国政府は光復軍を認知して、装備と補給を担任している」と付言した。だが回答は来なかった。

このように国務省が取合わないので、秘書・張基永はかねてガイ・ジレット上院議員に執成しを頼んでいたが、一二月一八日に次の回答がきた。

「韓国承認について国務省に当たってみたところ、彼らは同情はしていた。だが、日本と米国との間の外交官使節の交換問題が解決しないうちは、どうすることもできません。お分かりでしょうが、米国は、日本の憤激を買って在日米人が虐待される恐れを覚悟してまで、この問題に取組むことはできません」

李承晩には「戦争相手の憤激を買わない」という理論がわからなかった。彼は一二月二二日に親友のJ・W・ステガス弁護士とJ・J・ウイリアム記者とともにジレット上院議員を訪れて、真意を尋ねた。丁度、ラジオは日本軍大部隊のルソン島上陸を報じ、沈うつな空気であった。ジレットは「臨政の承認は、公式には米国に要請しない方がよい。余計問題をこじらせる。もし要請を容れれば、人質になっている在日米人や攻撃目標になっている米軍が、どんな目に遭うか分からないからだ。だから米国は、承認できかねる。であるから、公式に要請すれば政府は困るだけである。……」と説明した。グアム島はすでに陥落し、比島の防衛は望みがなかった。従って米国が韓国の独立を承認すれば、感情を害した日本が大量の捕虜や在日米人にいかなる報復をするか分からない、という言い分であった。李承晩は深刻な表情で

「そうだとすれば、戦争は敗けますね。日本人の感情を害せずに、戦争ができますか？」

と怒り声で吐き捨てた。ジレット議員は

「私はただ、国務省の言明を伝えただけです」

と憮然として答えたそうである。

翌四二年（昭17）一月二日、マニラが陥落した日に、李承晩はハル国務長官を訪ね、ハル長官の代弁格であったアルジャー・ヒスとホンベック局長の三者で韓国問題を論議した。彼は韓国人の対日抵抗手段を詳説し、もし「臨政」が承認されて経済的、軍事的援助が与えられ、韓国人の抵抗が米国の対日戦略計画の一環に組込まれるならば、韓国人のサボタージュとゲリラ活動の力量は増幅しよう、と明言した。ヒスとホンベックは時々質問しながら傾聴していたが、ヒスは驚くべき結論を述べた。それは

「貴方の提案が韓国の承認を前提としている以上、米国はどうしようもない。現段階で韓国を承認すれば、北東アジアに多分の関心を寄せているソ連が感情を害することは必定だ。従って北東アジアにおける政治的問題を今提起することは、時期尚早である。なぜならば、日本と戦っていないソ連はこの問題に口出しできない。と言って米国としては、同地域に対するソ連の関心を無視したり、ソ連を出し抜くことも得策でない。韓国問題は、ソ連との戦後会談まで待たなければならぬ」

という奇妙な論理であった。李承晩は、ヒスが米国の利益の為よりもソ連の為に働いているとは考えなかったけれども、莫大な権力を持っているこの若者の誤判断や、親共産主義的な考え方を悲しみながら席を立った。

けれども当時のアメリカの戦争計画は、まず米・英・ソが連合して主敵ドイツを打倒し、ついで日本に屈伏を強いる方針であった。そのために米国は対ソ援助に踏み切る決意を固めたわけであったから、このためには〝些細な事〟でソ連の感情を害したくなかったのであろう。また日本の軍事力は意外に強力であり、米海軍を立直して地球の裏側にある日本に米軍だけで降伏を強いるには、余りにも永い歳月と多大な犠牲とを必要とすると見積もられ、いずれはソ連の対日参戦を不可欠とみる見方が多かった。結果論的な是非はともかく、当時のアメリカは、犠牲をなるべく少なくして勝つためには、対ソ協調を優先させねばならぬと考えていたのである。この基本的な考え方が戦後の韓国に

最大の不幸を齎らす起因になったのだけれども、当時はそこまで洞察することは不可能な情勢であった。だから、已むない仕儀であったと言えよう。

李承晩は諦めなかった。敵性外国人と看做されていた在米韓国人のためにF・ビドル検察総長に除外を訴え、シンガポールの陥落が近づいた二月七日にはハル国務長官に直訴した。二月九日にビドル総長が韓国人を敵性外人から除外すると、それに勇気を得て、三月六日にハリス牧師、ステガス弁護士、ウイリアム記者との連名でルーズベルト大統領に長文の書簡を送り、「臨政」の即時承認、日本に強制徴集された兵士や労務者に対する心理戦の展開、光復軍三万人の米戦略計画への包含などを要請したが、その結語は「今や、効果的な政治攻勢に出るべき時である。アジアの新秩序建設を主張する日本に対して、新秩序の最初の犠牲者になった韓国民よりもより抵抗し得る国民はいないはずだ」であった。

また三月一四日には、二月七日の彼の書簡に対するハル長官の返書「米国務省はかねて戦争に協力しようとする外国人団体の計画と活動を知りたい旨を声明していたが、その意味で貴下の書簡を評価している」に反論して、「臨政はあらゆる韓国人の唯一の代表機関であるが故に、唯一の韓国政府である。一八八二年の韓米条約に関する米政府の確約の実行を要請する」旨を訴えている。

けれども、いずれも梨のつぶてであった。李承晩には、対日戦にこれほど協力したいと願っている韓国民の気持が、なぜ米政府に通じないのかが分からなかった。敵の敵は味方であるはずであり、戦争ではありとあらゆる力と手段を駆使すべきであるはずなのに、アメリカはなぜ韓国民を味方にしようとしないのか、なぜ韓国人の抵抗力を使おうとしないのか、全く分からなかった。やがてガダルカナル島の奪回が始まったが、李承晩は憂うつであった。

致命的疑い　実は、韓国民の代表と名乗って米政府に働きかけた者は、李承晩だけではなかったのである。戦争を利用して名声を博し、米政府に認められて韓国の領導権を得ようと考えた者は一、二に止まらなかったが、そのうち最も勢力があったのがハワイにおける李承晩の政敵・**韓吉洙**であった。韓吉洙は在日韓国人三〇万の代表も兼ねているという触込みでワシントンに乗込み、国務省や陸軍省に出入りして〝実力〟を売り込んだ。彼は、「在日韓人は掃除夫とか小使のような下層労働に従事していて、重要施設への出入りは却って自由だから、指令一本でいかなる謀略活動も可能である」とか、「東洋特に日本人の心理状態に通暁しているので、日本の戦略計画を予測できる」とか、「広汎な情報網を組織した結果、機密資料を入手した」とかまことしやかに吹聴して、真偽の見分けがつかない統計資料を提出もした。こうして韓吉洙は国務省や陸軍省のいくらかの下級職員の信用を得ることに成功すると、「李承晩とその同志達は永く祖国を離れているので、韓国民を代表する資格はない。だいいち彼らは、韓国民に知られてもいない」と中傷し始めた。李圭泰書によれば、韓国では自分がぬきんでるためには、競争相手の足を引張り、蹴落とすのが常道であるという。李承晩は歯牙にもかけなかったけれども、韓国事情に暗い米官吏には影響を与えていた。米国人にはいずれを信用してよいのか分からなかったし、再び始まった韓国人指導層の分裂にいずれも信用し難くなったのではあるまいか。

やがて一九四二年（昭17）末、ガダルカナル戦が終わりに近づいたころ、李承晩はホンベック極東局長から「率直に伝えるが、国務省では、貴方は韓国では全然知られていないと考えられている。また重慶の臨時政府は一部の亡命政客が造ったクラブに過ぎないうえに、主導権争いに憂き身をやつしている、とみられている。だから国務省は、貴方が韓国民を代表する人とはみていない」と打明けられた。やはり国務省は李承晩の声望や影響力を疑って、彼が中し出た戦争協力計画は実行性がないとみていたのである。

この疑いは、李承晩とその同志達にとって致命的であった。彼も戦争を利用して韓国の領導権を握ろうとしている数多の政客の一人に過ぎない、とみられていたのだ。李承晩は同志らと鳩首協議して信用回復の方法を探してみたが名案はでなかった。韓国内で信任投票を行うことはできなかったし、在米韓国人の信を問うてみても仲間割れするのは明らかであった。国務省に「重慶の『臨政』は事実上中国政府の承認を受けて、その光復軍三万が対日戦に従事している。李承晩はその『臨政』の大統領であった」と説明しても、国務省は「臨政はずっと前に、李承晩を大統領の職から解任したはずである。光復軍の実人員は数百人に過ぎず、しかもその一部は延安の共産党軍に合流したという情報がある。しかも中国政府は、正式に『臨政』を承認する積りはないと回答してきた」とすげなかった。前述したように国務省の情報はほぼ正確であったから、李承晩らの憂色は深かった。

そのとき、変わらぬ親友・ステガス弁護士が名案を考えた。彼は監理（メソジスト）教会、長老（プロステリカント）教会、カトリック教会、YMCAなどから、最近韓国から退去させられた牧師等の名と住所とを聞き出して、韓国民が代表者として信任している韓国人指導者の名を記入してくれるようアンケートを送った。牧師らは韓国語と韓国の実情に通じていたし、かつ職業柄、最も信憑性の高い証人であると考えられたからである。記載された名は、全部と言っていいほど李承晩であった。これは、米人牧師らと付合っていた韓国人の声の反映であろうから、当然の結果と言えようが、当時を回想した韓国の複数の将軍が「独立運動の闘士としては、白馬に跨って縮地の法を使う金日成将軍、臨政主席・金九先生、朝鮮のガンジー・曺晩植先生など数多の人が有名であったが、民族の代表となると李承晩博士の外に居なかった」と異口同音に述べられたのと一致する。

ステガス氏がこの資料をホンベック局長に提出すると、手応えがあった。局長は「この資料は事実を証明しているように思う。慎重な考慮に値する」と所見を述べたそうである。

対日戦争計画　その効果のためか、李承晩は一一月末に国務省のヴィックト・フー次官から、「臨政」の目的を具体的に明らかにするよう書簡で要請された。想を練って書き上げた彼の理念と政策は、一二月五日付の回答に次のように記されている。

「臨政」の当面の目標

次の方法で連合国の対日戦争を援助する。

①　韓国軍を適当な武器で武装する。

②　極東地域における韓国の莫大な人的資源を獲得して、韓国軍を増強する。

③　サボタージュと革命的活動を有効的に遂行するため、韓国内外にスパイ網を組織する。

「臨政」の究極目的

日本の軍国主義を解体する。解体後の目標は次の通り。

①　在韓日本人の追放。

②　日本本土で奴隷的扱いを受けている韓国人の帰還。

③　日本人によって掠奪された古書籍、文献、芸術品の調査と返還。

④　日本の漁業及び航行（海洋及び空路）、商業の制限。

⑤　対馬島の返還。

⑥　三七年間の占領による韓国資源の掠奪と、将来韓国で発生する軍事作戦によって蒙る損害に対する賠償。

注：①②は終戦直後から米軍によって実施され、③～⑥は日韓交渉の主要議題となった。⑤は対馬でなく竹島が対象になったが、こう決めた本人が大統領になったのであるから当然の議題と言えよう。

独立を回復した場合の韓国政府の目的

① 日本の残滓の一掃。

② 法と秩序の樹立。

③ 民主主義的諸政策の実施。

④ 普通・自由選挙による総選挙。

⑤ 極東平和を保証しうる自由にして強力な民主韓国の建設。

またそのころ陸軍省情報局のW・H・ムアー少佐の勧めで戦略作戦部参謀M・P・グッドフェロー大佐に会った李承晩が、彼の計画を説くと、大佐は「韓国人が提供できる援助を利用しないのは、米国の重大な失策です」と同意したうえで、「たとえ米国が『臨政』を承認していなくても、陸軍省は米韓協力計画を推進できる指導者達は承認できる」と言明し、二人で実行計画の作成に取掛かった。グッドフェロー大佐が提案した実行案は

① 李承晩は、日本と韓国内を疑われずに立回れる青年百人を募る。

② 米軍は適当な地で秘密訓練を施し、適当な時期に日本か韓国に落下傘で潜入させる。

③ 潜入部隊は地下の国民運動者と連絡して、積極的なサボタージュや破壊活動等を行う。

であった。つまり金九主席がOSSと協定して西安で訓練を始めたときの構想と殆ど同じもので、李承晩の方が二年半余りも早かったわけになる。だが自由に立回るには日本語と韓国語の双方をマスターした青年でなければならな

いが、その募集は難題であった。在米の二、三世は日本語はおろか、母国語さえ正確さを欠いていた。

李承晩は、決死の青年百人を募るという難題を、条件付で引受けた。その条件は、彼も韓国に落下傘で降下するメンバーの一人になる、という約束であった。

李承晩とグッドフェロー大佐は、熱誠と希望とを以て侵入計画に取組んだ。オリバー書には「李承晩は資格を持った青年達を集め、訓練を開始した。…彼らは役に立つ日を待ちに待っていた」（一八六頁）とある。この事実は確認できないけれども、四二年一二月七日の「恥辱の日」（ル大統領の国会演説）の一周年に当たり、李承晩はル大統領に送った書簡の中で「今年の一二月七日を期して、米陸軍省の対日戦争計画の一環として韓国人の訓練を始めました。少数の兵力だが、これを端緒として、島国日本を撃滅するためにアジアにある莫大な韓国の人的資源を利用するのが究極の目的であります」と述べている。時日からみて、恐らくハワイで募集した少数人員の訓練を指すのであろう。

またこの日に、一二月五日付のフー次官に宛てた前述の回答の写しをハル長官にも送付した。執念の闘士と言えよう。そして暫くすると再びハル長官に書簡を送り、「一年前にヒス氏とホンベック極東局長に警告したが、米国が韓国臨時政府を承認しなければ、朝鮮半島には、必然的に共産主義国家が成立するであろう」と警告し、「ハル長官閣下！　閣下ともう一度直接会談する機会を願ってはいけないでしょうか」と願った。

直接の返事は来なかったが、間接的に拒否の回答がきた。ハル長官が公式声明の中で「自国の自由のために戦っていない国家は、米国の援助を受けることは不可能である」と言及したのである。李承晩は驚きと怒りを隠さなかった。陸軍長官H・スチムソンからは在米韓国人の処遇について暖かい配慮を受けたけれども、一般の米国官僚は、韓国問題については極めて無知でかつ鈍感であった。極めて少数の例外を除いては、韓国の現在の立場や役割はおろか、戦後の処遇について思いを巡らせた人は殆ど居なかったと言ってよい。

従って、ステガス弁護士らの犠牲的な支持にも拘らず、米政府一般に李承晩の声望と影響力を信じさせることは至難であった。李承晩と親交が深かったペンシルバニア大学教授R・T・オリバー博士が一九四三年（昭18）の初春に戦時情報局極東局長H・M・ヴィナック博士を訪れて「李承晩にラジオで、韓国民に対日サボタージュや破壊行動を敢行するよう呼掛けさせるべきだ」と助言すると、ヴィナック局長は冷たく「韓国民は、李承晩がどういう人物であるか大体でも知っている、と貴方は本当に信じているのですか？」と反問したという。オリバー氏は、現実を知らぬ人々によって進められている米国の外交政策は一体どうなるのであろう、と案じたそうである。このような米国官僚の韓国に関する無知が、結果として半島を二分して、朝鮮戦争を勃発させる要因になった事実は否定しようがない。

(三) カイロ宣言をめぐって

「信託」の芽生え　ガダルカナル戦が終わり、米軍の反攻が緒についたころ、一九四三年（昭18）三月、シカゴ・サン紙はロンドン特派員報として「訪米中のイーデン英外相は、ソ連の韓国併合の可能性についてルーズベルト大統領と意見を交換した」と報じた。これが、韓国問題が連合国首脳の間で討議の対象になったことを報道した最初である。

この件についてコーデル・ハル国務長官の回顧録は「一九四三年三月二七日のルーズベルト、イーデン、ハルの三者会談で、大統領が『韓国は、中国と米国及び一、二の大戦参加国が管理する国際信託統治国にしたいがどうだろう』と提案すると、イーデン外相は同意の意を示した」と述べている。つまり半島に最大の災厄をもたらすことになった北緯三八度線による分割の元兇になった信託統治案は、早くも終戦の二年五か月も前に俎上に上がっていたわけであるが、ル大統領がいかなる着想で、いかなる経緯で信託統治を提議するに至ったのかは明らかでない。これに参画した高官の名は分かっているが、説明が見当たらないのである。けれども無から有が生ずることはないから、次の事が考えられる。

WWI後の処理において、数か国の利害が入り交じったり、民族問題が絡んで解決が面倒な地域は、ダンチヒ（今のグダニスク）、ザール、パレスチナにみられるように、自治制を与えたり委任統治にするなど、解決を先に延ばしてきた。従って東洋の戦略三角地帯の中心にある韓国は、この考慮が働いたと思われる。

ヤルタ会談におけるル大統領の発言にみられるように、ルーズベルトはフィリピンを独立させるのに三五年もかかった経験から、植民地の即時独立には至って懐疑的で、政治的訓練の期間が必要であると信じていた。即ち信託である。

ルーズベルトが、かつて李承晩が韓国独立の方便として米国による一時的信託統治案を唱えたことを知っていたのかどうかは分からないが、耳に入ったことはあったと思われる。なぜなら、彼の叔父・セオドア・ルーズベルト大統領は東洋問題に熱心であったし、李承晩の推せん状を書くほど彼を知っていたからだ。

また前述したように、李承晩が韓国欧米委員部の名で韓国における地下運動の青写真を送付すると、ル大統領は太平洋戦争軍事会議の席で、中国外交部長T・V・スン（宋子文）に韓国人の地下運動の効果について評価を求めた。スン部長の補佐官V・タフー博士は韓国欧米委員部を訪れて、李承晩らに韓吉洙らとの合作＝協同作戦の必要を説いた。韓吉洙は、当時国務省の数人の官吏の寵児であったからである。これに対して李承晩は「韓吉洙は、ごく少数の韓国人を代表しているに過ぎない。私の判断では、韓との連合は韓国共産党の勢力を強化するだけである」と即座に拒絶した。そこで次の軍事会議の席でスン部長が大統領に回答した内容は「韓国人は余りにも分裂していて、効果的な力を結集することは期待し難い」であった。

このような考慮要因と経緯が相乗し合って、信託統治の方針が固まったものと推測される。

しかも米国は対独、対日戦に勝利するために、対ソ協調方針を堅持していた。そこでコーデル・ハル国務長官やその分身とみられたアルジャー・ヒスは、「ソ連を侮辱してクレムリンの感情を害してまで、韓国の独立に寄与することはない」と明言していた。だから韓国を強大国数か国の共同信託統治国にするという案は、ソ連を対日戦に参加させる誘い水の意味もあったのではあるまいか？　スターリン首相のテヘラン、ヤルタ、ポツダム会談における韓国問題についての発言からは、クレムリンが〝得たりや応〟とほくそ笑んでいたように感ぜられる。またウァールド・アフェア誌の同年六月号は韓国問題を論じて「韓国を国務省が承認しない真の理由は、すなわちロシアである」と暴露し、李承晩が一九四五年に発刊した「韓国事情」には、「臨政」を米国が承認しなかった理由の一つとして、「アジアの戦争にロシアを誘い込もうと切望していた人々は、韓国に対するロシアの要求が明瞭になるのを待つ必要があったためかも知れない」と述べている。

韓国条項　それはともかく、韓国の信託問題が米・英会談の俎上に上ったことなど李承晩は窺い知らなかったが、彼はなんとなく不安であった。正当で米国の利益になると信ぜられた彼の提案が米国政府に顧みられないどころか、空気は冷たくなるばかりであったのだ。恐らく彼の不安は、東洋的な勘が働いたのであろう。

その四三年（昭18）一一月、米・英・中国の三巨頭はカイロに会談し、いわゆるカイロ宣言を発して戦後のアジア構想を明らかにしたが、その第三項に

「前記三大国は朝鮮人民の奴隷的状態に留意し、 in due course 朝鮮が自由かつ独立のものとなることを決定した」

とあった。これが韓国の運命を決定づけた。韓国は日本の支配を離れて、自由主義圏の一国として独立することが

決ったわけである。そして、この宣言を歓迎する立場でみれば、すぐにでも独立できそうに思われる文面であった。

しかして問題は“in due course”であった。三月のワシントン会談で合意をみていた信託統治問題は、この“in due course”の中にわざと隠されたのである。その意図は〃対日戦に勝利した後は独立することができると分かれば、韓国民は出来る限りの手段で対日戦に決起するに違いない。武力蜂起などは望めないとしても、サボ、不服従、面従腹背等の採り得る手段を以て日本の弱化に寄与するであろう。独立を失って以来絶え間なく続けられてきた独立運動をみれば、それは十分に計算される。だが三〇数年も支配されて自治能力を失っている韓国民を独立させるには、信託統治の期間に然るべき能力を育成することが欠かせない。けれども「信託統治」を明文化すれば、誇り高き韓国民は却って失望して、対日闘争の意欲に水を掛ける結果を招来するやも図り難い。従って明文化は避けるべきである〃であった。

そもそもカイロ宣言の起草者は、大統領特別補佐官・ホプキンスであった。彼は独立させる時期を“at the earliest possible moment”（可能な限り最短期間に）と起案した。これをルーズベルトが“at the proper moment”（適当な時期に）と修正して会談に提出したが、チャーチル英首相の意見を入れて“in due course”（やがて。時期が来たとき。当然の順序を追って。時が来れば）に改めたと伝えられる。

そこで宣言の真意からみれば“in due course”は「当然の順序を追って、つまり然るべき期間の信託統治ののちに」と訳するのが正しいわけである。だがその具体的期間については、各国首脳の予想は次のようにまちまちであった。

カイロ会談の直後、英・米・ソの三国首脳はテヘランで会談したが、ソ連の対日参戦を要請した際にルーズベルトはカイロ宣言の第三項に言及し、その予想を

「韓国人が完全独立を得るまでは、約四〇年の教育期間が必要と考える」

と説明している。

そして一九四五年二月のヤルタ会談において、ソ連の「対独戦終了後三か月以内に日本に参戦する」確約を得たルーズベルトは、スターリンの

「朝鮮人が彼らの満足のゆく政府を建てられるのであれば、なぜ信託統治が必要なのか？」

という質問に対し

「フィリピンが自治政府を準備するまでには、五〇年を必要とした。韓国はそれほどかかるまいが、二〜三〇年はかかるとみなければなるまい」

と答えている。スターリンは

「信託は、短ければ短いほどよい」

と正論を唱え、チャーチルもこれに同意した。そこで「信託」が四大国の間で正式に決定したわけだが、期間については先の事でもあり、その時にならねば分からない要素が多かったから、これ以上詰めることは当時は無意味であった。

こうして「信託」の具体化は戦後に持越されたが、アメリカがその期間を「四〇年」とか「二〜三〇年」とか考えていたことは明らかである。従ってこれらの信託期間が明るみに出れば、韓国人は勇み立つどころか、却って気が萎えるであろう。そこで曖昧な言葉を使ったのだが、見方によれば、大国のエゴイズムとも見られよう。二〜三〇年先の約束手形で対日闘争を期待したのだから、身勝手とか、偽手形を振出す積りであったとか邪推する人もいるだろうからだ。アメリカの予想はその経験に基づくもので、決して悪意に発したものではないけれども、韓国人の自治能力

を過小に評価した過ちは否めない。この過ちがその後の情勢の変化にも拘らず累をおよぼして、アメリカは高いツケを払わされることになる。

李承晩の懸念　カイロ宣言は一九四三年（昭18）一二月一日に一斉に発表されて各方面の注目を集め、特に韓国人を喜ばせた。だが、李承晩は"in due course"を懸念した。彼は、無期延期をも可能とする字句であると案じ、少なくとも即時独立は許容されていないと看取して、不安であった。彼はもう満六八歳を過ぎていた。"in due course"では、目の黒いうちに独立を達成できない恐れが多分にあった。彼は"in due course"に民族を侮辱した信託統治の概念が隠されているとまでは感付かなかったけれども、不明確な条件付に極めて不満であった。彼は"in due course"の字句を非難する一連の声明を発表し、ル大統領と国務省にこの字句の真意を尋ねた。だが、いくら待っても返書は来なかった。独立回復の公約は長年の光復運動の成果とも思えたが、そして確かに希望の光を与えたものに違いなかったが、彼は不吉な予感に悩まされていた。翌四四年初頭にル大統領や米国人に相当な影響を与えていたサムナ・ウェルズの新聞論説「韓国の独立は二〇世紀の大きな罪滅ぼしの一つであり、太平洋地域に樹てられるべき新国際秩序にとって一つの安定力になるであろう」を見て、彼は米国人の正義感と同情心とは必ず韓国人の為に発揮されると信じたけれども、それは彼だけの信念や願望に過ぎないものであるかも知れなかったのだ。

(四)　最後の努力

エリナ・李会談　李承晩夫妻は一九四五年（昭20）三月初旬のある木曜日に、エリナ・ルーズベルト大統領夫人に会った。エリナ夫人が韓国臨政に言及したことが記事になったので、社交的な謝意を述べるためであった。ところがエリナ夫人は単刀直入に「貴方は、武器貸与法の適用を受けるために努力しているのですか？」と尋ねた。李承晩がこと三年有余の努力と、びた一文、手榴弾一個供与してくれなかった事実を説明し、「大統領は、私達への中傷を聞いて判断を惑わされているのです」と述べると、夫人は「きっと、大統領に伝えます」と約束してくれた。（フランチェスカ夫人の三月九日付オリバー教授宛書簡）

でも具体的な結果は出なかった。ヤルタ会談で身魂をすり減らし、すでに病床にあったル大統領にはそこまで気を配る余裕がなかったものとみえる。だが大統領夫人が韓国臨政に言及した事実とその好意的な対応は、李承晩夫妻を勇気づけた。

サンフランシスコ会議　戦争の終末が近づいて、一九四五年（昭20）四月二五日にサンフランシスコで国際連合憲章作成会議が開催された。そして六月二六日に国連憲章が成立した二か月の間、李承晩は臨時政府の承認問題について最後の努力を傾けた。彼は韓国人各派の代表をモーリス・ホテルに集め、「指導権の問題は後日に譲って、今は即時独立の獲得のために一致団結する」ことを訴えて諒承を得ると、統一韓国委員会の名でアルジャー・ヒスに対し、韓国にオブザーバーの資格を与えて会議に列席させるよう要求した。また国務省極東局長ホンベックや韓国課長G・マッキューンと会談し、あるいは記者会見や放送・雑誌・パンフレットを通じて『臨政』の承認だけが、ソ連の韓国掠奪を防ぐ唯一の手段である」と訴え続けた。彼は、カイロ宣言の韓国条項を故意に曖昧な表現にしたのは、アジアにおけるソ連の立場が決定していなかったためであり、米・英の対日・独無条件降服政策は、ソ連の典型的な行動に対する連合国の黙認政策（具体的には、韓国はソ連の支配下に入るべきだ、との英・米の決定）と併行していた、と信じていた。だからソ連にチャンスと口実とを与えないためには、列国特に米国が韓国を独立国として扱う以外に方法がない、と確信していたのである。

この李承晩の推測を裏付ける根拠史料はまだ見当たらない。けれども結果は、李承晩の危惧が的中して韓国民に最大の不幸を齎らし、北東アジアに絶えざる緊張を醸し出しているのが現実の姿である。

国連憲章作成会議へのオブザーバーとしての参加要請（つまり、「臨政」の承認）は、アルジャー・ヒスによって拒否された。理由は『臨政』は余りにも長く国を離れているので、韓国民の代表とは認め難い。戦争終了後、韓国が新政府樹立の為の総選挙を実施することができるまで、待った方がよい」であった。李承晩は「韓国が解放されるのと同時に、直ちに連合国の監視下で総選挙を実施するという諒解のもとに、『臨政』を仮承認すべきである」と抗弁したが、ヒスには通じなかった。実はヒスには、李承晩に言いにくい他の理由があったのだ。

韓国国民会の幹部を始め、在米韓国人の間には、共産党との連立政府こそ韓国における唯一の実際的解決策である、と信じていた者が多かった。恐らく、理論と実際との区別がつかなかったからであろう。韓吉洙らを始めとするこの派の指導者は自ら「現実派」を名乗り、韓国課長G・マッキューン博士からある程度の信頼を受けていた。そして事ごとに李承晩を「頑固で、非現実的である」と非難していたのである。従って李承晩が統一韓国委員会の名で交渉しても、実体は割れていたわけであって、ヒス氏としてはどうしようもなかったのであろう。なおマッキューン課長は平壌生まれで、北韓出身の指導者に好意を寄せていた人であった。恐らく彼の平壌語が北韓出身者には通じたからであろう。

五月二二日、中国外交部長・宋子文が、韓国人指導者らをディナーに招待した。ヒス氏に頼まれたのかどうかは知らないが、明らかに指導者らを協商させるのが目的であった。李承晩は参席を拒んだ。すると韓吉洙は、支持者を率いて別に本部を設けた。李承晩は六月一一日の覚書で「マッキューン課長は他の二人とともに、宋子文の協商主義を支持している」と批判している。宋外交部長は三か月後の八月一四日に、モスクワで中ソ友好同盟条約に調印して、ソ連に旅大地区と南満鉄道を譲渡したその人である。

李承晩が自分が発起して造った統一韓国委員会を潰す結果になったことは、いかにも偏狭で頑固にみえる。確かに彼は頑固な反共主義者であった。儒教的素養と敬虔なクリスチャンとしての信仰、極東の歴史に通暁しかつアメリカにおける高度の教育から受けた知識、徒労に終わった騙されたモスクワへの旅、韓吉洙らの容共主義者に仇敵視された苦難の経歴を考えてみれば、彼が骨の髄からの反共主義者であったことが分かる。彼が一九四二年末に臨政主席・金九と論争を展開したのも、金九が中国政府の承認を得る方便として金奎植、金元鳳、趙素昂らの共産主義者か容共主義者とみられた人々を入閣させざるを得なくなったからであった。

しかして李承晩が共産主義者との協商を拒否した理論は、次のように記録されている。

フランチェスカ夫人が四五年三月九日付でR・オリバー教授に宛てた書簡の結語によれば

「米国が『臨政』承認の前提条件として国外の韓国人諸団体の糾合を主張すれば、それは共産煽動分子を鼓舞する結果だけをもたらすものである。共産主義者達の唯一の目的は『臨政』を乗っ取り、中国政府（注…ここでは外交部長・宋子文）に協力しない民族主義指導者（即ち、李承晩派）の立場を弱化することなのです」

五月のある日、ソ連共産党を脱党したと言うロシア人が李承晩を訪れて「二月のヤルタ秘密協定の中に、対日戦争が終わるまでは韓国をロシアの支配に委ね、英・米は韓国独立の公約を破棄する、という条項がある。確実な情報で疑う余地はない」と知らせてくれた。これは従来の彼の推測に根拠を与えてくれるものであった。彼は上院議員O・

ブルースターとW・F・ジョージ及び下院議員K・E・ホフマンに電報して、この「事実」を米国民に暴露して協定を破棄してくれるよう訴えた。三議員の反応はなかったが、彼が記者団を集めて秘密協定を公然と非難すると、大々的に報道してくれた。国連創立総会はニュースが少なかったからである。米国務省は正式に否認したが、彼は信念をもって非難を繰り返した。ソ連に支配されるような事になれば、三五年間の独立運動が無に帰してしまう。ついにはホワイト・ハウスも否認の声明を発し、チャーチル首相も下院で事実の有無を質問される騒ぎになった。チャーチルは秘密協定の存在を否定したが、その時「多くの問題が討議され、ある程度、大体の諒解が成立した」と答えて疑惑を生んだ。一九四七年に公表されたヤルタ協定の中には李承晩が恐れた密約はないけれども、今でも「大体の諒解」事項の中には北緯三八度線による韓国の分割が含まれていたのではないか、と疑っている人がいる。三八度線による分割の起源について、未だにどの筋からも公式的な解明がないからである。

こうして日本の抗戦力に底が見えたころ、李承晩の三五年に亘った対日闘争は自然に対米即時独立闘争に転化した。そして韓国の安全と利益のための対米抗争が、一九六〇年初夏に下野するまで一五年間続けられることになる。

四、還国と新たな闘い

反共と孤立　戦争が終わりに近づくにつれて、李承晩の政治的立場は解放後の韓国の政治体制を巡って孤立化の傾向を深めていった。彼はあくまでも米政府に「臨政」の承認を求め、「臨政」を管理内閣として一年以内に総選挙を実施して、真の独立を達成することを主張して止まなかったからである。彼の脳裏には、カイロ宣言の不吉な字句“in due course”と、「韓国をソ連の支配に委ねた条項がある」と聞いたヤルタ秘密協定の陰影が渦巻いていて、これを防ぎ、即時独立を達成するためには、この外に方法がないと信じていたのだ。そして彼の信念によれば、共産主義者との合作は韓国の共産化に直結するものであった。

だが彼の政敵にしてみれば、「臨政」に韓国の主導権を与えることは即ち李承晩に指導権を与えることであり、彼らの政治生命が奪われることである。彼らはアメリカの自由民主主義に則って（表面的なジェスチュアに過ぎなかったけれども）、李承晩派との合作を唱え、しかるべき順序での総選挙を訴えた。而してこの主張は、すでに米・英・中・ソの四大国による信託統治とその後の独立を決定していたアメリカにとって、意に叶うものであった。

当然の成行として、韓吉洙らは米国務省に重宝がられ、李承晩は厄介視された。いずれにせよ韓国の後拠となるべきアメリカの態度と政敵の攻撃は、李承晩を孤立化せずには置かなかったのである。

ソ連の対日参戦によって戦争が思いの外に早く終わった時、李承晩は七〇歳と五か月であった。彼は直ちに帰国手続きを急いだが、なぜか米国務省は旅券の交付を渋り続けた。（後出）　彼は全力を尽くしながらも、いらいらして待たざるを得なかったという。

そのころの新聞は米・ソとも加盟した国際連合の創立を祝い、新国際主義の時代が到来したことを告げていた。そして米・ソの協調を謳う一方で、しきりにソ連の野望を訴えてヤルタ秘密協定を非難した李承晩を非難して、「米・ソ両国の政策に反する主張を唱えて両国の対韓政策を無用に妨げたし、今も妨げている」と批判した。

実際、李承晩は神経質になっていた。故国は三八度線で分割されて、米・ソ両軍に占領されたのである。李承晩が最も恐れていたソ軍の韓国進駐が、北半部に限定されたにせよ現実のものとなったのだ。しかもそのころ米国は、中国共産党の国民政府に対する完全統一提案を支持し、国共調停に乗り出しつつあった。

中国外交部長・宋子文は、彼の主義に賛同していた金奎植・金元鳳・趙素昻らに韓国での特権を与えるために、米国務省を打診中であった。宋部長の考えでは、彼らは共産主義者と合作して韓国問題を解決するはずであったのだ。ソ連圏に入った東欧ではすでに共産党との連合政権が発足していたが、アジアにもその風潮があった。

こういう情勢であったから、李承晩の親友R・T・オリバー教授も半島に共産党との連立政権が誕生するのは必然とみて、あくまでも民族政権の樹立を追求している李承晩に忠告したそうである。九月初め、駐韓米軍司令官・ハッジ中将が仁川に上陸した頃という。

オリバーは戦後の情勢特に米・ソ関係と国連の創立による新国際主義の台頭を説明したのち、「ソ連圏に接壌している韓国は、ソ連と協調しなければ生きてゆけない。従って共産党との連立政権が成立することは不可避であるが、今のような態度を固執すれば、連立政府から締め出されるのは必定であり、一生をかけた光復運動が無に帰してしまう」と説いた。

沈黙が続いた。暫くしてフランチェスカ夫人が淡々と述べた。決して表にでしゃばらなかった彼女の、内助の一例である。

李承晩とサイン(1947年)

「そのことは二人で話合いました。私達も、貴方のお考えが正しいかも知れぬと思います。おっしゃるように、韓国には共産党政府ができるかも知れません。現在起こっているすべての事件を見ていると、そのように思えます。

しかし夫が貫いてきた立場から、私達はそのような政府に参加することはできません。どんなことがあっても、夫はそのような連立政府には加担しないと思います」

悠り話始めた李承晩はすぐ感情を爆発させて「貴方は、私にどうせよと言うんです？」と詰問ぎみに問掛け、所信を述べた。

「御承知のように、私は韓国解放のために一生を闘ってきた。その私が、個人の地位を得るために、韓国をソ連に委ねることになる企みに参加できますか？　…数百万の同胞が私を待ってます。連立政権を造れば祖国が奴隷化されるのに、国民を騙して『貴方達を独立させるために帰国した』と言えますか？　…列強は自己の本意を貫くために私の言に耳を傾けません。しかし私は、彼らの誤ちを警告し続ける積りです。

破滅しつつあるのは、韓国だけでありません。私よりも貴方がもっとよくお分かりでしょうが、ソ連の世界征服計画に対抗できるのはアメリカ人だけです。ですから、最後は米国が他国よりももっと打撃を受けるでしょう。私の務めは、現在起こりつつある事態をそのまま米国人に見せることだけです」

そして彼は夫人を見て、しかめっ面で笑いながら、彼には似つかわしくない、冗談ともとれる一言で話を締め括った。

「私達は、いつでも田舎に引籠って、鶏を飼うことができますよ！」(オリバー書二〇六—七頁)

これが彼の政治的信念であり、正統性と原理原則に厳粛な彼の自己主張であった。引用が長びいたのは、彼はとかく独裁者とか政権亡者とかそしられがちであるけれども、それは韓国の政治風土と彼の政治的信念、及びそのカリスマ性が相乗した結果の表面をアメリカ的、日本的尺度で計った短見的批評であって、〝鯨に挟まれた蝦〟の安全を図ることを至上の命題とした李承晩の信念を知らねば、当を失すると考えたからである。

還国　李承晩が帰国したのは、遅れに遅れて、終戦後二か月を過ぎた一〇月中旬であった。その経緯を概述すれば次のようになる。

日本が降伏すると、彼はマニラ経由の旅程を組んで旅券課長シップレイ女史に旅券の交付を申請した。中国経由を避けたのは、宋外交部長が彼を、金奎植一派の韓国における地盤が固まるまで中国に引留めるかも知れぬ、と危惧したからという。

シップレイ女史がジェイムス・バーンズ国務長官から旅券の発給を認可されたのは、九月五日であった。だが、軍の作戦地域に帰るには現地軍当局の許可が必要である、と知らされた。

そこで陸軍省に申請すると、民政部のスウィニ大佐が東京のＧＨＱに打電してマッカーサー元帥の許可をとり、李承晩の肩書として好意的に勝手に「駐米韓国高等弁務官」と付けて、適当な航路を選んで帰国することを認める旨の許可書を造ってくれた。

軍の許可書を旅券課に提出すると、係のメニング氏が飛行機便を探して搭乗手筈を整えた。

ところが国務長官室はシップレイ課長を招致して「高等弁務官という肩書には異議がある。旅券の発給を取消せ」と指令した。

九月二一日の金曜の午後にメニング氏からシップレイ課長に会うよう勧められた李承晩は、ようやく二四日の月曜に面談が叶うと、「肩書は要らない。肩書を見せびらかして帰国する積りはない。とにかく早く帰りたいのだ」と訴えた。スウィニ大佐は、肩書のない新しい許可書を作ってくれた。

新許可書を手にした李承晩が勇んで旅券課を訪れると、意外にもメニング氏は気の毒そうに「国務省は貴方の旅行手筈の面倒まではみない、と決定した。今のところ軍用機の便しかないが、その利用のためにはマッカーサー将軍の保障と、沖縄とか東京に着陸するための特別許可が必要です」と教えてくれた。何かがおかしいと感じながらもスウィニ大佐に申請の打電を依頼すると、「そのような申請は、国務省の特別許可がなければ出来ません」と言う。そこでシップレイ課長に特別許可を要請すると、「国務省はもう貴方の帰国の面倒はみない、と伝えたはずです」と取付く島もなかった。

七〇歳を過ぎた老闘士が弄ばれたのである。だがこのような事に屈する彼ではなかった。四方八方に手を尽くし、親友達の助力を得てついに帰国の途にのぼったのは約一か月後の一〇月一六日のことで、許可が下りなかった夫人を残しての一人旅であった。

李承晩の帰国手続は初めは順調であったが、ハッジ中将がソウルに進駐すると、間もなく国務省の態度が〃非友好的〃に変化して、一か月以上も延ばされたわけである。

これは、李承晩を帰せば工合が悪い事態が急に発生したからに違いない。その理由は公表されていないけれども、次のように推察できよう。

当初アメリカは、韓国独立の政治スケジュールをドイツや日本で実施した方式と同様に、次のように考えていた。即ち、〃旧行政組織（つまり朝鮮総督府）を活用しながら民主的改革を進め、なるべく早く総選挙を実施して韓国臨時政府を造り、この政府を米・ソ両軍司令官の共同管理下に置いて指導育成し（信託統治）、適当な時期に独立させる。占領軍は秩序の回復とともになるべく早く撤兵し、駐留に伴う住民の悪感情を残さない。三八度線は単に日本軍の武装解除の担任地域を定めた一時的境界に過ぎないのだから、ソ連は韓国臨時政府を樹立する基礎となる総選挙に協力するはずである〃と。

従って九月初旬までの時点では、総選挙に参加するために帰国を急ぐ李承晩を引留める理由はなかったわけで、彼への旅券発給はスムーズに運んだのであった。

ところが九月八日にソウルに入ったハッジ中将からは、次から次に予想外の報告が舞い込んできた。「三八度線を設定したことから生ずる不愉快が、日とともに増大した」のである。ソ軍は三八度線に歩哨を立てて南北の往来を遮断し、南行列車を止めた。そして米軍政庁が迫りくる冬に備えて北に送った石炭との交換物資は、列車ごと占領されたが、石炭は一向に届かなかった。ソ連に、相互協力の意志がないことは明らかであった。アメリカの予想は全く外れたわけで、三八度線は政治的境界に変質したのである。

孫戸妍女史は「第二・無窮花」の中で次のように詠んだが、三八度線の重しが韓国人の頭上にのしかかってきたのだ。

強いて祖国《くに》を
　二つに裂かれしその日より
　　悲劇涯《はて》なく
　　　拡まりゆきし

半島の公正な統一総選挙の期待が薄らぐと、アメリカは、南韓に臨時政府を樹立してそれを指導育成するか、南韓をこのまま軍政下に置いて融通性を保持しながらソ連との交渉を続けるか、の二者択一に迫られた。米国は後者を選択して一二月のモスクワ三相会談に臨んだわけであるが、恐らく前者は、クレムリンの真意を確かめる必要があるとか、百花斉放し世相また混乱の極に達している現情では性急過ぎるとか、南に単独政権を樹立すれば当然北でも樹立するだろうから却って統一選挙の可能性はなくなって分断を固定化する、とかの異議が百出して斥けられたのであろう。

いずれにせよ、半島国家の独立が遠のいたのは客観的事実であった。であるのに、最も熱烈で声望のある即時独立論者・李承晩を帰国させれば、今でさえ群雄割拠して民心の帰一する所がないのに、更に政治的、思想的な混乱に輪をかけるに違いない。しかも李承晩は国務省にとっては、臨政の承認問題で執拗にかつうるさく付きまとった好ましからざる人物であった。国務省が彼を厄介者視して、屁理屈をつけて帰国に難色を示したのはこのためと思われる。

ところが一〇月初旬になると、現地では李承晩の帰国を望む声が高くなった。その理由はこうである。

米軍政当局は自由民主制の下では共産党も他の政党と同様に遇するべきであると信じ（日本でも、刑事犯の共産主義者まで釈放して党を再建させた）、ソウルの最良のビルの一つであった精版社ビルを朝鮮共産党に当てがった。元来、韓国には、長い間の抑圧と貧困、階級制と著しい貧富の差などから共産主義が育ち易い土壌があったうえに、日本の敵は味方の論理から、ソ連にかなりの好意を抱く者が少なくなかった。だから、この機会に乗じた朴憲永の朝鮮共産党は、みるみるうちに勢力を張った。精版社ビルの地下室で印刷した紙幣や、ソ連軍が開城、東豆川、春川等から持ち去った紙幣と、北半部での通貨改革によって反故になったが南韓ではまだ通用していた朝鮮銀行券を貰い受けて、盛んに新聞社や映画館等を買収した。そしてカネとポスター類をふんだんにばら撒いて集会やデモをしきりに組織し、急速に下部組織を整備したのである。当時共産党が保有していた資金は莫大で、これによる必需物資の買占めや野放図な運動資金の放出は、北と日本から切り離された南韓の経済を半身不随に陥れ、インフレを倍加させていた。だがそれとも知らぬ米軍政庁は、共産党の活動を少数の熱誠者の献身的な大衆運動と誤認して、黙過していたのである。

けれども米軍は共産主義政権を建てるために進駐したわけではなかったから、朴憲永の党勢が増大して大衆に広く浸透した印象を受けるに及んで、共産党に対抗しうる民族政党の必要を感じ出した。即ち、民族的帰一が図れる指導者の登場が必要となってきたわけである。

ところが、当時南韓における主な指導層の動静は次のようであった。

呂運亨は朝鮮総督府から終戦直後の治安維持を委嘱されて建国準備委員会を組織し、九月初めには共産党長安派と合作して人民共和国の成立を宣言して勢威を張った。けれども米軍政庁が人民共和国を否認して解散を命ずると、共産党と袂別して朝鮮勤労人民党を結成していたが、朝鮮総督府から資金援助を受けていたなどのいまわしい噂が流れ、かつ一時的にせよ共産党と合作した事実は民族主義者の指弾を受けて、昔日の人気を失いつつあった。

湖南財閥の総帥で東亜日報や普成専門学校（現高麗大学校）の創立者として知られた金性洙、東亜日報社長・宋鎮禹、コロンビア大学哲学博士・張徳秀らが設立した韓国民主党は相当な支持を集めていたが、かっての対日協力者が多く、かつ「政治的主導権は『臨政』が握るべきである」と声明をしたために、全国民的な党には成り得なかった。

重慶臨時政府は、宋子文中国外交部長の思惑でまだ還国していなかったが、軍政庁はワシントンの意を受けて、「臨政〇〇」の肩書を付けての帰国は認めないことに決定済みであった。米人には祖国を二六年も離れていた「臨政」が国民を代表しているとは思われなかった。そこで政治的平等主義の建前から、個人の資格での帰国しか認めるわけにはいかなかったが、その声望は軍政庁にとっては未知数であった。

また朝鮮日報系の安在鴻は韓国国民党を結成していたが、建国準備委員会や人民共和国への一時参加が祟って国民の人気を失っていた。そして元世勲の朝鮮民族党は共産党に切り崩されつつあった。

これらの党やグループの外に、主張を異にする一人一党的な民族派政客は数え切れず、各種の軍事団体や青年団体が雨後の筍子のように乱立して覇を競っていた。俗に南韓には二百余の政党がひしめいていると言われ、来韓した米国官吏やマスコミ関係者が「同族間の政争に唖然とした」のはこのためであった。このような状況で政治的スケジュールを云云すれば、議論百出して政争は血を見る外はなく、不測の混乱が予想された。そこで軍政庁や心ある政客が、民心を帰一し得る指導者、できれば群小の政党を束ねて国論を統一しうる人物を望んだのは自然の成行きであったと思う。

この与望に応えうる人物は、衆目のみるところ二人いた。李承晩と曺晩植とであった。けれども、朝鮮のガンジーと慕われた平壌のキリスト教指導者・曺晩植は既にソ連の捕虜と同様であった。彼は人柄といい、指導力や実行力といい、李承晩に匹敵する人材であったが、利用価値があるとみたソ連軍政庁が彼を離すはずはなかったのである。

李承晩の名は、一八九七年の独立協会時代の運動と入獄以来、改革、民主、独立の代名詞のように呼ばれてきた。その海外における独立運動は国民にカリスマ的印象を与え、ほとんど伝説的な民族指導者と考えられていた。韓国最初の哲学博士、上海臨政の初代大統領、余人では成し得なかったアメリカの高位高官相手の不屈不撓の粘り強い交渉と運動などが知れ渡っていた結果であるが、とにもかくにも、国民は海外で光復運動の灯をともし続けた人でなければ納まらなかったのである。

かくして李承晩は、ハッジ将軍から世論を束ねて軍政に協力し得る唯一の指導者と見込まれて、三三年ぶりの還国が叶ったわけである。マッカーサー元帥はハッジ将軍に、彼を英雄として歓迎するよう勧告してくれていた。

ところがハッジ将軍は、「誤算の天才」であった。(オリバー書二六一頁)

新たな闘い　今の時点では信じにくいことだが、ハッジ中将が主宰した米軍当局は、ソ連とある種の合意に達し、一日でも早く撤兵できるようになることだけを念願していた。そこで軍政庁は、朝鮮共産党を含むあらゆる政党を合作させて、ソ連の意に叶う世論と政治情勢を創出し、ソ連が安心して相互の撤兵を提議できる雰囲気を造りたかったのである。

ハッジ将軍は李承晩に、まず民族派政党をまとめ、ついで共産党と合作することを期待した。無知と願望の所産であった。

李承晩はハッジ将軍の希望を断固拒絶し、即時独立を要求して、大韓独立促成中央協議会を発足させて共産党と対決することになる。そこでハッジ将軍は、後では「李承晩はアメリカの敵である」と公言するまでに感情を害したという。

かくして李承晩の新たなる闘い「対米即時独立闘争」が始まることになる。〝アメリカは李承晩に、アメリカの傀儡政権を樹立させるために急いで帰国させた〟と説く書があるが、それは誤解か、ためにする歪曲であることが、叙上の経緯で分かる。

第五章　東満の独立軍

〝韓国人の考えの中には、モンスーン的な忍従性と、砂漠的な戦闘性の両面性もあると思う。平素は意力が欠乏したようでも、一朝有事的に現われる意志の緊張が十分に見れる。抵抗が困難な場合は無抵抗な態度をとっても、それは飽くまで表面的で、内心では反抗心が脈々と流れ、その限度を越えれば堪えきれない大きな力が爆発する例が見受けられ、民衆の中にこのような気魄が流れているのがすぐ分かる〟

慶南大学総長・尹泰林の「韓国人論」と題する日韓編集幹部ゼミナー（'75年9月・ソウル）での講演一節

一、北東アジア情勢

三・一運動前の在満韓人　李圭泰「韓国人の意識構造」が説く「韓国人の北方志向の属性」によって、東満州や東シベリアには数十万に及ぶ韓人が住着いており、特に間島の韓人人口は全人口の八割を占めて、領土問題にまで発展した歴史は前に述べた。

従って乙巳保護条約（一九〇五年）や、高宗皇帝の譲位に続く軍隊解散（一九〇七年）に憤激して興った義兵将らが、志成らずとみるや、東満に移駐して再挙を計ったことも前に述べた。

しかして三・一運動前の在満人口と独立団体は、次のように記録されている。朝鮮総督府の「土地調査事業」によ

東満略図

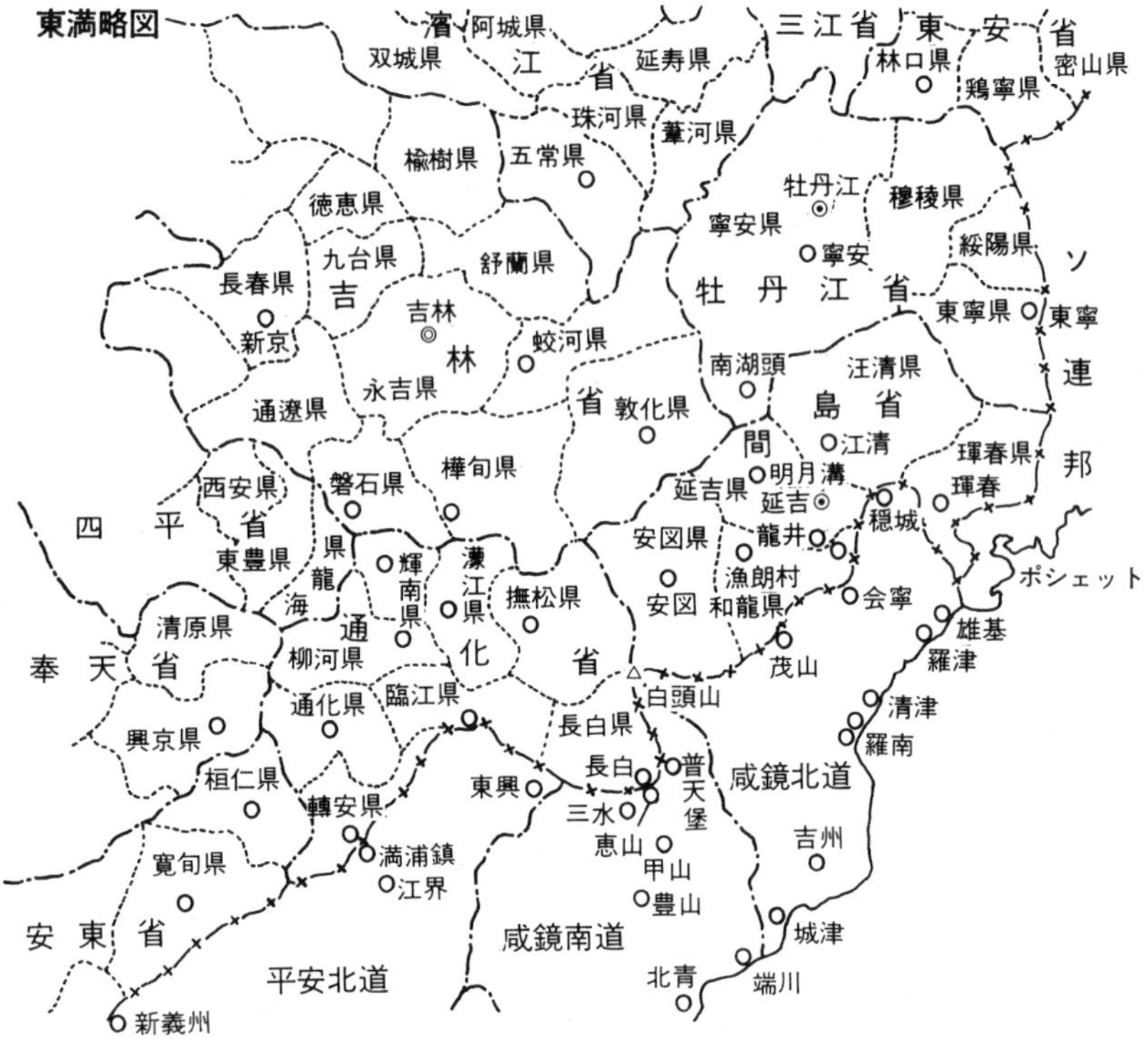

って結果的に土地を奪われた農民が、大量に移住したためである。

在満韓人人口（大正七年末外務省調）

居留民合計　三六一、七七二人

間島総領事館管内　二二二、九七四人

安東領事館内　一〇七、五七二人

吉林領事館内　三、七四四人

ハルピン総領事館内　一五、四三四人

外略

三・一運動前の在満韓人団体（大正八年九月二十六日 総督府拓殖局第一課「鮮人排日団体調」）

① 東省韓族生計会（吉林、会長・鄭安立）…一九一八年（大7）一月創立、会員は吉林、通化、長春、興京、柳河、和龍、延吉、寛甸《かんでん》の各県及びハルピン地方在住者に及び、最も勢力がある。

② 扶民団（通化県哈爾河《はるが》、或は柳河県三源堡、団長・許赫？）…通化、臨江、柳河、

海龍、濛江の各県在住者を牛耳り、学校を起こし、雑誌を刊行し、裁判、私刑、課税を行い、相当の勢力がある。
「新民会」の流れを主流とする。
③ 義勇軍（琿春、団長・黄丙吉）…四個中隊から成る大隊を編成し、国内に侵入して国権の恢復を図ることを目的としている。
④ 決死隊（柳河県三源堡、隊長・李鐸）…三源堡の大成中学その他の学生を中心とするもので、最も激烈かつ露骨な排日団体である。
この人口と団体数からみれば、抗日思想が普遍的に潜在していたことは勿論ながら、まずは安住していたことが窺える。金正明編「朝鮮独立運動」（原書房）や姜徳相編「現代史資料・朝鮮」（みすず書房）収録の三・一運動の史料には、特記すべき動静は見当たらない。

三・一運動後の変化と背景　ところが三・一運動が始まると間をおかず満州にも波及して、各地で万歳デモが激しく繰り広げられた。そして数万とも数十万とも言われる国内の青年が武闘を志して入満し、相次いで義兵将や指導層が乗込んできた。その結果、満州事変前後までは民族主義の武装団体が、共産主義が入ってからはパルチザンが、一九四一年（昭16）春ごろまで粘り強く抗日武闘を続けたわけである。
しかして満州を根拠に武闘を続けた背景として、日本のシベリア出兵と、中国特に満州情勢の推移に伴う日本の大陸政策の推進がある。それらを年表にすれば次の如くである。

一九一七（大6）一一月　ロシア十月革命

一九一八（大7）　一月　中国・南北戦争始まる
二月　張作霖、北京に進出
四月　日本軍ウラジオストークに上陸
八月　日・英・米・仏・伊・中のシベリア出兵
一一月　WWI終わる
一九一九（大8）　三月　**三・一運動起こる**
三月　コミンテルン結成
五月　中国五・四排日運動
一一月　赤軍、オムスク占領
一九二〇（大9）　三月　尼港事件
六月　ベルサイユ条約調印
七月　安直戦争
一〇月　日本軍間島出兵
一九二一（大10）　七月　中国共産党結成
一二月　日・英・米・仏の四か国条約、日英同盟廃棄
一九二二（大11）　二月　ワシントン軍縮条約、中国に関する九か国条約
四月　第一次奉直戦争
四月　レーニン引退、スターリン後継

七月　日本共産党結成
一〇月　シベリア撤兵完了
一二月　ソ連邦成立

一九二三（大12）　六月　中国・長沙事件

一九二四（大13）　九月　第二次奉直戦争

一九二五（大14）　一月　日本、ソ連承認
四月　日本、治安維持法公布
五月　中国五・三〇事件
一一月　郭松齢、張作霖に叛す
一二月　ソ連、一国社会主義理論採択

一九二六（大15）　七月　蒋介石、北伐開始
一二月　張作霖、北京入城

一九二七（昭2）　四月　蒋介石、反共クーデター
六月　張作霖、大元帥に就任
一〇月　毛沢東、井崗山に拠る

一九二八（昭3）　四月　蒋介石、北伐再開
六月　張作霖爆死、張学良後継
七月　日本、特別高等警察設置

一二月　満州、南京政府と合体
一九二九（昭4）　一月　中共、井崗山放棄
一〇月　ソ連、満州に侵入
一二月　ハバロフスク休戦協定
一九三〇（昭5）　五月　間島五・三〇暴動
六月　中共、一揆主義採用
九月　中共、一揆主義停止
一二月　第一次掃共戦
一九三一（昭6）　二月　第二次掃共戦
六月　中村大尉事件
七月　万宝山事件
七月　第三次掃共戦
九月　**満州事変起こる**
一一月　チチハル作戦
一二月　ソ連軍部硬化
一九三二（昭7）　一月　上海事変起こる
三月　満州国成立
六月　第四次掃共戦

東シベリア鉄道沿線略図

一九三三（昭8）　二月　熱河作戦
　　　　　　　　一〇月　第五次掃共戦
一九三四（昭9）　三月　満州国帝政実施
　　　　　　　　一〇月　中共紅軍大西遷開始
一九三五（昭10）　八月　中共八・一宣言
一九三六（昭11）　一二月　西安事件
一九三七（昭12）　二月　国共第二次合作
　　　　　　　　七月　蘆溝橋事件起こる

シベリア出兵　一九一八年三月にレーニン政府がドイツと講和すると、露軍に寝返って独軍と戦っていたチェコスロバキア軍の救出が連合国間の問題となった。同年八月、日・英・米・仏・伊・中国の六か国軍は共同してシベリアに出兵し、日本軍の三個師団を基幹とする連合軍は瞬く間にバイカル湖に流れ込むセレンガ河以東の全要地に進駐した。

しかしアメリカの目的は、人道的見地からするチェコ軍の救出に限られた。

英・仏等の目的はウラルに対独第二戦線を構成するにあった。だから勢いを得たチェコ軍と協同して西進し、オムスクのコルチャック反革命政府を支援した。

日本の狙いは東部シベリアに親日政権を樹立して共産過激派の東漸を阻止し、かつは全満州に勢力を扶植して大陸国防を安固にするにあった。(「大本営陸軍部(1)」二二九頁)

つまり同床異夢の政略出兵であったから、各国軍は勝手に行動したわけである。けれどもシベリアは広い。各国軍ともに酷寒とパルチザンに苦しめられた。英仏軍の西進は不可能になり、しかも一一月の対独休戦とともにその意義がなくなった。また日本が支持した反共政権も名目的なものしか育たなかった。点と線の占領であったからだ。

一九一九年秋にコルチャック軍が徹底的に敗戦して一一月に崩壊すると、英・米は翌二〇年一月に撤兵を声明し、他国もこれに同調して六月までには撤兵し終えた。昨一九年の一四か国によるロシア干渉出兵が失敗して、名分がなくなったからでもある。

しかし日本軍は、同二〇年(大9)三月に尼港事件(注)が起こった苦い経験から、居留民の保護と交通自由の保障、及び朝鮮と満州に対する過激派の侵入を防止する目的を以て、スパスク――スーチャン(蘇城)の線以南の地区の占領を続行して地方政権の樹立を図った。而して当時日本軍が最も神経を尖らしたのは、三・一運動によって満州に集結した韓国独立団体と、ロシア過激派との結び付きであったと思われる。それは一九二〇年(大9)一〇月二四日に陸軍大臣がウラジオ派遣軍司令官に発した次の内訓によって裏付けられる。

陸軍大臣内訓

一、帝国カ貴軍ヲ「ボグラニーチゥナヤ」(綏芬河五站)ヨリ「スパッスカヤ」ヲ経て蘇城(スーチャン)ニ亙ル線以南ノ地区ニ駐屯セシムルハ極東露領ノ政情安定セス共産主義ハ益東漸累ヲ日本ニ及ホスヘキニ鑑ミ帝国ノ自衛上已ムヲ得スシテ然ルモノナリ依テ貴軍ハ此意味ニ於テ接壌地方ノ紛擾ヲ除キ居留民ノ安寧ヲ計リ以テ帝国自

衛ノ目的ヲ達スルコトニ努ムヘシ

二、過激派ノ政権者ハ国際間ノ信義ヲ重セス…政情安定シ我居留民ノ安全…ヲ得ル迄ハ日本軍隊ヲ…撤退セシムルコトナシ

三、貴軍ノ占領地域内ニ…共産主義ノ政策ヲ実行セントスル…場合ハ極力之ヲ防遏スヘシ…共産主義ヲ朝鮮及日本内地ニ宣伝スルノ挙ニ対シテハ前項ノ主旨ニ基キ厳密ニ之ヲ防遏スルノ手段ヲ尽スヘシ

（「西伯利出兵史」第三巻二九〜三〇頁）

けれども地方政権の樹立は成らず、東満の韓国独立団体は二〇年一〇月からの間島出兵（後出）によって著しく衰弱したことや、レーニンの対日姿勢の変化とその引退などに伴って、一九二二年（大11）一〇月に撤兵を完了するに至る。即ち四年有余に亘って延一〇数個師団を投入し、ロシア人に対日不信感を植えつけたばかりか、経済恐慌の時世に多額の軍費と少なからざる犠牲を払っただけで、政治的に何物も得ることがなかったシベリア出兵であった。ただ、ウラジオを中心とする朝鮮独立運動を阻止し、過激派の急激な浸透だけは防止する効果があった、とされている。

尼港事件…ニコラエフスク事件。一九二〇年三月、黒龍江河口港のニコラエフスクに駐屯中の日本軍守備隊（石川大隊長以下三六三人）は過激派軍に欺かれて全滅し、日本領事以下三八四人の居留民と白系軍とが皆殺しされた。過激派軍は、赤軍系パルチザンと韓人牧師・朴エルリアが組織した「サハリン部隊」とが連合したものであった。

東満の治安情勢　東満は白頭山（中国名・長白山）を主峰とする長白山脈とこれから派出した支脈が網状に連なる大山岳地帯で、山のほとんどが千古斧鉞を入れぬ〝緑林〟に覆われている。河盂に開けた水田やケシ畑は主に韓人が開墾したもので、部落や道路は水流に沿う地帯にしか存在しない。白頭山周辺の満州領は地図さえもなく、その部分は

白地であったから「白色地帯」と呼ばれていた。終戦の直前に、関東軍が通化一帯に立籠って永久抗戦に移る構想を固めたのは、この地勢のためである。

満州国が成立するまでは、東満の治安維持は当然満州の支配者で奉天都督であった張作霖と、その配下の吉林都督・鮑貴卿の責任であった。中国側は警察と、県城その他に配置した官兵とを以て威令の浸透を図っていたが、張作霖の関内（山海関の内側、即ち北支）進出の野心のために精鋭部隊はその方面に投入されて、東満に配置された官兵は素質も装備も訓練も尋常でなく、それが軍隊と言えたかどうかは疑わしかった。実を言えば満州名物の馬賊や韓国独立団の方が強く、中国官兵は馬賊が襲来すれば、逃げるか、馬賊と協同して掠奪を働くのを常とした。つまり百鬼夜行の別天地で、東辺道と別称された所以であった。

また中国人は同じ被圧迫民族の立場から韓国独立団体に同情的で、その生計を脅やかしさえしなければ一般に好意的であった。

日本は一九〇六年に韓国統監府を設置すると、翌一九〇七年に延吉県龍井村に間島派出所を設置し、じ後これを間島総領事館に格上げて延吉、琿春、頭道溝に領事分館を、百草溝（汪清）と天宝山鉱山に派出所を配置して居留民の保護に当たっていたが、むろんこれらは自衛以外の何物でもなかった。

従って東満は韓国独立団体の根拠として、落葉積雪の候の外は遊撃戦遂行のあらゆる条件を備えていたわけである。なお**間島**というのは豆満江北岸の安図、和龍、延吉、琿春、汪清の五県の総称で、中国人が陸の墾島と称していたのが間島になまったものという。陸の孤島である。なお鴨緑江北岸を**西間島**と総称したのに対置して、**北間島**とも呼んでいた。

二、武装闘争の開始

一口に東満と言っても、半島に匹敵する広さの山また山の連なりであるから、武装団体の統一組織は地勢的にも通信連絡的にもその構成は至難の業である。勢い北満では間島を中心に、南満では柳河県を中心にして勢力の結集が図られた。

(一) 南満の独立団

南満に三・一運動の報が伝わると前掲の扶民団や決死隊を中心とする万歳デモが荒狂ったが、やがてその限界が見えると、四月初旬に各県の代表者らが柳河県三源堡に会合して、南満の独立運動の総本営として「軍政府」を、自治機関として「韓族会」を組織した。

軍政府　その組織の細部や運動綱領は分からないが、幹部はいずれも元「新民会」員であった闘士たちで、督弁・李相龍、副督弁・呂準、政務庁長・李沰、軍政庁長・梁圭烈（在薫）、参謀長・金東三などが知られ、その下部組織の新興武官学校の教官として金光瑞（日本陸士23期生）、李青天（同26期生）、李範奭、中八均らの錚錚たる闘士が名をつらねていた。武装闘争にはまず幹部の育成が先決であるからであった。

やがて上海臨政の樹立が伝わったので軍政府はこれを支持するに決し、南満代表として尹琦燮をこれに参加させ、その指令に基づいて名称を**西路軍政署**と改めた。後述する間島の北路軍政署との並称であった。

けれども西路軍政署の実際的活動や影響力は余り知られていない。李相龍はのちに上海臨政の国務領に推戴されたが、就任しなかった。李東三は一九二三年の上海における国民代表大会の議長に選ばれたが、左右の調停に疲れ果てて帰満したことは前に述べた。

韓族会は軍政府の支援団体で、韓僑に賦課する税金(独立資金)の徴集、兵員の募集、教育、親睦などを司り、総長は軍政府政務庁長・李沰の兼任であった。

新興武官学校　前に触れたように、一九一〇年の日韓合邦に憤激した李東寧、李始栄、尹琦燮、金昌煥らが、柳河県三源堡に「新興講習所」を創設して武官の養成を図ったのがその始まりで、一八一七年に通化県哈尼河に移転して「新興中学校」と改称し、中学程度の普通学と軍事学を教育していた。ところがその年に大凶作に見舞われて給食難に陥り、学生の大部が四散したために、李東寧はシベリアに去り、李始栄は奉天(現瀋陽)に移住して、尹琦燮らが辛うじて維持していたものである。だがその卒業生で名のある人は知らない。

三・一運動が起こり、軍政府が再興を計って前記の有為な教官が赴任すると、忽ち六百人もの青年が入校して活況を帯びた。そこで新興武官学校と改称したが、その陣容は校長・李始栄、教成隊長・李青天、教官は金光瑞、李範奭、呉光鮮、申八均らで、教授陣の声望が学生を集めるのは昔も今も変わりなく、一九二〇年八月までの一年間に計二千数百人の人材を育てたと称される。重復するが、教授陣の略歴は次の通りであった。

李始栄…「臨政」の閣僚を歴任して、韓国初代副統領。

李青天…池大亨(錫奎)、日本陸士二六期生、歩兵中尉。のち光復軍総司令官、韓国初代無任相。

李範奭…雲南講武堂卒、一九二〇年一〇月の青山里大戦(後述)で名を挙げ、支那事変の初期の台児荘作戦に中央軍第五五軍参謀長署理として勇戦し、のち光復軍参謀長。韓国初代国務総理兼国防部長官、内相歴任。

呉光鮮…のち光復軍参謀、韓国陸軍准将。
申八均…旧韓国軍武官、申東天と号す。
金光瑞…日本陸士二三期生、騎兵中尉。金擎天《けいてん》と号し、李青天、申東天とともに「南満の三天」と謳われた。のちシベリアで募兵して日本軍と交戦し、屯田制による武闘を続けたが、一九二六年ごろ東満で消息を絶った。伝説上の初代・**金日成**将軍とみられている。（後出）

備考
日本陸士卒業生の運動紀要　金光瑞、李青天の名が出た序に、日本陸士卒業生で独立運動に身を投じた人々の略歴を紹介しておく。（元韓国駐在防衛駐在官・矢部廣武「韓国出身の日本陸士・満州軍官学校同窓生名薄」一九七五年八月調）期別の括弧内は入校数と著名な同期生を示す。
第一一期生（二一人、親日派の子弟が一八九八年（明31）に留学生として入校…同期に寺内寿一元帥）
盧伯麟…韓国武官学校長のとき、一九〇七年（明40）の韓国軍解散に伴い中国に亡命、上海臨政で軍務総長を務めるなど独立運動に励んだが、シベリアで病死。
林在徳…一九〇七年の解散時、大隊長として抗日戦に従う。
金義善…一九〇七年に亡命、盧伯麟の下で上海臨政の軍務次長を勤めた。のち帰国。
第一五期（八人、一九〇二年に留学生として入校…同期に蓮沼蕃、多田駿大将）
柳東説…一九〇七年に満州に亡命、入ソして共産主義を信奉したこともあったが失望して民族主義に復帰し、光復軍参謀総長。一九四六―四八年の間、米軍政下の統衛部（のちの国防部）部長。ソウル陥落時に残留して拉北された。
李　甲…一九〇七年に亡命、満州、シベリアで独立運動に従事したが一九一七年ニコリスクで病死。李應俊将軍（26期）の岳父。

第二三期（一人、同期に永津佐比重（第五八軍（済州島）司令官）、根本博中将ら）

金光瑞…本文参照

第二六期（一三人、同期に和知鷹二、若松只一中将ら）

李青天…本文参照。亡命は一九一四年の青島攻略戦に従軍した時、との説がある。

第二七期（二〇人、同期に綾部橘樹、四手井綱正中将）

李種赫…別名・馬徳昌、三・一運動時に満州に亡命、参議府の軍事委員長などを務めて武力闘争に従ったが、三五年（昭10）ごろ獄中で死亡。

つまり陸士卒業生六三人のうち八人が抗日運動に従ったわけで、その率は約一三％に上る。特に各期から輩出しているのが目に付く。このことは日本陸士に留学した中国の蔣介石、何應均、張治中将軍らが抗日戦線の骨幹となったことを考え合わせれば、省察すべき事象だと考える。

こうして新興軍官学校は隆盛を極めたが、有名になれば官憲の眼が光る。翌一九二〇年秋の間島出兵に連関した中国側の取締りによって解散させられたらしく、李始栄は上海臨政に、李青天は西路軍政署に、李範奭は北路軍政署に、金光瑞はシベリアに旅立っていった。それぞれがその地で独立軍を育成し、将来相協力して国内に進攻する計画であったという。けれども彼らが育成した新興武官学校の同窓生二千数百人は「新興学友団」を組織して、独立運動の核心を形成したそうである。（趙芝薫書一六四頁）

大韓独立団　一方、入満した義兵将らが組織した前述の保約社や砲手団、郷約契などの代表と儒林の指導者ら五六〇余人は、同一九一九年五月初旬に西路軍政署が所在した柳河県三源堡に会合して各団体を統合し、大韓独立団を組織した。都総裁は朴長浩で、副総裁・白三奎、総団長・趙孟善、財務部長・金徳元など、二四人の幹部名が判明している。いずれも名だたる義兵将の出身であった。かつて国内で各個に挙義して各個に撃破された苦い経験から、軍事力の結集を計ったものである。

けれども同じ三源堡にあった元「新民会」系の西路軍政署との関係がはっきりしない。同じ場所にあったのだから無関係ではなかったろうが、大韓独立団総本部は上海臨政の聯通制に基づいて創設された平安北道督弁府と一体になって平安、黄海道一帯に勢力を延ばしたそうだから(趙芝薫書一六二頁)、西路軍政署とは並立していたらしい。

しかし大韓独立団は程もなく分裂した。

老儒や老将らは、檀紀(肇国紀元で、B・C二三三三年)か隆熙(大韓帝国純宗の年号で一九〇七年が元年)の年号の使用を主張した。

青年らは、大韓民国の年号(上海臨政の年号で一九一九年が元年)に固執した。

前者は従来の君主制による独立を主張したので「紀元独立団」といい、後者は共和制による独立を唱えたから「民国独立団」と言う。年号の使用という一見些細な意見の対立が分裂の因になったわけだが、年号はその理念の表象であったから、双方とも体面と考え方の違いから、譲れなかったのであろう。

従って南満では西路軍政署が運動を牛耳ったかに思えるが、前出の大正八年九月の「鮮人排日団体調」には次の団体が記載されているから、地勢上多くの団体が割拠していたことが分かる。本文との差異は調査の限界を示したもので、括弧内は筆者の注である。順序は記録順。

①扶民会…(寛甸《かんてん》県不太遠自背溝)…会員四百人、独立運動資金を募集中。

②一心会…（或は義兵団。撫松《ぶしょう》県東崗、会長は李晩悟）…不詳
③独立団…（一名・南満州大韓独立団）…三・一運動で最も活躍した扶民団の改称（注…前出の大韓独立団と誤ったものらしい）
④韓族会軍政府…（柳河県孤山子）…独立団の有為な青年に軍事訓練を施したもの（注…西路軍政署の前名称を誤用し、かつ二つの組織名を連ねた誤りを冒している）
⑤義軍講習所…（樺甸県、教官・姜応浩、金文三）…二〇歳以下の農民約四百人を強制募集して訓練中。
⑥独立団…（韓安県融和堡朱清溝、崔永渉）…団員約二百名。
⑦心睦契…（安図県、契長・朱宗範）…独立運動者の後援団体。
⑧商務会…（長白県長白府、会長・崔鎮園）…表面は長白市場の繁栄にあるとしているが、内実は独立運動資金の調達を目的としている。会員に貸付けて得た利子を李東輝の率いる独立総務部に送金中の模様。
⑨韓僑公会（桓仁県余水溝、会長・許士有）…独立を標榜して会員と資金を募集中。
⑩大韓独立青年団（安東、団長は弁護士の安秉瓚）…八月二十九日、団長以下五名安東署で逮捕。

つまり西路軍政署を筆頭に一〇団体を教えるが、その武闘の実績はこの時点までは特記すべき記録がない。日が浅いのと、編成・装備・訓練などの武闘準備に忙しかったのであろう。この際の武闘とは、鴨緑江を渡江し、平安道に侵入して遊撃戦を展開することであるが、遊撃戦の準備は机上で考えるほど容易でない。日本側の国境警備は以上の情報に基づいて、次のように厳重を極めていたのである。

平壌に駐屯した歩兵第七七連隊は新義州と江界に大隊を分屯させ、各大隊は中・小隊を江岸の要点に派出して警戒

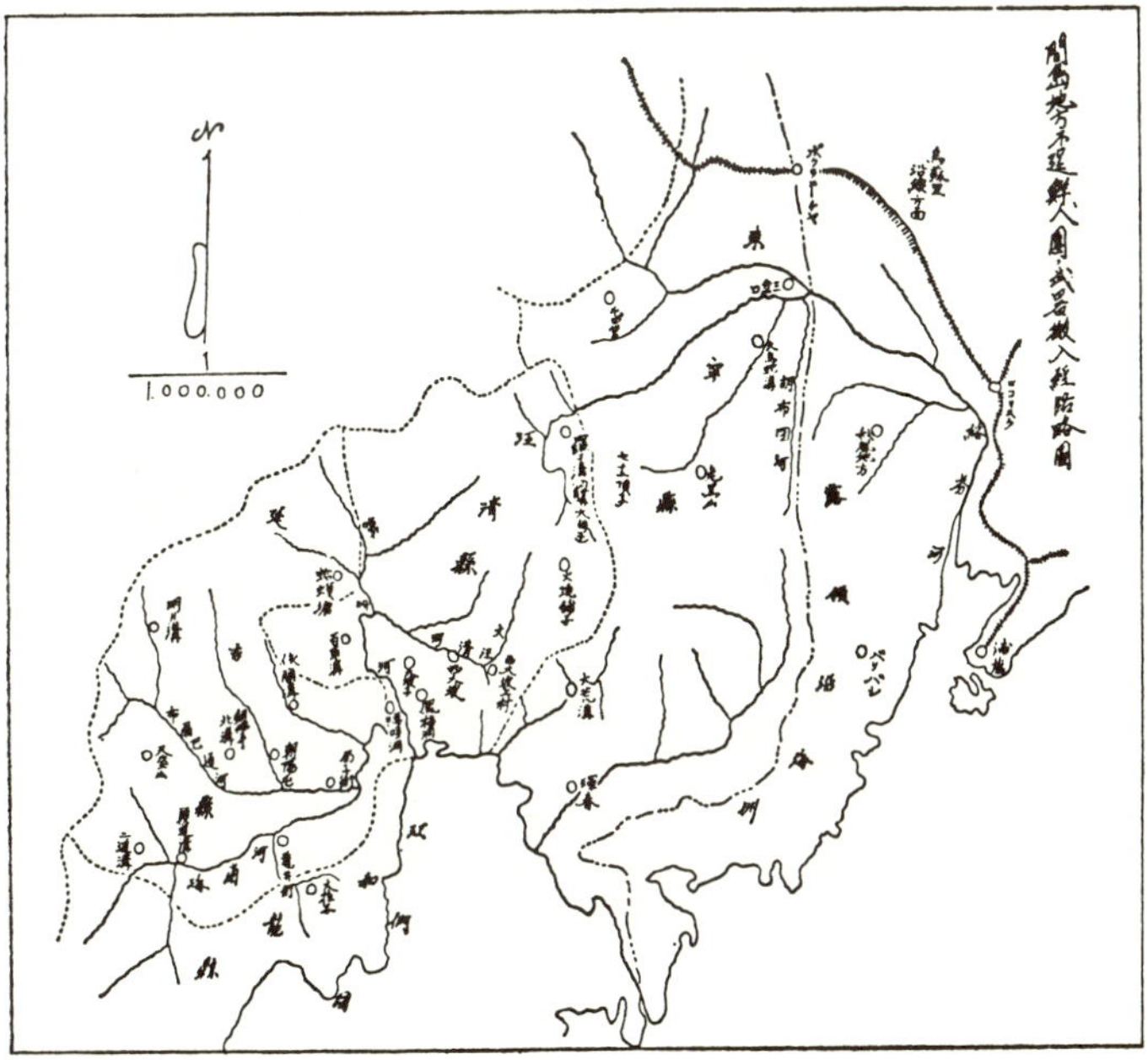

武器搬入経路報告要図

に当たっていた。平北道憲兵隊は各邑（町）や面（村）に憲兵派出所を設置し、平北道警察は署や駐在所を網状に配置するとともに警察隊を機動予備として分置していた。つまり三重の警戒網を張っていたわけで、相当な武力がなければ国内への侵入は自殺行為に等しいものであったのだ。

(二)　間島の独立団

南満での武闘が実質的に低調であったのに較べ、間島地方は土地柄のせいと、ロシア過激派との連絡が容易であり、かつチェコスロバキア軍から安価に武器を入手できた便のために、その活動は至って活発であった。各所に武装団体が簇生して縄張りを争い、かつ功を競い合ったのである。

第一九師団（羅南）は歩兵第七五連隊（会寧）と第七六連隊（羅南）とを以て咸北道の豆満江南岸地区を、咸興の第七四連隊を以て咸南の鴨緑江上流地域を警備させ、各道の警察と憲兵隊とともに三重の警戒網を張っていた。従って間島との接壌地帯ではしばしば交戦事件が起こったわけで、当時は次の独立団体が知られていた。

金　佐　鎮

北路軍政署　合邦直後の一九一一年（明44）に義兵将・**徐一**らが間島に渡り、散在していた義兵を集めて武装団体「重光団」を組織した。東辺道における武闘の嚆矢であった。三・一運動が始まると大倧教徒を糾合して「正義団」に拡大改編し、団員一、六〇〇人と称したが、そこに名だたる義兵将・**金佐鎮**部隊が合流した。一躍大勢力となったので同年八月七日に「軍政府」を組織し、上海臨政を推戴して九月に「北路軍政署」の看板を掲げた。総裁・徐一、総司令官・金佐鎮、参謀長・李章寧、師団長・金奎植（上海の金博士とは別人）、旅団長・崔海、連隊長・鄭勲、研成隊長・李範奭らの顔触れで、兵力は五〇〇人、装備は機関銃三丁、小銃五〇〇丁、拳銃四〇丁、弾薬一〇〇万発、資金一〇万元と言われる。武器はチェコ軍から購入したとされ、本営を汪清県西大陂溝の密林に、士官練成所（所長・金佐鎮）を同県十里坪に置いて約三百人を練成し、かつ各所に警信分局を配置して警察・情報連絡その他を管掌させていたという。

金佐鎮は一八八九年に忠南・洪城の両班の家に生まれ、金玉均の従弟にあたる。その故を以て幼児から苦労し、第三期義兵闘争に従って名将と称えられた。

つまり上海臨政は、西路・北路の両軍政署と、大韓独立団（平北督弁府と一体）とを指揮下に収めて東満と平北地方を支配する形になっていたわけである。大韓独立団を東路軍政署と呼称すれば格好が整うが、同団が紀元組と民国組に分裂したのでそれどころではなかったであろう。

北路軍政署はシベリアや北満の独立団体と連携を保ち、運動の中心的存在であった。けれども南満と同様に、群雄割拠した次の諸団体を統率したわけでなく、時に連合や協同することがあっても、多くは自活自戦した模様である。

大韓国民会　キリスト教系の団体で、三・一運動後に結成した「東間島国民会」（具春先、姜九万、方雨龍、金準根ら、支会五二個）と、「琿春《こんしゅん》大韓国民会」（李明淳、朴観一ら、支会八〇余個）とが合体して「大韓国民会」を組織し、本部を汪清県志仁郷に置き、上海臨政と連絡して間島や満州の武装闘争統一機関を自任して、北路軍政署と張合っていた。幹部として会長・具春先、顧問・金奎燦、総務・韓相愚らが知られる。その武装兵力五〇〇人を「大韓国民団」（団長・方雨龍）と呼んだが、間もなく汪清県鳳梧洞を根拠とした前義兵大将・**洪範図**の「大韓独立軍」（優良装備の四〇〇人）と提携して「間島国民会軍」と呼称した。朱達、朴景哲らが幹部であった。洪範図は一八六八年に慈城または陽徳に生まれた猟師出身と言われるが、金佐鎮、金日成（金光瑞の意）とともに武闘の三傑と称えられている。

光復団　儒教系の団体で王朝の復古を志し、キリスト教系の大韓国民会と対立して延吉県に根を張っていた。根拠は汪清県春明郷であったが、団長の李範允は李朝の間島統制使の末裔であったから顔が効いたのであろう。武装員は三〜四〇〇人で、金聖倫、金星極らが幹部であったという。

洪　範　図

軍務都督府　儒教系の積極派で武装員七〇〇人と称し、根拠は汪清県春華郷であった。総裁・崔明禄（崔振東）、幹部は朴英、李同春らで、一九二〇年三月と六月に国境地帯に侵入したことで知られる。（後出）

義民団　カトリック教徒を中心とする団体で決死隊員三〇〇人を擁し、団長・方雨龍、幹部は金鍾憲、許根、洪林らであったが、前掲の大韓国民会と連合してその基幹部隊となった。

義軍府　東満各地に散在した元義兵らの集団で、五個大隊から成り、総裁・李範允（光復団団長を兼任）、総司令・金鉉圭、参謀長・秦学新、総務部長・崔友翼、軍事部長・金清風らであったというが、根拠地や兵力は明らかでない。

大韓正義軍政司　旧軍人と元義兵らが安図県島山（白頭山北麓）を本拠として組織した団体で、総裁・李圭、幹部・姜熹、趙東植、姜翼成らの七〇人で整然とした機構を整えていた。

なおこの他に、前出の大正八年九月調「鮮人排日団体調」は一四の団体を次のように記録している。

建国会：（琿春、黄丙吉・朴致煥）…軍資金二五万ルーブル、武器三百丁の調達を企図している。

忠烈隊：（和龍県大拉子（和龍）、金学洙）…明東学校、正東学校の職員学生を中心とし、隊員二二〇人に達する。半数が拳銃を有し、機関銃一丁有りという。

自衛団：（延吉県局子街（延吉）、崔徑浩）…支那道立中学校の鮮人学生と卒業生を中心とし、団員一、一〇〇余人。五連発銃四〇余丁、拳銃三〇余丁を蔵する模様。

朝鮮国民議事会：（延吉県局子街、金永学）…朝鮮独立新聞を発刊して民心煽動中。

大韓独立期成総会：延吉県甲湾子、具春先）…総会の下に六部を設け、役員を定む。将来各地に支会を置く予定。

自由公団：（延吉県局子街、団長・徐一）…大倧教徒の秘密結社で団員一万五千人に達す。独立計画資金として団員から月に一円を徴収しあり。徐一は大倧教東道司教。

独立運動議事部：（汪清県羅子溝、金宗植）…この方面における独立運動の中央機関。

大韓国民議会支部（琿春県春化郷南別里、李明淳）…龍井村カナダ長老ヤソ教会教徒の中堅。

猛虎団：（延吉県頭道溝付近、団長は小通子光成学校教師の金商鎬）…団員は明東、正東学校生徒及びロシアから入満した過激派青年らで、五月二日の龍井村総領事館放火及び鮮人巡査脅迫等は同団員の所為という。

義兄弟団：（延吉県朝陽河、李子成・韓学周）…独立武力示威運動に参加のため団員募集に努力中。

韓族軍政治部：（吉林、柳東説・安昌浩）…上海仮政府から分離し、柳東説（陸士15期生）が監督している。安昌浩は軍事と外交を司り、自ら北京、天津、吉林方面の有力支那人と連絡して武器購入を策しあり。

救済団：（和龍県合化社咸博洞、李春心）…明東学校生徒その他の独立運動者に対する資金供与を目的とする有力鮮人の団体。

正義団：（間島或は吉林？）…大倧教徒の武力示威団体で、露領・支那領を通じてその団員一、六〇〇余人と称せらる。

大韓民団断指決死隊：（安図県）…銃器を所持する数百人の結束を終えたと伝えらる。前記の正義団の別動隊やも知れず。

一九一九年（大8）九月の時点で記録されている現存団体は、以上の二〇団体である。だが知られなかった団体が他にいくつもあったらしい。ともに武装闘争を志しながら統一機関がなかったのだから、第三者には奇異の感が否めない。特に北路軍政署（徐一、金佐鎮、李範奭）、大韓国民会（具春先、洪範図）、光復団（李範允）、軍務都督府（崔明禄）の有力な四団体が汪清県下にひしめいており、かつ有力指導者らは別に自己の支持団体を組織していたのだから、大倧教、キリスト教、儒教の各宗閥や地域閥が乱立していたとみれる。しかし統一機構の結成が成らず、二〇個もの団体が自活自戦したのは、独立抗争は建前で、生活の手段としたものが少なくなかったからという説もある。

例えば、大正九年六月一日付高警第一四〇四一号の押収文書綴の中にある大韓民国二年（一九二〇年）五月五日付の「在北間島機関協議会誓約書」が、当時の内情を知らせてくれる。それは次の六団体の代表が〃精神統一及び事業発展のため〃に会同して誓約書を取交したものであるが、誓約内容の裏にその実情が浮彫りにされているからである。
参加団体　　代　表
北路軍政署　金佐鎮、羅中昭
軍務都督府　崔振東、李春範
義軍府　　　金鍾憲、朴在訥
光復団　　　金聖倫、洪斗極
大韓国民会　金秉洽、金奎燦
新民団　　　金準根、李興秀
（新民団は初出であるが、金準根は国民会を合成した「東間島国民会」の幹部であったから、恐らく分派したのであろう）

在北間島各機関協議会誓約書

（括弧内は筆者の注釈、欠番は略）

一、本協議会に参加した六団体は、五月一一日を期し募捐《えん》隊を召還する。（注：各団が無統制に軍資金集めの募捐隊を巡回させて住民の反感を受けたので、また縄張り争いの衝突もあったので、統制することにしたものらしい。高警第一二八二八号―第一四八九一号の中に、五月一日―一九日までの間の各独立団の寄付金強要行為と、これが取締まりについての長文の報告書が散見される）

二、各団に登録済の軍人を、自己の団に強制的に編入することを禁ずる。（引抜きの禁止）

（以下、意訳）

三、じ今、各団の地方機関の設立と人員の募集は民意に従うこと。（注：支部・連絡所・徴税募集事務所等の乱設自粛、脅迫・強制連行募集等の禁止）
四、各団の募金は協議会の議決を経て行う。（注・重複したり、過度に亘らないよう協議会で調整するの意）
五、二隊以上の団体の連合は、協議会の賛同を必要とする。（注：現在の各団の力関係の変化を防止し、秩序を保つ）
六、現在の各団の地方機関を他の団が侵害してはならない。（注：縄張りの尊重）
七、ある団体に属するどのような機関でも、各団体間の通信は急速かつ信実に伝達し、わざと遅らせたり、虚や曲げ事を伝えてはいけない。
十、不参加団体には本会への参加を勧告する。
十五、本日以後、新たに結成した団体は解散させる。（注：既得権の確保と、これ以上の団体の乱立防止）
十七、以上の条約に違反し勧告二回に及ぶも反省せざる団体には、最後の手段を用ゆること。
一九二〇年五月五日　署名捺印

附記：「朝鮮総督府警務局保安課高等警察」の報告は、金正明「朝鮮独立運動」（原書房）や姜徳相編纂「現代史資料（朝鮮）」（みすず書房）の該当巻に収められている原史料で、その発送先は普通左記宛となっている。

内閣総理大臣、各省大臣、拓殖局長官、警視総監、検事総長、朝鮮軍司令官、第一九・第二〇師団長、朝鮮憲兵隊司令官、鎮海要港部司令官、関東庁長官、関東軍司令官。

つまり独立運動の趨勢は、日本の全官衙に逐一報告されて施策の基礎になっていたわけであった。

ところが「高警」が前掲の「誓約書」を報告した四日後の六月五日付高警第一六三一四号は、「国民会と他の団体との確執に関する件」と題して次のように報告している。(意訳)

「一九二〇年五月五日(つまり誓約書を取り交した日)に、軍政署(徐一、金佐鎮)、軍務都督府(崔振東)、光復団(李範允)、義軍府(李範允)、新民団(金準根)の五団体は、大韓国民会(具春先、洪範図)に次の要求書を送付した。

一、国民会が昨年一一月に発した『各団は解散して国民会に合流せよ』との告諭文(注:「金史料集」二一七—八頁所載)は不当につき、謝罪したうえ宣佈文を発せよ。

(附記:なお具春先国民会長が大韓民国二年(一九二〇年)四月に、「延辺在住七〇万の韓人に代って中華民国四百万兄弟姉妹に協同を泣告」した文中に、次の句がある。

同舟して河を渡る　楚越と雖《いえども》手足たり　兄弟墻《かき》に鬩《せめ》がは　外侮を受く

二、上海臨政が各団の合流勧告のために派遣した二人の議政院議員は、選挙による民意を反映した者でない。速かに召還させよ。

三、貴会員が他の団員を殴打した件を、宣佈文で謝罪せよ。

四、各団が予約または収納した金銭を、貴会員が強奪あるいは騙取した。速かに協議会に納付せよ。

五、具春先、李鳳雨らが知事宛に『北間島の諸団体は独立運動に藉口して強盗的行為を働き、人民を虐待している。鎮圧して欲しい』と依頼書を発した事実が確証された時は、国民会がその責を負うこと。…(以下略)

右の詰問書を受けた大韓国民会は、五月一五日に汪清県春華郷嘎呀河《かつが》六地洞に於て支会代表者会議を開催し、次を決議した。
一、各団体の要求には一切応じない。
二、上海臨政に、至急に国務委員を派遣して各団体の統一を図るよう要請する。
三、各支部の壮丁と武器とを集結して、国民会の実力を誇示する。
四、武官学校を創設する。
五、国内と連絡して財政を豊かにし、ロシア過激派から多数の武器を購入する。
六、中国排日派との親交を厚くする。

こうして五月五日の誓約は、一〇日後に反故同然になった。団体の統一を訴えた大韓国民会の主張は正論であったろうが、その統一は飽くまでも自会の主導権の下での合流を前提としたものであったから、他の団体がこれに応ずるわけはなかったのである。大韓国民会の統一方策は今の北朝鮮のそれと全く同様であるのが興味深いが、恐らく実力者・洪範図が左傾していたからであろう。

また中国側の苦情もあった。

大韓国民会の五月一五日決議の一週間の後、同会第一中部地方会秘書・許東奎は中国延吉保衛団総団長・徐河東と会見したが、その内容を五月二六日付で具春先会長に次のように報告している。（大正十年二月十七日付高警第一九〇号）

徐総団長との会見報告

「徐東河氏の要請により、本人が中部を代表して面会し…相互胸襟を抜き快談したるが、日本の侵略状況を語るに及んでは怒眼相視し、韓中の関係を談ずるに至りては涙眼相対して無限の同情を得たり。その応答の概要を左の如く報告す。

徐団長：韓国独立軍に党派多きは如何なる理由なるや。賛同し難し。

許秘書：然り。外観は好ましからざるも、内容に於て各事務を分掌せるため、事業の進行には大なる影響なし。

徐：貴独立軍は平素平野地を横行して、これがため日人の干渉を惹起せしめあるは何故なるや。

許：対日戦闘準備のための武力・財力・徴募のため、已むを得ざるに出ず。

徐：貴軍の戦争準備に対し、どの国が率先して武器を供給しあるや。

許：正義人道の前には、世界一六億万人わが後援たり。然れど歴史地理上、または同病相憐の情をもって、貴国の先助を望むや切なり。

徐：米国、露国はすでに貴国の独立に賛成せりと聞く。然るや。

許：然り。日本人中にも賛同あり。然れど米・露よりも特に貴国の賛同を切望す。

徐：貴独立軍はじ今、平野地に出没せず、奥地に屯在するを可とす。

許：山、野、いずれも貴国の領土なり。山野に区分なし。何万もの軍が山谷に屯在すれば、軍需に支障をきたす。さりとて少数ずつ分屯すれば馬賊の侵害を受け、対抗すれば双方に死傷者出ずるは必定なり。然れど馬賊も貴国人ならずや！

われらの敵は、倭奴の外になし。従って貴国の討伐許可を得ざれば、馬賊への対抗は憚り多し。山谷屯在は故に困難なり。

徐団長：上申して軍需品の平野地運搬は大目にみる。馬賊の討伐も認可する。従って、各団の平野地出動は禁止せ

らるべし。（以下略）

つまり中国側は同情を寄せながらも「独立団が平野部を横行すれば、彼の面子にかかわる。また日本の干渉を招くから、慎んで欲しい」という言い分である。独立団の置かれた厳しい環境がうかがえる。

従って、団体の統一や協同は主観的にも客観的にも切実な問題であったはずである。けれども、協同や統一組織はついにできなかった。

その辺の謎を解く鍵として、李御寧「恨の文化論」の中に次の一節がある。

「韓国人の協同は、大勢が群がり寄って力を出しあうのではないから、何よりも呼吸が重要である。いわば調子があわなければ、相互の力を結集できないのであり、一人でも呼吸を乱せば、全体の均衡が崩れてしまうデリケートな協同である。…協同意識がなかったのではなく、協同方式が微妙だったのである。

これをさらに具体的に言えば、韓国人の協同は、集団農場方式といったような協同ではなく、つねに個々人の利害関係が中心になっている協同である。自己中心的なものでなければ、協同はなり立たない。みんなが、同じように自己を中心にしたままで、一集団の繁栄をもたらすのである」（二六四頁）

「耕耘作業（一人が鋤を操り、二人が前方で引く）でみたように、それぞれ異なった動作で、それぞれ異なった位置に立って力を合わせるとき、韓国は強力だ。しかし、画一的に、国家とか社会とかいった非人格的集団の立場に個人を強制的に引き据えて力をかせと強要するとき、韓国は弱い。呼吸が、そしてその調子が合わなければ、韓国人は集まるほど分裂するのである。…」（二六六頁）

また韓国の著明な作家・李炳注氏は「恨の文化論」の著者・李御寧氏との対談で次のように発言している。（「アジ

ア公論」'82年9月号)

「要するに、日本人にある、いや旺盛ですらある協同のマナー、もしくは精神が、どうしてわれわれにはないのかということは、実に不可思議なことですけれども、この不可思議な問題を可能なところまで追究してみるのも重要だと思います。私は漠然とですが、恒心という問題を提示してみたいと思います。結論からいえば、わが民族は恒心を持たない民族、恒心を持ちえない状況の中に生きている民族だ、と私は思います。第一に地形的な条件があり…絶えず大陸から侵略を受けてきた。協同すれば防げる程度であれば別だが、こちらは五百万そこその人口なのに、相手は無限とみることができた。だから侵略に抵抗するに先立って、まず自分の生きる道を探さなければならないようになっていたのです。国の支配力と比例して国の保護力が強かったのでもなかったはずだから、何か事があれば、国民は自分の生きる道は自分で見つけなければならない。そういう局面なのに、どこに協同する精神的な土台があるでしょうか。そういった土台がないということ、それが国民に恒心を持たせなくした原因ではなかろうかと思います。…」(八七頁)

(三) 鳳梧洞戦闘

統一指揮部がなければ、各個の行動になる。拳は衝撃力になるが、指がバラバラでは力が出せぬ。従って武闘とは遊撃戦の意に外ならなかった。

洪範図の出撃　国民会軍総司令・洪範図は汪清県鳳梧洞を本拠としていたが、一九一九年八月、二〇〇人の精鋭を率いて咸鏡南道北部に出撃し、甲山と恵山鎮の日本軍警備隊を襲撃して成果を挙げた。自信を得た洪範図は晩秋に平北道に侵入して満浦鎮を陥れ、慈城の日本軍と三日間に亘って交戦して、死傷七〇名の損害を与えて大勝した。独立軍に被害はなく、義兵以来初の勝戦であった。これに感動した軍務都督府の崔明禄（振東）は手兵三〇〇人とともに洪範図部隊に合流した。改編後の部署は司令官・崔振東、副官・安武、連隊長・洪範図で、四個中隊と李園部隊（五百人）から成っていた。総督府警務局は、洪範図軍の穏城・茂山等への出撃は前後八回と発表している。

以上は趙芝薫「韓国民族運動史」（一九七五年、高麗書林刊）一七三―四頁の記述であるが、出拠は分からない。上海臨政の「独立新聞二六号」（一九一九年一一月八日付）には、〇〇発として「敵に七十余名の死傷を与え、我軍損害はなく、江界、満浦鎮を占領した」と簡単な記事があるので、恐らくそれに拠ったのであろう。けれども「現代史資料27（朝鮮3）」所収の一九一九年八月以降の朝鮮軍司令官電文報告や朝鮮総督府電文報告、及びその他の史料には該当する事件が見当たらない。

だが同一九年九月中旬に第一九師団は、「間島方面ノ現況ニ鑑ミ」て恵山鎮、茂山、会寧、慶源、慶興に大隊本部を進出させ、朝鮮軍は第二十師団から一個大隊を同師団に増加し、かつ第二十師団は江界、渭原、高山鎮に増派して江岸の警備を厳にしている。（朝特二四六号及び第二四九号）これは、独立軍の活発な動きに対応したものである。例えば、最近情報の一例として次の報告が見られる。

㋐九月三日朝警拓四二四三号…正義団は臨時政府に直属し、団員一万以上に達し吉林の山中で軍事操練を実施中。洪範図、李範允の配下約千二百名は既に安図県二道溝方面に集合し、九月中に鮮内に侵入すべく準備中。

中略

㋑九月二二日朝鮮軍司令部拓四五九七号…間島情報によれば、李範允、洪範図一派の排日鮮人約百七十名は九月七日に、約二百は十六日に露領から間島に侵入せりと。

張督軍（張作霖）は吉林省長より排日鮮人侵入の報告を受け、支那官憲に対し警戒鎮圧方を電報せりと。…

これらの情報が、第十九師団が江岸に兵力を増強した理由であったと思う。

国内侵入　朝鮮軍司令官は同一九年十月初に義州、恵山鎮、穏城の警備兵力を更に増強したが（朝特二五五号）、この年は事無く過ぎた。間島の状況視察に赴いた軍参謀・平松少佐は一二月一五日ごろ

「団体ト認ムヘキモノナク、近ク武力侵襲行ハルヘシトハ思ハレス　但シ地方ニ於テハ金穀ノ強徴依然トシテ行ハレ…良民ハ後難ヲ恐レ訴ヘ出ツルモノ極メテ少ナキモ、之カ為困惑シアルモノ多ク…」（朝特二七六）

と報告している。

ところが翌一九二〇年（大9）初春から、次のように事件が頻発し、ただならぬ情勢になってきた。朝鮮総督府警務局は一九二〇年一月から五月末までに五六件の治安事案を報告している。（高警第三四八—一六一七八号及び朝特報第四—二〇号。「朝鮮3」三九九—四五三及び五七五—八頁所収）道別の発生状況は次の通りである。

事件／道別	資金募集員、テロ団員等の検挙事件	独立団の襲撃殺害、掠奪事件	不穏・騒擾事件等	殺人、拉致事件等
咸北	三件	九件		五件
咸南				
平北	七	一〇	一件	一
平南	六		二	

黄海			二	
京畿	二			
忠南	二			
全北	一			
全南	一		二	
慶北	一		一	
計	二三件	一九件	八件	六件

右表の襲撃事件のうち特記すべき事件は次の七件である。いずれも規模は小さいけれども、武装団体が越境攻撃した事実は重大であり、治安当局を痛く刺激した。朝鮮軍司令官は四月二日に憲兵七〇人を南部から抽出して国境地帯に増派したが、南部が手薄になったのを憂えて朝鮮憲兵隊の増員を上申している。（朝特二二号）

日時＼事件	襲来地点	独立団側 兵力	独立団側 行動状況	独立団側 死傷	官憲側 兵力	官憲側 死傷
三月一五日夜	咸北・穏城郡柔浦面豊利洞	不詳	来襲	不詳	夜警員交戦	死一
三月一六日夜	穏城郡南陽洞憲兵監視所西方	斥候三人	偵察　鳳梧洞に三五〇人集結中			

三月一七日夜〜一八日未明	穏城郡月坡・豊橋洞・長徳洞・**美山洞**	五〜六〇人？	面長の母を殺し、穏城―訓戎の有線切断現金三〇円強奪		美山警備隊	傷　一
三月十八日〇九〇〇	穏城郡世仙洞	斥候三騎		馬　一	穏城警備隊	
三月一八日一〇〇〇	穏城郡豊世洞	三〇人	交戦して撃退したが対岸に四〇〇人集合			
三月一八日		図満江北岸に約一、一〇〇人集結中	穏城襲撃の兆あり		鐘城から中隊長以下四〇人と警官三〇余人を穏城に、会寧から中隊長以下六五人を鐘城に増加	
三月二六日夜	穏城郡南陽洞	五〇人	襲撃二〇分にて撤収	傷　四	南陽守備隊等	

こうして三・一運動の一年後から武装闘争が始まったわけだが、六月上旬、日本軍の越境事件が起きた。

越境事件の背景となった当時の雰囲気を伝える一例として、大正九年六月十六日に朝鮮軍参謀部が各方面に配布した朝特報第三十二号「自五月一日至五月三十一日間島・琿春方面不逞鮮人の行動について」がある。要点を抄約すれば

今期は（一般に平穏であったが）親日鮮人と鮮人官吏に対する迫害は従前よりも極めて露骨になり、武装不逞者を越境させて大胆な行動を弄するなど魔手は愈々巧妙となり国境警備上寸隙を許さず。

これは根拠地方での数次の苛斂誅求が一般良民の怨嗟の声となり、江岸付近での不逞行為が日本官憲の支那側に

対する峻厳な警告の動機となったので、良民や支那側の同情を失い自縄自縛に陥るのを恐れた結果、自然に鮮内地に毒手を伸暢したものらしく、目的は募金と壮丁の拉致にあるが如し。

琿春方面

黄丙吉、李明淳らは義士団（姜丙日）、砲手団（崔慶天）と合流し軍務部と改称した。大隊編成を採り、一個中隊は二五〇人、幹部の任免は団員全部の選挙制で、軍律一四個条は至厳を極め、秘密漏洩、強姦、逃亡、兵器掠奪、軍紀違反、暴行等は銃殺、勤務怠慢、兵器取扱法違反、軍人相互の闘争、姦通等は笞刑、と規定している。

従来は一〇～一五人で咸南北道に出動して募金・募兵に努めていたが、五月一六日に姜錫勲以下四九名が出動した。行先不明。注意すべきは、彼らが面の吏員や排日有力者の報告に基づいて調製した全鮮に亘る鮮人巡査の精細な配置表を持っていることである。これは彼らがいかに鮮内各地と密に連絡しているかの一端であり、軽々に看過すべからざる事とす。

間島方面

軍政署（徐一）が大汪清西大浦に新築中の兵舎六棟のうち二棟が竣工し、目下兵員三六〇余を収容して訓練中。あと四棟は五月末に完工予定。目下は根拠地付近での募金・募兵を中止して毒手を

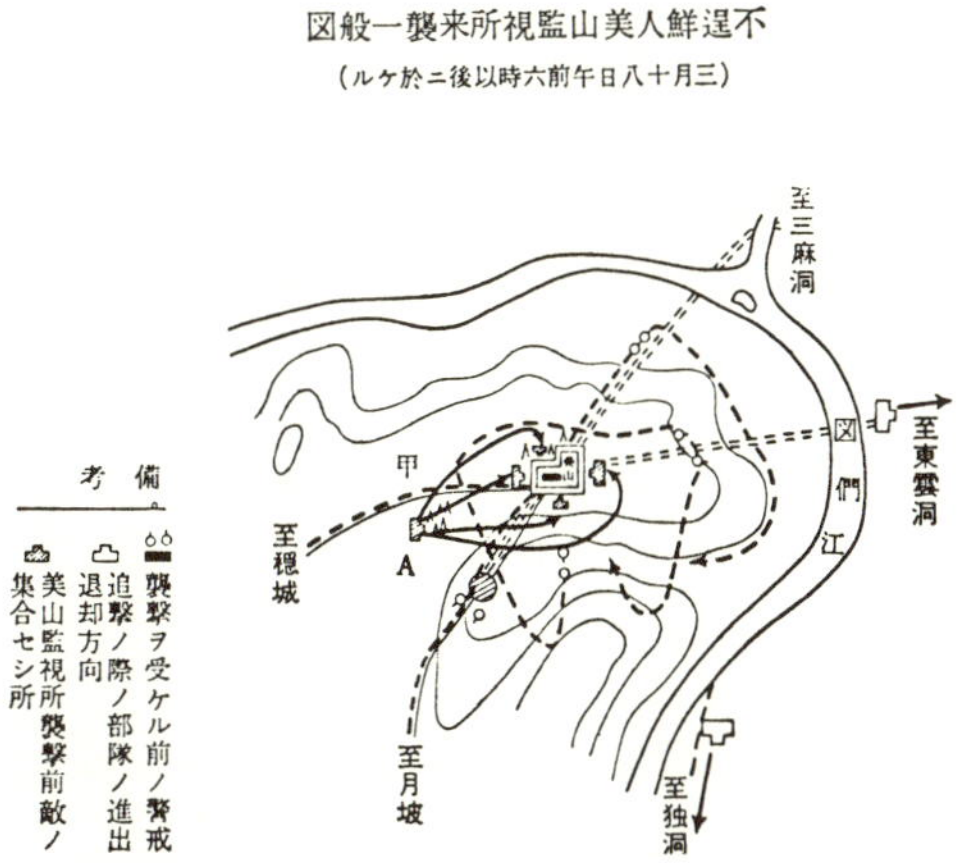

美山警備隊報告要図

慶源、慶興、穏城に延ばしたようで、付近の青年が三三五五と越境入団しており、資金も相当徴集しているという。

兵備（五月一五日付で各団から上海臨政に報告した書類の抜粋。誇張の疑あり）

間島：機関銃五、小銃一、三六〇、弾薬一七万発、人員二、七三〇

琿春：機関銃一三、小銃五一一、弾薬一〇万発、人員一、五一一

馬賊、支那官憲との関係

不逞鮮人と馬賊との提携説は風説であるが、支那官兵との内通の事実多し。（証拠略）

結論

人員・兵器とも相当の準備を終えて漸次鮮内地に跳梁しており、支那官憲の庇護の跡は依然顕著なり。速かに是か対策を講じ、その根源に向って大斧鉞を下し、禍根を一掃するを要す。

また大正九年六月十八日付「高警第一八一一五号」は、咸鏡北道知事の報告要旨を次のように報告している。

在汪清県地方不逞鮮人の決議に関する件

右の件、最近独立達成のため左を決議したりと。

一、鮮内地の鮮人巡査、憲兵補、密偵に退職勧告状を送る。不応者は暗殺して漸次国境警察官と憲兵を撲滅する。

二、募金は資金の有無を問わず強制的に提供させる。不応者は銃殺する。

三、犠牲者を出しても目的完成を計る。

こうして間島の独立団は漸く積極性を帯びてきたが、ついに交戦事態が惹起した。

鳳梧洞の待伏せ　一九二〇年五月二七日、北蒼坪から慶源に向かった郵便逓送夫が約二〇人の武装団に襲われ、偶々通りかかった憲兵補が重傷を負う事件が起きた。第一九師団長は直ちに捕捉の処置を講じたが、六月三日には羅南の中村大隊を急派して甑山周辺の掃討に当たらせた。（朝特二六―二九号）

師団が中村討伐隊の行動を注視していたその六月四日朝、江陽洞監視隊は対岸の三屯子から豆満江を渡渉中の武装兵約四〇人を発見し、死一、傷二、捕虜二の損害を与えて撃退した。ところが独立団は三屯子に拠って平然と抗戦したので、急を南陽守備隊に報じた。南陽の新美小隊は越境して三屯子を背後から奇襲したが、良民五人が巻添えで死傷した。

事件の多発に緊張した師団長は、六月五日に安川少佐の指揮する歩兵一中隊と機関銃一小隊を南陽に急派した。六月六日に南陽（旧名・下灘洞）に進出した安川少佐は新美小隊が安山南側で独立団と対峙していることを承知すると、直ちに対岸に越境を決心し、六月七日未明に安山付近の独立団約一五人を撃退して崔明録部隊の本拠・嘎呀河《かやが》に向かって追撃した。越境を知った朝鮮軍司令官・宇都宮太郎大将は同日「戦況之ヲ許スニ至ラハ成ルヘク速カニ撤収」すべく電命したが、安川隊（約二〇〇人）は嘎呀河東北二キロにおいて伏撃を受けた。すなわち鳳梧洞の戦闘と言われるが、趙芝薫書はこれを次のように述べている。（一七四―五頁）

「一九二〇年六月七日、洪範図部隊の本拠をつきとめた朝鮮軍は、約一個連隊（南陽守備隊と第一九師団の一部）をもって鳳梧洞を攻撃させた。独立軍はこの日の戦況を『本日七時、独立軍七〇〇人は東満から鳳梧洞に向かって行軍中不意に倭敵（日本軍）に遭遇したが、指揮官・洪範図と崔明録は敵を攻撃して**一〇〇余名を殺傷**し、目下追撃中である』と速報した。詳報によれば『六月四日から小戦を交えていたが、敵は七日〇六三〇に鳳梧洞に入った。しかし清室空屋の戦術をとったわが軍は五〇三高地で待伏せ、激戦を展開した。烽火里の独立軍百余人は六月六日に敵五百人と交戦し、**死者六〇、負傷五〇余**を与えて大破した。わが軍の負傷二人…』となっている。

敵軍（朝鮮軍）司令部は『六月四日から七日にかけての交戦でわが死傷二五名、損害少なからず、敵（独立軍）の死傷一二名』と発表している。これらによってわが軍の戦果が推察できる」

趙芝薫書の「独立軍速報」は上海の独立新聞八五号（'20年6月22日）に、「詳報」は同八六号（6月24日号。いずれも「朝鮮3」六一三―五頁所収）に拠ったに違いないが、前者は不意に遭遇したと言い、後者は待伏せたことになっており、矛盾が多い。また前記の朝鮮軍発表は見当らず、六月八日発の「朝特報三五」（「朝鮮3」五八二―三頁。朝鮮軍司令官から陸軍大臣宛）は

「安川追撃隊ハ六月七日正午嘎呀河東北約二粁付近ニテ有力ナル敵ノ射撃ヲ受ク　敵ハ四周ノ高地ヲ全部占領シアリ　追撃隊ハ直チニ攻撃シ…交戦四時間ノ後撃退セリ　**ワガ兵一名戦死**　敵ノ兵力約二百位ナラン　遺体二十四負傷多数ノ見込…」

となっており、安川隊は同日午後八時柔遠鎮対岸に露営し、翌々九日朝境内に撤収している。

また実地踏査を命ぜられた局子街分館外務省警部・和久井吉之助の復命書に添えられた鳳梧洞戦況略図は次頁の図の通りで、待伏せられた状況を再現しているが、安川隊の損害については安山において傷一、鳳梧洞において戦死一と確認しており、趙芝薫書との間には隔りがある。

けれども同復命書は地方人の犠牲を次のように報告しており、ゲリラ地区では不可避の災厄とはいえ痛ましい限りであった。

交戦地　　死亡　　負傷　　逮捕

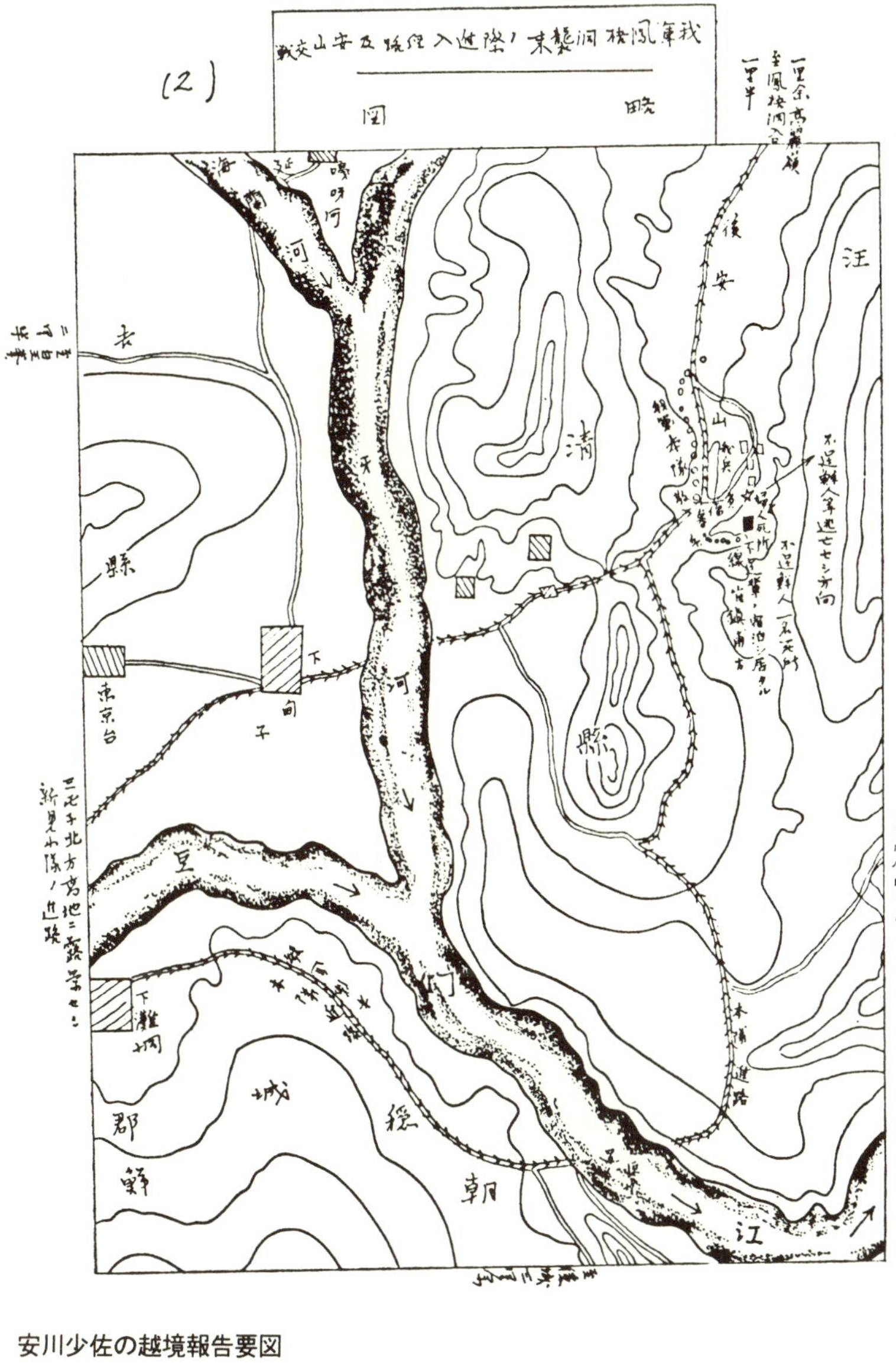

安川少佐の越境報告要図

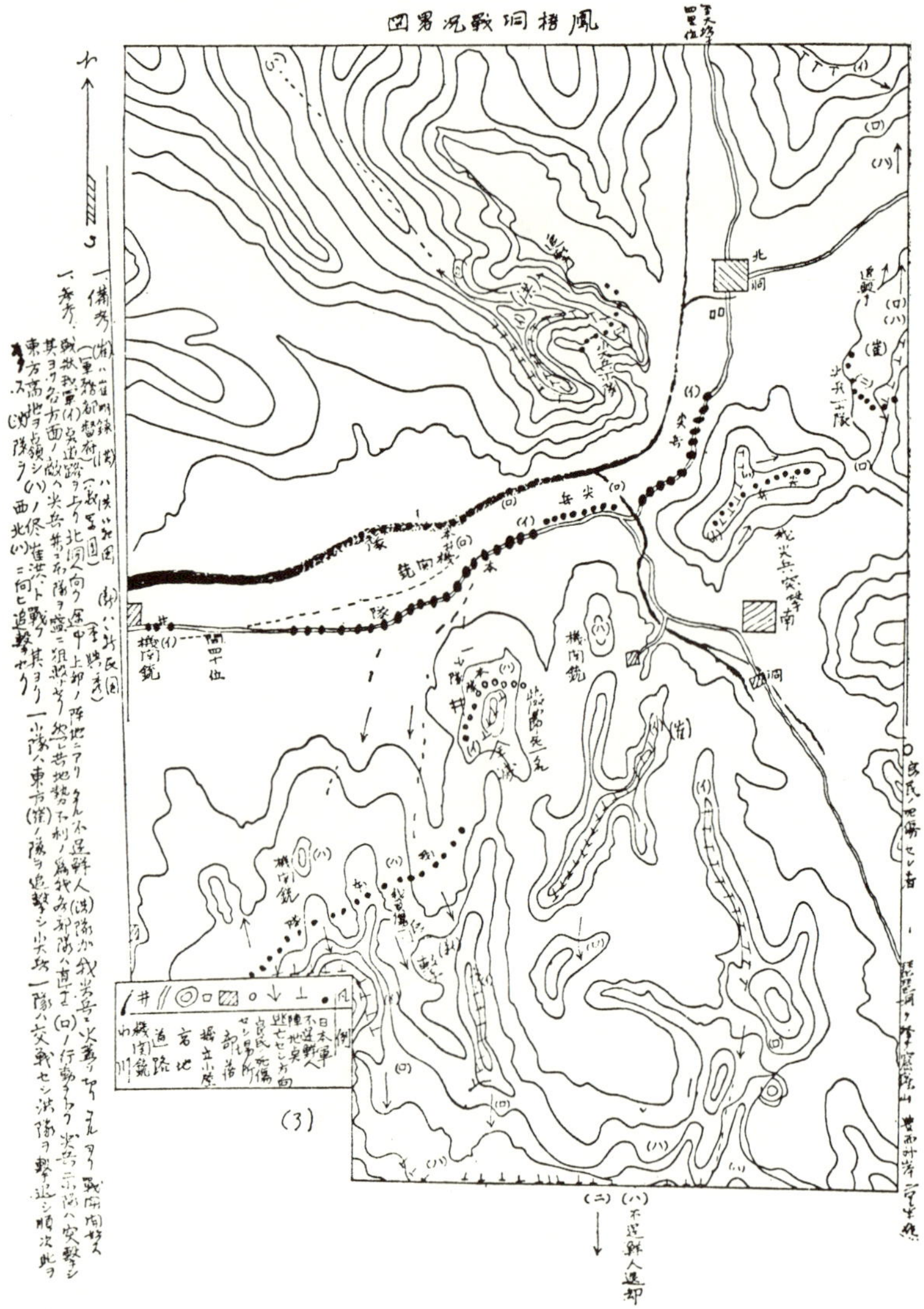

安川大隊交戦報告要図

三屯子	二	三	三	
安山	一		六	
鳳梧洞	一六	二		
計	一九	五	九	

この安川隊の越境追撃は日中間に論議を呼んだ。軍隊が無断で他国領に進入して交戦し、住民に被害を与えたのだから当然である。また前述の独立新聞の報道のように、逆宣伝を受けた。

実は越境追撃については、前年（大8）の九月一二日付で宇都宮軍司令官は第十九師団長・高島友武中将と第二十師団長・浄法寺五郎中将に「対不逞鮮人作戦ニ関スル訓令」を与え、その二項で

「鮮外ヨリ武力進入ヲ企図スル不逞団（独立軍の意）ニ対シテハ之レニ殲滅的打撃ヲ加フヘシ追撃ノ為メ要スレバ鮮外ニ進出スルヲ得…」

と越境を認めたが、次いで参謀長・大野豊四少将は「渡江追撃ニ関スル件通牒」（九月二六日付）を発して

「追撃ノ為鮮外ニ進出スルヲ得ル場合ハ鮮外ヨリ侵入ヲ企図セル武装暴徒ヲ撃攘シ直接之ニ尾シテ渡江シ得ル場合ニ限ルノ意ナルヲ以テ…」（「朝鮮4」一二一―二頁）

と補足して厳しい制限を加え、拡大解釈を戒めている。この訓令が中国側の了解を得たうえで発せられたものかどうかは明らかでないが、朝鮮総督が拓殖局長官に発した六月九日の電報（「朝鮮3」六〇〇頁）には、「延吉道尹（知事）は軍隊の衝突回避には応じたが、越境追撃続行に不満を懐き居る由だから、已むを得なかった事情を明かにして置く要あり」とあるから、恐らく中国側と打合わせることなく、軍事上の追跡権行使の権限内で訓令したと思われる。

従って新美小隊の越境攻撃は現に交戦中の敵を攻撃したのであるから明らかに訓令の範囲であるが、安川隊の嗄呀

河攻撃は明らかに行過ぎで、中国側が不満としたのは肯ける。
事件後の朝鮮軍の報告は次の通りである。

朝鮮軍司令官から陸軍大臣宛（六月一四日午後二、一〇発信）

朝特四三、琿春派遣員報

朝鮮軍が鳳梧洞付近に進入したことを聞知した間島軍政署は、付近村落に散在した兵員約六百を西大廟北方の密林中の谷地に集合せしめ、周囲の高地に機関銃を配置して通門券所持者以外の出入を禁じ…その来襲に備えつつある、という。

朝鮮軍司令官から陸軍大臣宛（六月一四日午後二、二五発信）

朝特四二、間島派遣員報

支那官憲の不逞鮮人取締は誠意なく、不徹底である。これは、今回わが追撃隊が不逞鮮人団体等としばしば交戦した事実が、彼らの横行を確証している。…

朝鮮軍司令官から陸軍大臣宛（六月一五日午後三、一〇発信）

朝特四五、間島派遣員報

わが追撃隊の撤去後、独立軍の各団は最も敏速にわが兵との交戦を宣伝し、都督府は軍情報新報号外を発行、国民会は印刷物を以て『独立軍は日兵と交戦の結果、敵一五〇を斃し、敵を鮮地に撃退し大勝を得たり』と吹聴し、独立気勢の興振を策謀しつつあり。

独立軍各団体は引き続き交戦を予想し…再戦闘準備を迅速に行ったようで、壮丁が続々と独立軍に参加しつつある。

日支合意をもって、支那軍隊保護のもとにわが警官数名が二、三日のうちに交戦地の被害調査を行う。

情報によれば、さきに交戦した敵は豆満江北岸独立軍の全部なるが如し。現在、江岸の要点に偵察隊を派遣して南岸を偵察中。


しかしてこの局地戦を細述したのは、双方の事件の述べ方に極端な開きがある事実を紹介するためと、安川隊の専断越境の思想の中に既に日本の不幸が胚胎していたことに気付くからである。

というのは、一方が某地域を略取すれば相手はその前方に群がって失地の回復を図る。そこで一方は已むを得ないという口実で前方地域を攻略すれば、他方はまたその前方で再挙を計るから、戦面は無限大に拡大し、闘争は果てしなく続く。前方抵抗理論とも言えるだろうが、以下述べるように間島における独立軍の充実が間島出兵に発展し、やがて満州事変を契機として大東亜戦争への道にのめり込んでいったのは、前方抵抗理論に対する自制的理解の不足と、力を過信した専断越境の思想がとめどなく拡った所産とみられるからである。

三、青山里大戦

こうした騒然とした雰囲気のうちに、重苦しい一九二〇年（大9）の夏が過ぎた。間島総領事館（延吉県龍井村駐）や琿春領事館分館は、三・一運動勃発後一年半にわたって三日に一件の割で管内の治安状況を報告しているが、差迫った危険を予知した報告はない。
ところが九月一二日、突如として琿春県城が馬賊に襲われた。

(一)　琿春《こんしゅん》事件

琿春事件発生前の該地方の情勢について、参謀本部「西伯利《シベリア》出兵史」第三巻は次のように記述している。

「南部ウスリーに接する琿春や間島方面では、明治四三年の日韓併合前後の時事問題に憤慨した鮮人は、決然郷関を去って間島方面に入り、蒙昧な鮮人を指嗾し、排日興韓の思想を宣伝鼓吹して時機の到来を待っていたが、三・一擾乱の波動はついに豆満江を越えて支那領に及び、在住鮮人を煽り、民心いよいよ悪化し、不逞の徒は機到れりとなし、盛んに徒党を糾合し党同伐異を事とし、鴨緑江対岸方面とともに朝鮮独立の気勢は日に濃厚を加え、密に馬賊と款を通じ、或は露国過激派と提携して武器の供給を受け、…かつ支那官民の陽圧陰助的な態度は彼らの行動をますます露骨兇暴ならしめ、所在に蟠居して眼中に我が官民なきものの如く、その毒手はついに江を越えて鮮内に伸展しその勢力軽視すべからず…」

以て日本側が、間島方面の情勢に神経を尖らしていた様子がわかる。

第一次琿春事件　琿春分館主任・秋洲副領事の報告や「朝特報四三号『琿春事件について』」(「朝鮮4」所収)によれば、九月一二日朝、王西海を頭目とする馬賊団約三百が琿春市街を襲撃し、掠奪の限りを尽くしたのち放火して、県知事の弟を含む数十人を拉致して行方を晦ました。中国憲兵隊の庁舎は全焼し、県公署と中国陸軍分廠などは半焼し、目抜き通りの商店四〜五〇戸が焼失した。冬に備えての〝満州名物〟の跳梁であった。けれども駐屯した呉歩兵営長、丁工兵営長（営は大隊）以下の中国軍警は少しも撃攘的態度を示さなかったばかりか、工兵の一部は掠奪に加わり、邦人の追撃射撃を阻止する一幕さえあった。

しかし日本人は被害を受けなかった。日本人居留地は西門外に、領事分館はその西端にあったが、馬賊は城内だけを襲ったからである。秋洲副領事は慶源守備隊や咸北道警察の応援を求めて万一に備え、朝鮮軍司令官は第一九師団長に「琿春領事分館の出兵請求に臨機即応すべく」訓令したが、やがて賊情が絶えた。秋洲副領事は被災韓人六人の救済法を電請している。（九月一三日発第五一号）

だから次の惨劇が起こらなければ、この事件は満州名物の一つとして片付けられたであろう。

第二次琿春事件　ところが馬賊の再襲の噂が広まった。実は王西海は王勝東（約四百）と連合して琿春を襲う手筈であったが、王勝東は汪清付近の中国官兵に阻まれて九月一二日の襲撃には間に合わなかった。王勝東は王西海の抜け駈けを怒り、不日来襲を期しているという。人心とみに動揺して、九月一六日からは郊外や領事分館に避難する中国人が続出した。秋洲副領事は警察隊の増援について外務省や朝鮮総督府と種々折衝しているが、警察力に余裕がなかったためと予算難のため、事件当日に琿春に増援していた警官は一一人に過ぎなかった。

また慶源守備隊からは、ウラジオ派遣軍との連絡の名目で十数人の連絡兵を時々琿春に派遣して警戒に当たらせていたが、当日は引揚げたあとであった。恐らく高を括っていたのであろう。

九月三〇日、馬賊約五〇人が大荒溝（琿春北三二キロ）の中国工兵営を襲撃して在営中の三四人を殆ど拉致し、武器弾薬の全部を奪取した事件が起きた。

翌一〇月一日午後、日中双方の官憲は頭目・鎮東が琿春北側に迫ったことを確認し、中国側は城内を、日本側は領事館警察（一〇余人）で領事分館を、応援警察官・渋谷警部以下一一人で居留地を警戒させた。だがその夜余りにも賊襲の報が多いので、分館は訓戎《くんじゅう》警備所に急使を派遣して応援を求めた。が、間に合わなかった。

一〇月二日午前四時、約四百の馬賊は案に相違して真先に領事分館を包囲攻撃して放火し、ついで日本人居留地、城内の順に掠奪し、放火して引揚げた。

しかも殺傷された日本人は次のように多く、これに反して韓人の被害者は三人、中国人は一人（いずれも領事館に収監中の者）であった。

死者　領事館警察署長・佐谷警部、応援警察隊長・渋谷警部、愈巡査のほか一〇人（計一三人）

重傷　一一人（うち一人死亡）

軽傷　二〇余人

拉致　一人

従って尼港事件の再発と騒がれ、単なる馬賊の所為ではないと考えられた。「朝鮮軍特報四三号」は「賊団総数ハ約四百名、内露国人五名、不逞団約百人、支那官兵数十名混シ居タルハ明ナリ」として、その根拠を列記している。急援の要請を受けた慶源守備隊は一一人の連絡兵を派遣したが、これも間に合わなかった。賊団に中国官兵が混入して再襲の気配があるとの報告に接した第一九師団長は、同日慶源から八〇人を急派し、翌三日には阿部大隊を増派して二道溝通信所を襲撃中の賊一五〇を撃退させた。この間、各地の居留民会からの出兵請願が相次いだ。

こうして、琿春事件を契機として日本政府は間島への出兵を決意し、所在の独立団を打撃して武装闘争に一時期を画するに至る。

琿春事件謀略説　しかし大韓独立団が琿春事件に参加した確証はない。琿春北郊の韓人自衛団が馬賊の襲撃から免れる便方として参加したという諜報（ウラジオ派遣軍報「馬賊頭目、戦東ノ行動ニ関スル件」（大正九年一一月五日））はあるが、もし真だとしても独立団とはかかわりがないわけである。であるのに、独立団が間島出兵の目標にされて大打撃を蒙った。

従って、琿春事件は出兵の口実を造るための日本当局の謀略であったという説がある。

例えば趙芝薫書の記述要旨は次の通りである。

「日本軍はかねて東満の抗日武装軍の根拠を奪うため韓人集落の襲撃を企図していたが、その口実とするために中国人馬賊・長江好を買収して琿春の襲撃を依頼した。長江好は他の馬賊と協同して一〇月二日未明に襲撃し、中国兵七〇人と韓国独立軍二人（ママ）を殺傷してこれを占領した。

日本領事館と警察は長江好と内通していたので被害はなかったが、彼の部下でない馬賊が日本人婦女子九人を殺害した。

そこでこれを口実として第一九師団その他が出動し、一〇月五日に琿春に入城して当初の目的であった韓民会と独立団の組織を破壊した……」（一七五頁）

出所を示してないが、恐らく朴殷植「朝鮮独立運動之血史」（一九二〇年一二月、上海で発行。中国文）に拠ったものと思われる。金承学、朴慶植、姜徳相の編著や解説はいずれも同工異曲で、日本の謀略を論述している。恐らく事件直後に「北鮮日報」三八五〇号が、琿春領事分館と総督府との応援警察官の派遣に関する公電を記載して謀略説（わざと警備力を縮少したのはおかしい）を示唆したのと、民族の感情が然らしめたのであろうと思う。けれども、金正明、姜徳相資料集所収の原史料に当たってみる限り、謀略の疑いは消える。

例えば前掲の趙芝薫書の記述には次の無理がある。

長江好の買収：長江好は確かに総督府の嘱託になった馬賊だが、彼の縄張りは西間島であったから、琿春に出張れば地元の馬賊との間に血の雨が降る。また長江好には、九月中下旬に鴨緑江上流域で工作していたアリバイがある。（関東憲兵隊報「馬賊首領長江好ノ行動」）

また間島一円への出兵口実とするために襲撃目標を琿春に選んだとすれば、その選定の理由が必要であろう。琿春は東に偏し過ぎている。

中国兵七〇人…を殺傷：中国兵が七〇人も死傷するほど戦意があったとすれば、自力温存を専一とする馬賊がこのような危険を冒すわけがない。

韓国独立軍二人が死傷したのは馬賊と戦ったからであろうが、戦うことは日本人を守る結果になるわけだから腑に落ちない。

日本領事館等の無害：九月一二日の第一次事件は日本人の被害がなかったために、出兵の口実にはならなかった。出兵の口実にするためには、日本の権益が侵害される必要がある。であるのに買収された馬賊は日本領事館を襲わなかったとすれば、何のための襲撃か分からなくなる。しかし実際の被害は前記した通りで、この叙述は史実に則しない。

他の馬賊が日本人婦女子九人を殺害：被害者数と内容とが事実と異なるが、この偶然の事故が出兵の口実となったとすれば、前項との関連で却って謀略説を否定する。

一〇月五日琿春入城：琿春への派兵は一〇月二日の当日から逐次行われ、第三七旅団司令部の入城は一〇月七日の出兵決定後であった。

先入観や感情で歴史を曲げるのは将来に益ないと思うので、敢て解説した次第である。

詳細は佐々木春隆「琿春事件考」(防衛大学校人文紀要第39～41輯)を参照されたい。

(二) 間島出兵

第二次琿春事件の第一報が東京に入電したのは一〇月三日の午前六時で、それは満州居留民会長・門廣健吾が十月二日午後一一時半に陸軍大臣宛に発信した出兵要請電であった。朝鮮軍司令官の第一報は三日午前一時に発信した特急電で、それは同一一二〇に入電している。

一〇月四日、陸軍次官は関東軍参謀長に張作霖の処置を確めさせたが、張作霖は「自国の事は自国で始末する」と確言し、一〇月六日から在奉天の衛隊旅三千人を逐次間島に向かわせた。(関参発一七三号)

けれども延吉方面の不穏な状況がしきりに伝えられ、在龍井村の堺総領事代理は大臣と朝鮮軍に出兵要請を繰り返した。第一九師団長はついに一〇月六日午後会寧の歩兵二個中隊と騎兵の一部を龍井村に急派し、七日朝には更に歩兵二個中隊基幹の増派を準備した。(朝特七八号)

閣議決定　ここにおいて一〇月七日の閣議は

「‥‥コノ際コノ不祥ノ出来事ヲ機会トシテ間島方面ノ警備ヲ完成シ　兼テ不逞鮮人ノ禍根ヲ一掃スル為メ　必要数ノ軍隊ヲ派遣」

するに決し、中国側との折衝を開始した。

陸軍大臣・田中義一は一〇月七日発の「陸四一八」を以て閣議決定を朝鮮軍司令官・大庭二郎に伝えているが、その電文の末尾を

「茲《ココ》ニ貴官ノ御尽力ニ依リ多年ノ暗雲ヲ徹底的ニ清掃シ得レハ幸甚」

と結んだのは、出兵の理由とその目的とを最も雄弁に物語っていると思われる。

一〇月八日、参謀総長・上原勇作は左記要旨の作命第五七号及び同指示を朝鮮軍司令官とウラジオ派遣軍司令官・大井成元に伝宣した。

訓令

一、朝鮮軍司令官ハ第十九師団長ノ指揮スル部隊（歩六大、騎一中、山砲八門、工二中、飛行機四機）ヲ以テ琿春及間島地方ニ在ル帝国臣民ヲ保護シ　併セテ該地方ニ於ル不逞鮮人及馬賊並ニコレニ加担スル勢力ヲ剿討セシムヘシ

二〜四、朝鮮軍司令官はポセットに上陸する第十四師団歩兵第二八旅団（註・帰還のためウラジオで乗船中）を指揮し、琿春—涼水泉子—局子街—会寧道で示威行動に任ぜしめよ（注1）

五、ウラジオ派遣軍司令官ハ一部隊ヲ三岔口《さんたこう》付近ニ（注2）…又一部ヲ土門子付近ニ出シ（注3）　朝鮮軍ノ行動ニ策応セシムヘシ

以下略

注1　歩二八旅団は一〇月一六日から三〇日にかけてポセットに上陸し、所命の示威行軍を終えて一一月下旬に帰還した。

注2　三岔口には第十三師団の羽入支隊（歩一大、騎兵一連隊、砲工各一中基幹）が出動し、老黒山の掃討に任

じた。

注3　土門子支隊は第十一師団の秀島大隊を基幹とした。（「西伯利出兵史」第三巻）

なお張作霖は共同作戦を拒否して外交上の物議を醸したが、一〇月一六日に朝鮮軍は吉林省都督・鮑貴卿との間に「日支両軍協同討伐ニ関スル規定」を協定し、東支鉄道以南二十支里以外の東寧県と、琿春、延吉、汪清、和龍県四県での日本軍の作戦を認めている。

第十九師団は一〇月一六日ごろまでに左の配置を採り、それぞれ掃討を開始した。

琿春方面

磯林支隊：歩三八旅団長・磯林少将の指揮する歩七五（一大欠）、騎兵一中、野砲一中、工兵一中、その他。

汪清方面

木村支隊：歩七六連隊長・木村大佐の指揮する歩一大半基幹。

延吉・和龍方面

東支隊

長・歩三七旅団長　東正彦少将

歩七三（一大欠）　山田大佐

騎二七主力　　加納信暉大佐

工兵第一九大隊主力

野砲一中隊
その他

しかし磯林、木村支隊方面では戦闘らしい戦闘は起こらなかった。この方面を根拠にした金佐鎮、洪範図らの独立軍は逸早く安図―延吉・和龍県境に転移したからであろう。

そこで一〇月二一日から二六日にかけて東支隊との間に展開したのが「青山里大戦」で、第十九師団が翌大正十年五月に撤収し終えるまでに起こった唯一の戦闘らしい戦闘である。

(三) 青山里戦闘

青山里大戦 この戦闘を最初に記述した書は、上海臨政の第二代大統領になった朴殷植が戦闘の直後に上海で発行した「朝鮮独立運動之血史」(中国文)であるが、この記述が数多い独立運動史の原型になったようである。該書の日本語訳文八四―六頁を抜書きすれば次のようになる。

「わが北路軍政署は和龍県で整訓中、西路軍政署や洪範図軍と連合することになった。ところが中国軍の干渉を受けたので、司令官・金佐鎮、移動軍団長・李範奭は士官学校卒業生二百余人、新兵二七〇余人を指揮して九月二〇日に安図県に向かった。

やがて琿春事件が勃発した。わが軍は十月一六日に三道溝に到着していたが、一八日に日本軍三個大隊が茂山から北進したことを知った。

わが軍は青山里の森林で待伏せ、死四五〇余、傷六〇余人の損害を与えて撃退した。

わが軍は二道溝に向かったが道に迷っているうちに、二道溝に先回りした日本軍同士が相撃して、死一八〇、傷七〇人を出した。わが軍と日本軍との制服制帽が似ていたからである。

十月二二日、日本軍はまた一《ママ》連隊一大隊をもって二道溝に進撃してきたが、その斥候隊五〇人は全滅した。主力は密集隊形で三回も突撃を繰り返したが、死傷数百名の損害を受けて退却した。このとき司令官・金佐鎮は機先を制して北山を占領し、追跡してきた敵の大隊に一斉射撃を加えて死傷三五〇余人の損害を与えた。

わが軍は森林中を潜行して、三十余里（一二キロ）離れた麻老溝で休憩した。ところがわが軍の退却を察知できなかった敵の援軍は、北山を包囲した。そしてまたもや友軍相撃して二百余人が死んだ。

わが司令部の調査報告では『敵の死傷一、六〇〇余名』とある。

中国官憲の調査は『日本兵の死傷一、三〇〇名』としている。

日本領事の秘密報告書は『二道溝の戦闘で加納連隊長以下大隊長二名、小隊長九名、下士以下兵卒の戦死九百余名』となっている。（注・この領事報告はいずれの資料集にも見当たらない）

青山里の死亡者は確報がないが、日本軍の斬死者の馘《くび》を運んだ車が十六台もあったことは、多くの目撃者が確認した周知の事実である。

李範奭

わが軍の大半は入隊して三～六日の新兵で、…数日の飢餓で疲労困憊《ぱい》していたし、武器も小銃と機関銃だけであった。しかるに**四回**の激戦で敵千余人を斃したが、わが軍には五人の軽傷者がでただけであった。…世界に未曽有の奇功であった。戦闘の終わりには食糧が欠乏し弾薬が尽きて退却したが、その強武の気質は女真族の本来の面目を実現し、敗れたりとはいえまた栄光があったというべきであろう」

韓国中央選挙管理委員会編刊「大韓民国政党史」（一九六四年一二月三一日発行）はその六五頁に「青山里大捷」の見出しで次のように記述している。満州における武装独立団体を紹介した「節」の中で、作戦が叙述してあるのはこれだけだから、この戦闘が、いかに象徴的なものであるかがうかがえる。

「北路軍政署の兵力二、五〇〇人は一九二〇年八月《ママ》下旬に、日本軍第一四師団と第一三師団の一部は張鼓峰方面から南下し、羅南の第二《ママ》一師団は図們江を越えて北上し、満鉄守備隊は松花江を渡って西《ママ》進して三面挟攻を企図しているとの情報に接した。そこで吉林の根拠地を出て長白山に立て籠り、ゲリラ戦を展開する計画のもとに移動中、数万の日本軍と和龍県青山里（三道溝付近の総称）に於て遭遇戦を惹起した。

すなわち同年九月《ママ》一〇日に右陣、左陣、中右陣、中左陣の奇襲陣を白雲坪に布いて日軍騎兵隊の進軍を待伏せ、第二梯隊長・李範奭の短銃弾を合図として独立軍の銃弾は日軍を全滅させた。ついで泉水坪にたむろしていた日軍騎兵隊を奇襲して全滅させ、応援に駆けつけた第一九師団の連隊兵力が馬鹿溝に到着したときこれも撃滅してしまった。数万の兵力を数千で迎撃し、千余の日軍を撃破して大捷を得たわけである。

この白雲坪、泉水坪、馬鹿溝の三回にわたる戦闘を青山里大捷と通称しているが、日本軍にとってはかつてない敗戦であったと同時に、武力抗日独立闘争史上かつてない戦功であった。…」

趙芝薫書は李範奭「民族の憤怒」を参照して次の要旨を述べている。（一七六―七頁）

「一九二〇年八月下旬―日本軍はシベリアに出兵していた第一四師団と第一三師団の一部、羅南の第二《ママ》一師団、及び満鉄守備隊の計五万をもって北路軍政署の本拠・西大陂を目標に三方面から合撃してきた。金佐鎮の指揮する独立軍は国内から亡命した青年を糾合して二千五百の兵力を擁し、チェコ軍から購入した小砲や重機関銃を装備していた。

金佐鎮は琿春の日本領事館から敵の企図を偵知して、根拠を狼林山脈（咸南と平北・南道との道境山脈）に移して本土でゲリラ戦を行うよう決し、李範奭の一、五〇〇人を戦闘梯隊、自ら指揮した一、〇〇〇人を後方梯隊として南下し、和龍県青山里で待構えた。

すると一万余の混成旅団が攻め上ってきた。李範奭は二〜三〇丈の密林が三二キロも続いた白雲坪で待伏せた。

九月一〇日朝、独立軍は日本軍が谷間に入り切るのを見すまして一斉射撃を加え、三回にわたる攻撃を撃退した。この時怯けづいた誰かが「作戦上後退せよ」と偽命令を発したので、李範奭は「二つの銃口が祖国の眼である」旨の有名な督戦演説を行った。この一戦で日本軍に与えた損害は二、二〇〇人でわが死傷は二〇人であった。その夜六四キロを機動して泉水坪に集結中の騎兵中隊を包囲せん滅し、ついで馬鹿溝で第一九師団主力の攻撃を二日二晩にわたって破砕して奇跡の戦闘を展開した。李範奭『民族の憤怒』はこの状況を、『金佐鎮司令官の軍帽が銃火で巻起こる風で飛び、李範奭の軍刀が銃弾で二つに折れた。機関銃隊長・崔麟杰は自分の身体を銃にしばりつけて戦い…、韓上等兵は戦友の亡骸を叩いて起き上がり、二五〇発の弾丸を乱射しながら密林の中に消えた』と述べている」

また韓国国防部戦史編纂委員会「韓国戦争史〈1〉」（一九六七年一〇月刊）は三〇九頁の「李範奭将軍」を紹介した中で

「李範奭将軍は忠南・天安に生まれ、京城高等普通学校修了後中国に赴き、雲南講武堂騎兵科第一二期生を卒業して韓国独立軍士官養成所（注：新興武官学校）教官を勤めた。

一九二〇年一〇月の青山里大戦に於ては、韓国独立軍の第二中隊を指揮して日本軍第19、第《ママ》21師団を邀撃《ようげき》し、三、三〇〇名を死傷させる戦果を挙げた。実に独立軍史上、前無後無のことであった。…」

と述べている。

また「朝鮮統治史料」の編集者・金正柱は第二巻の解説において、「青山里戦闘」を次のように説明している。(五一八頁)

「間島出兵の中で最も激戦を展開し、しかも韓人独立軍の戦勝に帰している『青山里戦闘』は、韓人独立運動史における武力抗争の一高峰をなすもので、それこそ前後絶無の奇戦とまで(上海の「独立新聞」に)表現されている。日本の間島出兵は殆ど一個師団に匹敵する兵力であったが、これに比べて物の数でもない劣勢をもって、最後まで抵抗していた独立軍側の強烈な戦闘意識もさることながら、前後一週間にわたる青山里戦闘の激闘ぶりは、正に意気軒高の物語でもある。

両者の兵力の懸隔は次の通り。

韓人独立軍

第一連隊(六中) 洪範図

第二連隊(二大) 金佐鎮

第三連隊(六中) 崔振東

後方隊 李範奭

日本軍(東支隊)

歩兵四大隊、機関銃四小隊

騎兵一連隊

野砲一中隊

工兵一中隊

その他

彼我が公表した損害と戦果を比較すると

日本側公表

損害			戦果		
戦死	下士・兵	五	死体	一八	
負傷	下士・兵	一五	死傷	九〇	
			捕虜	五	
			ろ獲	小銃二二、軽機一	

独立軍（大韓軍政署）発表

　戦果

戦死　連隊長一、大隊長二以下一、二五四

　　　　（うち友軍相撃により五〇〇）

傷者　将校以下二〇〇余

　という数字が見られる。大本営発表の数字なるものが如何に把握困難であるかは、昔も今も変わらぬものであることが再確認されるような気がする」

　著書によって記述のあやに差があるが、いずれも独立軍の大勝を伝え、武装闘争のシンボルとして民族精神の高揚に資しているわけである。特に李範奭将軍（当時二〇歳）の勇戦が年を経るごとに華やかになったのは、将軍が韓国初代の国務総理兼国防部長官として手腕を発揮したからだと思われる。

　これに反して北朝鮮で刊行された各種の独立運動史はすべて金日成パルチザンだけが唯一の武装抗日団体であったとしており、青山里の戦闘を叙述した文献はない。金日成の外に闘士がいたことは、その神格化の邪魔になるからであろう。

けれども、余りにも日本軍の損害が多すぎる。戦闘の期間や種類からみて戦術常識では考えられない数字であり、日本軍の部隊号など明らかな誤りが目立つ。今更手直しすることは難しい立場があるであろうけれども、韓国の将軍の中には「青山里大戦」を〝作り話〟と断じた方が少なくないから問題であることは否めない。日韓の相互理解を深め、将来の規範となるものは、真実の歴史の外にないと考える。

この意味で青山里の戦闘に関する日本側の史料を紹介したい。

青山里戦闘に関する朝鮮軍司令官報告　当時の朝鮮軍司令官の電報報告を戦闘経過の順に抜記すれば次の通りである。

（意訳）

①　一〇月一八日発「朝報一〇〇」

山田支隊（歩七三の主力）は十月十三日夜、頭道溝から三道溝に向かったが、該地に在った金佐鎮部隊（小銃・機関銃を有する約五百名）はすでに西方森林地帯に移動した後であった。（「朝鮮4」二一六頁）

②　一〇月一九日発「朝特一〇二」

十月一七日夜、東支隊（第三七旅団長・東正彦少将）は天宝山方面の討伐に出発した。ところが、三道溝から安図に至る道路一帯の総称・青山里に、金佐鎮部隊がなお潜在していることを諜知した。そこで、東支隊長は計画を変更して主力で攻撃するに決し、次の部署をとった。

東支隊攻撃計画

一、局子街と天宝山にはそれぞれ大隊長の指揮する二個中隊基幹を残置し、じ後の行動を準備させる。
二、騎兵連隊主力は天宝山方面より西進し、五道溝を経て昇平嶺付近に進出して退路を遮断する。
三、歩兵第七三連隊第三大隊の主力は三道溝方面からその西南方約三二キロの老嶺に向かって前進し、退路を遮断する。
四、山田大佐（歩七三長）は歩兵三中隊、砲兵一中隊基幹をもって一八日夜は頭道溝南方の八家子に宿営したのち、賊情を偵察しつつ逐次前進し、二十日を期して討伐を実施する。
五、茂山守備隊の一部は石人溝を経て老嶺に向かい前進し、この討伐に策応する。

（「朝鮮4」二一七頁）

③「朝特一〇〇―一二六」によって前後して断片的に報告している戦況を総合すれば次のようになる。（「朝鮮4」二三〇―三〇頁）

一〇月二一日の戦況

㋐山田支隊は青山里（三道溝―安図道の谷地一帯の総称）附近で独立軍と衝突し、西方に撃退したが、密林のため午後二時半追撃を中止した。

損害　戦死　兵　三
　　負傷　下士　一　兵　三

戦果　遺体　一六　小銃一　その他

㋑東支隊予備隊は二一日夜頭道溝西方七里を掃討し、一〇名を検挙した。

一〇月二二日の戦況

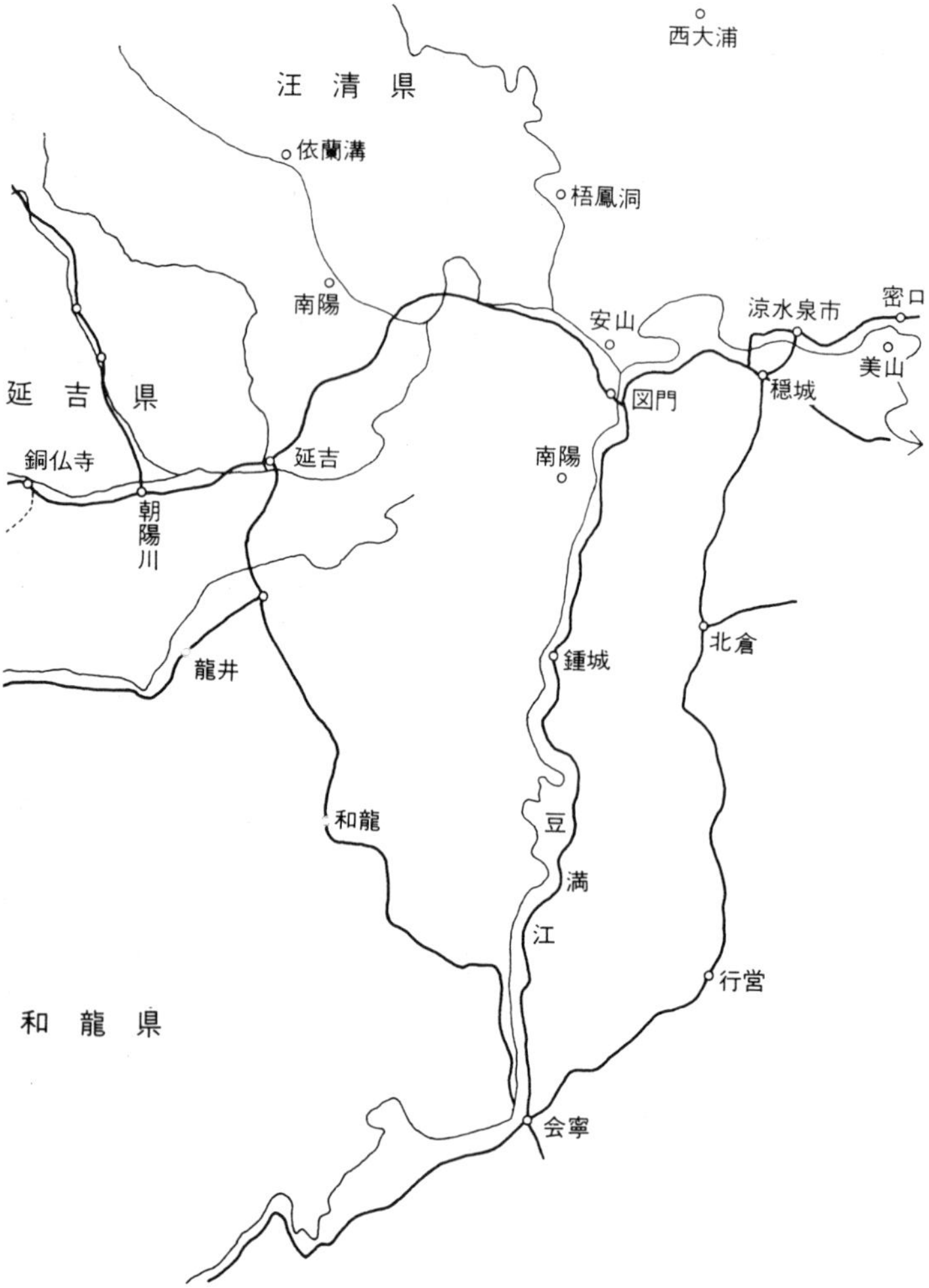

西大浦
汪 清 県
依蘭溝
梧鳳洞
南陽
安山
涼水泉市
密口
美山
延 吉 県
穏城
図門
銅仏寺
延吉
南陽
朝陽川
北倉
鍾城
龍井
和龍
豆
満
江
行営
和 龍 県
会寧

安・延・和県境略図

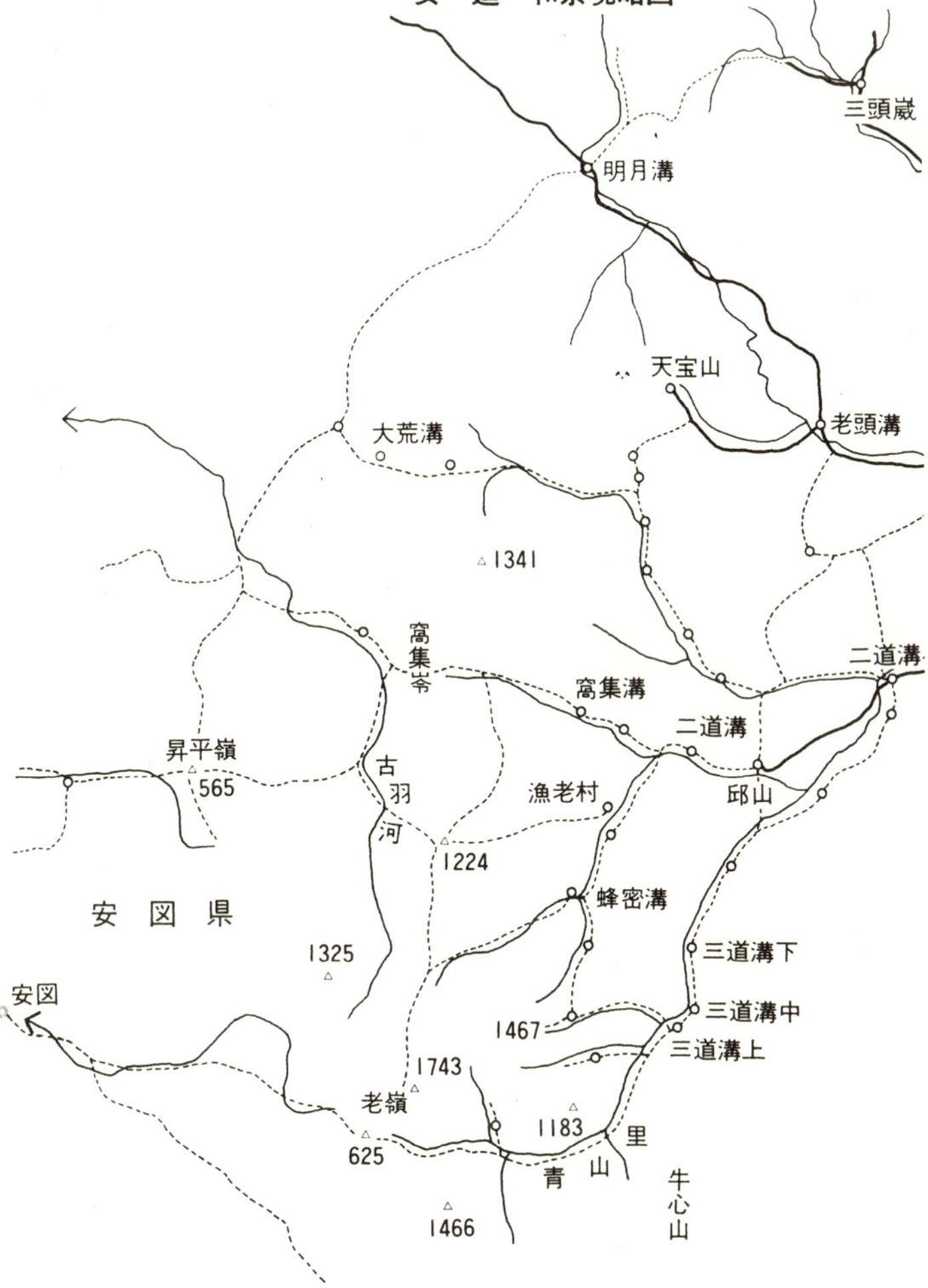
三頭崴
明月溝
天宝山
老頭溝
大荒溝
1341
窩集岺
窩集溝
二道溝
二道溝
昇平嶺
565
古羽河
漁老村
邱山
1224
蜂密溝
安図県
1325
三道溝下
安図
三道溝中
1467
三道溝上
1743
老嶺
1183
625
里山
青山
牛心山
1466

㋐　騎兵第二七連隊は二二日朝から蜂蜜溝付近に於て約四百と交戦、午前一一時頃から追撃中。
損害　戦死　兵五（歩三、騎兵二）　馬　一
　　　負傷　九（歩下士一、騎兵八）　馬　九
戦果　遺体　一六　その他不詳
㋑　騎兵連隊に増援した東支隊予備隊は早朝から小蜂蜜溝付近で独立団と衝突し、午後七時ごろついに密林中に撃退した。
損害　戦死　三（歩兵一、騎下士一、騎兵一）
　　　負傷　兵　一一（歩四、騎七）
戦果　多大の見込。機関銃一、小銃一一などろ獲
㋒　敵は金佐鎮の部下二～三百と草賊団七～八百の計一千名にして、二五日から包囲掃討の予定

一〇月二三日―二六日の戦況

支隊予備隊（飯野少佐以下一五〇人、機関銃三）は二三日に、昨二二日に交戦した敵（洪範図の率いる約三百、金佐鎮の部下約五〇その他）の退却方向を察知して急追し、二六日未明古羽河上流の露営地を奇襲して四散させた。
損害　なし
戦果　遺体七　小銃七　弾薬一万余

一〇月二七日の増派

第一九師団は蜂蜜溝西方奥地の敵を独立団の主力と認め、これが死命を制するため、茂山から歩兵二中を、会寧から歩兵一個大隊を東支隊に増派した。

一〇月二八日以降の行動

東支隊は二八日に主力を魚朗村に集結し、三〇―三一日に山田支隊を以て蜂蜜溝西方谷地を掃討したが異常なく、以降特記なし。

以上が朝鮮軍の戦闘報告である。ところが後に第十九師団が調製した「間島事件鮮支人死傷者調」の騎兵第二七連隊の表に

年月日　　事　由　　住所　　職業　　姓名（齢）
大正九年十月廿二日漁　金佐鎮ノ部下ニシテ我　不詳　金佐鎮ノ部下　不詳
朗村ニ於テ交戦中我射　ニ抵抗シ戦闘間散兵線　　軍政署軍人
弾ニ斃ル　六〇名　ノ射撃ニ於テ交戦中射
弾ニ斃ル

（「朝鮮4」五四一頁）

とあり、「同焼却家屋調」には

年月日	焼却事由	構造	見積価格	持主住所	氏名
十月二十二日	金佐鎮ノ賊徒ヲシテ家屋ヨリ我哨所ヲ射撃セシメタルタメ及我宿舎タリシコトヲ金佐鎮ニ密告セシ	草葺二間三軒	各戸約五十円	和龍県漁朗村	不明

為

とある。

この調書と前記の電文とを基礎に漁朗村付近の戦闘を推測すれば次のようになろう。

昇平嶺に進出して退路を遮断すべき任務を与えられた騎兵第二七連隊主力は、敵情を得ぬままに後車廠溝を経て帰還の途につき、二一日夜漁朗村に宿営した。ところが二二日朝に奇襲を受けて苦戦に陥った。急報に接した東支隊長は頭道溝に在った飯野大隊を増援したが、途中待伏せを受け、午後七時ごろにようやく撃退した。山田支隊方面も密林の中で歩々の抵抗を受け、攻撃は意の如く進捗しなかった。

つまり間島出兵中に反撃や待伏せを受けて他に類を見ない損害を受けたのはこの作戦だけであったから、金佐鎮や洪範図が武闘の三傑の中に挙げられているのは故なしとしない。けれどもこの戦闘で受けた日本軍の損害は

戦死　一一　負傷　二四

で、将校の死傷は見当たらない。靖国神社の合祀名簿もこの報告を裏付けている。

従って「青山里大戦」の原型となった朴殷植書は、中国人にアピールしたい一念から中国の白髪三千丈式の誇張を用いたことが容易に想像がつく。

けれども東支隊の戦況は朝鮮軍の注目を集め、十月二五日発の「朝特一一四」は

「蜂蜜溝及青山里方面ニアル賊徒ハ金佐鎮ノ指揮下ニアル軍政署ノ一派ト独立軍中洪範図ノ指揮スル一団トヲ合セ　機関銃等ノ新式兵器ヲ有シ**約六千**ヨル成ルカ如シ　従テ**他方面ト異ナリ**頑強ニ抵抗シツツアリ」

と報告し、

「安図県に逃避すれば禍根を永遠に残すから、中国側との協定区域外である安図県への出動を認可されたい」と上申している。この上申は外交上の考慮から却下されているが、この件と、前述した第十九師団の東支隊への二個大隊の増援は、金佐鎮や洪範図に対する朝鮮軍の〝返り感状〟とみてよいであろう。

撤兵　第十九師団の諸隊は同年末まで作戦を続け、概ね目的を達して翌一九二一年（大10）初頭に間島派遣隊（磯林少将指揮の二個大隊）を残置して撤兵し、五月には全部の撤収を終えた。この間、ベトナムのソンミ村事件に類する獐巌教会事件等が起こり、在留韓人に多大の迷惑をかけたことを心苦しく思う。

しかして長期化するのが普通である対遊撃隊作戦が三か月未満で終えたのは、転向者が五千人を数えた（坪江書）のと、独立軍の根拠を徹底して覆滅したのが一因であろうが、他により決定的な原因があった。独立軍の諸団はレーニンが構想した「遠東（極東の意）革命軍」に参加するために、踵を接して露領に赴いたからである。

なお朝鮮総督府「施政二十五年史」はこの間における国境地帯の治安状況を次のように概述している。

「南満州竝に間島等国境対岸地方に蟠居せる匪徒《ママ》は、屢々鮮内に活動した。斎藤総督着任時の爆弾事件（大正八年九月二日の姜宇奎事件）は李東輝一派の使嗾であった。

国境地方に於ける匪徒の被害は大正九年三月より同一四年八月頃まで続き、大正九年が最も甚だしく一二年以降は逓減した。彼らはわが警察権の及ばざる外国領土内に在るを奇貨として、良民を煽動脅迫して資金の募集に努め、就中国境対岸地方の者は隊伍を組み武器を携へ、大正九年以来屢々平安北道・咸鏡南北道の国境を越えて朝鮮内に侵入し、人畜を殺傷し家屋を毀ち財宝を奪ひ良民を拉去し或は官公吏を暗殺し、甚しきに至っては警備機関を襲撃して武器を奪取する等兇暴を恣にした。即ち大正九年三月十六日の間島天宝山事件、同年九月一日厚昌郡守射殺事件、同年十一月四日の十五万円掠奪事件等々数へ来れば僕を更へても尽すことが出来ぬ。

殊に北間島地方には一時多数の不逞鮮人があって所在住民の困憊一方ならず、大正九年九月及び十月の両度支那馬賊・過激露人と共に大部隊をなして琿春を襲撃したる時の如きは、彼らの暴行に遭ひたる上、日鮮支人の殺傷せらるるもの数十名に上ったので、わが国は自衛上已むを得ず軍隊を派遣して之を掃蕩し良民を保護した。此の結果彼等一味の者で帰順するもの五千余人に及び、北間島一帯の秩序は全く回復したのでわが軍は翌十年撤退し、之に代ふるに外務省警察官を以て専ら治安の維持に任じた」(三三四－六頁)

四、自由市事件

レーニンの世界革命構想が雄大であったことは、よく知られている。レーニンが当時上海臨政の国務総理で高麗共産党上海派を創党した李東輝に独立資金二百万ルーブルの供与を密約し、一次金として渡した六〇万ルーブルがうやむやのうちに費消された経緯は前に述べた。

遠東革命軍の編成構想　この工作と並行して、近い将来の対日戦争を確信していたレーニン政府は、日・中・韓・蒙古等の革命青年による国際遠東革命軍の編成を計画し、韓人部隊を主動勢力とするために、前述したように一九二〇年七月に上海臨政の駐モスクワ代表・韓馨権と左記要旨の協定を締結していた。

一、労農政府は、韓国独立運動を積極的に支援する。

二、韓国臨時政府は、暫定的に共産主義を採択する。
三、労農政府は、沿海州と満州各地の韓国独立軍がシベリアに集結して整訓することを歓迎し、必要な装備の供与と補給を負担する。
四、韓国独立軍は露領内においては赤軍司令官の指揮を受ける。

当時ウラジオ派遣軍はスパスク——スーチャンの線以南を占拠して地方政権の樹立を画策中であったから、眼前の敵との戦争に利用する心算もあったかも知れぬ。（四五九頁の図参照）

貴州軍官学校を卒えて上海臨政を訪ねた金弘壹（当時二三歳）は一九二一年初めに盧伯麟軍務総長に勧められ、満州に残留している独立団を率いてこの編成に参加することになる。（金弘壹回想記NO 15）

(一) 自由市への集結

大韓独立軍団　第一九師団の間島出兵によって苦境に陥っていた左記の諸隊は、上海臨政から遠東革命軍の編成計画を通知されると、得たりや応と寒風をついて北上した。金弘壹は「独立を成就するためには、一時的でもロシアの支援を受けるのは已むを得ない、という盧伯麟の説明を聞いて、その場でシベリア行きを決心した」と回想しているが、恐らく独立軍諸隊の心境も同じものであったろう。

北路軍政署　（徐一、金佐鎮）
大韓独立団　（一九二〇年六月に洪範図軍六〇〇人と南満の西路軍政署の李青天軍四〇〇人とが合流して創団した）
間島国民会　（具春先）

大韓新民会　　　（金聖培）
義軍府　　　　（李範允）
血誠団　　　　（金国礎）
都督府　　　　（崔明録）
野団　　　　　（金笑来）
光復団　　　　（李範允）
大韓正義軍政司（李圭）
軍備団　　　　（金弘壹）
その他

これらはいずれも民族主義の団体であった。だが遠東革命軍はあらゆる抗日団体を網羅して編成するわけだから、バラバラでは他に主動権を握られる。かくして民族派の連合の機が熟し、ついに統合が成った。大韓独立軍団と称し、兵力三、五〇〇人で三個大隊に編成した。主要人事は次の通りであった。

総裁　　徐一
副総裁　金佐鎮、洪範図、曺成煥
総司令　金奎植（上海の金博士とは別人）
参謀総長　李章寧
旅団長　李青天（実際の指揮官）

武装闘争の実力者が始めて大同団結したわけで、画期的と言えよう。

なお趙芝薫書は「中隊長には金擎天、呉光鮮、趙東植ら名将が多かった」（一七一頁）としているが、金擎天（本名・金光瑞、初代金日成と伝聞される）は陸士23期で、なぜか独自の行動をとっているから、陸士26期の李青天の下風につくわけがない。呉光鮮は後で韓国軍准将に任ぜられた人だが、この統一軍団に李範奭の名が見えないのは不可解である。

大韓独立軍団は翌一九二一年（大10）一月に集結地に指定されたシベリア自由市・スラブスケ（ブラゴベシチェンスク北側のゼーア河畔の街。現名はスボボードニー）一帯に集結を終え、チタ政権（ウラジオ派遣軍との緩衝のためレーニン政権が設けた地方政権）の支援を受けながら整訓に努め、国際軍への編入を待った。李青天を校長とする高麗革命士官学校を設立して人材の養成に励み、時には赤軍の白系軍討伐に参加してその武威を示したと伝えられる。

やがて次の諸隊が自由市に乗込んできた。

自由大隊　帝政ロシア士官学校卒の呉夏默に率いられた高麗共産党イルクーツク派の軍隊で、日本軍と交戦した戦歴を持つ精鋭であった。その兵力は千余人と称され、兵員はロシア生まれで正規の軍事教育を受けた韓人二世（中味はロシア人）が多かった。

サハリン部隊　ニコラエフスク（尼港）の韓人教師・朴エルリアが組織した韓人パルチザンで、過激派と連合して尼港事件に参加したことで知られた。兵力は千人内外と言い、黒龍江沿いに西進して自由市に集結したという。

その他雑多な団体が集まって、総人員が七千人にも膨れ上った。問題はこれらの諸隊をいかに統合するかであった。

(二) 陣痛

さて、共産主義者が信じるのは力だけである。力の表象は軍事力であり、軍事力を掌握すれば主導権はおのずからその手に帰する。

従って最大の勢力を持つ大韓独立軍団は他団体を解散して軍団に吸収することを考え、共産主義派はその逆を考えていた。この際主導権を握りさえすれば、祖国の武力解放が成った暁には間違いなく政権を担当できるからである。

三人軍政委員会　けれどもレーニンは韓国の独立のために遠東革命軍を構想したわけでなく、対日戦争のための革命軍の創設を所期したものである。コミンテルン極東総局（タルビロ）は、同年五月のイルクーツク派と上海派との統一大会においてイ市派が圧勝すると、高麗共産党（後出）に指令して、カルダン・ウェルリ将軍を長とする三人軍政委員会を組織させ、革命軍の編成を調整するために自由市に派遣した。高麗共産党が選任した他の二人の委員は、イ市派の重鎮・崔高麗と柳東説（陸士15期、のち韓国統衛部長）で、上海派は排除されていた。統一大会に敗れた上海派は人脈と人材と党名とを失ったが、ここに元来は上海臨政の軍事力であった大韓独立軍団をも奪われる危機に陥ったわけである。

主導権の争い　こうして三人軍政委員会による革命軍への改編が始まったが、前述したように各団体の主張は真向うから対立した。民族派対共産派の対立も激しかったが、それにもまして自由大隊とサハリン部隊の主導権争いは血を見る激しさであった。双方とも戦功を誇り、負けず劣らずその行動は過激であったから、いわゆる〝身内の争いの凄まじさ〟であったのだろう。気性の激しい朴エルリアは、夜毎に完全武装して反対派の折伏や抹殺に駈回ったとのことである。

金弘壹の失望　中山・孫文に励まされ、軍務総長・盧伯麟の指令に従った金弘壹（二三歳）は、一九二一年三月に上海を立ち、白頭山麓の長白県に残っていた軍備団（二五五人）を説得して引率し、五月一〇日に露領イマンに入った。途中で天宝山鉱山の守備隊と戦闘を交えるなど、三五日を要した難行軍であったという。

金弘壹が艱難を冒して自由市に現われたのは六月二日であった。彼は初めての独立運動に興奮し、理想に燃えていた。

だが三人軍政委員の柳東説から聞いた現実は、ショックであった。見るからに疲れ切った柳東説は

「各団体間の意見の調整は不可能だ。団体の中には、内部統一さえできてない部隊もある。イ市派の委員は崔高麗だが、彼はすでに匙を投げて自由大隊司令の呉夏默に任せ切っている。

各団体を改編して、統一のある軍隊に仕上げる展望はない。情勢が好転するまで、イマンで待機したがよい」

と申し訳なさそうに実情を語ったのである。金弘壹は

「聞くほどに脈がぶっつりと切れるような気がし、…自由市の混乱を確めてわびしくイマンに帰った」

と回想している。

軍政委の決定　そのころレーニン政府の態度は微妙に変化した。一九二〇年秋から開かれた日露大連会議において、日本側はシベリアからの撤兵条件として韓人独立軍の取締りを強硬に主張した。また日本公使・芳沢有吉と駐北京ロ

シア代表・カラハンとは、北京で北洋漁民協定を締結して尼港事件に類する不祥事の再発防止と漁撈の安全操業とを約したが、芳沢公使が在シベリアの韓人独立軍の即時解散を要求した際、カラハン代表は「シベリアには遠東国際軍が集結しているが、韓国独立軍は存在しない。万一独立軍が沿海州に進出した場合は、絶対に座視しない」と言明して日本軍の撤兵を要求した経緯があった。

つまり当時軍事力が貧弱であったレーニン政府は、国際環境の激変に伴って日本との友好回復とシベリア派遣軍の撤収とを至上命題としたために、自由市に集結した韓人部隊の改編を急ぎ、それを完全にコントロールする必要に迫られたわけである。

そこでタルビロの意を受けた三人軍政委員会は、国際軍への改編大綱を次のように決定した。

一、各団体を解体して単一部隊に混合編入する。正規軍への脱皮を容易にするために、幹部は正規の軍事訓練経験者だけを充当する。

二、整訓はイルクーツクとトムスク等の安全地帯で実施する。

三、正規軍幹部として不適格と認定された既成指揮官は、現地党部や僑民会学校に転職する。

ところが正規の軍事訓練を受けた人は自由大隊に多く、大韓独立軍団には李青天、金弘壹らだけで、サハリン部隊には一人も居なかった。編成大綱は明らかに、諸団体の現幹部は放逐して自由大隊に吸収し、日本に口実を与えないために満州と沿海州から遠ざけることを示していた。これでは赤軍への改編であり、韓国の解放とは縁もゆかりもなくなってしまう。

勇猛をもって鳴るサハリン部隊が騒ぎ出した。彼らは自由市から脱出し、沿海州や満州への移動を計画し始めた。そして独立軍に同調を求めた。元来、言葉とロシアの事情に暗い独立軍はサハリン部隊から情報を得ていたし、民族的共感があったから、連合して自由大隊と対立していたのである。
こうして韓人武装団体は決定的に分裂し、かつ破局を迎えることとになる。

(三)　遠東革命軍の自壊

金弘壹がイマンに戻ると、六月二六日に自由市で韓人団体の間に武力衝突が起こり、大韓独立軍団の死者七～八百人、負傷者数百人、伐採労働に連行された者一千余人を越える大惨事が発生した、と伝わった。

趙芝薫書は「大韓独立軍団に死者二七二人、逮捕者（強制労働所収容）九一七人、行方不明二五〇人、溺死三一人の犠牲を生じ、李青天もイ市派に逮捕されたが、上海臨政の抗議を受けたレーニンによって釈放された」（一八〇頁）としている。

民族派が初めて統合して創設した大韓独立軍団は、予想もできなかった事故のために壊滅的な打撃を受けた。独立運動史上最大の不祥事と言われているが、その原因は大別して三説がある。

赤軍介入説　金弘壹回想録は次のように説明している。

サハリン部隊と独立軍団との脱出気配を察知したロシア赤衛軍は、直ちに厳重な警戒網を張った。独立軍やサハリン部隊が沿海州や満州の日本軍と衝突すれば、外交上の大事件になるからであった。だから赤衛軍司令部は、三人軍政委員会を通じ、速かに全部隊を武装解除してイルクーツクに強制移送するよう決定した。

やがて武装解除の期日が迫ると、自由大隊は逸早く武装を解いて命令を順守した。中味はロシア人だから仕方がない。

ところがこれを韓国人にあるまじき所業と見たサハリン部隊の隊員らは、日頃の感情を爆発させて射撃戦を誘発させた。むろんサハリン部隊を目の上のコブとみていた自由大隊は直ちに再武装して、赤衛軍と連合して容赦なく銃口を向けた。第一線で抵抗したサハリン部隊は太部分が殺傷され、第二線で戦った独立軍団も大打撃を受けて四散した。

こうして念願した抗日大武力育成の夢は水泡に帰した。言うまでもなく、韓人共産党の内紛のためで、共産党というのは昔も今も、わが民族の分裂を助長する最も兇悪な因子になっている。一致団結して戦っても独立の達成は容易でないのに、遠い異境の果てで思いもかけず突発した同胞相殺は何と口惜しく凄惨な悲劇であろうか！

金弘壹はイマンに逃れてきた金圭冕、張基永、李鏞、韓雲用やサハリン部隊長・朴エルリアらと韓国義勇軍事委員会を設立し、六百余人を統率する義勇軍司令部を創設しているから、一方の当事者らの証言を基に綴っているわけであるが、全般の流れ特に独立軍団が壊滅的な打撃を受けた事実からみて、真相に近いと思われる。

けれども金弘壹将軍も指摘しているように、この事件のそもそもの発端は各派の主導権争いであったことは否定し得ない事実と思う。

赤軍の単独攻撃説　また私史は、それぞれ次の説を立てて赤軍の単独攻撃説を説いている。

趙芝薫書（一八〇頁）：チタ政府代表カラハンと日本公使・芳沢が北京で北海の漁業権を協定したとき、芳沢が「貴領で日本に敵対する韓国独立軍を育成すれば、両国の友好に大きな支障を招く」と恫喝した。革命後の衰弱期にあった労農政府は日本との不和を警戒して「韓国独立軍の武装を解除する」と約束した。これによって独立軍は、六月二二日に赤衛軍から無条件武装解除の通告を受けた。独立軍はレーニンの被圧迫民族解放理論を盾に抗議したが、六月二八日、赤軍は二重に独立軍を包囲して、大砲と重機関銃で攻撃した。独立軍は最後の一人まで民族節義のために死闘する決意をもって、決死的に抗戦した。

金承学「韓国独立運動史」三八八—九五頁）：北京で北海漁業協定を締結した労農ロシア代表・カラカーンと芳澤公使との密約により、ソ軍が好ましくない朝鮮独立軍団を武装解除した結果。（筆者注：前者の同工異曲と思われる。ソ軍の攻撃に独立軍団がこれほどの損害を出すまで抵抗する理由がないと思うし、上海派がイ市派に処刑された説明が欠けている）

姜文秀「上申書」（一九三四年六月「思想月報」第四巻第三号四〇—五〇頁）及び**金斗禎**「朝鮮共産党小史」（一九三九年一〇月「反共叢書第八」の一〇—二三頁）：朝鮮人の共産主義者がロシア共産党の頤使に従わなくなったので、厄介払いのために仕組まれた巧妙な陰謀。（筆者注：イ市派も上海派も資金と指令はコミンテルン極東書記局議長・シュミアツスキーから受けていたのだから、この説には従いかねる。けれどもロシア人は常識では図れないから、否定はできない）

もし自由市事件がソ連の陰謀の結果であったとすれば、レーニン政府は遠東革命軍の編成という美名のもとに韓人部隊を自由市に誘殺したことになろう。けれども後出するように、李東輝が指揮した「高麗革命軍」は、一九二二年に日本軍が撤兵するまで赤軍に協力しているから、事情は複雑で難解である。

同士打ち説　徐大粛「朝鮮共産主義運動史」は、日本外務省文書「大正一一年朝鮮治安状況」（その二、国外）に基づいて次のように叙している。

「満州とシベリアに散在していた朝鮮人ゲリラ部隊は、一九二一年三月、在シベリア日本軍と戦うために結集した。**大韓義勇軍**の旗の下にサハリン部隊、青龍隊、イーマン隊、光復団、軍政署、義軍府、血誠団その他の三千余人は一人の司令官のもとに組織され、アレクセイエフスク（現スボボードヌイ）付近に陣取った。唯一の目的は朝鮮を取り戻すことで、反日である限り何をしようと容認したが、彼らは李東輝を支持し、李東輝が主導している上海臨政に従っていたので、赤軍に忠誠を誓っている朝鮮系ロシア人、つまりイ市派やチタの文昌範らには同感を示さなかった。

一方、チタの文昌範とイ市派の金哲勳は連合して**高麗革命軍政議会**を設立し、義勇軍を募ることにした。軍の指揮者は金夏錫、崔高麗、柳東説、呉夏黙で、大韓義勇軍の転覆工作を会議したメンバーは元世勲、南万春、安秉瓚、張建相、李檉《りてい》らであった。

一九二一年六月二六日、崔高麗が率いた高麗革命軍政議会部隊は大韓義勇軍の兵舎を包囲して軍政議会への加入を勧め、応じない場合は武装を解除する、と威かした。

義勇軍側の連合議会員（洪範図、安武、徐一、李青天、朴容萬、朴愛、金能孝、李鏞、崔振東、聶立ら）が拒んだので戦端が開かれ、一二時間後に義勇軍側は戦死六百、捕虜九一七人を出して壊滅した。臨時軍事法廷は捕虜たちに、死刑（朴愛、張道政ら）、全世界の赤化が終わるまでの懲役、一五年以上の懲役、シベリア労役を宣告した。

軍政議会側のこの事件に関する公式説明は、いくつかあった。

① 義勇軍内の一部から、サハリン部隊長・金能孝と上海派の朴鎮淳との間の衝突回避を依頼されたので、それに応じた結果である。
② 朴鎮淳と金能孝が、間島から来た許根部隊四〇〇人の入国に反対したので衝突が起こった。
③ 義勇軍が軍政議会の司令・呉夏黙の暗殺を企んだので、報復した。
④ 朴鎮淳が、軍政議会に不利な悪意の宣伝をしたので処罰した。

だが前四項の理由は矛盾に満ちている」

派争説　コミンテルンの公式の三人調査委員会（ペラ・クーン、クーシネン、サファロフ）が同年一一月一五日に発表した調査結果と裁定は次の通りである。（ハルピン領事・山内四郎「共産党ニ関スル訳出文書送付ノ件」。本文書は双城堡（ハルピン南郊）雑林病院で押収された）

コミンテルン三人調査委裁定要旨

① コミンテルンは分派の存在によって生起した緊張を認め、軋轢の原因となった主張・告発に留意する。コミンテルンは上海派がイ市派よりも早く組織された事実と、及び上海派がロシアに帰化していない朝鮮人の代表であることを認める。従って、イ市派がコミンテルンの出先機関から（すなわちシュミアツスキーから）優遇された疑いがあるが、これは是正さるべきである。

② 義勇軍の問題に無責任に介入したイ市派の罪を認め、文昌範の主張は却下する。但し、朴イリア（鎮淳）は、カリンタコール李（李樫）と「武力衝突を避けて派争を調整する」と協定した責を負う。

③ 臨時軍事法廷は李東輝の代弁人・朴愛に九つの訴因によって八年の刑を宣告したが、根拠がないので即時釈放を命ずる。

④ 朴愛の他、八〇人が釈放される。

⑤ コミンテルンは極東総局に対し、臨時中央委員会の組織のため両派から同数の将校を選定するよう指令した。

②項の訳文の意味がわかりにくいが、三人調査委員は、自由市事件の責任がイ市派と上海派との派争に原因することを明らかにしている。しかし、労農政府の政策や赤軍の介入について触れていないのは、すべてを韓人の責にした

ほぼ被りであろう。赤軍が介入しなければ、大韓独立軍団がこれほどの打撃を受けるわけがない。

また坪江汕二「朝鮮民族独立運動秘史」は次のように述べて派争説をとっている。（一三一頁）

「大正九年（一九二〇）八月にはイ市派の金万謙が上海に派遣されて一応李東輝派と合作行動していたが、この両派は露領でも上海でも、コミンテルンの承認を得てさらに援助資金を獲得しようと、互いに派閥抗争を重ね、大正十年（一九二一）六月には文昌範らのイ市派がアレキセフスカヤから十五露里の上海派の党本部を夜襲し、暴行破壊の限りを尽くして引揚げたいわゆる『自由市夜襲事件』が勃発し、双方に多数の死傷者を出すに至った。

そこで上海派は同九月末にこれが報復として、イ市派の金震ら約五百名を反革命罪でソ連官憲に逮捕させる一幕『黒河事件』も起きた」

革命の歴史は、同床異夢で始まる。革命という大義名分のために小異を捨てて大同し、既成政権を打倒する。そして政権を握れば小異が吹き出して権力争いになり、粛清が始まる。最後に残ったものが革命の英雄である。フランス革命、ロシア革命、明治維新、中共革命などみなその軌を一にする。

すなわち革命成功のポイントは、まず反体制勢力の大同団結にあることだけは疑いがなく、大同なくして革命が成功した例はないのである。

けれども韓国の解放運動では、成功する前に排他運動や内輪の粛清が始まり、果ては同士打ちさえ演ぜられた。この現象をどう理解したらよいのであろう。

自由市から追われた大韓独立軍団の各代表一五人（洪範図、李青天ら）は七月下旬に寧古塔（寧安：牡丹江南側）で合議して「自由市事件は、在露大韓民議会の一派である文昌範、金夏錫、元世勲らがソ連の新政権に策動して起こした事件である。われわれは彼らを打倒するまで闘う」との声討文を決議して公表した。（坪江書九九頁）またこれまで李東輝を支持していた洪範図、金佐鎮、李鏞らは公然と李東輝と訣別し、「共産主義者はボルシェヴィキの傀儡であり、ボルシェヴィキは朝鮮独立軍を内乱に利用しているのであって、目的を達すればお払い箱にするのが目に見えている」と非難した。

つまり独立運動に共産主義者が加入したことによって、運動の戦線は却って四分五裂した。成行きに徴して已むない事情は分かるとしても、坪江書はこの歴史を顧みて

「このように、かれらの民族独立運動は宿命的な派閥抗争と離合集散をくり返しながら、抗日戦による犠牲よりは派争による多くの犠牲を出し、次から次へと展開されていった」

と総括している。

五、民族派武闘の終焉

一九二〇年（大9）の冬、在満の有力独立団体が間島出兵に追われるかのように露領に去った後は、群小の独立団体が再建と統合を巡って離合集散を繰り返していた。

(一)　再建と統合の努力

大韓独立軍団が自由市に北上した後、南満に残っていた独立団としては次の諸団が記録されている。

光復軍総営・呉東振、張徳震ら

光韓団……玄正卿、玄益哲らの西路軍政署少壮派
義成団……片康烈、承震、朴成章ら
韓僑公会…孫克章、李天民ら
朝鮮革命軍‥李鍾洛、張小峰ら
これらの諸団は分散してそれぞれ抗日運動に従っていたとされるが、成均館大学校教授・李命英博士の労作「四人の金日成」('76年、成甲書房刊)によれば、各団が縄張りを持ち、満州馬賊や土匪の襲撃から居留民を保護する代償として徴税し、割拠して生計を立てていたのが実態であったという。

統義府　これでは独立運動と言い難い。やがて自然に団体統一の必要が叫ばれ、前記の諸隊を含む八つの団体と九つの民会の代表とが翌一九二二年八月に桓仁《かんにん》県で会議して「統軍府」を結成し、一〇月に委員制に改組して「統義府」を組織した。

統義府は行政自治機構と軍事機構とを備え、次の人達が幹部であった。
委員長‥蔡尚悳
　民事委員‥李雄海
　軍事委員‥李天民(のち申八均)
　警務監‥全徳元
各独立団は李天民を司令長とする統義軍に編入されて、八五〇余人の総兵員は五個中隊に編成されていた。

義軍府　しかしこの南満の統一機構は間もなく分裂した。儒林義兵の重鎮として自ら任じていた全徳元は、警務監の職位に不服であった。また李朝の復興を志した彼は、共和制を唱える少壮派と折合わなかった。たまたま第五中隊長・某が反統義府の疑いで殺害されると、全徳元は第五中隊を率いて「義軍府」を組織し、統義府委員長・蔡尚悳を説いて総長に推し、自らは軍務総監に収った。

この間、統義府の実力部隊である他の四個中隊は中立的態度をとって、統義府との抗争を傍観していたという。

この間の事情を一九二二年（大11）一一月二十日付の朝鮮軍参謀部「朝特報第二六号（大正11年度の年報）」は、西間島方面の情勢を記述した中で、各種群小独立団体の統一機運を「八月下旬、桓仁県に各団体の代表者五十余名会合し、協議の結果『大韓統軍府』（又は統義府）なる名称の下に西間島方面の各団隊を統一することを決議し…」と伝え、次項に

「然れども、元来鮮人は権勢争奪を事とする国民性を有するのみならず…李王家の復活を策する者と共和国を創造せんとする二派あり…老年と青年の間に待遇の不均衡に起因する違和感あり、最近両者間に衝突ありて主要幹部に死傷者を出すに至れり…」（金正明書三五頁上段）

と述べている。

参議府　こうして統義府と義軍府との抗争が激化する一方なので、白時観らは各地の有志を集めて中央議会を構成し、上海臨政の承認の下に統義府の第一～第三中隊を掌握して「陸軍駐満参義府」を創設した。幹部は次の人達であった。

中央議会議長…白時観

軍事委員長…馬徳昌（本名・李種赫、陸士二七期生、一九三五年に獄死）

参議長……白狂雲
第一中隊長…白狂雲兼務
第二中隊長…崔碩淳
第三中隊長…不詳

つまり統義府には第四中隊だけが残り、義軍府に第五中隊が、他の三個中隊が参議府に参加して、ここに統義府は三分したわけである。

しかも間もなく、一九二四年の冬に参議府参議長・白狂雲が、変節した文学彬の部下に殺害された。また統義府の司令長・申八均（申東天）らが馬賊に殺されるなど不祥事が続発し、これが発端となって南満の独立団体間の抗争が激化した。独立運動を忘れて派争に専念している観があったのだ。

高麗革命党　痛嘆した梁起鐸、呉東振、鄭伊衡らは党員千五百余人を募り、民族主義運動の核心を志向して「高麗革命党」を創党した。幹部は

委員長…梁起鐸
責任秘書…李東求（国内からの参加）
委員……玄正卿、呉東振、李東洛（天道教新派）、李圭豊（シベリアから参加）、鄭伊衡

の顔触れで、思想を厳選して共産党上海派の宋寒石やイ市派の李雲漢らの入党を拒絶したという。その政治理念を安昌浩が唱導した「務実力行」に置き、実行機関として一九二五年一月に「正義府」を組織して本部を樺甸《かでん》県城に置いた。

正義府は高麗革命党の党軍で、左記団体を糾合して七個中隊に編成したものである。
自由市の禍に遭って帰満した大韓独立軍団の残部（李章寧、李青天ら）
吉林住民会（崔明洙）
義成団（承震）
労働親睦会（李承範）
自治会（尹河振）
固本契（辛亨奎）
学友会（金鉄）
匡正団（金虎。一九二三年に興京団、軍備団、太極団、光復団が合体したもの）
その幹部はほとんど高麗革命党の幹部が兼任したが、主な顔触れは次の通りである。
中央執行委員長・李沰（満州事変後に変節）
　総務委員長・金履大（同右）
　軍務委員長・李青天
　財務委員長・呉東振
　民事委員長・金虎
　司令長・李青天（のち呉東振）
　司令副官・鄭伊衡
正義府は務実力行の理念に基づいて刹那的な冒険を戒め、息長く実力の養成に務めた。農業公司や組合の結成を指導して経済力を養い、小学教育を義務とし、興京県に化興中学校を、柳河県に東明中学校を、樺甸に華成義塾（塾長・崔東旿、今の北朝鮮の金日成主席も一九二六年に暫く学んだという。「金日成伝(1)」五一頁）を設立して士官を養成し、「戦友」「大東民報」を発行して一般の啓蒙を図り、かつ人材を雲南や広東に留学させるなどがその施策であった。

従って華々しさはなかったが、その後の独立運動に大きな影響を与えたと評価されている。けれども高麗革命党は間もなく瓦解した。シベリアから参加した李圭豊、朱鎮寿、崔素水らが、民族主義を装いながらソ連の指令の下に民族陣営の切崩しと乗っ取りを図っていることが発覚すると、民族派の多くが憤激して脱党したからと、党の首脳部が検挙されて呉東振と鄭伊衡には無期、李元柱は八年、李東求らに五年の懲役刑が宣告されたからである。こうして党は空名になったが、その理念は正義府に継承されていた。

一方、正義府の勢力拡張とその穏健な理念に対抗するために、参議府は国内進攻を計画し、参議長・崔碩淳は一九二五年三月、輯安県古馬嶺において破壊工作を準備した。古馬嶺は平北・楚山の対岸にある。ところが高彼得巡査部長と李竹坡刑事に探知され、楚山警察隊の急襲を受けて崔参議長以下二九人が戦死した。南満における抗日武装闘争史上の最大の惨事であった。こうして上海臨政の唯一の直轄軍事力とみられた参議府はその中核戦力を失ったが、尹聖佐、ついで金承学（愛国同志会編「韓国独立運動史」の編者）が参議長に就任して立直しを図りつつあった。

以上が一九二五年（大14）までの南満州での動静である。初めての統一機関として**統義府**を創設したが忽ち**義軍府**が分派して抗争し、その抗争を収拾するために**参議府**を創設したが却って三府の対立に発展した。そこで**正義府**が発足して大同団結を図ったが、共産主義者の切崩しのために統一は成らず、四府の並立となったわけである。そしてこの四府のいずれにも属さなかった朝鮮革命軍（李鍾洛）などの群小の団体がその縄張りの維持と勢力の拡大に汲汲としていたわけであるが、独立への志向に励んだ実力団体は正義府と参義府の二府だけであったとみられている。

新民府　北満州では、二五年一月の**正義府**の創建に刺激されて、自由市の難を逃れて帰満していた金佐鎮らが大同団結を提唱した。共産系の「赤旗団」を除く東・北満の各団体代表者が吉林省穆陵県に会合して「扶余統一会議」を開催し、統一機関として「新民府」を組織した。二五年三月の寧安会議で選出した幹部は次の通りで、その軍隊五三〇余人は総司令官・金佐鎮の下に五個大隊に編成されていた。本部は初め烏吉密に、のち同賓に設けられた。

中央執行委員長・金赫（学韻）
委員長　軍事部・金佐鎮
民事部・崔灝《こう》
参謀部・羅仲昭（のち黄学秀）
外交部・曺成煥
法務部・朴性泰
経理部・兪政根
教育部・許斌
宣伝部・許聖默
連絡部・鄭信
実業部・李一世
審判院長・金墩

城東士官学校（穆陵県小秋風）

校長　・金赫

副校長・金佐鎮

こうして在満の武装団体は概ね正義府、参義府、新民府の三府に統合されて勢いづいてきた。絶えざる圧迫を受け、数々の意外の不祥事に遭いながらも、異境の地で運動を継続したその闘魂は記録さるべきであろう。こうして朝満国境地帯が再び騒がしくなってきた。

(二)　果てしなき茨道

だが独立武装闘争の再燃を、朝鮮総督府が看過するわけがなかった。また天下を望んで北京に進出し、大元帥に就任した満州王・張作霖も根拠地の静穏を願っていた。

三矢協約　一九二五年（大14）六月一一日、朝鮮総督府警務局長・三矢宮松と張作霖との間に、「在満韓国人取締り協約」が締結された。俗に三矢協約と言われるが、「施政二十五年史」は締結の理由を

「(間島出兵によって北間島の治安は画期的に平穏化したが)、西間島地方の不逞者は此の種徹底的の施設がない為、依然鮮内に潜入して金品を強奪し人命を害ふ等の兇暴を敢てして、底止《ママ》するところがなかった。初め外務省では移住朝鮮人間に保民会なるものを作って不逞者を検挙せんとしたが、匪徒は却って保民会員を苦しめた。又本府より支那官憲に交渉する所があっても、彼らは充分に誠意を示さなかった。そこで大正十四年（一九二五年）六月十一日総督府警務局長三矢宮松は奉天に於て支那当局と国境警備に関する協定を遂げ（注・三矢協約）、じ後之に

基づいて掃蕩に努めたので匪賊は心胆を寒うし、……顕著な効果を挙げらるゝ様になった」(三三五—六頁)と説明している。

実際この協約は、独立団体を形而上下に亘って苦しめた。協約は、「中国官憲は韓人独立運動家を逮捕したならば、必ず日本領事館に引渡す」、「日本領事館はその代償として賞金を支払う。その賞金の一部は逮捕者に分与される」という条項を骨子としていたからである。

欲のない人は居ない。一人引渡せば二〇元の償金(ほぼ一か月分の生活費)が貰えることは、魅力であった。中国の官憲は独立団員の逮捕に血眼になり、張作霖の軍隊も馬賊も土匪も、これに全力を挙げた。挙句の果ては独立軍の兵士や一般の農民までが欲に目がくらみ、気に入らない家に押しかけて〃独立軍を匿っている〃と脅迫して金品をせびり、ついには家人の首を差出して賞金をせしめるようにさえなってきた。

特に被害を与えたのは張作霖軍であった。実力を持っているから始末が悪い。中国人に反感を持たれたら満州での生活は不可能になる。独立軍は夜行軍で転々と居を変えねばならなくなったし、勢い独立運動も控えざるを得なかった。独立団は、パルチザンに必要な聖地と住民の協力を奪われたのである。

三府統一会議と吉林の大検挙　こうして武装独立闘争は大きな試練を迎えたが、張作霖軍に狙われるのも、土匪の類に脅かされるのも、運動が分散していることに原因がある。まとまれば力もつくし、襲われることも少なくなるだろう。そこで南満の「参議府」と「正義府」、北満の「新民府」との三府連合の必要が提唱されたのは、自然の成行きであった。紆余曲折を経たすえに、一九二七年(昭2)二月に三府の代表ら三百余人が吉林に会同して「三府統一民族唯一党」、つまり大韓独立党の結成を会議した。しかし総会ならともかく、根回ししてない三〇〇余人の代表が集まって、意見が一致するわけはない。しかも思想的な思惑が持ちこまれたから、各府内の意見が次のように二つに割れた。

正義府↘促成会派（右派）：李青天、李鍾乾、崔明洙、金元植、金尚徳、金東三
　　　↙協議会派（左派）：玄益哲、李俊植、金履大

新民府↘軍政派（右派）：金佐鎮、黄学秀
　　　↙民政派（左派）：宋尚夏、独孤岳

参議府↘促成会支持（右派）：金承学、金希山、金筱夏、朴昌植
　　　↙協議会支持（左派）：沈龍俊、李虎

しかも参議府の分裂は悲劇的であった。沈龍俊らは中央護衛隊長・車千里を殺害して大混乱を起こしたすえに、左派を結成したのであった。

これでは統一は難しい。数か月経っても結論はでなかった。見るに見かねた上海臨政内務総長・安昌浩は、吉林に乗り込んで五〇〇人の有志を集め、統一の急務を訴えた。ところが吉林督軍・張作相は、この大集会を偵知した朝鮮総督府の要請に応じて各団の代表三百余人を検挙し、安昌浩ら五〇余人を拘置した。吉林大検挙事件である。さまざまな経緯のすえに半月後には全員が釈放されたが、この検挙事件は統合運動を促進した。

すなわち同年八月に三府の各左派が集まって「国民府」を結成し、右派が集まって「軍民議会」と「韓国独立党」を組織したのである。最初の会議から六か月経っていた。かくて統一は成らず、三府が二つに整理されただけであった。この原因は多々あるが、第一次大戦後の共産党の台頭や社会主義思想の氾濫が、独立運動の中に左派と右派（民族主義）との対立を持ちこんだことが挙げられよう。

国民府は農民運動に主力を注ぎ、生活安定（経済活動）、地位向上（教育）、権利擁護（争議行為）を志向した。部署は委員長・玄益哲、民事・金履大、外交・崔東旿、軍事・李俊植、法務・玄正卿らで、その軍隊を「朝鮮革命軍」と呼び、司令長・李俊植（のち韓国軍中将）の下に八個中隊に編成して本部を興京に置いた。その兵力を趙芝薫書は一万二千人としているが（一七二頁）、李命英「四人の金日成」は、最初は四百人としている。（七八頁）

国民府は根拠を南満においた。一九二九年には姉妹機関として、党員五千五百人の「朝鮮革命党」を組織して、北満の「韓国独立党」と張合ったが、一九三〇年五月の間島暴動（後出）の際は、極左派にそのかされた政治主任・玄正卿がクーデター未遂事件を起こし、翌三一年には委員長・玄益哲が検挙されるなど波瀾が絶えなかった。また次第に間島共産党の影響を受け始めたが、朝鮮革命軍はあくまで民族主義を奉じて中国共産党軍とは一線を画していたと伝えられる。

軍民議会・韓国独立党　一方、北満を根拠に三府（正・参・新）の右派が結成した軍民議会は合法の自治団体であり、韓国独立党は非合法の独立運動指導機関で、その実践部隊が「韓国独立軍」であった。部署は次の通りである。

職　名　　氏　名（元の所属）

軍民議会委員長：金東三（正義府）

副委員長：洪震（臨政代表）

秘書：李応瑞（北満僑民代表）

軍務委員：李青天（正）、金佐鎮（新民府）、黄学秀（新）、朴昌植（参義府）、全盛鎬（東満僑民代表。6・25時の韓第12連隊長）

民事委員：金承学（参）、金筱夏（参）、金東鎮（東僑）、鄭信（新）、李寛一（正）

韓国独立党最高幹部：金東三（正）、金承学（参）、洪震（臨政）、全盛鎬、金尚徳（青年代表）、李応瑞

韓国独立軍総司令：金佐鎮

韓国独立軍は三府に所属していた軍隊から精鋭を選抜して編成したが、趙芝薫はその兵力を一万五千人としている（一八五頁）のは、金承学の編書が根拠なのであろう。

ところが委員長・金東三が、この結党会議の帰途に検挙された。また翌二八年の春（一九三〇年一月二四日の説がある）には、総司令・金佐鎮が謀殺された。当時金佐鎮は寧安付近で精米業を営みながら国事に従っていたが、懐かしげに訪れた旧部下の共産主義者に撃たれたとのことである。金佐鎮は武闘の三名将の一人と称えられているが、ついに共産主義者の民族派切崩しの犠牲になった。

こうして「韓国独立軍」は成るか成らぬうちに危機を迎えたが、李青天、洪震、黄学秀、申粛、李章寧らが団結して立直しを計り、北満の地に党勢を維持していた。

しかして、あらゆる団体が人の集合である。人は百人百色の個性と思想・個人的な利害を持っている。だから政治信条を同じくする人が集まって造った政党も、同じイデオロギーに共鳴した人が集まった思想団体も、その基本はハーモナイズ（和合・調和）とディスユニティ（分裂・不統一）から成り立っている。

だから政党の離合集散は常であり、かつて永久化したものはない。けれども満州における韓人独立団体の離合集散は、常識の範囲を越えて惨烈である。この歴史を「韓国の政治風土の表象」と説明した学者がいたが、その意は、次の第五共和国制の発足に当たっての国民世論の調査結果（一九八一年四月二日付「東亜日報」）を見れば分かる。

三、地域感情に対する貴下のご意見は？
①漸次解消されるだろう　(三九・八％)
②悪化しなくても解消されない　(二一・八％)
③容易に解消されそうもない　(二一・八％)
④今後より悪化するだろう　(　三・六％)
⑤分からない　(一四・四％)

四、過去数年間に地域感情が悪化した主な理由は？
①永い間に形成された当該地域住民間の排他的な不信感　(三七・六％)
②政府の片寄った政策　(三〇・二％)
③地域住民の偏狭な考え　(二五・五％)
④その他　(　六・七％)

五、われわれが排除すべき価値と態度は？
①相互不信　(三四・一％)
②学閥主義　(二〇・二％)
③拝金思想　(一八・七％)
④縁故（地縁・血縁）主義　(一一・九％)
⑤地域感情　(一一・六％)
⑥その他　(　三・六％)

十六、一部大学のデモが左傾化していることに対するご意見は？
①わが社会に蔓延している社会経済的弊害のためだ　(四六・八％)

②学生自身の曲った考えのため　（一六・三％）
③反共教育が不十分なためだ　（一六・一％）
④分からない　（二〇・八％）

二二、新しい政治人像といえば？

①正直で清廉な人　（四五・五％）
②国家と社会に対する奉仕心の強い人　（一五・〇％）
③学識と人格が高い人　（一四・一％）
④政治的手腕がある人　（一一・四％）
⑤責任感の強い人　（五・四％）
⑥冒険心と活動力の強い人　（四・三％）
⑦闘志が堅い人　（三・六％）
⑧その他　（〇・八％）

三三、わが国の実情に最も叶った指導者像は？

①民主的な政治力量のある指導者　（六〇・一％）
②行政実務に明るい指導者　（一六・一％）
③威厳のある指導者　（一〇・八％）
④生まれながら素質を持った指導者　（一〇・〇％）
⑤その他　（三・〇％）

三四、わが国の実情に最も叶う統治方式は？

①対話と説得による統治が最も適当だ　（三九・七％）

②最高指導者の先導的な率先垂範による統治が望ましい　（三三・〇％）
③場合によっては強権を発動する統治方式が適当だ　（一三・二％）
④できれば、天性的に偉大な指導者による統治が最も理想的だ　（　九・三％）
⑤威厳と権威による統治が最も適当だ　（　四・八％）
三七、第五共和国で真先に追放すべき社会悪は？
①公務員の不正腐敗　（三四・〇％）
②政治人の非理　（二八・三％）
③公衆秩序と道徳の紊乱　（一一・一％）
④暴力及び賭博　（一〇・四％）
⑤奢侈行為　（六・五％）
　他略
三八、第五共和国における公務員の不正腐敗は前の維新体制に比べてどうなると思う？
①どの政権下でも公務員の不正腐敗は付きものだ　（三三・三％）
②今後不正腐敗はそれほどでもあるまい　（二七・三％）
③時間がたてばまた蔓延するだろう　（二二・八％）
④分からない　（一六・六％）
四四、統一政策に望む事項は？
①経済・軍事・外交的優位の確保　（三九・四％）
②南北対話の継続による相互交流　（三五・八％）
③歪曲されない北韓の実情教育による理解の増大　（一六・五％）

④望むところなし　（三・八％）
⑤一国家二政府の承認　（一・八％）
⑥その他　（二・八％）
四六、国民の和合措置に対するご意見は？
①まあ、まあだ　（五五・五％）
②満足している　（三四・五％）
③全々なってない　（一〇・〇％）

(三)　武闘の終焉

一九二五年六月の三矢協約発効以来、中国官憲の在満韓人に対する迫害が目に余るようになった事情は前に述べた。これに憤激した全北・裡里の住民が一九二七年一二月に在住中国人（華僑）を襲撃するなど、韓国人の対中感情は逐次悪化する傾向を示していたが、三一年（昭6）七月に万宝山事件が起こるに及びその感情が爆発した。万宝山事件は長春（後の新京）西北の万宝山三姓堡に入植中の韓人農民を中国農民が襲撃して多数を殺傷した事件だが、報復のための華僑襲撃事件が仁川、京城、平壌、義州、安辺等に相次いで発生し、やがて全国に波及した。

勢い中国人の対日、対韓感情が尖鋭の極に達したその時、九月一八日に満州事変が勃発し、翌三二年（昭7）三月一日に満州国の建国が宣言された。この情勢の変化は韓国独立団体の基盤の喪失と、国内からの支援の逓減を意味し、武闘の終焉を決定づけた。満州国の成立過程では中国国民党政府は第三次掃共戦の最中であったのと、翌三二年一月には戦火が上海に飛火したために、有効な対応ができなかった。懸念されたソ連は、力不足のために口も手も出さなかった。そこで関東軍は、意のままに建国の基盤を固めることができたからであった。

韓中連合軍の結成　満州国が成立すると、反満抗日運動が燎原の火のように燃え広がった。旧東北政権（張学良）の地方駐屯軍は生活基盤の喪失を恐れ、満州国軍への編入を拒んで反乱した。満州名物の馬賊は、縄張りを失い、転業を嫌って反満の旗を挙げた。また大刀会や紅槍会などの宗教秘密結社は、抗日の先鋒に立った。

この騒然たる気運に乗じ、韓国独立団体がこれらと連合して組織の維持を図り、素志の貫徹に努めたのは自然の帰結であった。

一九三二年（昭7）の満州国建国の年、各種各様の反満抗日部隊の総兵力は三六万人と計算されていたが、その内訳は馬賊隊二〇万、旧東北軍一二万、宗教匪三万、韓国独立団数千と見積られていた。だが日満軍警の絶え間ない粛清工作によって、次のように討ち減らされた。

年　度	残存勢力
一九三四年（昭9・康徳元年）	四一、〇〇〇人
一九三五年	二一、〇〇〇人
一九三六年	一三、〇〇〇人
一九三八年（昭13・康徳5）	八、七〇〇人
一九三九年	三、二〇〇人

（残存勢力のうち、八割が中共党遊撃隊であった。後出）

（防研戦史叢書「関東軍〈1〉」一二九頁）

この過程において民族派の団体は比較的早期に壊滅し、代って中国共産党軍に加入した朝鮮人パルチザンが登場して、金日成部隊や崔賢部隊の名を残すことになる。(後出)

国民府・朝鮮革命軍の終焉　南満を根拠とした国民府の軍隊・朝鮮革命軍は、総司令・李俊植が共産主義者の策動に嫌気がさして広東に去ると、後は金保安が統率して自戦自活していたが、金保安は韓人密偵によって三二年一月に逮捕された。後任の梁世奉は約四〇〇人を率いて本部を興京から桓仁に移し、遼寧民衆自衛軍総司令・康聚伍(旧東北政権の桓仁駐屯軍長)と合作してその特務隊となり、東辺道を舞台に武闘を再開し始めた。康聚伍は〝東辺道の覇者〟と呼ばれ、東三省一帯に勢力を振った一方の雄であった。けれども関東軍の猛追に次ぐ猛追を受けて、三三年秋には北京に身を避けた。

そこで梁世奉は大刀会の王鳳閣が率いた遼寧救国義勇軍と合作したが、梁世奉は三四年秋に戦死した。彼は三二年秋に庇護を求めてきた金聖柱(今の金日成で当時二〇歳)を、「降者不殺」として助命したことがあるという。(「四人の金日成」二八五—九頁)

後を継いだ金活石は三百人に減った朝鮮革命軍を率いて王鳳閣と連合し、素志を貫いた。王鳳閣は〝東辺道の英雄〟とか〝緑林の梟雄《きようゆう》〟と謳われた大刀会の教主であった。けれども一九三六年(昭11)一二月—三七年三月の冬期粛清工作によって王鳳閣が捕えられ、この際朝鮮革命軍も壊滅的打撃を受けた。逃げのびた金活石は再建に努めていたが、三八年九月についに彼も検挙されるに及んでその活動は止んだ。その間、朝鮮革命軍の母体であった国民府と朝鮮革命党は、最高幹部の、玄益哲が捕えられ、崔東旿、李俊植(李雄)は中国に去り、玄正卿は淘汰され、金履大、高轄信は投降し、高而虚は戦死して、組織は完全に崩壊していた。

軍民議会・韓国独立軍の終焉　北満における反満抗日の主動勢力は黒龍江省主席・馬占山（チチハル地方）、中国護路軍司令兼吉林省自衛軍司令・丁超（吉林地方）、中国救国軍司令・毛徳林（牡丹江地方）とその隷下の第一旅長・呉義成や第一四旅長・蔡世栄、中国第三護路軍司令・考鳳林（ハルピン東南地方）などであった。

韓国独立軍はまず毛徳林部隊と連合して牡丹江地区で戦い、ついで考鳳林部隊と合作してハルピン東南地区で転戦した。

すなわち、一九三二年（昭7）二月、日満軍が東支線（東清、又は中東線と言う）沿線に作戦すると、独立軍は毛徳林部隊とともに激戦を交えたが、毛部隊の敗戦につれて散り散りとなった。総司令・李青天と参謀長・中粛は親衛隊を直率して同資で戦ったが、やがて通河に退かざるを得なかった。

けれども夏期を利用して勢力を糾合し、約三千の部隊を編成すると、考鳳林部隊二万五千と連合して同年九月と一一月の二回に亘って双城堡（ハルピン南郊）を攻略し、多大の戦利品を得た。（趙芝薫書一八六―七頁）　だが二回とも南北から挟撃されて打撃を受け、戦意を失った考鳳林は一一月末に帰順した。

危地を脱した独立軍は蔡世栄旅長と合作したが、追撃は急であった。ハルピン―長春の動脈を双城堡で遮断した独立軍を、日満軍は目の上のコブと見たのであろう。一二月末には鏡泊湖畔で追討され、翌三三年三月には四道河子で打撃された。それでも同年七月初めには蔡世栄部隊と連合して牡丹江西南側の東京城を襲撃し、ついで大甸子嶺で日満軍の輸送部隊を待伏せて健在振りを示している。

ところが戦利品の分配で独立軍と蔡部隊との間に仲違いが生じ、蔡部隊は約に背いて九月一日の東寧県城の攻撃に参加しなかった。ために独立軍は壊滅的な損害を受けたばかりか、蔡世栄は李青天以下の独立軍幹部を拘禁する騒ぎになった。ほどなく和解したけれども、これで再起の途は鎖された。李青天、洪震、李章寧、黄学秀らの中核人士は中国に去った。

総括　こうして南満の朝鮮革命軍は一九三八年の秋ごろ、北満の韓国独立軍は三三年秋ごろに衆寡敵せずして矛を収め、日韓併合後二八年もの間絶えまなく続けられた民族主義者の武装闘争は終わりを告げた。だが、日本人には想像もつかない息長い闘争であった。土地は武力で奪えても、民族の魂は奪えない証左であろう。

而して、満州国の建設が韓国独立運動に与えた有形無形の影響は、計るべからざるものがあった。だいいち、中国の支援がはかないものであることが明らかになり、ソ連も日本と事を起こしてまで「弱小民族を救済する」（レーニンの口癖）気のないことがはっきりしたからである。反面、日本の興隆は揺るぎないかに見えた。とくに一九三七年七月から始まった支那事変で日本が連勝したことは、更にその感を深くしたであろう。

武闘に生命を捧げてきた人達も、時に利あらず、それぞれの道を歩いていった。

ある人は、中国に運動の道を求めた。前記の李青天（のち光復軍司令官）、洪震、李俊植らがそうであった。

ある人は、玉砕の道を選んだ。高而虚や前出の梁世奉や金活石がそれであるという。

ある人は、ソ連を頼った。もともと共産主義に共鳴していたからで、洪範図、金奎植、李鏞、金応天、金炳極らがそれであった。

ある人は、運動を諦めて隠棲した。多くの人がこの道を選んだ。

ある人は、屈伏してその経歴を利用した。康有常、金履大、文学彬、李沺、李相黙、高轄信らで、その数は決して少なくなかったという。（「高等警察要史」）

六、金日成《キムイルソン》将軍

人は夢を持つ。現実が厳しければ厳しいほど夢で心を癒し、夢に望みを託することがある。空前の盛り上がりを見せた三・一運動が挫折するころ、武装独立闘争のシンボル的な存在として「キム・イルソン将軍」の名が韓国人の間に広く深く伝承され始めた。白馬にまたがり、神出鬼没して日本軍を悩ましている名将が東満やシベリアで戦い続けている、という口伝えであった。

実は一九〇七年（明40）の韓国軍の解散に伴って、義兵将や李東輝らの旧韓国軍による武装闘争が再燃したことは前述したが、咸鏡南道の国境地帯ではその頃から神出鬼没する闘将としてキム・イルソンの名が秘かに語り継がれていた。日本側ではキン・ニッセイとかキン・イッセイとか呼んで捜査網を張ったが杳として正体が分からず、治安のガンとみていたそうである。だが漢字名が金日成なのか金一成なのか、当時の人は記憶してなかったという。（李命英書二四―九頁）

鎌田沢一郎氏は宇垣一成総督の政策顧問を勤め、進んで呂運亨、宋鎮禹、金性洙らと交誼した民族の理解者であるが、彼が多くの知識人に金日成《キムイルソン》について尋ねたところ、殆どの人が「大正（一九一二―二六年）のころから武装闘争を続けている名将である」と答え、韓国の人は皆、心中深く独立の闘将として敬慕していたのが印象的であったとのことである。（『朝鮮新話』（一九五〇年、創元社刊）

また鎌田氏は一九四一―二年ごろ、南部のある学校で意識調査をしたことがある。ところが最も尊敬する人物として、六〇%の学生が金日成と書いた。そのころ今の金日成主席は二九～三〇歳で、ソ連で落下傘訓練や無線技術に励んでいたわけだから（後出）、学生らのイメージは伝承の金日成将軍であったことが明らかである。

つまり韓国人の胸底には、日韓合邦の直後から独立武闘の聖将として金日成将軍の名が刻み込まれていたわけであった。けれども当時の金日成は、累を他に及ぼすのを恐れてついに正体を現わすことがなかった。だから国境地帯の人々は正体が分からぬままに、他の独立団が行った武闘事件もすべて金日成将軍の功業と考えていたそうである。

これを奇貨として、朝鮮民主主義人民共和国の最高学術機関である科学院歴史研究所が著した「朝鮮民族解放闘争史」を初め、北朝鮮の公私のあらゆる刊行物は今の金日成主席を伝承上の金日成とだぶらせて、「唯一人」を宣伝して倦むところがない。歴史の恐さを知らない所業と思うが、そのわけは後述する。

以下、金日成研究で高名な成均館大学校法政大学教授・李命英博士が足で書かれた労作「四人の金日成」と、日本側の史料に依拠して、キム・イルソンの足跡を追ってみよう。

(一) 金一成《キムイルソン》

最初にキム・イルソンの名が起こったのは、咸南地方であった。一八八八年に咸北の穏城郡守・金斗天の次男として咸南・端川に生まれた金昌希は、生まれつきの駿足で、正義感の強い逸材であった。一九〇七年に第三期義兵闘争が起こると、一九歳のとき名を金一成と改め、少数の部下を率いて義旗を挙げた。利原西北の剣徳山（一、六八四メートル）を根拠にして、端川、甲山、三水の地で戦い、神出鬼没と駿足のため〝飛将軍〟とも言われたそうである。

やがて根拠を白頭山に移して一九二〇年前半まで抗争を続け、いわゆる〝治安のガン〟とみられたが、一九二六年ごろ戦没したという。白頭山は間島出兵の区域外であったから、息長く戦えたのであろう。また自由市で難に遭った大韓独立軍団にも加わっていないところをみれば、一匹狼的存在であったかも知れぬ。

(二)　金光瑞→金擊天《けいてん》→金日成《キムイルソン》

一九二〇年代に入ると、シベリアや満州の地で白馬にまたがって縦横に日本軍を悩ましているキム・イルソン将軍の名が伝えられて、喝采を浴びるようになった。この人が、金埈元将軍（陸士26期生。金貞烈将軍（54期）の実父）が金日成と証言された金光瑞その人で、一八八七年に咸南・北青郡に生まれ、幼名を金顕忠という。

日本陸士に留学した叔父の伝手で私費で陸士（第二三期生）に留学し、在学中に日韓合邦を知ると金光瑞と改名した。恐らく、「光復」にちなんだのであろう。東京の騎兵第一連隊付となり、中尉に進んだが、二・八運動が起こると病暇を得て帰国し、三・一運動を目の当たりに見た。

同年六月、金若水らの斡旋で池錫奎（陸士二六期、のちの李青天）とともに満州に亡命し、李始栄（初代副統領）が創立した新興軍官学校の教官として独立運動の一歩を踏み出した。夫人と三人の子女を残してであった。線は細く見えるが、胆のすわった人であったという。

金光瑞

ここで金擊天と改名して李青天、中東天（八均・旧武官）とともに南満の三天と呼ばれたが、その冬、ロシア領に入って武器の調達に任じた。新式武器の不足が甚だしく教育にも事欠いたからで、三天と李範奭とが翌二〇年の三・一運動一周年記念日を期して境内に進撃する計画の一環であった。

白馬の将軍　ところが当時はシベリア出兵の最中であった。そこで窮乏の底に落ちこんだ在露韓国人たちは、赤軍と合勢して日本軍や白系軍を撃退し、しかる後赤軍の支援の下に国内に進撃して祖国を解放することを夢見ていた。また前述の東満の独立諸団体が武器の入手に懸命であったから、これとも競合したであろう。金擎天は武器の購入を諦め、抗日の気勢を挙げている在露韓人を組織して戦列に加わった。

断片的ではあるが、金正明編「朝鮮独立運動V」（昭42年、原書房刊）に収録された朝鮮軍参謀部の報告の中に、次のようにその動静が記述されている。

朝特報第三号

「大正十年（一九二一）間…アヌチノ附近に於ても**金光瑞**一派は赤色パルチザン一派と提携して独立運動の画策に余念なく…」（一五頁下段）

朝特報第十七号

「大正十一年二月中旬以降、東部西伯利亜《シベリア》特に沿海州における白軍の衰頽、赤軍の抬頭に伴ひ、**金光瑞**の率ゆる約六百の鮮人団は赤軍に加はり、最近イマン附近白、赤両軍衝突の際皇軍に**抵抗し、其の状恰も武力復興の観**ありしと雖…大勢は依然として赤化運動を似て独立達成の手段となし…」（一二六頁上段）

「イマン附近を根拠とする団体は全然露国赤旗下に隷属したるものにして（**金光瑞**は其の一人なりとも称せられる）文昌範の率ゆる団体との関係は不明…」（一二八頁下段）

「大正十年秋浦潮《ウラジオ》政権に与する白軍の北進に当り、イマン附近の戦闘に於て彼等は大打撃を受け、**金光瑞**の如きは戦死せりとまで伝へられ（たが）、大正十一年二月中旬以後赤軍は其の頽勢を挽回するや…最近**金光瑞**の率ゆる約六百の鮮人軍隊は赤軍中にありて活動中なる情報あり…」（同右）

イマン附近の戦闘をハイライトとして金光瑞の活動を報じているが、一九二三年（大12）七月二九日付の東亜日報は「氷雪積りし西伯利亜での紅白戦の実地経験談、俄領朝鮮軍人**金擎天**」と題する金光瑞とのインタビュー記事の中で、独立運動に従った動機や苦難の数々を語り、特に一九二二年一月二日のイマンの戦闘では、降伏した赤軍司令官に代って赤軍を併せ指揮し、雨あられの弾丸の中を白馬に跨って縦横に馳駆し、ついにイマンを奪回したと述べているそうである。（李命英書五八―九頁）これは前掲の朝特報一七号と符合する。筆者は第十一師団の士官候補生として昭和一四年の一月下旬ごろ、イマンの対岸にある虎頭の部隊で研修を受けた。そのとき高台から足下のウスリー江越しにイマンの町やトーチカ陣地帯を見下しながら、万一の場合の対応を教わったことを思い出す。第十一師団のシベリア出兵やイマンの戦闘を聞いた気もするが、記憶は定かでない。四六年も経った今でも想起するのは、まだら雪に覆われた荒涼たる原野と零下四〇度の酷寒、寒々としたイマンの夜景とシベリア鉄道を走る長い長い列車、万物が死に絶えたようなうすら寒い静寂である。従ってあのような原野で、よくもパルチザン活動を数年も続けられたものだと感嘆を禁じ得ない。しかも金光瑞は一九二二年現在は三五歳になるが、彼は他の独立団体や組織に加わった形跡がない。当時、李東輝らの共産主義者は「高麗革命軍」（注）を組織して総兵力五千人と称し、赤軍に協同していた。この事は自由市事件が民族派と共産派との対決であったことを示すが、むろん金光瑞の名は見当たらない。

注
　高麗革命軍（総兵力は五千と称した）
高麗革命軍政総本部（チタ）
臨時軍政務総裁　　李東輝
同　軍政執行長　　崔コレイ

同　軍政委員長　　　　　　文昌範
同　革命軍総司令官　　　　呉夏黙
同　軍政委員　　　　　　　数　人
ハバロフスク総支部（約一千人）
高麗革命執行委員　　　　　朴クレコル
同　　司令官　　　　　　　蔡　英
沿海州総支部（約二千人）
総支部総裁　　　　　　　　李仲執
同総司令官（松田関）　　　金奎植……韓族共産党・元軍政署一派
東部司令官（蘇城）　　　　金應天……血誠団（姜国模）の一派
西部司令官（王八脖子）　　申禹汝……韓族共産党・軍政署・国民会一派
南部司令官（綏芬荒溝）　　林炳極……国民会・義勇団の各一部
北部司令官（イマン）　　　李　鏞……義勇団・軍備団・その他

つまり国粋主義者であった金光瑞は共産主義者とは明らかな一線を画し、終始一匹狼として所信に邁進している。この事は、彼個人の声望や組織力をうかがうに足る。

ところで一九二二年（大11）は次のように、日本の外交政策にとっても、ソ連の政策にとっても画期的な年であった。

一九二二年

一月　モスクワ極東民族会議（弱小民族の解放を決議したレーニン最後の国際会議）

二月㊐　ワシントン軍縮条約、中国に関する九か国条約等調印

㊥　孫文、北伐宣言

三月㊐㊥　山東撤兵条約調印

四月㊖　レーニン引退、スターリン執権

㊥　第一次奉直戦争

五月㊥　張作霖敗れ、東三省独立宣言

六月㊐　シベリア撤兵声明（日露長春会談）

七月㊐　日本共産党結成

八月㊥　孫文の北伐失敗

一〇月㊐　シベリア派遣軍撤収完了

一二月㋞　ソ連邦成立宣言

ソ連の変心　一〇月二五日に日本軍の浦潮撤退が完了すると、赤軍を援けて南進した高麗革命軍はノウキエフスコエ（ポシェット湾北岸）に本部を推進して、徐々に韓国への進入を準備した。一月に極東の弱小民族の解放を決議したばかりであったから、シベリアの日本軍を駆逐した次は国内の日本軍を撃退する順で、赤軍は必ず支援してくれる、と信じていたであろう。ところが突然変異が起こった。赤軍は闇から棒に韓国人の対日武力行動を禁止して、赤軍に

入隊するか、武装を解除するか、国外に退去するか、の三者択一を迫ったのである。利用するだけ利用した上での、〃用済後廃棄処分〃であった。

李命英博士は「ボルシェビーキの窮極の目的も知らずに謀られた韓国人も韓国人だが…弾丸除けに思う存分利用しておいて日本軍の撤収後はがらっと態度をかえ、祖国の独立のために戦う韓国人達をぽんと投げてしまったボルシェビーキの利己的なヤリくちは『正義の味方』といえない……」と憤慨されている。

朝鮮軍参謀部はこの件を大正一一年一一月二〇日付の朝特報第二六号「大正一一年度報」の中で、驚きをもって次のように報告している。(句読点と括弧内及びルビは筆者の加筆)

「然るに赤軍は皇軍の撤退によりて白軍を一挙に国外に駆逐…し終わるや、先ず対外政策上露領の治安を維持する必要と、平和裡に赤化宣伝の企図を有すると、且つは朝鮮独立は必ずしも自己の主義に合致せざる等諸種の関係上、意外にも、不逞鮮人団(抗日韓人団体)の武装行動を否認し、浦塩《ウラジオ》において尼市(ニコラエフスク)において将又《はたまた》ノウキエフスコエにおいて不逞者の武装解除を行へりと伝えらる。

此《かく》の如き赤軍の行動は、思ふに、不逞団の予期せざりし所なるべく、不逞団が赤軍成效《ママ》の後は其の後援によりて一大活躍をなし得べしとの信念は、見事に裏切られたるの結果に陥れり。

然れども赤軍が果して前項の主義を徹底的に実行するや否やも疑はしく…」(金正明「朝鮮独立運動V」三〇頁下段)

「……赤軍が其の年来の目的たる白軍の掃蕩を終るや、彼の対不逞鮮人態度は俄然一変し、先つ尼市に於て不逞団の駐在を拒絶し、次て浦塩・新韓村を突然捜索して武器を押収し、更に最後まで白軍追撃に協同したるノウキエフスコエ附近の高麗革命軍にも退去を命したるか如し。

此の如くして、尠《すくな》くも…沿海州方面の町と露人村落には武装不逞団の存在を認めざる態度は著々実現し来り、従来、赤軍のため協力奮闘し来りし不逞団をして呆然たらしむるに至れり。…」（三四頁）

このソ連の政策の急変はその本性を露呈した具象とみられるが、実権を掌握したスターリンの一国社会主義理論の実践でもあったろう。第一次大戦に次ぐ革命での混乱、西欧一四か国の干渉戦争と日・英・米・仏・伊・中の六か国によるシベリア出兵、白軍との内戦とによって、当時の労農ロシアは疲弊の極にあった。従ってトロッキー派の世界革命理論よりも、まず国力を充実し、ソ連を革命の祖国とすることが実際的、現実的な先決問題であった。そのためには治安の維持が前提であり、日本の再干渉の口実（日露戦争とシベリア出兵の歴史から、ソ連の対日警戒心は想像を越えるものがあった）を封ずる必要がある。従って、昨日までは韓人団体と協同していたが、日本軍が居なくなればその存在は物議を醸す以外の何物でもないわけだから、ソ連は容赦なく韓国人部隊の武装解除を強制したのである。こうしてソ連によって韓国の独立を回復しようとした夢は、ソ連の国益のために無惨に砕かれた。他国は己を犠牲にして、己の不利を承知の上で他民族を助けることはない。

おそらく、金光瑞の部隊も解散を強制されたであろう。彼は翌一九二三年（大12）初から上海で開催された国民代表大会に参加している。けれども既述したように、この会議は独立運動の分裂を促進した結果になったから、シベリアに帰った金光瑞は百方奔走して初志の貫徹を図ったらしく、朝鮮軍参謀部は次のように内査している。

朝特報第一九号（大正十二年五月四日）

「イマン附近に駐屯するものは金敬天（金光瑞のこと）、李仲集等の一団約六百名にして、其の一部は…出動準備状態にありと」（金正明編書五一頁上段）

朝特報第二四号（大正十二年七月五日）

「近来沿海州竝ウスリー地方における金光瑞の勢力は漸次文昌範及李東輝等を凌駕するものあるか如く、目下イマン附近に一千有余名の一団を編成し屯田組織により兵式訓練を施しつつありと云ふ…」（同六〇頁上段）

けれどもこれらはソ連の目を避けての行動であったらしく、以後は花々しい活動を伝えた記録は見当たらない。李命英書によれば、一九二五年（大14）四月二八日付の毎日申報が「金光瑞は亡命運動家たちを引き具して、共産主義者たちと訣別した」と伝え、同年六月二一日付の東亜日報が

「金光瑞は、一九二四年に韓族軍人クラブを組織して本部をウラジオストクに、支部をニコラエフスクに置き…その宿志を達成すべく、同志たちの大同団結を拠り所として大々的な活動を始めるようだ」と報道したのが、金光瑞の最後の消息であるという。（六七頁）

当時の在露韓国人の間でも、御多分にもれず内紛が多かった。文昌範と洪範図（当時、韓族共産党軍務総司令）との抗争は早くも一九二一年（大10）一〇月二一日付の高警第二八四一九号「在露不逞鮮人領袖・洪範図の画策」で知られるが、共産革命を信奉する露領生まれの二世たちと、あくまでも民族の独立を志向した亡命運動家たちの間には決して融和し得ない一線があった。それは高麗革命軍の人事を見ても、亡命家の李東輝、金奎植（上海の金奎植博士とは別人）・らは名誉職に祭り上げられており、洪範図や金光瑞などの実力者が加入していないことでわかる。

従って金光瑞のその後の消息は全く不明で、生死さえ分からない。李命英博士は「多くの運動家が赤露の背信に見切りをつけて入満したように、金光瑞も一九二五年ごろ満州に入って地下に潜り、抗日軍を指導した。恐らく満州事変前に世を去ったと解釈される」と推測されている。（七二―三頁）

しかし林隠「北朝鮮王朝成立秘史」（昭57年、自由社刊）はソ連出身朝鮮人らの証言として、「金光瑞＝金擎天は二

〇年代のソ連では金副尉（中尉）と呼ばれていて、三〇年代初は主としてウラジオストークで韓族軍人クラブを組織して抗日勢力の結集を図っていたが、所期の成果が挙がらず、失意の日を過ごしていた。その間遠東朝鮮師範大学の軍事教官や日本語講師を務め、遠東沿海州軍管区傘下の某機関に佐官級の待遇で招聘されて知識を貸したことがあった。だが、三三年（昭8）にスターリンの魔手にかかって逮捕され、三六年に出獄したが、三七年には中央アジアのカザフスタンに強制集団移住させられた。彼はそこでコルホーズ作業班長の下級職に任ぜられて訪れた家族と平穏に暮していた。だが、三九年に再度逮捕され、消息を絶った。噂では独ソ戦に参加して大佐で師団を指揮していたが、四五年に戦死したという。しかしこれを確証するものは何もない」と述べている。（四二―三頁）

とにかく、一九二〇年代に韓国の新聞紙上に最も多く報じられた独立運動家は金光瑞で、インタビュー記事にされた（一九二三年七月二九日付「東亜日報」）在外闘士は彼一人だそうである。（李命英書五八頁）　だから韓国人の間に金光瑞とか金擎天の名が雷名のように轟いたと想像されるが、実際は金日成《キムイルソン》という名で知らぬ人はいなかったそうである。しかし日本の文献には、金光瑞を金日成としたものは見当たらない。鎌田沢一郎の「朝鮮新話」には関東軍参謀から聞いた話を元に金光瑞に当たる人を金日成としており、第一一師団第四三連隊付としてシベリアに出征された金埈元将軍（陸士26期生）は「先輩の金光瑞さんが金日成将軍である」とその息・金貞烈将軍に確言されていたと言う。また一九二七年から二九年末まで朝鮮総督府内務局社会課長を勤めた神尾弌春氏はその論文の中に「在職中、満州の奥地に三回にわたって記録映画の巡回上映に行ったが、金日成の部下達がもっとたびたび来るように頼んだ」旨を書いている。（李命英書三四―五頁）

つまり金光瑞が金日成と名乗った物的証拠はないわけだけれども、前に述べた本名・金昌希の金一成《キムイルソン》将軍が〝飛将軍〃と言われたイメージと、白馬に跨り〃縮地の法〃を使って山野を稲妻のように駆けたと伝えられる金光瑞のイメージとが重なり、それが民族感情で増幅され、昇華された結果、抗日武闘のシンボルとしての「キム・イルソン将軍」が伝説化されたものと思われる。

というのは、李命英博士の研究によれば、前述したように、国境地帯の住民は出没する独立軍部隊はすべてその正体が分からぬままに皆「キム・イルソン」部隊と決め込んでいた（二七ー八頁）が、その漢字名が金一成《イルソン》なのか、一《イル》星《ソン》なのか、日成《イルソン》なのか、知らない人が殆どであったという。（二三頁）

ところで金一成も金光瑞も同じ咸南出身で一九八七―八年生まれであり、両人の末期の行動区域も活動の年代も同じで、神出鬼没ぶりも正体がつかめなかったことも同じであるから、この二人を同一人と混同したことは当時としてむしろ自然であろう。

金埈元将軍が「金光瑞さんが金日成《キムイルソン》将軍である」と断言された根拠は分からないけれども、実は筆者も同氏の令息・金貞烈将軍（空軍参謀総長、国防部長官を歴任、陸士54期で筆者と同期）から「日本では今の北の金日成を独立闘争の金日成将軍と思い込んでいる人が多いそうだが、実は陸士二三期の金光瑞が何代目かの金日成だ。父やその他の人も皆そう信じていた。今の金日成は、何代目かは知らないが、先人の名を盗用した金日成だ」（七一年一月談）と教えられた。

けれども金光瑞が自から金日成を名乗ったことを証明する文献はない。国境地帯で神出鬼没するキム・イルソン将軍が独立武装闘争のシンボルとして民族の心の中に生き続けていたことは事実として認められるけれども、漢字名の金日成将軍であったのかどうかは、また金光瑞が確かに日成を号したのかどうかは史学的には立証できないわけである。それは李命英博士が「金日成の名が咸南道の国境警察に知られるようになったのは一九三六年（昭11）の夏ごろ、民衆に知られたのは三六年九月一一日付の毎日申報によってである」（一五七頁）と研究成果を述べられていることでわかる。

くどくなるが、一九二〇年代にキム・イルソン将軍は二人実在したし、それは止揚されて民族の敬慕を集めていた。キム・イルソンは独立闘争の代名詞の観があった。だが実在のキム・イルソンは一九二六年ごろに前後して没したと推測されており、伝説だけが語り継がれてきた。民族の心の中の英雄は決して死なないからで、もし金一成と金光瑞とが一九四五年の解放の年まで生存しておれば、五七歳と五八歳になっていたはずである。だがキム・イルソン将軍と伝えられた二人が没しても、国境地帯での独立闘争は止むことなく続けられていた。だから事件が起こると、国民はキム・イルソンの義挙と決めつけてきた。従ってキム・イルソンと名乗りさえすれば、無条件で信用と声望をかち得る風土が醸しだされていたと思う。野心家は、それに目をつけた。

そもそも韓国には、襲名の習慣はない。三〇年に一度の宗親会議で同世代の子孫につける行列字（七曜や干支の偏字を家系の定めに従ってつける）が定まっているから、日本の名家にみられる襲名や贈り字はないわけである。だが満州の馬賊には頭目の死を隠すためや統率の便のために、襲名する風習があった。

このような事情が重なって、金日成《キムイルソン》を名乗るすばしこい男が現われた。ちなみに、今の北朝鮮の金日成主席は一九一二年四月一五日生まれだから、金一成や金光瑞が活躍した二〇―二五年ごろはまだ八―一三歳であった。

けれども、金光瑞の金日成が昭和一三年ごろまで活動していたという証言もある。

元韓国国防部戦史編纂委員会委員長・李烱錫将軍（陸士45期生）は、金日成部隊について次のように回想された。

「一九三五―三八年（昭和10―13年）、私が尉官のころ、吉林省東部の敦化独立守備隊に勤務した。敦化は吉林と会寧を結ぶ吉会線のほぼ中間にあり、白頭山の北麓にあたる。守備隊は大佐を長とする四個中隊と重火器中隊から成るかなりの部隊で、主任務は鉄道警備であったが、守ってばかりでは警備ができないので、情報があがると飛び出して討伐するのが例であった。

そのころ守備隊が目の仇にし、かつ最も恐れていたのが白色地帯に巣くっていた金日成部隊である。白色地帯とは白頭山の西と北方一帯のことで、陸地測量部の測量隊が危険で入れないので地図がなく、この辺りは白地になっていた。そこで誰言うとなく、白色地帯と呼んでいたわけだ。だからこの地区の討伐は手古摺った。地形が皆目わからないうえに千古斧鉞を入れない原生林の中だから、よく待ち伏せられたり、奇襲を受けた。

ところで当時の金日成は四五~五〇歳だと言われ、日本陸士の二三期生で、守備隊長の先輩だという噂であった。誰も見た者は居ないし、この噂の証拠は何もないようであったが、それは金日成部隊がほかの匪賊や武装団体と全く違った、いわゆる古武士的な性格を持っていたからだと思われる。

というのは外の部隊よりもずば抜けて強く、白色地帯を利用した神出鬼没ぶりは捉えどころがなかったためでもあるが、この部隊に限って日本兵の戦死者を丁重に送り返してくるのである。また捕えた日本兵に遊撃拠点を隈なく見せたうえ、「討伐を待っている」という手紙を持たせて釈放したこともあった。しかもある時、某部隊が奇襲されて歩兵砲をろ獲されるという珍事が起きた。このようなことはまことに珍しいことであったが、金日成部隊の戦力と戦法がいかほどのものであったかを物語る例と言えよう。ところが金日成は付近の住民に歩兵砲をかつがせて、『砲を分捕ったが、わが独立軍には必要がない。しかし貴隊の方では必要であろう。腐らせるのは勿体ないから送り返す。何度でもこの砲を持って討伐にくるがよい。その都度、この砲を分捕ってみせる。独立軍は兵器で戦うのではなく、精神で戦うのだ』という主旨の手紙を付けて送り返してきた。だから守備隊が、金日成部隊を畏怖したわけがわかるであろう。

そこで金日成部隊以外の討伐は、少数精鋭の部隊で奇襲的に攻撃して戦果を挙げるのが例となっていたが、金日成部隊にだけは倍の兵力を使用するのが常であった。けれども部隊が大になればなるほど企図の秘匿は難かしく、行動も鈍重になるわけだから、軽火器だけを持って緑林の中を駆け回る金日成部隊の捕捉は容易でなかったわけである。

また時は忘れたが、金日成が関東軍司令官宛に『韓国を独立させたら、武装を解く用意がある。韓国が独立するまでは、万が一私が中途で斃れるようなことがあったとしても、何人かの金日成が独立するまで戦うであろう』という宣言文を送った話は有名であった。内心、偉い人だと感じ入ったが、関東軍が野副討伐隊を編成して徹底的に叩いたのは、この宣言文が原因していたのかもわからない」

「今の金日成は一九一二年生まれと言っている。すれば一九三五～三八年ごろは二三～二六歳の青年だ。今の金日成が、当時の金日成でないことはわかり切っている。だから私は、今北で金日成と名乗っている男を〝偽の金日成〟と呼んでいる」

第六章　共産主義運動

〃日本の野望を抑えることが重要であることは、諸君がつとに了解しているところである。しかし私は、共産主義者の勢力拡張を抑えることが、それ以上に重要であることを喚起したい。日本は、いわば皮膚病である。しかし共産主義者は、心臓病なのだ〃

一九四一年　蔣介石

朝鮮共産党（現在は第一次党と呼ばれている）が結成されたのは、一九二五年（大14）四月一八日であった。日本共産党の結成が大正一一年七月のことだから、遅れること三年である。けれども朝鮮共産党が結成されたその月に治安維持法が公布された関係もあって、間もなくその大部が検挙された。（後出）じ後四次党まで再建が試みられたが、都合六回に及ぶ大検挙を受けて党は若芽のうちに崩壊した。結局独立運動としては、思想的脅威を当局に与えることができたものの、前章に述べたような大韓独立軍の武装闘争に比べれば、治安当局に与えた影響は伝えられるほどのものはなかったと思われる。その証例として、永く朝鮮総督府の司法、警務関係に勤められた公安調査庁勤務・坪江汕二氏の著「朝鮮民族独立運動秘史」にも、朝鮮共産党に関する記述は二四頁に過ぎないことを挙げ得よう。むろん当時は非合法の組織であるからその全容がわからなかった故もあろうが、日本に亡命中の朝鮮労働党（共産党）員・高峻石氏の一連の労作「南朝鮮政治史」、「朝鮮１９４５～５０（革命史への証言）」、「南朝鮮労働党史（幻の前衛党）」や、徐大粛「朝鮮共産主義運動史」、社会問題資料叢書「朝鮮人の共産主義運動」などを見ても、独立運動そのものに実効を挙げた形跡は認められない。

けれども日本共産党が各種の社会主義や無政府主義運動、農民運動などの結果として結成されたのと軌を一にして、朝鮮共産党も早くから展開された各種各様の社会主義運動の結果として誕生した。しかしその特異性は、シベリア、上海、東京の三個所で個々別々に結成された共産主義者の派やその系列が、京城（当時）に集まって主導権を争った末に、離合集散を繰り返したことにある。

従って国内におけるその独立運動の実績には特記すべきものはないけれども、上海臨時政府に与えた李東輝一派の影響や重慶臨時政府に与えた金元鳳、金料奉らの例が示すように、海外における独立運動に与えた影響は計り知れないものがあった。特に満州を根拠にした独立武装闘争をついに共産党系列の主導下に置いたことは、外的原因が作用したからとは言え、特記するに価する。

また8・15解放後に出獄した共産主義者らは、韓国の政局を名状すべからざる混迷に陥らせた主因になったので、以下その生態を概観してみよう。

一、高麗共産党

崔済愚が「人乃天」の東学を唱え出したころ、一八六〇年一一月の北京条約によって沿海州を領有した帝政ロシアは、ウラジオストーク（東方を統治せよ、の意）の建設やシベリア開発のために韓人移民の優遇措置をとった。元来、咸鏡道の住民は北方志向の属性によって自由に沿海州と往来して農耕に従事していた（丁一権将軍談。彼は沿海州の秋風に生まれた）から、人頭税の恒久免除、二〇年の地租免除、二七〇エーカーの免税地を譲渡するなどの移民条件は、韓末の圧制や紊乱から逃れてシベリアに住み付く決心を容易にしたであろう。また一八七〇年の大飢饉は移民の流出を加速した。こうして一八八〇年ごろのシベリア韓僑の人口は一万二千人に達したと言われるが、このうちの一万人は一八八四年（明17）の朝露修好条約に基づいてロシア国籍を取った。オル・マウゼ（半まざりのロシア人）と言われる。日本流に言えば韓系ロシア公民である。日露戦争（一九〇四—五年）に当たっては、彼らの子弟四千人が露軍に従軍したという。沿海州に蘇城（スーチャン）、雙城（ニコリスク）、秋風、秋豊、新韓村（ウラジオストークの北郊）などの地名があるのはこれらの人々の命名と聞いた。

一九一〇年の日韓併合の後は、移民が急に増えた。政治的亡命や経済的理由によるものであるが、前出の一九一九年（大8）九月二六日付の拓殖局第一課の調査書では当時の居留民数は次のようになっている。むろんこれは、オル・マウゼを除いた数であろう。

東部シベリア居留民合計	六八、九九五人
ウラジオ総領事館管内	六五、〇一六人
ニコリスク領事館管内	三、九七九人

（大正六年調）

結社　これらの居留民は前に「韓人民会」、「騎士団」、「暗殺団」などを組織して抗日運動に従っていたが、小規模ながら厄介な存在であったという。指導者はニコリスクの洪範図、ウラジオの文昌範、ハバロフスクの李東輝などであったが、最も勢力があった結社は文昌範が一九一六年にウラジオで結成した「大韓国民議会」という民族主義の団体であった。

一九一八年（大7）八月、日・米・英・仏・伊・中の六か国がシベリアに出兵すると、ニコリスクに「全露韓族会中央総会」が設立された。幹部は会長・文昌範、副会長・元世勲、金立、尹海らであった。思想的にはやや社会主義的傾向がみられたものの、建前では民族主義の立場をとっていた。

だが金起龍、全一らは左傾の「労兵会」を組織して、抗日運動に従った。これに協力していたのが李東輝であった。けれども微々たる勢力で、ロシア領における独立運動の主体は民族主義を標榜したものであった。

ところがシベリア出兵の失敗に伴ってこれらの団体は漸次左傾して独立運動に異様な波紋を投げかけることになる。

(一)　二つの党派

共産主義政党の胎動　最初に沿海州のボルシェヴィキに加入したのは、李東輝（旧韓国軍の参領（少佐））であった。

李東輝は一八七三年に咸南・端川に生まれ、一九〇七年八月の韓国軍解散のときは江華島鎮営にあって叛乱を指導した。逃れて安昌浩が主導した「新民会」に加盟していたが、一九一〇年の日韓併合ののち寺内総督暗殺未遂事件に藉口して「新民会」に検挙の手が延びると、ハバロフスクに逃れて付近の居留民や政治亡命者らの指導者になっていた。

一九一七年の二月革命につぐ十月革命が成功してレーニンの労農政府が成立すると、東漸したボルシェヴィキは韓人居留民に目をつけた。不安定な生活で不満がくすぶっていたからである。李東輝はクレコルノフから共産主義の理論を注入されて熱狂的な信者となり、かつその援助の申し入れに勇気づけられた。クレコルノフの勧誘条件は、朝鮮人がボルシェヴィキに加入して活動すれば、在露韓人によりよい経済的、社会的待遇を与え、抗日運動を支援する、という願ってもない条件であったと伝えられる。李東輝がこの餌に飛び付かぬわけがない。

李東輝はクレコルノフの援助のもとに、一九一八年（大7）六月二五日に金立、全一、朴鎮淳、朴愛、韓馨権らを幹部とする「韓人社会党」をハバロフスクで結成し、沿海州とアムール（黒龍江）地方に八つの支部を置いた。そしてその秋、日本軍の進出に伴ってあらゆる抗日団体と共闘して勢力を増大し、草創期の共産主義指導者としてのし上がってきた。

一九一九年三月、三・一運動が起こるとシベリアの運動家は密かにウラジオストークに会合してシベリア政府の樹立を決議し、独自の組閣名簿を発表したことは前に述べた。ところが間もなく上海臨時政府が誕生したので元世勲を派遣して政府の誘致を図ったが、成らずとみるや、李東輝は四月二五日に新韓村で韓人社会党大会を開催し、上海臨政には参加しないこと、大韓国民議会（文昌範派）とは絶縁すること、朴鎮淳、朴愛、李漢栄の三人をモスクワに派遣してコミンテルンに登録すること、などを決議した。

李東輝が上海臨政への不参加を決めたのは、漢城政府の閣僚名簿第一次案では李東輝を執政官総裁に推していたのに、前述した経緯で国務総理総長に格下げされて二歳年少の李承晩の下風に立たされた不満と、共産主義と上海臨政の民族主義とは到底両立し得ないと考えたからと思われる。彼はレーニンの支援を得て、自分の手で独立をかち取りたかったとみられている。

ところが、彼の理想に共鳴する人は少なかった。シベリアの民族主義者は、パリ講和会議への請願に希望を託していた。また物心両面の支援者であり、師であったクレコルノフが、八月二五日にオムスクのコルチャック白系政府に処刑され、日本官憲の手も身辺に延びてきた。落胆し、危険を感じた彼は一統を率いて八月三〇日にウラジオストークを去った。徐大粛書の七頁は「臨政に参加して再挙を図るため」と述べているが、じ後の経過からみれば、臨政を赤化して乗っ取るためであったと思われる。けれども臨政の乗っ取りは、前述したように成らなかった。それどころか、彼と合作して行を共にして臨政交通部総長に就任した文昌範は、早くも翌二〇年初に李東輝と訣別し、チタに別派を結成して反李東輝の急先鋒となる。

なお前出の拓殖局の調べでは、李東輝が上海に行ったころの在シベリアの抗日団体を次のように記録している。

①韓族会（中央委員会…ニコリスク、会長・文昌範）……大正七年一月、韓族中央総会と高麗族中央総会を合併して発足。師範学校を設立し、「韓族公報」を発刊した最有力団体であったが、わが総領事館の交渉により露国官憲は大正八年二月に閉鎖を命じた。

②朝鮮国民大隊（ハルピン、ロ軍少尉・元某）…ロシア籍朝鮮人の団体で隊員一八〇人。

③韓族独立期成会（ウラジオ新韓村、会長・金夏錫）…ロ領、東満から同志一万人を募り、国内に侵入して武力示威を行う目的で間島の李範允等と謀り、団員と資金を募集中。

④青年会（ウラジオ新韓村、崔鳳基？）…内務、軍務、中枢、評議の各部あるも不詳。

⑤大韓国民議会（ウラジオ新韓村、会長・文昌範）…北派朝鮮人の団体で三・一運動直後に宣言書を配布し、示威したが、李東輝の後援会の観がある。

⑥老人同盟団（ウラジオ新韓村、金致鳳）…独立運動への声援を目的とする。

⑦大韓新民団（ウラジオ新韓村、金圭冕）…キリスト教聖理教徒の団体。

⑧大韓少年独立団（ウラジオ）…決死隊を結成し、独立の目的を達するまで決戦すること等を趣旨とする。

⑨一世党（ウラジオ）…張道政はロシア過激派の援助を得て独立運動を進めるため同志を収集中。

⑩第二鮮人国民大隊（掖河・ロ軍大尉・金二等）…②より分離して国民議会と連絡し、非帰化朝鮮人を集めて四、五百人に達したが、目下漸減中。

つまりシベリアの韓人も御多分にもれず割拠していたわけで、これが後でソ連の政略に乗ぜられることになる。

高麗共産党（上海派）　一九一九年九月に上海に着いた李東輝は、「臨政」の国務総理に就任してヘゲモニーの掌握と運動路線の左傾化に努め、「臨政」内部の内紛を助長した。そして翌二〇年春の「臨政国務会議」で、六月にモスクワで開催される第三回全露中国労働者会議に呂運亨、安秉瓚、韓馨権の三人を代表として派遣し、独立請願と資金援助を受けることを決議したが、李東輝総理は腹心の韓馨権だけを派遣したことは前に述べた。

レーニンは韓馨権を大使の礼遇で迎え、公館を提供したうえ一切の経費を負担した。当時一四か国の干渉戦争に苦しんでいたレーニンとしては、味方の一人でも欲しかったからであろう。金弘壹将軍は「遠東革命の主軸を韓共産党に期待していたのではないか」と推測している。

こうして韓馨権は全露中国労働者大会などに「臨政」代表として参加し、同年七月のコミンテルン大会には韓国共産主義者代表・朴鎮淳とともに出席して、遠東革命のための韓国独立の必要と各国の支援とを訴えた。これが契機となって、七月七日に前述した遠東革命軍の編成に関する協定が成立したわけであった。

この協定は、「朝日新聞」の一九二〇年一二月一〇日号に掲載されて世人の注目を浴びた。そもそも日本のシベリア出兵の目的は、ボルシェヴイキの東漸を防ぐためにシベリアに中立的政権を樹立するのが本音であった。ところが二月にはオムスクの反革命政府首領コルチャックが戦死し、一一月にはその後に擁立したセミョーノフ政府が壊滅して戦線をウラジオ周辺に収縮中の時であったから、この協定は衝撃として受止められたようである。

この協定が具体化したのが、前述したソ連の「臨政」に対する二〇〇万ルーブルの供与と、アレクセイエフスク（自由市）における遠東革命軍の編成であった。

コミンテルンは、二〇年秋に一次金として臨政代表・韓馨権に金塊六〇万ルーブルを与えた。韓は四〇万ルーブルをチタに出迎えた李東輝の秘書・金立に渡し、残りの二〇万ルーブルを持帰るためモスクワに引返した。金立は同年一二月に上海に帰ったが、李東輝は「臨政」に一文も入れなかったために大騒動になったことは既述した。

当時の四〇万ルーブルは大金であった。李東輝はこれを資金として翌二一年（大10）一月一〇日（注）に「韓人社会党」各地代表大会を上海で開催し、「高麗共産党」の創党を宣言した。創党宣言は、日本の併合を攻撃し、即時解放を要求したものであった。呂運亨は翻訳責任者として入党し、共産党宣言などの文献を初めて韓国文に翻訳して各地とくに間島地方に配布したと伝えられる。

当時の党幹部は、坪江書は李東輝、金立、趙琬九、趙東祐、金科奉らとしているが、趙芝薫書は尹滋英、安光泉、呂運亨、崔昌植らを入れており、徐大粛「朝鮮共産党運動史」は金万謙、安秉瓚、呂運亨、張建相らを加えている（一五頁）。

注：高麗共産党の創党日時には異説が多い。趙芝薫書は二一八頁で「一九二〇年**五月**上海で…」としているが、坪江書は一一三〜六頁で「李東輝は大正八年四月臨政に入閣し、さきにチタで結成した韓人社会党を上海に移し、秘書の金立と呂運亨、趙東祐らを加入させて同**八月**（一九一九年八月）に高麗共産党（上海派）を結成し、…そして大正九年（一九二〇）三月からはコミンテルン東洋部派遣員ウェジンスキーの指導をうけて…」と述べている。

しかし徐大粛書の一三頁は「金立らがコミンテルンの援助資金四〇万ルーブルを持って上海に到着したのは一九二〇年一二月末ごろだった。政府から離れ、この資金に活気づけられた李東輝は…一九二一年**一月一〇日**に旧朝鮮社会党の代表者会談を招集して党名を高麗共産党と変え、五月までに党宣言と綱領、党則を作り、一九二一年**五月**に開いた第一回党会議で公式に発表した」（簡約）としている。

また高峻石「南朝鮮労働党史」は一二頁で「一九二一年**一月一〇日**に上海で李東輝、呂運亨、趙東祐（本名

・趙東祜）らが高麗共産党を組織した」としており、金九「白凡逸志」は、李東輝がコミンテルンから資金を受けたのは国務総理のとき、つまり二〇年末ごろと明記して、以来創党に専念したと明記している。（二四四－六頁）

ところが後述するように、李東輝は二一年当初から五月まではイルクーツク派との合同大会の準備に血眼になっていた。従って資金の受授時期とこれらの事実から、二一年一月説が正しいと思われる。

資金と組織を得た李東輝は、厖大な党の組織を夢見て全身全霊を傾けた。またその威勢で「臨政」も牛耳った。当時の上海在留韓人で、四〇万ルーブルの余恵にあずからぬ者はいなかった、という。（金弘壹回想）

彼はソウルにオルグを派遣して国内組織の扶植と拡大に努め、日本共産党にも金を恵み、中国の党員をも支援した。彼は東洋のレーニンを自負していたようである。

そのころ、シベリアの情勢が急変した。昨二〇年一一月にセミョーノフ白系政府をせん滅した労農赤軍は、ハバロフスクに東進してスパスク駐屯の日本軍と対峙した。しかし日本軍との摩擦を避けたレーニン政府は、チタに「極東共和国政府」を樹てて緩衝地帯とし、日本軍の撤退を気永に待った。

機を見るに敏な李東輝は、朴愛、張道宗らをチタに派遣して、チタ政府内に設けられていたソ連共産党支部の韓人部掌握に乗り出した。（後出）血生臭い事件の発端になろうとは知る由もなく、であった。とにかく、そのころの李東輝の威勢は大したものであったそうである。

ところが金立が持ち帰った四〇万円の使途で明らかになっているのは、近藤栄蔵・大杉栄を通じて日本共産党に約二万円、中国の党員に約一万元、国内の張徳秀・崔八鏞に八万円、高麗共産党の結成資金としての約六万円（計一七万円）だけで、残りの二三万円は行方不明であった。そこで出納責任者の金立が間島に広大な土地を買ったとか、愛人に豪邸を買い与えたとかの噂が立ったことは前述した。また一部の幹部の私生活が豪奢になったのは事実であった。そこで呂運亨、安秉瓚、金万謙らは金立に使途の公開を迫ったが、李東輝はあくまで金立を庇い通したそうである。

分派　そこで呂運亨、安秉瓚らは李東輝のヒロイズムに嫌気を感じ、かつその理論に飽足りなくなったらしい。李東輝と訣別して社会主義研究センターを創設し、自ら共産主義理論の研鑽に励み、かつ大勢の苦学生を援助した。安秉瓚は元来は民族主義の弁護士で、呉東鎮らと独立運動に励んでいたのだが、武力や民族主義による運動に限界を感じ、思想主義に光明を認めたらしい。而して、その思想が国際派のイルクーツク派（後出）に共感を覚えたのは自然の成行きであったろう。

ここで重大なのは、この研究センターで優秀な共産主義者が育ち、彼らが国内に主義を持込む役割を荷ったことである。趙東祐、朴憲永、曺奉岩、金在鳳、林元根、金泰淵（丹治）らがその例で、彼らが帰国して「火曜会」を構成し、朝鮮共産党の創立を主導することになる。またこれらの青年達を支援した人として、呂運亨、崔昌植、元世勲、李樫、趙琬九、張建相らが知られている。

また李東輝が国務総理であった時の秘書長・崔昌植らは、一九二一年（大10）五月二九日に「韓国共産青年同盟」（徐大粛書では「高麗共産青年会」）を結成し、委員長に崔昌植が、書記長に朴憲永（当時二一歳）が選任されている。朴憲永のデビューであった。

金日成（左）と朴憲永（1948年）

朴憲永　一九〇〇年、忠清南道の小作農家に生まる。京城の第一高等普通学校卒後、モスクワのレーニン大学に学び、一九一九年から革命運動を始め、上海の共産青年運動幹部として知られ始めた。

一九二二年、国内に潜入の途中新義州で検挙され、徴役三年を課せられた。彼の長い獄中生活の始まりであった。一九二五年、京城で高麗共産青年同盟を組織して「赤い星」と言われたが、同年のいわゆる第一次共産党事件で逮捕され、解放までに通算一〇年の獄中生活を送ることになる。

一九四五年九月一二日、朝鮮共産党を再建して書記長となり、四六年一〇月に朝鮮人民党と南朝鮮新民党と合党して南朝鮮労働党を創党し、副委員長となって実権を握る。

しかし四六年八月に軍政法違反の疑いで逮捕状が出たので、それ以来地下に潜って合党や九月のゼネスト、一〇月の大邱暴動を指導していたが、一〇月追求の手を逃れて越北し、じ後「朴憲永同志の書簡」をもって南労党を指導し、かつ人民遊撃隊を南派して韓国の撹乱を図った。

一九四八年九月、朝鮮民主主義人民共和国が独立を宣すると副首相兼外相に就任し、四九年六月に南北の労働党が合党して朝鮮労働党が成立すると政治委員会委員に選任されたが、実権は悉く金日成に奪われた。朴憲永は北では〝根無し草〟であったからである。そして五三年七月に朝鮮軍事休戦協定が締結されると、反動分子・米帝のスパイの罪名を着せられて逮捕され、五五年一二月一五日に密かに銃殺されたと伝えられる。だが彼の刑死の公式発表はまだない。彼とともに越北した南朝鮮労働党員は、すべて彼と運命をともにしている。

こうして李東輝が精魂を傾けて創党した高麗共産党は、結党が成るか成らぬうちに李東輝派（上海派）と造反派のイルクーツク派（イ市派）に分裂したが、当時の幹部は次のように記録されている。（ゴチックは筆者注）

上海派（坪江書一一七頁）
李東輝、玄鼎健、尹滋英
羅容均、金立、朴鎮淳
金河球、**金綴洙**、金徳基
王三徳、
イルクーツク派
呂運亨、金哲勲、金万謙、崔昌植
安秉瓚、文昌範、**朴憲永**
林元根、**元世勲**、**武亭**
李樫、李元慶、張建相
金科奉
チタ派
南万春、崔高麗、金夏錫
韓明瑞

（趙芝薫書二二〇頁）
李東輝、玄鼎健、尹滋英
孫斗煥、辺長城、趙徳津
安光泉、金圭冕

呂運亨、金哲勲
曺奉岩、趙東祐
金丹冶（泰淵）
黄勲

しかしチタ派は俗称で、当初上海臨政の交通総長をしていた文昌範が一九二〇年初めにシベリアに帰り、イルクーツク派の支援を受けてその支部をチタにつくった。そして一九二一年五月の合流大会に勝利したイ市派は本部をチタに移したのでチタ派とも言うのだから、イ市派とチタ派とを分けるのは正確でない。

イルクーツク派共産党（イ市派）

イルクーツク地方には数万に達するとみられたオル・マウゼ（韓系二世）が生計を営んでいた。一八九一年（明24）に起工したシベリア鉄道が予定よりも早く一九〇二年（明35）初頭に完成したのは、彼らの協力によるとの説がある。

一九一七年一一月にロシア十月革命が成功してレーニンの労農政府が成立すると、翌一八年（大7）一月には早くもオル・マウゼの金哲勲、南満春、呉夏黙らが主導して韓系の共産主義グループを組織していくつかの市に支部を置き、統轄機関としてソ連共産党イルクーツク支部の中に韓人部を置いた。つまり風向きに敏なオル・マウゼは、ソ連共産党の一部として組織を結成したわけで、党名を付けなかったのはこのためであった。この組織は、李東輝がハバロフスクで「韓人社会党」を創党するよりも半歳早く結成された。李東輝とは何の関係もなかったと言うよりは、李東輝がこの組織とは関係なくロシア国籍以外の韓人移民を呼集して「韓人社会党」を創党したわけである。

やがて一九一八年八月、連合国のシベリア出兵が始まり、日本軍はイルクーツク東側のセレンガ河以東のシベリア鉄道沿線を占領し、英・仏軍はチェコスロバキア軍の救出とウラル山脈に対独第二戦線を構成するためにオムスクに西進して行った。西シベリアの反革命政府・コルチャック白系政府や、東シベリアのセミョーノフ白系政府は活気を帯びた。シベリアの政治情勢は急変して、韓僑の動向は微妙になった。中立か、ボルシェヴィキに加担して抗日するかに迷ったのである。翌一九年に三・一運動が起こると、初めは上海臨政への参加を渋っていた李東輝が八月末に「韓人社会党」を率いて上海に赴いた理由には、これらの事情もあったものと思われる。チタ、ハバロフスク、ウラジオの周辺にはそれぞれ日本軍の一～一、五個師団が駐屯して共産主義運動を取締り、ソ連共産党の各支部は地下活動に移らざるを得なかったからである。

李東輝が上海に去ると、それを見澄ましたかのように、翌九月五日に金哲勲、崔高麗、韓アンドレイ、呉夏黙、朴イノゲンチらがイルクーツクに「全露韓人共産党」を組織した。英・仏軍が撤退したから、日本軍の占領地外であったイルクーツクは安全であり、ボルシェヴィキが東漸したからであろう。

その有力幹部・呉夏黙は、帝政ロシアの士官学校卒業生であった。彼は千余人の韓人パルチザン部隊（前出の自由大隊）を編成して赤軍に協力し、二〇年二月のコルチャック政権の打倒や一一月のセミョーノフ政府のせん滅時には大功を挙げた。ために「全露韓人共産党」に対するソ連共産党イルクーツク支部の信頼は厚く、再び支部内に韓人部を設け、その支援の下にオルグを京城や上海に派遣するなど党勢を拡大中であった。李東輝が上海で高麗共産党を創党した時の幹部・金万謙は、そのオルグである。つまり「全露韓人共産党」としては、上海にその支部を組織する積りで金万謙を派遣していたのだが、李東輝は一九二一年（大10）一月に独自の「高麗共産党」を創党してしまったわけである。金万謙らがすぐ分派したのは、この経緯からであった。

こうして韓人の共産党組織は、イルクーツクと上海の二個所にできた。便宜上、前者をイルクーツク派（略してイ市派）、後者を上海派と呼んでいるので以下それに倣う。

従って、上海派の創党を最も憤慨したのは、他ならぬイ市派であったことは言うまでもない。イ市派は上海派を

「彼らのようなロシアに帰化していない朝鮮人の独立運動は、朝鮮の解放手段としてロシアを利用している民族主義運動に過ぎない。彼らの運動は、世界平和のための共産主義の大義に基づくものでなく、ロシアの援助を得る手段として共産主義の仮面を被っているだけだ。彼らは偽者である。……」

と罵り、自らを正統派と自賛した。

上海派はイ市派を

「彼らは、共産主義運動の正統にはずれた反党グループに他ならぬ。コミンテルンの承認と資金援助を受けているわれわれこそ真の共産主義政党である。…」

と反駁して、労農政府にイ市派の活動禁止を訴願する始末であった。

この両派の論争、つまり主導権争いには次の生臭い説もある。

レーニンの一次下賜金の残り二〇万ルーブルを持帰るためにモスクワに帰った韓馨権は、トンボ返りでイルクーツクに着いた。これを金万謙から報告されて網を張っていたイ市派の議長・金哲勲は、「朝鮮人に共産主義を宣伝するための資金は、当然われわれに渡るべきである」と金塊の引渡しを強要した。韓馨権はむろん拒絶した。彼はこのことを予知して、金塊を別便で北京の妻（ロシア人）宛に送っていたのである。けれどもこの二〇万ルーブルは行方不明になった。イ市派が強奪したと噂されている。

またイ市派の金万謙らが、金立らが持帰った四〇万ルーブルの使途について追求した結果、安秉瓚、呂運亨、崔昌植、金科奉、朴憲永、元世勲らが李東輝らと訣別したのは、イ市派の上海派切崩しが奏功したとみてよいわけである。

こうして上海派はイ市派の国際主義に対抗して民族的色彩を帯び、国内の金思国、李英らが領導した「ソウル青年会」に結びついてゆく。一方イ市派は金在鳳、洪命熹、曺奉岩らの「火曜会」と紐帯を深めたとされる。（後出）

ところが徐大粛はこの一般論に反対して、上海派の党綱領の中に「朝鮮の解放は、将来の共産主義と朝鮮に社会主義革命を実現するための一歩であるに過ぎない」、「現在われわれのいる社会のすべての悪の根源は、資本主義体制である」と指摘しているのに着目し、かつそのスローガンに

1、全企業の国有化

2、全人民への自由かつ義務的教育の実施
3、男女の労働義務化
4、女性の解放
5、資本家財産の没収

とあり、宗教を迷信であると断罪していることから、「彼らの主張が朝鮮共産主義者の真の立場を反映していることは疑いない」としている。（一四頁）

とすれば、イルクーツク派が李東輝らを口汚なく罵る理由はないことになるが、実際は両派の争いは前述した「自由市事件」や「黒河事件」に発展して多くの血を見るまでになり、ついにはコミンテルンに解散させられた。ということは金銭が絡んだ主導権争いであったとか、韓人二世のロシア人と朝鮮人との感情の対立であったとかの理由づけは、払った犠牲に較べてみる限り説得力が十分でない。とすれば両派の血臭い争いは、やはり民族の宿痾と言われるオール・オァ・ナッシング式の党争癖に根ざしたものではなかったろうか？

㈡　統一大会・粛清・強制解党

統一大会　このような情勢の最中に李東輝の上海派がチタ政府の共産党韓人部を乗っ取ったのだから堪まらない。両派の主導権争いは行動に移った。

まずイ市派は、チタに赴任途中のコミンテルン極東書記部（露名・タルビロ）の責任者・スマヤスキーをイルクーツクで迎え、チタ政府の混乱を口実にしてこれをイルクーツクに駐在させることに成功した。李東輝はタルビロとの関係を緊密化するためにチタの韓人部を掌握したわけだから、李東輝は裏をかかれたわけである。両派の抗争はこれを機にして拡大した。

上海派はイ市派を「共産党運動の正統を無視した反党グループ」と規定して、コミンテルンにその取り締りを訴えた。

一方イ市派は上海派を「民族資本主義的な機会主義グループ」と批難し、タルビロの威を借りた。金弘壹書によれば、それは「熾烈に展開された、醜悪な勢力争いであった」という。

しかしタルビロ（コミンテルン極東書記部）は極東における共産主義運動を調整する任務があった。そこで両派の代表を招致して極東革命における韓人の立場の重要性を力説し、両派の統一を図るために一九二一年三月に高麗共産党大会を開くように指令した。

ところで統一大会の開催は、両派にとっては決戦を意味する。大会に出席した代表者の数が主導権を決定するからである。両派の地方代表の獲得競争は国内に向けられた。資金に物を言わせた李東輝は、国内に二〇以上の支部と千人近くの党員と準党員を得たと言っているが、両派の謀略や中傷合戦は目に余るものがあったと伝えられる。

こうして三月の時点では上海派が優勢であった。国内の地方代表者をほとんど味方にしたのである。四〇万ルーブルの余光もあったと思われるが、それよりも韓民族の魂がオル・マウゼを嫌ったのであろう。従って、予定の三月に大会を開催すれば上海派の圧勝が目に見えていた。

そこでイ市派は奸計を巡らした。タルビロの責任者・スマヤスキーを籠絡してまず開催地のチタに反対し、話がこじれるのに乗じて開催を五月に延ばし、開催地もイルクーツクに変えた。勝利を確信していた李東輝の隙を衝いたのである。しかもスマヤスキーに建議して、参加代表の資格審査権を自派の手に入れた。つまり李東輝が寝食を忘れて獲得した地方代表者はすべて参加資格を否認され、すべてイ市派に変えられた。かくして、勝敗は事前に確定した。

そもそも上海派は、ソ連共産党から見れば外国人の党であり、外様であった。イ市派は韓系ロシア公民の党であり、子飼いであった。しかもシベリアの解放には上海派は一臂の力も貸さなかったが、イ市派は血を流して協力した実績があった。しかもコミンテルンにとって最も大事なことは、ソ連に忠節を尽くすことを本分とした党を育成することであり、民族的色彩を帯びたと噂された上海派に韓人共産主義者を牛耳られることは、ソ連にとって好ましくないことであった。ソ連の国益を優先させるこの考え方は、北朝鮮政権の成立過程によく現われる。従って、タルビロが両派の合同を勧めたその時にイ市派の勝利は定っていた、とみてよいであろう。

粛清　五月の韓人共産主義者大会は、筋書き通りイ市派の圧勝に終わった。主導権を握ったイ市派は、共産党特有の粛清を定石通り敢行した。イ市派の奸計を憤った李東輝や盧伯麟（陸士11期、当時「臨政軍務総長」）は大会をボイコットしたので難を免れたが、チタ政府の韓人部を掌握して争いの発端を造った朴愛、張道宗らは反党分子の罪名を貼られて懲役刑に処せられ、他の上海派代表は皆拘留処分に附されて身柄を拘束されたのである。

党名は「高麗共産党」に決定された。先に李東輝が上海で結党した党名と同名であったから、区別するために後人が上海派、イ市派と呼んだゆえんであった。

こうしてイ市派の独裁が成ると、韓明世、南満春、張建相をモスクワに派遣して、コミンテルンの承認手続きを採った。上海派は、結党して半歳も経たないうちに潰されたわけである。オール・オァ・ナッシング式党争の見本と言えようが、これは李朝時代からの仕来たりであった。

高麗共産党の解党　一九二二年（大11）二月にワシントンで列強会議（海軍軍縮条約、中国に関する九か国条約、山東条約などが締結された）を開催することが決定すると、コミンテルンはこれに対抗して第一回極東被圧迫民族会議（別名・極東民族会議）をモスクワで開催（二二年一月一〇日〜二月二日）することを決めた。恐らく二一年の初夏の頃であろう。

そのころ李東輝一派は四面楚歌の中に居た。五月にはイルクーツクの大会で一敗地に塗れ、六月には「臨政」の軍事力であった大韓独立軍団が赤露軍とイ市派の謀略で壊滅した。そのうえ李東輝個人は、四〇万ルーブル事件のために「臨政」の民族主義派から告訴されていた。彼の後拠であったヴォイチンスキーは、コミンテルンの高麗共産党上海派の承認取消しに伴って、中国共産党（二一年七月、上海で結成）の育成に専念し始めた。

李東輝は金立を天津に、朴鎮淳、朴容萬を北京に派遣して頽勢の挽回に努めたが、二一年七月、朴鎮淳を伴って英船で上海を立ち、欧州回りでモスクワに向かった。資金の使途についての申し開き、さまざまな誹謗や中傷に対する反駁、イルクーツク大会の不法・無効の訴え、将来の展望と党の再承認問題など多くの課題が山積していたためと思われるが、最大の狙いは極東民族会議（注）に朝鮮代表として出席し、一挙に主導権を回復するためであったに違いない。

ところが事故のために途中イギリス警察に拘留されて、李東輝がマルセイユ、ドイツを経てモスクワに入ったのは二二年の五月であった。彼が目指した民族会議は、すでに三カ月も前に終わっていたのだ。しかも彼の航海中に、致命的なコミンテルンの指令が朝鮮共産主義者に発せられていた。二二年四月二二日の六項目指令（四月指令）の大意は次の如くである。

コミンテルン四月指令

① 自由市事件によってイ市派から断罪された者（上海派）の資格は回復される。

② 但し、朴鎮淳、朴愛（以上上海派）、崔高麗、金奎極（以上イ市派）の党活動は両派の統合が成るまで禁止する。
③ 両派は三カ月以内に統合する。
④ コミンテルンは、両派の統合が成るまで一切の財政援助を中止する。じ後の財政はヤンソンの管理とし、上海派に支出した資金の責を負う。（注・金立はこの年の二月八日に上海で、韓馨権は北京で暗殺されていた）
⑤ 朝鮮共産党は新本部をチタに設ける。そして運動を朝鮮内の支部設立に集約する。
⑥ 朝鮮共産党は中国とシベリア在住の朝鮮人を包摂する方途を探す。
すなわち、②項と④項は李東輝の活動手段を封じたものであり、③、⑤項はイ市派が絶対優勢な現情を踏まえたうえでの、李東輝の主導権回復の望みを絶つものであった。この指令の草案は、イ市派の後拠・シュミアツスキー一党の筆に成るものという。
かくして、李東輝が意気込んで乗込んだモスクワで待っていたのは、彼の没落の弔鐘であった。

注・**極東民族会議**
極東民族会議の議席は一二四であったが、そのうち朝鮮代表団は五七議席を占めた。（異説が多く、趙芝薫書二二一頁は、一四四議席中の五二議席としている）
その内訳は次のようである。（徐大粛書三八－九頁）
中国二七、日本一三（片山潜、徳田球一ら）、蒙古一四、ジャワ一、カルムク二
朝鮮代表団五七人（うち共産党員四二人）の内訳抜萃（ゴチックは解放後の著名な政治家）
主席代表・**金奎植**

朝鮮共産青年会（上海のイルクーツク派）：崔昌植、林元根、金丹冶、朴憲永、趙勳、元世勳、金柱、高漢、鄭海利、他略

朝鮮青年連合会（ソウル派）：金永鎮、他略

学生代表（東京）：鄭光好、他略

愛国婦人会（上海）：金元慶、権愛羅、他略

光復軍（？）：白南鎮、他略

高麗共産党（イルクーツク派）：安秉瓚、金万謙、金哲勲、呂運亨、趙東祐、張建相、金尚徳、他略

その他（民族左派）：金奎植、金始顕（義烈団員）、閔栄、他略

この事は、次の二つを意味しよう。

議席の四六％を朝鮮代表が占めた（前年一一月のイルクーツクにおける予備会議の決定であった）事実は、コミンテルンが朝鮮人に遠東革命の先駆的役割を期待したことを示す。

その二は、朝鮮代表は同床異夢の左右の寄合いであるが、上海派が故意にオミットされた結果、イルクーツク派が絶対多数を占めて恰も民族代表的な観を呈していることである。これが共産党一流の巧みな戦術であることは周知の事実だが、彼らは朝鮮革命運動に関する演説で、上海派が出席していたならば出来なかったはずの宣言「朝鮮共産主義の中核は、イルクーツクの旅団である」と謳い上げたという。（徐大粛書三八頁の注21）

モスクワにおける李東輝は、旧知の者に訴え、コミンテルンの要路に説くなど、彼なりに必死の努力を試みた。だが、覆水は盆に帰らなかった。レーニンはこの四月に病気引退して、スターリンに代っていたからである。

その後李東輝は、四月指令の③、⑤項に基づいて、両派の統合に努力した。チタの文昌範と談合し、イルクーツク

の全国大会で合作を訴え、果てはウラジオで統一を提議した。だが、悉く成らなかった。李東輝の統合は、飽くまで自派の主導権を前提としていたからで、イ市派の彼に対する根深い憎悪と党派心をかき立てただけであった。李東輝は高麗革命軍臨時軍政務総裁という名ばかりの名誉職を与えられ、没落の道を歩むことになる。

一九二二年一〇月、日本軍のシベリア撤退が完了すると、スターリンはチタの極東共和国を吸収して一二月にソ連邦の成立を宣言した。そして戦術として、在ソ韓国人の独立運動を封ずる政策を採ったことは前章で述べた。日本に再干渉の口実を与えないため、及び日本との貿易を復興してその一国社会主義理論の実践に役立たせるためであった。そこには韓人に対する同情はなく、国益だけがあったのだ。

同年一二月、在ソ韓国人部隊は赤軍に編入し、応じない部隊は武装を解除して領外に放逐した。すなわち、使い捨て、であった。

同時に李東輝を嫌い、イ市派の肩を持ち続けた極東事務局責・シュミアツスキーを駐ペルシャ大使に任じ、高麗共産党をイ市派、チタ派（南万春、文昌範）、上海派もろともコミンテルンの名において解体し、韓人共産主義者全部をウラジオに新設したコミンテルン民族部極東総局高麗部（コレ・ビュロ）の統轄下においた。理由は、主導権争いが極端で、四月指令で要求した両派の統合が成功しなかった、とされた。けれども内実は、朝鮮革命を目指す彼らを自領に置けば日本の反発を受ける恐れがあるのと、民族色の濃い者を一掃してソ連の世界革命に役立てる意図であったとみる説がある。（李命英「四人の金日成」六九頁）

他の説は、コミンテルンの無頓着さ、つまりは利用するだけ利用したうえでの使い捨て説である。徐大粛は「コミンテルンは少なくとも自由市事件が起こるまでは、朝鮮共産主義の諸問題、資金系統、イ市派と上海派の派争、李東輝と彼らの代理人・シュミアツスキーとの不仲などに気付かなかったと思われる。それは、レーニンは李東輝に資金を与えたが出先のシュミアッスキーはイ市派を援助した事実、自由市事件後にはっきりとイ市派の陰謀を譴責しておきながら、二二年の四月指令ではイ市派の肩を持った矛盾、及び憎悪し合っている両派の不和の原因を究めずに盲目的に結合を強要した指令、シュミアッスキーが調整不成のまま転勤した後は何らの手を打つことなく成行きに任せたことで証明される」と論じている。（五〇頁）

そこでコミンテルンの無頓着さが何に根源したものであったかが問題となる。推測の他でないけれども、やはり一国社会主義理論に基づく国益の追求が、弱小民族に対する冷酷な処遇となって現われたのではあるまいか？　当時のソ連は非力であった。戦争と革命とによって国力は消耗しきっていた。だから力をつけるためには外国の干渉を避けねばならず、外国と友好し貿易しなければならなかった。その政策の犠牲者が、赤軍を助けて日本軍と戦った朝鮮共産主義者であったのである。しかもこれらの犠牲者の子孫は、それから四分の一世紀を経た朝鮮戦争に駆り立てられた。ソ連の利益の為に、であった。

一九二四年（大13）二月、コレ・ビュロは解体されて韓人共産主義者は組織部（オルグ・ビュロ）の管轄下に入れられた。その際、李東輝は、ウラジオの北郊にある新韓村の図書館長に押し込められている。

一九二五年（大14）一月、日本がソ連邦を承認して国交が樹立すると、ソ連は条約に基づいて韓国人の独立運動を禁じ、オルグ・ビュロを解体して韓人共産主義者はすべて各県の高麗部所属となった。つまり韓国人の党は完全に解体されたわけである。当時在ソ韓国人共産主義者は、党員一万五千人、候補党員及び共産青年会会員一万三千人、党学校学生三千人、赤軍編入者五千人、計三万六千人であったと推算されている。（外務省「支那ニ於ケル共産運動概況」（一九三八年十一月調整））しかしこれだけの勢力を擁しながら、朝鮮人は結党を認められなくなったのだ。憤慨した李東輝は、スーチャン（蘇城）近くの寒村に遁棲して再び世に出なかった。彼は一〇年後の一九三五年（昭10）一月に死んだ。近くに元のイ市派が多く住んでいたが、一人も葬式に出なかった。またかつてコミンテルンや国際会議で雄弁を振い、李東輝の右腕として忠実に活躍した朴鎮淳は、そのころ生活難のためにボロをまとってモスクワで行商していたという。（外務省「李東輝死亡に関する件」一九三五年二月二三日）

かくして上海派とイ市派との抗争は、イ市派の完勝に終わり、高麗共産党が誕生した。だが、それが何を意味したのであろう。完勝したイ市派は抗争相手が居なくなると急激に活力を失って、その後特記すべき活動は認められなかった。仲間との争いに精魂を磨り減らしてしまったのだという。しかも高麗共産党は、ソ連の手で解党された。高麗共産党の自然消滅過程は、李王朝の滅亡過程と軌を一にしたものではなかったろうか！　内部の抗争は他に漁夫の利を占めさせるだけである。

二、朝鮮共産党

そもそも韓人の共産主義運動は、第三インターナショナルに盲従する高麗共産党イルクーツク派と、いくらか民族主義色彩を帯びた上海派との双生児として生まれ、血を血で洗う主導権争いののちにソ連が支援したイルクーツク派が圧勝した歴史を持って幕を開けたことは既述した。共産主義運動のほとんどがいわゆる国際派と自主派との相剋の歴史とみられるが、ここでも例外ではなかったのである。しかして国内における共産主義運動が前記の海外の動きに影響されないわけはなかった。国内の運動も上海派の流れを汲むソウル青年会（のちのソウル派）と、イルクーツク派の支援を受けた火躍会派と、日本留学生らの三大系列によって組織され、勢いの趣くところ主導権の争奪と離合集散の歴史を繰り返したことは、他の独立団体の歴史とその軌を一にしたものであった。

(一) 三つの党派

前述したようにイ市派と上海派の対立抗争は果てしなく永続し、ついに和解することはなかったが、この抗争の過程において、彼らは自派の後継者を国内に育てたわけであった。

而して徐大粛は、次の注目すべき論説を掲げている。

「朝鮮共産主義運動のなかで派閥が発生し、存続した最も驚くべき原因は、基本原理やイデオロギー、理論上の諸見解を実践する手段に関して、両派の間に論争が行われなかったことであると思う。そもそも両派とも、プロレタリア独裁と朝鮮に階級のない社会の実現を目指し、……日帝を武力によって打倒し、労働者階級を解放することでは一致しており、イデオロギー上の差異がなかったことは、数々の演説、声明、綱領などで証明されている。両派とも、共産主義の実践的革命的な側面を強調したのはこれが説得力を持っていたからで、これも一致していた。……」(五〇―一頁)

とすれば、血を血で洗うような派争、憎悪と果てしない口論、中傷、誹謗を演じ合った真の原因は何であったのであろう? この原因を徐大粛は、次のように解析している。

「合作の失敗は、朝鮮に共産主義を展開する上で、つまづきの石となった。この失敗は、朝鮮人の間の派閥闘争の病根となる。彼らを分離させた問題はイデオロギーではない。……党派心がのさばる理由は、おそらく朝鮮人がマルクス主義及びレーニン主義の戦略とイデオロギーを理解しなかったためであろう。……彼らの党派心の根源は、イデオロギーではなく、地理的なものであった。だから当然の帰結としてグループの名称は、レーニン主義者、マ

ルクス主義者、トロツキー主義者、福本主義者ではなく、上海、イ市、ソウル、東京派などになったのである」（四三～四頁）

共産主義団体の発祥　日本の武力が揺ぎないことを証明した三・一運動の興奮がさめると、ロシア革命の影響もあり、主義によって武装した民衆の力をもって独立を達成しようとする運動が起こったのは当然の帰結といえよう。貧困と著しい貧富の格差、及び植民地政策に対する民族の本能的不満の存在は、社会主義、無政府主義、共産主義等の温床として格好な条件を備えていたと思われる。

三・一運動の翌一九二〇年（大9）一月、朴重華、車今奉、張徳秀、呉祥根、金明植らが相互扶助を目的に掲げた「労働共済会」を設立し、主として南部に一四の支会を設けて活動し始めると、二月には金思国らが「労働大会（のち京城労働会）」を結成し、じ後各地に各様の労働・青年・学生団体が簇生して全国に一一三団体を数える盛況となった。韓国では今でも青年運動が盛んだが、それはこの歴史の所産であろう。

そこで張徳秀、金喆寿、高龍煥、崔淳澤らが統合を唱えると、全団体が同年末までに「朝鮮青年会連合」に加盟した。会員数は二万三千人で、執行委員二〇人のうち一四人が共産主義者であった。

ソウル派　ところが二か月後の一九二一年（大10）一月末、上海で李東輝が高麗共産党を創党した直後、「労働共済会」の議事部・張徳秀、呉祥根、金明植外七人は同会を脱退し、ソウル青年団を基盤として「ソウル青年会」を組織した。共産主義者の旗上げであった。恐らく時期からみて、上海の李東輝が金綴洙に託して送った資金八万円が結党資金になったと思われる。そして二年後の一九二三年（大12）四月には組織を拡大して「連合会」をも脱会し、非合法の共産主義結社として独立した。のち「ソウル派」という。その時の重要幹部は前記の外、金思国、李英、鄭柏、崔昌益らであった。

いわば国内に自然発生的に誕生した共産党で、李東輝の援助を受けた影響もあり、民族的傾向を帯びていた。その基盤は青年組織で、二四年四月の「朝鮮青年総同盟」の設立会議では、二二四支部、四三、〇〇〇人の党員を擁すると報告された。

李　英　咸南に生まれ、南京・江寧第一実業学校卒業。南京を中心に独立運動に従事していたが、二三年に帰国して共産主義者同盟を組織し、ソウル青年会系に属した。朝鮮青年総同盟幹部。第三次共産党事件で検挙され、二八年～三三年服役。出所後も咸南・北青で共産党を再建中に逮捕されたが、三九年にスターリン団を組織した。

四五年八月いち早くソウルで朝鮮共産党（長安派）を結成し、一一月朴憲永（再建派）と合流したが、四六年九月の南労党結成に反対して社会労働党を結成（いわゆる大会派）し、四七年五月勤労人民党委員長。

四八年八月第一期代表議員（南代表）として越北し、最高人民会議副議長、四九年六月「祖統」中央委常委、五三年一二月～五七年九月最高人民会議議長、五七年八月第二期代議員（徳川）、五七年一二月「祖統」議長、六〇年三月当時病気休職。

崔昌益　一八九六年、咸北に生まる。二〇年ソウル青年会に関係し、朝鮮共産党統一問題でモスクワに派遣されてソ連・東方労働者大学修了、二七年朝鮮共産党（ML派）幹部、第三次共産党事件で崔益翰、河弼源らとともに検挙されて服役、三五年出所。

三六年中国に渡り金元鳳、金科奉、韓斌らと朝鮮民族革命党義勇隊を組織して地下闘争やテロに従事し、四一年光復軍第一支隊とともに延安に止まり、四二年七月朝鮮独立同盟副主席、また抗日大学、朝鮮義勇軍を組織す。

四五年一一月平壌に帰り、四六年一月朝鮮新民党副委員長、四六年八月北労党中央委常委、政治局員、四七年二月人民検閲局長、四八年三月党政治局員再選。

四八年九月財政相、四九年六月「祖統」中央委、五二年一一月副首相、五三年八月党中央委常務委、五四年三月〜一一月財政相、五五年一月〜八月国家検閲相、五六年六月国旗勲章第一級授与、五六年九月副首相解任、朴昌玉、尹公欽らとともに宗派反党反国家分子と批判され、党中央委員罷免、のち復党したが、五七年反党宗派行為の計画的な陰謀の罪で除名、処罰された。許貞淑（許憲の娘）の夫。


火曜会　このような国内の情勢を、イルクーツク派が黙過するわけがない。イ市派のオルグは再三潜入を図ったがいずれも失敗し、二二年三月には朴憲永、林元根などの安秉瓚の高弟が、四月にはイ市派の幹部・安秉瓚自身がソウル潜入とともに捕えられる始末であった。網の目のような警戒幕が張られていたのである。

だが、二三年（大12）五月、「ソウル青年会」が発足した直後、優秀なウラジオ在住のオルグ・金在鳳外一名が潜入に成功した。六月には金燦、申伯雨、金若水、李鳳洙らを集めて「朝鮮事務局」を組織し、七月には洪命熹（北朝鮮の初代副首相）らと「新思想研究」を結成し、各地に多くの細胞を植えつけた。朝鮮日報社と時代日報社の細胞がその例である。また新興青年同盟や漢陽青年同盟及び朝鮮労農同盟を傘下に収め、二四年秋には全国の主要都市に事務局を設け、その専従員は三百余人に達したという。

また曺奉岩（韓国の初代農相、のち大統領候補、反共法で死刑）が東京から潜入して青年団グループに細胞を組織し、二四年三月の青年事務局の専従員は一三〇人に及んだとみられている。

一九二四年（大13）一一月一九日の火躍日、新思想研究会は「火曜会」と改名した。レーニンは火曜日に生まれたからである。火曜会はいわばイルクーツク派の国内支部であり、その幹部は次の人達であった。

金在鳳（イ市派幹部）
曺奉岩（前出）
朴憲永（北朝鮮初代副首相、外相）
金燦（元北星会員）
趙東祐（元上海イ市派）
金丹冶（元上海イ市派）
林元根（右同）
権五卨（右同）

火曜会の勢力は、同会が二四年四月に基盤組織として設立した「全朝鮮労農総同盟」の発会式で、一四七支部、二万五千人の党員を有すると発表したことで推測できる。

しかしてその顔触れを見れば、いずれも東京に留学したのちに上海やウラジオに渡った人達である。俗に「将来の幸福を夢みて渡日し、爆弾を抱いて帰国する」と言われたが、日本人がよく考えてみなければならない問題だと思われる。つまり火曜会は、東京、シベリア、上海から帰国した筋金入りの国際派青年の結社であった。

北星会→北風会　東京の留学生は、前記の共産主義運動とは全く関係なしに運動を開始した。そして国内の運動に割り込んで、風波を巻起こすことになる。

三・一運動がほぼ収まった二〇年一月に、二・八運動を主導した学生らは、一九一七年（大6）に結成されていた「東京労働同志会」（洪承魯ら）を相互扶助と親睦とを目的に掲げた「在日朝鮮人苦学生同友会」に改組して社会運動を始めたが、その幹部・金若水、朴烈、金思国、曺奉岩、鄭泰成らは精鋭分子を集めて翌二十一年（大10）に「黒涛会」を結党し、主義運動の嚆矢になった。けれども二三年（大12）初には朴烈らの「黒労会」と、金若水、安光泉、李如星外四人が主動した「北星会」に分裂した。

「黒労会」は無政府主義者のグループであった。朴烈は同年四月に秘密結社「不逞社」を組織して天皇の爆殺を計画し、発覚して関東大震災時に逮捕された。不審の点が多い事件で、時の加藤友三郎内閣が倒れるほどの余波があった。無期刑に処せられた朴烈は終戦とともに出獄してソウルに帰ったが、6・25動乱の時拉北されている。

「北星会」はいわゆる共産主義者のグループであった。山川均や堺利彦の門下生となり、あるいは東大教授・吉野作造の新人会や山崎今朝雄の平民大学に通学して共産主義の研究に没頭し、翌二四年には「在日本朝鮮労働総同盟」を組織して実践に移ったといわれるが、そのリーダーとして、金若水（金科全）、鄭雲海、宋奉瑀、白武、李鍾範などが知られている。

金若水　一八九三年、慶南に生まる。京城徽文義塾、日本大学社会学科卒業、南京・金陵大学中退。

吉林省にて軍政署を組織して独立運動を開始し、上海、南京を転々とした後、二〇年に帰国して朝鮮労働共済会を組織。その後渡日して朴烈（二三年九月の皇太子及び政府要路者暗殺計画事件の首謀者・朴烈事件、初代大韓居留民団団長、六五年六月当時在平壌・平和統一促進協議会議長）らと黒濤会を結成。二三年一月北星会を、同年一一月北風会・朝鮮青年総同盟を結成、二四年には李英・鄭栢（いずれものちＭＬ派）らと朝鮮労農総同盟を創立し、二五年の第一次朝鮮共産党事件で新義州で検挙されて六年四か月服役した。

一九三一年秋、雑誌「大衆」を発行して左翼運動を続けたが、三年間服役して転向したとされる。

8・15解放とともに建国準備委員会委員、四五年九月韓国民主党組織部長。四六年一〇月同党を離党して民衆同盟総務、同年一二月過渡立法議員（官選）、四七年民衆同盟の分裂後朝鮮共和党を創立して書記長。

四八年五月制憲国会議員（東莱）、四八年八月～四九年七月国会副議長、四八年一二月民族共和党結成、四九年七月国会内で共産党細胞を組織した反政府陰謀が発覚し（いわゆる国会フラクション事件）、李文源ら一〇余人とともに逮捕されて服役中、五〇年六月北朝鮮軍によって釈放され、同年七月に韓国の降伏アピールを放送した。

五六年六月在平壌・平和統一促進協議会発起人、同中央常務委員、五九年反党分子として除名されたと伝えられる。


こうして東京の朝鮮人共産主義者と社会主義者は「北星会」を中心にして集まっていたけれども、東京には他に「新星会」、「プロレタリアート青年団」が、大阪に「三・一プロレタリアート青年会」が、京都に「朝鮮北志会」等があったという。なかなか一元化できないところに問題があったと思う。

やがて二四年末に北星会の主力が帰国して「北風会」を結成すると、蛍雪会（苦学生の組織）の主力メンバーが二五年（大14）一月に結社を組織した。「一月会」という。リーダーは安光泉、李如星、河弼源、朴洛鐘、崔益翰らで、高津正道、福本和夫らと協力しながら研究を進め、抑圧に対しては大衆運動と組織的抵抗とを以て闘うことを理論的根拠にして、朝鮮に新社会を建設することを目標にした。（高景欽「東京における朝鮮共産主義者の運動はいかに発展したか」（思想月報第八号（一九三一年一月刊）所収）

後のことになるが、この一月会が、大衆連合戦線理論をもって韓国初の統一戦線組織「新幹会」の結成に寄与した経緯は前に述べた。

派争　しかして当時の大正デモクラシーの風潮からして、「北星会」がイルクーツク派の流れを汲む国際派に成長したことは当然である。その幹部は二三年の夏期休暇に講演団を編成して朝鮮各地を巡演し、国内に勢力を扶植し始めた。特に力点を置いたのは慶尚・全羅地方の青年団の包摂であった。ところが前述したように、ソウル青年会の基盤も南部の青年団体であったから、ここに両派の葛藤が始まったわけである。

ソウル青年会は、北星会を脱会した李廷允、崔昌益、張日煥らと同盟して、事ごとに反目し合った。たまたま死亡した鄭泰信の葬儀を北星会が主導して連合葬を営む形になったので、憤激したソウル青年会員らは北星会の幹部・申伯雨、朴珥圭ほか数人を襲撃して重軽傷を負わせる流血の事件が起きた。すると北星会員は脱会した崔昌益に暴行を加えて報復し、両派の感情的反発は増幅する一方であったという。二三年八月ごろの両派の陣容を総督府警務局保安課は次のように記録している。本文との差異は情報の限界を示す。

ソウル青年会系

ソウル青年会（李英、金栄万、張彩極、韓慎教）

北星会脱会派（崔昌益、李廷允、張日煥）

労働大会（姜宅鎮、李時玩）

労働共済会（車今奉、崔上徳）

北星会系

北星会　（金鐘範、鄭雲海、金若水、金馬鳴）
労働連盟会　（尹徳炳、申伯雨）
無産者同盟会（李準泰）
土曜会　（李浩、閔泰興）
新思想研究会（朴一秉、金燦）
女子苦学生相助会

北風会　けれども早く根付いたソウル派の優勢は動かなかった。北星会は土曜会と建設社の二つの支部をソウルに設けていたが、前述したように、二四年一一月に在東京の幹部の大半が帰国するに及んで両部を統合して「北風会」と改名し、東京に残ったグループは「一月会」と改称して「北風会」を支援する態勢に改めた。二四年八月ごろの陣容を、同年九月の朝鮮総督府警務局保安課の調査は次のように記録している。誤り（×印）が目立つが、これは届出を信用したのと、まだ共産党の組織を感知していなかったからであろう。

ソウル青年会系　（非留学生系）
労働学友会　（金亨教、朴宗国、李種乙）
朝鮮労働教育会（李京、李駿烈、朴尚勳）
京城労働青年会（金亨教、崔栄來、元世萬）
赤雹団　（許一、金栄万）
社会主義者同盟（韓慎教、李英、鄭柏、李廷允）

朝鮮女子青年会（朴光熙、朴春子）
ソウル鉄工組合（元世萬）

北星会系
×火曜会（金若水、金範鍾、金馬鳴、李憲、金燦、洪南杓）
建設社（金若水、金範鍾、金馬鳴、李憲）
解放運動社（金範鍾、金馬鳴、辛鉄）
北風会（金若水、辛鉄、金範鍾、鄭雲海）
京城青年会（金章絃、鄭日秀）
朝鮮女子青年同盟（許貞淑、金陳寿）
ソウル印刷職工青年同盟（閔昌植、朴奉源）
×朝鮮青年総同盟（李英、崔昌益、金燦、曺奉岩、任鳳淳）：独立したものでなくソウル派の下部組織
×朝鮮労農総同盟（林豹、金馬鳴、李丙儀ら）：注・火曜会の下部組織
労働党（全一、徐方国）

けれどもこの調査には誤りが見られるとはいえ、一年前の組織は全く変容して、系列の内外を問わず離合集散した跡がうかがわれ、派争の激しさを知ることができる。

(二) 朝鮮共産党（一次～四次党）

こうして国内における共産主義者は火曜会（イルクーツク派の流れ）、ソウル派（上海派の流れ）、北風会（東京留

学生の派）の三派に属して覇を争っていたが、ソウル派と北風会との抗争が激化するにつれて、旗色が悪くなった北風会を火曜会に接近させた。火曜会はすでに労農組織を創り上げ、強力な地盤を築き上げていたからである。

統一工作　火曜会の領袖・金在鳳は、渡りに舟と北風会と合作した。一説には、金在鳳が北風会を切り崩して合作するように仕向けたと伝えられる。

また金在鳳は、出版・言論の自由化に便乗して巧みにマスコミや文化人を利用して、ソウル派の切り崩しにも成功した。金思国、李英ら（旧派という）を除いた大部の幹部（新派と呼ばれる）の支持を取り付けたのである。徐大粛は金在鳳の手腕を

「金在鳳は火曜会とその細胞の組織に才能を表わしたばかりでなく、三派の暫定的な合作をなし遂げる能力と忍耐をも兼備していた。

ちなみに、合作は、朝鮮の社会ないしは朝鮮の政治団体の間では、恐らく、あらゆる政治的術策中、最も至難な業であろう。これに成功すれば、その他はいともたやすく御することができる」（六九頁）

と評論している。

この評論の後節は、これまで屢述してきた史実の総括とも言える。李承晩も、李東輝も、そして金九も成し得なかった合作を一時的とはいえ成し遂げたことは、合作を至難の業とする韓国の政治風土でも、人を得れば出来ないことがないことを意味していよう。

朝鮮共産党第一次党　金在鳳は一九二五年（大14）四月一七日に、新聞記者の懇親会に名を借りてソウルの銀座にあ

った中華料理店・雅叙園で秘密創党会議を開いた。出席者は一七人で、むろん火曜会員が多かった。人事を決定する三人指名委員（趙東祐、曺奉岩、金燦）は全部火曜会に属していた。

中央執行委員七人の部署と会派は次の通りであった。

党委員長：金在鳳（火曜会）
組織部長：趙東祐（右同）
宣伝部長：金　燦（右同）
人事部長：金若水（北風会）
労農部長：鄭雲海（右同）
政治部長：兪鎮熙（ソウル派）
調査部長：朱鍾建（右同）

中央審査委員会

曺奉岩（火曜会）
宋奉瑀（北風会）
尹徳炳（ソウル派）

つまり主導権は火曜会が握ったが、組閣は各派閥の均衡人事であったわけで、金在鳳の手腕が称えられるゆえんであろう。

けれども金在鳳は、裏では抜け目なく手を打っていた。イルクーツク派から資金援助を受けて党を運営していたが、秘かに朴憲永、曺奉岩、金泰淵（丹冶）、林元根の腹心をして、「高麗共産青年会」（注）を設立させて、火曜会だけの下部組織を造り上げていたのであった。建前と本音との使い分けである。

けれども共産主義運動と民族主義運動とは常に表裏をなして進められたので「施政二十五年史」は、「無政府主義的運動は朝鮮に於ては大なる活動はなかったが、共産主義運動は各種の方面に於て民衆を誑惑《きょうわく》煽動した事が少くないのである」（二三八頁）と記録している。

注：**高麗共産青年会**の部署（執行委員兼務）委員長・朴憲永、政治部・林元根、組織部・権五稷、報道部・曺奉岩、教育部・金丹冶、宣伝部・申哲洙、審査部・洪增植

権五稷　一九〇六年、慶北に生まる。二五年ごろモスクワ東方労働者大学卒、同年朝鮮共産党の創建とともに入党、同年一二月第一次共産党事件で検挙され十年以上服役、出所後も運動を続け、終戦により出所。四五年八月朝鮮共産党中央委員、「解放日報」責任編集人、四六年五月精版社（紙幣偽造）事件の発覚により逮捕令を受けて越北。四八年九月北朝鮮外務副相、五〇年二月駐ハンガリー公使、五二年駐中共大使、五三年八月朴憲永とともに逮捕され、除名、労働者となる。

こうして火曜会、ソウル派、北風会三派の提携から成った朝鮮共産党は、この年の五月一二日に新たな保安法が公布され、治安維持法が強化されたにもかかわらず、地下運動によって党勢を拡大していった。当時総督府は、三・一運動後の文化政治の証しとして、青年運動や団体の結成には寛大であったからという。（徐大粛書六五頁）

けれども徐大粛は言う。「様々なグループから成った朝鮮共産党は、作戦の有効な体制には不可欠の相互の提携工

作を難しくした。訓練の欠如、愛国的な焦躁と日本人に対する伝統的な憎悪などが彼らを向う見ずな行動にかりたて……作戦の失敗となって現われる」（八三―四頁）

その結果、結党後わずか半歳にして朝鮮共産党は壊滅的な検束を受けた。第一次党と呼ばれるゆえんである。

モスクワ共産大学　第一次党はコミンテルンの指示によって、二一人の学生を東方共産大学（一名、モスクワ共産大学、あるいは東方勤労者大学。二年制）に送った。一九二七年以降に卒業したこれらの学生はコミンテルンの指令によって活動したが、知られた人に高明子（金丹冶の妻）、金度燁《どよう》（金若水の甥）、権五稷《ごしょく》、金命時（権五卨の義妹）、曺龍岩（曺奉岩の従弟）、金祚伊（曺奉岩の妻）、崔春澤（崔元澤の弟）がいる。

朝鮮軍司令部「北満の赤色情況とロシアの現情」（大正一四年報）は、「そのころモスクワ共産大学には五〇人の学生と一五〇人の朝鮮軍将校が学んでいる」（一～三七頁）としているから、この大学が及ぼした影響、つまりソ連の朝鮮に対する影響力の行使はすでにそのころから育くまれていたわけである。日本人学生・風間丈吉はこれを裏付けている。

なお後述する第二次党は五人を、第三次党は三人の学生を送っている。じ後は資金難のために党としての派遣は中止されたが、党の声援を受けて多くの優秀な学生がモスクワに学んだ。その中に金鼎夏《ていか》（李東輝の義理の娘）、呉琪《ごき》燮《しょう》、朱寧河《しゅねいか》、朱健らがいた。

朱寧河　咸南生まれ、二五年ごろから呉琪燮らと共産党に入党し、咸南で農民運動に従事。四五年九月元山市人民委員会委員長、四六年八月北労党中央常務委員、政治委員、四八年三月同党副委員長、政治局員、四八年九月交通相、四八年一〇月～五二年二月駐ソ連大使、五三年八月宗派反党間諜罪で朴憲永らとともに除名され、労働者となる。

新義州事件　一九二五年（大14）一一月二二日、上海に派遣途中の密使二人が新義州で飲酒中、日本人警官と弁護士とを口論の末に殴り倒し、急行した巡査をも打ち倒した挙句に、興奮の余り「朝鮮共産党万歳！」と叫んでしまった。（「思想月報」七号所載の伊藤憲郎「司法から見た思想問題」）

取調べると、朴憲永から上海の呂運亨にあてた密書が発見されて、彼らはすべてを自白した。一斉検挙が行われ、中央執行委員・金在鳳、金若水、朴憲永を含む三〇人の幹部が捕えられた。検挙を免れたのはモスクワに派遣されていた趙東祐と曺奉岩、上海に逃れ得た金燦と金丹冶、及び崔元澤らだけであった。

こうして指導者を失ったうえに、これを機に派争が再燃して党は再び分裂してしまった。火曜会が「この事件は北風会とソウル派の無責任な行動と、北風会の自白が発端である」と攻撃すると、北風会は「朴憲永一派は在外共産党と連絡して、他派を利用していた権威主義者」と規定して糾弾したためである。金在鳳は初め一斉検挙を逃れ、党の再建を同郷出身の姜達永（当時朝鮮日報晋州支局長）に託し、朴憲永の代りにこれも同じ町出身の権五卨を高麗共産青年会委員長に任じたという。地縁の現われであったろう。だが彼も一二月一九日に逮捕された。

すると金在鳳の逮捕を奇貨とみたのか、ソウル派旧派の金思国、李英、李廷允、金栄萬らは一二月三一日に武橋洞の春景園に会合して共産党の創党を宣言した。春景園共産党と言われるが、以て派争の激しさがうかがえる。

姜達永の第二次党　姜達永は企図心に富む組織家であったが、狭量で実行力に欠けていたと言われる。彼は北風会を排除して中央組織を次のように改め、散在した指導者らと協力するために三つの国外総局を設けて党勢の拡大を図った。

第二次党の組織

書記局　　…姜達永（火曜会）

組織委員会…金綴洙（ソウル新派）

宣伝委員会…李鳳洙（ソウル新派）

中央審査委員会…洪徳祐（火曜会）

満州総局…曺奉岩、崔元澤（火曜会）

日本総局…金正奎、李奭、李相昊（火曜会）

上海事務局…金燦、金丹冶、趙東祐（火曜会）

高麗共青委員長…権五卨、金璟載、朴珉載、朴珉英ら

けれども党勢が拡大したことを示す証拠は何ひとつない。原因は、資金不足（注）、当局の新たな関心が党の存在に向けられたこと、他派の大部分が火曜会派を白眼視したこと、実力のある幹部の大半が検挙されて四年～一〇年の刑に服していたなどが挙げられようが、姜達永の指導上の欠陥＝狭量と野心＝が影響したとされる。

注　党が一九二六年度歳費としてコミンテルンに要求した額は三六万三千円であったが、実際の送金（七月）額は一万円に過ぎなかった。また上海事務局が三月に六・一〇騒擾資金として送金した額は四千二百円であった。

（「思想月報Ⅱ」第八号所載の「朝鮮共産党予算案説明書」）

しかも姜達永は分裂した北風会やソウル旧派との合作を回復する努力を試みなかったばかりか、北風会の有力幹部（金若水、鄭雲海、宋奉瑀、金馬鳴、李浩、李憲ら）を追放してその反党罪状を逐一コミンテルンに報告している。

それは一九二六年三月一〇日から四月六日までのわずか一か月間に一四通にも達しており、その内容は金若水や鄭雲海の資質を批判して「拷問を免かれるために党の秘密を自白した」とか、「宋奉瑀は許貞淑と情を通じて秘密の入手を計った」とかの中傷や誹謗であるが、その問罪の確証はないらしい。（前出「思想月報Ⅱ」八号）つまりここでも事大思想と派争性が働いたものとみえる。

しかし一方では、三月一〇日に民族主義者との合作を提唱して、天道教指導者・崔麟の反対に遭って失敗した経緯もあった。

このような北風会系の排斥やこれと矛盾する民族派との合作工作は、姜達永の個人の野望の現われとして党員の反感をかった。こうして姜達永の指導権は逐次失墜した。

六・一〇万歳事件　指導権が揺らいだことを悟った姜達永は、同二六年四月に李朝最後の王・純宗が薨去され、六月一〇日の大葬を機にして三・一運動を再現する機運が生ずると、これに乗じて声望の挽回を図った。彼は万歳デモの実行を指令したのである。好戦的で冒険好きな高麗共青委員長・権五卨は、上海の金丹治や金燦と図ってビラの撒布やデモを計画した。そして当日、「朝鮮共産党万歳！」「朝鮮の共産主義万歳！」を叫びながらビラを撒き、赤旗の下での独立を訴えた。観衆は、時に熱狂的に賛同した。地方でも小規模の騒擾が起きた。だが、一〇一人の党員が現行犯で逮捕されて、忽ち鎮圧された。大衆の蜂起は三・一運動の比ではなく、線香花火の如くに消えた。徐大粛はこの原因を「人民は三・一運動の悲惨な結果と、人民の犠牲を政治的に利用し得なかった無能な政治指導者を記憶していた」と帰結している。（八〇頁）

姜達永、権五卨らの指導者らが根こそぎ検挙され、少数の幹部だけが満州に逃避できた。しかも姜達永は、組織や党員名簿のほか、文書の隠匿箇所や暗号までも自白したのち発狂してしまった。（朝鮮共産党証拠物写）　いわゆる六・一〇万歳事件で、第二次共産党事件とも一〇一人事件とも言う。

かくして火曜会は壊滅し、党内における指導権を失った。そしてその後は、検挙を免れた有力メンバー・曺奉岩、金丹冶、金燦らが間島で活動を続けただけであった。

この事件も、姜達永の宗派主義に端を発した衰運と、指導権の挽回を焦ったヒロイズムとが絡み合った独善とによって自壊作用を起こした、とみる方が正しいようである。

崔昌益は「朝鮮民族解放闘争史」（一九四九年、三一書房刊）において「六・一〇運動の政治的性格は高く評価さるべきである。なぜならこの運動は共産党の直接領導下に進行した反帝闘争であっただけでなく、反日民族統一戦線（注…新幹会運動の意）に対する党の政治路線を、実際の闘争をもって勤労大衆と広汎な愛国人民に宣布したからだ」（二六九頁）と評価している。

金鐘鳴編「朝鮮新民主主義革命史」（53年、五月書房刊）も「党の威信を限りなく高め、…人民大衆を反日戦線に結集させた」（五四—五頁）と意義づけている。

けれども、これらは共産主義者独特の自画自賛であることは、その結果から、特に国民大衆が「学生の義挙」だけを称えたことからして明らかである。また北朝鮮の初代財政相となった崔昌益がのちに粛清されたのは、前記の記述にも係わりがあったとの説がある。北朝鮮では、金日成の他に偉大な革命家がいたとする説は異端であるからだ。

新幹会と第三次党（M・L派）　東京の一月会員（北星会の後身で北風会の理論的指導層である金俊淵、安光泉、河弼源ら）が独立運動の分裂と派争とを批判して、統一戦線の統一を提唱した「正友会宣言」を発したのは同二六年一一月一五日であったが、民族改良主義の金性洙や天道教の崔麟の同意（但し、金と崔の狙いは政治的自治を訴えるための大衆組織の結成で、正友会の狙いとは異なっていた）のもとに、翌二七年（昭2）一月一四日に「新幹会」を結成したことは前述した。

この時真先に正友会宣言に反対したのは、同じ共産主義者の李英、朴衡秉らのソウル派旧派であった。また指導層を失った火曜会は会派そのものに内紛が起こっていて、論外であった。二回に亘る検挙は決して共産主義者の数を減らすことはなかったし、その活動力や忍耐力を殺ぐことはなかった（徐大粛書八五頁）そうだが、共産主義者間の不統一が災して、新幹会は李商在を議長とし、安在鴻、申錫雨、権東鎮らを幹部とする民族陣営に牛耳られるようになったわけであった。提唱者の正友会としては、庇を貸して母屋を取られた感じであろう。ソウル旧派の反対理由は「合作は民族陣営への屈服を意味し、苦役中の同志に対する不信行為である」とする党派性の強いものであったし、この統一論議でソウル派が三派に分裂した（注）のも、次に述べる第三次党の結成を促進したと思われる。

注　ソウル派の分派

旧派（老成した統一反対派）…李英、朴衡秉らの春景園共産党

新派（統一賛成の少壮派）…李廷允、安秉禧、李珖、李丙儀らの協商派

中立派（どちらにも反対で、後で赤布党を結成した）…李芳、李昌夏、李春ら

北風会を引継いだ一月会の安光泉らと、旧上海派（レーニン主義同盟（L・L派））の金綴洙(李東輝の高弟で、高光洙、金剛、李仁秀らのリーダー)、及びソウル・新派の李廷允らは、一九二七年二日初めに連合して第三次党を結成し、金剛、高光洙をモスクワに派遣してコミンテルンの承認を得た。後でマルクス・レーニン派（M・L派）と呼ばれる。この連合が丸く収まり永続すれば、画期的な政治的妥協の成功である。だが、妥協は信念に欠けた無節操の

所産とみるらしい特有の宗派性は、第三次党内における派争に拍車をかけた。

争奪の的は委員長人事であった。最初はL・L派の金綴洙や高光洙が主導権を握ったが、間もなく一月会の金俊淵（注）が奪い、金俊淵が辞任した後の数か月間は一月会の幹部・河弼源ら五人がタライ回しした。

金俊淵…一八九五年、全南・霊岩に生まる。東京帝大法学部卒、ベルリン大留学。朝鮮日報モスクワ特派員、東亜日報編集局長を経てM・L派を組織。7年服役後、東亜日報主筆。のち転向して50年11月～51年5月法相、のち民主国民党、統一党、自由民主党、民衆党、新民党を遍歴。

徐大粛は「朝鮮内の派閥争いはこの時、最も熾烈であった」と述べている。（九〇頁）一月会のスパイがソウル派に潜入したことが発覚して、金俊淵は危うく暗殺されそうになった事件も起きた。（金斗禎「朝鮮共産党小史」九八―一二一頁）ある幹部らは、別党の再建を計画し、金綴洙、金剛（金ニコライ）らのL・L派はこれらの内紛を逐一コミンテルンに報告したとされる。（一九二九年一一月二日付「大阪朝日新聞」）

かくして相互の不信は絶対的となり、これが誘因となって二七年一一月にはL・L派の朴應七（李東輝の愛弟子）、金栄萬らが捕えられ、これを契機として翌二八年（昭3）二月には三二人の幹部（金俊淵、崔益翰、朴洛鐘、河弼源ら一月会の大半、金剛、南天祐ら）と大量の党員が検挙されて、第三次党（M・L派）は激烈な派争の他には特記すべき活動をなすことなく壊滅してしまった。

M・L派の没落に伴って、李英の率いる春景園共産党は党会議で主導権の掌握を期した。国内に残った唯一の組織であったから、この機に乗じて天下を夢見たのであろう。だが李英ら一六人の幹部が二八年三月に検挙されて、春景園の夢は終わった。検挙を免れた朴衡秉らは同年四月に新党の設立を公表した。だがその月の二一日には、彼自身が二百人の党員の中の五〇人とともに平壌で検挙された。

これらは第三次共産党事件と総称される。

分極化　第三次党が派閥争いの末に一斉検挙を受け、李英の春景園共産党も検束されると、当然のこととして新幹会内における共産党の影響力はいよいよ衰微した。反面、新幹会内における李商在、安在鴻、申錫雨、権東鎮らの指導力は強くなり、国民の強い支持のもとに支部一三九、会員二万三千人の大組織に発展しつつあった。「高等警察要史」は新幹会の状況を「地方における排日主義者中、相当著名な人物はとんど加入している。集会、会員勧誘時などの言動を総合すれば、運動の到達点は朝鮮の独立にあることが明らかであり、…寒心に耐えない」と報告している。

このような民族派中心の新幹会の発展と声望が、共産主義者に影響を与えぬはずはない。共産主義者が音頭をとって造った左右合作の組織が、民族派のものになってしまったのである。従って、共産主義者の中に統一戦線理論に対する攻撃が起こったのは自然であろう。

李恒発、朴元煕らは「党員を新幹会から引揚げて、共産党と民族党とに分離すべし」と主張した。「両党論」という。おそらく現実主義に発したものであろう。

張日星、金万奎らは、「清算論」を唱えた。共産党とその活動のすべてを清算し、抗日闘争は民族派とともに合法的に行うという論で、彼らは民族派に励まされて共産主義者を洗脳するための雑誌「ボルシェヴィキ」の発行に踏み切った。つまり、一時的転向論である。

M・L派の指導者・韓偉健らはこれら両派の主張を敗北主義と規定し、共産主義の大義を説いて統一戦線理論を擁護した。そして大多数の共産主義者の共鳴を得たが、こうして共産主義運動に分極化が起こり、のちには金燦らの大物が清算論に転向するに至る。

車今奉の第四次党　第三次党が壊滅して一か月も経っていない一九二八年（昭3）二月二七日に、一月会の理論家として知られた韓偉健は国内八道と日本、満州の代表者一二人をソウル北郊に召集して、第四次党の組織と、李廷允が上海から持ち帰ったコミンテルンの指令とを討議した。

コミンテルンの指令はＭ・Ｌ派の統一戦線加入方針を支持し、かつ新幹会の主導権を掌握する絶対的必要性を力説して〝草の根運動〟を助言したものであったという。（「徐大粛書」五五—六頁）

三人から成る役員指名委員会のうち鄭柏と李廷允が検挙されて再建は難航したが、三月中旬に組織された第四次党の顔触れは次の如くであった。

党書記：車今奉（「労働共済会」の創始者）

政治局：安光泉

組織局：金漢郷

中央監査委員会：韓偉健

　高麗共産青年会：金在明

（中央執行委員：車今奉、安光泉、金漢郷、金在明、李星泰、梁明、韓海、尹択根の八人。同代理：鄭柏、李廷允、李仁秀、韓林の四人）

第四次党はコミンテルンの資金援助を受けながらその指令を忠実に実行し、新幹会の各部組織に細胞を再建して、仏教指導者・韓龍雲に新幹会の運営について共産主義者の発言権を認めさせるまでに勢力をつけた。また学生運動を指導して革命的教義を教え込んだ。また海外組織や日本共産党との提携にも努力した。これらの努力の結晶が、翌一九二九年（昭4）四月に新幹会を協議会制に改組してその議長に許憲を送りこみ、新幹会の乗取りに成功したことに現われる。（後出）

けれども同年六月に李星泰（中執委、機関紙「朝鮮之光」主筆）が検挙されたのを手始めに、大阪取引所の月刊誌「財界研究」に透明インキで記載されていた党綱領や規約、幹部名薄が明ばん処理によって発覚し、高麗共青委員長・金在明が党文書の所在を自白するに及んで、同二八年一〇月五日までに一七五人が検挙され、車今奉と金在明とは獄死して、第四次党は壊滅した。第四次共産党事件、時にＭ・Ｌ党事件と言う。上海に逃れ得たのは、韓偉健、高光洙、金漢郷らと、前に規約違反（追放された槿友会細胞・李賢郷（女）の党籍を私的理由で復活させた）で上海に左遷されていた安光泉ら、及びコミンテルン代表として上海に居た梁明らだけであった。

コミンテルンと一二月テーゼ　第一次朝鮮共産党（一九二五年四月一七日―一二月）は、まず曺奉岩を、ついで趙東祐をモスクワに派遣してコミンテルンの承認を求めたが、得たのは東方共産大学に二一人の学生を送る指令だけであった。曺奉岩の言によれば、証拠不十分と基盤の弱さが承認を拒んだ理由であったという。

第二次党（一九二六年二月～七月）は、歳費三六万余円をコミンテルンに要求し、コミンテルン関係の業務に専念させるために金丹冶主宰の連絡所を上海に設けた。けれどもコミンテルンから一万円を送ってきたのは七月で、党の崩壊後であったことは前述した。

第三次党（一九二七年一月一四日～二八年二月二日）は金剛をモスクワに送ったが、実質的な交流はできなかった。コミンテルンの朝鮮共産党承認について徐大粛は、「コミンテルン執行委員会拡大委員会は第六回（二六年二月～三月）から第七回（二六年一二月）にかけて加入を許したと言ってもいい」（一〇二頁）と結論している。けれども二六年七月から二七年一月までは党がなかったのだから、おそらく第二次党の加入が認められた結果、姜達永は歳費三六万余円を要求し、上海連絡所を設けたのであろう。こうして朝鮮共産党はコミンテルン遠東局（上海）の統轄下に入り、代表として趙東祐、曺奉岩、金丹冶、梁明がその順に遠東局で働いた。

だが正式に加入を認められたのは、一九二八年九月一日の第六回世界大会の第四六会期であった。第四次党（二八年三月中旬～一〇月）の末期のころである。

ところがコミンテルンの最初の指令は、第六回会議（二八年一二月一〇日）の直後に発せられた。いわゆる一二月テーゼである。このテーゼは一般に、朝鮮共産党の非能率と分派抗争に愛想をつかせたコミンテルンが、その承認を取消した宣告文として知られる。次の記述がその例である。

坪江汕二「朝鮮民族独立運動秘史」一四六頁

「朝鮮共産党はこのように前後数次の検挙により、ここに全くその前衛闘士と幹部を失い、運動それ自体は堕落して職業化の観を呈し、彼ら一味の唱うる派閥闘争の清算・分派主義の克服は、自派勢力の拡張手段の口実であった。そのなすところ幹部席の争奪、党費の着服、私利私欲の満足、自派領導権の獲得に過ぎなかったのである。

こうして朝鮮共産党を操るコミンテルンは、昭和三年（一九二八）一二月、朝鮮共産党と高麗共産青年会は分派闘争に没頭し、実際闘争をしないとの理由のもとに、その承認を取消した。そしてコミンテルン内の東洋部をもって組織する朝鮮問題委員会を開催し、同年一二月七日朝鮮共産党再組織に関する政策として、従来の派閥闘争を絶滅し、党内のインテリゲンチャアを排斥して、労働者・農民に基礎をおく党の再組織及びその他を決議し、いわゆる朝鮮問題に対する決定書を発表したのである」（一二月テーゼ及び昭和七年四月二三日以降の朝鮮日報及び咸北共産党予審決定書所引）

趙芝薫「韓国民族運動史」二三六〜七頁

「一九二八年八月の総検挙でM・L党が全員監獄に入ると、コミンテルンは朝鮮共産党に対するコミンテルン朝鮮支部としての承認を取消した。その後の共産主義運動は、コミンテルンから送られてきた「一二月テーゼ」（一九二八年）…「クーシネン意見書」（三二年）、「共青テーゼ」（三二年）ないし一九三四年の「朝鮮共産党行動綱領」などの指示文書によって展開され、朝鮮共産党の再建を図って運動したが、毎度失敗したのである」（張福成「朝鮮共産党派争史」二七頁所引）

けれども徐大粛「朝鮮共産主義運動史」はこれらの誤りを指摘して

「朝鮮人は、この文章をコミンテルンから除名することを伝える手紙であると思いなした。しかしこのテーゼは除名に何も言及していないだけでなく、むしろ逆に、過去の活動の誤りを分析して、朝鮮共産党の速かな復興と強化を援助したいと申しでている。朝鮮人の読み違いは、テーゼの中の『コミンテルンは、共産党が事実上崩壊したと認める』という一節から生じたようである」（一〇七頁）

と述べ、原文には除名を宣告したり示唆した箇所はなく、除名に論及したおびただしい論文はどれも焼直しの資料を基礎としていると論駁し、かつ九月に正式に承認しておきながら三か月後に取消すような不見識なことをするわけがない、と付言している。

坪江書六二八—三五頁所載の「朝鮮革命的農民及び労働者の任務に関するコミンテルンの決議」と題した一二月テーゼの日本語版を見ると、確かに「除名」するとか、それを匂わした文言は見当たらない。一二月テーゼの緒言は「朝鮮解放運動は今や日本帝国主義弾圧下に危機に際会している。…共産党を組織することは非常に困難である」の書出しで始まっており、困難な理由として、客観的条件（工業未発達に基く工場プロレタリアの僅少、幼稚、移動軟弱竝に日帝の弾圧）と、内部の軋轢派争を指摘している。だが除名とか叱嘖の文言はない。

本文は朝鮮の経済的・社会的現状を分析したのち、朝鮮革命は民主的ブルジョワ革命であると規定し、農地革命の必要、労働者と農民を基盤に獲得する必要、派争の排撃と秘密工作の採用を提示したうえで「委員会は一層速かに朝鮮共産党を再組織し隆盛ならしむる凡ゆる方法を講ずるであろう」と約束し、主義に基づく目標、手段方法などを注意して、最後を「コミンテルン執行委員会は朝鮮に於ける特殊事情に伴う事業に対する朝鮮共産主義者の真面目な熱心な態度が、過去の失敗に打勝ち、コミンテルンの委員会の決議に基づき朝鮮共産党を再組織し優勢ならしむることを得るだろうと云うことを、信ずるものである」と結んでいる。

除名や承認の取消しどころか、壊滅した党の諸因を指摘して再建方法を指令した文書に違いない。このテーゼの起草委員には日本の佐野学が入っていたから、彼が友党に死刑を宣告するわけはなかったと思う。

この問題をやや詳説したのは、このテーゼに励まされた主義者は飽くことなく運動を続けて党の再建を図り、これが解放直後の南朝鮮の政情に重大な影響を与えたからであり、このテーゼに規定された「朝鮮革命は民主的ブルジョワ革命である」を信奉した朴憲永らの南朝鮮労働党出身者達が、金日成派の武力解放路線と衝突して一人残らず粛清された事実に結びつくからであった。

三、再建の努力と忍耐

第四次党が壊滅しても、朝鮮の共産主義信奉者は前述したコミンテルンの一二月テーゼに励まされて、間もなく党の再建工作を開始した。そして一九四五年の8・15解放まで、秘かに、絶え間なく、忍耐強く続けたわけである。そこには飽くことなき執念と、努力の跡を見ることができる。韓国人の忍耐心を評価しない人はいないだろうが、その逆境にめげぬ信念と熱情に根ざした闘争力は、思想や人種の壁を越えた次元で認識さるべきであろう。けれども、党の再建は成らなかった。当局の取締りが峻烈を極めたことが主要な原因でもあったが、再建工作がソウル派、M・L派、火曜会の派閥次元で行われ、ついに超派閥次元での一元化された工作を行い得なかった特殊事情が、再建をより困難なものにしたとみることができよう。

コミンテルンが朝鮮共産党にあてた指令・一二月テーゼは、コミンテルン第六回大会に出席していた次記の四人の代表によって二八年末に持ち帰られた。だが第四次党は同年一〇月末までにほぼ検挙されて、テーゼを受取るべき党は既に存在していなかった。そこでソウル派の金丹冶と金奎烈は同派の満州総局へ、M・L派の梁明と韓海は上海の党事務局に渡したわけである。従って党の再建は、まずこの二系列によって始められた。

(一) ソウル派の努力

再建準備会　一九二九年（昭4）の一月、金綴洙（別名・金東宰、全北・扶安生まれ、李東輝の高弟）、金栄萬、尹滋英、金泳植、金奎烈らは朱健、金一洙ほか多数を満州・敦化に召集して「朝鮮共産党再建準備会」を結成し、一二月テーゼを満場一致で支持し、一月二五日に声明文と綱領を発表した。委員長は第三次党を暫く主導した金綴洙であった。

声明は

①　派争を清算し、労・農者を基盤とするために党を彼らに委ねる。

②　革命的戦術の欠如と無原則的な派争によって生じた過誤を反省し、肝に銘ずる。

③　再建の第一歩は、労・農者の中での活動、党の知識分子の労・農者との置換、鉄の掟と取締りによる保全と団結、真のボルシェヴィキと正統レーニン主義イデオロギーによる党の強化。

などを謳っていた。(「思想月報」第六号)

だが、これらは前に何回か叫ばれ、何度も試みられたが、いずれも失敗した歴史を持っている。一二月テーゼが朝鮮共産党を皮相的にしか理解してなかった四人の外国人（佐野学（日）、瞿秋白（中）、ミフ、ウィルタネン）によって起草されたからには、それを無批判に受入れることには実情的に問題があったはずである。でも準備会はテーゼを無条件に、神のお告げとして受入れた。事大思想がここでもみれると思うのは、偏見であろうか？　この性向は、解放後の韓国とくに北朝鮮に顕著に現われる。

この「再建準備会」は一九三一年（昭6）七月、つまり満州事変の直前まで二か年半も存在して様々な努力を重ね、ついには中国共産党の指導さえ受けた。

まず二九年初に安相勲（モスクワ共大卒）を国内に派遣して、李駿烈（高校教諭）、方漢旻（朝鮮日報記者）らが率いた一四人の主義者に一二月テーゼと声明を届けさせた。安相勲は四月に使命を果したが、何も起こらなかった。

彼と会った人達は一網打尽になったからである。安相勲の支援のため宋武英が潜入した。けれども宋が安の隠れ家を訪れたとき、二人とも逮捕された。続いて一連の工作員が京城に入ったが、いずれも二〜三か月で検挙された。日本警察の眼は一般警察の外に、憲兵、特別高等警察、思想警察と二重三重に張り巡らされていて、希に潜入に成功しても活動の余地はなかったのである。この監視組織を忠実に踏襲したうえで、末端の相互監視網として五戸担当制を設けているのが今の北朝鮮である。五戸担当制とは、五戸をグループとして上意下達の徹底を図る末端細胞であるが、内実は戸長と相互の密告による監視制度に外ならない。

例えば、モスクワ共産大学で通訳をしていた朱赤松は教え子三人を伴って入国し、学生細胞の育成に着手した。だが忽ち検挙された。

金政琯は二九年一一月に一人のモスクワ共産大学卒業生を伴って開城の労組に細胞を造ったが、一か月も経たないうちに二二人全員が逮捕された。(開城共産党事件)

金丹冶は党の再建を急ぐため二九年七月に七人のモスクワ共産大学卒業生を率いて入国し、一一月までに釜山、馬山、木浦、平壌、咸興、元山、新義州、清津、雄基などの主要都市に地区組織を設け、他に多くの細胞を扶植したとされる。だが翌三〇年(昭5)三月までに金丹冶もろとも全員が検挙された。第一次党以来の大物で数次の一斉検挙を巧みに逃れ、六・一〇事件などを首謀した金丹冶(泰淵、秋星)も、ついに当局の眼からは逃れ得なかったのである。

再建準備委員会委員長・金綴洙は、金一洙、宋鳳郁、姜文秀ら二〇人とともに、三〇年一月に京城に潜入して再建工作に努め、農・労組の中に多少の勢力を扶植した。だが五月には金綴洙自身が検挙されて、再建は遠のいた。

京城での再建を諦めた金一洙、尹滋英らは、本拠を咸興に移して労・農組への浸透に力点をおいた。この努力は当時の世界的な経済恐慌と相俟って、興南肥料、平壌ゴム、京城紡績、釜山紡績、新興採鉱等の企業のほか、主要農民組織や学校のほとんどに細胞を扶植し、あるいは組織を結成して一九三〇年代初の労・農争議を激化させる一因となった。それは、二九年（昭4）の労働争議参加者は労働運動の画期と言われる元山の大罷業を含めて五、七〇〇人に過ぎなかったが、三〇年は一八、九七二人、三一年には一七、一一四人、三二年は一四、八二四人が争議に参加したことで知れる。

けれども労働組合も農民組合も、左翼と右翼との主導権争いや、それぞれの内部派争の埒外にあることはできなかった。

例えば前出の「労働共済会」は一九二二年秋に旧幹部・尹徳炳らの「労働連盟会（北星会→北風会系）」と新幹部・車今奉らの「労働共済会（ソウル青年会系）」に分裂した。二四年には無産階級が団結して「朝鮮労農総同盟」を結成したが、ソウル派と北風会との暗闘は跡を絶たず、二七年には「労働総同盟（ソウル派）」と「農民総同盟（北風会）」とに分裂した。また下部組織でも、京城印刷工組合（北風会）と京城印刷工同盟（ソウル系）とが拮抗したように、それぞれの組織の中での争いも避けられなかったのである。

農民運動も例外ではなかった。北風会の牙城であった農民総同盟はソウル派の巻返しによって内紛を続け、天道教新派が設立した朝鮮農民社は天道教青年党に乗取られて三一年に全朝鮮農民組合から分派した。（坪江書一六六―八〇頁）

だからして、党再建の展望は持てなかった。憂慮したコミンテルンは、朝鮮共産党の再建を中国共産党満州省委員会に委託した。三〇年末にM・L派満州総局員・姜進がこの決定を再建準備委員会に伝えると、金一洙、姜文秀らは中国共産党延辺特別委員会責任者・黄の指導のもとに再建準備委員会を解散し、三一年三月に「左翼労働組合全国評議会準備会」を結成して咸興、興南、元山、城津、清津等の大工業都市における争議の指導と、端川農民争議等の扇動に力を注いだ。これらの努力は、前記した争議参加者の数が示すようにある程度の効果は認められたが、党が再建された兆候はない。けれどもその成功?を過信したのか、金一洙らは三一年(昭6)のメーデーデモを派手に指導した。そのため姜文秀ほか一八〇人が共産主義宣伝ビラ不法所持の廉で逮捕され、姜文秀の転向によって「全国評議会準備会」の組織は壊滅した。こうしてソウル派の再建努力は終わりを告げた。この事件は「朝鮮共産党再建工作準備委員会事件」(略して工作委員会事件)とか、モスクワ共産大学卒業生が多く参画したことから「東方共産大学卒業生事件」とか、「中共の朝鮮国内工作委員会事件」とか呼ばれている。

(二) M・L派の努力

再建協議会　一方、上海に逃れたM・L派の韓偉健らは、梁明からコミンテルンの一二月テーゼを伝えられると、その原則=前衛として労働者を組織し、派争一掃のために知識人らの伝統的な人間関係を清算する=に則って党の再建に着手した。まず第四次党の四散した党員を糾合し、海外総局の決起を促すために高光洙を京城へ、高景欽(民友)を日本へ、他の数人を満州へ派遣した。

高光洙は彼の同志とともに二九年(昭4)初頭に京城に潜入し、九月に開催される朝鮮大博覧会の開会式を大衆デモに変様する計画のもとに、学生の組織に努めた。高光洙は一次~四次の検挙を巧みに逃れた忍者であった。だが彼も、開会式の直前に同志二人とともに検束された。

高景欽が連絡した日本総局は金天海(のち北朝鮮労働党中央委員)らが検挙された後、朴洛鍾、印貞植、鄭僖永、宋彦弼らが主導して活動を続けていたが、李載裕、朴祥俊、金桂林らは博覧会に紛れて入国し、南部の主要都市を巡回しながら党の再建に着手した。たまたま二九年一〇月三〇日に羅州駅で中学生の衝突が起こると、全南責任者の金相赫ら（金相魯の説がある）は一一月三日の式典（日本の明治節、韓国の開天節（陰暦一〇月三日の檀君神話に基づく建国祭）、及び全南産繭《まゆ》六百万石突破祝賀会とが重なった）を利用して、三・一運動以来の大騒擾に発展した光州学生事件を指導した、とされる。だがほとんど逐次に検挙された。

上海の韓偉健はこれらの失敗を知ると、三〇年末から三一年（昭6）初にかけて権大衡、李宗林、金琪善ら十数人のオルグを派遣した。前述した姜進が満州から潜入したのもこの時のことである。

権大衡らは三一年二月末と四月中旬の二回に亘って〝永登浦会議〞と言われている会合を開き、「朝鮮共産党再建協議会」を結成して地方組織の強化に乗出した。村単位に労・農組織の細胞を復活し、積上げてゆく方式であった。だが月刊機関誌「コミュニスト」の発覚に端を発して、三一年七月から三二年（昭7）四月までに大多数が検挙されて、党再建の組織的な努力は終わりを告げた。韓偉健や梁明は延安に走って運動を続けたが、のち戦死するか病死した。高景欽は東京で捕えられ、無産者社委員長・金三奎は三一年八月に高円寺で逮捕され、三年の刑期を西大門刑務所で終えた。

無産者社　委員長であった金三奎（現在「コリア評論社」主宰）は当時を次のように回顧している。

「私が無産者社の委員長になったのは東京帝大三学年の時で、前任の金斗鎔（東大・美学科卒、在北朝鮮）が労働運動で多忙を極めたからである。同人は金南天（法大卒、作家、在北朝鮮）、林和（日大修了、文芸評論家、48年朝鮮文学芸術総同盟常委、53年死刑）、李北満（没）、韓載徳（早大、北朝鮮「民主朝鮮」主筆、のち越南して反共の論陣を張ったが、北朝鮮スパイ地下代表部事件で逮捕さる）、安漠（早大、舞踊家・崔承喜の夫。平壌音楽大学総長、文化宣伝副相など北朝鮮の芸術分野で要職を歴任したが、59年4月に粛清された）などであった。

間もなく無産者社の性格を根本的に変える事態が訪れた。朝鮮共産党再建協議会の人々が上海から東京に潜りこんできて、党の再建に関する論文の発刊を要求したからである。われわれはそれを敢行し、合法性を装うために朝鮮共産党を朝鮮×××と表示した式のパンフレットを印刷して、三一年夏に全朝鮮にばら撒いた。郵送したり、帰省する学生のフトンの中に突込んで搬入したものである。だが新聞紙法違反の廉で誰かが二九日の拘留処分を受けねばならなくなったが、林和と李北満が在学中の者に代って代わり番こに留置場に入ってくれた。今は無き二人の冥福を祈りたい。

私は大学を卒業した機に、実は資金欲しさに三一年五月中旬に全南・霊岩の生家に帰省し、京城を回って帰京したのは七月二三日であった。その間に、私が無産者社の一切の責任者であることが暴れていた。八月、高円寺の喫茶店に連絡のため赴くと、京城・鍾路署の高等係主任らが待っていた」（金三奎「朝鮮の真実」（昭35、至誠堂刊）一一―二頁）

なお金三奎は、東京帝大独文科在学のころ左翼運動に入った経緯を、次のように自叙している。（自叙「今日の朝鮮」「朝鮮の真実」「朝鮮と日本のあいだ」）

「一九〇八年、全南・霊岩の素封家・金家の三男として生まれ、何不自由なく育ったが、一九一九年三月の万歳事件が霊岩にも波及して民族意識に目覚め始めた。ソウルの名門校・京畿高等普通学校（旧制中学）に在学中の仲兄・敏奎が帰郷して、霊岩での決起を組織したからである。

兄は放校処分と八カ月の刑を受け、已むなく東京の法政大学に留学した。一九二一年（大10）に普通（小）学校五年を修業した私は兄を頼って上京し、海城中学、東京高等学校（一高の前身）を経て二八年（昭3）に東京帝大

・独文科に進んだ。その間、大正一二年九月一日の大震災に遭い、人種差別の冷厳な現実を骨身に徹して味わうとともに、人の情も知ることができた。こういう異郷での境遇と、帰省するたびに刑事につきまとわれるうっ陶しさが重なるにつれて重苦しい圧力を感じ、人生の目覚めとともに現実を直視して、祖国の独立を思索するようになった。

そもそも私は、中学時代にはトルストイに魅せられて人道主義・人間愛の目を開かれ、故国の封建的な身分制度や因循な倫理観に対する批判の眼を培っていた。高等学校時代にはゲーテ、シルレル、ヘッセ、トーマス・マンなどを耽読して人生の根源的な基本情念を悟り、志士的風格を持った李東碩（早大・独文科）や清水幾太郎などとの交友を通じて文学の道に入ったわけである。

大学でヘーゲルを学び、弁証法を理解してマルクス主義に触れ、共産党宣言を読み、マルクスついでレーニン全集をマスターするに至って、『朝鮮を独立させる思想とはこれだ！』と確信し、現実から逃避していた文学青年が行動する人へと変貌していった」

その辺の心境を、彼は次のように説明する。

「スターリン批判やハンガリー事件などを知っている今の若者には、このあたりの事情は説明を要しよう。あの時代の朝鮮のインテリたちが、まあ私の場合にはそのタマゴだったわけですが、マルクス主義に対した気持というものは、ほとんど憧憬にすら近いものがあったのです。これは、革命ロシアやコミンテルンについても同様です。今の若い人からみると少々おかしいような気がするかも知れませんが、そうした時代の風潮といったものがあったのです。…」（「朝鮮と日本のあいだ」一二〇頁）

而して金三奎の回想を総合すれば次のようになる。

大学一年で卒業資格二一単位中の一一単位を早々にとった金三奎は、東大・美学科の一年先輩であった金斗鎔に触発されて、左翼系の読書会（雑誌「インターナショナル」の主刊であった高山洋吉宅でのスターリン著「レーニン主義の基礎」（独語版）の輪読会）や反帝同盟に参加して〃革命的に〃なり、大学二〜三年はその研究と実践に入った。すなわち、金斗鎔が組織した「朝鮮のプロレタリア芸術運動」（略してカップ）を推進するための文学団体「無産者社」（雑誌「プロレタリア芸術」発行）の同人となり、林和（日大）、金南天（法大）、李北満、韓載徳（早大）、安漠（早大）らとともに活動を始めたわけである。やがて一九二九年（昭4）一一月に光州学生運動事件が起こって全国的な反日闘争に発展すると、霊岩出身留学生の東京委員長でもあった金三奎は、同志と協議して署名入りの激励ビラを郵送した。だが忽ち御用となって、翌三〇年二月に二週間余り留置された。彼の入獄生活の始まりであった。

大学三年のとき、金斗鎔が労働運動で多忙となったため、その後を継いで無産者社の委員長になると、文学団体の無産者社に政治問題が持ち込まれた。一九二七年に壊滅した第三次朝鮮共産党（M・L党）の幹部・韓偉健は上海で党の再建を画策していたが、彼が日本に送った使者・高景欽（別名・金民友、車石東）、金致廷、黄鶴老らが無産者社に渡りをつけてきた。党再建に関する出版活動の依頼であった。金三奎は承知した。かくして無産者社は政治運動に入り、高景欽らの論文をパンフレットで発行し始めた。「〇〇××再建のために」と、伏字を多用する文体であった。〇〇は朝鮮、×××は共産党である。

当局は泳がせていたらしく事件にはならず、金三奎らは翌三一年（昭6）春にそれぞれの大学を卒え、ほとんど帰国して革命家の道に入った。当時〃大望を夢見て東京に出で、赤くなって帰る〃と言う里諺があったそうだが、その例であった。

金三奎は資金の調達と連絡のために帰郷し、ソウルを経て妻子の待つ東京に帰ったが、八月下旬（満州事変勃発直前）、他の全員とともに一網打尽となった。いわゆる朝鮮共産党再建協議会事件である。金三奎は治安維持法違反容疑で京城に移送され、西大門刑務所の未決監に三年収容されて執行猶予五年を宣告され、三四年（昭9）八月に出所した。彼はこの監獄を、〝私の大学〟と言う。読書と思索と反省に明け暮れて、大学二、三年の空白を取返したからである。彼の読書は哲学（特にドイツ観念論のカント→ヘーゲル→ヴィンデルバンド→リッケルト→ヘルマン・コーエン）、宗教（道元「正法眼蔵」）、科学、文学書の広域にわたる。忖度するに、マルクスの外にも世界があることを悟ったことがその読書傾向でうかがえる。禍を転じて福となした、とみられよう。

体力を故郷の霊岩で回復した彼は、三四年のその秋に帰京してドイツ語の翻訳で生計を立て、やがて再び金斗鎔に誘われて朝鮮芸術座に関係することになる。当時の在日留学生の生き方の典型であったと思われるが、彼らをこの様な境遇に追込んだ世相はとくと省察さるべきであろう。

(三)　火曜会の努力

一九三五年（昭10）八月、コミンテルン第七回大会は反帝・反ファッショの闘争を強調して、反ファッショを主張する勢力との妥協連合、即ち人民戦線戦略を打ち出した。新幹会が解消されてから四年ほど後のことである。この決定に励まされた朝鮮共産主義者の運動は「あらゆる合法場面に乗じて非合法性を偽装しながら大衆の赤化を策し、時局を逆用して銃後陣営を攪乱し、又は反戦運動を勃発させて一挙に赤化革命の野望を達成せんとするが如き悪質なる反帝運動の勃興を将来し、其の手段方法は寧ろ従来よりも隠密且つ巧妙となつてきた」（「施政三十年史」四九一－二頁）が、その根拠は極東ソ領であったことは言うまでもない。前述したが、咸北の農民は自由にソ領と往来して農耕に従事していたし、朝ソ国境地帯のソ領には凡そ二〇万の韓人農民が移住して共産主義を奉じていたからである。

ところが、一九三七年（昭12）秋、支那事変が拡大している最中に、ソ連は突如として朝ソ国境を閉鎖して、極東在住の韓僑二〇万人を全部中央アジアに強制移住させた。

これについて「施政三十年史」は、

「其の結果、露領を根拠として朝鮮革命を企図していた赤化分子の策動も完全に屏息するに至った」（四九三頁）とみている。このソ連の異民族に対する強圧政策は、韓人の労働力をもってタシケント地方を開発するとともにロシア人の極東入植を促進するにあたったとみられているが、コミンテルンの戦略とソ連の政策との矛盾が興味深い。

このような阻害要因はあったけれども、党の再建運動は休みなく続けられた。

後継党事件　第四次党事件（二八年一〇月）ののち、火曜会派は全国に分散していた党員の統合に努めて再建を図っていたが、三〇年春に全員が検挙された。後継党事件という。

コミュニスト事件　第一次党の高麗共産青年会の委員長であった朴憲永は、予審中に精神分裂症と診断されて釈放され、二九年（昭４）八月に間島に赴き、のちウラジオで小学校の教師を勤めながら健康を回復し、三三年（昭８）一月に古巣の上海に渡った。彼は金丹冶と協議して帰国し、妻・高明子や普成専門学校教授・金元植との接触を図ったが、忽ち三人とも検挙された。朴憲永の再建計画は知らされていないが、周到な計画が練られていたようである。（徐大粛書一八八頁）

この件について趙芝薫書二三七頁は「上海で発行する朴憲永らの機関紙『コミュニスト』を、金烱善らが国内に搬入して全国に謄写頒布し、組織再建の基礎工作を行ったが、三二年に全員検挙された。朴憲永・金烱善らの朝共再建コミュニスト事件、俗称・金烱善事件が起こった」としている。

外務省アジア局北東アジア課「北朝鮮人名録」（昭42年3月）の朴憲永の項には「第一次共産党事件で検挙され、咸興刑務所に入所。一九三一年、保釈出所、再び上海に渡り朝鮮共産党再建に努力。一九三三年逮捕され、一九三九年まで京城西大門刑務所に入所。…」とある。

坪江書その他にはこの事件は見当たらない。という事は、解放後一時南朝鮮で威勢を張り、越北後は副首相兼外相を勤めた朴憲永の経歴が定かでないことを示しているが、このことは、朴憲永が一九五五年に「反国家的スパイ、米帝の手先」として処刑されたときの状況証拠にされたようである。（北朝鮮では、状況証拠だけで罪状が認定される）

こうしてソウル、M・L、火曜会各派の党再建運動家はおおむね一九三〇年代初めごろに検束された。

朝鮮総督府警務局編「最近に於ける朝鮮治安状況（昭和八年）」（昭51年、巌南堂刊）は、第一次検挙以降昭和五年九月に再組織運動検挙に至るまでの送検人数は三十件（一、四四四人）に達したとし（一二頁）、昭和三年から昭和八年末までにおける治安維持法違反事件は一、五二九件、検挙数九、六四一人に達したと述べている。（一二頁）

㈣　不屈の努力

一九三一年（昭6）九月に満州事変が勃発して日本の大陸政策が積極化すると、勢い共産主義者の地下運動は困難を加えた。だが一九三二年初頭にはウラジオから潜入したモスクワ共産大の卒業生数人が、呉琪燮の協力を得て咸興に高麗共産青年会支部を設立してメーデーや国恥日（八月二九日）に各地でデモを指導した。またビラやパンフレットを配布した。農民新聞を発行して多くの工場に細胞を組織し、青年団九つと農民組合一一を結成して勢力を拡げたが、三四年（昭9）秋に六〇人が検挙されて活動が止んだ。

呉琪燮は咸南・洪原の出身で、モスクワ共産大学を卒業した咸興地区組織の責任者であった。彼はのち北朝鮮の労働党中央委員、収買糧政相等を歴任したが、清津地区責であった金彩龍と提携して金日成の指導権に挑み、五七年に粛清されている。

また三二年－三七年（昭12）の間にも工作は秘かに続けられ、金度燁事件、京城帝大教授・三宅鹿之助が関係した権栄台・鄭泰植事件、李載裕事件等が散発している。この中では、李載裕事件が最も大規模であった。彼は李観述、李鉉相（一九五二年まで智異山ゲリラを指揮して射殺された）、金三龍（朴憲永が越北した後の地下南労党責任者、五〇年六月末に処刑）、李舟河（地下南労党の組織責。金三龍とともに処刑された）、李順今（李観述の妹）らを主要オルグとして京城南部の労働者、学生、小市民を組織していたが、三七年に京城の北郊山中で逮捕されるまで工作を続けたことで知られる。

而して朝鮮総督府警務局編「最近に於ける朝鮮治安状況（昭和十三年）」（昭53年、巌南堂刊）は、支邦事変勃発（昭12年7月）以来昭和一三年一〇月までに発生した共産主義事件は三四件、検挙数は一、三三五人に達したとし、道別発生件数を次のように表示している。（三三二－八頁）

京畿道	八件
全羅南道	七
全羅北道	〇

慶尚南道　二
慶尚北道　四
忠清南道　二
忠清北道　〇
江原道　〇
黄海道　〇
平安南道　一
平安北道　一
咸鏡南道　八
咸鏡北道　一

こうして主義者は根こそぎになったと思われたが、地下ではなお不屈の努力が続けられていた。

コム・グループ（Communist Group）　一九三九年（昭14）初めに出獄した朴憲永は、コム・グループの指導者に納まった。コム・グループは同年初頭にM・L派の李観述、李順今の兄妹が組織の天才と言われた忠州の金三龍を招き、京城に潜んでいた火曜会の権五稷らと協議して結成した超派的な組織で、主なメンバーは次の通りであった。

火曜会…朴憲永、権五稷、張順明
M・L派…李観述、李順今、金三龍、李鉉相
ソウル派…金福基、李仁同、徐重錫

コム・グループは朝鮮総督府のあらゆる局に同志を送り、電気、通信、放送機関に潜入し、地下に潜む党員の大部を組織したと言われる。そして全国の主要都市に支部を設けた。党再建への最後の努力となったこの組織は、太平洋戦争の勃発まで生き延びて主に新進インテリ学生層に浸透していたという。このとき朴憲永は機関紙部長を兼任して第一人者としての声望を築き、金三龍は組織部・労組部長としてその天分を発揮したらしい。

けれども一九四一年（昭16）一二月までに大多数が検挙され、朴憲永は逃れて光州の煉瓦工場に身を潜めた。かくして全国的な党の再建計画は、ついに水泡に帰したわけであった。

検挙された人は金三龍（光州監獄で8・15解放を迎えた）を除いて四三年（昭18）までに何らかの形で出獄し、じ後個人的なサークル運動で創氏改名、供出、徴用、徴兵反対の宣伝を行いながら、入獄したと信ぜられていた朴憲永の出獄を待っていたそうである。派の統合に成功した朴憲永は〝赤い星〟と呼ばれていたという。

運動の潜行と衰退　この外、一九三一年（昭6）満州事変の勃発直後に地域的で突発的な、かつ短命であった活動が全国的に盛上った。いちいち述べる余裕はないが、解放後に関連する事件として左のものがある。

城大共産主義事件：京城帝大（現ソウル大学校）の学生が**姜進**らに指導されて活動した事件で、連絡・組織部長・慎鉉重、出版部長・市川朝彦、宣伝・曺奎燦、法科細胞・李重業、中基碩、医科細胞・曺奎燦、柳基春、積極分子・金正中、桜井三良などであった。姜進は8・15解放まで入獄していて、真先に北朝鮮政府に参加したが、最初に粛清された。

ボルシェヴィキ社：**李承燁**らが釜山に設立し、支部を馬山、東萊、大邱において主に日本軍の兵士に反戦・共産主義を宣伝した。李承燁は火曜会員で8・15解放時は仁川の食糧公団理事をしていたが、北に走り、北朝鮮司法相、戦争時はソウル特別市長を勤めたが、五三年に処刑された。

大邱師範学校事件：**玄俊赫**らが反戦・反帝国主義スローガンを掲げて校内で工作していた。玄俊赫は解放直後に北朝鮮の第一人者と目されたが、忽ち金日成の手で暗殺される。

赤労会事件：朱寧河、金溶範・朴正愛夫妻その他が平壌兵器廠の労働者三〇余人を組織して宣伝煽動に従っていた。

高麗共青事件：咸鏡南北道で呉琪燮が高麗共産青年会を復活し、数人のモスクワ共産大学の卒業生が合流して活動した事件。

その他検挙できないが、共産主義者はほとんど根絶やしにされながらも、主要都市で、山間僻地で活動を続けていた。判明した検挙数は次の通りである。

一九三八年（昭13）下期：一八件・三〇九人
一九三九年　　　　上期：一〇件・二三一人
一九三九年　　　　下期：一二件・四四八人
一九四〇年（昭15）上期：八件・七六人

けれども太平洋戦争が始まり、コム・グループが壊滅した後は、共産主義活動は衰退の一途をたどった。様々な活動があったという報告はあるが、特記すべきものはない。

つまり太平洋戦争中の国内共産主義者は、獄中に呻吟するか（金三龍、李舟河、李鉉相、権五稷、張順明、李観述、李順今、権泰錫、姜進、趙東祜、洪南杓、金綴洙、李康国、鄭栢、徐重錫、李廷允ら）、転向するか（金若水、姜文秀、金俊淵、白寛洙、印貞植、金斗禎ら）、転向を装うか（曺奉岩、玄俊赫、李承燁ら）、地下に逼塞するか（朴憲永、呉琪燮、金彩龍ら）、満州に逃亡するか（金溶範、朴正愛、朱寧河ら）、延安に行くか（金科奉、崔昌益、許貞淑、韓斌、朴一禹、金昌満ら）、細々とサークル活動を続けるか（張時雨、崔璟徳、韓雪野、安漠ら）のいずれかで、ほとんど息の根を止められていたとみてよいであろう。二〜三人の細胞は全国各地に潜んでいたであろうが、時勢に流されて何事もなし得なかったであろう。

高麗共産党の創党に参加した呂運亨は上海で独自の運動を続けていたが、一九二九年（昭4）七月イギリス警察に逮捕され、日本領事警察に引渡されて京城で刑期を終えると、じ後隠棲して青年の訓育に当たっていた。

また病気保釈中の許憲は、法律の研究に熱中しながら形勢を観望し、李英は隠棲を装いながらスターリン団を組織して党の再建を心組んでいたという。

けれどもこれらの運動の結果、共産主義がどれほど広く深く大衆に根付いたのかは分からない。元共産主義者はその浸透を誇大に吹聴するけれども、それが真実であれば、今の韓国はなかったはずである。なぜなら6・25動乱のとき、韓国民は死物狂いで戦わなかっただろうからだ。

だから大衆は、現実に即応して、時勢の波に流されていたのであろう。心奥に潜んだ独立への希求はいささかも衰えていなかったであろうけれども、知らず知らずのうちに戦争の波涛にもまれていたのではあるまいか？

だが韓国民が、日本人ほど共産主義を嫌悪せず、ソ連を嫌がっていなかった心情は解放後に現われてくる。

李康国　一九〇五年、京畿道に生まる。一九三〇年京城帝大法文学部卒、三二年ベルリン大学留学。一九三五年朝鮮共産党再建事件に関連して服役、四四年建国同盟責任者。

四五年九月朝鮮共産党中央委員、四六年二月民主主義民族戦線（賛託）事務局長、同年四月左右合作委員会左派代表、同年一〇月総罷業、大邱等の暴動、破壊活動を指導して逮捕令を発せられ、越北。

四七年二月北朝鮮人民委員会外務局長、四八年八月最高人民会議代議員、同年一二月朝鮮民主党中央委員兼政

治委員、五〇年六月政治工作隊として韓国に入る。

五二年一〇月反党・反逆罪で李承燁とともに逮捕され、五三年八月死刑を宣告された。

玄俊赫　京城帝大出身のインテリ共産党員。大学在学中に四回も検挙されたが、その後は擬装転向していたと伝えられる。明晰な頭脳と人間的魅力とによって抜群の統率力を示し、声望他に並ぶものがなかったと言う。八・一五解放後は民族派の領袖・曺晩植と合作して常に「副」の立場を占め、実質的な指導者として敏腕を揮った。また共産党内にあっては、平安南道党委員長として北朝鮮の巨星的存在であった。

しかし思想的にはブルジョワ民主主義革命論者でソ連の路線と相入れず、またその存在はソ連の政策遂行上の大障害であったので、四五年九月二八日に暗殺された。粛清第一号であった。

彼の死を悼んだ平壌市民は国民葬を営み、牡丹峰の南麓に葬って記念碑を建立し、その丘を〝玄俊赫の丘〟と呼んでいるという。

張時雨　平南に生まれ、平壌崇実高等普通学校卒。一九一九年満州国民会に参加、二二年日本で社会主義運動に従事した後、二三年に平壌で小作運動を指導して二四年に検挙されて服役。二五年満州に渡り、三〇年の間島共産党事件で一〇年服役。

四五年一〇月平壌に帰り玄俊赫らと平南道党を組織し、平南人民政治委員会司法局長を勤めたが、ソ連に買収されて金日成派に寝返り、玄俊赫を暗殺したと伝えられる。

四六年五月朝鮮消費組合中央委委員長、四七年二月人民委商業局長、48年9月～52年6月商業相、この間49年2月に使節団の一員としてソ朝文化経済協定を、52年6月に東ドイツと貿易ならびに支払協定を締結している。

五三年八月反党反国家分子として除名、粛清された。

朴正愛　一九〇七年、咸北に生まる。モスクワ労農大学卒業後、平壌で女工となり、党員として活動し、数回投獄された。金溶範の妻。

四五年八月平壌刑務所を出所、平安南道党委員、一一月北朝鮮民主女性総同盟委員長、四六年二月臨時人民委中央委員、八月北労党中央委常委、四八年九月最高人民会議常委、四九年六月「祖統」常委、五二年第一回スターリン平和賞授賞、五三年八月党中央委副委長、政治委員、五三年九月金日成に随行して訪ソ、五七年一二月最高人民会議常委、五七年八月誕生五〇周年と五八年九月の建国一〇周年に際し国旗勲章第一級授与、この間政府代表団としてソ連、東欧、モンゴル、中共、北ベトナムを訪問し、六一年九月農業相、党中央委政治局員。六二年最高人民会議常任委副委員長。六七年同上留任。

金采龍　咸北の貧農に生まる。終戦前は代表的共産主義者として知られ、農民運動を指導して数回投獄された。四五年八月咸北道党秘書、五二年一〇月当時人民空軍司令部後方司令官（人民軍少将）、五六年五月当時清津製鉄所支配人、五八年三月宗派分子と目されて解職。

李承燁　京畿道生まれ、京城善隣商業学校卒、一九二五年第一次共産党事件で検挙され五年間服役。その後も朴憲永と連絡しながら再建に従事し数年間服役後、四〇年ごろは食糧営団仁川支部理事。

四五年九月朝鮮共産党（再建派）中央常務委員、四六年一〇月南労党中央常務委員、四八年八月第一期代議員（南代表）、四八年九月北朝鮮司法相、五〇年六月ソウル特別市臨時人民委員会委員長（市長）として入城。五二年五月人民検閲委員長、五三年二月反党反国家行為・間諜罪で逮捕され、五三年八月死刑を宣告された。

四、中国での闘争

上海は高麗共産党発祥の地であった。

姜達永の第二次党は、満州に満州総局を設けた。

一九三八年（昭13）一〇月二三日、武漢三鎮（漢口、武昌、漢陽）が陥落すると在中国の共産主義者の多くは延安に集まった。

従って一九二八年に第四次党が崩壊したのちは、海外における朝鮮人の共産主義運動は上海、延安、満州で個々別々に展開されることになる。

(一) 上海

上海は韓僑も少なく、民族主義者が多かった上海臨時政府の根拠であったから、必ずしも共産主義運動に適した地ではなかったが、交通の便とコミンテルン遠東局の所在地であった関係で、革命の基地と看做された。火曜会の朴憲永やM・L派の韓偉健が上海を根拠に党の再建を計ったことは前述した通りである。

火曜会では一九三二年ごろ、金丹冶、曺奉岩、洪南杓、及びウラジオから帰った朴憲永らが工作を進めていたが、前述した失敗が相次ぐと、革命の情熱や闘志の遣場を失った彼らはその捌口を同志の攻撃に求め始めた。いわば、責任のなすり合いであり、内訌である。槍玉に挙がったのが曺奉岩（韓国の初代農林相、のち処刑）で、攻撃者は洪南杓一派であった。洪南杓は資金の横領、早期出獄のための変節、結婚や生活振りの不可解などを言挙げて曺奉岩を非難した。曺奉岩はいちいち否定したが、彼が転向したのはこの問題が元で、朴憲永や金丹冶らの信用を失ったからであろう。この内輪もめと朴憲永の帰国が因となって、上海における火曜会の活動は翌三三年初めに熄んだ。

M・L派の内紛はもっと酷かった。前に上海に左遷されていた安光泉は派の指導者・韓偉健に反旗をひるがえして清算論を唱え、党を追われると北京に走って独自の活動を開始した。かくして上海のM・L派は四分五裂して韓偉健も延安に逃れ、その活動を休止した。

いずれの派も内訌によって崩壊したのが特徴であり、党の再建について両派の調整や協同の跡がみられないのを不可解に思う。

(二) 延安

中国共産党の本拠・延安には、長征に参加してただ一人生残ったとされる武亭（金武亭、第八路軍砲兵司令官と自称）が居たが、武漢の陥落を機に金元鳳の朝鮮民族革命党に巣くっていた韓斌、崔昌益、王志延らと青年前衛同盟グループは洛陽に逃れ、一九四一年（昭16）一月に山西省東南部の僻村・桐谷に集まって華北朝鮮青年連合会を結成した。これが延安派と言われる人達の最初の組織で、武亭、崔昌益、李維民、王志延らの約四〇人が、完全武装して紅軍第一八軍の指揮を受けたと伝えられる。

やがて金元鳳の統制を離れた朝鮮義勇隊の朴孝三、金世日、楊民山、李春岩らはそれぞれ部下を率いて合流し、四二年（昭17）五月には前述した金科奉の指揮する光復軍第一支隊が紛れ込んできた。そこで桐谷村で新に華北朝鮮同盟を組織して次の部署を定めた。

中央常任委員（下段の括弧内は6・25当時の北朝鮮での職務）

崔昌益・（書記局長）（財政相）
李維民・（組織局長）（朝鮮労働党中央委員会産業部長）
金学武・（宣伝局長）（一九四四年ごろ戦死）
朴孝三・（軍事局長）（同党中央委副部長）
金昌満・（経済委委員長）（同党中央委宣伝部副部長）
武　亭・（工作委委員長）（第二軍団長）
中央執行委員（右の六人の外）
蔡国藩
王志延
李益星
金科奉・（最高人民会議常任委委員長）
石成文・（戦死）
李春岩
楊民山
陳漢中
張振光

なお八つの支部を設けたが、それは河北、山西から揚子江流域まで広く分散して配置され、その一支部長が許貞淑（許憲の娘、崔昌益夫人、6・25当時は文化宣伝相）であった。軍事組織は華北支部隊（長・朴孝三、参謀・李益星、金昌満）と華中支部隊（長・李成鎬、参謀・李達、金潤徳）に分かれ、いずれも紅軍新四軍の指揮下にあり、別に武亭が主宰した朝鮮革命青年幹部学校が桐谷にあった。

つまり延安派と言っても、実は延安には連絡部を置いていただけで、その本部は桐谷にあり、組織は揚子江以北の日本軍の前線近くに広く分散し、しかもその勢力は三〇〇人を越えることはなかったという。（一九四四年「特高外事月報」三月号）しかも当時は中国共産党との関係は冷やかで、別に支援された兆候はないとのことである。三〇〇人余りが大陸に散らばっていたのだから、利用価値がなかったのであろう。

やがて日本軍の圧迫に耐えかねて逐次山西省へ、ついで陝西省に後退し、最後は延安に集まった。おそらく四三年（昭18）から四四年にかけてのことと思われる。

延安では金科奉を委員長に、崔昌益と韓斌を副委員長に推戴し、兵力を結集して三隊に編成し、武亭が朝鮮義勇軍総司令に、朴孝三が副司令に就任したが、その兵力は二八〇余人の男女であったというから、名ばかりのものであった。

金科奉（金白淵）が委員長に選ばれた経緯は分からない。彼は蔚山の出身で、高麗共産党の創党に参加したが、のち運動を離れて金元鳳の朝鮮民族革命党の下で雑誌「戦鼓」を出版しながら朝鮮語の研究に熱中し、その方で有名であった。また延安に走ったとされるM・L派の領袖・韓偉健や梁明は戦死したとされるが、（共産党派争史）、彼らの足跡も分からない。

日本側の資料による延安派の闘争は以上に尽きて、とにかくはっきりしない。武亭の八路軍砲兵司令官説も創作らしい。活動地域と三〇〇人未満の勢力からみて、彼らの大陸における闘争が、彼らが北朝鮮に帰国してから宣伝したようなものであったとは信ぜられない。特に中国共産党との関係は、同居人の関係を越えなかったと思われる。延安

の日本共産主義者（野坂参三ら）の雑誌「真理の争い」も、彼らの活動を記してないそうである。（徐大粛書二一八頁）

彼らは前記したように、北朝鮮では要職に登用された。おそらく宣伝特に中国との親密？さが作用したのであろう。だが彼らの全部が、五二年から六六年にかけて粛清された。でも中国共産党は一片の弔辞さえ述べていないから、彼らを延安派と言ってよいのかどうかさえ疑わしく思う。

許貞淑　一九〇八年、咸北に生まる。許憲の娘、京城・培花女子高等普通学校、日本・関西学院修了、上海外国語学校卒、米留学。三〇年ごろから共産党員として活動し、第三次共産党事件で五年間服役、三六年南京、四〇年延安に赴き華北朝鮮独立同盟幹部。崔昌益の妻。

四五年一一月平壌に入り、新民党幹部、のち北労党、朝鮮労働党中央委員。四七年二月人民委宣伝局長、四八年九月文化宣伝相、五七年八月司法相、五八年六月国旗勲章第一級授与、五九年最高裁判所所長、六一年当時休養。七三年祖国平和統一委書記長。

㈢　満州

国内に居たたまれなくなった共産主義者が、活動の地を東満に求めたのは地理的な自然であった。

火曜会　叙述が溯るが、一九二〇年（大9）一〇月の間島出兵によって民族主義に根基をおいていた大韓独立軍の諸隊が一掃されると、その後に入ってきたのが上海派の領袖・李東輝に訓化された共産主義者であった。彼らは一九二三年（大12）夏から二六年にかけて共産主義青年組織を延吉県や磐石県などに結成して、独立運動を煽り始めた。

また二四年春には磐石県城で韓族労働党が結成された。これは同一二月に南満青年総同盟（青任・韓震）に発展解消したが、これが満州における社会主義運動の草分けとされる。二五年六月に朝鮮総督府警務局長・三矢宮松と奉天省警察長・干珍とが協定して（三矢協約）取締まりの強化を図ったのは、これらの運動に一因がある。まだ体系化された組織ではなかったが、シベリア出兵の失敗直後であっただけに、満州への共産主義の浸透は当局の神経を刺激したのであろう。

やがて第一次共産党事件（一九二五年一一月）によって活動家が国外に亡命すると、第二次党を再建した姜達永は党員の結集を図るため、二六年四月に上海の金燦（火曜会）に満州総局の組織を指令した。金燦の命によって崔元澤（のち北朝鮮最高人民代表会議議長、別名・徐相弼、林源太郎）、金東明を従えて満州に入った曺奉岩は、イルクーツク派の指導者・金哲勲や尹滋英、金河亀、金龍洛らと合議して満州総局を組織し、本部を寧古塔に、東満区域局を龍井に、南満区域局を磐石に、北満区域局を依蘭付近に置いた。つまり、火曜会がまず満州に根付いたわけである。東満区域局は金龍洛を局長に選任して崔元澤、金仁国らの九人で運営したが、翌二七年（昭2）九月までに一七の細胞と三つのフラクションの組織に成功し、二千部の機関誌を発行するに及んで民族主義者の加入が相次いだ。中国警察の取締りは京城とは較べようもなく緩かったからという。同年六月には金龍洛と秘書の金槿が検挙されたが、千円の保釈金ですぐ釈放されている。

鄭在潤（安基成、のち北朝鮮最高人民代表会議代議員、五三年追放）が二代目局長になったが、彼は冒険家であった。第二次党事件（二六年六―七月）で一〇一人が検挙されて裁判に付されると、二七年一〇月に数百人の抗議デモを敢行して龍井―延吉一帯を練り歩いた。そこで忽ち日中合同警察の手入れを受けて、一一五人を記載した党員名簿を初め、組織の全容が判明する機密書類を押収されて、鄭在潤を初めとして崔元澤、金東明らの二八人が検挙された。書類の中には、第二次党の中央執行委員・高光洙が上海に逃亡するに当たり、京城のソ連領事館から二、八〇〇円を受領した報告があった。**第一次間島共産党事件**という。

M・L派　一方南満では、一九二七年に正義府の左派などが国民府を組織し、その基盤として農民同盟を結成すると、前記の火曜会派の南満青年総同盟がその中核となった。ところが、間島から南下したM・L派幹部の影響を受け始め、二八年に長い闘争歴を持った朴允瑞（朴允世）が磐石にM・L派満州総局を設置するに及んで俄に勢力を拡大し、民族主義運動に匹敵するまでになった。のち、磐石共産党と言うが、第一次間島共産党事件で火曜会が打撃を受けた隙に乗じて乗っ取ったものである。

ソウル派　また当時韓相睦が指導したソウル派は、合法的な労働組合や農民同盟を基盤にして二八年二月に間島・龍井にソウル派満州総局を設立した。火曜会の地盤を乗っ取ったわけである。そしてウラジオからの使者・金鉄山の勧めに従って同年のメーデーに小規模のデモを行った。徐大粛は

「デモへの憧れは、共産主義者たちの間の慢性病であったようだ。監視下のデモは秘密組織の宣伝に等しいが、彼らは今までの地下活動とデモの教訓（それは忽ち検挙に直結した）をいまだに全く修得していなかった」

と解説している。（一四八頁）

ある学者から「韓国人は祭りとデモが好き」と聞いたが、その民族性の現われかも知れぬ。むろん忽ち大勢が逮捕された。

これらの検挙は民族主義団体（正義府、参議府、新民府など）の同情をかった。金鉄山は八月一日の国際反帝デーに再び自殺的デモを指導した。金鉄山は元山で処刑されている。（「大阪朝日新聞」一九三〇年六月一九日付）この二

八年のデモ事件は、**第二次間島共産党事件**と呼ばれる。

割拠　第二次間島共産党事件でソウル派が潰滅的な打撃を蒙ると、間島に火曜会の大物・金燦が乗り込んできた。彼は検挙を免かれた李東山、金弘善、金龍洛らと図って火曜会の総局本部を安全な阿城県に移して北満区域局の勢力拡大に精力を集中し、農民や中学生への浸透に画期的な成功を収めた。また金燦は龍井の東満区域局の再建には失敗したが、南満の磐石共産党（M・L派）との提携には成功し、その主張を入れて民族派との統一戦線を合議した。たまたま一九二九年一一月三日に、光州学生事件が突発したからでもあろう。彼は金東三やソウル派の張日星（清算論者）ら二〇人と吉林で会合して暫定的に反帝国主義同盟を結成し、翌三〇年一月初旬に大衆デモを指導した。ついで三・一運動一一周年を期して大衆暴動を指導し、一万枚のビラを撒き、いくつかの日本の公的施設を破壊した。だが四月中旬には金燦を初めほとんどの指導者が一網打尽になって、火曜会の勢力は減退した。**第三次間島共産党事件**として知られる。

ここで気がつくのは、満州の朝鮮共産主義者の間では、国内でみられたような激烈な派争が起こってないことである。主導権を争う対象である中央組織がなかったのと、地域が広大で割拠できたからと思われる。各派の満州総局はソウルで主導権を握るための基盤組織であったから、それぞれの勢力の拡大に忙しかったのであろう。各派は次の縄張りを確保して他派の浸透を許さず、全く別個の活動を続けていた。

派	縄張り	本拠	一線組織	機関誌	指導者
火曜会	北満州	阿城	北満朝鮮人青年総同盟 北満朝鮮人反帝同盟	噴火口 火焔	金燦、李東山、張時雨、安相勳、金弘善、朴有徳
M・L派	南満州	磐石	在中国朝鮮農民同盟 在中国朝鮮青年同盟	赤旗 共産青年	朴允瑞、金泳植、金万善、呉成崙、孫京鎬、姜進

ソウル派　間島　龍井　レーニン主義青年同盟　満州労働者新聞　金綴洙、尹滋英、朱健、高園、張日星、金喆、金槿

例えばソウル派の金綴洙は、M・L派の金泳植や火曜会の安相勲その他のモスクワ共産大卒の活動家と統一グループを結成して党の再建を図ったのだが、一人残らず検挙されたことは前述した。M・L派は火曜会の金燦とソウル派の張日星（ともに清算論者）の支持を得て民族派の正義派や新民府との統一戦線の結成を図ったが、共産主義者の底意を見抜いてその声望を危険視した民族諸派は、「朝鮮革命軍」を編成してM・L派撲滅檄文を発し、M・L派批判群衆大会を組織する有様で、左右合作の統一戦線は成らなかった。（吉林総領館及び敦化分館報告）

(四)　中国共産党への合流

M・L派総局の解体宣言　前に、一九三〇年（昭5）一二月末にM・L派の満州総局員・姜進が国内に潜入して、当時の朝共再建準備委員長であった金一洙（五月に逮捕された金綴洙の後継者）に、「コミンテルンが朝鮮共産党の再建を中国共産党満州省委員会に委託したこと、中共満州省委は中共延辺特別委員会の中に朝鮮国内工作委員会を組織して工作を担当することになった」旨を通知したことに触れた。というのは、実は一九三〇年初頭から、満州における朝鮮共産主義者の組織を解体して、中国共産党に合流する談合が進められていたのである。その動機は、コミンテルンの一国一党論に基づく命令説、中共満州省委員会の強化を図った中共党中央のM・L派に対する合同勧奨説、民族派に対抗するために一国一党論を錦の御旗にM・L派が主導した説など多説あるが、とにかく、M・L派（党員四三〇人）は、三〇年三月二〇日にその満州総局の解散を宣言した。和訳で三、三〇〇字に上る長文の宣言文の末尾に掲げた六項のスローガンは、次の通りである。（満州国軍政部顧問部編「満州共産匪の研究・第一輯」（康徳三年（一九三六年）発行）付録四頁。以下「満共匪研」と略する）

朝鮮共産党Ｍ・Ｌ派満州総局の解体宣言スローガン
一、在満朝鮮人共産主義者は、朝鮮運動から手を引け！
一、朝鮮延長的組織を揚棄せよ！
一、各派の組織を解体せよ！
一、個人の資格を以て中国共産党へ加入せよ！
一、闘争を以て朝鮮革命を後援せよ！
一、在満朝鮮人労働者、農民は、中国共産党の領導下に於いてのみ解放される！

宣言文の本文でソウル派の「時期尚早論」や火曜会派の「党派入党論」を論難したうえで右の「個人入党論」を掲げたところをみれば、派閥意識を自浄し得なかったジレンマと中共党に対する事大思想、及び純粋国際主義に走ったことがうかがえる。すると火曜会もソウル派も、相次いで解体を宣言した。時流に敏な一例であった。この件をやや具体的に述べたのは、この中共党への個人加入がのちの東北（満州の意）人民革命軍や東北抗日連合軍の編成に結びついたからで、北朝鮮政権の成立過程と体質とを理解し易くするからである。

かくして必然の道程として、解体宣言の二か月余の後に間島暴動として知られる**第四次間島共産党事件**が起きた。

〝必然の道程〟とみるのは、前出のＭ・Ｌ派の解体宣言の末尾に

「我等の総ての事業を中国共産党に無条件に譲渡し、総ての共産主義分子は中共党の厳正なる**戦闘的検閲と審査を経て**、その隊列に各個人の資格を以て組織・解消されなければならない。…中共党に於いて或る一派と提携してはならないと言ふ以上、我等は斯かる方略を以て、**厳格なる闘争を通じ**、中共党に加入しなければならない」（前

出「満州共産匪の研究」付録三頁下段)

とあるからである。

しかして中共党(交渉担当は寧安委員会)が朝鮮人の「個人加入」に固執したのは、戦闘的な派争に終始した火曜会派が中共党の中に新たな分派主義を持込むことを極度に警戒したからで、同年七月一日付で中共党が発表した「加入五条件」は次の通りであった。

朝鮮人の中共党加盟条件

一、中共党の規則・規定に従う。

二、団体でなく、個人の新党員として登録される。

三、過去の階級、所属を問わず、新たな革命家として平等に看做す。

四、入党後に派争分派活動を行うものは、調査のうえ除名する。

五、各人は党内の派争の根絶に協力する。

この公開状の日本語文は「朝鮮治安維持法違反被告事件関係綴」に見られる。

前述したように、M・L派は三月二〇日に解散と中共党への合流を宣言した。そして火曜会系は六月に、ソウル派は八月に正式に散会し、各人は同年末ごろまでに中共党に入党した。(金正明「朝鮮独立運動V」六二三頁上段)

但し徐大粛は異説を立てて「火曜会は解散を宣言しなかったし、大部分の指導者は沿海州に去った」(一五七頁)と述べて、分派主義は火曜会が一番強かったと証言している。

間島五・三〇事件(第四次間島共産党事件) 朝鮮人共産主義者は個人ごとに中共党に入党することになったが、入党の条件は戦闘的実績がなければならないということになると、デモや暴動を指導するか、参加した実績がなければならないということになる。そこで入党したい一心からか（後出）、暴動が続発した。

間島は、一九三〇年（昭5）五月三〇日に突発した大暴動を始めにして、続けざまに五回もの騒擾が起こったことで有名であるが、その背景は、間島住民の約七六％が韓国人であり、そのうちの八七％が貧農で大部分が中国人地主の小作農であったこと（「満共匪研」…七〇－七一頁）、及び間島がソウル派の地盤であったことで説明できよう。

暴動は四月から金喆、金槿らが首謀し、中共党は資金と武器を援助した。行動隊は楊在豊と金一星《キムイルソン》（当時、龍井の大成中学生）に率いられた約七〇〇人であった。

五月三〇日は中国の上海惨案記念日であったが、行動隊はこの日の午前一時を期して行動を起こし、龍井村、頭道溝、二道溝、南陽坪地方の日本側施設や、富裕な韓、中国人を襲撃して世人を驚かせた。間島第四次事件という。これを皮切りに、間島第五次事件と総称される蜂起が敦化、延吉その他で続発し、以後翌三一年春まで続けられた。ために天図鉄道や有線は切断せられ、日本人のみならず親日的な韓、中国人はかつてない脅威を受けた。「朝鮮独立運動V」六四一－二頁によれば、その被害状況は次の通りである。

五・三〇事件による損害

人畜被害…警官負傷一名

損害概算…一七、一五〇円相当

うち韓国人民会…四、三〇〇円

補助書堂　…四、八五〇円

民家　　…二、〇〇〇円

電灯会社　：四、〇〇〇円
鉄橋　　　：二、〇〇〇円

以後、翌三一年二月迄の被害

	死亡	負傷	拉致	放火	掠奪	被害
中国人	五七人	二〇人	―	八二件	一、二一一件	
韓国人	六四人	四九人	四六人	二〇四件	六、一六九件	八一、九八二円

（被害が多かったのは五、一〇、一一、一二月であったが、これは暴動を中国の記念日を中心として起こしたからという）

この記録を見れば、次のことが窺われる。

1、日本人及び日本の施設の被害は案外少ない。しかも五月以降は皆無である。

2、韓国人の被害が一番多く、中国人がこれに次ぐ。

3、経過を追って掠奪が激増し、殺人・拉致は七～一二月の間に行われている。しかもその対象は韓・中国人に限られている。

とにかく、こうして間島暴動と総称される一連の蜂起は、暴動を起こし得たことが成功であったとすれば、成功したわけであった。けれどもその代償は大きかった。五・三〇事件の総指揮を執った金詰、金槿以下六八人は五月中に逮捕され、続いて一一月までに日・中警察の合同捜査で七〇〇余人が検挙されて、うち五〇三人が裁判のため京城に送られた。暴動参加者は二千人余とみられたから、殆ど根こそぎになったわけである。しかも当時の間島在住韓国人は四〇万人と看做されるから、暴動は激しかったけれども、参加者は極限されたことがわかる。日本官憲に与えた衝撃は小さくなかったが、別にその政策に影響を与えた形跡はない。だから極言すれば「自殺的暴動」とみれないこともない。しかも後に反共団体「民生団事件」(後述)が起こって韓国人党員の多数が中共党によって粛清されたのだが、民生団が結成されたのはこの暴動が契機であったから、「自縄自縛の暴動」とも言えよう。

そこで、共産主義者は何の目的で間島暴動を起こしたのかが疑問となるが、実はこれにも諸説がある。

日本側資料を初め多くの書は、「中共党が当時採っていた李立三の一揆主義(冒険的盲動主義で、七月には長沙占領を敢行したが、忽ち敗退した)を順奉した中共満州省委員会に指導された」としている。けれども中共党が李立三路線を決定したのは同年六月であり、失敗によって李立三路線を停止したのは九月であるから、時期的に不審が残る。

金日成の経歴研究に期を画した李命英「四人の金日成」は、「中共党への入党を認められる党性の証しとして暴動を組織した。ソウルの朝鮮共産党は潰されてコミンテルンはその承認を取消したうえに、満州の党組織は四分五裂して内争を事としたので、中共党を唯一の拠り所としないわけにいかなかった。しかも彼らはプロレタリア国際主義をせめてもの金科玉条としていたので、中共党の審査を受けて個人的に入党できるという完全な屈辱的手続にも甘んじて従い、途方もない破壊行為をやらかしてまでも熱誠的に中共党に入党したのである」(九三 - 四頁)と説明している。

「満共匪研」六九頁は「当時、一国一党の原則に基く朝鮮派の中共党への吸収は、未だ不完全であった。そこで満州省委は各朝鮮派共産主義団体に対し、約五か月の期間に限って全党総動員による暴動任務を指示し、実際闘争の過程において真に勇敢と犠牲性を有することを実証した者のみ中共党に参加することを得るという条件を附した。このため競走的動機も手伝って各派は全力を挙げて暴動に参加した」としている。

けれども勇敢と犠牲性を発揮して党性を示せば示すほど検挙の対象になり、実際五〇〇余人の指導者が入党どころか入獄したわけだから、腑に落ちない点がある。特に期間を五か月と限られたのであれば一〇月で終わるはずなのに、実際は翌三一年（昭６）の春まで続発し、暴動による殺傷合計は一九〇人、被害額は一〇万円に上ったが、被検挙者は三、一六八人に達して大半が検挙された。自殺的暴挙と言われる所以である。

しかも中共党が朝鮮共産主義者の吸収に当たり最も危惧したのは、その派閥意識を持込むことであった。だが、競争的な暴動を煽れば却って派争意識を助長する。従って論理的な矛盾を感ぜざるを得ない。

「現代史資料30（朝鮮６）」の解説者・姜徳相は以上の二点の外に、「折柄の世界恐慌の余波が在満貧農に皺寄せられた結果、極限状況に追詰められた農民の生存権がぎりぎり爆発寸前にまで高められていたこと、彼らが日本帝国主義、中国国民党軍閥との間により屈折した政治的経験をもっていたことであった」と大衆性を付加している。けれども、それにしては暴動参加者が局限されており、しかも日本側の被害が韓・中国人のそれに比べて極端に少ない矛盾がある。

また「満共匪研」の六九－七〇頁の記述

「農民組織のみは暴動の進行につれて異常に膨張したが、これは絶望的農民の集団であって党の統制の埒外にあった。東満党部の指導がいかに盲動的であったかは、次の昭和六年一月の附平区委員会の反省通報によってその一斑が覗える。

一　中韓労雇群衆を善導せざりしこと。

二　闘争を事とし群衆団体を組織せざりしを以て、群衆の強固なる諒解なかりしこと。

三　群衆の発動に際して

㈠　革命闘争堅固なかりしこと。

㈡　群衆を欺瞞して宣伝したること。

㈢　群衆を威嚇的に発動せしめたること。

㈣　党に対する依頼的情緒を養成したること―例えば党より武器を給与するとか、ロシアより武器の供給を受くるとかの如き。

㈤　富農に対し環境《ママ》を持たしめたること。」

は動機としての農民単独蜂起説を覆す。

徐大粛「朝鮮共産主義運動史」は、「中共党との同盟を祝って周到に計画した破壊的暴動を五月三〇日に実施した。中国側から命令されたという兆候はないけれども、当時有力であった李立三の計画に沿って行われたようだ。中国側は中国の祭日に中共党との合同を朝鮮人が暴動によって祝ったとき、大胆な朝鮮人を誉めそやした。…」(二二三頁)としながら、二二五頁では「朝鮮共産主義者は中国共産党に指導され、李立三の計画に裏付けられた非常に過激な暴動を引き起こした。…中国側はこの事件を指導せず、参加もしなかったが、朝鮮人はこのように彼らの活動を独立して続けることが可能であった」と矛盾した立論をしている。しかも次には「五・三〇暴動を謀議した四月の和龍県東良於口村の集会には、M・L派の東満区域局長・金槿(別名・朴一勲、韓蜂)、M・L派の満州総局長・朴允瑞、金喆(別名・金昌旻)、中共党延辺党区(この後、東満特委と改称)局長・李玩龍(中国人)らが出席し、蜂起は朝鮮共産主義者だけが行い、中国側は武器と資金として金喆に五〇〇円を与え、金槿は暴動の指揮者・金喆とともに全作戦を一任された」(二二三－四頁)と述べている。従って徐博士の「中国側はこの事件を指導せず」は、暴動の内容は朝鮮人に任せたという意であろう。つまり中共党は包括的な指導と援助を与え、教唆したことになる。

従って暴動の動機は単純なものではなく、これらの理由が他の個人的・民族的な知られざる理由と相乗して闇雲な行動に駆り立てたのであろう。けれども、次の仮説も成り立つ余地があろうと考える。

それは中共党の深謀遠慮である。満州における共産主義運動は韓国人が一足早く、かつ党員数も多かった。ただ群立を続けたために、中共党満州省委の下風に立つのを余儀なくされたのであった。従って派閥ぐるみの入党を認めれば、庇を貸して母屋を取られる恐れがあった。

また朝鮮人共産主義者の指導者は優秀であり、かつ戦闘的であった。だから彼らを元の身分で入党させれば、満州省委が朝鮮化、つまり朝鮮の独立を志向する恐れがあったろう。

しかも中共党中央は、朝鮮人との統一戦線を強化しつつあった。そこで朝鮮人主義者が置かれた環境と激情とに着目した満州省委は、当時の李立三路線の傾向を利用して暴動を奨め、以て労せずしてその優秀な指導者を日・中警察の検挙に任せ、中共党に忠誠を誓う手足だけを吸収する漁夫の利を図ったのではあるまいか？　それは韓国人主義者は県委以上の責任者にはなれず、県委以下の組織では幹部の大部分が韓国人であったが、重要党務は必ず中国人幹部が管掌したことで証される。

しかも前言したように、中共党の李立三コースの決定は六月であり、その停止は九月であったことを勘考すれば、五月三〇日から始まった一連の暴動は中共党中央の決定をはみだしている。またM・L派以外は、個人入党に批判的であった。個人入党は朝鮮独立への志向を放棄することになるからで、自殺的暴動を敢てしてまで入党の赤誠を現わす必要はないはずである。まして中共党満州省委員会は満州を特殊地域とみて、李立三コースから離れた関外主義を採っていた。だから、暴動の政治的成功は初めから望むべくもなかったことを考え合わせる必要がある。

だから筆者には、中国人の夷を以て夷を制する戦略が、韓国人の派争を利用して適用され、韓国人主義者は中国共産党の術策にまんまと乗せられたように思われてならない。

それはともかく、満州における朝鮮人主義者は検挙されるか、中共党に吸収されるか、転向するかのいずれかの道をたどって、朝鮮人としての組織はなくなったわけであった。早く言えば、朝鮮人共産主義者の党派は、中共党によって壊滅させられたのである。

五、共産主義運動の遺産

朝鮮における共産主義運動は、不毛であった。その原因はコミンテルン・一二月テーゼも指摘しているように、労働者・農民大衆の組織に失敗したのと、共産主義者間における激しい分派闘争、及び日本の警察力が共産主義者の組織力や行動力を上回ったなど、多くの要因を挙げることができよう。日本共産党が日の目を見なかったのと同様に、朝鮮共産党も同じ運命にあったわけである。

而して朝鮮共産党の敗因について、徐大粛「朝鮮共産主義運動史」は次のように分析している。

朝鮮共産党の敗因についての徐大粛の結論

① 指導層の問題点　朝鮮における共産主義運動は、労働者・農民の間に根づくことのない、様々な指導層グループに集約された革命運動で、知識層に新しい息吹を吹き込み、じ後の労働・組合運動の地ならし的効果は挙げたが、ついに大衆の中に溶けこむことのできない運動であった。これは朝鮮人は、実証的、帰納的方法よりも、演繹的で

観念的な思惟方法を好む傾向を民族性として持っていたからと思われる。

客観的な障害は最も切実な日本警察の圧力であった。朝鮮人は自らの非能率と無能を覆い隠すために、日本人の数々の残虐行為や無慈悲さを一度ならず攻撃したが、いずれの諸事件の場合もその没落を早めたのは、日本警察の能率のよさと優秀さによるものである。

けれどもそれは、不平不満分子がいたためではない。派閥闘争で崩壊したのは第三次党だけで、他の崩壊は派争が決定的な要因ではなかった。決定要因は、指導層に存在した協調性の欠除が他派に異和感を抱かせ、有効な地下活動を工夫できなかった彼らの愚かさが、党を警察のカモにしたのである。ために組織と指導層は永続性を失った。

さらに重大なのは、彼らの指導性格であった。彼ら国外から舞戻った革命家は、韓偉健が指摘したように、国内の事情を無視し、国内の支援を求める努力を怠った。失敗すると国外に避け、成功の望みなしに舞戻ってきた。彼らの忠誠心は評価するが、指導に持続性が欠け、有効性と明敏さを欠いていた事実は否定できない。

②　コミンテルンの責任　コミンテルンは国外共産主義者の過去の経験に恐れ、様々な派閥からの無責任で中傷に満ちた報告に失望して優柔不断な態度をとり、放任した。冷淡で、かつ怠慢であった。コミンテルンは党の承認の他ほとんど何もしてくれず、彼らの朝鮮共産主義活動に対する知識は、せいぜい形式的なものに過ぎなかった。

③　結論

コミンテルンは一二月テーゼの中で、朝鮮の共産主義者らが当面した諸困難を「激しい陣痛」と言った。けれども第一次〜第四次党の興亡を陣痛とみるならば、朝鮮における共産主義運動は、死産であった。（一〇九―一一二頁）

まことに肯綮に値する総括と思われる。だがひとつだけ説明が不十分ではなかろうか？

それは、日本警察の優秀さと能率の良さについて、肝心の点に触れてないことである。日本の警察は、実は優秀な第一線部隊・韓人刑事群によって支えられていた。異民族の機微な動静が他民族に分かるわけがないからであって、韓人刑事の忍耐強い飽くなき追及が日本警察の基盤であったところにここでの特殊事情があったと思う。

遺産

だが、彼らの不屈の闘志、粘り強い抵抗と殉教の姿勢、収監後のやつれ果てた痛痛しい相貌は、民衆に昇華者的感動を与えたであろう。またその理論は、李王朝以来の旧習に根ざした伝統社会とくに階級問題と外圧に苦しんできた民衆にとっては、一つの福音であったかも知れぬ。貧困と格差の存在とが共産主義の温床であるからには、その理論が受入れられる可能性は十二分にあったと考えられるからである。

徐大粛は「彼らは朝鮮人民の間に、特に学生・青年団・労働者・農民の間に共産主義の影響を根深く植えつけ、……知識人、作家に深い影響を与えた。……共産主義の影響は後で朝鮮共産主義者を支持してこの運動の宣伝に参加した人々、特に文芸運動、青年団、労農運動に参加した人々の間ではるかに深刻かつ顕著であった」として、一九二四年—三四年の間に盛期を極めた新文芸運動、及び二〇年代末から三〇年代当初にかけて続発した労働争議（発生件数は一九二七年の六千件が、二九年には、一万五千件に上り、二九—三〇年には元山労働者ストライキ、高原農民事件、大邱農場事件、竜川・不二農場事件、端川農場テロ事件など有名事件が続発した）の地ならし的役割を果たした、と評価している。（一三二—三九頁）

新文芸運動とは、李光洙らの伝統的作家に対して金基鎮、朴英熙らのプロレタリア作家が二五年七月に朝鮮プロレタリア芸術同盟（Koreen Artiste Proletarienne Federation ：ＫＡＰＦ）を結成して文壇に新風を捲き起こし、唯物論的社会主義文芸の発達に努めた運動で、一時は一五〇人の作家を組織した。勢の赴くところ、朴英熙、林和らは政治運動への参加を提唱し、若い尹基鼎、韓雪野らがこれに同調した。穏健な安漠、金基鎮らはこれを批判してKAPFを脱退し、論争と衝突とが渦巻いた。そして筆鋒が尖鋭になるにつれて三四年までに三回の検挙が行われ、三五年に林和と金南天は解散を宣言して運動に終止符をうった。解放後、林和、韓雪野、安漠らは北朝鮮に入り、それぞれ文化面の枢要な位置についたがいずれも五三年―六二年にかけて粛清されたことで知られる。

けれども朝鮮共産党の失敗は、一部のインテリの活動に止まり、労農大衆を組織し得なかったことにあるとする見方が一般的である。という事は、主義をもってしては朝鮮に根づいた因習社会を改革し得なかったことを意味していよう。つまり、韓国人はより現実的、保守的であると言われるが、大衆は現実の処世観から共産主義思想を進んで受入れることをしなかったし、独立闘争のシンボルとも看做さなかったわけになる。

この間の事情は、有罪を宣告された共産主義者は南部出身者が圧倒的に多かったことで説明できる。第一次、第二次党事件で有罪となった者は一〇一人であったが、南出身者は七二人、北出身者は二九人であり、騒擾罪で有罪となった五五〇人のうち南出身者は約三〇〇人（慶尚・全羅出身者が一八〇人、京畿出身が一二〇人）であったのに対し、北出身者は四五人に過ぎず、一三〇人が中国その他から入った者であったという。（「思想月報第四号（一九三一年七月）―第一一号（三二年二月）所載「朝鮮治安維持法違反調査」）

そもそも南農北工の朝鮮では、北の方により深い貧困と大きな格差が存在し、次の地方気質をみても北の人々が闘争的である。

地方気質の伝承（北から南への順）

咸鏡道：泥田鬪狗
平安道：猛虎出林
黄海道：石田耕牛
京畿道：鏡中美人
江原道：巌下老佛
忠清道：清風明月
慶尚道：雪中孤松
全羅道：風前揺柳

従って主義者は北出身者が多いのが当然視されるのに、意外にも南の方が断然多い。これは、北の方は満州に根拠を置くのが容易であったのに反し、日本から帰国した学生の大多数が富裕な南の出身者であったから、活動が自然に南に集中したなどの理由によるとはいえ、共産主義運動がインテリの専売特許であった事実からして、このことは南にインテリが多かった事実と符合する。つまり南のインテリ層の厚さが多くの被検挙者を出したわけで、このことは共産主義の影響は北よりも南の方がはるかに強く受けたことを示している。だがこの事は現在の政治情勢と全く逆な現象で、この事も国民の中には共産主義が根付いていなかった証拠と言えそうである。また主義を奉じたインテリの脱落、転向も少なくなかった。李承晩の初代内閣に、金俊淵（法務）、錢鎮漢（社会）、曺奉岩（農林）らのかつての闘士が入閣したのがその例である。

共産主義は外国の抑圧に苦しんできた知識層や因習の柵から抜出したいインテリ青年にとっては、思想的武器として掛け替えのない指標に見えたであろうし、道標とも感じたであろう。だが共産主義は、主義者が宣伝しているような、大衆の心を揺がした福音でもなければ、大衆に根付いた潮騒のどよめきでもなかった。それは8・15解放後、逸早く人民共和国の建国を目指して旗上げた南朝鮮共産党が、不毛のうちに敗北して北朝鮮に逃れ、挙句の果ては全員が金日成によって粛清された事実が雄弁に物語る。もし南朝鮮に、共産主義者の遺産が広く深くしみ込んでいたならば、解放後の南朝鮮の政情は別な道をたどったはずである。

筆者は朝鮮共産党の遺産は、その理論や実践による大衆への感化よりも、どうにもならない特有の派閥意識と分裂作用とをより多く残した、とみる。その証拠は、韓国が解放されても、ついに左派の統一体さえできずに依然として割拠したことや、民族の分裂を増幅したこと、果ては越北して侵略に一役かった事実が雄弁に物語っている。

第七章　東満のパルチザン

〝敵進めば、われ退く。敵止まれば、われ乱す。敵疲れれば、われ撃つ。敵退けば、われ追う〟

毛沢東

〝対遊撃戦の第一は、こっちが断然強いことである。強くて親切であれば、住民は自然にこっちに味方してくれる。……従ってゲリラ戦は彼我の根競べに外ならぬ〟

白善燁

中国共産党（以下、中共党と略す）の結党は一九二一年（大10）七月であるが、満州（現・東北）における社会主義者の活動は、一九二三年に大連に中国労働者同盟を組織し、二六年（大15）七月に鄧和高を責任者にした大連地方委員会を結成したのに始まる。そのころ朝鮮共産党は磐石や間島に勢力を扶植しつつあったが、両者の間には特別な関係はなかったようである。

この中共党大連委員会が翌二七年七月に検挙されると、中共党は奉天省委員会と、その下部組織であった関東県委員会を発足させた。

この間中国では、国共の第一次合作による第一回北伐が二六年七月に開始されたが、一二月に国民党左派（汪兆銘）と中共党とが合作して武漢政府を樹立するに及び、二七年四月には蔣介石が反共クーデターを起こして南京に国民党政府を樹立し、八月には共産党取締令を公布した。中共党は井崗山に逼息しながら南昌蜂起や海豊・陸豊ソビエト政府の樹立等を指導していたが、二八年（昭3）六月には蔣介石の第二回北伐が完成し、中華民国の統一が成った。

この間、奉天省委員会は五月の済南事件を機とする全中国の排日運動、六月の北京陥落と張作霖の爆死による奉天政権の動揺に乗じて党勢を拡大し、二八年末にはその名称を満州省執行委員会と改めて北満、東満、南満及び遼西に区域局を、朝鮮共産党との連絡の便を図るために延辺特別党事務局を間島に置き、それぞれに県委員会を統轄させた。だがその影響力は南満の一部の工業労働者やインテリ層に及んでいただけで、まだ農民や小市民層を組織するには至っていなかった。中共党満州省委が磐石県委員会を組織したのは三〇年五月であったが、その勢力は微々たるもので、磐石を根拠にしたM・L派満州総局（朴允世）の足下にも及ばなかった。ところが朝鮮共産主義者が中共党に吸収されることになり、M・L派の関係者が大挙して盤石県委に加入すると、その勢力は一挙に強化された。この合流を組織指導したのは、中共党中央から派遣された韓国人党員・呉成崙《ごせいろん》である。

呉成崙　一九〇〇年、咸北に生まれ、間島・和龍県傑満洞に育ち、三・一運動時に独立軍に参加したのち、金元鳳のテロ団・義烈団に加入して上海に渡った。二二年三月二八日に訪比の帰途上海に立寄った田中義一大将を襲ったが未遂に終わり、それた弾丸で米人・スナイダー夫人が死んだ。呉は日本総領事館警察に逮捕されたが、スナイダー氏は彼の義挙を称え、同囚の日本人は彼に同情して脱獄を助けた。そこで五月一日に首尾よく脱走してドイツを経て入ソし、モスクワ東方勤労者共産大学（モスクワ共産大学）に学んで熱烈な共産主義者となった。彼の名声は故郷の間島にまで聞こえたという。

二三年の春東北満に入り、上海派の赤旗団（延吉地方）で活動に入ったが、二五年六月の三矢協定によって活動を阻まれると、当時革命の中心地になっていた広東に赴き、中共党に加入した。そして二七年一二月広東コミューンに、ついで陸・海豊ソビエト政権に参加したが、いずれも忽ち国府軍の攻撃で崩壊したので二八年七月香港に逃れ、二九年の秋に中共党中央の指令で渡満したものである。別名・全光。彼が節を全うしていたならば、ソ連は彼を北朝鮮の執権者に選んだかも知れないと言う人がいる。

だから中共党磐石県委の主力は韓国人であり、党幹部は全光（呉成崙）、朴鳳（朴允世）、南満青総の責任者・韓震らであった。韓国で磐石共産党と言うわけはこのためでもある。

三一年（昭6）九月一八日に満州事変が勃発し、三二年三月一日に満州国の建国が宣言されると、反満抗日の旗を掲げた武装団体が全満に荒れ狂った。その数は二〇万人とも三六万人とも（楳本捨三「全史関東軍」二〇三頁）算定された。日満側はこれらの団体をおしなべて匪賊と総称したが、彼らは満鉄沿線の主要都市を除く全満各地で大小の集団を造り、警備の隙を衝いては出没して治安を攪乱した。その一端は後出の「間島における三三年（昭8）の治安状況」を一見すればわかる。建国後一年でこの有様であったのだ。それは住民の上にのしかかっていた絶対的暴力であり、天災と同様な満州名物であった。満州国の第一の施策が、その跳梁を制して安居楽業の天地を創造するにあったことは言うまでもない。

しかして匪賊は、日本側の史料では次の五種類に大別されている。

土匪：単純な盗賊で食えなくなった農民（中には土匪に襲われて）が武装して集団強盗化したもの。農繁期や追討の厳しい時は農民に返るので識別が難しい。土匪で根拠を山塞に構え、馬で機動して掠奪を専業とするものを馬賊とも言い、その頭目として双勝、九勝、万順、海竜らが有名であった。また韓人の盗賊団は、鮮匪として分類されている。

兵匪：旧東北軍の反日軍閥が匪賊化したもので、東北救国軍司令と自称した呉義成や、遼寧民衆自衛軍と名乗った康聚伍部隊等がその代表であった。

思想匪：ほとんどが共産主義を奉ずる武装団体で、当初は朝鮮共産党の各派に属する赤衛隊、突撃隊、遊撃隊などを指し、韓人共産主義者が中国共産党に吸収されて前記の諸隊が「東北人民革命軍」に編入され、ついで「東北抗日連合軍」に再編されてからはこれらの部隊を指す。多くは共匪と略称された。

また韓国人民族主義者が韓国独立のために組織した南満の朝鮮革命軍（梁世奉）や、北満の韓国独立軍（李青天ら）も思想匪に含まれる。

宗教匪：北満の紅槍会匪や、南満の大刀会会員を中心に編成した遼寧救国義勇軍（王鳳閣）などを指す。これらは軍閥の搾取に対抗する保身術として一定の地域に発生した団体で、「呪文を唱えれば死なず、殺されても生返る」と信じていた勇猛かつ熱狂的な武装団体であった。

政治匪：土着軍閥の顔役的存在で、吉林省の丁超、黒竜江省の馬占山などを指す。

と言っても、これらを画然と区分することは当を得ず、多くはこれらの色彩が幾らかずつ混っていたのが実情であり、彼らは連合したり、縄張り争いや主義の違いに原因して交戦することが日常であった。

連合は多く兵匪と共匪、共匪と土匪との間で襲撃時に行われた。この場合の連合部隊は普通、兵共匪とか、混合賊団と呼ばれている。

匪団同士での交戦は、王鳳閣の大刀会匪と中共党の軍隊である東北人民革命軍との縄張り争い、民族系の朝鮮革命軍と東北人民革命軍との主義上の抗争が記録されている。

従って日満側は討伐と宣撫、及び集団部落の創設による自衛と糧道遮断作戦等によって、その掃討と転向を図ったわけであった。特に計画的な大部隊による討伐は落葉の候を待ちかねたように毎年度繰り返されて、その山塞をしらみ潰しに潰していった。

また武力による討伐と並行して帰順工作が活発に行われ、土匪や兵匪、政治匪に効果があった。元来、これらは生活や面子《メンズ》のために匪化したのだから、それらを保障し、面子を立てて相応に遇すれば異議はないわけで、彼らも妻子との安居を欲する人間に変わりはなかったのである。日満側は工作が成功すると、これらを森林警察隊と改名して満州国警察隊（満警）に編入し、警察の装備や制服を支給して治安維持に当たらせることでその生活を保障し、面子を立てた。夷を以て夷を制した戦略であり、相手の習性を知り尽くした森林警察隊は重要な役目を果たしたと記録されている。後のことになるが、東北人民革命軍やその後継の東北抗日連合軍の首脳を捕殺したのは、いずれも唐大隊とか鄧部隊と言われたその後身であった。

一、東北人民革命軍

日満側の弛みない治安工作によって、兵匪や政治匪、土匪及び大韓独立軍の諸隊などが衰弱すると、それに代わるかのように思想匪の勢力が抬頭してきた。その状況は、満州国軍政部軍事調査部編「満州共産匪の研究（第一）」（康徳三年（36年・昭11）刊。以下「満共匪研」と略称）の「序」に、軍政部最高顧問・佐々木到一少将が次のように誌したことでうかがえる。（Gは筆者注）

「満州国に於ける治安情勢の現況を看るに、日満軍警不断の討匪行により一時的に或は局部的に治安の好転は見られ得るも、今日直ちに之が全般的恒久化を望むことは困難なる状態にあり。

斯かる事態を齎らせる根本原因は、思想的にも政治的にも匪団組織の強化せること、就中其深刻なる質的変化すなわち**共産匪化**にあり。

従って従来実施し来れる討伐中心の治安工作は、今や討伐と同時に必ず之に伴ふ他の工作をも必要とするに至れり。殊に吾人が注目すべきは、ソ連極東軍に依る満州匪団の統制掌握が強化せられ、討匪工作は恰かも**ソ連との前哨戦**的内容を漸次具備しつつあること之なり。

斯かる情勢下に在りて国内治安の重責に任ずる軍政部は、既往に於ける治安工作に一大方向転換を命ずるの必須なるを痛感し、之が根本対策樹立に際しては、先づ共匪活動の実態を充分認識把握するの必要より、之が調査研究を軍事調査部に命ぜり。……」

そもそも満州国の治安作戦は三期に大別される。一期は三二年（昭7）三月の満州国成立から三三年秋までで、主に旧東北政権系の馬占山や丁超部隊の掃討を目的にした。二期は三三年秋～三六年（昭11）秋で、主として満州軍警をもって対民衆工作に努めた時期である。ところが前掲「序」のように、中国共産党軍の勢力が侮り難くなった。そこでその調査研究を進める一方、三六年秋から四一年春にかけて目標を中共党軍に絞って掃討戦を続けたわけである。

(一)　東北人民革命軍の編成

パルチザンの芽生え　中共党磐石県委がその組織に軍事部を創設し、陳玉震を隊長とする遊撃隊（韓国人二〇余人）を組織したのは満州国の建国が宣言された三二年（昭7）春のことで、満州に反満抗日の火が燃え盛った頃である。これが中共党の満州における初の遊撃隊であった。

この遊撃隊は同年五月に東北義勇軍（韓人四〇人、中国人三〇人）と改称し、六月には旧東北軍の一部を吸収して一七〇人余の東北農工義勇軍を編成し、中国人・常春鳳が総隊長になった。そして一〇月には二三〇余人（うち韓人八〇人、小・拳銃三〇〇丁、迫撃砲一門）に増えて中国紅軍第三二軍南満遊撃隊に改編し、総隊長は韓国女性・李紅光に代った。彼女は中共党中央から遊撃指令を受けて磐石にきたもので、妙齢の美人であったという。（時事通信刊「中国共産党史」）

と言ってもその勢力は微々たるものであったから、特記すべき遊撃行動は行っていない。前述したように、三二年は反満抗日軍と日満軍警との決戦の年であった。年頭には抗日団体の勢力は三六万とみられたが、翌三三年には北満の韓国独立軍も壊滅し、三四年には残存勢力が四万人に打ち減らされていることでわかる。だが中共党軍はまだ戦わず、漁夫の利を占めながら反満抗日軍が打ち減らされるのに乗じて敗兵を吸収し、逐次勢力を増勢していた。恐らく、抗日の主導権が自然に手に入るのを待っていたと思われる。（「満共匪研」三三六—三四一頁）

東北人民革命軍第一軍　翌三三年（昭8）一月二六日、中共党中央は満州省委員会（当時、ハルピンに設置）に「満州の情勢と我等の党の任務」と題する長文の書簡（一月書簡と言い、全文は「満共匪研」付録四—一九頁に所載）を送り、各地の党派の自衛組織である赤衛隊や突撃隊及び遊撃隊を基幹として人民革命軍を組織し、他の抗日武装団体と統一戦線を合作すること、労働者と農民を抗日戦線に結集するための組織活動を強化すること、などを指令した。これを受けた満州省委は各地に人民革命軍の編成を命じたが、磐石県委に指令したのが第一軍の編成である。

磐石県委と李紅光は兵員の獲得に努め、組織を通じて募集するとともに、抗日馬賊の抱込みを図った。元来馬賊達は「画順線」を取極めて縄張り（遊撃区域）を定め、都市を襲うときは連合するのが普通であった。そして「声東撃西」とか、「以整化零」、「以零化整」とかの戦法を常用していた。東を襲うと噂して西を襲い、大敵に遭えば分散逃避して姿をくらまし、討伐隊が撤収すると集合して隊伍を整える、というヒット・エンド・ラン戦法で、つまり遊撃戦の原則を地で行っていたわけである。

そこで中共党は「画順線」を提唱して顔をつなぎ、有能な党員を馬賊隊に入れて赤化した。馬賊は殆ど貧農出身で学や思想はなく、「画順線」を無視した日本軍がその縄張りに無断で立入るので反日になったわけだから、工作は難しくなかったらしい。馬賊隊の工作が成功するとこれを人民革命軍に編入し、馬賊の頭目が反対したときはこれを粛清して編入したこともあったという。

また満州国軍警の反乱編入に努めた結果、三三年五月末には煙筒山駐屯の歩兵第一四団（連隊）迫撃連（中隊）六〇人が連長を銃殺して迫撃砲一門と小銃四〇丁を持って紅軍に加入したのを始め、以後七月下旬までに同歩兵団の兵士計七二人が軽機一丁、小銃三九丁、弾薬五千発を携行して紅軍に投じている。一方、各種抗日団体との合作に努め、前出の国民府の武装団体であった梁世奉の「朝鮮革命軍」にも合流を持ちかけたが、梁司令は「共産主義との合作は自己滅却につながる」として応じなかったとの説がある。（李命英「四人の金日成」一一二頁）

こうして同三三年九月一八日、満州事変勃発二周年の日に磐石県下で東北人民革命軍第一軍部と第一独立師の創設をみた。軍長は中国人の楊靖宇（前ハルピン市党書記）、師長は李紅光、兵力は一六個部隊約七二〇人で、他に約千人の抗日団体を影響下に置いていた。そして一〇月、日軍第一〇師団の討伐の余波に乗じて第一師の主力はかねて計画中の南遷を実行し、通化県一帯の土匪、反満抗日匪及び朝鮮革命軍等の地盤を侵蝕して西間島（鴨緑江北岸地帯の総称）に勢力を張った。

また翌三四年（昭９）一一月には磐石に残留した第一師第一団（袁徳勝）に二、三の共産系匪団を吸収して第二独立師を創設した。師長は中国人の曹国安であった。けれども日満軍警の数次の討伐を受けて打撃を蒙ったので、翌三五年（昭10）八月ごろには根拠を輝南、濛江に移し、撫松、樺甸《かてん》、安図、敦化、磐石地方に勢力を扶植し始めた。

人民革命軍の組織は遊撃区の状況、戦況、人的構成等に応じて自在に変更し改編するので、一定の編制はない。奉天省公署警務庁の三五年（昭10）一一月調の編成は左の如くであるが、軍や師、団、連の編成は近代軍のそれとは程遠く、軍の兵員は最盛期で数百から千人内外に過ぎなかった。

東北人民革命軍 第一軍（楊靖宇）
- 第一師（李紅光）（韓浩）
  - 第三団
    - 第一連（中隊）
    - 第二連——二個排（小隊）
  - 第五団（李明海）
    - 模範隊（金命福）
    - 第一連（王貴）——二個排
    - 第二連（張某）——二個排
    - 遊撃第一支部（候某）
    - 遊撃第二支隊（蔣文葆）
  - 第六団（張某）
    - 第一連
    - 第二連
- 第二師（曹国安）
  - 第一団
  - 第二団
  - 第八団（李永好）
  - 第九団（朴煥鍾）

（註：初代師長・李紅光は三四年一一月死亡）

（「満共匪研」三四二―三頁、三八七―九頁）

しかして人民革命軍第一軍のパルチザン活動は、次の党組織を基盤として行ったことは言うまでもない。すなわち第一師が通化中心県委の、第二師が磐石中心県委の管轄区域を遊撃区としていたわけである。正確度は分からないが、その勢力は次のように漸増したとされる。

三四年（昭9）一〇月上旬　六二〇人
　　　　　　　一一月上旬　八〇〇人
三五年（昭10）一月上旬　九〇〇人
　　　　　　　二月上旬　九八〇人
　　　　　　　三月上旬　一、一二〇人

党組織表

（奉天地方警務連絡旬報）

- 東満特委（間島地方）
- 輝南県委
- 磐石県委
  - 磐石区委
    - 煙筒山支部――班――小（以下同）
    - 蛤螞河子支部
    - 派子支部
  - 盤東区委
  - 磐西区委
    - 玻璃河套支部）
    - 八棵樹支部
    - 拐子抗支部
  - 伊通特別支部
- 額穆県委（孔太有）

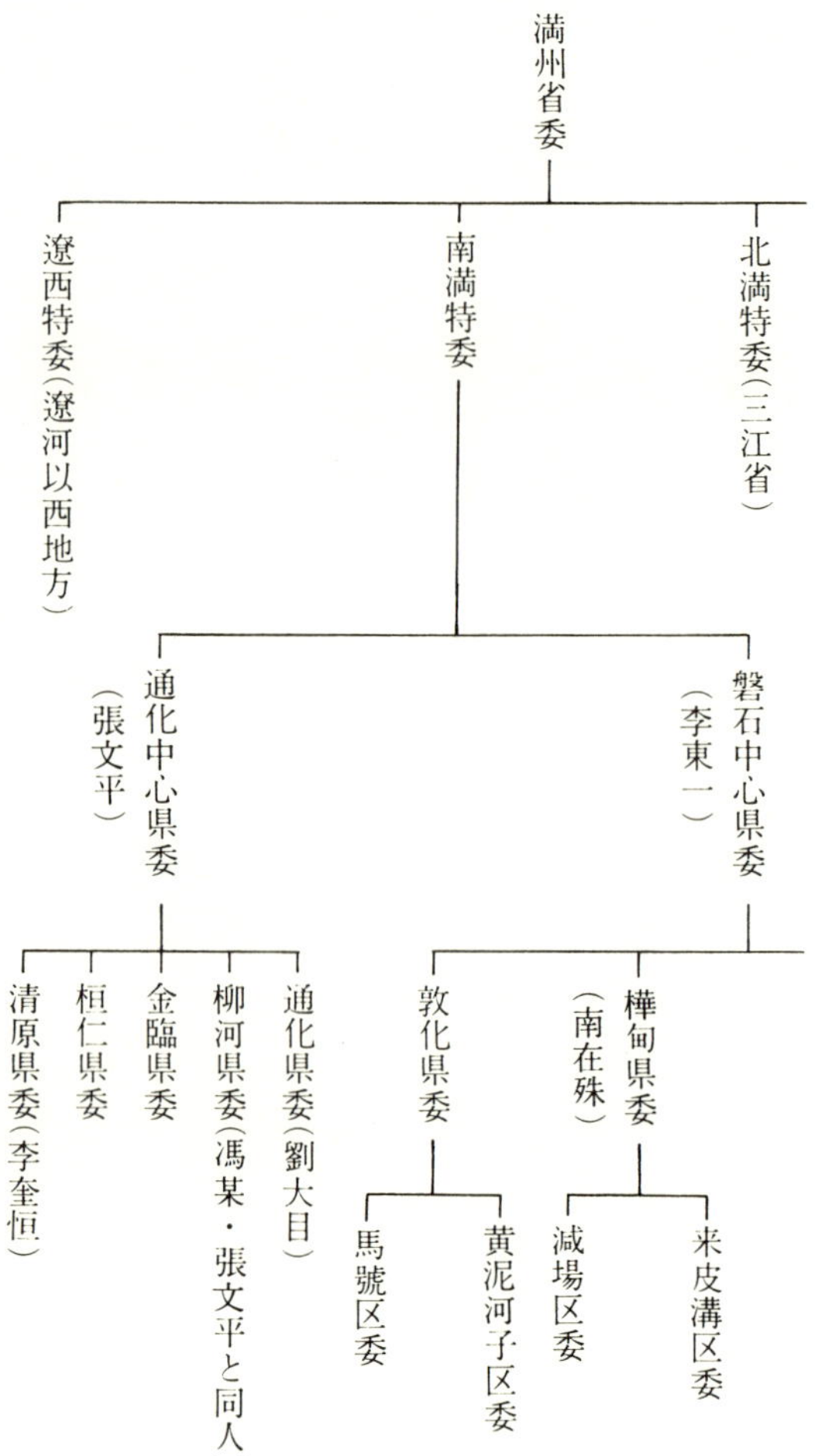

（三五年八月調・「満共匪研」三三九、三四四頁）

第二、第五軍　第一軍の成立過程とほぼ同じ経過をもって、次表の東満特委下に三四～三五年ごろ第二、第五軍の成立を見た。（「満共匪研」一六五―八頁）

中国共産党延和県組織系統（昭和六年四月）

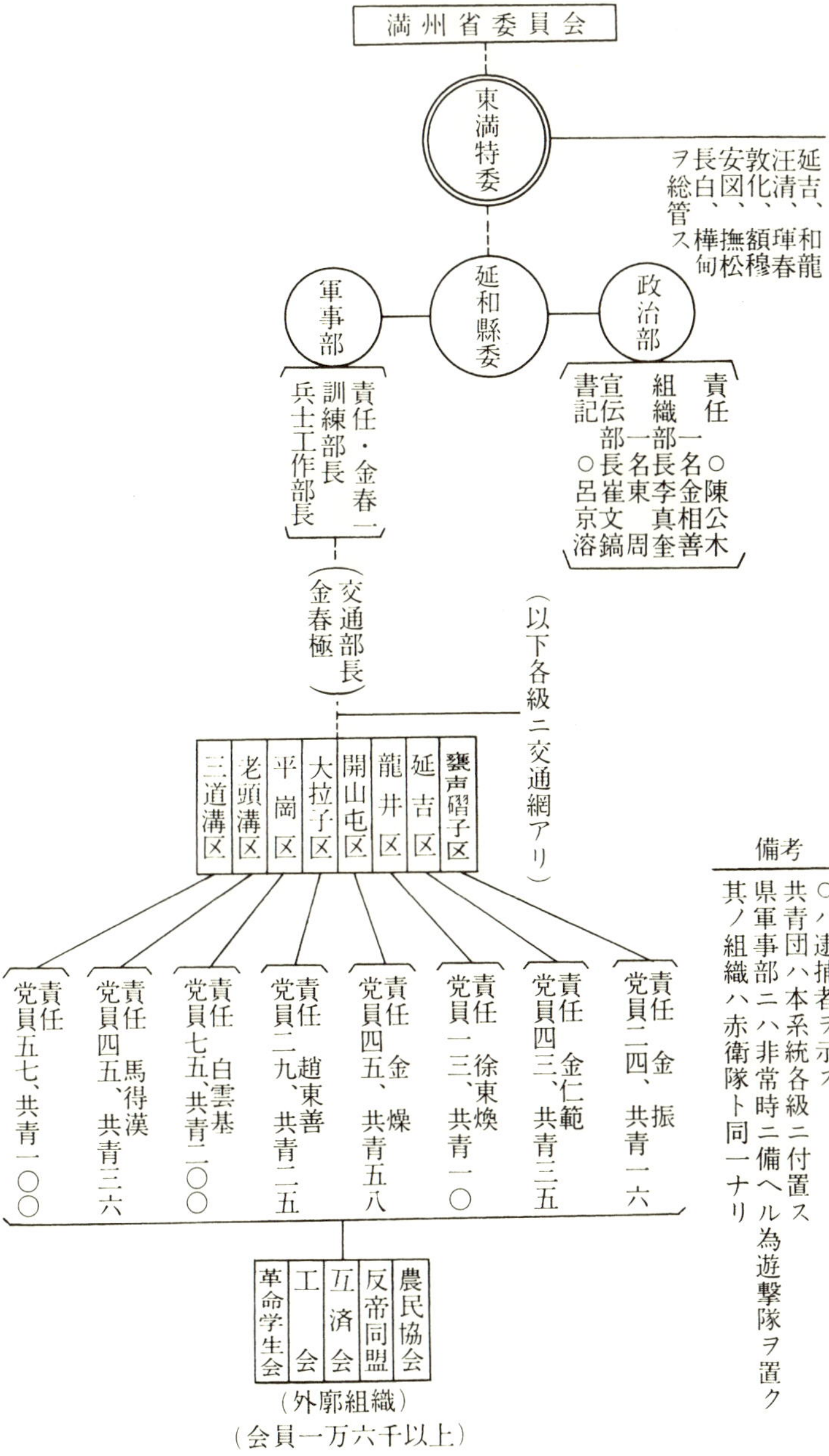

備考
○ハ逮捕者ヲ示ス
共青団ハ本系統各級ニ付置ス
県軍事部ニハ非常時ニ備ヘル為遊撃隊ヲ置ク
其ノ組織ハ赤衛隊ト同一ナリ

赤衛隊総隊—同大隊—同中隊—同小隊（三三制組織）

金党員　三二一
金共青　四八一

間島には三二年（昭7）秋に次図のようにソヴェート区ができていたというから、これが基盤になったことは言うまでもない。

なお当時制定された東北人民革命軍の闘争綱領は、次の通りである。

東北人民革命軍闘争綱領

一、日本帝國主義は陸海軍を派滿永駐せしめ、飛行機工場、鐵道、無電、諸工廠、兵營等施設をなし、滿洲三千萬民衆を屠殺すべく計畫しつゝあるを以つて全民衆は日本の政策に反對し、其の施設を破壞し、滿洲地帶より驅逐すべし。

二、滿軍を瓦解反亂せしめ人民革命軍旗下に糾合し、滿人賣國奴と日本顧問を殺害清算すべし。

三、滿洲税制は民衆の汗血を搾り、日帝は民間の武器を没收して革命抵抗力を奪ひ、日語教育を强制し人民思想を麻痺せしめ、鐵道を敷設して革命同志の殺戮を便ならしめつゝあるを以つて、全民衆は納税及一切法令に反對すべし。

四、日本人及滿人賣國奴の一切の財産を没收して反日工作及革命軍費に充當すべし。

1932（昭７）における間島地方略図

五、日本人及滿洲賣國奴等の武器彈藥を沒收し、革命軍及び一般民衆の武装を完備すべし。
六、群衆闘爭を發動せしめ遊撃區域を擴大すべし。
七、農民委員会は郷村實際政権機關にして将來唯一民衆政府への擴大の基礎なるを以つて、革命軍と農民委員会とは特に密接ならしむべし。
八、工、農、兵、學及革命軍官を以つて反日革命の統一戰線を構成し、敵の中央及裏面を破壊すべし。
九、リットン報告に反對しソ聯勞働群衆と友誼的聯盟の結成を鞏固にすべし。等（九月六日、間總領報）

しかして軍の編成日時と根拠は次の通り偵知されていた。

	創立年月	根拠区（地）	備考
第二軍（中・王徳泰）	34・3	汪清県羅子溝	
第一独立師（韓・朱鎮）	34・3	延吉・和竜県	――五六五人（うち中国人は一六人）
第一～第三団			
第二独立師（中・某）	34・5	汪清・琿春県	
第一～第三団			
第五軍（中・周保中）	35・2	寧安・八道河子	――平南洋の馬賊隊基幹
第一独立師（中・周保中）		寧安県	――第二軍の一部合流
第二独立師（中・柴世栄）		東寧県	
反日山林隊（馬賊の意）			

なお第二軍の主要幹部は次のように偵知されているが、後述との関係で、第二独立師第二団の政治委員に金日善《キムイルソン》という人がいたことを指摘しておきたい。後出する金日成《キムイルソン》と同じ読み方であるので、成《ソン》を善《ソン》と誤ったのであれば、これが金日成という人が始めて史料に現われたことになる。むろん検証はできないので何とも言えないが、金日善という人が第二師にいたのは確かである（後出）から、付記しておく。

東北人民革命軍第二軍第一獨立師長（元游撃隊総隊長）	朱　　鎭（韓人）
同　　政治指導員	王　德　泰（滿人）
同　　參謀處	別名　副　官（韓人）
同　　經理處	金　　某（韓人）
同　　第一團長	別名　風呂敷（韓人）
同　　第二團長	別名　木　瓜（韓人）
同　　第三團長	孟　昭　祥（滿人）
東北人民革命軍第二軍第二獨立師長	某（滿人）
同　　政治委	李　　某（韓人）
同　第二獨立師第一團長	某（滿人）
同　　政治委	南　昌　一（韓人）
同　第二獨立師第二團長	陳　滿　山（滿人）
同　　政治委	金　日　善（韓人）
同　第二獨立師第三團長	侯　國　春（滿人）

「満共匪研」一六六～八頁

第三、四、六～一一軍　北満特委下では、次の八個軍が編成された。

	創設年月	根拠地	備考
第三軍（中・趙尚志）	35・1	珠河	一、三〇〇人、機関銃二〇丁
第一独立師その他			
第四軍（中・李延禄）	35・2	饒河県	
第一～第五団			
第七軍（韓・李学万）	36・2	饒河県	李学万（韓）遊撃隊（一二〇人）基幹の第四軍第四団の改編
第六軍（中・夏雲階）	36・2	湯原県	
第八軍（中・謝文東）		依蘭・通河	馬賊基幹
第九～一一軍　（略）			

「満共匪研」には詳しく調べあげてあるが、北満は本書との関係が薄いので以下省略する。

こうして三三年（昭8）から三六年にかけて東北人民革命軍一一個軍の編成が成った。だが既述したように、また編成表の軍長が第七軍の李学万を除いてすべて中国人であるのを見てもわかるように、あくまでも中共党の党軍であり、韓国の独立を志向した武装団体ではなかった。それは東北人民革命軍の二つの行動綱領、「中華祖国の擁護」「失地東北の回復」や政綱（注）を見ればはっきりする。そこには韓国に関するものは一字も入ってないのである。

しかしその骨幹は韓国人であった。とくに第一～第四及び第七軍の兵員はほとんど韓国人であった。中国人は丹頂鶴のように頂点の地位を占め、すべての決定権を握っていた。

注　**東北人民革命軍政綱**

一、日帝及び満州国を倒壊し、日本軍を東北及び全中国から駆逐する。
二、日帝の東北における企業・財産を没収して分配・使用する。
三、民衆を武装し、民主権利を付与する。
四、全民族革命統一戦線を創出し、日帝を打倒する。
五、国民党を打倒する。
六、選挙によって東北人民革命政府を樹立する。
七、中華ソビエト臨時中央政府と紅軍を擁護する。
八、中国共産党を擁護する。
九、中・韓・蒙の被圧迫民衆と連合し、日帝及び満州国政府を打倒する。
一〇、世界反帝の大本営・ソビエトを擁護する。

つまり朝鮮の解放や革命の項はなく、韓国人の独立への志向は無視されている。既述したように韓国人は中共党に入党し、民族や国家を越えた国際主義を信じていたそうだから、彼らはこの綱領に不満がなかったのであろう。特に第四～五軍は密かにソ連の武器援助を受けており、在ソ韓人三万六千人（ソ連共産党員）が支援していたというから、已むを得なかったに違いない。けれども客観的にみれば、在満韓人はただ中共党に利用され、挙句のはては酷い目に遭った。韓国の革命のために主義を奉じたはずであるのに、歴史は彼らをあらぬ方向に導いてしまったと言えよう。

例えば三一年（昭６）—三五年（昭10）における東満における遊撃隊と東北人民革命軍の出没及び被害状況は次表のように記録されている。（「満共匪研」一〇八頁）

年別	襲撃回数	延人員	拉致 満人	拉致 韓人	殺害 満人	殺害 韓人	傷害 満人	傷害 韓人	放火 満人	放火 韓人	被強奪金額 満人	被強奪金額 韓人
	回	人	人	人	人	人	人	人	戸	戸	円	円
一九三一（昭6）	二九五	一、六六八	—	九	六	一九	四	四三	七	四三	六九二	九、三五五
一九三二	九八四	三、四七〇	二五	四〇九	四九	四四一	三三	二二四	三〇	五九	一一、五八五	三五、二七六
一九三三	七四七	一、九八四	五四	二三四	五六	六八	四八	七七	三九	五七	三四、三八二	四〇、七七三
一九三四	九五四	二、〇二五	一五七	三三〇	二〇	二八	三三	二七	一四	一六	二八、六〇四	五八、七七三
一九三五（昭10）	六六三	一六、〇一〇	二三八	二九三	一七	二五	四七	五三	一〇	一〇	二〇、九三七	二五、二九七

この表から次のことが窺われる。

① 日本人の被害が見当らず、襲撃対象は同胞に限られている。おそらく日本人民留地の警備力は彼らの手に余るものであったからであろう。だが襲撃の実際は、明らかに人民革命軍の政綱とは矛盾している。

② 三二年の満州国成立から被襲が激増しているのは、反満抗日の気勢が挙がった時代の反映である。だが寧日なき日満軍の粛清工作と討伐によって、三五年以降は漸減した。三四年が最盛期であったのは、東北人民革命軍の編成とその活動の証拠であろう。

③ 人的被害は韓人が圧倒的に多い。これは人口構成（韓人八：満人二）によるのであろうが、その割に満人の被害金額が多いのは、貧富の差を現わしたものであろう。つまり間島に共産主義が育ち易かった理由を示す。

(二) 日満側の治安工作

このような無法地帯の現出を、日満側が座視するわけはない。治安工作隊は主要交通網上の一〇～三〇キロ間隔に網の目のように警備機関を張り回らし、討伐に次ぐ討伐を以て匪団の漸減を図り、匪民を分離して糧道を絶ち、帰順工作に努め、満韓人の不和を助長してその自壊を図った。

例えば当時の間島における治安機関の組成と配置は次の如くである。

	関東軍（三三年六月二八日現在）	外務省領事警察（隊）	満軍（三五年八月現在）	満警
指揮	連隊本部（のち独立歩兵大隊） 局子街（のち延吉と改称）	総領事館（本署） 龍井村	第二軍管、第四地区 混成第一〇旅、騎兵第二、三、四旅の計一三、一八五人をおおむね上記と重複して分散配置 （「関東軍2」一二三頁）	おおむね日本領事館警察と併設
延吉	三道河子（半小隊） 小城子（半小隊） 小三岔口（半小隊） 老頭溝（歩一小） 双河鎮（中隊本部、歩半小、重機一） 甕声磖子（歩一小）	局子街分館（署） 朝陽川分署 銅仏寺分署 小三岔口分署 老頭溝分署 天宝山分署 甕声磖子（のち明月溝）		

県		和龍県	汪清県
依蘭溝（半小隊、重機一）	頭道溝（歩二分隊）	大拉子（和龍）（中隊本部、歩一分） 三道溝（歩一小） 石門子（半小隊）	百草溝（大隊本部、中隊本部、歩一小） 大肚川（歩一小、重機一） 三道溝（半小隊）
分署 葦子溝分署 八道溝分署 依蘭溝分署 春陽郷分署	頭道溝分館（署） 二道溝分署	大拉子分署 三道溝分署 石門子分署 開山屯分署 南陽坪分署 南陽村分署 図們分署	百草溝分館（署） 大肚川（のち汪清）分署 三道溝分署 石硯分署 嘎呀河分署 涼水泉子分署

琿春県	琿春	琿春分館(署) 馬滴達分署 黒頂子分署 土門分署		

他略

但し、関東軍は後では省に一個の割で四～五個の独立守備歩兵大隊（長・中又は大佐、四～五個中隊と砲・工・騎兵部隊等で編成）から成る独立守備隊（司令官は少将）を配置し、満軍の中の韓系将校等を特抜して間島特設隊を併設した。

日本軍の討伐は満州事変以来休む間もなく続けられていたが、のちには前記の独立守備隊を創設して治安粛清に専念させ、特に秋から春にかけての落葉期には大部隊を投入して討滅を繰り返した。

住民に基礎を置くゲリラの討伐は、匪民の分離が最も有効である。行政組織が整うにつれて保甲制度（散在した部落を集団部落に集めて甲に組織し、数個の甲を以て保とし、自警組織を強化する）を強化し、山間部落の移住を奨励し、かつ三三年二月には局子街（延吉の旧名）に共匪帰順審査委員会を設置して帰順工作に努めた。その結果は次表の通りである。

間島地方共匪帰順者累月表（間島総領事館資料）

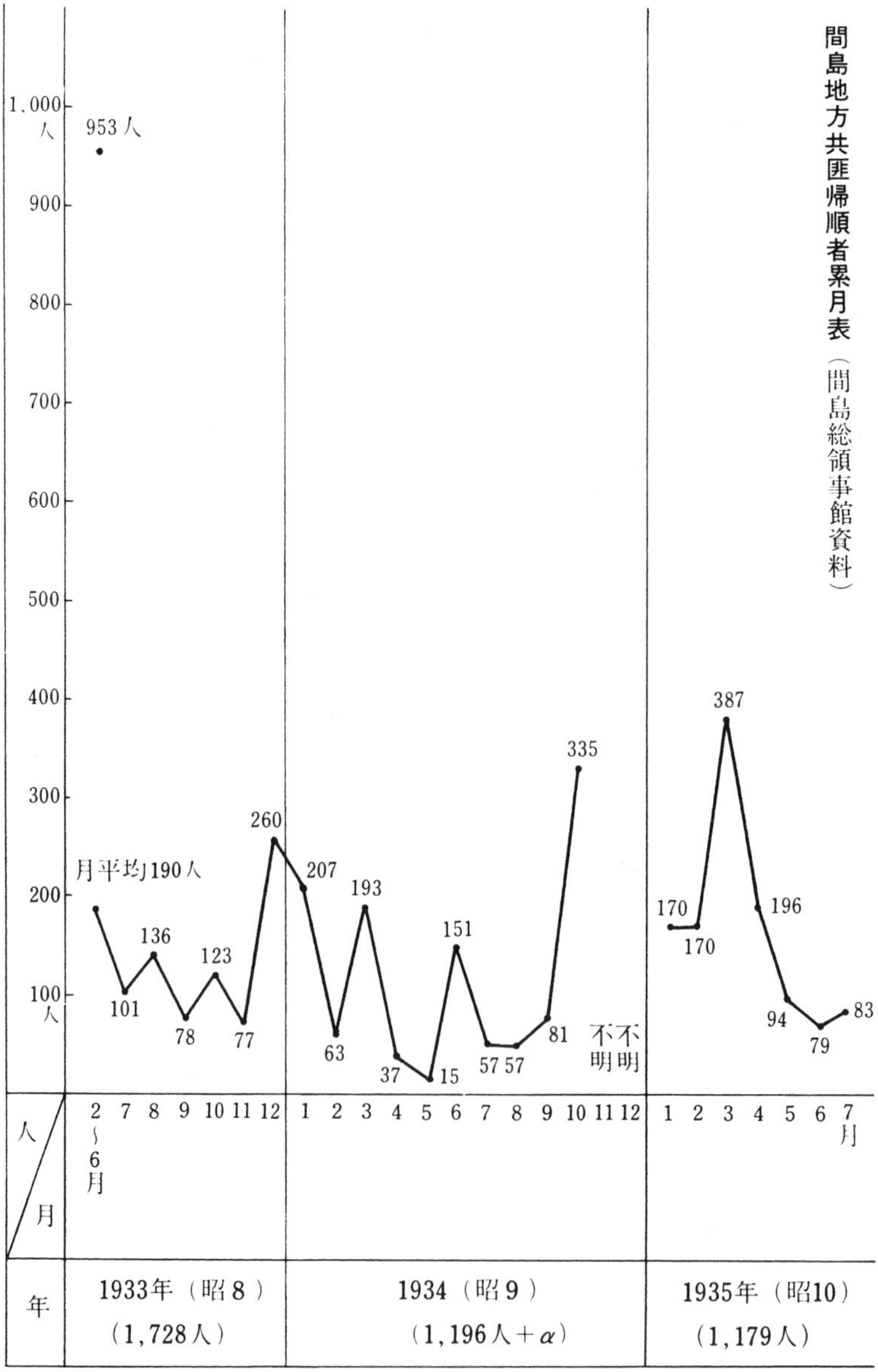
1,000人
900
800
700
600
500
400
300
200
100人
953人
月平均190人
101
136
78
123
77
260
207
63
193
37
15
151
57 57
81
335
不明
不明
170
170
387
196
94
79
83
人
月
2〜6月
7 8 9 10 11 12
1 2 3 4 5 6 7 8 9 10 11 12
1 2 3 4 5 6 7月
年
1933年（昭8）
（1,728人）
1934（昭9）
（1,196人＋α）
1935年（昭10）
（1,179人）

この表から、帰順者の漸増傾向と、帰順時期が秋から春の冬期に多かったことがわかる。これは追討と集団部落の進捗によって、糧道を絶たれたことを示すものであろう。

この傾向を憂えた東満特委と東北人民革命軍第二、第五軍は、三三年一一月～三四年一月の二か月間に転向意志濃厚と目された者を、延吉県では七八人、和竜では四七人、汪清では三四人、琿春では四一人を殺害し、東満特委は幹部以下一六人を清算し幹部を改選したという。(間総領報)前前表の殺害数は、これらの犠牲者を含むのであろう。

(三)　東北人民革命軍の足跡

こうして東北人民革命軍と治安部隊との間に死闘が演ぜられた。

第一軍（楊靖宇）　李紅光（女）に率いられた第一独立師は、三三年九月の編成直後に主力をもって西間島（鴨緑江北岸地区・撫松、長白、臨江、通化、柳河、濛江県地方の総称。間島の対照名）に南下して、大刀会匪・王鳳閣や朝鮮革命軍・梁世奉らと縄張りを争いながら（一時は王鳳閣と連合したこともあった）勢力の扶植に努めていたが、李紅光を一躍有名にしたのが**東興事件**である。

三五年（昭10）二月一三日未明、二〇〇人（軽機二）を率いた李紅光は結氷した鴨緑江を渡河して南岸の平安北道厚昌郡東興邑（厚州古邑）を包囲した。東興警察署（木造平屋建）や金融組合に射弾を集中して牽制し、その間に町から金品を掠奪して資産家の張家に放火したうえに、一六人を拉致して北岸に引揚げた。二時間に亘る交戦で住民三人が射殺され、警官三人と住民五人が負傷した。後には東北人民革命軍の宣言文や綱領と檄文が、単なる物盗りではないことを証明するかのように撒布されていた。平北道警察部が近隣の各署から機動隊百人を集め、江界守備隊長・松田中佐以下二〇〇人とともに追討を始めたのが四日後の二月一七日朝のことだから、警備隊は全く奇襲されたとみれる。

討伐隊は途中で釈放された邦人二人を含む四人の被拉致者を収容し、その証言に基づいて李紅光の根拠を襲ったが、樹海の中の渓谷に設けられた山塞には何も残っていなかった。釈放者の証言によれば、李紅光の総兵力は約六〇〇人で、中国人七、韓人三の割であったが、幹部は韓人で、自ら李紅光を名乗った司令は一九歳の美女であったという。以上が東北人民革命軍の国内（韓国）進攻二大事件の一つに数えられる東興事件の梗概である。けれども李紅光はこの直後の三月に死亡し、韓浩（韓）が師長を継いだと伝えられる。（李命英「四人の金日成」八五、一〇九―一一三頁。平北警察部「平北警鐘」三六年三月号、他所引）

この事件は、確かに東北人民革命軍の存在と武力を誇示して総督府に警鐘を与えた事件であった。これまでも国境地帯では十数人ないし数十人をもってする遊撃隊の活動が頻頻と起こっていたが、数百人を以てする襲撃は初めてあったからである。

だがその襲撃の内容は宣言や綱領にそぐわない。真の敵は警察であり、それを駆逐することが目的であったはずなのに、東興警察署は掠奪を容易にするための制圧に止め、かつ必ず行われる追討は待伏せの絶好機であるのに、それを避けている。これでは物資の豊富な東興を狙った掠奪としか解しようがなく、革命とか人民の幸福とかとは縁がない。

また一九歳の美女が師長を名乗ったのはその正体を晦ます芝居であったことは明らかだが、その直後に李紅光が死亡したのは、この時再起不能の重傷を負ったのではあるまいか。とすれば、師長が先頭に立たねばならぬほど士気が低下しており、相当な損害を受けたので、討伐軍を迎撃して一泡吹かせる気力は残っていなかったのであろう。だからこの襲撃は、生存の為に汲汲としていたとみることができよう。その故か、第一師の活動はその後記録されたものがない。

第二独立師（曹国安）は、前述したように日満軍の攻撃を受けて東方山岳地帯に退避した。だから特記に値する記録は見当たらない。

つまり最初に発足した第一軍ではあったが、その地盤が王鳳閣の大刀会と競合したのと、山また山の樹海であったから、戦う前の生存との戦いに明暮れたのであろう。

例えば次のような記録がある。（「満共匪研」四三三―四頁）

1、昭和九年一二月中旬、周大平、仁義らの合流匪約五百名は濛江県那爾轟で南満遊撃隊七十名の武装を解除した。人民革命軍は武器の返還をしばしば要求したが応じないため、暴露戦術により匪と民衆との離間策を講じた。（磐石領事館警察署）

2、同年一二月下旬、人民革命軍第二師は輝南県で国民党系の呉司令と匪首・両省を捕え、両省を銃殺した。（同右）

3、昭和一〇年三月一五日、磐石好、四季好らの合流匪は中共磐石中心県委拐子抗特支責任・劉明山ら三名を捕えた。県委は武装隊六十余名を急派し、二二日に合流匪を迎撃して劉明山を奪回した。（同右）

4、昭和一〇年夏、王鳳閣の部下が紅軍地盤内の密作阿片を採取したので紅軍はこれと交戦し、七、八名の死傷者が出た。両軍は反目して交戦の機を覗っていたが、日満軍警の討伐が急なため中止した。（奉天地方警務統制連絡委員会の昭11年1月19日報）

5、人民革命軍第六団は昭和一〇年八月一二日に通化県六道溝方面で王鳳閣軍と二時間に亘る激戦を交え、死一二、傷一三の損害を受けて大敗した。同団は一八日に雪辱を企図し同県羅巻溝で王匪を攻撃したが、死八、傷一二の損

害を出して再び敗北した。斯くして南満における共同戦線は又もや崩壊の過程を辿るに至った。（同右）

つまり第一軍は日本の勢力を駆逐する戦いよりも、生存のための縄張り争いに精魂をすり減らしていたわけになる。

第二軍の活動状況　間島における三三年（昭8）から三六年（昭11）に至る治安件数は、次のように記録されている。

（「現代史資料30（朝鮮6）」一八八―二五六頁の集計）

東北人民革命軍第二軍（王徳泰）の第一独立師（朱鎮）の創設が三四年三月、第二独立師の発足が五月であるから、それ以前の件数は土匪や兵匪が起こしたものも含まれるが、三四年三～五月に件数が倍増しているのは人民革命軍の編成完了を示すものであろう。

間島における三三～三六年の治安件数

（襲、交、掠は、分署等の襲撃、交戦、掠奪件数で、それぞれ内数を示す）

月	三三年	三四年	三五年	三六年
一	三四 交二二	九 交九 掠三	五 襲三 交五 掠二	一 交一
二	一八 襲一 交一二 掠四	八 襲一 交八	五 襲三 交四 掠四	一 襲一
三	一三 交八 掠三	一二 襲六 交一二 掠二	七 襲四 交七 掠二	三 襲一 交二

四	八 掠六 交五 襲二	一八 掠一 交一七 襲一七	三 交三 襲二	三 交一
五	七 交二 襲一	二三 掠五 交二〇 襲一一	五 掠三 交五 襲二	一 襲一
六	七 掠二 交四 襲一	七 掠一 交七 襲五	四 掠二 交四 襲一	一 襲一
七	一三 掠三 交一〇 襲五	七 交七 襲五	五 交四	なし
八	一二 掠一 交九 襲一	三 掠一 交三 襲一	五 掠一 交二	六 交三
九	二 掠一 交二 襲一	一〇 掠三 交一〇 襲八	五 交五	二 交一
一〇	五 掠一 交五 襲一	四 交三 襲二	三 交二	一 交一
一一	二 交二	二 交二 襲一	二 交二	なし
一二	三 交二	五 掠二 交五 襲二	三 交一	なし

計	一五七 襲一三 交八二 掠二二	一〇七 襲五九 交一〇三 掠一八	五二 襲一五 交四四 掠一四	一九 襲四 交九 掠〇

だが日満軍警による三四年秋期～三五年春期討伐によって第二軍の各組織は大打撃を受けた。和龍県委員会と同方面の第一独立師は安図県車轍子に南下せざるを得なかったが、三五年の秋期討伐によって再び根拠を覆滅されたので安図県奶頭山に、ついで三六年二月には撫松県三道河地方に退避せざるを得なかった。

また汪清県下の第二独立師は三五年秋にその根拠を覆滅されたので、東満特委とともに寧安県南湖頭方面に移動せざるを得なくなった。

こうして第二軍は南北に二分された。その間における第二軍の活動状況と討伐の詳細は次表の通りである。

間島における三三年（昭8）の治安状況

（「現代史資料30（朝鮮6）」一八八―二〇四頁）

備考：㊐は日本軍、(警)は領事館警察官、(自)は集団部落の自衛団員、(満)は満軍、爆は爆弾、小・拳は小銃・拳銃、回次の〇印は交戦を示す。以下同じ。

回次	日	状況	対処	彼の損害 死	彼の損害 傷	彼の損害 被検	彼の損害 被押	我の損害 死	我の損害 傷	備考

一月（交戦回数二一回）

①	二	共匪三〇人、依蘭溝襲撃の気配あり	（日）一二人、（警）一〇人、（自）二〇人をもって延吉県柳財溝を包囲、交戦	一三			小四　槍五　他多数			
②	三	共匪二〇余人、敦図鉄道破壊のため延吉県細鱗河梨花洞に集合の報あり	（警）八人、（自）三一人をもって上記を包囲	八			小一　槍三　他			
③	三	共匪一四人、咸北道茂山郡永北面芝草洞に侵入し和龍県鍾洞方面に逃走	警官四〇人、（自）一二人を以て追撃、鍾洞及び麻田洞で交戦				小一	（自）一		村民一人銃創
4	三	共匪二〇余人、和龍県蒙基洞に潜伏の報あり	（警）一人、（自）一三人出動			一三	爆一　他			許東石を捕う
5	三	黄泰甫以下三人、和龍県東皮洞に潜伏の報あり	（警）一人、（自）一二人出動			三	小一			黄泰甫を捕う
6	七	共産党遊撃隊長・劉鍾律以下五人、鉄道破壊のため延吉県鶏林村に入る	憲兵、（警）二〇人、（自）出動			五	爆二　槍三			劉を捕う
⑦	七	武装共匪五〇人と前記東側で遭遇	（警）九人、（自）捜査中に交戦	三			小三			
8	八	共匪一四人、和龍県英蔵村で武器密造中の報あり	（警）三人、（自）一〇人出動	一		三	製造材料			

9	八	中共党赤衛隊工作隊長・金学哲以下四人、延吉県馬鹿溝に潜伏の報あり	憲兵一人、(警)一八人出動			四	爆二 拳一 火薬			
10	八	和龍県祀堂に共匪一〇人侵入	(警)一人、(自)九人出動			一〇				
11	八	許東石の自供	和龍県蒙基洞を捜索				爆一 小三 他			
⑫	一〇	延吉県漁郎村の共匪団、近く二道溝を襲う報あり	(警)一〇人、(自)二六人出動、泉水洞で三〇余人と交戦	四		六	小三			
13	一〇	延吉県大北溝に賊侵入の報あり	(警)二一人、憲兵一人出動			四				中共党老頭溝区幹部であった
⑭	七～一〇	汪清県羅子溝に救国軍総司令・呉義成以下五〇〇人集結の気配あり	間島派遣隊討伐し、東寧県境に撃退					将一 兵一	将二 下士 兵四	待伏せられた模様？
⑮	九	天図鉄道破壊のため共匪一〇余人延吉県馬鹿溝に集合の報あり	(警)四人出動し交戦	四			小一 拳二 爆一			

⑯	六～七	延吉県細鱗河一帯に匪情あり	(警)七人、(自)四〇人出動し交戦	五		五	小二 拳一 他			
⑰	一三	延吉県臥龍河で収獲作業掩護隊が二〇余人の匪賊に襲われる	(警)五人、(自)二六人応戦し、撃退	二			拳二			
⑱	一五	延吉県葦子溝に匪情	(日)四人、(警)一四人、(自)一〇人、満公九人出動、武装共匪五〇余人と遭遇、交戦一時間	一一			小二 他		(警)一	
19	一五	和龍県寿世洞に匪情	(警)四人、(自)一一人出動			二				
⑳	一九	共匪八〇人、依蘭溝襲撃のため延吉県南陽洞に集結の報あり	(警)七人、(自)二〇人出動、同地で五〇余人と交戦	二一			小二 拳一 槍五			
㉑	一九	共匪四〇余人、銅仏寺襲撃のため葦子溝に集結の報あり	(日)一二人、(警)一三人、(自)一〇人出動、同地で約四〇人と交戦	六			刀四 他			
㉒	一三	間島派遣隊、汪清県羅子溝方面を討伐	(警)同行						(警)一	待伏せ？
㉓	二〇	頭目・海龍の率いる三〇〇人、汪清県小百草溝・王陽溝にて依蘭溝分署襲	(日)七人、(警)八人、(自)二〇人出動、王隅溝で約一〇〇人と遭遇、七時					兵一	(警)一 (自)一	日没を待って離脱？

		撃の報あり	間交戦							
㉔	二二	和龍県明東村にて鮮内侵入を計画中の数人を探知	㊣六人、㊐三人出動、抵抗を受く	三			爆二 他			
㉕	二二	汪清県百草溝南方の討伐（呉義成部隊？）	㊐歩兵二個小隊、㊣九人出動、同地にて陣地による二五〇余人を攻撃、壊走させる	一〇						拉致されていた韓人六人を救出。戦績不振？
㉖	二二	延集崗地方の共匪団、八道溝分署襲撃の計画を探知	㊣九人、㊐一一人出動、約三〇余人と交戦	二			小一 他			
㉗	二一	延吉県細鱗河検索、中共党老頭溝区遊撃隊員を検挙	㊣七人、㊐一八人出動			三	槍三			
㉘	二五	兵・共匪団、汪清県泗水坪に集結中を探知	梅野部隊、㊣一六人出動し約二〇〇人と交戦、五時間後に撃退	三〇						ろ獲品なし、戦績不振？
㉙	二五	和龍県蜂蜜溝一帯の掃討（海龍部隊？）	鶴岡・米光部隊、㊣一七人、㊐二五人出動、約一五〇人と交戦撃退	四〇			小一六 他			
30	二五	延吉県馬鹿溝検索	㊣一七人出動、中共党延吉県委老頭溝区幹部検挙			六	拳一 刀二			
			㊣三人、㊐三一人出動							

31	三〇	延吉県花蓮里検索	中共党海蘭区遊撃隊員を検挙			四	文書			
32	三一	延吉県興新洞検索	(警)二〇人出動、中共党延吉県委幹部・崔林を捕う	七		七	他			
㉝	三一	延吉県姜村の掃討	(警)一一人出動、二〇余人の共匪を包囲	四			文書			
㉞	三一	延吉県大轎洞掃討	(警)八人、(自)八人を以て一〇余人の共匪と交戦	五		五	他			
計				一七二		八四	小四〇 拳八	将一 兵二 (自)一	将二、下兵四 (警)三 (自)一	

以上は警察情報を集めたもので日本軍の戦績は含まれていないが、この表から次のことがわかる。

① 旧東北軍の反将で救国軍総司令と名乗った呉義成、及び馬賊・海竜の勢力は侮り難い。

② 当時の共産系遊撃隊の勢力は一群五〇人以下で、戦力と言えるほどのものでない。

③ 部落の襲撃事件は皆無である。これは季節の影響であろう。

④ 官憲の情報は正確である。

⑤ 集団部落の自衛団員の活躍が目覚ましい。④と関連し、一般住民の反共意識がわかる。

⑥ 三日に二回の割で戦闘が起こっており、治安工作の困難さがわかる。

二月（交戦回数一二回、掠奪四件）

回次	日	状況	対処	彼の損害 死	彼の損害 傷	彼の損害 被検	彼の損害 被押	我の損害 死	我の損害 傷	備考
①	一	遠藤中隊と(警)一二人、琿春県奥地討伐から帰還中に琿春北側にて兵力不詳の共匪と不規遭遇	掃討中、交戦し撃退	二			小二 弾薬		(警)一	
2	五	共匪七〇余人、延吉県新興坪を襲撃、掠奪放火								同地税捐局員・満人一、韓人一死、三〇余戸焼失
3	五	共匪一〇余人、和龍県大站洞を襲撃、掠奪								満人一銃創、小銃一一、拳三、百円を奪う

④	七	汪清県泗水坪一帯の掃討	梅野・中島部隊、(警)二〇人、(自)一六人は約二〇〇人の共匪を攻撃	六〇			銃多数		兵二	
⑤	九	共匪団近く銅仏寺襲撃のため延吉県葦子溝に移動したことを探知	憲兵二人、(警)一四人、(自)二一人出動、潰走せしむ	九			拳二 槍二 刀四			
⑥	一二	兵匪混合団、和龍県龍虎洞に集結し二道溝分署の攻撃準備中を探知	米光小隊二五人、(警)一〇人(自)二五人出動、約二〇〇人と交戦	五〇					下一 兵三	戦績不振?
⑦	一五	和龍県大砧洞に匪情あり	(警)一八人、(自)一一人出動、共匪二〇余人を潰乱させる	五			小二 他			
8	一五	延吉県龍泉洞に匪情	(警)四人、補助員一一人で検索、中共党和龍県委遊撃隊幹部を検挙			七	文書			
⑨	一七	共匪七〇人、葦子溝集結を探知	(日)一三人、(警)九人、(自)一〇人出動し包囲攻撃	八			拳一 刀四 火薬			
10	一八	延吉県東盛湧に匪情	憲兵一人、(警)一七人で検索			八	文書			和龍県委幹部・石昌漢を捕う

⑪	一九	和龍県彩秀嶺の掃討	三個の分署員協力し根拠を包囲	六						
⑫	二〇	匪賊二〇人、和龍県夾皮溝を掠奪中	(警)一〇人、(自)一〇人出動し撃退	五			小一 槍二			
⑬	二〇	共匪四〇人、延吉県細鱗河奥石磨洞にあるを探知	(警)八人、憲兵一人、(自)四〇人出動、二〇人と交戦	三			拳一 他一			
⑭	二一	夜、共匪、黒頂子分署を襲撃	(警)、(自)応戦、分署に一三人を増派							
15	二一	夜、共匪三〇余人、汪清県北威子を襲撃、掠奪	満側と協力警戒							韓・満人一三人殺害 一棟全焼
⑯	二四	共匪八〇余人、延吉県葦子溝に集結、密議中の報	(日)二五人、憲二人、(警)九人、(自)二二人出動し包囲攻撃	五			刀一 他一		(警)一	
17	二七	琿春県六道包子に匪情	(警)一五人で検索、二一日に黒頂子分署を襲った中共党琿春県委遊撃隊を検挙			七	小一 他一			洪陽徳を捕う
⑱	二八	志仁郷延集崗の掃討	(日)一三人、(警)八人、(自)九人は一二〇余人の共匪団と遭遇壊走せしむ	一九			小一 爆二 刀九			

計				一七二		二三一	小七 拳四 他		下一 兵三 (警)一	

本月は件数、交戦回数とも半減しているが、部落の襲撃・掠奪が四件も発生した。生活難のためか、お礼参りかは不明ながら、分署襲撃事件が起こったのを考えれば後者の算が大きい。なお二〇〇人以上の団体の存在は治安工作の遅々たるを窺わせる。

三月（交戦八回、掠奪三回）

回次	日	状況	対処	彼の損害 死	彼の損害 傷	彼の損害 被検	彼の損害 被押	我の損害 死	我の損害 傷	備考
①	三	共匪二〇余人、和龍県石門嶺を掠奪中	㊐七人、(警)出動、交戦			二	爆三 刀四			多数の金品掠奪
②	四	共匪二〇余人、延吉県雪鶴洞を襲撃、掠奪中	(警)一〇人、(自)二五人急行し撃退	二			小一 拳 他一			金品を奪う
3	三	琿春県大麻子洞検索	(警)四人、(自)一七人出動			二二	文書			中共党琿春鉄区幹部
4	四	琿春県伐登地方掃討	(警)二三人出動、琿春近区赤衛隊幹部を検挙			三三	槍一 他			転向者二〇余人

⑤	一五	琿春県五道溝地方掃討	㊐一一人、(警)九人、(自)一五人出動、約一〇〇人と交戦	八			槍四 他			
⑥	一六	延吉県綿田洞方面掃討	(警)六人、共匪二〇余人と交戦	三			槍一 他			
⑦	一六	延吉県長仁洞方面掃討	(警)一〇人、(自)三〇人、共匪二〇余人と交戦	一〇			拳一 爆一 他			中共党平江区幹部・金平洙死す
⑧	一六	和龍県門巌嶺の掃討	(警)、(自)一七人、一〇余人と交戦	五			小一 爆三			
9	一九	共匪五〇余人、延吉県鳳梧洞を襲撃	㊐、(警)出動							金品を奪い・九八戸全焼
⑩	二一	延吉県四方台の掃討	金谷部隊、(警)七人出動約一〇〇人と交戦	二〇			小三 爆四		下一 兵二	
⑪	二一	延吉県漁郎村の掃討	(警)一二人、(自)二七人出動、共匪四〇余人と交戦	八			他			
12	二八	琿春県金塘村検索	(警)一七人出動、琿春県委遊撃隊幹部を検挙			一六	小一 槍一			
13	二九	和龍県英洞の検索	(警)四人、(自)一五人出動 和龍県委幹部を検挙			一一	爆一 他			金極満を捕う

計			五六		七四	小六 拳二		下一 兵二	

この月の特徴は掠奪が大がかりになり、情報の提供が少なくなったことである。

四月（交戦六回、掠奪六回）

回次	日	状況	対処	彼の損害 死	彼の損害 傷	彼の損害 被検	彼の損害 被押	我の損害 死	我の損害 傷	備考
①	四	匪賊約三〇〇人、涼水泉子分署を襲撃し交戦三時間に及ぶ、追撃	応戦、咸北から㊐二〇人、(警)二一人、憲兵五人急派	一〇						税関外四戸全焼、拉致三人傷二人
②	一一	延吉県依蘭溝北側にて食糧輸送中の馬車襲わる	㊐二五人、(警)二人急行し撃退	七			小一 槍四			
③	一六	匪賊一六人、延吉県船房子を襲撃	(自)九人交戦、頭目・告非山を捕え、人質奪還				小多			満人一七人を拉致
4	一八	列車襲撃							(警)一	客二人傷
5	二一	帰順した琿春県馬適達遊撃隊八〇人逃走								
⑥	二四	延吉県小許門嶺検索	(警)一〇人捜査中四人と交戦	二		一	拳一 爆一 文書			突撃隊指導員・李益洙死す

回次	日	状況	対処	彼の損害 死	彼の損害 傷	彼の損害 被検	彼の損害 被押	我の損害 死	我の損害 傷	備考
⑦	二七	延吉県小城子で匪五〇人から測量隊被襲	(警)七人の護衛員応戦					(警)一	(警)一	
⑧	二七	救国軍総司令・呉義成、一千人を以て安図県城を占領								掠奪放火され三分の二焼失
計				一九		一		(警)一	(警)二	

本月は件数が激減した割に積極的な襲撃が目立つ。特に呉義成の安図県城の占領は旧東北軍の勢威を示す。

五月（交戦二回）

回次	日	状況	対処	彼の損害 死	彼の損害 傷	彼の損害 被検	彼の損害 被押	我の損害 死	我の損害 傷	備考
①	一〇	夜、共匪約四〇人、依蘭溝分署に発砲	応戦し撃退							
2	二七	呉義成の七〇〇人、延吉県蜂蜜溝に移動、二道溝分署襲撃の気配あり	(警)一三人、軽機二丁を二道溝分署に増派							
③	二八	兵匪、葦子溝襲撃の情報あり	(警)七人榛採溝に出動、共匪二〇余人と遭遇交戦	四			小一 爆二			

回次	日	状況	対処	彼の損害 死	傷	被検	被押	我の損害 死	傷	備考
4	二八	和龍県樺甸村で暴動密議中なるを探知	警七人、自一七人出動			二四	文書			長豊支部責任・趙万石を捕う
5	三〇	共匪約一〇〇人、仲坪村自衛団を襲撃	日、警八人出動し撃退、事故なし							
6	三〇	中共党平崗区党員、暴動密議中を探知	警、満警出動、上南溝で赤衛隊長以下を検挙			七		文書		
7	三〇	和龍県蒙基洞検索	警二人、自一〇人出動			二	爆一 刀一 文書			
計				四		三三				

繁茂期前の静けさであったろうか、特異事故がない。

六月（交戦四回、掠奪二回）

回次	日	状況	対処	彼の損害 死	傷	被検	被押	我の損害 死	傷	備考
①	三	満軍等約一千余人、安図県城を奪回		五〇余			小四〇余			

②	一一	兵共匪約一〇〇人、和龍県牛心山自衛団を襲う気配あり	(日)一三人、(警)一三人、満警九人、(自)二〇人出動、牛腹洞にて待伏せらる？	多大？				将一 下一 兵一 (自)一	兵一	
③	一一	夜、共匪五〇人、和龍県勇新社多村自衛団を襲撃し占領	(日)一〇人、(警)一六人出動					(自)二	(自)五	詰所全焼
④	一三	兵匪約四〇〇人、八道溝分署を襲撃	分署応戦し、交戦三時間ののち撃退	一〇						住民負傷四人拉致韓人一七人、全焼六戸
5	一四	和龍県漁郎村の共匪、龍井に潜入しテロ計画	(警)二〇人、龍井付近一斉捜査			二七	文書			和龍県委責を捕う
6	二四	和龍県委党員、鉄道破壊密謀を探知	(警)四人、(自)一一人、内子洞を検索			六	文書			和龍県委開山屯区幹部ら
7	二四	延吉県蔵恩坪、兵共匪約一〇〇人に掠奪される	二道溝分署、厳戒							韓人の死三人負傷二人、金品掠奪
計				六〇？		三三		将一 下一 兵一 (自)三	兵一 (自)五	

兵匪、共匪の混合部隊が多くなり、かつ集団部落自衛団の襲撃が目立つ。

七月（交戦一〇回、掠奪三回）

回次	日	状況	対処	彼の損害 死	彼の損害 傷	彼の損害 被検	彼の損害 被押	我の損害 死	我の損害 傷	備考
①	一	(自)八人、汪清県榛採溝にて約八〇人の共匪に襲撃され苦戦中	(警)一二人、(自)四人赴援して撃退	七				(自)三	(自)一	
②	七	延吉県黄荒嶺の掃討	(日)一〇人、(警)一〇人、(自)三〇人出動、約一二〇人と交戦	二〇			小四 拳一 弾薬			韓人人質九人を奪還
③	九	涼水泉子分署管内で掠奪殺傷を行った賊の根拠を探知	(警)七人、(自)一四人出動汪清県鐘洞を攻撃、約二〇人と交戦し撃破	一四			小二 拳四 爆一 文書			
④	一七	葦子溝付近の共匪団、銅仏寺襲撃の企図あるを探知	(日)一五人、(警)七人出動約八〇人と交戦	一七			小、その他多数		(警)一	
⑤	二〇	延吉県王隅溝の共匪、百草溝—依蘭溝間に出没し	(日)八三人、(警)一九人、満軍警出動し根拠を包	一〇余		九	槍二〇 文書			

		掠奪	囲							
⑥	二一	延吉県漁郎村方面の掃討	(日)五六人、(警)一五人、(自)出動、約一〇〇人と泉子洞で遭遇	二〇余			拳二 刀一 他			馬五、牛二を奪還
⑦	二一	約六〇人の兵共匪、依蘭溝を襲撃、一時間後に撃退	(日)二八人、(警)応戦撃退							
⑧	二一	約二〇〇人の兵共匪、汪清県大肚川市街襲撃	(日)、(警)応戦							住民三人死、拉致一〇人、三か所放火
⑨	二三	共匪約五〇人、八道溝分署を襲撃	応戦							
10	二三	約二〇〇人の賊団、涼水泉子分署襲撃の報あり	厳戒							
11	二六	約八〇人の共匪八道溝に来襲	(警)、(自)六六人応戦							
⑫	三〇	夜、約六〇人の共匪依蘭溝に来襲	応戦							
13	三〇	匪賊四〇〇人、八道溝か銅仏寺襲撃の報あり	厳戒							

計			八八余		九		(自)三	(自)一 (警)一	

繁茂期に入りその行動積極的にして、日満側は受動に陥った観がある。

八月（交戦九回、掠奪一回）

回次	日	状況	対処	彼の損害 死	彼の損害 傷	彼の損害 被検	彼の損害 被押	我の損害 死	我の損害 傷	備考
①	一	延吉県葦子溝方面の兵匪団、老頭溝襲撃の企図あり	(日)一一人、(警)六人出動、葦子溝で約八〇人と交戦	一〇余			拳二 他			
②	三	約三〇〇人の匪団、延吉県倒木溝自衛団（帰順匪）を襲う								団舎二焼失、韓満人二三人を拉致、二人負傷
③	四	延吉県泉水洞の兵共匪約一〇人、新興坪を襲う	警戒中の(警)三人、(自)一五人迎撃	四			刀三 他			
④	八	延吉県葦子溝の兵共匪約八〇人、八道溝襲撃の企図あり	(日)一六人、(警)二六人、(自)一四人出動、約八〇人を包囲攻撃	三〇余			文書			

⑤	九	約七〇人の匪団、依蘭溝来襲の報あり	(日)二八人、(警)六人、(自)一六人出動、遭遇交戦	三〇余			?	兵一		
6	九	和龍県金谷の掃討	(警)二人、(自)八人出動			四	爆一 文書一			
7	一〇	満警五人、和龍県長豊洞にて約二〇人に襲われ全滅す	(警)四人、(自)一五人満警三〇人出動し追跡					満警五		
⑧	一〇	共匪約二〇人葦子溝来襲の報あり	(警)八人、(自)四人出動、約三〇人と遭遇交戦			六				
⑨	一一	汪清県農林洞の共匪、図寧線爆破の計画を探知	(警)八人、(自)一二人出動約四〇人を攻撃	三			槍三			
⑩	一一	夜、延吉県長財村の天図鉄道工事班、約五〇人に襲わる	(警)以下二一人応戦		多数?			(警)一		遊撃隊長・張承漢の一派
⑪	一二	葦子溝の匪賊約五〇人、八道溝来襲の報あり	(警)一一人出動、約三〇人と遭遇交戦	三			小一 拳一 他一			
12	二七〜二八	併合記念日前後の事前検挙				一九				和龍県委幹部・黄徳範を捕う
計				八〇余		二九		兵一 (警)一 満五		

依然、延吉県北部での活動が顕著であるが、規模は漸減の傾向にある。

九月（交戦二回）

回次	日	状況	対処	彼の損害 死	彼の損害 傷	彼の損害 被検	彼の損害 被押	我の損害 死	我の損害 傷	備考
①	二	夜、共匪二三人、琿春県哈達門を襲撃、掠奪	(警)二六人にて撃退							
②	二三	夜、兵匪約四〇〇人、延吉県八道溝を襲撃	(警)二六人、(自)二〇人応戦、五時間後に撃退	四				(自)一		
計				四				(自)一		

事件激減し、越冬準備を始めたと思われる。

一〇月（交戦五回）

回次	日	状況	対処	彼の損害 死	彼の損害 傷	彼の損害 被検	彼の損害 被押	我の損害 死	我の損害 傷	備考
①	一～三	匪賊・杜義順一派、二道溝襲撃の企図あり	(日)二八人、(警)一七人、(自)一八人出動、約一〇〇人と交戦							

回次	日	状況	対処	彼の損害 死	彼の損害 傷	彼の損害 被検	彼の損害 被押	我の損害 死	我の損害 傷	備考
②	六	匪約三〇人、和龍県土山子自衛団を襲う	(警)六人、(自)一〇人応援し撃退							
③	一二	図寧線工事材料運搬中の牛馬車一〇台、延吉県鳳棲洞で、同時、トラック一両、約四〇人に襲わる	(日)一八人、(警)二人救援出動し交戦、他に(日)五〇人出動し約三〇人と交戦		五〜六		小一			日人一死、二人拉致、韓人一傷（拉致日人は放免帰還）
④	二二	共匪五〇人、依蘭溝分署を襲撃の報あり	(日)二二人、(警)一三人、(自)三六人、(満)一七人出動、交戦	七						
⑤	三〇	匪賊・海龍ら約三〇〇人汪清県大肚川市に来襲	(日)四〇人、(警)九人、満警三三人、(自)二五人応戦	五						
計				一二			一			

一一月（交戦二回）

回次	日	状況	対処	彼の損害 死	彼の損害 傷	彼の損害 被検	彼の損害 被押	我の損害 死	我の損害 傷	備考
①	七	延吉県依蘭溝奥地の掃討	(日)三一人、(警)八人、(自)八人出動、共匪・南連、匪賊・海龍らの二〇〇							ロシア革命記念暴動の未然防止

回次	日	状況	対処	彼の損害 死	彼の損害 傷	彼の損害 被検	彼の損害 被押	我の損害 死	我の損害 傷	備考
			人と交戦							
②	一五	延吉県志仁郷掃討	藤本中隊、(警)三人出動約二〇〇人と遭遇交戦						(警)一	
計									(警)一	

一二月（交戦二回）

回次	日	状況	対処	彼の損害 死	彼の損害 傷	彼の損害 被検	彼の損害 被押	我の損害 死	我の損害 傷	備考
①	八	延吉県志仁郷にて韓人の畜牛四一頭強奪される	㊐七六人、(警)一二人急行し、兵共匪五〇人と交戦	一〇余			一			牛三八頭を奪回
2	三	延吉県志仁郷居住の日人二人、満人二人拉致されうち一人釈放	追跡							身代金一万円帰来者の目撃勢力は兵共匪二六〇、非武装五～六〇〇人
③	二〇	延吉県志仁郷掃討	(警)一五人、(満)二〇人出動、人民革命軍五五人と交戦	二						年末年始の暴動未然防止

九月以降事件が激減したのは、落葉の候になったのと、日満軍の秋期討伐が始まったことを示す。

間島における三四年（昭9）の治安状況

一月（交戦九回、掠奪三回）

回次	日	状況	対処	彼の損害 死	彼の損害 傷	彼の損害 被検	彼の損害 被押	我の損害 死	我の損害 傷	備考
①	二	和龍県全場洞の掃討	(日)一七人、(警)四人、(満)二六人、満警四人出動匪賊五〇人と交戦	三						年始暴動の機先を制す
②	八	汪清県委遊撃隊長・姜鉄山、第二隊長・梁成龍ら五〇人、汪清県南大洞を掠奪	(警)七人、(自)一一人出動撃退して拉致住民一四人を奪還							
③	八	延吉県志仁郷で旅人襲わる	(日)一二人、(警)八人出動約四〇人と交戦撃退							
④	一二	志仁郷松浦洞の掃討	(日)一七人、(警)五人、(自)四二人出動、共匪二〇〇人と四回交戦	一三				兵一	兵一	

二月（交戦八回）

回次	日	状況	対処	彼の損害 死	彼の損害 傷	彼の損害 被検	彼の損害 被押	我の損害 死	我の損害 傷	備考
⑤	一二～一三	汪清県大荒溝の掃討	㊐一〇六人、憲兵二人、(警)五人、(自)七人、(満)七〇人、満警一六人出動三〇〇余人と交戦	一八				兵一	兵一	
⑥	一八	共匪四〇人、和龍県大青頭溝を襲い掠奪中	㊐一二人、(警)二人急行し撃退							人質四人奪還
⑦	二一～二四	延吉県王隅溝の掃討	㊐六三人、(警)三人、(満)九六人、(自)四〇人出動兵共匪混合の約三〇〇人と交戦	二一五			?			
⑧	二六夜	兵共匪約六〇人、和龍県大金場を掠奪中	歩二個分隊、(警)二人、トラックにて急行し、待伏せらる					兵一	兵五 (警)二	
⑨	二七	兵共匪約五〇人、依蘭溝分署を襲撃	㊐、(警)応戦	多数						
計				一五九余				兵三	兵七 (警)二	

①	二	共匪約二〇人、木材運搬夫を拉致逃走中	延吉県長仁江において(警)六人と交戦						
②	七〜八	延吉県採嶺洞一帯の掃討	(警)三三人、(自)二九人出動、約七〇人と交戦	四					(警)一
③	二〜三	汪清県清渓洞を掃討	(日)二〇人、(警)三人出動匪賊青山隊約三五人の本拠を衝く	三五		?	?		兵一
④	三〜六	和龍県蜂密溝の掃討	(日)一〇人、(警)三人、(満)五〇人、満警三〇人、(自)三八人出動、約四五〇人の匪団を潰走せしむ						
⑤	三〜五	和龍県西部の掃討	(警)四人、(自)及び清安軍七五〇人出動、泉水洞で匪賊四七〇人と交戦	六〇					(満)七
⑥	一三	匪首・青山、山好、海龍ら約二〇〇人、汪清県大肚川に来襲	(警)二五人、(満)、(自)二八人応戦し、撃退						
⑦	一四	匪首、史恒忠の一〇〇人百草溝（汪清）襲撃の気	(日)四人、(警)一〇人、(満)六〇人出動し、交戦一						

回次	日	状況	対処	彼の損害 死	彼の損害 傷	彼の損害 被検	彼の損害 被押	我の損害 死	我の損害 傷	備考
		配	時間半							
⑧	一九	兵共匪一五〇人、大肚川襲撃の気配あり	(警)七人、大肚川守備隊は青林子に出動し撃退						兵一	
計				九九			?		兵二 (警)一 (満)七	

日満側の積極行動が目立つが、いずれも相当の部隊と遭遇して戦績は余り香しくない。それはろ獲品がないことでわかる。

三月（交戦一二回、襲撃六回、掠奪二回）

回次	日	状況	対処	彼の損害 死	彼の損害 傷	彼の損害 被検	彼の損害 被押	我の損害 死	我の損害 傷	備考
①	二	百草溝(警)二人巡ら中、満人五〜六人を誰何、交戦	(警)五人応援、撃退。討満反日兵民聯合軍一派と判明				爆一 文書		(警)一	
②	四	汪清県柳樹河子の掃討	(警)一三人、(自)一三人出動、約六〇人の兵匪と交戦	五	数人				(警)一	

③	一二	和龍県泉水洞の掃討	(日)六〇人、(警)四人出動、匪賊三〇〇人と遭遇、交戦四時間	？				兵一	兵二	
④	一八	延吉県太陽村の(自)一〇人薪採取中を急襲さる	(警)二二人出動し救出							
⑤	二一	汪清県小汪清付近で満鉄森林調査隊掩護中被襲	(日)二一人、(警)八人、兵共匪約三〇〇人と遭遇三時間交戦							戦績不振？
⑥	二四	汪清県拉子溝で同右	(日)、(満)七二人、(警)、兵共匪約一五〇人と遭遇三時間交戦					(自)一	兵二 (満)一 (自)二	戦績不振？
⑦	二四	延吉県有成洞に共匪三〇人来襲、掠奪	(警)一〇人、(自)一〇人出動約七〇人と交戦二時間	二		五				韓人二人拉致さる
⑧	二六	延吉県榛木洞の掃討	(警)二一人、(自)六人、(満)・満警三二人出動、約七〇人の共匪と遭遇交戦							
⑨	二八	満鉄森林調査隊、汪清県小汪清にて襲撃さる	(日)三人、(警)一七人急行約二〇人と交戦し撃退				馬四			満鉄側三人負傷
		延吉県三山村・蔵財村に	(警)一三人（軽機一）(自)二						射耗弾 (警)	自称の東満特委隷下の東北

回次	日	状況	対処	彼の損害 死	彼の損害 傷	彼の損害 被検	彼の損害 被押	我の損害 死	我の損害 傷	備考
⑩	二九	集結した部隊、八道溝分署襲撃の気配、人質拉致・掠奪多発す	○人出動、計二一○人の共匪と三回に亘り六時間交戦し苦戦、(警)六人増援し救出	三五余	二○余		拳一 爆五	(警)一	二、○○○発 (自)一、○○○発	人民革命軍第二軍第一独立師の一派と判明
⑪	三○	共匪七○人、汪清県石頭河子自衛団を襲撃	(警)七人赴援し撃退							
⑫	三一	未明、兵共匪七○人、延吉県依蘭溝に来襲	㊐二六人、(警)一六人、満警八人、(自)一五人応戦撃退							
計				四○余	二○余	五	拳一 爆六 馬四	兵一 (警)一 (自)一	兵四 (警)二 (自)二 (満)一	

その行動急に積極化し、東北人民革命軍創設の気勢が窺える。二九日の苦戦はラワー戦法に掛かったものと思われる。

四月（交戦一七回、掠奪一回）

回次	日	状況	対処	彼の損害 死	彼の損害 傷	彼の損害 被検	彼の損害 被押	我の損害 死	我の損害 傷	備考

①	一	夜、二五〇人の兵共匪、延吉県八道溝に来襲、民家に放火	(警)二二人、(自)三〇余人 満警一〇余人応戦、局子衛(警)一六人応援	五	一五		弾薬他			韓人二人拉致、二人負傷、民家一戸全焼
②	七	夕、兵匪六〇人、建設中の汪清県小百草溝集団部落を襲撃	(警)五人、(自)二三人、(満)二五人応戦、一時間後に撃退							
③	八	同右、二回に亘り来襲	右、応戦	多大?						
④	八	夜、二四人の共匪、延吉県金仏寺集団部落工事場に来襲	(警)、(自)撃退							
⑤	九	延吉県八道溝に来襲の形勢あり。局子街(警)一〇人増派。夜、約一〇〇人の兵共匪来襲	(警)三二人、(自)四五人迎撃							近くの金鉱山精錬機を破壊
⑥	一四	夜、兵力不詳の匪、延吉県八道溝に来襲	右、応戦							
⑦	一五	未明、約一〇〇人(右同)の賊、金仏寺集団部落を襲撃	④に同じ							

⑧	一五	未明、一五〇人の共匪、小百草溝集団部落を襲撃	(警)五人(軽機一)、(自)二〇人応戦							
9	一六	延吉県細鱗河にて憲兵と通訳の二人殺害さる				加害者二				
⑩	一五	夜、軽機を有する約七〇人、和龍県三道溝分署に来襲	㊐守備隊二〇人、(警)二四人応戦、撃退し追撃					(自)一		
⑪	一六	未明、兵共匪三〇〇人、汪清県大肚川を包囲攻撃	㊐、(警)、(満)迎撃、撃退し追撃す							
⑫	一七	夜、共匪二〇人、延吉県信陽郷五站集団部落工事現場に来襲	(警)六人、(自)二〇人応戦							
⑬	一八	夜、共匪三〇人、百草溝集団部落を襲撃	(警)六人、(自)三人応戦							
⑭	二一 二三	約百人、同右を三回に亘り包囲攻撃	同右、満警一八人掩護射撃		一〇余					
⑮	二一 夜	東北人民革命軍第二軍第一師・朱鎮の一派約六〇人、延吉県太陽村集団部落に来襲	㊐二〇人、(警)一〇人、満警八人、(自)一二人応戦	四	三					

⑯	二二	未明、人民革命軍七〇人延吉県茶条溝に来襲、(自)苦戦の急報	明月溝分署の四人と憲兵一人乗用車で急行、途中待伏せられ、徒歩にて赴援し撃退					乗用車小破	民家三戸焼失、掠奪額五千円見当
⑰	二三	共匪三〇人、和龍県牛心山集団部落工事現場に来襲	(警)三人、(自)二〇人応戦						
⑱	二九	未明、共匪三〇人、汪清県石頭河子集団部落を襲撃	(警)五人、(自)二七人応戦				(自)一		
計				九余	二八余	二		(自)二		

東北人民革命軍のスローガン「日賊殲滅」の実践である積極的襲撃が激増した。また集団部落やその建設工事場の襲撃（一〇件）が目立つ。

けれども襲撃は夜に限られ、肉薄戦は起こっていない。従って彼我ともに被害は僅少で、日本軍や領事館警察隊は損害を受けていない。しかし日満側の討伐が一回も行われていないのが特徴で、全く受動に陥ったのは警備に専念せざるを得なかった状況を物語るし、反面人民革命軍側の気勢を示したものであろう。

五月（交戦二〇回、掠奪五回）

回次	日	状況	対処	彼の損害 死	彼の損害 傷	彼の損害 被検	彼の損害 被押	我の損害 死	我の損害 傷	備考
①	一夜	共匪約五〇人（軽機一）、葦子溝(満)兵営に来襲	(満)撃退							数百人の避難民を分署構内に収容
2	一	和龍県牛腹洞でメーデー記念暴動密謀中の報	(警)一〇人急派			四				和龍県委支部責任・李益週逮捕
③	二	「革命軍」約六〇人、八道溝を夜襲	(警)二七人、(自)二三人応戦							下舞鳳村で雑品を奪う
④	三	「革命軍」約一〇〇人、依蘭溝北側でバス襲撃中	(日)一六人、(警)四人（軽機二）、(自)一〇人出動、交戦三時間で苦戦に陥る。(日)一人、(警)七人を増派し撃退	四	二					
⑤	四	未明、兵共匪約一五〇人延吉県金仏寺集団部落を襲撃	(警)一〇人、(自)二八人応戦、銅仏寺より(警)五人(日)一〇人赴援							
⑥	九	未明、和龍県富岩洞集団部落に約二〇人来襲	(警)二人、(自)一〇人急派撃退							

（以下「東北人民革命軍」は、単に「革命軍」と略称する）

⑦	九	(自)一四人、明月溝東側を通行中、約四〇人に襲われ全滅						(自)一三	行不 二	小銃一二丁を奪わる
⑧	一一	未明、共匪約五〇人小百草溝集団部落に来襲	(警)六人、(自)二〇人応戦							
⑨	一一	兵共匪約八〇人、延吉県太陽村集団部落に来襲	(日)一七人、(警)一〇人赴援歩兵砲機関銃を以て撃退	三						部落、猛撃さる
⑩	一一	夜、約六〇人、依蘭溝分署に来襲	(日)、(警)撃退							韓人一、牛三頭拉去
⑪	一三	匪一〇〇余、延吉県金山村に集結し五站集団部落襲撃の気勢ありとの報	(警)六人、(自)二〇人出動撃退		一〇余		爆一 他			
⑫	一六	汪清県石頭河子の耕作民一〇人と(自)、兵共匪五〇人に襲わるの報	涼水泉子(警)九人、(自)一〇人急行し撃退							
⑬	一七	共匪四〇人、葦子溝北側部落を掠奪中の報	(警)一七人、(満)一〇人出動、撃退	五、	五～六					
⑭	一八	汪清県鏡城村に匪・老来好の一派二〇人来襲の報	(警)七人赴援、撃退							人質六人を奪還
⑮	二一	夜、「革命軍」第二軍第一師長・朱鎮の約一六〇人	(日)一七人、(警)一三人、満警九人、(自)七人迎撃、	五						

		延吉県依蘭溝を包囲攻撃	交戦五時間							
⑯	一三	百草溝分館主任・杉浦副領事龍井村総領事館に出張	(警)六人、トラックにて通行中、依蘭溝北側で約二〇人と交戦							
⑰	一五	「革命軍」第二軍第一独立師の約一〇〇人、銅仏寺襲撃準備の報	(日)八人、(警)一八人、満警四人、(自)一八人、計四八人出動、大北溝森林で奇襲壊乱させる	一三 馬一一	多数		小一二			
⑱	一七	老事好の部下三人潜伏の報	明月溝(警)六人、(自)七人出動、交戦	二		一	拳三 弾薬			
⑲	一八	未明、共匪二〇人、延吉県倒木溝集団部落建設現場に来襲	(警)三人、(自)二〇人応戦し撃退							
⑳	一八	琿春県哈達門東方に共匪一六人現われ、満人四人を拉致の報	(警)九人急行、約一〇人の匪の仮眠中を奇襲	三	四〜五					人質三人を奪還
21	三〇	和龍県龍岩洞に共匪七人集合し密議中を探知	未明、(警)一〇人、(自)八人出動し、検挙			三	爆五			有力党員
㉒	三〇	汪清県小百草溝集団部落西側に兵共匪約一一〇人現われ、五人を拉致の報	(警)一四人、憲兵二人、満軍警九〇人で追跡、撃破		一〇余					人質・韓人五人を奪還

回次	日	状況	対処	彼の損害 死	彼の損害 傷	彼の損害 被検	彼の損害 被押	我の損害 死	我の損害 傷	備考
23	三〇	右匪、夜中に鳳楼洞に現出の報	㊐一二人、(警)一〇人、満警一〇人計三二人出動、奇襲潰走せしむ	一六	三八余					
計				四六	六九余		小一二 拳三 爆六	(自)一二		

東北人民革命軍の襲撃は、前月に比し件数は増加したが、その内容は低調となった。結果的にみて四、五月がその活動のピークであったが、日満側に与えた人的被害が皆無であったことは、その武力闘争の特徴と限界を物語る。なお第一独立師長・朱鎮の名は本五月が初見である。

六月（交戦七回）

回次	日	状況	対処	彼の損害 死	彼の損害 傷	彼の損害 被検	彼の損害 被押	我の損害 死	我の損害 傷	備考
①	一～五	延吉県志仁郷王隅溝を根拠とする「革命軍」第二軍約二六〇人の掃討	㊐一一四人、(警)一〇人出動、交戦十数回、交戦一〇余時間	二八	数十人		?			
②	五	夜、共匪約五〇人、延吉県倒木溝集団部落に来襲	(警)三人、(自)二一人応戦し、撃退							

③	五	未明、匪二〇人、琿春県哈達門分署に来襲	(警)応戦							
④	五	未明、兵共匪三〇人、汪清県転角楼集団部落に来襲	(警)、(自)二〇人応戦							
⑤	一一	共匪約六〇人、百草溝北側でバス二両を襲撃	(警)六人、憲兵二人、満警四人出動し追跡、交戦五回	六	十数人					満人乗客四人負傷
⑥	一四	朱鎮の掠奪命令により王隅溝革命政府の遊撃中隊長・呉東山以下一五人延吉県蓮花洞に潜入の報	(警)一三人出動、交戦	一		一	拳一 他			
⑦	二四	未明、約六〇人の匪、汪清県嘎呀河分署に来襲	(警)二八人、(自)応戦							住民二人を拉致
計				三五	数十人	一	拳一 他			

一日からの討伐の結果、依蘭溝周辺は平静であった。他の件案も小規模、散発的である。

七月（交戦七回）

回次	日	状況	対処	彼の損害 死	彼の損害 傷	彼の損害 被検	彼の損害 被押	我の損害 死	我の損害 傷	備考
①	三	依蘭溝分署北方でバス及び荷車七台、兵共匪一五〇人に襲撃さる	㊐一〇余人、警三人出動、交戦し撃退		死傷二二					掠奪品全部を奪回
②	六	帰任中の警七人（軽機一）吉清嶺北側にて約三〇人の待伏せを受く	応戦二〇分で撃退	一	五					
③	七	延吉県小明月溝に数人の共匪潜入せるを探知	憲兵二人、警一〇人、自五人で検索、交戦ののち検挙			五	文書			五人は「革命軍」糧食係であった
④	一三	夜、匪約七〇人、嘎呀河分署に来襲	警二八人、自応戦し撃退（射耗弾一、三〇〇発）							韓人三人、満人一人拉致さる
⑤	一三〜一五	在満大使館・井上書記官の依蘭溝分署宿泊に乗じ一師長・朱鎮、兵匪・双龍の率いる六〇人（軽機一）来襲	㊐討伐出動中のため、三日間にわたり八時間交戦	一六						
⑥	一六	汪清県四方台に共匪二〇人侵入の報	警八人、自六人急派、交戦	？			拳三			

回次	日	状況	対処	彼の損害 死	彼の損害 傷	彼の損害 被検	彼の損害 被押	我の損害 死	我の損害 傷	備考
⑦	一七	夜、共匪七〇人、依蘭溝に来襲	応戦撃退					（自）一		
計				一七余	二七余	五	拳三	（自）一		

八月（交戦三回）

回次	日	状況	対処	彼の損害 死	彼の損害 傷	彼の損害 被検	彼の損害 被押	我の損害 死	我の損害 傷	備考
①	一五	共匪五人、八道溝金鉱を掠奪中の報	（警）五人急派、交戦し射殺	五						
②	一六	夜、共匪六〇人、八道溝に来襲	応戦し撃退、（警）一二人（軽機二）で追撃		相当数					
③	一八	共匪、八道溝金鉱襲撃の企図あるを探知	（警）一〇人（軽機一）急派、約五〇人と交戦一時間		？					
計				五	？					

九月（交戦一〇回、掠奪三回）

回次	日	状況	対処	彼の損害 死	彼の損害 傷	彼の損害 被検	彼の損害 被押	我の損害 死	我の損害 傷	備考

①	六	延吉県蔵財村を根拠とする「革命軍」五〇人、大討伐の迫れるを察し、移動のため金品を掠奪すべく八道溝に来襲	(警)一四人（重、軽機各一）、(自)六人、機先を制し北方一キロで迎撃、三時間後に撃退	一	一〇余					
②	八	共匪二〇人、八道溝を猛射	応戦、追撃するも見失う							
③	八	汪清県大肚川に兵匪約三〇〇人出現、韓人一人、牛五〇頭を拉去、列車に発砲	(警)一二人を急派するも森林中に見失う							
④	九	未明、共匪三〇人、京図線葦子溝駅と分署に来襲	応戦し撃退							掠奪のため
⑤	一三	延吉県蔵財村の匪団、八道溝襲撃を計画中の報	機先を制し、(警)一三人満警一三人、(自)五人、満(自)二一人出動、激戦四時間	六						
⑥	一四	未明、共匪八〇人、図寧線小城子を襲撃	(警)六人、(自)応戦し、撃退		五～六					
⑦	一九	未明、共匪五〇人、同右 夜、兵共匪一〇〇人、同右	(自)、(警)撃退		多数 ?					
		未明、匪首・九勝の兵共	(日)一三人、(警)一四人、							韓人七人、満

回次	日	状況	対処	彼の損害 死	彼の損害 傷	彼の損害 被検	彼の損害 被押	我の損害 死	我の損害 傷	備考
⑧	一九	匪約三〇〇人、延吉県老頭溝を包囲攻撃、掠奪を企図	満警一六人、(自)一四人の計六七人迎撃、交戦三時間で撃退	三	数人				(自)一	人三人拉致、五六戸焼失
⑨	二四	夜、兵共匪四〇人、京図線葦子溝に来襲	(警)一四人、(自)一〇人で撃退、図們、延吉より増援							避難民一〇〇余人を分署に収容
⑩	二五	夜、共匪三〇人、延吉県小城子に来襲	(日)一六人、(警)四人、(自)一五人応戦		二					
計				一〇	一七余				(自)一	

討伐の近きを察知したのと越冬準備のための掠奪目的の襲撃が多発したが、いずれも未遂に終わっている。

一〇月（交戦三回）

回次	日	状況	対処	彼の損害 死	彼の損害 傷	彼の損害 被検	彼の損害 被押	我の損害 死	我の損害 傷	備考
①	八	午後、兵匪三〇〇人汪清県大荒溝に来襲、一部は鉄条網を破って市内に侵入	日満軍警五〇人応戦大肚川より装甲車増援して九日未明に撃退							韓人、六〇〇円相当を掠奪さる

回次	日	状況	対処	彼の損害 死	傷	被検	被押	我の損害 死	傷	備考
②	一〇	未明、兵匪三〇人、延吉県龍水坪に来襲、人質五人を拉致の急報	(警)一五人を急派撃退し(自)三〇人と協力して根拠・泉水洞入口まで追撃	三		一	弾薬		(自)一	人質奪回
③	一二	夜、兵匪三〇〇人、汪清県大荒溝を襲撃	日満軍警五〇人応戦、大肚川より(日)八人急派交戦四時間半で撃退							
4	二四	匪首・九勝の特別工作員二人を検挙	(警)七人出動、延吉県大成村で検索	一			拳一 他		(警)一	
計				四		一	拳一		(警)一	

一一月（交戦二回）

回次	日	状況	対処	彼の損害 死	傷	被検	被押	我の損害 死	傷	備考
①	四	夜、兵共匪八〇人、葦子溝駅到着列車と分署を襲撃	(警)一四人、その他で撃退							損害なし
②	一三	延吉県三道陽溝に共匪三〇人侵入、朝食中の報	葦子溝(警)一四人出動し撃退	四			小三			
計				四			小三			

一二月（交戦五回）

回次	日	状況	対処	彼の損害 死	彼の損害 傷	彼の損害 被検	彼の損害 被押	我の損害 死	我の損害 傷	備考
①	六	汪清県河東に共匪一〇人潜伏の報	(警)七人急派、交戦	二			小二			
②	八	明月溝(警)偵察中、延吉県賤々溝にて匪首・占山の一〇人と遭遇交戦	(警)八人、憲兵一人、(自)一八人出動	二			小二			
③	一四	未明、明月溝南側の南柳樹河子満州国私設韓人白衛団に共匪約一九〇人来襲、(自)団舎攻撃、掠奪品を牛馬車で運び去る	(日)二〇人、(警)二人、自動車で追撃後で「革命軍」第二団長以下八〇人と判明							(自)団舎全焼、多数掠奪
④	一九	延吉県二道溝に中共党遊撃隊長・林成俊以下四人潜入の報	(警)五人急派、交戦	一			拳一		(警)一	拳銃負革に「東北人民革命軍第二軍第一独立師第七号」と記す
		夜、「革命軍」第二軍第一独立師第三団長・金楽天								

回次	日	状況	対処	彼の損害 死	彼の損害 傷	彼の損害 被検	彼の損害 被押	我の損害 死	我の損害 傷	備考
⑤	三〇	の率いる約四〇〇人（匪首・心好、告非山、金勝海龍一派と合隊）（軽機三）、延吉県老頭溝を包囲攻撃し、(自)団舎を占領、掠奪放火後引揚ぐ 兵力内訳 第三団…八〇人（軽機二） 匪賊……二二〇人 非武装…一〇〇人	㊐七人、(警)一三人、満警一六人、(自)三四人の計七〇人応戦、明月溝から㊐二〇人増援	二	数人			兵二	(自)二 満警行方不明一人	住民一人負傷拉致七人、五二棟焼失、被掠奪品（小銃四、牛八、馬一二、車三その他）
計				七			小四 拳一	兵二	(警)一 (自)二	

間島における三五年（昭10）の治安状況

一月（交戦五回、来襲三回）

回次	日	状況	対処	彼の損害 死	彼の損害 傷	彼の損害 被検	彼の損害 被押	我の損害 死	我の損害 傷	備考

①	六夜～七	延吉県神仙洞を根拠とする「革命軍」第一師第三団長・金楽天（約一〇〇人、軽機二）、匪・海龍（六〇人）、老頭溝を包囲攻撃、掠奪放火	明月溝㊐二五人、延吉㊐五〇人装甲列車で増援	二	二〇			(警)一		拉致韓人八人民家一八戸焼失、掠奪被害牛その他一一五〇〇円
②	一五	未明、共匪五〇人が明月溝分署に、約一〇〇人が茶条溝（南一二キロ）に来襲	(警)撃退、㊐二〇人装甲列車にて茶条溝救援、撃退							被害なし
③	二六	夜、共匪一〇余人、琿春県馬滴達分署及び市街に来襲	(警)、㊐撃退							被害なし
④	二六	汪清県石頭河子㊂九人、共匪三〇人に包囲さる	(警)六人赴援し救出	二						
⑤	二八	和龍県臥龍湖集団部落㊂一八人、「革命軍」朱鎮一派四〇人に襲撃され、交戦中の報	(警)一五人、満警一〇人急行、交戦一時間余で撃退	三					㊂一	人質二人、馬車八台を奪回
計				七	二〇			(警)一	㊂一	

二月（交戦四回、掠奪四回）

回次	日	状況	対処	彼の損害 死	彼の損害 傷	彼の損害 被検	彼の損害 被押	我の損害 死	我の損害 傷	備考
①	一	夜、八道溝分署に三〇人蔵財村に一〇〇人、舞鳳村金鉱に一〇〇人、同時に来襲、掠奪放火	八道溝(日)一三人、(警)二七人は当面の匪を撃退後、舞鳳村の派出(警)一五人を救出							拉致七人、被害額約二万円
2	一四	延吉県黄菜村に第二軍第一独立師長・朱鎮が潜入せるを探知	依蘭溝(警)急行し、逮捕							民生団事件で脱走中であった
③	一六	バス二両、汪清県小三岔口南側で共匪二〇人に襲撃され、乗客一三人拉致されバス炎上中の報	小三岔口(警)五人、満警二五人急行、交戦し人質三人を奪回							
④	二四	夜、汪清県大荒溝を根拠とした「革命軍」第二軍第二独立師第一団長・方振声の率いる一五〇人（軽機二）、非武装五〇人、東北抗日義勇軍第一大隊八〇人（機関銃）の計二	(日)七人、(警)二三人、(満)五五人、満警一六人、(自)一三人計一一四人応戦し、二時間後に撃退李樹溝(日)七人装甲列車で赴援	二	相当数					金品六千円強奪される

回次	日	状況	対処	彼の損害 死	彼の損害 傷	彼の損害 被検	彼の損害 被押	我の損害 死	我の損害 傷	備考
		八〇人、汪清県小三岔口を襲撃し、鉄条網を破って市内に侵入、掠奪す								
⑤	二五	延吉県金仏寺集団部落㊂八人、偵察と護衛中を約一〇〇人に襲われ全滅の報	(警)一二人、㊂一〇人急行、ついで延吉㊐二三人赴援追撃、交戦二回で人質三人奪回	七		一		㊂五	㊂一	小銃七を奪わる。人質七人、牛一五頭を強奪さる
計				九		一		㊂五	㊂一	

三月（交戦七回）

回次	日	状況	対処	彼の損害 死	彼の損害 傷	彼の損害 被検	彼の損害 被押	我の損害 死	我の損害 傷	備考
①	一	夜、共匪一〇〇人、汪清県大肚川分署に来襲	(警)二一人、㊐七人応戦、撃退							
②	三	未明、小三岔口に二〇人襲来	(警)九人その他で撃退							
③	九	延吉県金仏寺㊂七人、住民四四人を護衛して柴刈に赴く途中、四〇人に包囲される	銅仏寺(警)一三人赴援し撃退							

四月（交戦三回）

回次	日	状況	対処	彼の損害 死	彼の損害 傷	彼の損害 被検	彼の損害 被押	我の損害 死	我の損害 傷	備考
④	一三	延吉県長仁江(自)一〇人、匪首・海龍ら八〇人を迎撃中	(自)一一人増援し撃退。頭道溝(警)一〇人赴援	一〇余					(自)一	
⑤	一六	夜、匪賊二〇人、明月溝小松製材所を襲撃	(日)三五人、(警)五人急行するも逃走後にして不明（解雇中国人の逆恨み）							日人一人死、二人重傷。拉致三人、七〇〇円強奪
⑥	一七	未明匪四〇人、小三岔口に来襲	(日)、(警)撃退							満人二人を拉致
⑦	二六	延吉県臥龍湖集団部落の(自)一六人、木材運搬牛車三〇台を護衛中、共匪一五〇人（軽機二）に包囲され全滅の報	二道溝(警)七人（軽機一）(自)二〇人急行するも、積雪のため追撃不能					(自)二 拉致 (自)九	(自)一	小銃一三を奪わる
計				一〇余				(自)二	(自)三	

回次	日	状況	対処	彼の損害 死	彼の損害 傷	彼の損害 被検	彼の損害 被押	我の損害 死	我の損害 傷	備考
①	四	未明、共匪五〇人、琿春県塔子溝集団部落に来襲㊎一五人と交戦中	馬滴達㊋一五人赴援し撃退	七	五					
②	二二	図寧線駱駝山駅付近で保線作業中、「革命軍」第二独立師第一団第三連と思われる約五〇人に襲撃さる	周辺の守備隊三個から計五二人、㊋七人等、計八四人出動し、撃退							作業員中、韓人一人死、二人重傷、工具等を奪わる
③	二五	銅仏寺満警三人、偵察中に襲わる	㊋一〇人、㊎一〇人、満警一〇人出動、約三〇人を撃退し追撃	一	二		拳一 弾薬一	満警一	同上一	
計				八	七		拳一	満警一	同上一	

五月（交戦五回、掠奪三回）

回次	日	状況	対処	彼の損害 死	彼の損害 傷	彼の損害 被検	彼の損害 被押	我の損害 死	我の損害 傷	備考
	二	約三〇人の賊、二日夜満	三日未明、慶興㊐三九							満人死二、傷一、拉致一、

①	三〜	人富豪を襲ったのち、黒頂子分署に襲来、(警)一四人で撃退	人等増援し討伐するも不明							金品二、五〇〇円。韓人一拉致、約二〇〇円奪わる
②	三	「革命軍」第二軍第二独立師第一団の二〇〇人（軽機一）非武装五〇人は汪清県小三岔口を襲撃	(日)一二人、(警)二二人、(満)三七人、満警一九人、(自)一四人、応戦し撃退	四	一四			(警)一		六戸焼失、金品二、四〇〇円強奪
③	二四	汪清県石頭河子集団部落長及び(自)三人、農耕掩護中に拉致さる	(警)七人追跡交戦し、全員を奪回							
④	二九 夜	共匪約三〇〇人、大汪清満州国集団部落に来襲	(日)三〇人、(警)五人赴援し、追撃したが不明							(自)五人拉致、牛二二、馬一七、その他掠奪。全焼三〇戸、半焼四〇戸
⑤	三一	延吉県春陽郷にて共匪一五〇人（軽機一）喫食中の報	(日)一六人、(警)一一人、(満)六人出動し撃退	五	四					
計				九	一八			(警)一		

六月（交戦四回、掠奪二回）

回次	日	状況	対処	彼の損害 死	彼の損害 傷	彼の損害 被検	彼の損害 被押	我の損害 死	我の損害 傷	備考
①	九～一〇	和龍県紅旗河(警)一六人、検索のため新興河地方に出動、「革命軍」一師一団第二連の四〇人と交戦して苦戦中	(警)一〇人（軽機一）出動し収容、一〇日捜索したが敵影を見ず						(警)二	
②	一三未明	第一師第三連の三〇人（軽機一）、匪・海龍の五〇人、頭道溝分館を包囲し市内に侵入して掠奪を企図す	(警)三六人、(満)騎兵隊一三〇人、満警四五人で撃退 射耗弾 我 重機一、〇五〇 小銃 二五五 彼 七〇〇		一〇余			(警)一		韓人一死、拉致七人。食糧難のため掠奪を企図した形跡あるも不詳
③	一三	右を(日)、(満)、(警)、(自)の連合部隊をもって追撃	五回にわたり高地に拠る敵を攻撃す	二〇余	多数		小一 拳二 他			
④	二七	夜、和龍県松下坪満側集団部落に来襲	(警)八人（軽機一）、満警一五人出動、撃退					満警一		
計				二〇余	一〇余		小一 拳二	満警一 (警)一		

七月（交戦四回）

回次	日	状況	対処	彼の損害 死	彼の損害 傷	彼の損害 被検	彼の損害 被押	我の損害 死	我の損害 傷	備考
①	一	延吉県銀銅財の掃討	㊐二〇人、(満)一〇人、(自)一五人、(警)一人出動潰走せしむ	一五	多数					
②	三	夜、汪清県嘎呀河分署西方部落に共匪二〇人来襲の報	(警)七人（軽機一）、(自)六人出動、撃退							
3	七	東満特委等団員約七〇人汪清県方城子を根拠としあるを探知	朴巡査、(自)一七人を率い検挙に向かう	三		四				呉学鳳を斃し林桂樹を捕う
④	一六	延吉県四方台の韓農八人共匪一五人に拉致される	(警)八人、(満)一五人、満警五人出動、交戦し拉致韓人全員を救出	一						
⑤	二七	和龍県松下坪満側集団部落に共匪約五〇人来襲	(警)八人（軽機）、満警一五人赴援し、交戦二時間後撃退	二						
計				二一		四				

八月（交戦二回、掠奪一回）

回次	日	状況	対処	彼の損害 死	彼の損害 傷	彼の損害 被検	彼の損害 被押	我の損害 死	我の損害 傷	備考
1	五	汪清県転角楼集団部落民二〇人、農耕中を共匪約一〇〇人に襲われ、韓人九人拉致さる								
②	七	汪清県百草溝嶺に匪賊約五〇人出現の報	㊐一六人、(警)四人、(満)二九人出動し潰走せしむ	一一				兵一		
3	八	満警四人、百草溝嶺東麓で匪四〇人に襲われ全滅	㊐二二人、(警)八人、憲兵六人、満警一五人、トラックで出動したが不明					満警一 拉致一	満警二	小銃三を奪わる
④	一〇	夜、共匪三〇人、汪清県大肚川南方部落に来襲、㊒苦戦中の急報	㊐一〇人、(警)九人出動したが不明							
5	一九夜	第二軍第一独立師第一団長・安学鳳、金明八の一〇〇人及び匪・明山好の三〇人明月溝南側にて貨	明月溝㊐三二人装甲列車にて急進したが、脱線して交戦に至らず							重要荷物、掠奪放火さる。損害数万円

回次	日	状況	対処	彼の損害 死	彼の損害 傷	彼の損害 被検	彼の損害 被押	我の損害 死	我の損害 傷	備考
		物列車を転覆焼却								
計				一一				兵一 満警一	満警二	

九月（交戦五回）

回次	日	状況	対処	彼の損害 死	彼の損害 傷	彼の損害 被検	彼の損害 被押	我の損害 死	我の損害 傷	備考
①	三	汪清県鳳梧洞に匪五〇人侵入の報	(警)七人、(自)出動、高麗嶺で二〇人と遭遇交戦							
②	一一夜	延吉県八道溝管内の舞鳳村に匪八〇人来襲交戦中の報	㊐七人、(警)一〇人、トラックにて救援し撃退							
③	一二〜一三	東北義勇軍第一四旅第三営第四連副連長・陳沿海の自供により、連長・柏芳順部隊の根拠が大肚川東方密林中にあるを察知	㊐二五人、(警)七人（軽機一）出動、根拠の三軒屋を襲い潰走せしむ帰途、霧と雨、夜と雪のため道を失し、先行した(警)三人行衛不明となる（大肚川事件）	三			小一 拳一 他	兵一 (警)三		(警)三人行方不明となる（のち二人遺体で発見）

回次	日	状況	対処	彼の損害 死	彼の損害 傷	彼の損害 被検	彼の損害 被押	我の損害 死	我の損害 傷	備考
④	一四〜一五	行方不明者の捜索	一七日、(日)二五人、(警)六人、捜索中約一〇〇人（革第一団）と交戦／(警)特捜隊五八人、拉子溝にて約二〇人と交戦	一		一	馬二	(警)一／(警)一	兵一	比留川分署長負傷死
計				四			小一 拳一 馬二	兵一 (警)五	兵一	

一〇月（交戦二回）

回次	日	状況	対処	彼の損害 死	彼の損害 傷	彼の損害 被検	彼の損害 被押	我の損害 死	我の損害 傷	備考
①	一	琿春県密江西方にて、共匪三〇人、県のトラックを襲撃	憲兵三人、(警)一二人、満警二〇人その他出動撃退							負傷者二人を収容
2	二〇	匪の延吉潜入を探知	検挙			三	拳二			
3	二三	夜、「革命軍」第一師第一団第二連の五〇人、匪三〇人、和龍県松下坪集団部落を包囲攻撃	(日)一〇人（重機一）、(警)三人、(自)四人赴援	八	多数				(警)一	

計				八		三	拳二		(警)一	

一一月（交戦二回）

回次	日	状況	対処	彼の損害 死	彼の損害 傷	彼の損害 被検	彼の損害 被押	我の損害 死	我の損害 傷	備考
①	五	延吉県二道溝分署南八キロに共匪侵入の報	(日)一〇人、(警)五人、(自)一〇人出動、約四〇人と交戦	三						人質六人奪回
②	一八	汪清県托盤溝に共匪潜入の報	特捜(警)四人出動し検挙帰路、二〇人と交戦し増援の(警)六人とともに撃退			六				中共党員・金正国を捕う
計				三		六				

一二月（交戦一回）

回次	日	状況	対処	彼の損害 死	彼の損害 傷	彼の損害 被検	彼の損害 被押	我の損害 死	我の損害 傷	備考
①	一	汪清県石頭河子北側に、「革命軍」第三団第二連	(警)一八人（軽機三）、(自)一五人出動、交戦一時		一四	二		(警)一		

		第一排の根拠を探知	間で撃退							
2	二三	延吉県大荒溝に匪・忠九勝らの武器隠匿箇所を探知	特捜班派遣				小三 他			
3	二六	和龍県三道溝分署付近に共匪潜入を探知	(警)一一人派遣し検挙			六	洋砲一 他			「革命軍」第二軍第一師第三団の隊員
計					一四	八	小三	(警)一		

このように東北人民革命軍は編成直後の三四年（昭9）から翌三五年にかけて猛威を振ったけれども、その警備機関に対する攻撃法は中国流（夜間の中距離射撃と、突撃は手榴弾投擲に終わるのを特徴とする）で、「日賊殲滅」のスローガンとは程遠い。しかも掠奪を伴っており、その所業は人民革命軍の編成前と大差がない。そのため却って集団部落自衛団の積極行動や警備側の情報の正確さが目につく。ということは、住民を敵に回していることになり、自滅の道に迷い込んだことになる。それは三六年以降の活動が激減したことに現われている。

従って三四、三五年の日満側の治安工作はほぼ成功し、第一師は安図県に、第二師は寧安、敦化県に根拠を移さざるを得なくなった。次項の民生団事件による内訌も影響したに違いないが、また警備側の武力に抗する術もなかったのであろうけれども、住民を敵に回した（回さざるを得なかった）結果が最大の原因であろう。

民生団事件　また党内の派争は以然としてあった。韓人が持ち込んだもの、個人のヒロイズム的な争い、李立三コースを捨てきれない一部の在来党員とコミンテルンから派遣された純国際派党員との対立、状況の変化に伴う武力派と政治派の内争等これである。その一例として、東満特委責任・陳洪章がソ連共産党中国部連絡員・楊春山にあてて在来党員と派遣党員との確執を報告し、数名の幹部派遣を要請した私信が押収されており、武力急進派は彼らを盲動派と批判する政治派に弾圧を加え、和竜県委では政治派の幹部と重要党員約五〇人が殺害されたという（昭9・2・12付間総領発）

これらの内紛を増幅してその壊滅に一役かったのが、民生団事件である。

実は朝鮮総督府は、三二年二月に京城毎日中報副社長・朴錫胤らと図って間島の民族主義系を糾合し、共産主義撲滅を目的とした民生団を発足させた。三〇年の五・三〇暴動がその震源であった。だが社会条件に適さなかったために、同年七月には早々に解体してしまった。しかし二年後の三四年九月、民生団と同じ目的の韓人協助会が発足した。民生団とは何の関係もなく、間島における共産主義運動の発展と階級闘争の激化に伴って韓人の間に自然発生した自衛組織であったが、これから起こる中共党内での韓人の粛清は、一般に民生団事件（工作）と言われている。それは満州省委が、当初の「民生団」の名に驚かされたからであろう。

「満共匪研」一一三〜四頁はその工作と影響を次のように記している。

「共産主義陣営内に及ぼした影響は実に大であった。朝鮮共産主義者の帰順傾向、彼らの伝統的特徴である派争問題等は共産主義陣営内に潜入した民生団員の活動と結合して考へられ、疑心暗鬼を生じて東満党は大恐慌を来した。…党内攪乱を企図した協助会は、意識的に巧妙な民生団工作を始めた。身を挺して党内に潜入して工作し、あるいは党内に民生団員が潜入していることを信じせしめるような、あらゆる方法が採られた。この工作は昭和九年九月からの大討伐と、東満党の大衆的基礎の喪失に起因する物資難によって、党員の動揺が深刻化するにつれて次第に効果を現はしてきた」

例えば「協助会報」に、次の事例が記録されている。

ある協助会員は、人民革命軍の食料運搬隊長・韓英浩が掠奪品の運搬のため百草溝奥地に出張ったことを知った。彼は三五年一月三日、根拠地・延吉県四方台に単身で赴き、歩哨を欺いて何気なく「韓英浩はまだ帰らぬか」と尋ね、雑談ののち小銃を奪って帰来した。そこで韓英浩は民生団員と怪しまれ、拷問ののち殺された。韓は拷問に耐えかね、詰問のままに連累者として朱鎮（東北人民革命軍第二軍第一師長）、朴春（同上第一団長）等の名を挙げた。捕えられた朴春は拷問を恐れて、朱鎮、李相黙（元東満特委組織部長）も同じ民生団員であると嘘をついた。殺害を恐れた両人は脱走し、李相黙は三六年四月に帰順した。彼は第二軍の創設に参画した人である。朱鎮は三五年二月一四日に延吉県下で検挙された。

また汪清県委で民生団員の摘出？に敏腕を揮っていた宋一は、協助会が離間工作のために送った書簡で民生団員と疑われ、三五年三月に群衆会議の結果殺された。宋一はその時、「やはり民生団とは幻であったのか」と嘆いたという。

元来、中国人は中華思想を持ち、猜疑心が強く、容易に人を信用しない。しかも強者には弱く、弱者には徹底して強い。折も折、韓人らの派争に悩んでいた時に巧みな罠が投げられたのだから、まんまと掛かって韓人を粛清したわけであろう。三五年七月五日発の間島総領事館報は、満州省委の対民生団観を次のように報告している。
① 民生団は、日帝の強盗政策のため組織された。その目的は高麗人（韓人）を、満州占領の先鋒・荒蕪地開拓者・中高（朝）反日連合会の破壊・対ソ武装干渉の先鋒に利用する為である。
② 日帝の満州占領後、派争首領等（韓人指導者の意）は一部が公然と帰順し、一部は我陣営内に残留している。

だから久しい同志関係を利用して、隊内に民生団を組織した。残留派争領袖らは利と地位のため、公開的に帰順せずして秘密裡に日帝と結び、民生団運動に没頭している。

③　一般群衆と党員は政治水準が低いために民生団の欺瞞が分からず、革命隊内での民生団活動を容易にしている。

（意訳）

民生団は実在しなかった。それは中国人の猜疑心と韓人の派争とが、協助会の工作によって相乗した結果の幻影であった。それにしても前記の対民生団観は、韓人を頭から疑い、かつ蔑視している。満州省委は民生団粛反委員会の結成を指令し、韓人党員を徹底して弾圧した。ために約四〇〇人の韓国人党員が民生団員と疑われて粛清され、恐怖時代を現出したとのことである。粛清された韓国人幹部は前記の外に、第二軍第一師第三団長・許英浩、東満特委の金賢、姜昌淵一派、南満特委の韓震（元南満共青総責）・李奎恒、北満の第六軍参謀長・李仁根らが記録されている。

そのうえ満州省委は東満における革命の基盤を韓人から満人に転換し、幹部はすべて満人に置換えた。その例として、「東満特委の重要幹部は満州省委が任命する」とか、「人民革命軍の連長（中隊長）以上に韓人を任命することは避けよ」などの指令を発している。

むろん、理由なく疑いを掛けられて殺されるのを、韓人が黙っていたわけでない。仕返しのために東満特委責任・王徳山の暗殺を企てたり、脱走者や転向者が続出した。そして中国人と韓人の間で殺し合いが始まり、東北人民革命軍は自ら勢力を消耗したわけである。

けれども、このような差別と偏見、虐待と蔑視を受けながら、なお多くの韓人党員が中共党に止まった。この辺が理解に苦しむところだが、この事件の始末のために三五年の初めに開いた中共東満党・団特委連席会議において、無差別の粛清を慎み、中共党は韓民族の解放と独立とを擁護することを認め、朝鮮人が独立を標榜して活動することを許したからと思われる。（「満共匪研」一二五―六頁）なお李命英書によれば、この会議の出席者は中国側が東満特委書・魏拯民（三〇歳）、第二軍長・王徳泰（二八歳）以下の一三人、朝鮮人側が汪清県委・宋一（三二歳、のち被粛清）、共青特委責・姜昌淵（二四歳、のち被粛清）、共青琿春県委委員・金一（二二歳）、同上責・金東奎（二四歳）以下の一三人であったという。

と言ってもこの会議（延吉県南蛤蟆塘大荒崴で三五年二月二四日―三月三日の間に開いたので、大荒崴会議と言われる）の直後に宋一や姜昌淵は民生団員容疑で殺された。また朝鮮の独立は、中国の革命が成就した後のこととされたから、気の長い話である。だから、少なくない韓人がなお幹部として止まっていたのは、（のち北朝鮮の副首相となった金一や金東奎が、大荒崴会議に出席した同名人と同一人であるか否かは不明）なぜであろうか？　被圧迫の歴史からきた事大思想の所産か、粘り強い民族性の発露であったろうか？　この辺を李命英博士は次のように解説している。

「韓人共産主義者らは中共党やその軍で、中国人以上に中共党に忠誠を尽くす者でない限り幹部に止まることも就くこともできなくなったのだから、なお残っていた韓国人はすべて中国人に忠義立てした飼犬であり、傭兵のようなものであった」（一〇二～三頁）

「中共党及び軍に止り得るということは、民族感情が麻痺して完全に中国人化した人か、数多くの同胞を民生団員呼ばわりにしてその殺害の先頭に立って信用されない限り、なかなか出来なかった」（一〇七頁）

「だました方よりも、…だまされた韓国人共産主義者たちの幼稚だったいわゆる革命性が、より問題であった」（九六頁）

と述べて、唯一の革命主体は間島パルチザンであったと主張して止まない現北朝鮮政権の〃人と為り〃に不審の眼を向けている。

四　金日成《キムイルソン》の登場

国内では早くからキム・イルソンという韓国語読みで、日本の官憲の間ではキン・ニッセイとかキン・イッセイという日本語読みで早くから神出鬼没ぶりを知られていた人物の漢字名が、金日成として日本側史料に現われるのは一九三五年（昭10）末に中共党満州省委員会が発した「一九三六年度軍事行動指針」の中の編成表が初見である。（李命英書一一四頁参照）間島を縄張りにしていた東北人民革命軍第二軍（王徳泰）は三五年の秋期討伐で根拠を覆滅されたので軍指揮部と第一師は南下して撫松方面の第一軍に、第二師は北上して寧安方面の第五軍に合流したことは前に述べた。そこで指揮系統や遊撃区を調整するために発したのが前記の指針であるが、左記の第二・第五軍混成部隊組織表の中に、総指揮部の政治委員兼葦河部隊の責任者として金日成の名が見える。

- 総指揮部（寧　安）
  - 総指揮（周保中）
  - 副指導（李荊樸）
  - 政治委（金日成）
  - 東部隊（穆　稜）
    - 総指揮（王潤成）
    - 副指揮（候国忠）
    - 政治委（李光林）
    - （遊撃区城、東寧、密山、穆稜、勃利、依蘭）
    - 東寧部隊（軍責任、李延元 政治委、高　某）
    - 穆稜部隊（責任、王潤成）
    - 勃利部隊（軍責任、候国忠 政治委、李光林）
  - 寧安留守部隊
    - 軍責任（柴世栄）
    - （傅顕明）

- 政治委（胡　仁）
  - （陳翰章）
- 西部隊（額　穆）
  - 総指揮（兼任周保中）
  - （游撃区域　安図、撫松、樺甸、額穆、葦河、五常）
  - 額穆部隊（責任、李荊樸）
  - 安図部隊（周保中）
  - 葦河部隊（責任、金日成）

そして三六年（昭11）四月に実情に合うように改めた次の組織表では、中線指揮部（師級）の政治委員兼金日成部隊長として額穆《がくぼく》地区を遊撃する任務が与えられている。

総指揮部
指揮　周保中
政治委　胡　仁

- **西線指揮部**
  指揮　周保中
  政治委　陳幹章
  - 王徳泰　部隊（二五〇名）――撫　松　県（留守隊）
  - 周保中　部隊（三〇〇名）――敦化、安図（流動隊）
- **中線指揮部**
  指揮　柴世栄
  副指揮　傅顕明
  政治委　金日成
  - 金日成　部隊（一〇〇名）――額　　穆（流動隊）
  - 李荊樸　部隊（七〇名）――額　　穆（留守隊）
  - 傅顕明　部隊（一〇〇名）――横道河子（留守隊）
  - 方振聲　部隊（八〇名）――南　湖　頭（流動隊）
  - 柴世栄
  - 王汝起　部隊（二五〇名）――寧安県馬蔽（留守隊）
- **東線指揮部**
  指揮　王潤成
  - 李光林　部隊（八〇名）――密　山　県（流動隊）
  - 候国忠　部隊（一一〇名）――穆　陵　県（留守隊）
  - 金　和　部隊（二八名）――穆　陵　県（流動隊）

政治委　候国忠　┬朴順一　部隊（　三〇名）──不　　詳（流動隊）
　　　　　　　　└史忠恒　部隊（不　詳）──穆　陵　県（留守隊）
助　　　　力　┬東北義勇軍代理司令呉義成部隊（二〇〇名）東寧県
　　　　　　　　└〃　副司令孔憲栄部隊（一五〇名）東寧県

これらが漢字名の金日成が史料に登場した最初である。そしてのちには金日成部隊の名が事あるごとに史料に散見されるようになるが、この当時の動静を伝えた史料は見当たらない。

二、東北抗日連合軍

これより前、西遷途中の中共党中央は三五年七月二五日～八月二〇日の間モスクワで開催されたコミンテルン第七回大会で採択された人民戦線統一戦略に基づいて、同年八月一日にかの有名な「抗日救国のため、全国同胞に告ぐるの書」（八・一宣言）を発表して、国民政府に第二次国共合作を呼びかけた。これが翌三六年一二月の西安事件、三七年（昭12）七月の蘆溝橋事件、ついで支那事変へと発展し、第二次国共合作が成就して中共党の思うツボに情勢が推移した端緒となったと言われる。この戦略転換に伴って、中共党中央はこの時満州省委に「抗日聯合軍は一切の抗日を熱望する部隊に依って組織し、…紅軍は絶対的に聯合軍に加入し、抗日救国の天職を尽くすものとなす」と指令した。つまり、従来の東北人民革命軍唯一の思想では力量不足で抗日も革命も成就しない。だからあらゆる反日団体と合作して抗日連合軍を組織し、総力を結集して日本帝国主義の侵略を退けることから始めよ、という意である。

(一)　東北抗日連合軍の編成

これを受けて、南満特委（当時ハルピンの満州省委は数次の検束で壊滅していた）は九月下旬に各中心県委に東北抗日連合軍の組織を指令した。その組織条例は次の通りである。

東北抗日連合軍組織条例

第一条　東北抗日連合軍は、東北人民革命軍、義勇軍、自衛隊、救国軍、抗日山林隊等の共同組織にして、各軍の名称を取消し、東北抗日連合軍第○軍第○師第○団とす。

（注：義勇軍、自衛隊とは旧東北軍の抗日部隊で東北義勇軍司令・呉義成がその例。救国軍は大刀会の王鳳閣部隊がその代表。抗日山林隊は馬賊の意）

第二条　東北抗日連合軍に参加せる部隊は左記三ケ条を遵守すべし。

一、抗日反満、東北失地の回収、中華祖国の擁護

二、日賊走狗の財産没収

三、民衆と連合して抗日救中国

第三条　東北抗日連合軍は東北抗日救国人民革命政府（内容は中共党満州省委の組織）の指揮を受け、革命政府より抗日連合軍委員、総司令、軍長、各軍政治部委員を任命す。

（「満共匪研」四三四―五頁）

つまりこれまでの、他部隊をそっくり赤化したり、下級部隊を赤化してその上層部を孤立化または放逐して東北人民革命軍に取込む組織方針を転換し、とにかく同一目的である抗日反満の一点に絞って合作し、連合戦線を張ろう、

という戦術である。実はこれより前、三四年（昭9）三月に国民党系の抗日諸団体を糾合して抗日連合軍総指揮部を組織し、第一軍長の楊靖宇を総指揮として一八個部隊を編成したが、人民革命軍の組織方針に裏切られた各領袖は却って嫌気がさして日満側に寝返ったので、忽ち自然解消の形となった経緯があった。（「満共匪研」四二八―三四頁）

また人民革命軍という階級的色彩の名を嫌った土着の政治匪（その基盤は富農、富豪であった）は、共産党軍との連合を頭から嫌がっていた。

だが抗日救国の一点だけで合作することは、彼らの義に反しない。多くの抗日隊が連合軍に加入して、翌一九三六年（昭11）春ごろにはその編成をみた。

けれども前記の組織条例を見れば、名は抗日連合軍であっても、実際は東北抗日救国人民革命政府を僭称した満州省委の指揮下に入るわけだから、内実は共産党軍に外ならない。従って多くの抗日隊はこの条例を知る由もなく、抗日救国の美辞と共産主義者独特の麗句による勧誘に惑わされて、あるいはヒロイズムをくすぐられて、盲目的に加入したのであろう。

また再び不審なのは、抗日連合軍の骨幹を形成した幹部のほとんどは、韓国人であった。それは「満共匪研」三九四頁の次の記述が裏付ける。

「第一軍総司令・楊靖宇（満人）は北京大学の出身、才能、器量を兼備し、正に将たるべき人物であると言はれている。…だが部下の実際的活動分子は殆ど鮮人を以て占められていた。当時数的には、朝鮮人は隊員の約四分の一に過ぎぬと目されていたに拘らず、其の指導的勢力が朝鮮人であったのは満人の人材に欠乏していたからで、それは昭和十年の満州省委の中共党中央あての報告書にも人民革命軍第一軍について『最も困難を感ずるのは幹部の人材欠乏であって…』とあることでわかる」

ところで抗日連軍の組織条例は全く中国共産党の目的そのもので、ここでも韓国の解放とか光復については一言半句も触れていない。であるのに、隊員の四分の一を占め、実際に活動した幹部は韓国人であった。結果的には彼らは利用され、有為の身でありながら徒らに山野に屍をさらす結末を迎えたのだが、誇り高く知的な韓国人が、なぜ中国人の頤使に甘んじて、中国の為に、中国に忠誠を尽くしたのであろうか？　中共の路線が純乎たる国際主義であれば主義の為であったろうと理解しうるが、中共党の路線は中華民族の為の革命であり、中国のナショナリズムに裏付けられていることが明らかなだけに、その心底に潜んだものは理解の範囲を越える。その事大思想が災したとか、外勢に頼らざるを得なかった情勢の所産とか、反日反帝に結集した民族精神の発露とかの説があるが、その実際は結果的に盲動的、衝動的と看做されるだけに、余りにも理論や合理性の埒外と思われる。不可思議の一つだが、民族主義の朝鮮革命軍司令・梁世奉はこの時も合作を勧められたけれども、共産主義者の底意を見抜いて連軍に加わらなかったそうである。（李命英書一一二頁）　普通の韓国人であれば、梁世奉の信念が当然と思う。

さて、このような史実と不審を述べたのには理由がある。それは他でもなく、東北人民革命軍に、ついで抗日連合軍に参加して名を成した韓国人？が、現在の朝鮮民主主義人民共和国（北朝鮮）の権力を一手に掌握して、それからの半島の歴史を造る一方の主役を演じたからである。このことは、しかと記憶しておかねばならぬ。でなければ、解放後の、そして現在のいわゆる朝鮮問題の原点を見失ってしまう。

南満特委の東北抗日連合軍組織指令に基づき、磐石中心県委はまず近傍の第一軍第二師の参謀部にその組織を担当させ、早くも三五年一〇月五日に抗日匪二四個部隊を糾合して抗日連合軍江北総指揮部を発足させた。参加部隊は東北人民革命軍（約一四〇人）、農民自衛隊（九〇人）、匪賊・海打（四〇人）、七狭（三〇人）、野猫（一〇〇人）、占東洋（四〇人）、東明（四〇人）などの合計約四八〇人で、一三条から成る共同作戦協定を締結している。一〜七条は連合抗日の原則を謳ったものだが、八条に「勝利品は共同作戦の時の各隊の銃数に比例して分配す」などと規定し、以下一三条まで鹵獲武器や弾薬の分配要領を定めている。また指揮部の総指揮や政治、組織、宣伝部長などの要職はすべて人民革命軍で占めている。（「満共匪研」四三五―六頁）このことは、一挙に匪団を解散して第〇師第〇団に編合することは今までの経緯が許さなかったから、形式的には緩い連合の形を取りながら指揮権は人民革命軍が握り、分配規定によって徐々に人民革命軍に実力が備わり、かつ思想工作が進んだ段階で所命の連軍組織に移行する計画であったことを示す。つまり巧妙な戦術であり、常套手段でもあった。

けれども、当時は日満軍警の討伐と帰順工作、及び集団自衛部落工作等の成功によって、抗日団体の残存勢力は約三千人と見積もられる程度に討ち減らされていた。従って前出の「間島における三五年（昭10）の治安状況」が示しているように、各団体とも窮迫滅自の土壇場に追い込まれていたに違いない。とすれば各個に孤立して自滅するよりも、連合して再起を図った方が生存の道である。このような機運のときに連合戦線の呼びかけが内内であったのだから、機を見るに敏な匪首らは主導権を逸早く握る意味を含めて、先んじて公式に連合を提唱している。同年一〇月一〇日付で保中国、保国軍、西来好、九江好らの八人が連名で「東北抗日連合軍設立に関する意見書」を発表したのがこれで、その趣旨は「自衛軍総司令・康聚伍が逃亡して以来、われわれは領導者と系統を失って晨星のように南満一帯に孤立していた。ところが最近、中国人民武装自衛委員会から中国人民対日作戦基本綱領を提示され、東北抗日連合軍の組織を指令された。その内容は全満州で六個軍団を組織することであるが、われわれは最も賛成である。楊軍長（東北人民革命軍第一軍長・楊靖宇の意）は世人周知の通り、意志堅固にして赫々たる抗日功績を有し、連合軍長として最適任と認められる。各同志達よ！　速かに参加せよ」となっている。この内容は前記の推測を裏付けるし、また楊靖宇の声望を物語る。

この意見書発表の二日後、一〇月一二日に、東北抗日連合軍第一軍長・楊靖宇、第二軍長・王徳泰、第三軍長・趙尚志、第四軍長・李延禄、第五軍長・周保中、同副軍長・柴世栄、第六軍長・謝文東、及び東北義勇軍総司令・呉義成、同副司令・孔憲栄、湯原反日遊撃隊、海倫反日遊撃隊、東北抗日救国委員会などは連名で、連合戦線の結成と中国本土軍（蔣介石軍、中国紅軍、その他ありとあらゆる団体、個人）の満州に対する総反攻を呼びかけた。（上海総領事館三六年一月一三日報）この檄文を「満共匪研」は、「国民政府及び全国の抗日連軍組織について関内（山海関の内、即ち本土）の軍政領袖及び民衆にアピールしたもので、これは満州国内における反日共同戦線が新なる発展に入った一つの指標であるとともに、支那本国における反日人民戦線の結成を促進し、満州、支那を含めて全支那民族の統一的抗日戦線の前衛たらんと努力しつつあることを物語る」と重視している。（四三九頁）

このような経緯と情勢のもとに、東北人民革命軍の各軍はそれぞれ東北抗日連合軍と改称し、その作戦区域内の反日団体と合作して一九三六年（昭11）の春ごろには一応改編を終えた。けれども通化省を基盤とした最大の抗日勢力・王鳳閣の大刀会（衛隊団と三個旅に編成し、機関銃三、小・拳銃一六六〇丁、兵員約二千人）は、張学良を通じて国民政府と密接な関係にあり、連軍に加入していない。また民族主義の朝鮮革命軍は王鳳閣と連合して中韓抗日同盟を結び、連合軍への参加を拒否している。（「満共匪研」四四四頁及び四四七―八頁）

東北抗日連合軍はその増強改編に当たり、三・三制を採った。即ち軍は三個師、師は三個団、団は三個連（中隊）、連は三個排（小隊）、排は三個班（分隊）から成っていた。けれども一個師の実兵力は一〇〇人から一五〇人程度、一個軍の総員はせいぜい四～五〇〇人であったようである。

金日成師長の登場　このとき前述の周保中が総指揮を採っていた第二・第五軍合作隊は解隊して再び周保中の第五軍と王徳泰の第二軍を復活したが、三・三制の採用に伴って、第二軍では額穆地方を流動していた金日成部隊（一〇〇人）を基幹に**第三師**を編成した。（李命英書一二〇頁。日本内務省警保局「外事警察報」一八二号（三七年九月）二九頁所引）　つまり、金日成師長の登場である。

こうして一一個軍が編成されたが、満州省委は指揮の便のためこれらを三個路軍に編合してそれぞれに遊撃区を割当てた。また部隊号は路軍毎に一連番号に改めさせた。前述のように第一軍も第二軍も第一師〜第三師から成っており、金日成が率いた師は第二軍第三師であったが、煩わしいので第一軍と第二軍で第一路軍を編成すると、第二軍の師番号を第四―第六師に改めたわけである。そこで金日成は、第一路軍第二軍**第六師長**になった。

この路軍の編成について「満共匪研」四四五―七頁は次のように記録している。

「臨江、長白等の密林地帯を流動していた第一軍長・楊靖宇は、満州省委の指令に基き安図県奶頭山を根拠とする第二軍長・王徳泰や抗日救国軍領袖らと三六年二月に撫松県三道河で一〇日間に亘って会議し、左記部隊の統合その他を決定した。

東北人民革命軍	第一軍	約三九〇人
同右	第二軍	約三五〇人
反満抗日救国軍	萬順好部隊	約二六〇人
同右	野大洋部隊	約　八〇人
同右	金山好部隊	約一三〇人

反満抗日義勇軍　義仁軍部隊　約一〇〇人
同右　　　　　　長　好部隊　約一五〇人
同右　　　　　　安国軍部隊　約一七〇人
　合計　　　　　　　　約一、六三〇人
　装備　重機一、軽機六、小銃一、二五〇、拳銃三八〇
　　　　　　　　　　　　　　　　　　　　　　　　　（安東警察署三六年三月五日報）」

これが第一路軍の実態を示す資料であるが、連軍の組織は次のとおりと推定されている。

第一路軍（南満）
総司令　楊靖宇
副司令　魏極民
秘書処長　**呉成崙**（全光）：（韓）
参謀　韓仁和
第一軍（楊靖宇）
　第一師（程斌）
　第二師（曹国安）
　第三師（？）
第二軍（王徳泰）
第四師（安鳳学（韓）、政委・周樹東）

第一団（崔賢（韓）、政委・林水山（韓））
　第一連長（南一（韓））
　第二連長（金明八（韓））
第三団（金楽天）
第五師（？）
第六師（金日成（韓））

第二路軍（東満）
総司令　周保中
第四軍
第五軍
第七軍（李学万（韓）、政委・崔石泉（庸健・韓）
　第八・一〇軍

第三路軍（北満）
総司令　趙尚志（のち張寿銭）
政治委　のち金策（韓）
第三軍

第四師（郝貴林、政委・金策（韓））

第六・九・一一軍

ここで後の北朝鮮政権の中枢を構成した著名な人名は次の如く記録されている。括弧内は後の最高位。

金日成（主席・元帥）

崔賢（民族保衛相）

崔庸健（民族保衛相・次帥）

金策（南侵時の前線総司令官・大将）

こうして東北抗日連合軍の編成は一九三六年春ごろまでに逐次完結したが、改編が即ち増勢につながったわけではないらしく、間島におけるその活動は次表のように低調であった。（「現代史資料30（朝鮮6）」）

間島における三六年（昭11）の治安状況

一月（交戦一回）

回次	日	状況	対処	彼の損害				我の損害		備考
				死	傷	被検	被押	死	傷	

回次	日	状況	対処	彼の損害 死	彼の損害 傷	彼の損害 被検	彼の損害 被押	我の損害 死	我の損害 傷	備考
①	一四	延吉県春陽郷に共匪三〇人出現の報	㊐、(警)、(自)出動、三〇分で撃退							
計										

二月（交戦一回）

回次	日	状況	対処	彼の損害 死	彼の損害 傷	彼の損害 被検	彼の損害 被押	我の損害 死	我の損害 傷	備考
①	一〇	明月溝発安図行きの軍用トラック三両、約一〇〇人に襲撃さる	交戦二時間で撃退、㊐五〇人トラックで急行せるも不明					兵三	兵二	トラック一両破壊さる
計								兵三	兵二	

三月（交戦二回、襲撃未遂一回）

回次	日	状況	対処	彼の損害 死	彼の損害 傷	彼の損害 被検	彼の損害 被押	我の損害 死	我の損害 傷	備考
①	一八	夜、延吉県春陽郷松乙溝に「革命軍」第五軍第一独立師第一団（平南洋）の一部約四〇人出現の報	在春陽の㊐、(警)、(満)、(自)出動、交戦三時間で撃退		四					

回次	日	状況	対処	彼の損害 死	彼の損害 傷	彼の損害 被検	彼の損害 被押	我の損害 死	我の損害 傷	備考
2	一八	延吉県春華郷に匪賊・占林好の一部八人潜伏	特捜班出動			二	小二 弾薬			
③	二三	「革命軍」約一五〇人（軽機一）、三岔口を襲撃	㊐四五人、(警)二五人、満警一六人、路警一二人、(自)三〇人、出動迎撃	二	一七		小七二			
計				二	三	二	小七四			

四月（交戦一回）

回次	日	状況	対処	彼の損害 死	彼の損害 傷	彼の損害 被検	彼の損害 被押	我の損害 死	我の損害 傷	備考
1	一六	汪清県唐水河子に「革命軍」第二軍第一師第三団の武器隠匿場所を探知	特捜班を派遣				洋砲一 爆三 文書			
2	二〇	汪清県西大坡十里坪に匪・李光珍一派の武器隠匿しあり	同右				洋砲三 拳一 他			
③	二三	夜、延吉県春陽郷金口溝に武装匪五〇人出現の報	㊐、(警)、(自)出動、三〇分で撃退	三	三					
							洋砲四			

回次	日	状況	対処	彼の損害 死	傷	被検	被押	我の損害 死	傷	備考
計				三	三		爆三 拳一			

五月（交戦一回）

回次	日	状況	対処	彼の損害 死	傷	被検	被押	我の損害 死	傷	備考
①	二六 夜	匪一五〇人（軽機三）、図佳線老松嶺駅を包囲攻撃中の急報	延吉県春陽から㊐一一人、(警)三人装甲自動車で救援						満警 一	
計									満警 一	

六月（交戦一回）

回次	日	状況	対処	彼の損害 死	傷	被検	被押	我の損害 死	傷	備考
①	二三	汪清県南鳳梧洞(自)に匪五〇人来襲、苦戦の報	(警)六人、(自)、満警四人出動、撃退							
計										

七月　治安事案なし

八月（交戦三回）

回次	日	状況	対処	彼の損害 死	彼の損害 傷	彼の損害 被検	彼の損害 被押	我の損害 死	我の損害 傷	備考
1	二	匪・海龍の部下二人を延吉県長仁江に誘致	頭道溝(警)検挙			二	拳一 弾薬			
2	七	匪・海龍の部下二人、二道溝西側に潜伏の報	(警)八人を差遣			二	小二 弾薬			
③	一八 夜	延吉県崇礼郷清溪村に武装匪三〇人出現の報	八道溝(警)一二人出動、三〇分で撃退		一					
4	二四	延吉県春陽郷石頭河子付近に共匪潜伏の報	(日)四人、憲兵二人、(警)一人出動し検挙			一				
⑤	二五	右者、東北抗日連合軍第二軍第四団長・侯国礼の部下六人の潜伏場所を自供	(日)八人、憲兵二人、(警)二人出動、武装匪一五人と遭遇交戦	一		一	小二 拳一 他			人質一人を奪還
⑥	三一 夜	和龍県知新社に「革命軍」二〇人侵入の報	大拉子、南陽坪(警)一一人出動、二〇分で撃退		一					

計				一	二	六	小四 拳二			

交戦記録に東北抗日連合軍の名称が出たのは、この八月二五日が初見である。

九月（交戦一回）

回次	日	状況	対処	彼の損害 死	彼の損害 傷	彼の損害 被検	彼の損害 被押	我の損害 死	我の損害 傷	備考
1	二〇	匪五人、琿春県馬滴達管内柳樹河子上流で日本人一人を殺害逃走の報	警八人追跡、不明							
②	二九	延吉県崇礼郷六道溝に武装匪六人潜伏中の報	八道溝警、満警、自出動、交戦一五分で撃退	一						
計				一						

一〇月（交戦一回）

回次	日	状況	対処	彼の損害 死	彼の損害 傷	彼の損害 被検	彼の損害 被押	我の損害 死	我の損害 傷	備考
		延吉県八道溝管内蔵財村	八道溝警九人検索、匪				拳三			

回次	日	状況	対処	彼の損害 死	彼の損害 傷	彼の損害 被検	彼の損害 被押	我の損害 死	我の損害 傷	備考
①	一四	に匪情あり	と遭遇し撃退	一		三	他			
計				一		三	拳三			

間島における三七年（昭12）の治安状況

六月

回次	日	状況	対処	彼の損害 死	彼の損害 傷	彼の損害 被検	彼の損害 被押	我の損害 死	我の損害 傷	備考
1	六	匪団、延吉県春陽川駅北方の林場を襲撃、日本人一人を拉致・殺害	㊐、(警)、満警出動、遺体発見							
2	一八	琿春県北土門子採金会社警備員一八人、匪八〇人に襲撃され、一三人戦死二人負傷の急報	㊐一個中隊、その他出動							軽機一、小銃一一、拳八、弾薬を奪取さる
計										

(二) 第六師長・金日成

ところが、西間島の北部にすばしこい部隊が現われた。金日成が率いた第六師が撫松県と長白県下に南下して、ゲリラ活動を開始したのである。咸境南道警察部編集の「中国共産党の朝鮮内抗日人民戦線結成および日支事変後方撹乱事件」によれば、その交戦状況は次の通り記録されている。(「朝鮮6」三〇四―六頁)

① 昭一一年旧五月初旬、金日成部隊の朴緑金(女)以下四〇人、撫松県シナンチヤン満軍守備隊を襲撃して満軍二名を射殺し、小銃一七丁、拳銃二〇丁を強奪した。

② 金日成部隊の池泰煥以下五〇余人は、旧五月ごろ吉林省額穆県に於て食料徴達中に満軍と交戦して、満軍の連長外三名が戦死した。

③ 金日成部隊の朴緑金(女)ほか四〇人は、旧五月下旬に撫松県ダアヨン満軍守備隊を襲撃し、二名を射殺、八名を拉致して小銃一二丁その他を強奪した。

④ 金日成部隊の朴緑金(女)ほか八〇名は、昭和一一年旧六月一五日ごろの夜、撫松県トンガン満軍守備隊を襲撃して小銃二〇丁、軍服多数を強奪した。金日成軍も一名戦死。

⑤ 金日成部隊の曹秉熙ほか一五〇人は、昭和一一年旧七月下旬ごろの夕、恵山守備隊谷口隊(八〇名)と長白県警察隊(七〇名)との日満討伐隊と、長白県十六道溝天橋溝付近で遭遇して二時間にわたり交戦、彼は一名戦死、一名重傷を負いたるも、我も森田上等兵戦死、警察隊員一名重傷。

⑥ 金日成部隊の曹秉熙ほか七〇余人、昭和一二年旧一月初旬の朝ごろ長白県十九道溝奥地に於て満軍一五〇人と遭遇し、四時間にわたり交戦。満軍戦死約一〇名、彼は第六師第七団第四連長・金斗洙重傷。

二百共匪와交火
十數死體遺棄潰走
惠山對岸二道溝西南에서
守備隊尚今追擊中
頭目金日成
伯林
半

金日成部隊の動静を伝える
昭和11年９月11日の記事

⑦　金日成部隊の馬東熙ほか六〇人と第二師（曹国安）の合流隊は、昭和一二年旧一月中旬ごろ長白八道溝に於て満軍六〇名と遭遇し、二時間にわたり交戦、満軍約一〇名を射殺して軽機三丁その他を強奪。彼の戦死三、負傷三。（以上「朝鮮6」三〇四―五頁）

⑧　昭和一二年一月二八日、金日成部隊便衣隊員・李鳳録、金東学外一名は、政治工作員・李悌淳と共謀して咸南甲山郡雲興面五山里五豊洞（恵山鎮と普天堡との中間部落、現恵山郡）ほか二部落に侵入し、富豪・許昌一ほか五人から計二四八円を強奪し、朝鮮独立の布告文を撒布した。（五豊洞強盗事件）

一覧すれば、金日成部隊が普通の部隊ではなかったことが分かる。満軍のふがいなさはともかく、目標の選定とその戦闘振りは他の部隊と比べようもなく積極的である。金日成の名が日満軍の注目を集めたことは当然として、韓国内の新聞も次のように動静を伝え始めた。

三六年（昭11）九月一一日付「毎日申報」

「恵山対岸に出没する賊団は一五〇～一六〇人で、三分の一が満人他が朝鮮人であり、…官憲と同じ服装でソ連式と中国式の小・拳銃、軽機二丁、大砲一門を持つ。東北抗日連軍系で、長白県方面に派遣されたこの部隊の首領は金日成という。これらは一五～二〇名の掠奪班で朝鮮人部落から食糧を掠奪している」

三六年九月二九日付「京城日報」

「対岸長白県十九道溝仁堡に匪首金日成一党一二〇名が来襲し、食糧などを強奪して、『一、二日後にまた来る』.

と言って引揚げた。…諸情報を総合すれば、金日成一派の東北人民革命軍の後続隊が長白県内に侵入した模様である」など、三六年末までに八～一〇回、金日成部隊の動静を伝えているという。（李命英書一五七―八頁）　心ある韓国人はキム・イルソン将軍の健在を知って、心中歓声を叫んだであろう。

しかも次に述べる普天堡事件で金日成の名は江山三千里の津々浦々に広がった。

なお白峯「金日成伝」九三頁は、右掲の図を掲げて今の金日成主席の一四歳から二〇歳までの業績を称えている。十代の少年の仕事として信ずる人はいないだろうが、地図を利用する意味と北の猛宣伝を紹介する意味で借用したものである。

保田襲撃事件

基礎資料：咸鏡南道警察部「中国共産党の朝鮮内抗日人民戦線結成および日支事変後方攪乱事件」（「朝鮮6」）

二五七―三〇六頁)、朝鮮総督府警務局「最近に於ける朝鮮治安状況―昭和十四年―」(金正明資料集四四一―四六八頁)

参考資料:李命英「四人の金日成」(七六年一一月、成甲書房刊)、白峯「金日成伝」(昭四四年四月、雄山閣刊)

鴨緑江は白頭山の南麓を水源としてまず東南南に流れ、やがて大彎曲して西流する。流域一帯は最も豊かな森林地帯だが、その彎底に恵山郡の主邑・恵山鎮(今は両江道道都)がある。人口二万ばかりの製材の町で、幅五〇メートルの鴨緑江対岸にある通化省長白府との交易と、水運の基点とで栄えていた。恵山線の終点であり、一九五〇年秋に国連軍が北進した時は、米第七師団の最終進出目標になった国境の要衝である。一九二〇年代には第一九師団第七四連隊(咸興)の一個大隊が国境警備に派遣され、大隊本部を恵山鎮に設けて中、小隊を要点に分置していたが、三七年(昭12)当時は栗田中隊が恵山鎮の守備に任じ、咸南道警察部は恵山署に武装警察隊を置き、各面や邑に駐在所を配置して網の目を張っていた。一九二二年(大11)には管内三か所の駐在所が襲撃されているから(前出「朝特報第二六号」附録)、金日成部隊南下の報と一月の五豊洞強盗事件に刺激されて緊張していたであろう。事件の舞台となった保田(現名・普天堡)は恵山北北東一五キロの佳林川畔に開けた三〇〇余戸(うち日本人二六戸、中国人二戸)の豊かな部落で、普天面の中心である。

上興慶水事件　東北抗日連軍第二軍第四師の崔賢部隊(第一三団、約二〇〇人)は三七年(昭12)五月、豆満江を渡ってまず咸北の茂山郡に侵入し、ついで恵山署管内の鴨緑江上流地方に南下して、同五月二〇日に上興慶水の高瀬組材木作業所を襲った。金品多数を掠奪し、主任・河島宇三郎と韓人五人、中国人三〇人を拉致して、白頭山南麓の沈峰、青峰の密林に姿を消した事件であった。李命英博士によれば、崔賢が国内に報道された最初であったが、この崔賢は壮年で、翌三八年二月に戦死したという。(一六一頁) この崔賢は金日成とほぼ同じ頻度で日本側の記録にでてくる人で、彼の首には金日成と同額の一万円がかけられた。河島氏は後で千円の身代金で釈放されたが、この事件は総督府に衝撃を与え、国境警察は崔賢の捕捉に血眼になった。

保田の襲撃 その隙を見澄ましたかのように、六月四日夜の二二〇〇、保田が一斉襲撃を受けた。後で判明したことだが、その状況は次のように記録されている。

第六師長・金日成は参謀長・施某、副官長・高某、副官・金周賢、組織科長兼長白県政治工作責任・権昌郁(本名・権永璧)ほか三個連(八〇余人、軽機五、擲弾筒数筒)を率いて六月二日に一九道溝奥地の山塞を出発し、その夜は二三道溝上三浦付近で露営して保田の襲撃を準備した。三日夜半に普天面山衛里の北側で予め架けさせておいた筏で鴨緑江を渡り、山衛里駐在署の裏山伝いに南下して四日未明に保田近くの密林に潜伏した。

四日日中に情報を集め、夕方までに次の襲撃部署を定めて各隊に徹底させた。

襲撃隊総司令部(第六師長・金日成以下八人)::総指揮

通信破壊及び掩撃隊(連長・呉仲治以下一〇余人、軽機一)::電話線の切断と敵の救援隊の阻止

駐在所襲撃隊(連長・金東学以下三〇余人、軽機二)::駐在所の制圧、破壊

農事試験場襲撃隊(連長・某以下六人、軽機一)::農事試験場の制圧、破壊

物資収集隊(副官・金周賢以下二〇余人の隊員と、朴達、朴金喆らが動員した国内の同志七三人(後述)::武器、衣糧、薬品等の収集、運搬

検閲隊（権昌郁以下五人）…各隊の行動検閲と督戦
そして夜に入ると千鳳順の案内で行動を起こし、九時ごろ保田の東北側の森林に進出して朴達、朴金喆らを掌握し、最後の手筈を整えて総司令部を保田東北端の佳林川岸に進めた。そこは大きなポプラが目印になっていた。

先発した破壊班が電話線の切断に成功した合図の銃声が聞こえると、各隊は一斉に目標に向かって突進し、襲撃を開始した。二二〇〇ごろであった。駐在所襲撃隊は署を包囲し、正面路上に軽機二丁を据えて撃ちまくった。

保田駐在所には巡査部長・平山続ほか六人が勤務しており、署は防壁と銃眼で掩護されていたが、当夜は二人しか居なかった。平山部長以下は営林署員の送別宴に招かれて、僻地勤務の憂さをはらしていたそうである。

立哨中の巡査は負傷した。署内に居た内藤巡査は電話を取った。だが、線は切れていた。彼は脱出して佳林駐在所に急報したが、それは二三二五ごろであった。署内に寝ていた箭内巡査の娘（二歳）が重傷を負い、翌日死んだ。近くの食堂店主・羽根小三郎は外に飛出して射殺された。

駐在所を制圧した襲撃隊は署内に突入して軽機一丁、小銃六、拳銃二、弾薬一、二〇〇発その他を奪い、農事試験場、営林署、森林保護区、消防署などの官公署を次々に破壊した。その間に物資収集隊は申永均医院や鄭昌京が営む雑貨店を初めとして、目ぼしい住居や商店を手当たり次第に掠奪し、面事務所（村役場）、消防会館、森林保護区住宅、郵便所、小学校などに放火した。

一時間後の二三〇〇ごろラッパの合図で総司令部に集合し、金日成は国内同志の労をねぎらって遠方から来た者は帰し、近くの者には北岸の二三道溝まで収奪品を運ばせた。ラッパを吹きながら引揚げたそうだが、後には次の文書が散布してあった。

「在満韓人祖国光復会十大綱領」…約五〇枚

「日本軍隊に服務する朝鮮兄弟に告ぐ」…数十枚

「在満韓国人反日大衆に檄す」…数十枚

「佈告文」…六枚

「佈告文」は金日成の指図で襲撃直前に権昌郁らがざら紙に朱書したもので（権昌郁の自供）、その襲撃目的を「日帝を追出して独立し、二千三百万民衆のための大衆政府を樹てるため…」と説明してあり、末尾に「東北抗日連軍第六師北朝鮮遠征隊金日成」の名があった。六月九日付の東亜日報はこの事件を大々的に報じ、警察の被害調査を前記の武器等の他に「現金一、〇一〇円、衣類二、三八二円、医療品三〇〇円相当その他、焼失家屋二千円相当、計一五、七〇〇余円」と掲載したという。

だから国民は前々から名の知れ渡った金日成《キムイルソン》将軍の健在を知って、心中歓声を挙げたであろう。だが、その目的に照らせば不審な点が三つある。

一は、目標を日本官憲に絞ったわけでなく、物資目当てに手当たり次第に襲っていることである。

二は、同胞にとって是非必要であり、同胞の税金で建てられた役場や小学校、郵便所などに放火していることである。困るのは民衆で、独立の達成とは縁がない。

三は、襲撃目的が衣類と医療品の掠奪にあったと推測される結果になっており、日本人の被害が少ない。これはその目的に背馳し、結果として同胞を苦しめただけの所業であった。

ところがこの保田は今は普天堡と呼ばれ、聖跡として国立公園に指定されて、今の金日成主席の銅像が立っているという。（坪江汕二「朝鮮民族独立運動秘史」一二九頁）

また白峯「金日成伝Ⅰ」（昭和四四年四月、雄山閣刊）のグラビアには、「普天堡ののろし―朝鮮は生きている―」

と題した左掲の絵写真を見開きで掲げ、本文二九〇―九頁の中で国内進攻の目的を「朝鮮人民の頭上に救国ののろしを高くかかげ、人民に勝利の信念を、朝鮮は必ず解放されるという確信を与える」ことにあったと説明し、襲撃の内容については「敵の統治機関をすばやく占領し、面事務所、山林保護区事務所、郵便局、消防隊本部、金融組合などがはげしく燃えあがった」とだけ記るし、住民は「夢にまで見た民族の英雄金日成将軍を一目見ようと群った」ので、金日成将軍は「祖国の自由と独立のため、反日愛国勢力が固く団結して日本帝国主義に反対してたたかわねばならぬ」と演説した、となっている。次頁の絵が、その状況である。むろん、金品の強奪については一言も触れてない。

この記述が正しいと仮定しても、不審を覚えない人はいないであろう。

当時の権力の表象は、駐在所であった。普天堡攻撃の目的が「人民革命軍の健在を誇示して民衆を励まし、希望と確信を持たせる」ことにあったとすれば、攻撃目標は駐在所に絞ってこれだけを焼却しても目的を果たせそうである。ところが駐在所は占領されたが焼けてなく、焼けたのは住民の共有財産であり、生活に不可欠の役場、郵便局、金融組合などであった。しかも近くの山衛里や佳林駐在所は襲われていない。これでは物が目当てであったことが確実で、目的と手段とが背馳している。

しかも住民は手当たり次第に掠奪されたのであるから、そして危険な国境地帯に怯けて咸南の平地部に移住した人も多かったのであるから、住民が放火・強盗の首領を拝みに集まるわけはなく、また火に追われて集まる余裕もなかったはずである。

また前述の上興慶水事件で分かるように、匪団は拉致によって身代金を要求し、あるいは人的補充源にしていた。だから住民は拉致されまいと必死で身を隠したはずである。

であるのに、普天堡は独立戦跡の聖地として聖跡化された。住民の心情はさぞ複雑であろう。

普天堡襲撃後、彼を慕って集まった群衆に演説する金日成（「金日成伝」に所載の絵。図の構図が10月革命時のレーニンによく似ている）

しかも白峯「金日成伝」は、今の金日成主席が「朝鮮人民革命軍司令」のときに普天堡を襲撃したとして、保田に残された布告文の名義は

朝鮮人民革命軍　北朝鮮遠征隊　司令　金日成

であったとしている。（二九五頁）

けれども「朝鮮人民革命軍」の存在を示す文献はない。前に民族主義者が朝鮮革命軍を、中共満州省委が東北人民革命軍を編成したことは述べたが、朝鮮人民革命軍をいつ誰がどこで組織したかの史料はどこにもないのである。そして保田には「東北抗日連軍第六師…金日成」と書いた布告文が残っていたのだ。

そのうえ「金日成伝」が載せている布告文の中には「かれらはわが民族を第二次大戦の弾丸よけとして、中国を侵略する戦争の道具にかりたてている」（二九五頁）という一節がある。

けれども支那事変の端緒となった蘆溝橋事件が起ったのは一か月後の七月七日、韓国人の志願兵制度を設けたのは三八年（昭13）、第二次大戦が勃発したのは三九年九月の独波戦争を契機としてであったから、「第二次大戦の弾丸よけ」は酷すぎる。よほど歴史に暗い人が創作したのであろう。

普天堡の被襲は、日本側にとって晴天の霹靂であった。前述した三五年二月一三日に東北人民革命軍第一軍第一師（李紅光部隊）が平北の東興邑を襲った「東興事件」に次ぐ大事件で、確かに奇襲に成功したと言えよう。従って治安機関に異常な衝撃を与えたが、それよりも金日成の名を高からしめたのは、次の異情が続発したからである。

大川隊の苦戦　六月四日二三二五に佳林駐在所に逃れた内藤巡査から急報を受けた恵山署の塩谷署長は、大川修一警部の指揮する警察隊（三二人）で追撃させた。大川隊が足跡を辿りながら越江して五日の一〇〇〇ごろ二三道溝の谷地に入ると、日本軍そっくりの服装をした金日成部隊（大川警部談）に奇襲されて戦死七、重軽傷一二の損害を受け、軽機一、小銃六などを奪われた。明らかに撃退されたから、敵に与えた損害は分かっていない。六月七日付の朝日新聞は住民の目撃談として、金日成部隊の損害は戦死二〇、負傷三〇、と報じたそうだが、筆者の経験からすれば過大と思う。後で現場を調べてみたが、遺体一つ残っていなかったのだ。

大川隊に恵山守備隊が同行しなかったのは、このような事が起こるはずはないと考えていた先入感の所産であろう。従って、日本側には普天堡が襲撃されたその事よりも、この大川隊が蒙った犠牲の方がよりショックであったと思われる。それは朝鮮総督府「施政三十年史」が次のように記録していることでわかる。

「大正一四年の三矢協約以来、平安北道を除く国境線は殆ど部隊的の侵入なく、概ね平静を保った。然るに昭和六年満州事変が勃発すると対岸（満州）の状勢は俄然一変して既存の馬賊・土賊・鮮匪等と、旧東北軍（張学良軍）の叛乱兵匪の大部隊が反満抗日の旗幟の下に横行跋扈し、一時対岸は総数六万とも称せられる匪賊の蠢動で無警察状態に陥った。しかし昭和九年に満州国帝政が実施せられ…帰順或は討伐されてその数著しく減少し、一時の小康を得た。

然るに支那事変の勃発とともに行動を再開し、ソ連極東軍とも密接に連絡して機を見て我が軍の後方を攪乱せんとする等の行動に出て…従来比較的無難であったソ連国境地帯は忽ち諜者の暗躍・兇匪の横行を擅《ほしいまま》にし、次いで張鼓峰事件は愈々之に拍車をかけ、此の地帯の紛擾は全く寸隙を許さざる状況となった。

然も之等の匪団中には、**金日成**、**崔賢**、朴得範、金先等の著名なる兇首を始めとして多数の鮮匪が混入していることは厳戒を要する処である。

而して今日の在満匪賊は、昭和十年八月一日中国共産党の救国抗日宣言以来、中国共産党の直接領導下にあって、東北抗日聯軍として完全に統一改組せられ、東辺道一帯に於て名実共に中国抗日戦線の一翼として、果敢な反満抗日運動を展開するに至った。

中でも**金日成**の如きは昭和十一年十二月頃から咸鏡南北道内主義者に呼掛け、咸南甲山郡を中心に頗る広汎な抗日人民戦線結社の組織を遂げ、翌十二年六月四日…恵山警察署管下保田邑内（現普天堡）を襲撃し、放火・殺人・掠奪・拉致等兇暴の限を尽し、尚ほ討伐に当たって警察官に戦死七、負傷十二名の損害を与へた事件を始めとし、屢々鮮内に侵襲せんとしつつある状況であって、猶ほ之が全面的粛正には前途多難を思わせるものがある」（四九五—六頁）

咸興の歩兵第七四連隊は、金仁旭少佐を恵山守備隊長に任じて急派した。金少佐は陸士二七期生で、李王垠殿下の御付武官から転じた人である。

森林隊・王旅長の被襲　六月九日、王旅長が率いた森林隊三〇余人は金日成と崔賢の合流部隊約一〇〇人に長白県二十道溝奥地の横山木材作業場に通ずる軌道で待伏せられ、十数人が射殺され、九人が捕えられて小銃一三丁その他を奪われた。大川隊が全滅に近い損害を受けてから四日後のことだから、これもショックであったろう。

金仁旭部隊との交戦　金仁旭少佐は警察と協同して鋭意金日成部隊の動静偵知に努めていたが、六月下旬、第六師長・金日成は咸北・茂山郡から引揚げてきた第二軍政治主任・全光と崔賢の率いる第四師部隊、及び長白県に潜在していた第二師の一部と合隊して約四〇〇人の部隊を編成し、十三道溝（新乫坡鎮対岸）に南下して再び境内進攻を企図していることを諜知した。

金仁旭少佐は六月二九日夜に将兵一一〇人を率いて出動したが、彼は咸興駅を出発する時友人に「実は金日成は、私の陸士の先輩である金光瑞さんと聞いている。どうしてあの方がこんなことをするのか、わからん。逢えたら帰順を勧めて連れてくる」とささやいたという。前述の金埈元将軍の証言と照らし合わせれば、陸士出身者の間では、金光瑞は健在して暴れ回っていると信ぜられていたのであろう。金光瑞が生存しておれば、五〇歳になっていた時である。

金討伐隊は六月三〇日未明に十三道溝富応洞近くで歩哨線に遭遇し、機を失せず急襲して遺棄死体五〇余体の損害を与えて壊走させた。これまで金日成部隊は、遺体や負傷者を残さないことでその精鋭度が知られていたが、捕虜の言によれば将来の活動方針を協議中に急襲されて、その伝統を守る余裕がなかったらしい。だが日本軍も兵五人戦死、将兵五人重傷、下士官兵七人軽傷という、一度の戦闘ではかつてない損害を受けた。金日成部隊が他の部隊と違ったイメージで受取られた所以であろう。けれども金日成部隊は再度の境内進攻の企図を未然に破砕されたばかりでなく、相当の損害を蒙ったらしく、以後は境内を窺うことはなかった。東北抗日連軍としての境内進攻は、普天堡が最後であったのだ。つまり、次に述べる恵山事件とともに、金日成部隊の普天堡襲撃は割に合わぬ高いものについたと言えよう。

ところがこの金仁旭部隊との交戦について、白峯《ベクボン》「金日成伝」二九九—三〇二頁と、同人の同工異曲の書であるベク・ボン「キム・イルソン」（昭48年9月、三省堂刊）一八四—七頁は、大意次のように述べている。

「金日成将軍が親率した六百余人の人民革命軍連合部隊は、英雄的な戦闘を組織するため天をつく勢いで黒瞎子溝の密営を出発し、六月二九日に間三峰に到着した。

ところが咸興第七四連隊の**二千余人**と長白県の偽満軍五百余人が、三方向からおしよせた。だが水ももらさぬ陣で待受けていた将軍は敵の先鋒を打ち砕き、続いて『きつと遊撃隊をつかまえてくる』と豪語して咸興駅を立った**金錫源**の〝討伐隊〟が立向かってくると、陣地固守と総突撃で一気に掃滅した。遊撃隊は大勝し、**千五百余名**に及ぶ敵の将兵を殺傷したのである。

あれほど大言壮語して出陣した金錫源も、満身傷だらけになって命からがら逃げだした。

余りにも多い死体の処理に困った敵は、首を切取って南京袋に詰め込み、かぼちゃと偽って運び去った。そこで〝かぼちゃが豊作〟という話が生まれたのである」

途方もない記述で笑話の種になるが、笑って済ませない現実がある。それは今の北韓の人民が、この創話を信じ込まされている事実の中にある。この事実は北韓の社会体制と執権者の意図を覗かせているが、この作文に出てくる金錫源は、金仁旭と同期の陸士二七期生で、この事件のころは当時の京城連隊に勤務して今の城南中高校（陸士、海兵、航士への合格率が抜群で有名）の創立に熱中し、南総督に直訴するなど、すでに有名な人であった。支那事変が勃発すると大隊長として勇戦し、山西・東苑の戦闘で国民的英雄となり、大佐で終戦を迎え、6・25動乱の初期は師団長として猛将ぶりを謳われた。韓国で金錫源の名を知らぬ人に会ったことはない。

これに比べ、金仁旭は四五年四月に中佐で退役し、故郷の平壌で終戦を迎えたが、ソ連に拉致されて消息を絶った。そこで、余り有名でない金仁旭を負かしたと作るよりも、韓国随一の猛将・金錫源を酷い目に合わせたと創作した方が効果があるので、日本側の史料に「金少佐」とだけあるのを奇貨として、それが金仁旭少佐であることは百も承知していながら、金錫源に造ったものと思われる。

恵山事件　七月七日の盧溝橋事件が北支事変へ、ついで支那事変へと発展してゆく最中に「仲坪里時局標榜強盗事件」が起こった。九月三日、雲興面仲坪里（恵山東南一二キロ）の金鉱山が二〇余人に襲われ、砂金など約五百円が強奪された事件であった。散布された檄文から第六師金日成一味の所為と分かったが、満州に引揚げたのは六人（副官・金周賢、連長・鄭仁浩らであった）に過ぎず、部落民は何ひとつ情報を提供しなかった。これは同類の国内存在を予想させるものである。

一〇月一日にまず金日成の密命を受けて雲興面の鉄道工事場に潜入していた権泰国（二〇歳位）を逮捕し、三日には同一使命を帯びて潜入していた金錫泰（一九歳）と趙信済を捕えた。その供述と密偵の情報をもとに一〇月一〇日長白県十七、十八道溝を捜査すると、大物がかかった。金日成の腹心・権昌郁ほか八人である。その陳述をもとに一一月中旬にわたって捜査を続け、国内で一六二人、長白県で五九人の関係者を検挙した。主要人物は次の通りであった。

第六師組織科長、中共党東満特委長白県工作委総責任、在満韓人祖国光復会（以下、光復会と略す）長白県工作委指導者、保田襲撃時の検閲隊長、殺人主謀

権昌郁（三六歳、本名・権永璧、変名・金昌万、金洙南）

中共党東満特委長白県工作委上崗区上方面特支部指導者、光復会長白県工作委責任、同上崗区上方面指導者、国内連絡責任、殺人関係

李悌淳（二九歳、変名・李東石。北朝鮮の政治局員となり、六七年に粛清された李孝淳の兄）

光復会国内工作委、朝鮮人民族解放同盟組織指導者、保田襲撃協力者、仲坪里事件関与、第六師協力者

朴金喆（二七歳、変名・朴時昱。北朝鮮の党政治局員となったが六七年に粛清された）

第六師青年科長、中略、殺人関与

張曾烈（二四歳、変名・朴曾烈、金曾烈）

第六師保衛連政治部責任、中共党員、殺人関係

馬東熙（二六歳、本名・馬玉駿。喉頭ガンで病死したが、「金日成伝」では供述を拒み通して舌を噛んで死んだ、となっている）

第六師募捐隊長、殺人関係者

池泰煥（三六歳、変名・池仁煥）

第六師女隊員、中共党及び光復会長白県工作委婦人部責任

黄錦玉（二三歳、権昌郁の妻）
第六師婦人隊員、光復会婦人部組織指導者、中共党員
朴禄金（二七歳、本名・朴永姫）
第六師第七団通信隊長、中共党員・光復会員
曺道熙（四二歳）
中共党及び光復会長白県上崗区下方面指導者、殺人主謀
徐応珍（三二歳、本名・徐仁弘）
第一次検挙というが、これら重要人物の供述で恵山郡雲興面内に朝鮮人民族解放同盟（朴達、朴金喆、李龍述、金成演ら）を最高指導機関とする抗日青年同盟、反日グループ、正友会、韓人会、決死隊、反日会など二六個の団体があって、約三〇〇人が加入していることが分かった。またこれらの団体は、長白県を根拠とする在満韓人祖国光復会の下部組織になっていて、普天堡や仲坪里事件の手引をしたことも判明した。

前列左から徐仁弘、李東石、池泰煥、権昌郁
後列左から朴禄金、黄綿玉、張曽烈、朴金喆

在満韓人祖国光復会は三六年（昭11）春に東北人民革命軍が東北抗日連軍に衣替えしたとき、省委の指令に従って当時の第一路軍秘書処長・全光らが発意したものである。全光（呉成崙）は間島出身でその運動経歴は知れ渡っていたし、当時の第一路軍内の韓人の最高位者であったか

ら、彼は在満韓人の結束を狙って人民戦線の結成を呼びかけたと思われる。宣言文の発起人は、呉成倫《ママ》（崙）、厳洙（秀）明、李相（尚）俊、安光勲らになっている。（「朝鮮6」二五六、三一六頁）

ところで在満韓人祖国光復会目前十大綱領は金資料集九三四頁と「金日成伝」一二五―七頁にほぼ同文が五月五日付で掲げてあるが、「朝鮮6」三一六頁のそれは六月十日付となっており、用語や文章の文《あや》が多分に異なっている。金正明編と「金日成伝」が、「朝鮮」「日本」の用語を用いているのに対し、北朝鮮の歴史観と主義に忠実な姜徳相編の「朝鮮6」が「韓国」「倭奴」（日本の蔑称）を用いているのが対照的で面白い。おそらく姜徳相編（七六年刊）が原文に近いと思われ、金正明編（六七年刊）は当時の日本語訳文を忠実に編集されたのであろうと考えるが、「金日成伝」は六九年刊であるから、この部分は金正明編に則らざるを得ずしてこのようなチグハグになったのであろう。

それはともかく、前記の検挙者の供述を総合すれば、第六師長・金日成は長白県下での在満韓人祖国光復会の組織を命ぜられた。そこで組織科長・権昌郁を現場指導者に、李悌淳（三六年に拉致されて金日成から教育され、信者になった）を現地責任に任じ、李悌淳が国内の朴達、朴金喆らを包摂した。中共党員に推せんされた朴達、朴金喆らはじ来金日成の指令を受けて国内工作に励み、天道教徒との合作に奔走するなど咸南北部一帯に浸透して勢力を拡大中であった。朴達、朴金喆らが普天堡や仲坪里事件に関与した所以である。

第一次検挙を免かれた朴達らは再起を図っていたが、翌三八年五月下旬に雲興面東薪里徳山洞（恵山の東一五キロ）軍資金強奪未遂事件で区長・金景亭に重傷を負わせたのを契機に第二次検挙を受け、朴達（二九歳）、金成演（三二歳）、李龍述（二九歳）以下二七九人が九月下旬から一〇月にかけて相次いで検挙され、これで祖国光復会の国内組織は全滅した。当時日本は武漢攻略戦の最中であり、七―八月には張鼓峰事件が発生して第一九師団が苦戦した緊張の秋であっただけに、日本側としては一刻も忽せにできない問題であった。この事件を総括した咸南警察部編

朴達（朴文湘）

集の文書が「中国共産党の朝鮮内抗日人民戦線結成及び日支事変後方攪乱事件」と題した所以である。なおこの事件が恵山事件と呼ばれるのは、恵山署の管内で発生したからという。

こうして恵山一帯の組織は三七年一〇月から一年がかりの捜査の末に計四九九人が検挙されて、文字通り根こそぎになった。そのうえ、第六師の組織保衛手段として、親日分子や反動分子と疑われて殺害された者が三七年二月—八月の間だけでも韓人六人、満人五人に上っていることが判明し、それぞれ物証があった。その中には、徐応珍が権昌郁と共謀して、徐の妻・崔丹玉を絞殺した事件も含まれていた。夫婦仲が不和で、秘密の漏れを恐れたからという。総督府「最近における朝鮮治安状況—昭和十四年」はこの件を「其の惨虐にして鬼畜的無軌道振りには全く驚嘆の外なきものあり」と報告している。（『金資料集』四四八頁下段）

四九九人の検挙者のうち一六七人が送検され、それぞれ二年以上の刑が科せられたが、極刑は次の人達であった。

死刑　権昌郁、李悌淳、池泰煥、徐応珍、朴達、李東傑の六人

無期　朴金喆、李龍述、金成演、李周興の四人

このうち朴達は持病で刑の執行を延期され、8・15解放時に朴金喆とともに西大門刑務所を出所した。特別待遇で故郷の朱乙温泉で療養中、六〇年に死亡して国葬が営まれたという。（外務省北東アジア課「北朝鮮人名録」六七年版：二三二頁）　朴金喆は党政治局員まで出世して羽振りをきかせていたが、六七年に粛清されたと伝えられる。

ところが白峯「金日成伝」は、「祖国光復会と十大綱領」（一二三—三一頁）及

び「祖国光復の旗ひるがえる」（二五〇―六一頁）の一節を設けて、「祖国光復会は金日成将軍が発意して三六年五月五日の東崗会議において宣言と綱領を発表し、そのとき会長に推戴された。その組織は釜山―木浦にまで設けられ、梁世奉の朝鮮革命軍さえ熱烈に合流を願ってきた。…会員数は数十万に及んだ」（二五五頁）と途方もないことを述べている。

つまり今の金日成は、全光（呉成崙）が発意して間島一帯に組織した祖国光復会創設の業績を横取りにしたうえに、全半島に勢力を扶植したと造っているわけである。だが日本側の史料では、第六師長・金日成は長白県下での組織を任せられ、咸南北部にまで手を延ばしたが、三八年（昭13）一一月までに四九九人の関係者全員が検挙されて光復会の組織は壊滅したということが明らかになっている。

第六師長・金日成の身元とその死説　李命英博士の研究によれば、恵山事件を担当した咸南警察部高等課の市原感一警部の証言として

「金日成の身元が最初に割れたのは朴禄金（女）からで、それを知った権昌郁、李悌淳、朴金喆、朴達らの金日成に会えた人達も口を割り始めた。彼らの陳述は、金日成の本名は金成柱、当時三六歳、モスクワ共産大学を卒業した物知りで、満州事変後にソ連から入満した人、に一致した。

死刑を宣告された権昌郁は三五～六歳で、大した人物であったから、彼が従った金日成は学力、年齢、闘争経歴など権昌郁を上回ったはずである。普天堡を襲撃した金日成は間もなく満州で射殺された、と聞いた。…今の金日成という人は別人と思う。年齢が違いすぎる」（一八六―八頁）

と紹介され、他の資料で右の証言を裏付けたうえ、その出生地は咸鏡南道であると記述されている。（一九一頁）

今の金日成主席は一九一二年四月一五日に平安南道の平壌郊外で生まれているから、当時は二五歳である。であるから三六歳の権昌郁や二九歳の朴達、李悌淳などが従ったのはおかしい。また出生地も違う。だから、普天堡を襲った金日成と今の北の金日成は別人である、と論証されているわけである。

でも年齢の差だけをもって、今の金日成主席と第六師長とは別人であると断定することは、常識に過ぎるような気もする。私事で恐縮だが、筆者は二二歳になったばかりで中隊長に補せられた。能力はなく、戦場体験も一年半に過ぎなかったが、陸士出身というだけで過重な命課を受けた。従って中隊では最年少に近く、野生の豹を飼いならしたことと勇敢さで連隊中にその名を知られた成岡正久曹長（高知市住、元市議、著書「豹と兵隊」）などは九歳も年長の戦歴者であったから、中隊が青二才の言うことを聞いてくれるかどうか極めて不安であった。しかも着任した途端に浙贛作戦が始まったのだから、なおさらであった。ところが案ずるより生むが易かった。成岡曹長などは抜群に働いてくれた。むろん青二才に心服したわけでは決してなく、中隊長という公人に従ったものであろう。

6・25動乱が始まった時、韓国の第一線師団長で三〇歳を越えた人はいなかった。けれども釜山を守り切る原動力になったのだ。

東北抗日連軍の師長以上は、満州省委の命課であった。第六師長・金日成は省委のおめがねにかなった人物であったし、共産党内の序列は軍隊よりもやかましいから、そして師長・金日成は武力を持っていたから、権昌郁らが金日成個人に対してでなく党が決定した権威に服従した、と考えることができるのではなかろうか。

しかも権昌郁らはいつも金日成に付き従っていたわけでない。彼と妻の黄錦玉、及び徐応珍は長白県十七道溝官道巨里に住んでいた。李悌淳と朴禄金はともに二十道溝集団部落に、朴金喆は雲興面五豊洞に居を構えていた。だからこそ第一次検挙で挙げられたわけであるから、彼らが時たま逢う金日成の指令を組織の命令として受取ったことは考えられることである。そのうえ李悌淳は金日成の教化で、朴達と朴金喆は金日成の推せんで中共党に入党する栄に浴したと自供しているから、恩もある。

また彼らの陳述が「金日成は三六歳、モスクワ共産大卒」に一致したのは、金日成の正体を庇うために口裏を合わせた、と考えられないこともない。狭い留置場に二百人近くが押込められたのだし、金九自叙伝「白凡逸志」などの獄中記にみられるように、韓人は獄中における連絡に妙を得ていると思うからである。

また今の金日成主席は平壌郊外の古平面南里（今の平壌市万景台）の出身だが、当時の金日成は咸南の出身であるという供述があったからといって、今の金日成主席は第六師長でなかったという証拠にすることも無理がある。朝鮮総督府高等法院検事局思想部「思想彙報第20号」（昭和一四年九月）七—四一頁所載の「咸鏡南道国境地帯思想浄化工作概況」の頭書に、次の記述があるからである。

「咸南国境地帯鴨緑江対岸に蟠踞する所謂《いわゆる》金日成一派と称する匪団は、第一路軍第二軍第六師であって、金日成を師長とし魏民生を政治委員とする鮮満人混合の武装匪団である。（金日成の身許に付ては種々の説があるが、本名金成柱、当**二十九年**、平安南道大同郡**古坪面南里の出身**で、幼時実父母に伴われて間島方面に移住し、同地方に於て成人し、匪団に投じた鮮人であると云ふのが最も確実であって、現にその実母（実は祖母）は生存してゐる由である。）…」（「朝鮮6」三二九—三四〇頁）

また李命英博士は、第六師長・金日成は一九三七年一一月一三日に、撫松県楊木頂子（安図と撫松の中間）で戦死した、と次の証拠に基づいて論証されている。（一九四—二〇〇頁）

① 蘭星会編「満州国軍」（一九七〇年、東京・満州国軍刊行会刊）三五〇、三七一頁の記事「金日成は一九三七年十一月十三日に通化省撫松県楊木頂子の千メートルの山中で約百名の部下と食事中を満軍歩兵第七団第一営に包囲

され、部下八名とともに射殺された。

状況や情報からして、間違いはなかったし、従ってその後何か月間は金日成部隊は鳴りをひそめていたが、三八年春から再びその活動が目立つようになったので、射殺された金日成が本物の金日成なのか、その後に現われた金日成が本当の金日成なのか、謎として残った」

② 前満軍将校で右記の戦闘に参加して金日成の首実検に当たり、かつて金日成師長の演説を聞いたことがある住民から確証を得た八木春雄氏（福岡市博多住）の七三年八月の証言。八木氏は「三五―六歳に見えた」と言う。

③ 満州国治安部参謀司調査課編「鉄心」（一九三七年十一月十五日号）七〇―七五頁所載の「金日成匪討伐詳報」…（筆者注：十一月十三日の討伐の詳報が二日後の十五日号に載るのはおかしいから、十二月十五日号の誤りであろう）

④ 京城日報（一九三七年十一月十八日号）の金日成の死を報じた記事と正体を明かした朝鮮軍当局の談話、及び前出の市原感一氏の回想。

⑤ 日本内務省警保局「特高月報」一九四〇年四月号二〇一頁の金成甫の逮捕記録から、第六師長・金日成の本名・金成柱の行列字は成であり、今の金日成の本名は金聖柱（注：この証拠は数限りなく論証されている）で、彼の弟は哲柱であるから、柱が彼の行列字である。だから金聖柱（今の金主席）は普天堡事件に関係がない。

⑥ 一九四六年の春、通化で金日成追悼碑建立募金に応じた李昌勲氏の談話。

⑦ 「金日成伝」が第六師長・金日成が戦死した三七年一一月から後継者が赴任した三八年（昭13）三月までの金日成部隊の活動の空白期を、「濛江県馬塘溝の密営で冬期軍政学習を実施していた」（「金日成伝」三二二頁）と記述している不自然。

⑧　金日成を襲名した後の第二方面軍長・金日成の身元（後述）。

李博士の論旨は間然するところがない。けれども馬占山や張治中将軍の戦死説が間違っていたように、家族や身近であった者が面通ししない限り確証は至難の業である。後述する野副討伐隊司令官・野副昌徳中将の追憶にあるように、金日成は部下の幾人かに金日成を名乗らせて、「縮地の法」を使うと言わせたり、あるいは「声東撃西」「以整化零　以零化整」の戦法を常用し、住民にもそう思い込ませて身を晦ませていた。だから、楊木頂子で戦死した人は、影武者の金日成であったかもわからない疑いは残っているわけであるが、李命英書を覆すに足る資料はない。

金日成の再登場　第六師長・金日成の戦死説を裏付けるかのように、第六師部隊はその後鳴りを鎮めていた。ところが金日成を名乗った大部隊が翌三八年（昭13）四月二六日夜に臨江県六道溝を三〇〇人を以て襲撃し、安東税関分卡を全滅させた他、拉致・掠奪の限りを尽くして世人を驚かせた。徐州会戦の最中の頃であった。安東分館主任は五月五日付の機密第一八〇号（「朝鮮6」三五七頁）で大意次のように報告している。

「管下各県に蠢動中の各匪団は極度の食糧難に陥って対策に苦慮しているが、長白県十四道溝を根拠に横行中の匪首**金日成**（鮮人）の一団約三百名（殆ど鮮人なる趣）は右の目的を以て四月二六日夜臨江県六道溝に襲来した。警察署員、自衛団、税関所員計七〇余名は防御に努めたが衆寡敵せず、税関（日人二、満人一）は全滅した。賊は糧食及び金品多数掠奪し、人質四十名（糧食運搬夫に使用）を拉致して七道溝方面に引揚げた」

この襲撃を四月二九日付の東亜日報と毎日申報は「軽機六丁を装備した五百名が五隊に分かれ、ラッパを吹きながら市街に突入した。税務署員三名が即死し、刑事三人、安東営林署六道溝出張所員三人（日人二、韓人一）、韓人住民三人、中国人四二人が拉致され、現金二千円、食糧一万円相当が奪われた」と報じたという。（李命英書二〇八頁）

前出の市原警部らは金日成の再現に戸惑ったというが、新聞報道の裏には金日成の健在を称える雰囲気がうかがえる。

ところがそれから約一年、金日成部隊の消息は絶えた。「金日成伝」は三二三―三四八頁にわたってその間の事情を、濛江県南牌子会議（三八年一一月）で部隊を三方面軍に再編し、再び長白県に大移動して神出鬼没したように謳っているが、日満側にはこれを証拠だてる資料はない。

このように、中共党が主導した反満抗日統一戦線組織である東北抗日連軍の動向は、遅まきながら逐一日満側に偵知されていた。満州省委の組織指導は巧妙かつ隠密で時流に乗ったものであり、組織の拡充や他の抗日部隊との共同作戦要領の締結はその戦略の成功と言えるであろうけれども、「満共匪研」や「現代史資料30（朝鮮6）」に収録されている夥しい情報資料や統計、分析を見れば、これらの情報資料は住民と連軍内の通謀者が提供した資料であることがわかる。

ということは、密林内に追込まれた抗日軍は生存のために掠奪や人質の拉致を事とせざるを得なくなり、その崇高な理想を掲げたスローガンとは裏腹の〝馬賊の生活〟を余儀なくされたからで、住民を敵に回す羽目に陥ったことを物語っている。

そもそもゲリラ戦成功の条件として、次の四つが挙げられる。

① 住民の協力と生活適地
② 隠れ家の存在
③ 聖地の存在

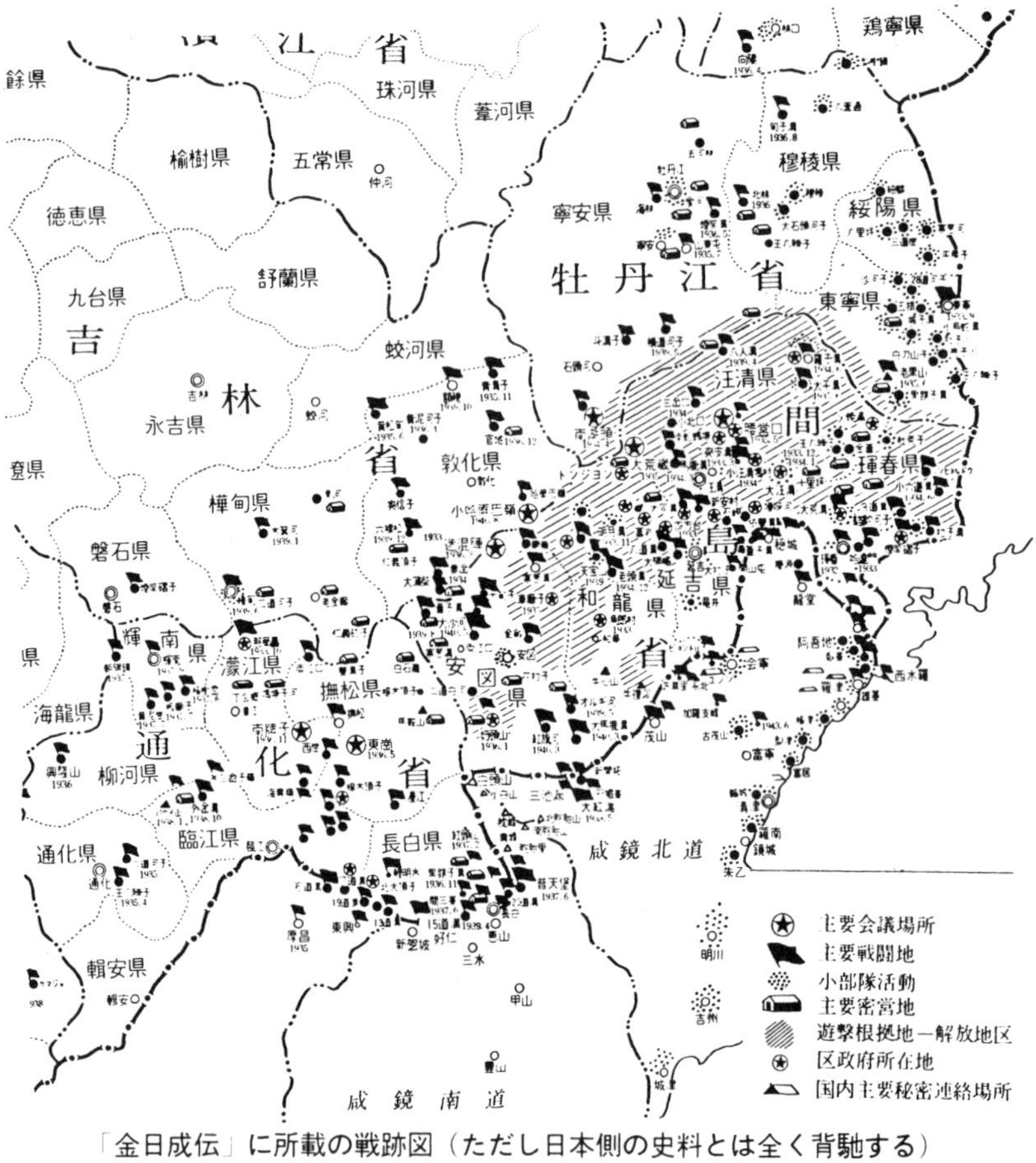

「金日成伝」に所載の戦跡図（ただし日本側の史料とは全く背馳する）

④　外国の支援

ゲリラも人間だからその衣・食を賄える物資が必要であり、それにはそれに耐えうる適地とその住民の協力が不可欠である。しかも微力なゲリラはヒット・エンド・ラン戦法がその行動の基本であるから、追討を避けるに便な隠れ家、すなわち森林や山岳地帯を必要とする。だがそれだけでは不時の追討は免れ得ないし不断の緊張を強いられるので、生身の人間には耐えられぬ。そこで追討軍の立入りが許されない地域（ベトナムの例では北ベトナムやラオス、カンボジア）で休養をとり、訓練する必要があり、武器弾薬、資金などは外国の支援が欠かせない。この四条件のうち、一つが欠けてもゲリラ活動は成功しないわけである。

この場合、ソ連が聖地であり、支援国であった。だから第三路軍や第二路軍の一部はこれらの便宜が使用できた。第三路軍に属した金策や第二路軍第七軍に属した崔庸健らの入ソと帰満は、たびたび日満側にキャッチされている。けれども酷寒の北満は隠れ家に乏しい。また日満側の民衆工作と自衛部落の進歩に伴って、糧道を絶たれた。そこで勢い掠奪と人質で衣と食を得る外はなく、次第に民衆に見離されていった。かくして住民の協力によってゲリラの行動は日満側に筒抜けになった。日満側は抗日連軍に的を絞って追討に次ぐ追討を強行した。ために北満の第二、第三路軍は一九三九年（昭14）春ごろまでに潰滅状態になり、金策（最後は北満省委責任）や崔庸健（第七軍長ののち同参謀長）はウラジオストーク近郊のオケアンスカヤの野営学校に収容されたと信ぜられる。

第一路軍もほぼ同じ軌跡を辿ったが、南満の密林は屈強の隠れ家であった。また逮捕された第六師の参謀長・徐魁武や王連長の供述によれば、第一路軍司令部にはデイノロフを長とする六人のソ連軍指導員が配置され、金日成の第六師にもイスラムというソ連人が派遣されて指導監督、ソ連との連絡や諜報活動に従事していたという。このイスラムは後で射殺死体で確認された。（李命英書一二四―五頁。日本司法省刑事局「思想研究資料特輯七五号（一九四〇

年)」三三二頁所引)

こうして北満の第二、第三路軍が壊滅した後も、南満の第一路軍だけは生き延びていた。

(三) 第二方面軍長・金日成

支那事変の拡大に伴って東辺道の治安粛正は焦眉の急となってきた。関東軍は昭和一三年治安粛正工作計画に基づいて不断の討伐を続け、相当な成果を挙げた。これまでに第一路軍第一師長・安鳳学が投降し(三六年一〇月)、三七年一一月一三日には第六師長・金日成の戦死が伝えられたが、三八年春には第四師第一団長・崔賢らが射殺されたと報ぜられた。けれども第一路軍は南満の特殊性に助けられて生き延びていた。東辺道(通化、吉林、間島省一帯)の英雄とか緑林の梟雄と呼ばれた大刀会軍総司令・王鳳閣さえ三七年三月に妻とともに捕えられて処刑された(李命英書七六―七頁)のに、第一路軍だけは健在していた。楊靖宇の統率力も物を言ったのであろう。

方面軍制への改編　ところが三八年(昭13)末になると多くの幹部が脱落し、かつ損害を受けたうえに、兵員の補充が困難になったようである。

従来の三、三制の編成が維持できなくなった第一路軍は、三九年(昭14)の初めに第一～第三方面軍の名称を新設し、直接中隊級の兵力を指揮するように改めた。つまり名は方面軍でも、実力は、従来の師以下になったとみてよいであろう。

このとき第一方面軍長には元の第一軍長の曹亜範(中)、第三方面軍長には元の第二軍第五師長・陳翰章(中)が任命されたが、第二方面軍長には元の第六師長・金日成が抜擢された。

間島省警察隊警務部が康徳七年（一九四〇・昭15）九月に調製した東北抗日連軍第一路軍の編成表は別表の通りである。（「現代史資料・朝鮮6」六六四―五頁）

それによれば、改編の理由を

一、第二軍の林参謀と呉政治主任などの投降によって金日成匪団の内部が極度に動揺し、帰順を願う者が多発した。

二、林と呉は同団の内情を知悉しているから、切り崩しの恐れが大となった。

三、そこで本年六月上旬に魏極民副司令や金日成らの幹部が延敦県境の哈爾巴嶺に会合して方面軍制に改編し、その組織内容の秘匿を図った。

とみている。

つまり軍、師、団の称号を廃して方面軍→中隊（三個）→分隊（二個）→班（三個）に改編したもので、第二方面軍の総兵力は三一九人、判明していた装備は軽機六、擲弾筒一が主なものであった。また第一路軍の総兵力は協力部隊の千人を合して計約三千人と推算されていた。この調査表の確度は分かりようがないけれども、討伐の効果を示す指標ではあろう。

しかし興味があるのは、第一路軍の幹部名の中に、後で金日成政権の中枢部に名を連ねた次の人名が散見されることである。

北朝鮮での職務

第二方面軍長　・金日成（29歳）…主席

第一中隊長　・呉白龍（27歳）…人民武力部長

第二分隊長・金東奎　…党副主席

第三方面軍参謀・安尚吉（30歳）…総参謀長
第一三団長　・崔　賢　　…民族保衛相
同政治委　・崔春国　　…政治局員

また朝鮮労働党中央委員会党歴史研究所編「朝鮮人民の自由と解放（一九三〇年代の抗日武装闘争の記録）」（七一年一二月、未来社刊）は、金日成に従った抗日パルチザンの回想集で、崔賢の「忘れられない初対面」で始まり李斗洙の「不死鳥」で終わっている書だが、寄稿者は次の通りであるので、彼らも金日成に従っていたのであろう。（職務は六五年当時）

崔　賢…党中央委員、上将
韓益洙…党中央委員、中将
呉白龍…党中央委員、少将
林春秋…最高人民会議常任委書記長
金明花
呉振宇…人民軍大将・民族保衛副相
李乙雪
金佐赫…民族保衛省総参謀部次長
白鶴林…党中央委部長
金庚錫…党中央委員、平壌市委員長
全文燮…第二集団軍司令官、中将
朴英淳…逓信相
崔日華
南東洙
崔仁徳
田昌哲
崔鳳松
黄順姫…党中央委候補
金東奎…党中央委行政部長
張チョルグ
李斗洙…民族保衛省局長、少将

こうして肩書きが第六師長から第二方面軍長に変わった金日成は暫く鳴りをひそめていたが、李命英博士の研究によれば、金日成部隊（一五〇人）は三九年（昭14）四月一一日夜に長白県十道溝を襲って掠奪、拉致し、二六日には十五道溝大同里を襲って一時間も交戦し、五月三日夜には半載溝を襲撃して満警と四時間も交戦し、警官と住民四〇余人を殺傷して多量の食糧と衣類を掠取した。だが決死的な半載溝襲撃で金日成は重傷を負った。彼は妻・金恵順とともに樹海の中を転々としていたが、人目をはばかって別れ別れになったという。金恵順は第二方面軍の女子青年部長であった。（二〇九―一〇頁。当時の東亜、朝鮮、京城日報と則武三雄「鴨緑江」（一九四三年、東京第一出版協会刊）所引）

こうして東辺道は再び騒然となったが、この三九年夏にはノモンハン事変が勃発してただならぬ情勢になってきた。かねて東北抗日連軍の目的は、日ソ開戦時まで生き残り、日本軍の後方を撹乱することにあると知られていたから、東辺道の粛正の成否は関東軍の死活の問題とみられるに至ったわけである。そこで関東軍は、ノモンハン事変が終わるのを待ちかねたように、独立守備隊司令官・野副昌徳少将に有力な満軍七個旅、警察隊三〇個大隊等を配属して東南三省（吉林、通化、間島省）の粛正工作を下令した。

東南三省治安粛正工作　筆者は長崎県大村市に在勤したとき同市在住の野副元中将にたびたび教えを受けたが、この討伐について同中将は次のように回想された。

「周知のように、支那事変が拡大してゆく最中に、張鼓峰、ノモンハン事件が起きて、ソ満国境はただならぬ雰囲気に包まれた。特に関東軍を刺激したのは、ノモンハン事変の勃発と前後して金日成ゲリラが鮮満国境地帯で暴

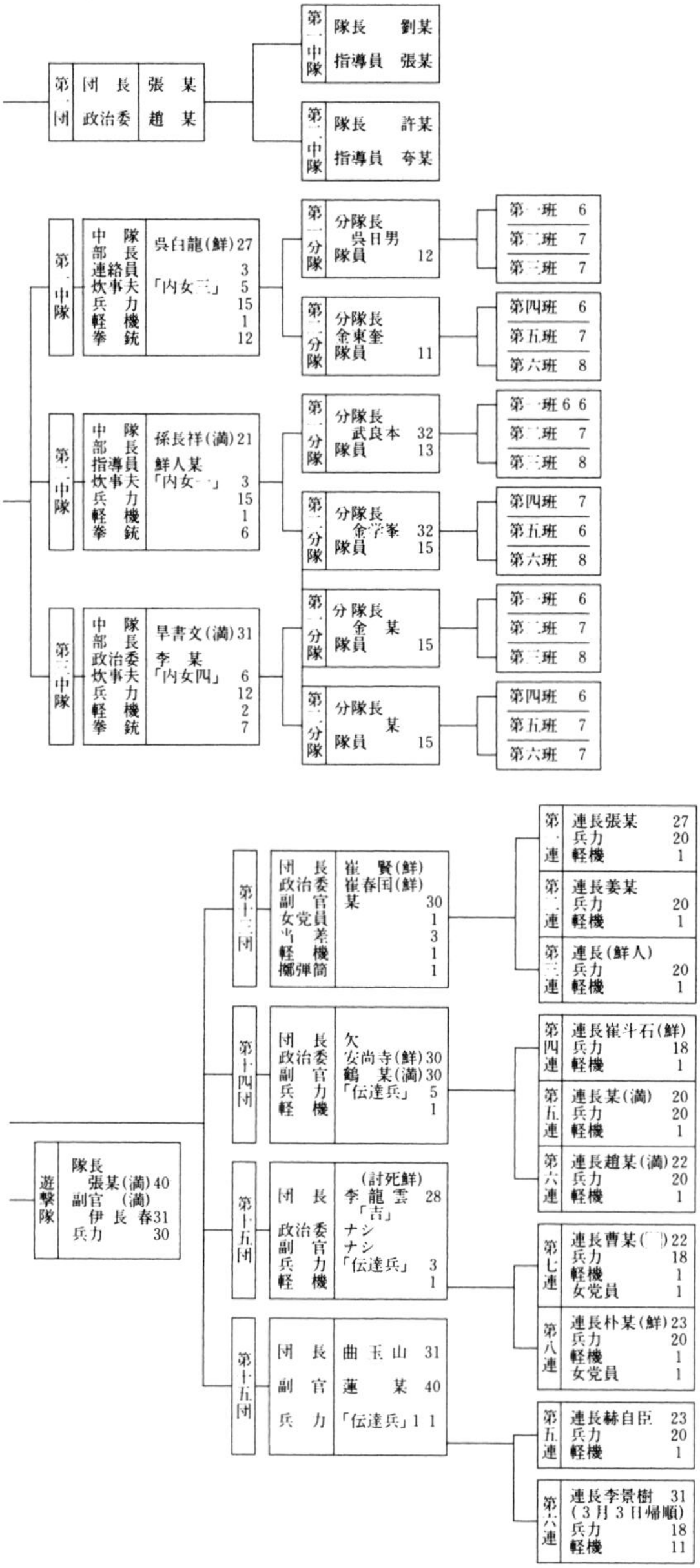

「註」
組織改編ノ理由
第二方面軍林参謀・呉政治主任等ノ投降ニヨリ金日成匪团内部ハ極度ニ動揺シ帰順意志ヲ有スル者相当多数アル状態ニシテ且又林・呉ハ同团組織状況ヲ知悉シ内部ノ切り崩シ多キ恐レアルヲ以テ之カ防止打開策トシテ本年6月上旬頃延敦県境哈爾巴領西南地区ニ於テ副司令魏極民・金日成其他幹部等ノ会合及協議ノ上部隊制ニ改編シ其ノ組織内容ヲ晦サントセリ

「註」改編内容
1、第七团ハ第一中隊ニ改編ス
2、第八团ハ第二中隊ニ改編ス
3、警衛連一部及副官等ノ一部ヲ以テ第三中隊ヲ編成ス

「註」
北満三江省依蘭県地区ニ蠢動中ナリシ東北抗日聯軍第五軍副軍長柴世栄ノ指揮下ニアリシ第五团々長曲玉山以下50名ハ陶政治主任ニ指揮セラレ康徳5年秋依蘭ヲ出発南下吉林省敦化県沙河掌地区ニ移動同地ニ於テ第三方面軍ト遭遇爾来同团ハ陳輪章ノ指揮下ニ入ル

間島省警察隊警務部調
康徳7年
9月作製

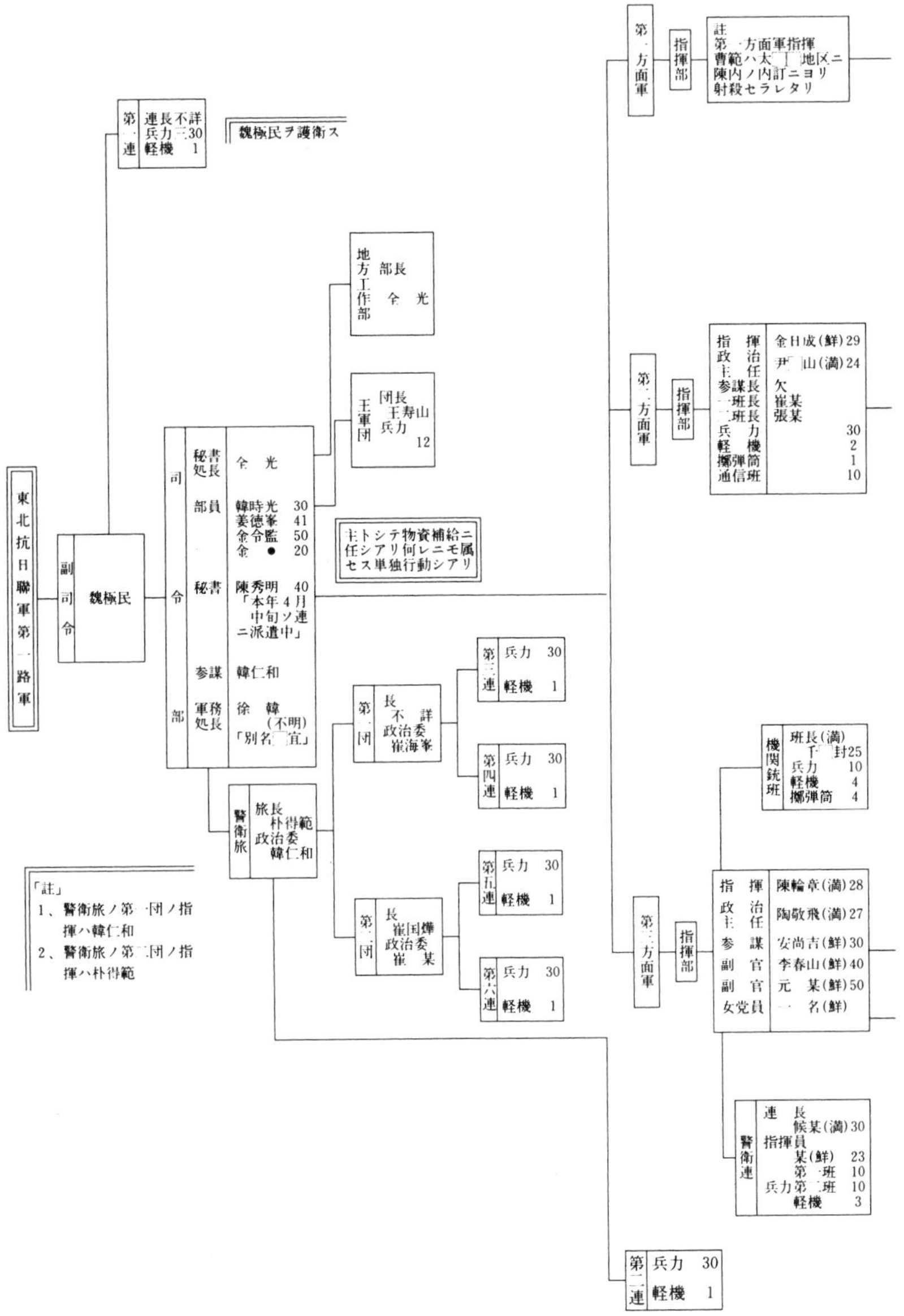
東北抗日聯軍第一路軍
副司令　魏極民
第一連　連長不詳　兵力三30　軽機　1
魏極民ヲ護衛ス
司令部
秘書処長　全　光
部員　韓時光　30　姜徳峯　41　金令監　50　金　●　20
秘書　陳秀明　40　「本年4月中旬ソ連ニ派遣中」
参謀　韓仁和
軍務処長　徐　韓（不明）「別名　宜」
地方工作部　部長　全　光
王軍団　団長　王寿山　兵力　12
主トシテ物資補給ニ任シアリ何レニモ属セス単独行動シアリ
警衛旅　旅長　朴得範　政治委　韓仁和
第一団　長　不　詳　政治委　崔海峯
第三連　兵力　30　軽機　1
第四連　兵力　30　軽機　1
第二団　長　崔国燁　政治委　崔　某
第五連　兵力　30　軽機　1
第六連　兵力　30　軽機　1
第二連　兵力　30　軽機　1
「註」
1、警衛旅ノ第一団ノ指揮ハ韓仁和
2、警衛旅ノ第二団ノ指揮ハ朴得範
第一方面軍　指揮部
註　第一方面軍指揮曹範ハ太　地区ニ陳内ノ内訌ニヨリ射殺セラレタリ
第二方面軍　指揮部
指揮　金日成（鮮）29
政治主任　尹　山（満）24
参謀長　欠
一班長　崔某
二班長　張某
兵力　30
軽機　2
擲弾筒　1
通信班　10
第三方面軍　指揮部
指揮　陳翰章（満）28
政治主任　陶敬飛（満）27
参謀　安尚吉（鮮）30
副官　李春山（鮮）40
副官　元　某（鮮）50
女党員　一　名（鮮）
機関銃班　班長（満）于　封25　兵力　10　軽機　4　擲弾筒　4
警衛連　連長　候某（満）30　指揮員　某（鮮）23　兵力　第一班　10　第二班　10　軽機　3

れ出したのと、ソ連は日ソ戦争の生起は必至とみたのか、抗日ゲリラに『戦争の勃発まで健在して満州国の撹乱に任じ、日ソ開戦の暁には鮮満の交通を遮断して呼応する』よう指令している情報を入手したときであった。

そこで一四年（三九年）の九月にノモンハンが一応終わり、ドイツのポーランド侵攻によって第二次世界大戦が勃発してソ満国境に小康が訪れた機に大粛正が決心されて、当時独立守備隊司令官をしていた私にその実行が命ぜられたわけである。

命令を受けた時、着任直後の梅津司令官が、『兵力と金に糸目はつけない。根絶するまでやってくれ。なるべく早くと言いたいが、気長にやらねば難しかろう。飛行機でも何でも出す』と決意を述べられたのが印象に残っている。

従来の討伐を研究してみると、ほとんどの分進合撃は網の目が大き過ぎたのと情報漏れで空撃に終わり、たまたま運の悪いゲリラに遭遇しても追い散らしに終わっていた。また満軍との協同が拙く、その特性を活かしていなかった。というのは、かつての馬賊を満軍に編入していたのだが、彼らの信義や能力を軽んじて端役に回し、活躍の場を与えていないことが多かった。

そこで張り付け部隊でゲリラの糧道を絶つとともに動けないようにしたうえで、重点地区に徹底して兵力、資材を投入し、日満軍警民が一体となって櫛梳るように、一旦発見したら根絶しにするまで離れない作戦を指導した。部隊はつらかったろうが、ゲリラ討伐は根競べ、精競べだから心を鬼にして強行した。

幸い成功したと言えるであろう。しかし彼らの闘志、我慢強さ、忍耐は立派なもので、日本人は学ぶべきところがあった。特に印象に残っているのは、金日成匪と崔賢匪で、これを目の仇にして追いかけたのだが、ついに捕捉し得なかった。それは金日成を名乗る部隊が多く、東に出たかと思うと西で暴れるので、惑わされた感が否めない。

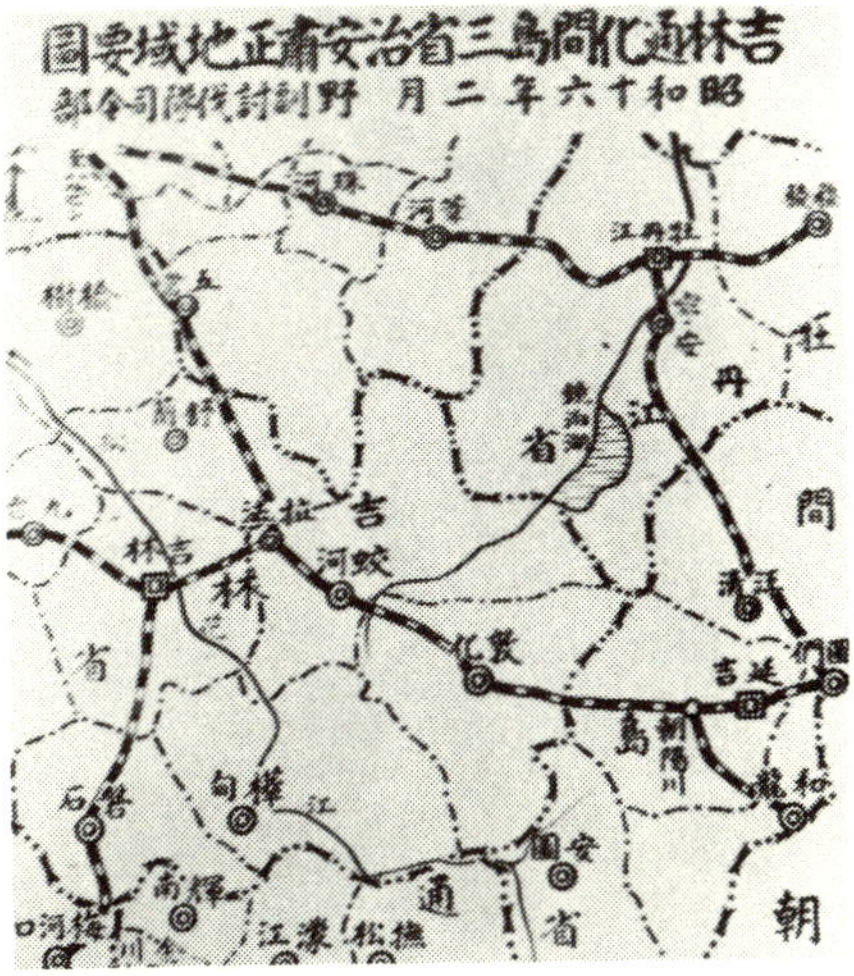

野副討伐隊の攻撃は、徹底していた。第一路軍の根拠は吉林・間島・通化省の省境山脈地帯で、樹海とか緑林と言われる原生密林が繋り、白頭山を主峰とした長白山脈が南北を、老嶺山脈が東西を画し、その間に老爺嶺、龍崗、その他の山脈が県境を成す秘境、つまり陸の孤島地帯であった。白頭山の北麓は昔からの馬賊の巣窟であり、韓国独立軍の根拠でもあったので測量隊の立入りが不可能で、地図のその部分は白い空白になっていた。だから日満側はそれを「白色地帯」と呼んでいたことは前述したが、地図で作戦を計画する慣習の日満側は酷く手古摺った。この討伐に日本軍将校として従軍した韓国の将軍は「白色地帯に入ると暗闇の中に入った感じで、どこからともなく弾丸が飛んできた。包囲しようにも地形も地名も分からないので命令の下しようがない。闇雲に接敵すればいつの間にか包囲されている。まことに始末に負えない地帯であった」と述懐された。

そこで野副討伐隊は粛正地区を数地区に分けて地区討伐隊を張付け、日・満軍、警察、政治機関、民衆組織などを相互に協力させながら警備、討伐、民衆工作、情報収集などに任じさせ、通化、吉林、間島省の順に重点を移しながら機動討伐隊で「櫛梳《くしけず》り作戦」とか「馬蝿《うまばえ》作戦」と言われた掃討戦を開始した。例えば、間島地区討伐隊の編組は次の通りである。

間島地区討伐隊

長、第四独立守備隊長　山崎大佐

独立守備歩兵第十九大隊一小隊

有線電信、一分隊

東小地区討伐隊

長、独立守備歩兵第二十一大隊長　布上中佐

独立守備歩兵第二十一大隊ノ大部

九四式三号無線二分隊

九四式五号無線五分隊

第二救護班

満　軍、混成第七旅

同　歩兵第十五団

同　間島特設隊

同　歩兵第一旅

同　第六軍管区通信隊ノ一部

同　第八軍管区通信隊ノ一部

警　察　隊、間島省警察隊本部

間島省警察四ヶ大隊

積雪の樹林を索敵する討伐隊

延吉県神撰隊
和竜県神撰隊
安図県神撰隊
区署部隊、間島省警察（安図、和竜、延吉各警防隊）
森林警察隊（地区内ノモノ）

東北小地区討伐隊

長、独立守備歩兵第九大隊長　小林大佐
独立守備歩兵第九大隊ノ大部
九四式五号無線、五分隊
満　軍、歩兵第六旅
同　第八教導隊ノ一部
同　第八軍管区通信隊ノ一部
同　独立第一自動車隊ノ一部
警　察　隊、間島省警察一ケ大隊
汪清県神撰隊
通化省派遣警察隊本部
通化省派遣警察四ケ大隊
区署部隊、汪清県警防隊

森林警察隊（地区内ノモノ）

西北小地区討伐隊

長、独立守備歩兵第二十大隊長　原田大佐

独立守備歩兵第十九大隊第四中隊ノ大部

独立守備歩兵第二十大隊ノ大部

九四式三号無線一分隊

九四式五号無線四分隊

満　軍、歩兵第二十七団

同　第六軍管区通信隊ノ一部

警　察　隊、牡丹江省警察隊本部

牡丹江省警察一ケ大隊

区署部隊、寧安県警防隊

森林警察隊（地区内ノモノ）

櫛梳りとは、昔、女性が目の詰んだ櫛で頭髪に巣くった虱《しらみ》を梳り出した意で、馬蠅は一旦馬に取り付いたら追えども払えども血を吸い卵を生みつけるまで離れない蠅のことである。

櫛梳り作戦は三九年（昭14）一〇月一日を期して開始され、間隔を詰めた数縦隊が深山幽谷の山塞に潜んだ連軍を索めて探し回った。そして一旦接触すると、馬蠅のように取り付いて捕捉するまで離れなかった。

こうして逐次戦果が挙がり始めると、住民は急に協力的になった。ゲリラが居なければ襲われることも税金を二重取りされることもなく、討伐隊のために何かと協力を強いられることもなくなって安居楽業できるわけだから当然である。これまでの微温的な討伐ではゲリラを追い散らすだけであったから、討伐隊の撤収後のお礼参りを恐れた住民は触らぬ神に祟りなしを決め込んで、知らぬ存ぜぬの一点張りであったのが、情報を提供し始めたのである。住民は強い方に味方する。

第一路軍総司令・楊靖宇は、攻撃が始まったころは副司令・魏極民、秘書処長・全光、参謀・方振声、第三方面軍第一三団長・崔賢などと行動を共にしていたが、追討に次ぐ追討のためにいつしか離れ離れになり、手兵数人を率いて潜伏中、四〇年（昭15）二月二三日に濛江県城南方の四九〇高地で完全に包囲され、最後まで抵抗して射殺された。日満側は敵将ながらあっぱれとして「楊靖宇之墓」と記した墓標を建て、仏事を営んで霊に敬意を表したそうである。（李命英書二一〇—二一二頁。森崎実「東辺道」所引）

そしてこれまでに、第三方面軍第五団長・侯国忠（中）が三九年一一月一日に戦死し、四〇年二月一五日には第一路軍参謀・方振声（韓）が逮捕され、同二〇日には第二方面軍参謀長・林宇成（韓）が帰順していた。楊靖宇が包囲されたのは、方振声や林宇成の供述に基づくものと想像される。また高級幕僚の中に逮捕者や帰順者が出たことは、第一路軍が甚大な打撃を受けつつあった証左であろう。

だが討伐はつらい。それは情報収集と対情報との戦いであり、闘志と根気と体力と勘とが勝敗を分ける戦闘の連続である。後述するように野副討伐隊の粛正は成功を収めたけれども、追討側の困苦と損害も並々ならぬものがあった。

第一路軍司令・楊靖宇の霊を弔う

満警・前田中隊の全滅　「現代史資料30・朝鮮6」四〇六―二六頁収録の討伐状況報告から、四〇年三月における金日成部隊の追討状況を抜粋すれば次の通りである。（意訳）満警・前田中隊の全滅は特例であったけれども、馬蝿作戦の一斑はうかがえる。

①　三月一日以来、金日成・崔賢合流匪は奶頭山から和龍県裡馬鹿溝方面に潜入中の模様。

②　三月一一日朝、和龍県朴神選隊は裡馬鹿溝奥で金日成匪の露営跡を発見、足跡を辿り急追中。

③　三月一一日夜、金日成匪約一五〇は安図県大馬鹿溝・紅旗河森林警察隊を襲撃して死傷各二名の損害を与え、金品二万三千余円を掠奪し苦力一四〇人を拉致して逃走せり。

対策（翌一二日）

1、在延吉・石垣警防隊長、討伐指揮のため現地に出動。

2、在砂金溝の満警・前田中隊（一〇〇名、軽機四）、退路遮断のため大馬鹿溝南方に出動。

3、在安図県三道溝の満軍・山根中隊は迎撃のため裡馬鹿溝方面に東進。

④　一三日未明、金日成匪は大馬鹿溝上流の七三五高地東側谷地に露営中。（斥候報）

⑤　一三日正午前、被拉致者一五〇人のうち二五人（日一、韓一三、満九、白系露人二）が釈放されて大馬鹿溝に帰着。匪数は一五〇人（うち満人三〇名、他は女三名を含む韓人）、軽機四を有し、西北方に移動す。

対策（大馬鹿溝進出中の石垣警防隊長の処置）

1、前田中隊は急追。
2、在安図県熊溝の大神討伐隊（第一、二中隊）は該方面に急進し索敵。
3、大神警察隊第三中隊（四〇人）は安図県三道溝発、楊房子方面の索敵。
4、安図第一、第二神選隊は安図県三道溝東南方地区の索敵。
5、山根中隊は裡馬鹿溝北方地区の索敵。
6、前田中隊に三九人と軽機二を増加手配。
⑥一三日夜八時、前田中隊は小馬鹿溝西側において匪の後衛に追及し、交戦四〇分ののち撃退。引続き追撃中、夜十時ごろ迎撃されたがこれを撃退してなお追撃中。わが損害なし。戦果　遺体三、その他。
（以上、三月一九日付琿春領事館情・機密八五号）
⑦金日成匪は一四日早朝、馬鹿溝上流より北進、積雪三尺に及ぶ△一三六八―一二八三の山陵を牛八頭、人質七〇余人を連行して西に向かい逃走中。
対策
1、和龍県宇波警防隊長は前田中隊及び日軍・赤堀隊（六〇人）と金匪を猛追中。
2、大神隊、前任務続行。
3、藤井安図県副県長は大神第三中隊を指揮して邀撃の態勢を採る。
4、安図第一、第二神選隊は邀撃準備。
5、統一指揮のため神岡警察隊本部長は戦闘司令所を大馬鹿溝に推進。
⑧金日成匪団は△一二八三から白色地帯を経て奶頭山方面に逃走中と推定。

対策

1、延吉警察学校生徒と本部留守員計四七人を奶頭山に急派。（外略）

⑨一六日、前田中隊は△一二四二から南下した被拉致者（六一名、牛二頭）の足跡を匪の足跡と誤って大馬鹿溝に帰来。引続き裡馬鹿溝南方を索敵中。（計略にかかったらしい）

⑩一九日、前田中隊は大馬鹿溝西北一五キロに於て隠匿物資（白米一〇石、その他）を押収。

（以上、三月二九日付琿領情機密九四号）

⑪金日成匪の主力は奶頭山方面白色地帯に、一部は裡馬鹿溝付近に潜在中と推定。（一八～二〇日？）

対策

1、安図第一、第二神選隊は……（不明）白色地帯を南下索敵中。

2、大神選隊は三道白河から熊溝に向かい南進掃討中。

3、前田中隊は砂金溝北東方一〇キロの一一八九高地を中心とする半径一〇キロの範囲を索敵中。

4、須能中隊（旧山根中隊）は花拉子を中心とする半径一〇キロの範囲を索敵中。

5、永富隊（四七人）は奶頭山一帯を索敵中、山塞三（各二～三〇人収容）を焼却。

⑫三月二四日午後、前田中隊は一二八三高地西方一二キロの白色地帯内に一五〇余人の露営地跡（未タ人気アリ）を発見、他部隊と呼応して二五日早朝から足跡を辿り急追中。

⑬三月二五日午後、満警・**前田中隊**（一四〇人）は安図県大馬鹿溝の七九五高地谷間に於て東北抗日連合軍第一路軍第二方面軍金日成匪二五〇人に待伏せられ、**三面包囲を受けて全滅す**。わが損害、戦死・前田隊長以下五八人、戦傷・二七人、行方不明・九人、被奪・軽機五、小銃八七、その他。

⑭　二六日午後、皇軍・赤堀隊（六〇人）、右現場の北側で同匪と交戦し撃退。

⑮　金日成匪主力の所在不明。大馬鹿溝八六四高地西北方の密林内に潜伏中と判断さる。三月二九日、同匪の一味四名上三水坪に侵入掠奪せり。

⑯　三月三〇日夜、金日成匪別動隊約六〇人は安図県全北屯を襲撃し、掠奪・拉致一七人。

⑰　金日成匪団は依然南部安和県境地区の密林内に潜伏中と認められるを以て、…皇軍・八重樫、大場、赤堀、入船、大神各部隊は該地区を掃蕩中。

⑱　皇軍・赤堀部隊は四月九日、図上馬鹿溝と裡馬鹿溝の中間一二六九高地南側に於て金日成匪約一三〇人を追跡、交戦し潰走せしむ。

敦化東南約25キロの迷魂陣地帯牛心頂山付近で発見した崔賢部隊の山塞

⑲　四月一二日、金匪第八団は安図南方地区を遊動中。

（以上、昭和十五年四月十九日付琿領情機密第一一一号及び四月二十日付同第一一四号）

⑳　四月一六日、金日成匪約一八〇人は安図県東南岔と洋草溝子の両部落を襲撃し、満警一、自衛団二を射殺、大麦三〇俵・衣類等を掠奪、九一人を拉致せり。日満軍警総出動して追跡中のところ、皇軍・大場部隊は一七日午前十時ごろ洋草溝子九六地区に於いて発見、交戦三回にして潰走せしむ。彼の損害三、我負傷二。

㉑　四月一六日撫松県東崗に、一八日十二道溝西崗分駐所に金匪各一名武装のまま帰順せり。

（以上、四月二十六日付琿領情機密第一二三号）

㉒ 四月二九日夜、金日成匪主力約一〇〇人は安図県城南六キロの南道屯を、別動匪約一〇〇人は同県北部小蒲草屯を襲撃、掠奪・拉致す。

㉓ 五月一日夜、金日成匪約二〇〇人は安図県小蒲草屯を襲撃、食糧・畜牛多数を掠奪す。

㉔ 五月二日夜、安図県万室河子に金日成匪団襲来、掠奪せり。

（以上、五月二十日付琿領情機密第一三三号）

分散戦術と活動の衰弱　四〇年二月二三日に楊靖宇が戦死すると、第一路軍首脳は三月一三日―一五日に樺甸県第四区水曲柳の呉成崙の山塞でじ後の方針を討議した。この会議の結論は「党は地方工作部（責任・呉成崙）を新設して大衆に根を下す。軍は小部隊に分散して、できれば北満の第二、第三路軍と合流する」であった。このため金在範（南満省委候補委員）と金光学を地方工作の責任に任じて磐石や間島に派遣したが、間もなく全員が捕えられた。以上はその陳述によるもので、会議の出席者は左の七人を含む一一人であったという。

副司令　魏極民

秘書処長　呉成崙（全光）

第二方面軍長　金日成

第三方面軍第一三団長　崔　賢

第一路軍参謀兼警衛旅政治主任　韓仁和

密林の中の山塞

金恵順は後列中央に立っている眼鏡の男（白い×印がある）を、「第２方面軍長をしている夫の金日成です」と供述した。

南満省委候補委員　　金在範
　　　　　　　　　　金光学

（李命英書二一二―三頁。日本司法省刑事局「思想月報」（第七七号、一九四〇年一〇月）一五一―二頁所引）

こうして第一路軍の再起を図る企図は未然に破砕された。路軍は北満への移動を試みたが、これも討伐網に阻止された。従って路軍は小人数の部隊ごとに分散して生き延びるより外に方法がなく、自然にその活動は停止した。鼠賊的な行為は跡を絶たなかったが、それはただ生き延びるためで、抗日連軍としての任務は放棄したも同然であった。

四〇年四月には第二方面軍長・金日成の妻・金恵順が、長島工作隊に捕えられた。彼女は山塞で押収した写真の中の一人を指差して「夫の金日成です」と証言した。帰順したり捕えられた第二方面軍の隊員や、かつて金日成が演説したことがある部落の住民の証言もそれに一致した。前掲の写真がそれで、左下の註記に「東北抗日第一路軍第二方面軍指揮部　×印第二方面軍長　金日成（共匪ノ撮影セルモノ）」と見え、×印は後列中央の貧相な眼鏡の男の腹部にしるされている。けれども、今の金日成主席とは似ても似つかない。

そこで李命英博士は、今の北の金日成主席は第六師長でも第二方面軍長でもなく、彼らの部下の下級幹部に過ぎなかったと論証されているわけであるが、この件は後で触れる。

こうして第一路軍としては小部隊に分散して追討の手を逃れるようになったが、金日成部隊はなお二〜三百人の隊伍を組んで出没していた。琿春領事分館情機密第一三八号—第二〇一号から、金日成部隊の行動を摘記して表示すれば次のようになる。

昭和一五年

月日	兵力	出現場所等	行動等
5・11	斥候五〜六人	安図県摩天嶺	日軍・入船部隊二人を射殺
5・12	約六〇人	安図県本条屯	掠奪・拉致二二人
5・14	一味五人	咸南・三水郡に渡江を企図	撃退
5・14	約六〇人	安図県新興屯	掠奪米一五袋・拉致二九人
5・15	約二〇人	咸南・三水郡元四洞	金品二〇〇円掠奪・拉致三人
5・18	約二〇〇人	安図県北部麻耶屯	満軍撃退、彼死四、我死二
5・18	第八団の二五人	安図県亜東村上大洞屯	掠奪
5・19	第八団約二〇人	安図県亜東村東京坪屯	掠奪

5・22	一味約二〇人	延吉県十里坪工人小屋	掠奪
5・22	約四〇人	安図県北部青興屯	掠奪、我死三
5・22	一人	安図県二道屯	発見、逮捕
6・3	一人	延吉県孟山洞	発見、逮捕
6・4	約一〇〇人	右に来襲	掠奪、拉致四一人
6・7	約二〇〇人	和龍県臥龍湖	掠奪、拉致四八人
6・7	同右	安図県古洞河畔苦力小屋	襲撃、老嶺・花拉子に南下
6・12	第七団司務長 金鳳俊及副官	安図県馬鞍山	入船隊に帰順
6・13	第八団本部員	和龍県三道溝	片田工作隊に帰順
6・15	約五〇人	安図県五道楊岔鉄道工事場	掠奪、人夫一九人を拉致
6・15	主力三〇〇余	安図県流仁溝口子	襲撃、掠奪
6・15	同右	和龍県和新村中里村	同右
6・16	同右	和龍県百日坪	同右
6・19	同右	延吉県長仁溝	同右
6・23	同右	延吉県黄溝嶺苦力小屋	同右
6・23	同右	安図県北十騎街、小韓溝	同右
6・23	同右	和龍県西溝、延吉県福尋洞	同右

6・25	同右	和龍県龍興洞、廟嶺	同右
6・28	同右	和龍県松林坪	同右
6・29	政治主任・呂伯岐	安図県大馬鹿溝奥地	長島工作隊逮捕
7・1	主力三〇〇余	延・敦県境哈爾巴嶺	襲撃
7・15	主力約三四〇	安、延、和県境を転動	
7・21	約一〇〇人	延吉県石団師	
7・22	主力	安図県古洞河森林警察	掠奪、我死二
7・23	約二〇〇人	安図県窩集嶺	掠奪、満軍に撃退さる
7・24	約七〇〇人	安図県島興坪	掠奪、満軍に撃退され、死一
7・28	約五〇〇人	安図県湖仙洞	日軍と交戦
8・8	三人	安図県石人溝	帰順

なお琿領情機密第一八六号（昭和一五年七月二六日付）の「金日成匪団ノ内部状況ニ関スル件」によれば、間島省警務庁は懐柔した金日成の部下の妻・池順玉（二三歳）を入山させて内査していたが、その帰来報告（偽装帰来の疑あり）の中に次の記事がある。

池順玉の報告

一 団結：大部は間島共産党以来の革命闘士で隊内には民族的差別観念なく、一心同体の如き団結であったが、今次の討伐で満人部隊は動揺の傾向にある。

幹部は主義思想濃厚で信念あり。隊員はこれに魅せられて信頼し、絶対服従しあるも、一面これは監視の厳重に起因す。

二　ソ連の援助…昨三九年十月、ロシア人八名が来訪、要談十日後に退去。一～三か月に一回の割で新弾薬が補給されるが、薬莢基部に英文四文字を刻しあり。

三　苦況…物資難とくに食糧と地下足袋なり。一日十数里の険路を踏破して追撃を逃れているが、目下地下足袋欠乏のため近距離移動にも差支えている。食糧は集積なく、部落を襲撃しても二～三日分が得られるだけで、雑草を代用食としている。

四　士気：第二方面軍ノ士気旺盛ニシテ団結力アルハ　軍指揮金日成カ猛烈ナル民族的共産主義思想ヲ抱持シ　且ツ頭健ト統制ノ妙ヲ有シ居ルニ依ルモノナリ…

秋・冬期討伐　こうして彼我の根競べが続いていたが、野副討伐隊は四〇年（昭15）の落葉期に入るとともに再び活発な掃討を再開した。

野副討伐隊の作戦命令は「現代史資料30」の四五六―四八二頁に収められているが、その原本のコピーは防研戦史部に所蔵されている。それは一九四〇年（昭15）九月二九日の野副討伐隊秋期作戦命令第一号―一二月二九日の第二七号、四一年一月六日付の野討冬作命第一号―三月一二日の第二〇号（討伐隊解散式の件）に区分してあるが、それに毎回のように出てくる匿名は次の通りで、討伐軍の関心の度と討伐要領をうかがうことができる。

区分	秋期作命（40・9～12）								冬期作命（41・1～3）				備考
匿名（隠語）＼命令番号（日付）	一号（9・29）	三号（10・4）	一〇号（11・17）	一一号（11・26）	一三号（11・29）	一八号（12・13）	二一号（12・16）	二四号（12・22）	四号（1・13）	一二号（2・6）	一六号（2・25）	一九号（3・9）	

金日成（第二方面軍長）（トラ）	○	○		○		◎	◎		◎ 一万円	◎	◎	◎	ソ連に脱出
魏極民（第一路軍副司令）（ノロ）	○			○		◎			◎ 三千円	○		× 3・8	射殺
韓仁和（路軍参謀）（ウシ）	◎	◎										×	3・13 射殺
崔賢（第一三団長）（シシ）	◎	○		○					◎ 脱出 一万円				ソ連に脱出
陳翰章（第三方面軍長）（クマ）	○	○	◎	○	◎	× 12・8		×					射殺
全光（呉成崙・路軍秘書長）（ネコ）						○			◎ 三千円	× 1・30			1・30 投降
安尚吉（第三方面軍参謀）（ウマ）		○		○					脱出				ソ連に脱出
朴得範（路軍警衛旅長）													40・9・29 逮捕
李司令（路軍参謀）													40・3・5 逮捕

備考　○印は命令で動向その他を記述された匪名、◎印は討伐重点に指名されて兵力その他を指向された匪名、×印は捕殺確認の匪名、秋期作命第二四号は関東軍作命甲第四〇四号に基づき明四一年（昭16）三月末を目標に討伐を続行し「残存匪の根絶」を期した命令、冬期作命四号の金額は「昭和十六年度討伐粛正計画要綱」の第四「治標工作」（目標匪の索出殲滅工作）に示された捕殺時の賞金額。

匪賊概数表　昭一五、一〇末調

区分／省別		間島省	計	摘要
総匪数		二〇〇	二〇〇（三〇〇）	1.（　）内数字ハ前月末匪数ヲ示ス 2.減一〇〇ハ討伐ニ依ル消匪及韓仁和匪ノ管外脱出ノ為ナリ
内訳	共匪	二〇〇	二〇〇	
	土匪			
	増			
	減	一〇〇		

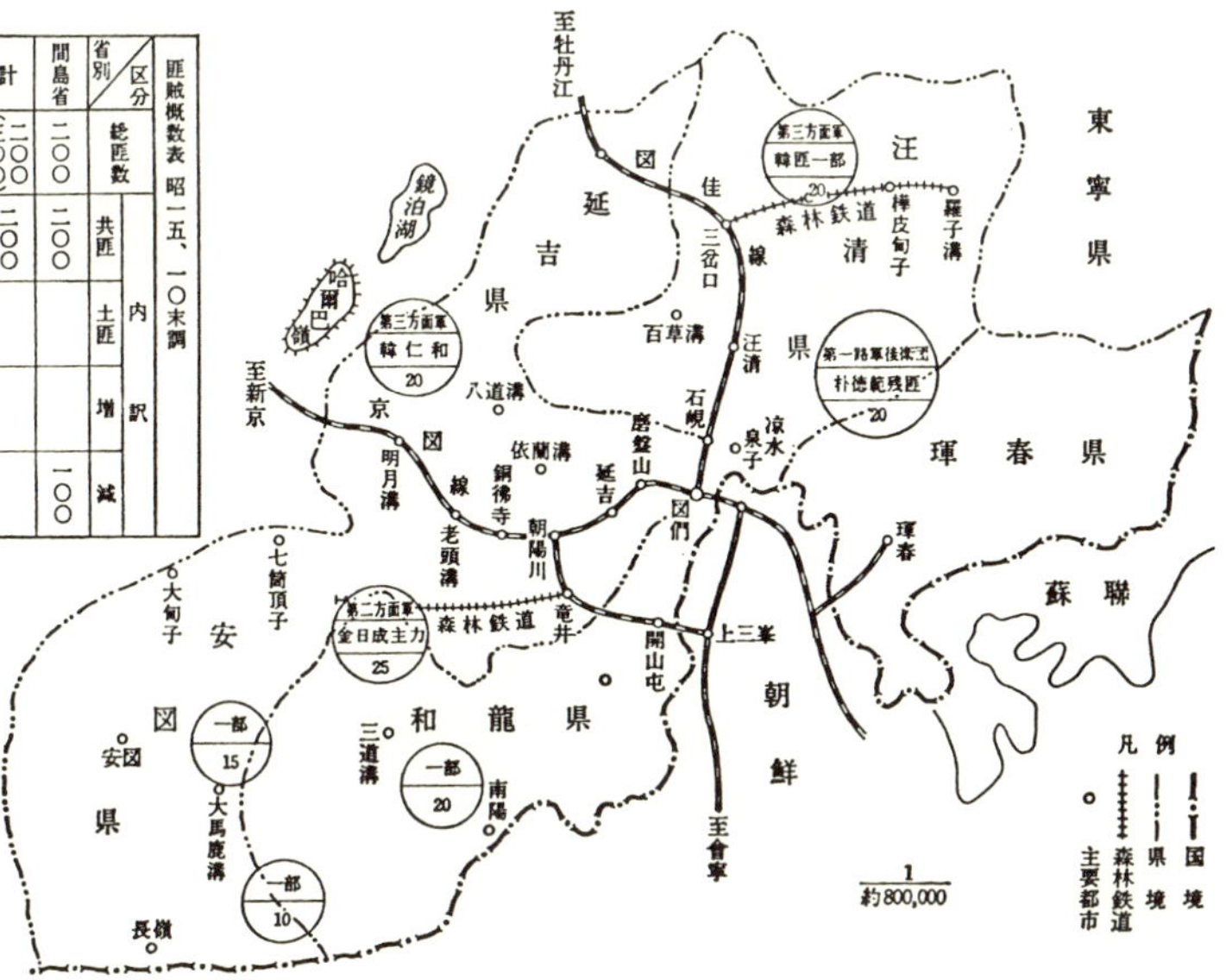

1940年10月末の状況

その討伐状況を窺知できる作命を抜粋すれば、次の如くである。（句読点、括弧内及びゴチックは筆者の加筆）

野討秋作命第一号　九月二十九日十二時　吉林司令部

一、残存匪ハ連続不断ノ討伐ト治本工作ノ進展ニ依リ逐次北上シ、韓（仁和）・崔（賢）ノ匪団ハ間島省東北地区及南部寧安地区ニ蝟集シ、金（日成）匪団ハ間島省南部地区ニ於テ各々越冬ヲ準備シアルモノヽ如ク、又陳（翰章）匪ハ官地北方地区ニ、魏（極民）匪ハ撫松県北部白色地帯ニ潜入シアルモノヽ如シ。

二、……一挙ニ残匪ヲ殲滅スル目的ヲ以テ、討伐隊司令部ヲ延吉ニ推進セントス。

野討秋作命第三号　十月四日十二時　延吉司令部

一、諸情報ヲ綜合スルニ、匪ハ小部隊ニ分散越冬準備ニ狂奔シアリ。金日成匪十数名ハ安図県窩集嶺付近、崔賢・安政吉合流匪約三十名は寧安・穆稜県境、韓仁和匪十七名ハ延吉県三道崴付近ニ潜在シアルモノノ如シ。

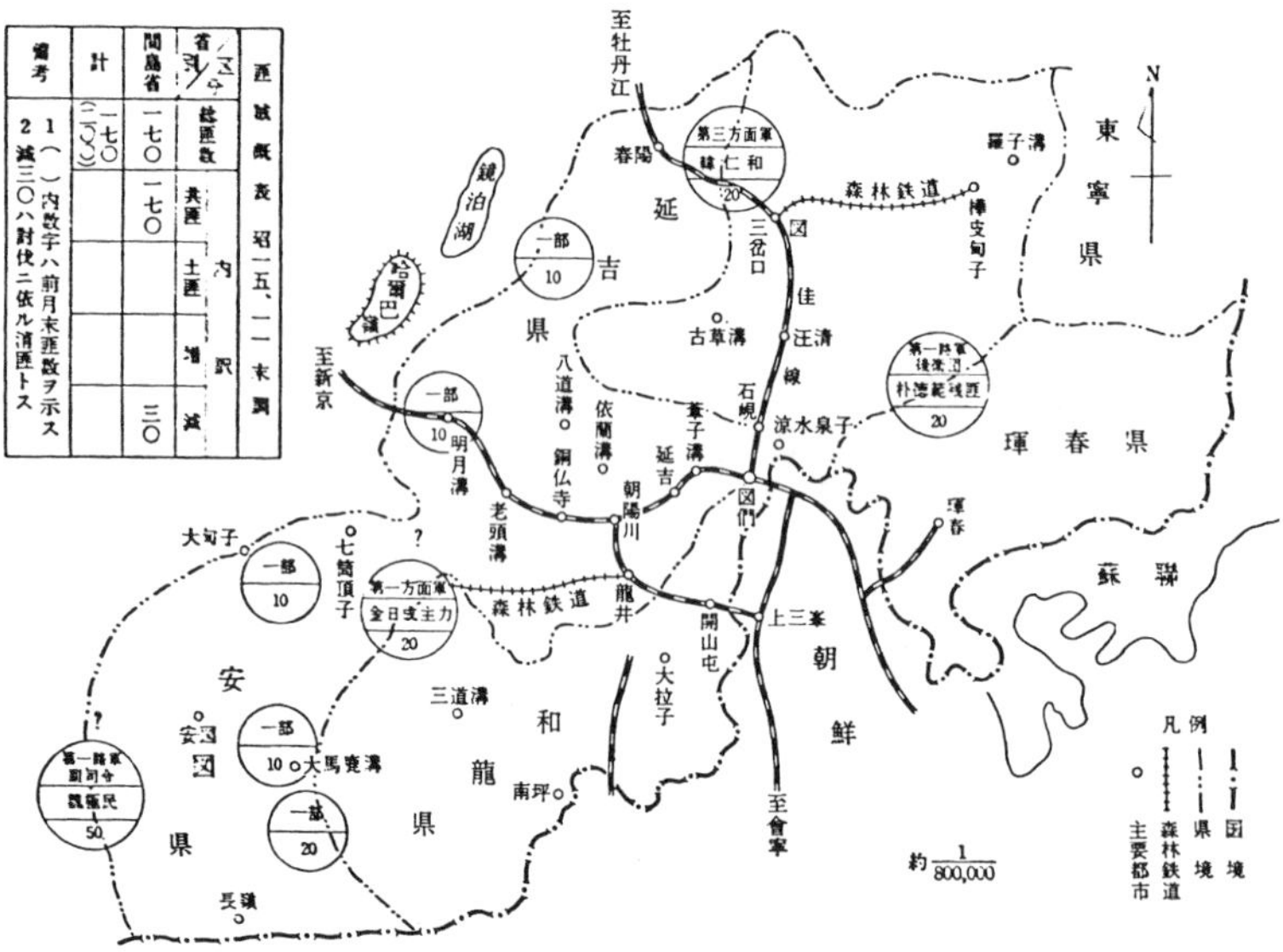

1940年11月末の状況

陳翰章匪ノ所在ハ詳ナラス。

二、討伐隊ハ一部ヲ以テ韓仁和匪団ヲ索出殲滅スル為、討伐部署ノ一部ヲ変更セントス。

三、鄧雲部隊（満軍旅団）ハ…ノ地域ヲ徹底的ニ掃蕩、韓仁和匪ヲ索メテ撃滅スヘシ。（以下略）

野討秋作命第五号　十月十六日十二時　延吉司令部

別冊「昭和十五年度第二期改正討伐粛正要綱」（討伐隊に満軍の七個部隊と日軍歩兵一個大隊が増強されたのに伴う改正）の匪情

一、残存匪団ハ治安諸工作ノ浸透ニ依リ其ノ統制全ク瓦解シ、帰順逃走者相継ギ、壊滅ノ寸前ヲ彷徨シアリ。

昨年同期三千余ヲ算セシ匪数今ヤ三百内外トナリ、各匪共重軽機ノ大部ハ之ヲ隠匿シ…三十名以下ノ小群ニ分散シ、目下越冬工作ニ狂奔シアルモ…殆ド其ノ目的ヲ達シアラザル状況ナリ。而シテ今秋降雪後ハ、小部隊毎ニ分散、所在ヲ眩《クラマ》スタメ絶対行動セザル方針ヲ採ルモノヽ如シ。

第二、方針

討伐隊ハ降雪期以前ニ…捕捉殲滅ニ努ム。之ガ為、小部隊ノ遊撃隊多数ヲ編成シ、匪ノ予想潜伏地付近ヲ徹底的ニ掃蕩ス。降雪後ニ於テモ依然同要領ニ依リ…十二月三十一日迄ニ敵匪ノ根本的壊滅ヲ期ス。

野討秋作命第十号　十一月十七日十三時　延吉司令部

一、陳翰章匪ハ…寧安・五常・蛟河三県境地帯ニ潜在シアルモノヽ如シ。北地区討伐隊長ハ主力ヲ以テ同地附近ヲ索敵中ナリ。

三、鄧雲部隊長ハ…速ニ額穆索方面ニ転進シ、陳翰章匪ヲ索出之ヲ殲滅スベシ。…

野討秋作命第一八号　十二月十三日十二時　延吉司令部

一、陳翰章匪ハ十二月八日…射殺サレ…。

歩兵第五旅ヲ…指揮下ニ入ラシメラル。

二、討伐隊ハ討伐ノ重点ヲ金日成、魏極民匪ニ指向シ、年末迄ニ…殲滅セントス。

三、間島地区討伐隊長（山崎大佐、独歩三個大隊、満軍三個旅、警察一〇個大隊、各県神撰隊、森林警察隊（旧馬賊）その他）ハ…主力ヲ以テ（馬鞍山北方ニ潜在？）金日成討伐ニ徹底的重点ヲ指向シ、之ガ索出殲滅ニ任ズベシ。

四、北地区（牡丹江省南部・吉林省東北部）討伐隊長ハ…歩兵第五旅ヲ併セ指揮シ…主力ヲ南部敦化県方面ニ転用シ魏極民匪ノ索出殲滅ニ任ズベシ。

五、西地区（吉林省東部）討伐隊長ハ…兵力ノ重点ヲ東南部樺甸県ニ指向シ、魏極民及全光匪ノ捕捉殲滅ニ任ズベシ。

六、南地区（通化省）討伐隊長ハ討伐ノ重点ヲ東北部撫松県方面ニ指向シ、魏極民匪ノ捕捉殲滅ニ任ズベシ。

（以下略）

こうして追討は休みなく続けられ、討伐隊は抗日連軍との根競べ、精競べに勝ちつつあった。

その粛正工作の結果は、次の通り報告されている。（昭和一五年末累計）

与えた人的損害

遺棄死体	一、一七二体	軽機関銃	四三丁
帰順	一、〇四〇人	迫撃砲	一門
捕虜投降	八九六人	自動単銃	五丁
合計	三、一〇八人	擲弾筒	七筒

ろ獲資材

		穀類	三、一六八石
小銃	一、八五四丁	メリケン粉	一、二二四袋
拳銃	七一三丁	阿片	三、四七三両
重機関銃	三丁	覆滅山塞	二、〇八五所

また同四〇年末までにおける第一路軍首脳の壊滅状況（月日順）は次の通りである。

（「朝鮮6」四七一頁）

職名	国籍　氏名(年齢)	状況	年月日
第三方面軍第五団長	中・候国忠	戦死	39・11・1
第一路軍参謀	韓・方振声	逮捕	40・2・15
第二方面軍参謀長	韓・林宇成	帰順	40・2・20
第一路軍総司令	中・楊靖宇(37)	戦死	40・2・23
第三方面軍第五団連長	李景樹(31)	帰順	40・3・3
第一路軍参謀	韓・　李某	逮捕	40・3・5
第二方面軍指揮部副官	金海山	逮捕	40・3・15
第三方面軍遊撃隊長	中・張永春(40)	投降	40・3・16
第一方面軍第一団長	張明声	投降	40・3・17
第一路軍地方工作責任	韓・金光学	逮捕	40・3〜4
南満省委候補委員・同右	金在範	逮捕	40・3〜4
第二方面軍女子青年部長	韓・金恵順(女)	逮捕	40・4・6(第二方面軍長・金日成の妻)
第二方面軍第一遊撃隊長	黄開山	逮捕	40・4・7
第一方面軍長	中・曹亜範	内訌により被殺	40・4・8
第二方面軍政治主任	呂伯岐	逮捕	40・6・29
第三方面軍第一五団長	韓・李龍雲(28)	戦死	40・9・?
第一路軍警衛旅長	韓・朴得範	逮捕	40・9・29

第二方面軍第三中隊長　　中・畢書文（31）　逮捕　40・11・?

第三方面軍長　　中・陳翰章（28）　戦死　40・12・8

つまり第一路軍は全滅したわけである。四〇年（昭15）末における東北抗日連軍の状態とソ連の工作は、同年一二月二八日に琿春領事・木内忠雄が発した琿領情機密第二四七号（「朝鮮6」六七三頁）でその一端が窺える。意約すれば次のようになる。

「第一路軍は殆ど壊滅した。そこで今春入ソした第二路軍軍長・周保中は九月に帰満して第一路軍の建直しを図り、副司令・魏極民の保守退嬰的行動を一変するに決した。このため陣容を改め、第一四団長・安尚吉を党務委員に、第一三団政治委員・崔春国、同朴徳山を執行委員に、同第一三団長・崔賢、第二方面軍第二中隊長・孫長祥…を候補委員に充当したようである。…

近ごろ、ハルピン駐在ソ連副領事が本国と交信した秘密暗号文書を入手したが、その一節は次の通り。

副領事：現在、在満各武力団は日満軍警の粛正工作によって従前の三分の一以下に縮減した。放置すれば、在満共産抗日陣容の壊滅は必至である。この際、取りあえずソ連から優秀党員五〇〇人を至急潜入せしめられたく要請する。

ソ連政府：入満の経路如何。

副領事：①黒河ルート　②寧安ルート　③浦塩ルート（浦塩→上海→北支→満州）の三ルートがある。いずれも警備警戒に間隙があり、潜入容易。これ以外の地点からの入満は不可能…

最近、特に東北満地区での行動が俄に活発化したことなどからみれば、一部は既に入蘇（満の誤り？）したようで、『東北満地区ニ於ケル匪情益々輻輳ヲ極メ真ニ寸隙ヲ許サヽルモノアリ』」

ここにおいて、野副討伐隊は正月休みをとる暇もなく最後の止めに入った。その冬期作戦命令を抜粋すれば次の通りである。

野討冬作命第一二号　昭一六年二月六日 吉林現地指導機関

一、目標匪タル金日成、魏極民ノ所在ハ…左ノ如シ

金日成匪：略

魏極民匪：略

二、討伐隊ハ…主力ヲ以テ金日成匪ヲ、一部ヲ以テ魏極民匪ヲ索出殲滅シ…。

三、間島地区討伐隊（日軍三個大、満軍四個旅、警察一一個大、その他）ハ…主力ヲ和龍県方面ニ使用シ、金日成匪ノ捕捉殲滅ニ努ムベシ。

四、吉林地区討伐隊（日軍一個大、満軍三個旅、警察一五個大、その他）ハ…魏極民匪ノ索出殲滅ニ努ムベシ。

五、通化地区討伐隊（日軍一個大、警察四個大、その他）ハ…主力（少クモ日軍三ケ中隊、警察討伐隊二ケ大隊）ヲ以テ二月一五日以後速カニ安図県老嶺方面ニ転進シ…金日成匪討伐ニ協力スベシ。

以下略

野討冬作命第一六号　二月二十五日十時 図們現地指導機関

一、…金日成匪ハ目下和龍（大拉子）方面ニ潜伏シアルモノヽ如シ。

三、間島地区討伐隊長ハ主力ヲ和龍方面ニ使用シ、金日成匪ノ捕捉殲滅ヲ期スベシ。…

四、通化地区討伐隊長ハ…速ニ会寧北方…ノ線ニ進出シ、金日成匪ヲ索メテ殲滅スベシ。…
五、長島工作隊ハ主力ヲ以テ和龍方面ニ転進シ…。
六、第二工作隊長ハ…該方面ノ民衆ヲ指導シ、金日成匪索出ノ為有ユル手段ヲ講ゼシムベシ。
七、配属憲兵ハ…。

以下略

野討冬作命第一九号　三月九日十四時 吉林現地指導機関

一、三月八日、長島工作隊ハ樺甸県夾皮溝北方地区ニ於テ第一路軍副司令・魏極民以下八名ヲ殲滅セリ。

金日成匪ハ依然和龍（大拉子）付近ニ潜在シアルモノヽ如シ。

二、討伐隊ハ…治安ノ最後的粛正ヲ完成セントス。…
三、吉林地区討伐隊長ハ成ルベク多クノ兵力ヲ以テ速カニ和龍方面ニ前進シ…金日成匪ヲ索メテ撃滅スベシ。…
四、通化地区討伐隊長ハ魏極民匪索出ニ使用セル討伐隊ヲ招致シ、金日成匪討伐ニ重点ヲ指向スベシ。
五、間島地区討伐隊長ハ成ルベク多クノ兵力ヲ和龍方面ニ使用シ、金日成匪ノ捕捉殲滅ヲ期スベシ。特ニ散在部落ノ徹底的検問検索ヲ実施スベシ。…
六、第一、第二工作隊長ハ工作隊及特設隊ノ主力ヲ以テ金日成匪ノ…。

（以下略）

この冬期討伐の結果、最後まで残っていた次の三人が捕殺された。

職　名	国籍　氏名(年齢)	状況	年　月　日
第一路軍秘書処長	韓・呉成崙(全光・40)	投降	41・1・30
第一路軍副司令	中・魏極民（36）	戦死	41・3・8

第一路軍参謀↓第一方面軍長　中・韓仁和　戦死　41・3・13

こうして東辺道の緑林を利用して粘り強く戦っていた東北抗日連軍第一路軍は、一九四一年（昭16）春までに文字通り壊滅した。

けれども、第二方面軍長・金日成と第一三団長・崔賢らはついに捕捉できなかった。野副討伐隊は四〇年一二月初めから常に金日成と崔賢を重点目標に選定し、長島工作隊が逮捕した彼の妻・金恵順の供述やろ獲した写真などを基礎に探索し続けたのだが、ついに足跡をつかめなかった。

以上は日満側の公式史料に拠ったものだが、深山幽谷を根城にした共産ゲリラの討伐が記録通りに成就できたと信ずることは、少しでもゲリラ討伐の経験を有する者にはできかねる。満州からの引揚者特に治安関係に従事していた方々の証言によれば、ゲリラの勢力が衰えて分散的になったのは事実であったが、その活動は愈々浸透的、隠微的、常続的となり、最後まで悩まされ続けたという。例えば昭和一四年秋から一九年にかけて満州国協和会職員として協和会連絡部に勤務した大牟羅（おおむら）良氏の随想（昭56年12月9日付の毎日新聞夕刊「めぐりあい」欄）がその一例である。

投降した全光（呉成崙）×印。彼は満州国に協力し、終戦後に通化の人民裁判で処刑された。

満州国が誕生すると、政府と表裏一体の立場で民族の融和と建国の理想を目指した満州国協和会が設立されていたが、昭和一四年秋に東南三省粛正工作（つまり野副討伐）が始まると、協和会は吉林市の討伐隊本部の近くに協和会連絡部を設置して、討伐の趣旨宣伝と情報収集に任じた。連絡部長は住民の身になって考えることができた蛸井（たこい）元義、部員が大牟羅良らであった。大牟羅氏の随想を摘録すれば次のようになる。

「討伐の成果は思うように上がらなかった。ゲリラは住民と同じ民族で、中には地元の出身者もいる。だから討伐の成果が上がれば、殺された者の肉親が黙っていない。（後に続くから、ゲリラは減らないの意）

蛸井部長の方針は『ゲリラを殺せばそれでいい、というものではない。協和会の狙いは、〃満州国とゲリラとは、どっちが住民のためになるのか〃を行動で示すことに置かねばならぬ』であったが、この方針の背景には次の事実があった。

ゲリラが人里に下りて泊まる場合には、民家の土間に寝る。食糧は時価で買い、礼儀が正しい。だから住民からは〃山のお客様〃と愛称されていた。

これに反し、討伐隊は民家に宿営し、食糧は公定価で買い上げる。時には婦女子をおかす。住民は討伐隊をひどく怖れていた。しかも深山幽谷に潜むゲリラの討伐には相当の食糧・弾薬の携行が必要であるが、そのために現地人を徴用する。急ぐ場合はだれ彼を問わずつかまえて、荷物を背負わせてゲリラを追う。冬期が討伐期であるから、用意なく連行された人夫に凍傷患者が続出した。中には一五、六歳の少年もいた。蛸井部長は司令部と交渉して、現地の協和会を通じて徴用することに定め、集落の長老に要員の選定を任せて、必要数の防寒具を貸与した…」

ゲリラ戦成功の四要件は前に述べた。

しかして東満のゲリラはソ連の支援を受け、ソ領という聖地を持ち、緑林に覆われた深山幽谷がその活動の舞台であった。これらの条件は、当時の日本の力を以てしても、どうにもならぬものであった。従って討伐隊とゲリラとの戦いは、いずれが民心を獲るか、ゲリラと満州国はどっちが住民の為になるか、の民心獲得競争であったわけで、蛸井部長の方針は的を射たものであった。けれども大牟羅随想が述べている通り、また筆者の大陸における見聞からしても、日本人の独善的で近視眼的で持久性に欠け、傲慢に陥り易い短所がここでも過高断面的に現われたものと思われる。それは終戦後の、住民の対日本人態度からも容易に想像がつく。

とすれば、ゲリラの大物は殆ど仕留めたとしても、史料が伝えるほど根絶的な成果を挙げ得たとは考えにくいわけである。

特に腑に落ちないのは、早くから名が知られた韓系の幹部は全光（呉成崙）らが帰順しただけで、他は一人も捕殺されていないことである。中国系の大物は大部が捕捉されたのに、なぜか不思議でならぬ。これについて李命英博士は「金日成のように、やられてもやられても襲名した。今の崔賢（序列七位の元老）も二人目である。呉振宇や呉白龍なども何代目か分かったものじゃない。…」と説明された。

それで疑問は一応解けたが、一九八〇年一〇月の朝鮮労働党第六回党大会での序列をみれば、一位の金日成主席から一〇位の呉白龍までのうちパルチザン出身が八人を占め（他の六人は金一、呉振宇、朴成哲、崔賢、林春秋、徐哲の順。金策、崔庸健、姜健、柳京洙らが生存しておれば、むろん上位にランクされているであろう）、非パルチザン系は金主席の後継者・金正日と李鍾玉総理だけである。

この八人は朝鮮戦争の時から師団長その他の要職に任ぜられ、じ後三〇数年間も政権の中枢に座り続けている人達で、したたかな能力を備えているとみねばなるまい。

ところでこれらの人達のうちの複数が襲名した人であれば、襲名したからにはそれにふさわしい能力を備えた人であったと思うけれども、誰でもが先代に優る人ではなかったはずである。とすれば、昭和一四年ごろから関東軍情報綴に表われるこれらの人達、あるいは襲名者達が、いずれ劣らぬ力量を備え、金主席の無二の権力を支えている現実が不思議になってくる。端的に言えば、余りにも粒が揃い過ぎている不思議さに気が付くのである。

金日成の入ソ　こうした野副討伐隊の主力をもってした「櫛梳り作戦」にも拘らず、金日成は捕捉できなかった。その理由を、李命英博士は、四〇年一二月に入ソしたからとして次のように説明されている。(二二六―七頁)

「殆どの幹部が射殺されるか逮捕されたのに、第二方面軍長の金日成だけは無事だった。だが投降したり逮捕された大勢の幹部の供述でそのアジトが知られ、次々にやられるようになった。そこで金日成は一九四〇年一〇月に入ると、『このように追回されては、頑張りようがない。遊撃区を替えたい』と願い出た。しかし総司令代理・魏極民は、『ソ・日開戦のときまで持ちこたえねばならぬ』として遊撃区の変更を許さなかった。それで金日成は『病人もおり、思想薄弱で抗日戦に耐え抜けぬ者も出る有様なので（注…彼の参謀・林宇成は二月に投降した）、入ソして再教育しなければならない』と言って入ソ証明書を貰い受けた。（野副昌徳少将述「東南粛正事情」（新京警察協会・一九四一年刊）一七～八頁所引）

そうして、ついにその年の一二月、僅か二〇人余りの手兵を引連れて、ソ連へ逃げこんでしまった。（満州国治安部警務司特務科「特務彙報第四号」（一九四三年五月）一三頁所引）」

第二方面軍長・金日成の身許　李命英博士の研究によれば、第二方面軍長であった金日成は、一九三〇年（昭５）五月三〇日に突発した間島暴動の時、龍井村の大成中学校の学生で暴動の先頭に立っていた金一星《キムイルソン》という青年で、龍井の総領事館の留置場に拘置されたが、脱出して入ソし、赤軍士官学校卒業後に入満して第六師長・金日成の名跡を継いだ人という。李博士は日本を探し回って野副元中将（長崎県大村市住）、北部邦雄元参謀（京都住）、長島工作隊長

（玉次郎、当時憲兵曹長で第一路軍の首脳のほとんどがこの人の手に掛かった。佐渡住）その他の関係者に面接されて、第二方面軍長金日成の妻でその女子青年部長であった金恵順を始めとする第二方面軍幹部や多くの帰順者の証言、北部参謀が保存していた「吉林・通化・間島・三省治安粛正工作記念写真帖」に収録された前掲の写真その他を根拠にされて、一九四〇年当時の金日成は三四―五歳、身長五尺四～五寸（一・六二～一・六五ｍ）ほどの小さい男で、強い近眼鏡を掛けた貧相な男であって、年格好からして今の金日成とは別人であると断定されている。

(四)　入ソ後の東北抗日連軍

入ソ後の東北抗日連軍の消息は、再び武装工作隊員として満州に派遣されて四一年七月から四二年（昭17）六月にかけて逮捕された第四連長・呉甲龍、隊員・李子民、警衛連政治委員・李鳳禄らによって齎らされた。彼らの陳述やその他の情報を綜合すれば、次のようになる。（李命英書二三一～四頁。前掲「特務彙報第四号」二四～三二頁所引）

東北抗日連軍関係者の入ソ状況

入ソ時期	部隊・職	氏　名（ゴチックは韓人）
三九～四〇年	第二路軍総司令	周保中ら
	右参謀長	**崔庸健**（石泉）ら
	第三路軍総司令	張寿銭ら
四〇年一一月	第一路軍総司令部付	**徐哲**ら五～六人
	第三方面軍第一三団政治委	**崔春国**、**黄春彬**ら一四～五人
	第二方面軍指導員	**黄光林**

1945年10月14日、レベルジェフ少将（右端）から絶世の英雄として平壌市民に紹介される金日成（33.6歳）

第二方面軍警衛連長　池甲龍ら六人

同年一二月　第二方面軍第八団長　張長祥ら

第三方面軍第一三団長　崔賢ら二四人

第二方面軍長　金日成ら二〇人

第一路軍警衛旅第三団政委　崔玉春ら七〜八人

第一路軍総司令部付　陳明秀ら

第三方面軍排長　任南哲ら二人

四一年一月　第二方面軍隊員　約二〇人

二月　第一路軍後勤班　約一〇人

総合計　約三〇〇人

第一路軍系と第二路軍第五軍系（軍長・柴世栄と同政治委・李青ら）はウラジオストーク近郊のオケアンスカヤやウオロシーロフ（ニコリスク）の、第二路軍主力と第三路軍系はハバロフスクの「野営学校」に収容され、ソ連内務省沿海州地区警備隊司令官・チスチャコフ中将の管轄下に集団訓練や特務工作訓練（無線技術、落下傘降下、諜報・爆破技術等）を受けながら、その指令によって入満したり、日ソ開戦に備えて後方攪乱作戦計画を練っていたという。

金日成の動向　第二方面軍長・金日成は一旦ハバロフスクに招致されて調査や指令を受け、四一年二月に第三方面軍参謀兼第一四団政治委・安尚吉（北朝鮮軍の初期の総参謀長）らとオケアンスカヤに赴き、第一路軍系を第一支隊に編成して支隊長兼第一中隊長となり、安尚吉を第二中隊長とした。

するとその三月、金日成は第一路軍総司令代理・魏極民や秘書処長・呉成崙（全光）との連絡を命ぜられたので、第一中隊員約三〇人を指揮し、無線機を携行して東寧―琿春県境付近から入満し、五月上旬に安図県に潜入した。ところが、呉成崙は一月に投降し、魏極民は三月初旬に射殺されていた。そこで七月にオケアンスカヤに帰ったという。

だがこの金日成の入満について昭和一六年（昭41）五月三一日付の在牡丹江領事代理の報告「機密第一五五号」（「朝鮮6」六九四頁）は「最近ノ在満共匪ノ状況竝ニ九標匪帰順ニ関スル件」と題して金日成の動向を次のように伝えている。（意訳）

① 昨四〇年に入ソを伝えられた金日成、崔賢、柴世栄、安尚吉等の各匪団は双城子の兵舎に収容されており、合計一五〇名である。

② 金日成が教官となり、教練及び中国正史、反日歌等を教育し、三隊に編成して第一隊を崔賢、第二隊を金日成、第三隊を柴世栄が指揮し、ソ連から資金、武器弾薬、通信器材等を交付された。

③ 金日成は間島省で暴動を起こす指令を受けて部下二八名を率いて先発し、約一か月前に入満した。四月以来琿春県下で暴威を振っていた匪は安尚吉の疑いがあったが、実は金日成匪である。

④ 四月二六日、日軍・古賀小隊等と交戦した匪も金日成の輩下であることが判明した。

⑤ 安尚吉も琿春付近に潜入し、柴世栄、李明順らは穆稜地区において活動している。

⑥ 穆稜県代馬溝を根拠としていた土匪・九標は本月磨刀石で帰順したが、信頼がおけるので周保中、柴世栄らの探索とソ軍の情報収集のため極秘で入山させた。

しかして牡丹江領事が報告した「五月中ニ於ケル牡丹江省下匪賊出没概況」によれば、出没回数は四月に比べ二〇回と激増しているが、二〜三人の強盗的所為が殆どで、領事は「金日成、柴世栄匪ノ分散行動」と推測し、五月一八日に綏寧線道河の附近で発見した日本軍類似の大部隊（八〇人）を「四月中旬、琿春県新屯子付近から入満した金日成匪の一部北上せるにあらずや」と思料している。（「朝鮮6」六九八頁）

その後も金日成、崔賢、安尚吉、柴世栄等の名が各地の領事報告にみられるが、確たる情報でない。そして特異なのは、往年の軍・警の襲撃や集団部落の掠奪等は全くなくなり、交通・通信線や発電所の破壊などが目立つようになってきた。この点を日満側は、「武装闘争の無益なるを悟り、関東軍後方基地の撹乱のため産業・交通破壊に転じたもの」と推定している。

しかし六月に独ソ戦が勃発すると、金日成は関東軍特別大演習の偵諜と民衆工作拠点の設置などの任務を帯びて八月再び入満したが、一一月には入ソして、四四年（昭19）秋現在、オケアンスカヤ野営学校の責任者兼軍事と政治学の教官をしていたことが確められるという。（李命英書二三四頁）

なお真為を検討するすべはないけれども、林隠「北朝鮮王朝成立秘史」一一〇―一一頁によれば、入ソした抗日連軍の成員はハバロフスク近郊のビャック兵営に収容されて第八八特別旅団（総員二百余人で、四個大隊編成）に編入され、極東軍管区（アパナセンコ大将）偵察局（ゾルキン少将）の管轄下に偵察、諜報、秘密工作等の訓練を受けた。その時の朝鮮人出身者の階級と職位は、次のとおりであったという。（括弧内は6・25の南侵時、あるいはその後の最高職位）

階級
大尉　金日成　…第一大隊長（首相）
大尉　姜健（姜信泰）　…第四大隊長（前線総参謀長）

大尉　崔庸健（崔石泉）…旅団政治部指導員（民族保衛相）
大尉　金策（金天民）…第三大隊政治副大隊長（前線総司令官）
大尉　安吉…第二大隊政治副大隊長（前総参謀長…死亡）
上尉　金一（朴徳山）…中隊長（前線司令部軍事委員）
上尉　崔用珍…中隊長（第一三師団長）
上尉　金光侠…中隊長（第二軍団長）
上尉　李英鎬…中隊長（第三師団長）
上尉　崔賢…中隊長のち後方小隊長（第二師団長）
中尉　徐哲…政治指導員（のち党政治局員）
中尉　柳京洙…小隊長（第一〇五戦車旅団長）
中尉　朴英淳…小隊長（のち逓信相）
中尉　崔光…小隊長（第一師団長）
中尉　許鳳学…小隊長（師団長）
中尉　金京錫…小隊長
中尉　崔忠国…小隊長（師団長）
少尉　全昌哲…小隊長（のち党中央委員）
少尉　朴成哲…小隊長のち戦士に降格（第一五師団長）
　その他副小隊長、下士官、戦士の約四〇人

しかして管見ながら、日本側資料に金日成の名が最後に現われたのは、四一年（昭16）一一月八日、太平洋戦争勃発の一か月前に内務省警保局長が報告した保発甲第二三号（「朝鮮6」七六三頁）のようである。それは「共匪金日成ノ鮮、内両地へ特殊密偵派遣ニ関スル件」と題されており、ソ連から特派された察偵を潜入させたから「時局柄厳重手配相成度」と通牒したものであるが、前文に「在満不逞朝鮮人共匪金日成一派ノ策動ハ依然熾烈ヲ極メツヽアル模様ナルガ…」と謳っているところをみれば、当局の関心の度がわかる。

だがこの第二方面軍長であった金日成は、8・15解放後に北朝鮮に帰った一団の中に居なかった。李命英博士は「第二方面軍長を務めた金日成は、四四年秋から四五年八月の間にソ連で死んだ」と判断されている。

従って、第二方面軍長であった金日成も、今の北朝鮮の金日成主席と同一人でない。第二方面軍長・金日成の本名は金一星で間島の生まれ、大成中学を経て赤軍士官学校に学んだ近視の貧相な小柄の人で、今の金主席とは全く別人という。しかも彼の妻・金恵順は四〇年四月に長白県十三道溝の山奥で、長島工作隊に捕えられた。けれども今の金主席の当時の妻は金貞淑で、「ユラ」（金正日、四一年二月生まれ）と「シュラ」（平壌の池水で溺死）という二人の男子を生んでいる。

金策らの動向　四三年（昭18）二月一七日の黒河領事報告「秘第五三号」（「朝鮮6」七〇八―二〇頁）は、同年一月四日に逮捕した抗日連軍第三路軍第十二支隊長・朴吉松（二六歳）の取調状況を報告しているが、その総括は次の通りである。

① 現在、北満党軍はソ連極東軍により王新林を通じて領導されている。しかし在満各党幹部はこれを快しとせず、中共中央の領導を希求している。

② 北満党軍は間断なき討伐とくに許亨植（第三軍第三師長→第三軍軍長→第三路軍総参謀長）の戦死（四二年八月三日）、朴吉松（三師組織科長→三軍近衛団政治主任→三軍三師七団政治主任→第六支隊政治主任、兼党委書記、兼第一七大隊政治指導員→第十二支隊長の経歴で北満省委・金策、三路軍総指揮・張寿錢、張亨植らと再三重要会議に出席）の逮捕により壊滅状態に陥っている。第三路軍の総指揮は張寿錢、総政治部長・金策、総組織科長・干天放で、第三支隊（王銘貴）、第六支隊、第九支隊（孫国棟）、第十二支隊（朴吉松）の四個支隊から成っているが、中核は第十二支隊でその総員は二〇～三〇人である。ソ連はその対策として新鋭匪を入満させると予想される。

③ 党軍幹部は、在ハバロフスク幹部及びソ連極東軍と対策講究のため入ソするであろう。

④ 地下組織工作は有事（注…日ソ開戦）の際の武装蜂起を目処とし、目下相当広範囲に強固に実施されている。

⑤ 背反して入ソした満州国軍警その他は七〇〇名で、有事に備えてハバロフスク（？）野営学校で訓練中である。

朴吉松は汪清県第三学校高等科に三か月修学しただけの学歴で、渡船の船頭をしていたが、三二年夏反帝同盟に加入し、三六年に入党して四回も銃傷を負いながらなお北満で活動していた者であるが、思想の研究は激しい移動その他で極めて不十分であったという。けれどもたびたび重要会議に出席して機微に通じているところから、彼の取調書に散見される次の記事は注目に値する。

(1) ソ連軍は戦時体制を確立し、対満策動の強化策として対日軍を一万人に増加すべく計画中。

(2) ソ連極東軍は幹部を左の階級に正式任命の予定

大佐…周保中、張寿錢

中佐…金策、馮仲雲

少佐…朴吉松、王明貴、辺鳳祥、張光迪

（以上は在ハバロフスクの王新林（満州省委）、張寿錢（三路軍長）から金策（北満省委）あての指示を持参した田交通員が、朴吉松に漏らした密談）

⑶　金策は、北満省委に対するソ連の領導と、野営学校に収容して特殊訓練を施した要員が相当数いるのに王新林がこれらを入満させないのを甚だしく不満としている。だが結局入ソするであろう。

金策は昨四二年秋に王新林（ソ軍の対満工作責任者）から入ソの指令を受けたが、ソ連極東軍からの直接領導は党原則を無視するとの不満と、当時の在満各級党軍の反対で入ソしなかった。彼は無電手・劉鉄石外一名と鉄驪県安邦河上流に蟠踞しているが、電池不足のため連絡が取れなかった。

こうして東北抗日連軍は結局満州での根拠を失ってほとんどが入ソし、日ソ開戦に備えて特殊訓練に励んでいたが、四五年八月一五日の時点では、約三〇〇人が東寧東側のグロデゴオに集結して、入満の機をうかがっていたと伝えられる。だがソ軍の地上作戦は順調に進捗したのでついに作戦に投入されることはなく、ブガチョフ号で九月一九日に元山に上陸して帰国した。その時、第二方面軍長を務めていた金日成はその一団の中に居ず、今の金日成主席は金英煥と名乗っていたそうである。（李命英書三〇三頁）

三、金日成の謎

北朝鮮のあらゆる刊行物は、金日成主席の本名は金成柱、一九一二年四月一五日に平安南道大同郡古平面南里（今の平壌市万景台）で生まれたとし、その独立闘争の経歴を東北人民革命軍第一軍長・楊靖宇（のちの東北抗日連軍第一路軍司令）やその政治委員・呉成崙、第六師長・金日成（金成柱）、第二方面軍長・金日成（金一星）などの業績を盗用して飾り立てている。

今の金日成主席が第六師長ついで第二方面軍長を務めた金日成その人であれば、少々の誇張は伝記にありがちな飾りとして笑い話で済むが、李命英博士の研究「四人の金日成」によれば、今の金日成主席は本名・金聖柱で、東北抗日連軍の一員であったのは間違いないが、入ソ時は排長かせいぜい連長の名もないゲリラであって、前記の金日成とは全くの別人という。

今の金日成主席の前歴がどうであれ、北朝鮮の執権となってから高麗朝や李朝よりも厳しい専制国家を創り上げたその〝業績〟にはいささかの変わりもないわけであるけれども、絶対権力者である彼の前歴が将来の政策特に南北統一問題に反映する当然を考えれば、等閑にできないわけである。また朝鮮戦争の原因にも重大な関係がある。李命英説のように今の金日成が本名・金聖柱のたかだか下級幹部であった名もないゲリラであったとするならば、彼は単なるソ連の傀儡として大それたことを仕出かした、との推測も成り立つわけで、一過性の賭博であったと看做しうる。けれども今の金日成主席はやはり第六師長、第二方面軍長を歴任したしたたか者であるとすれば、戦争の原因は民族的により複雑かつ深刻なものになり、北の体制を南に延長する方式の統一志向は永続的なものと考えざるを得ない。しかして武力統一の失敗にも拘らず、反対派を撫斬りにして揺るぎない権力を確保している事実、常に南侵の構えを整えて隙あらば素志を貫徹しようと狙っている現実からみれば、彼がただ者でないことは確かであり、二八―九歳にもなった入ソ時に下級幹部に甘んじていた者とは考えにくい。この観点からすれば、普天堡を襲撃した第六師長・金日成が今の金主席であろうとする方がつじつまが合う。

しかして第六師長・金日成（金成柱）が三七年一一月の楊木頂子の戦闘で戦死したとする李命英博士の根拠は、前

「臨江県五道溝の密営で隊員たちとともにいる金日成将軍（前列左から4人目）」と説明した「金日成伝」のグラビア写真

述の資料と、金成柱の後を継いで第二方面軍長になったのは金一星であって、今の金主席ではない、という二つの研究から成っている。

第六師長・金日成の死亡説は確かにニュースで報ぜられ、その噂を聞いた証人は多い。けれども金日成の側近が彼の死体を確認したという報はなく、当時恵山事件で逮捕されていた金日成の側近・権昌郁や李悌淳らが検証したという記録はない。むろん日本側の史料ではその死を確認した文献は前述の外には見当たらない。関東軍や朝鮮軍が確認した史料はないのである。従って前に触れたように、楊木頂子で死んだのは金日成の影武者ではなかったろうか？　という疑いは残る。金日成の死を報じた朝鮮軍当局談も「情報によれば、…果して然らば…喜びに堪えず…」と憶測調になっている。（「アルバム・謎の金日成」九二頁）

また当時の関係者が、強度の近眼鏡をかけた貧相で狐面の男を、第二方面軍長・金日成であると思い込んでいたのは事実である。彼の妻・金恵順や第二方面軍の投降した隊員らの証言であるから、野副討伐隊司令部がその写真に×印をつけて「第二方面軍長　金日成」としたのは当然であろう。

しかしこの男は、ソ連から北朝鮮に帰った三〇〇余人の一団の中には居なかった。またこの男と今の金日成主席とは、骨相学的に見ても全くの別人であるという。（今の金日成主席の当時の妻は金貞淑であるから、金恵順の夫であった男と今の金主席が別人であることは当然である。しかし林隠の書は、金日成は金恵順が捕えられると、恵順が妹のように可愛がっていた貞淑と結婚した、と唱えている）この事が、第二方面軍長・金日成（金一星）死亡説の根拠であるし、今の金日成はこの金一星の下の名もない幹部であったとされる所以である。

写真の貧相な小男が、第二方面軍長・金日成を名乗っていたことは疑いようがない。けれども、彼が本物の軍長であったのか、影武者であったのか、の極め手に欠ける憾みはある。「この貧相な男が本物の金日成である」と証言した人の中に、第一路軍秘書処長の呉成崙や警衛旅長・朴得範らが含まれていたならば動かし難い証拠になるが、それがはっきりしない。長島工作隊が金一星の妻・金恵順を捕えたのは四〇年（昭15）四月六日で、長島曹長は彼女と他の隊員の証言に基づいて貧相な金一星を金日成として報告した。朴得範の逮捕は同年九月二九日、呉成崙の投降は翌四一年一月三〇日であるが、これらの重要人物が金恵順らの証言を裏付けたかどうかが問題であろう。

くどくなるが、野副元中将や長島工作隊長を初めとして関係者は異口同音に、「小部隊のどれもが金日成部隊を名乗っていた。そこで金日成は東に現われたかと思うと西に現われて、恰も神出鬼没、〝縮地の法〟を使っているかのように思わせた」と述べている。つまり影武者は何人もいて影の司令部をいくつも造り、討伐隊を惑わせていたわけだ。

従って間島暴動に参加したのち赤軍士官学校を卒業した金一星も、第二方面軍長・金日成を名乗ることを許された一人であり、彼は妻や部下にまでそう信じ込ませていたのかも分からない。そうした方が、中学生で暴動の先頭に立った彼の自尊心やヒロイズムを満足させたかも知れないからだ。

また解放の後、金日成の妻と称した女が満州から平壌に現われて、今の金日成に面会を求めた。しかし金日成は前夫人の金貞淑とともに帰国したのであったから、彼女は門前払いされたうえについには牢死した。彼女が金恵順であ

金日成首相

ったかどうかは分からない、という。（李命英書二三〇頁）そこで彼女が金恵順でなかったならば、金日成の妻と思い込んでいた女は他にもいたことになる。

だからと言って、この推論をもって李命英説に反論を試みたわけではない。以上は単なる推測に過ぎず、間然するところがない李博士の立論に抗する力がないことは明らかだ。

けれども李博士の「入ソ時の今の金日成・金聖柱は、金一星の部下で排長（小隊長）ぐらいであった」とする説が真であれば、北朝鮮占領軍司令官・チスチャコフ大将は、多くの金聖柱の上位者を差し措いてなぜ彼を執権者に指名したのか、また金策、崔庸健、崔賢らの年輩で中共党では上位であった人達がなぜ取るに足らない金聖柱排長を盛り立てて南侵という大それたことを仕出かしたのだろう？　という疑問は残る。

入ソした東北抗日連軍を管理して特殊訓練を施したチスチャコフ大将は、日ソ開戦時に北朝鮮に侵攻し、三八度線以北の軍事占領に任じてその社会主義社会の基礎を造ったソ軍第二五軍司令官その人で、内相・ベリアの直系の部下であった。従って、解放後の北朝鮮の執権者に誰を据えるかは、彼の胸三寸で決まったであろう。

しかして、野営学校に収容された朝鮮人の在満時代における中共党・軍内での経歴や職務から推測すれば、その序列は次のように考えられる。

推測序列	入ソ時の地位	氏名（四〇年の年齢）	6・25当時の地位
1	北満省委・第三路軍政治委	金策（36）	前線総司令官

2	第二路軍参謀長	崔庸健（40）	国防相
3	第二方面軍長	**金日成**（？）	（死亡？）
4	第三方面軍第一三団長	崔　賢（40？）	師団長
5	第二方面軍第八団長	張長祥（31？）	
6	第三方面軍参謀	安尚吉（30）	前人民軍参謀長
7	第一路軍司令部秘書	陳秀明（40）	
8	同警衛旅第三団政治委	崔玉春	
9	第三方面軍第一三団政委	崔春国	
10	第二方面軍政治指導員	黄光林	
11	同警衛連長	池甲龍	
12	同第一中隊長	呉白龍（27）	師団長
13	第一路軍司令部付	徐　哲	のち政治委
14	第一四団第四連長	崔斗石	
15	第二方面軍の連？排長	**金聖柱**（28）	**（今の金日成）**
16	第三方面軍の排長	任南哲	
17	第二方面軍第一中隊第二分隊長	金東奎	のち副主席
？	延吉県委・宣伝部長	金　一（32）	のち副主席
？	？	呉振宇	師団長

？　朴成哲　師団長
？　？今の金日成の弟　金英柱　のち政治委

そこで李命英博士の説に従えば、名もない金聖柱が数ある闘士をさしおいてなぜ執権者に選ばれたのか、の疑問が起こる。金日成を襲名しただけで朝鮮戦争を仕出かし、祖国を廃墟に化したばかりか民族の分裂を決定的にした張本人が、責任も問われずに四〇年間にわたって君臨し、軍国主義閉鎖国家を創り上げてその息・金正日を後継者に据えるなどの〝偉大な業績〟が成せるわけがない。またこれほどの業績を挙げる素質を持っていた人が、入ソ時には二八歳半にもなっていたのに排長かせいぜい連長であったとは腑に落ちない。伝えられるところによれば、後継者・金正日は四一年二月生まれという。これが正しいとすれば、彼の先妻・金貞淑は八か月の身重の身で入ソしたことになり、排長級では受けかねる過分の待遇と言えよう。

けれども第二方面軍長・金日成が即ち今の金日成であるとすれば、これは肯ける。金策は親中共的でソ連の領導を快しとしない前歴があった。崔庸健（崔石泉）は一時第二路軍第七軍長に任ぜられたものの、程なく路軍参謀長に格下げられた経歴があり、その闘争歴は第二方面軍長・金日成に比肩すべくもなかった。崔賢は勇敢ではあったが、文盲であった。こうみてくれば、チスチャコフ大将が第二方面軍長であった金日成を執権者に選んだのは当然のように思う。

論拠にはならないが、坪江汕二「朝鮮民族独立運動秘史」四六五—六頁には「伝えられたところによる」として、「一九四二年（昭17）春から極東の民族部隊が欧州戦線に動員されたとき、金日成部隊は独立狙撃民族大隊の中に中隊として編合されて、スターリングラードの防衛作戦に参加して偉功を樹て、金日成は大尉から少佐に進級して朝鮮人としては只一人赤旗勲章を授けられ…ベルリン攻略にも第一線部隊として参加したのちグロデゴフに待機して日ソ開戦を待ったともいわれている」と述べている。この件は金日成のあらゆる伝記にも載ってなく、根拠が示してないので検討できないが、風聞があったのは事実であろう。ちなみに坪江書は「金日成の幼名は金聖柱または金誠柱で、満州事変のころから金日成を名乗った金日成その人であり、金日成選集の伝える彼の伝記（一巻二七一―八七頁の「金日成将軍略伝」の一）もおおむね正しいものと思われる」（四六一頁）と記している。この記述と、スターリングラードでの偉功の記述は矛盾する。彼のあらゆる伝記が、一九四一年―四五年八月初めの間は空白になっているのである。また金聖柱が満州事変のころ（当時一九歳）から金日成を名乗ったという根拠はどこにもない。けれども、朝鮮総督府警務局に永く勤務された坪江氏がそう述べられたのであるから、少なくとも総督府では第六師長・金日成の死亡説は信じられてなかったと考えてよいと思われる。

なおアメリカで最も信頼されているアジア通のジャーナリスト・ロバート・シャプレンの著「日本と韓国」（'82年、サイマル出版会刊。原名は A Turning Wheel）は、金日成主席の経歴について「金日成に関する北朝鮮版以外の資料（その大半はソ連と中国の資料）は、彼のゲリラ隊は日本の満州占領の初期に二、三回の実効のない襲撃を行ったにすぎず、同ゲリラ隊も最小の規模であったことを示唆している。また金日成の戦略・戦術的な能力は認められていたものの、イデオロギー的な才能は特に知られているわけではなかった。一九四〇年代初期の数年間を彼はソ連で過ごしたが、ソ連が一九四五年の第二次世界大戦末期に北朝鮮に進攻するときまでには満州に帰っており、自ら朝鮮に帰る準備を整えていた」（一五一頁）と簡述したのち、彼が北朝鮮の第一人者に仕立てられた経緯について

「彼は一か月後の平壌でのデモ（一〇月一四日の平壌市民ソ連軍歓迎群衆大会の意。北朝鮮はこれを「平壌市民金日成将軍歓迎群衆大会」としている）で初めて公式に姿を現わした。国家的英雄としての登場だったが、短身で

ずんぐりしたからだつきであり、ダイナミックな人物と言えたものではなかった。…だから仲間の共産主義者の多くが金日成は指導者としては若過ぎると考え、党内や運動の経歴で彼より信任の厚い老練な人物の中から選んだほうがよいと思っていたが、彼が朝鮮共産党北朝鮮分局の第一書記になった。後でジョセフ・スターリン・ソ連共産党書記長個人が彼を選んだことがわかったが、彼が選ばれた理由は、ある共産主義者の歴史学者によれば、まさに『彼は能力に限界があり、政治的動物であるよりはむしろゲリラであった。だからこそスターリンから、信用できる男と認められた』というのである」

民衆に金日成将軍として紹介された時のスナップ

（一五一―二頁）

と述べている。（だが根拠は記してない）

でも能力に限界があり、政治的動物であるよりはよりゲリラであった人は、金聖柱の上位に十数人も居たわけだから、これではスターリンが金聖柱を選んだ理由としては十分でない。だが今の金日成主席がやはり第二方面軍長であったとするならば、肯ける話になろう。

なお林隠「北朝鮮王朝成立秘史」は、金日成が北朝鮮の首領に選ばれた理由を次のように叙している。

当初、北の指導者候補として挙げられた人物は、曺晩植（朝鮮民主党党首、平安南道人民委員会委員長）、朴憲永（朝鮮共産党責任秘書）、金日成（ソ連大尉、ソ連軍平壌市衛戍司令部副責任者）の三人であった。

この三人の中では曺晩植の声望が抜群であったので、ソ連軍は彼を推すことを模索し、北朝鮮五道行政局長に推挙したが、信託統治の賛否をめぐってソ連と意見が衝突し、高麗ホテルに監禁されたのち消息を絶った。

朴憲永を推したのは、ソ連外務省であった。駐ソウルのサブシン領事が推挙したからである。金日成を推したのは、北朝鮮を占領したソ軍第二五軍であった。また、四六年二月に平壌に入ったソ連第一極東方面軍軍事委員スチコフ中将（レニングラード州党委員会書記などを歴任した政治家で、のちの米ソ共同委員会のソ軍代表）が曺晩植を見切って、金日成を推したからである。

こうして首領候補は二人に絞られたが、スターリンは雑作なく金日成の名前に羽を広げた鳥のようなV印をつけた。朴憲永はかつてコミンテルンと連携したが、金日成は何の関係もなかったから、彼はソ連軍の言いなりになる重宝な存在と思えたからである。実はスターリンは一国社会主義理論をもって政敵トロッキーを斃したのであったから、国際主義のコミンテルン活動家を嫌い、信用していなかったのだ。（一四〇—九頁）

だが林隠は、東北抗日連軍で金日成の上位者であった金策や崔庸健、そして姜健や金一がなぜ首領候補に推されなかったのかの理由は説明していない。それは彼は、今の金日成主席がまぎれもなく東北抗日連軍の第六師長であり、第二方面軍長であった金日成その人である、と断定しているからである。（三六—五七頁）

このように今の金日成主席の経歴が謎に包まれているそもそもは、当の本人に原因がある。それは本人が、真実をひた隠しに隠したうえに、考えられない創作でその経歴を美化誇張しているからである。

その最たるものが、終始実在しなかった朝鮮人民革命軍の総司令として行動し、中共党に加入したことはなかったし、入ソしたこともなかったと主張している事実である。つまり自分で、東北抗日連軍の第六師長や第二方面軍長を務めたことはなかった、と否定しているのだ。これは中共党員であったことや入ソした事実を認めれば、唯一革命主体に傷がつき、その神格化の妨げになるからであろう。

だが四六年八月に本人の口述によって刊行したという「我等の太陽」には「三一年に中国共産党に入党した」と述べてあり、同年刊の韓雪野「英雄・金日成将軍」は、三六年に東北抗日連軍の第六師長になったと中共党との関係を述べているそうである。ところが四九年以降の刊行物からは中共党との関係には触れず、実在しなかった朝鮮人民革命軍の総司令として万事を指導したように創作している。しかもソ連の北朝鮮侵攻に当たっては、朝鮮人民革命軍も参戦して先駆になって華々しく戦ったように造っている。ちなみに文芸総委員長を勤めた韓雪野は、六二年に粛清された。

つまり四九年以降は、第六師長を勤めた経歴はない。中共党とは関係なく、独自の闘争を続けた。むろん入ソしたことはない、と本人が言っているわけである。だが三七年六月四日の普天堡襲撃は自分の功績である、といずれの書も大書している。でもあらゆる史料が普天堡の襲撃は東北抗日連軍第一路軍第六師長・金日成の仕業であったことを証明している。だから、何ともつじつまが合わないわけだ。

そのうえ初代・金日成（金光瑞）が白馬に跨って馳駆したという伝聞や、第一路軍司令・楊靖宇の業績はむろんのこと、在満韓人祖国光復会を発起した呉成崙の仕事などをすべて自己の功績にすり替えているし、特に五六年（昭31）以降の伝記には咸興の歩兵第七四連隊の金錫源少佐と三七年六月に交戦して一、**五〇〇余人**を捕殺したとか、三八年（昭13）の張鼓峰事件に際しては日本軍の後方を攪乱して年間に捕殺**一万五千人余**、銃砲一万余をろ獲する戦果を挙げたとか、三九年（昭14）のノモンハン事件の年は**三万余人**を斃し、鉄砲二万余などをろ獲して大いにソ連を支援したなど、途方もない〝大戦果〟を並べている。だからますますその正体が疑わしくなってくる。天を恐れず、歴史の恐さを知らない所業と言えよう。

伝記は美字麗句を連ねて神様のように書き立てるのが一般であるにしても、余りにも酷い創作と言わねばならぬ。他人の功績を横取り、白を黒と言いくるめているのだから、常識の範囲を越えて不気味になってくる。なぜなら朝鮮戦争の発端に関する先攻論争についてもこの手法で黒を白と言い張っているわけだし、この創作された伝記を信じ込まされている北朝鮮の民衆は、金日成主席を偶像と崇め、命令一下の南侵準備に精出しているからだ。笑って済まされないわけがここにある。

ちなみに金日成主席の伝記類を紹介すれば、次の多数に上る。年代順に書名：発行年月・著編者……摘要の順に記した。（李命英書三七七頁及び筆者の加筆）

「金日成伝」のグラビアにある「白馬に跨って神出鬼没した金日成将軍」の絵

我等の太陽：一九四六年八月一五日（平壌）・北朝鮮芸術総連盟編……金日成人民委員会委員長の口述に基づいた解放一周年記念金日成将軍讃揚特集。

英雄金日成将軍：一九四六年（平壌）・韓雪野……単に人民革命軍を組織し、東北抗日連軍への改編に伴い第六師長になったとしている。

朝鮮民族解放闘争史：一九四九年一〇月（平壌）・朝鮮史編纂委員会編……金日成大学の課外特殊講義のテキストとして使用された。同名の日本語版は五四年二月（再版）、三一書房刊。

金日成将軍略伝：一九五二年四月一〇日・朝鮮労働党中央機関紙「労働新聞」の特集で、最初の公式発表。日本語版は「金日成選集（第一巻）」（五二年一一月、三一書房刊）の巻末及び「改造」（五二年十月号）

朝鮮民族解放闘争史：一九五八年（平壌）・李羅英……朝鮮労働党第三回大

会（五六年）の決定による著。これ以降、神格化の度を強めている。

朝鮮新民主主義革命史：一九五三年四月・金鍾鳴……五月書房刊

朝鮮近代革命運動史：一九六一年（平壌）・朝鮮民主主義人民共和国科学院歴史研究所編……日本語版は六四年八月、新日本出版社刊。一八六〇年～一九四五年の間の独立運動通史であるが、真の闘士は金日成唯一人のように述べてある。

民族の太陽金日成将軍：一九六八年一月（平壌）・白峯《ベクボン》……日本語版は金日成伝翻訳委員会訳「**金日成伝**（Ⅰ・Ⅱ）」（昭四九年四月、雄山閣刊）

朝鮮人民の自由と解放（一九三〇年代の抗日武装闘争の記録）：一九七一年一二月・朝鮮労働党中央委員会党歴史研究所編、「朝鮮人民の自由と解放」翻訳委員会訳、未来社刊……いずれも北朝鮮政権の中枢部の一員となったパルチザン・崔賢、韓益洙、呉白龍、林春秋、呉振宇、金文燮、金東奎らの回想集。

金日成同志の革命活動（英雄とその闘争の歴史）：昭和四七年三月二五日初版～同年四月二十日五版、朝鮮労働党中央委員会党歴史研究所編「金日成同志の革命活動略歴」の翻訳……雄山閣刊。登場人物はキム・イルソン同志だけで、その八二頁には「百戦百勝の鋼鉄の霊将」とある。けれども一九四一年六月から四四年九月までの間の記述は、空白となっている。

キム・イルソン〈上・下〉（20世紀の生んだ偉大な指導者）：昭和四八年（一九七三年）九月・ベク・ボン（白峯）……三省堂刊。「金日成伝」と同工異曲の書。

政治辞典：一九七三年一二月・平壌社会科学社刊……その中には金日成主席をトンネル戦の創始者と解説している。

金日成 抗日革命期著作選集：一九七五年九月九日・金日成《キムイルソン》……キム・イルソン主席著作翻訳委員会訳、三省堂刊。

朝鮮解放運動史：朝鮮労働党が出版した「政治学校用参考資料」の日本語訳。,76年、湖北社刊。
金日成　祖国への道（抗日遊撃戦の記録）：昭五七年四月、高木健夫著、彩流社刊。

なお外務省北東アジア課編「北朝鮮人名録（一九六七年三月版）」によれば、金日成のパルチザン隊員は次の人達であったとしている。いずれも北朝鮮政権の中枢に名を連ねているが、それは政権の戦闘的性格を如実に現わしたものと受取れる。職名は判明した最高位のもので、〇印は直系、◎印は七五年当時の政治局員、◉印は同候補、×印は六七～六九年に粛清された人を示す。

〇安　英（一九一四年生、党中央委員、アルバニア大使）
〇李五松（党中央委員）
　李載允（同右、咸南委員長）
　李長秀（同右、人民軍総政治局副長・中将）
〇李松雲（一九一五年生、同右、駐ソ大使、党平壌市委員長）
　李斗益（少将、第三師団長、民族保衛省局長）
〇李鳳洙（人民軍総政治局検閲委員長）
　李英順（女、北中機械工場党委員長）
◎林春秋（党副主席）
◎呉振宇（国防相）
◉呉白龍（労農赤衛隊司令官・大将、中央委政治委）

姜尚昊（内務、社会安全副相）
◎金　一（総理、第一副主席）
○金玉順（崔光夫人、最高人民会議常委、女同盟副委長）
○金庚錫（党中央委員、党平壌市委員長、没）
○金光侠（国防相）
○金佐赫（党中央委員、民族保衛省総参謀部次長兼偵察局長兼赤十字会常務）
○金子麟（党中央検査委員、社会安全副相）
○金成国（民族保衛省局長、駐タンガニカ大使）
金　策（南侵時の前線総司令官・大将、戦死）
×金昌鳳（中央委政治委候補、人民軍総参謀長、民族保衛相）
◉金鉄満（人民軍第一副総参謀長、上将、政治委候補）
○金泰根（50年第10師団長、人民軍政治総局長（中将）、石炭工業相、党中央委員、電気石炭工業相）
○金大洪（52年第2師団長、党中央委員、民族保衛副相（上将））
◎金東奎（党中央委員兼行政部長、76年副主席）
金学仁（駐ポーランド大使、財政副相）
○金炳植（建設相、党中央委員、都市産業建設相）
○金奉律（50年民族保衛副相兼軍需局長、58〜65年民族保衛副相（上将）党中央委員）
○金英柱（金日成の実弟）

◎徐　哲（党中央委・政治委員、党検閲委委員長）
石　山（内務相、党中央委員、社会安全相）
池炳学（50年第三連隊長、党中央委員、第三軍団長・上将）
×崔　光（50年第一師団長、空軍司令官・上将、党中央委員、62～65年総参謀長・大将、69年に粛清）
◎崔　賢（一九〇七年生れ。50年第二師団長、第二軍団長、保衛相、党中央委員、国防相、人民武力部長、76年国防委副委員長）
崔民哲（党中央委員、第四軍団長・中将）
◎崔庸健（一九〇一年生まれ。副元帥、副首相兼保衛相。76年9月没（75歳））
崔勇進（党中央委員、第四軍団長・中将、水産相、交通・運輸相、副首相）
蔡喜正（党中央委員、内閣参事）
朱道日（第三期代議員、65年第15師団長）
趙東旭（61年当時内務副相）
◉全文燮（党中央委員、64年第二集団軍司令官・上将）
鄭国録（53年軍団政治部長・少将、63年人民軍総政治局部長）
鄭斗煥（党中央委員、駐ルーマニア大使）
鄭炳甲（人民軍第三軍団長・中将）
盧龍三（党江原道委員長）
朴景淑（女、党中央委候補、第三期代議員平壌製糸工場党委員長）

×朴金喆（党中央委副委員長・政治委員・秘書、67年粛清）
◎朴成哲（50年第15師団長、外相、総理、政治委）
　朴昌林（50年師団長、63年人民軍副参謀長・中将）
　朴英淳（党中央委員、党通信部長）
●韓益洙（党中央委員、64年当時駐中共大使、上将、政治委候補）
○白鶴林（党中央委員会部長）
×許鳳学（50年師団長、作戦局長、60年保衛副相・上将、党中央委員、65年人民軍総政治局長、対南工作秘書、69年に粛清。）
○黄順姫（女、党中央委候補、代議員）
　馬東山（駐中共公使、65年当時駐ベトナム大使）
　兪昌権（人民軍海軍司令官・少将、61年党中央委候補、代議員）
○柳京洙（50年戦車師団長、58年第二集団軍司令官・大将、59年没。）
○尹泰洪（党中央検査委員、内務副相）

すなわち北朝鮮政権は、日満軍の粛正工作や、民生団工作による党内の殺し合いをくぐり抜けてきたこれらの人達で支えられているのだが、彼らも金主席の偶像化に一役買っているわけである。この北朝鮮の政治史は、李命英「権力の歴史―朝鮮労動党と近代史」（,83年12月、成均館大学校出版部刊）に詳述されている。

だが、真実は一つしかない。歴史の捏造はいつかは必ずばれる。人間の真実を求めたがる属性は無限であるからである。従って、いつかは金日成主席の人間像が赤裸裸に描かれる日がくるであろう。その時、南北の間に春が訪れ、民族的統一が平和のうちに成るのではあるまいか。

むすび

こうして韓国の独立を志向した運動は、あらゆる主義と思想とを奉じた人々によって、国内で、中国、満州、シベリア、アメリカ等の地で、8・15解放までの三五年の間、弛みなく続けられた。その愛国心と愛民族心に根ざした不撓不屈の闘志、努力と忍耐、粘り強さと飽くなき執念、歴史観に基づく信念と実行力等は賛嘆に値すべきものであり、見上げたものであった。一口に三五年間と言っても、見通しの立たない暗い期間が永かったのであるから、限りある人生にとっては途方もなく長い時間であったろう。だが韓国の闘士たちは、逆境に堪えて闘い続けたのであった。

けれども、運動の分散と不統一は致命的であった。その運動のエネルギーは日本に対して使われた量よりも、思想別、方法別、地縁別、人脈別間の主導権争いに使われた量の方が遙かに多く、むしろ闘士達はその方に身心をすり減らせた、と見る人が少なくない。大韓臨時政府の左右と出身地別、根拠地別に基づく絶えざる内紛、アメリカにおける李承晩派と安昌浩派、朴容萬派の三つ巴の暗闘、大韓独立軍の離合集散と自由市事件、共産主義者の派争と自壊、国内での左右対立と抗争などがその顕著な例であるように、独立運動が盛り上がったところには必ず内輪もめがつきまとった。

従って日本に与えた影響はその努力に比べて効果的でなく、独立運動が成功したとは言い難い。実際韓国は、日本の敗戦の結果として米・ソ両国の手で解放され、当時の軍事情勢の所産として北緯三八度線で分割されたのであった。もし韓国人が力を合わせて臨時政府を守り立てていたならば、臨時政府は列強特に中・英・米の承認を受けたかも知れず、すれば戦後の政治地図は変わったかも分からない。否、少なくとも政治的発言を認められて、米・ソ両軍の軍政下に置かれることは避け得たかも分からない。思えば悲痛な運動、やるせない抵抗と内紛の歴史であった。

だが運動が悲痛であり、抵抗が空しかっただけに、韓国人の心奥には「日帝三六年」の怨みがこもっているわけである。日韓の友好は相互理解から、と叫ばれて久しい。日本人が韓国人の感情を理解し、未来の友好を啓くためには、まずこの歴史を反省したうえで未来に目を向けることから始めねばならないと思う。

韓国では既に立派な見識が芽生えている。日本を怨むだけでは未来に益も幸福も訪れないからであるが、例えば金素雲はその著「近く遙かな国から」の中でこう説いている。

「(韓国人と日本人は)お互い、反省せねばならない問題が沢山ある。…ただこの場合、強いられた反省というのは意味がないので、民族的と言うか…、お互い、大きな眼で過去を振り返り、将来に思いを致すということが必要だ。

韓国人も、いつまでも恨みつらみの小感情に捉われないで、もっと高い歴史観の上から、往時の情勢――、特に日本の置かれた立場――、膨張する国力や国際間の角逐――、そうした点を冷静な目で見きわめて、自分の国がその位置におかれていたとしたらどうであったか、そこまで推しはかり、思いやる――。少し人が良すぎるかも知れないが、日本が敗戦して一応は決算がついたのだから、今はそういう裕りをもって相手の立場を考える――。

日本は日本で、持って回った変な小理屈は止めにして、率直に過去の非を悔いる。相手が納得するまで陳謝もする。私個人の場合を例にとっても、宿張に名を書けばオットリ刀で巡査が跳んでくる。荷物は引っ掻きまわす――。怪しい事が何もなくても、一言のアイサツがあるわけでない。カケラほどの言いがかりを探し出しては、半年も一年も留置場に繋ぐ――。そうした理不尽な扱いを、ただ朝鮮人であるという理由だけで堪え忍んで来たのだから、

『相済まんかった、カンベンしてくれ』と、一度はハッキリ謝ってもらいたい気持がある。それを財産権がどうの、恩恵を施したのと来るから（日韓会談における久保田発言の意）、コジレたり、モツレたりするのだ。ヒマラヤやエベレストは望まぬにしても、せめてビルの屋上に立った気持になれたら、今日の両民族間の険しい問題は、あらかた消滅すると思うのだが…」

また、81年8月15日の第三七回光復節における全斗煥大統領の演説の中に、次の一節がある。

「われわれの国恥について日本帝国主義だけのせいにするのでなく、当時の国際情勢に暗かったわれわれ、国内的団結を期することが出来なかったわれわれ、そして国力が弱かったわれわれ一人一人のせいであることを、峻厳に自責する姿勢を持たなければなりません」

日本と韓国は、未来永劫の隣人である。互いの歴史を踏まえたうえで、未来に思いを寄せねばならないと考える。

而して韓国が解放されると、海外で独立運動に従っていた闘士たちは、その好む主義や思想に従って南か北に帰国した。

共産主義を奉じた人達は、むろんソ連軍占領下の北に帰還した。東満でパルチザン闘争に従事したのちソ連で訓練を受けていた人達は、ソ連軍の手によって逸早く帰国した。延安派は、秋の末に入国を許された。そして韓系二世のソ連公民が数次にわたって送り込まれてきた（ソ連派）。また南の混乱を図って軍政法違反に問はれた南韓の共産主義者は、越北して身を避けるか、地下に潜った。しかも共産党の治下を嫌った二百万人とみられた北韓の住民は、自由を求めて着の身着のままで越南したが、体制に反抗した人は容赦なく粛清された。つまり北韓には、共産主義者か、これに好意を持つ人か、あるいは盲従も已むなしと諦めた人達だけになったわけで、ソ軍は絶対的な権威と権力のもとで早々に実質的な金日成政権を発足させることになる。巨視的に見れば、北には、共産主義を奉ずる北朝鮮派ができたと言えよう。

これに対して、自由民主主義を奉じた人達は、当然のこととして南に帰国した。アメリカの李承晩や大韓臨時政府の要人、満州で民族運動を続けていた人達がこれであった。だから南韓には、後で越北した臨政の左派や共産主義者を除けば、自由民主主義を信奉した南韓派が誕生したとみられよう。派と言えるような意志の帰一や団結があったわけではないが、反共の一点に絞れば、志を同じくする人達が南に集まったわけである。

つまり半島は三八度線によって政治的に分割されただけでなく、民族の心の中にも三八度線が引かれたとみられよう。そして四五年の末に信託統治の是非の問題が起こると、賛託か反託かをめぐってその色分けがはっきりとなった。北韓ではソ連の指令で賛託一色に固まったが、南韓では絶対反対を唱えた民族主義政党と絶対賛託を主唱した社会主義的政党とが真向うから対立し、抜き差しならぬ紛糾と混迷に陥った。

独立運動が行き詰まり、各派の統合が絶叫された時代でも、各派の妥協は成らず、統一体はできなかった。統一会議はしばしば持たれたけれども、そのつど四色党派の派争が吹き出すのが常であった。であるから、独立が目の前に訪れた段階において、主張が根元的に異なる政党が妥協して民族としての一途の方針を打ち出すことは、できることではなかったのである。

つまり独立運動時代の左右の抗争が、そのまま南北の対立に止揚し置換されたのであって、朝鮮戦争の根因をなしたと看做される。

しかも南では、自由主義の建前から二百余の政党や社会団体が簇生し、独立運動時代の派争がそのまま国内に持ち込まれた観があった。それは独立運動の指導層が、それぞれ一党一派を結成し、離合集散を繰り返したことで証される。しかもそれは、韓国が四八年八月に独立しても、政争は止むところを知らなかった。野党は、どうにもならない南北統一問題や、派争の種になり激化を生むかも知れない議院内閣制を主張して、政府を困らせたからである。しかも軍隊の反乱や越北事件さえ起きた。北の戦闘的政権が、南の政情と社会相を見て、組み易しとみたのも無理からぬ状況であったのだ。つまり韓国は、自から侵略を招いたという見方も成り立つ有様であり、韓国の将軍らが「侵略が不法不当なものであるには違いないとしても、相手の侵略意欲をそそり、不法者をその気にさせた方にも問題があるだろう。侵略者の無法だけを責めても、侵略は防げない」と嘆かれた所以であった。

その詳細は別に述べるが、韓国人の宿痾とか固疾と言われる独立運動時代の党争と派争とが南北の対立抗争に発展し、その支援後拠となった強国の思惑や誤算が相乗し合って、ついに自信過剰に陥った側が、武力統一に踏み切ったのが朝鮮戦争の発端であったのだ。国民の団結と総和の下での政情の安定が、侵略を抑止して安全を確保し、平和を享受しうる基礎である。

最後に、李御寧「恨の文化論」の一節をお借りして結語に代える。

「韓国の表層だけでなく、その心の奥底に秘められた『恨《はん》』をつかめば、あの苦難の繰り返しのなかでも、滅亡せず、穏やかに生き延びていく韓国人の姿をくみとることができると思う。

『恨』を解く。それは怨みを晴らすだけの話ではない。望みをかなえるということであり、新しいその世界での生を実現させることを意味する。

韓国人が『恨』を解く日、その日こそ、世界はもっと清らかな平和にあふれるであろう。今の韓国人の心に積もる『恨』は、互いに憎みあう世界の対立と矛盾、あやまった歴史の暴力から出た苦しみと、そのなかで作り鍛えられた新しい世界への希望から成り立っているからである」（二七一頁）

付表　歴史年表

西暦（干支《えと》）日本元号	日本	朝鮮	中国・その他
一八六三（癸亥）文久3	生麦事件賠償 馬関・薩英戦争	高宗（12歳）即位、大院君摂政	米・英上海共同租界成立
一八六四（甲子）元治元	蛤御門の変、第一回長州征伐 四国艦隊、下関砲撃		米、南北戦争激し。太平天国亡ぶ
一八六五（乙丑）慶応元	各国艦隊、条約強請	書院を弾圧、「大典会通」成る 露艦、元山に来航し通商を求む	騒擾続き、対英借款 米、南北戦争終わる
一八六六（丙寅）慶2	薩長盟約 第二回長州征伐	米船シャーマン号、大同江侵入（丙寅洋擾） 仏艦隊、江華島侵入。キリスト教弾圧（丙寅邪獄）	捻軍討伐
一八六七（丁卯）慶3	討幕の密勅 大政奉還	米艦、シャーマン号事件調査 景福宮の修築成る	回軍討伐
一八六八（戊辰）明治元	鳥羽・伏見の戦、征討令 明治維新 戊辰戦争、朝鮮に修好求む	米人ジエンキンス、大院君の父・南延君の墓をあばく	
一八六九（己巳）明2	版籍奉還	全羅道農民蜂起 東大門成る	
一八七〇（庚午）明3	大阪砲兵工廠を設置	米艦、漢江に入り通商を要求	天津事件

一八七一（辛未）明4	徴兵規則制定	米艦隊、仏艦隊江華島侵入（辛未洋擾） 斥洋碑を八道四郡に建立	日清通商条約
一八七二（壬申）明5	陸・海軍省設置 太陽暦採用		辺境の討伐
一八七三（癸酉）明6	徴兵令発布 征韓論起こる	大院君失脚、閔氏政権成立	第二次安仏戦争
一八七四（甲戌）明7	佐賀の乱、台湾征討 日清天津条約（台湾）	日本と交渉を始む	安南、仏の保護国となる
一八七五（乙亥）明8	ロシアと樺太・千島交換 江華島事件を起こす	日本軍艦・雲揚号、江華島攻撃（江華島事件）	北京に日本公使館を置く
一八七六（丙子）明9	江華条約 帯刀禁止令 神風連、秋月、萩の乱	日朝修好条規（江華条約）締結 儒者・崔益鉉、排日を強唱	
一八七七（丁丑）明10	西南戦争		海軍建設に着手
一八七八（戊寅）明11	陸士開校、参謀本部設置 第一銀行釜山支店開設 日米条約改正、竹橋事件	釜山で日本品に課税（抗議で廃止） 忠清道農民蜂起	琉球問題抗議
一八七九（己卯）明12	東京、横浜砲兵工廠設立	釜山開港	
一八八〇（庚辰）明13	村田銃を採用	元山開港 日本公使館開設	海軍創設

西暦（干支《えと》）日本元号	日本	朝鮮	中国・その他
一八八一（辛巳）明14	陸軍に憲兵を置く 玄洋社結社	独立、事大両党の抗争、安驥泳らの反乱 儒者・李晩孫ら排外運動を起こす	
一八八二（壬午）明15	軍人勅諭頒示 戒厳令制定	壬午軍乱、朝米・英・独修好通商条約 済物浦条約、朝清水陸貿易章程	大院君を拉致 上海仏租界設置
一八八三（癸未）明16	陸軍大学校開校 日朝貿易章程	仁川開港 農民暴動拡大↓九四年に至る	李鴻章、北洋大臣に任ず
一八八四（甲申）明17	大山陸軍郷、欧州兵制視察 鹿鳴館時代始まる	朝露・伊修好条約 甲申政変（金玉均の変）	清仏戦争
一八八五（乙酉）明18	日清天津条約（行文知照） 内閣制施行	日朝京城条約（講和） イギリス、巨文島占領↓八七年 大院君、袁世凱に伴われて帰国	日清天津条約（朝鮮問題） 北洋水師設置
一八八六（丙戌）明19	六個師団を常設 東京帝大設立	朝仏修好通商条約、朝清電信条約 旱害・凶作つづく↓八七年	天津武備学堂設置
一八八七（丁亥）明20	海防整備の詔勅		四艦購入
一八八八（戊子）明21	海軍大学校設置	朝露陸路通商章程	北洋海軍成る
一八八九（己丑）明22	憲法発布 日露改正条約	防穀令発布（対日穀物輸出禁止）	第一回汎米会議

一八九〇（庚寅）明23	第一回衆院選挙 片山潜ら、社会研を組織	米人リゼンドル、協弁内務府事となる 防穀令解除	哥老会蜂起 漢陽兵器廠設立
一八九一（辛卯）明24	大津事件（露皇太子受傷）		湖北騒擾
一八九二（壬辰）明25	陸軍特別大演習初例	清から一〇万両借款 東学教徒、弾圧緩和請願	湖南の蜂起
一八九三（癸巳）明26	建艦費献納運動	東学教徒、斥倭洋倡儀の旗を挙ぐ 米の輸出を一か月停止	各省に火薬庫設置
一八九四（甲午）明27	日清戦争 日朝攻守同盟	古阜農民反乱→甲午農民戦争（東学の乱） 甲午改革（大院君摂政、閔氏一族を処罰）	孫文、興中会結社
一八九五（乙未）明28	下関講和条約 遼東還附の詔	洪範一四か条宣言、閔妃のクーデター、乙未事件（閔妃殺害）親日内閣成立、大陽暦採用令、乙未義兵抗争（儒林挙義）	露・独・仏三国干渉 孫文、広州挙兵失敗
一八九六（丙申）明29	一三個師団常設 第一次、第二次日露協約（朝鮮問題）	国王露館播遷、列強の利権獲得競争始まる 独立協会創設、独立新聞発刊、断髪令	
一八九七（丁酉）明30		国王露館から帰還、革新の詔 「大韓帝国」と改称	山東暴動
一八九八（戊戌）明31	日露新協約（韓国問題） 日韓京釜鉄道条約	独立協会に解散の詔 日韓条約（京釜鉄道敷設権）（大院君逝去）	列国の中国分割始まる、米西戦争 ロシア、遼東租借

西暦（干支《えと》）日本元号	日本	朝鮮	中国・その他
一八九九（己亥）明32	治外法権撤廃	清韓通商条約 活貧党の闘争始まる	米、中国の門戸開放宣言
一九〇〇（庚子）明33	北清事変に出兵 社会主義者協会設立	京仁鉄道開通 ロシア、馬山浦買収に失敗	中国・義和団起る 北清事変 露軍満州占領
一九〇一（辛丑）明34	増税の詔 北京議定書	南大門成る	東清鉄道開通
一九〇二（壬寅）明35	日英同盟		シベリア鉄道開通
一九〇三（癸卯）明36	海軍拡張可決（六六艦隊） ロシアに協商提議		ロシア、龍岩浦占領 ロシア、極東都督府を旅順に設置
一九〇四（甲辰）明37	日露戦争	朝鮮駐剳軍設置、日韓議定書、第一次日韓協約、一進会起こる	
一九〇五（乙巳）明38	日英同盟拡張 ポーツマス講和条約 日清条約（満州）	第二次日韓協約（乙巳保護条約） 憲政研究会設立 第二期義兵抗争起きる、京釜線開通	血の日曜日事件 鉄道王・ハリマン来日
一九〇六（丙午）明39	日本社会党結成 韓国統監府設置 南満鉄道会社設立	天道教起こる（孫秉熙）、外交権委譲 大韓自強会結成、閔宗植・崔益鉉挙兵	

一九〇七（丁未）明40	日韓協約成立（東亜の現状維持） 一九個師団を常設	ハーグ密使事件、高宗退位、純宗即位 日韓新協約（丁未七条約）、軍隊解散、第三期義兵抗争	
一九〇八（戊申）明41	日米協約（中国問題）	東洋拓殖会社設立	
一九〇九（己酉）明42	日清間島協約 伊藤博文暗殺さる	司法権を譲渡 新民会結成、一進会併合上奏 李完用狙撃事件	
一九一〇（庚戌）明43	第二回日露協約（満州） 朝鮮総督府設置	警察権を譲渡、土地調査事業始まる 日韓併合条約（庚戌国恥）、「武断政治」始まる	
一九一一（辛亥）明44	日英同盟改訂 関税自主権回復	寺内総督暗殺未遂事件（一〇五人寃獄） 新民会解散、政治結社禁止令 第一次教育令、朝鮮土地収用令	武昌に革命起こる（辛亥革命）
一九一二（壬子）明45 大正元	第三回日露協約（蒙古） 二個師団増設案否決	朝鮮土地調査令	中華民国成立 反袁運動 袁世凱、大統領就任
一九一三（癸丑）大2	護憲運動始まる		中国南北戦争
一九一四（甲寅）大3	シーメンス事件 青島占領 二個師団増設否決→衆院解散	間島暴動	WWI始まる

西暦(干支《えと》)日本元号	日本	朝鮮	中国・その他
一九一五(乙卯)大4	対華二十一箇条要求 師団増設案可決	朝鮮軍司令部（第一九、二〇師団）設置	
一九一六(丙辰)大5	日露秘密協約（対米） 海軍航空隊令 鄭家屯事件（日、中交戦）		袁世凱即位 反帝運動
一九一七(丁巳)大6	軍事保護法 二五個師団、八八艦隊案	兼二浦製鉄所建設	ロシア革命
一九一八(戊午)大7	シベリア出兵	土地調査事業終わる 朝鮮殖産銀行設立	米大統領「民族自決主義」を発表 WWI終わる
一九一九(己未)大8	パリ平和会議（ベルサイユ体制）	三・一運動起こる 上海に大韓民国臨時政府成立	五・四運動起こる 中国南北会議
一九二〇(庚申)大9	ニコラエフスク事件 八八艦隊建造案可決 間島出兵	斉藤総督「文化政治」を始む、産米増産計画 朝鮮・東亜日報発刊、労働共済会結成	琿春事件 安直戦争
一九二一(辛酉)大10	日、英、米、仏の四国条約、日英同盟解消	釜山ゼネスト	中国共産党創党 自由市事件

一九二二（壬戌）大11	ワシントン軍縮条約 対中国九か国条約 シベリア撤兵完了	朝鮮物産奨励会を組織	モスクワ極東民族会議 第一次奉直戦争 日本共産党結成 ソ連邦成立
一九二三（癸亥）大12	第一次共産党事件 関東大震災	朴烈事件	孫文、広東政府成立 長沙事件
一九二四（甲子）大13	日本共産党解党 日ソ漁区協定	朝鮮労農総同盟、青年総同盟結成	第一次国共合作 第二次奉直戦争 米、排日移民法
一九二五（乙丑）大14	日ソ条約（国交回復） 陸軍四個師削減 治安維持法	朝鮮共産党創党（第一次党）カップ結成、 新義州事件	中華全総工会成立、反帝暴動 ソ連、一国社会主義採択
一九二六（丙寅）大15 昭和元	社会主義盛ん	六・一〇万歳運動	蒋、北伐開始 武漢政府成立 張作霖、入京
一九二七（丁卯）昭2	山東出兵→撤収 済南出兵	新幹会結成 朝鮮労働総同盟、農民総同盟組織	蒋、反共クーデター 南京国民政府成立 中共党、各地に拠る
一九二八（戊辰）昭3	山東出兵 共産党大検挙（三・一五） 済南事件	満州で「国民府」設立	中共、新四軍編成 張作霖爆死 北伐完成

西暦(干支《えと》)日本元号	日本	朝鮮	中国・その他
一九二九(己巳)昭4	第三次共産党検挙(四・一六)	元山ゼネスト 光州学生運動起こる	中共、江西・福建に拠る ソ連、満州侵入、断交 蒋の指揮権確立
一九三〇(庚午)昭5	第四次共産党検挙 農村の不況深刻化 ロンドン軍縮条約 青年将校、桜会結成	間島五・三〇事件	国府と反蒋派争う 中共、李立三コース決定・停止 第一次掃共戦
一九三一(辛未)昭6	満州事変起こる	万宝山事件・排支運動 新幹会解消	第二次掃共戦 第三次掃共戦 中共、瑞金政府樹立 ソ連軍部硬化
一九三二(壬申)昭7	上海事変起こる リットン調査団来日 五・一五事件	桜田門事件 上海虹口公園事件	満州国成立 第四次掃共戦
一九三三(癸酉)昭8	熱河作戦、塘沽停戦協定 国際連盟脱退 神兵隊事件		第五次掃共戦 福建討伐
一九三四(甲戌)昭9	ワシントン条約廃棄 十一月事件		満州国、帝制実施 中共、西遷開始 スターリンの大粛清

一九三五（乙亥）昭10	天皇機関説・国体明徴 永田少将事件 ロンドン軍縮会議	祖国光復会結成	遵義会議 中共、八・一宣言 シベリア鉄道複線化
一九三六（丙子）昭11	二・二六事件 日独防共協定		紅軍、東征抗日宣言 西安事件
一九三七（丁丑）昭12	カンチヤーズ事件（日・ソ） 支那事変起こる	「皇国臣民の誓詞」制定	第二次国共合作 紅軍、八路軍に改編 重慶遷都
一九三八（戊寅）昭13	徐州会戦 張鼓峰事件 武漢・広東占領	陸軍特別志願兵制施行	ミュンヘン会談
一九三九（己卯）昭14	ノモンハン事変（五～九） 東南三省粛正工作	「創氏改名」	米、日米通商航海条約廃棄 WWII始まる
一九四〇（庚辰）昭15	中共、百団大戦 日独伊三国同盟 北部仏印進駐		国・共内紛つづく 汪兆銘政府成立
一九四一（辛巳）昭16	日ソ中立条約 関東軍特演、南部仏印進駐 太平洋戦争に突入	国民徴用規則公布	ABCD包囲陣成る

戦争画と彼らの
従軍記が物語る、
大東亜戦争の実相

絵具と戦争

従軍画家たちと戦争画の軌跡

作家たちが描き残した前線、
行軍、捕虜たちの扱い…
伝えられる虐殺や虐待はあったのか!?
GHQが没収した
藤田嗣治、向井潤吉、宮本三郎らの戦争画と従軍記。
彼らは何を描き、何を記録したのか。
GHQにとって何が不都合だったのか…
画家たちと前線の実相、空白の記録、戦争画の軌跡を追う。

溝口郁夫 著

A5判・上製
2000円+税